CÓDIGO DE DERECHO ADMINISTRATIVO

24. *Ley Orgánica de la Administración Pública*, por Allan R. Brewer-Carías, Rafael Chavero Gazdik y Jesús María Alvarado Andrade, 4ᵗᵃ Edición, Caracas 2009, 329 pp.

25. *Ley Orgánica para la prestación de los servicios de agua potable y de saneamiento*, María Elena Sandia de Segnini, Caracas 2002, 129 pp.

26. *Ley de Expropiación por causa de utilidad pública o social*, Allan R. Brewer-Carías, Gustavo Linares Benzo, Dolores Aguerrevere Valero y Caterina Balasso Tejera, Caracas, 2002, 201 pp.

27. *Ley del Estatuto de la Función Pública*, Gustavo Briceño Vivas y Joaquín Bracho Dos Santos, 1ʳᵃ Ed., 3ʳᵃ Reimpresión, Caracas 2006, 139 pp. 4ᵗᵃ Reimpresión, Caracas 2008, 139 pp.

28. *Ley Orgánica del Tribunal Supremo de Justicia*, Allan R. Brewer-Carías, 3ʳᵃ Ed. corregida y aumentada, 4ᵗᵃ Reimpresión, Caracas 2008, 375 pp.

29. *Estudio del Código Orgánico Procesal Penal reformado el 14-11-2001*, Belén Pérez Chiriboga, Caracas 2004, 844 pp.

30. *Leyes Orgánicas del Poder Ciudadano*, Allan R. Brewer-Carías, Roxana Orihuela, María Alejandra Correa, Gustavo Briceño Vivas y José Ignacio Hernández, 1ʳᵃ Edición, 1ʳᵃ Reimpresión, Caracas 2006, 401 pp.

31. *Régimen Legal de Nacionalidad, Ciudadanía y Extranjería*, Allan R. Brewer-Carías, Caracas 2005, 136 pp.

32. *Ley sobre Medidas de Salvaguardia*, Duilio David Matheus Rodríguez, Caracas 2005, 174 pp.

33. *Ley de Protección al Consumidor y al Usuario*, José Ignacio Hernández, David Quiroz Rendón, Faustino Flamerique y Rafael de Lemos Matheus, Caracas 2005, 229 pp.

34. *Ley Orgánica del Poder Público Municipal*, Allan R. Brewer-Carías, Fortunato González Cruz, José Ignacio Hernández, Luis Fraga Pittaluga, Manuel Rachadell, Adriana Vigilanza, Daniela Urosa Maggi, Belén Pérez Chiriboga, 3ʳᵃ Edición corregida y aumentada, Caracas 2007, 793 pp.

35. *Ley de Responsabilidad Social en Radio y Televisión (Ley Resorte)*, Asdrúbal Aguiar, José Ignacio Hernández, Margarita Escudero, Ana Cristina Núñez Machado, Juan Manuel Raffalli A., Carlos Urdaneta Sandoval, Allan R. Brewer-Carías, Juan Cristóbal Carmona Borjas, Caracas 2005, 304 pp.

36. *Manual Jurídico sobre Comunicación Social*, Belén Pérez Chiriboga, Caracas 2006, 384 pp.

37. *Ley contra los Ilícitos Cambiarios*, José Ignacio Hernández G., Andrés Troconis, Gustavo Muci Facchín, Vicente Villavicencio, 1ª Edición, Caracas 2006, 184 pp.

38. *Régimen Jurídico de Seguridad Social (Estudio constitucional y legal del Derecho a la Seguridad Social y del Sistema de Seguridad Social)*, Freddy Alberto Mora Bastidas, Caracas 2007, 576 pp.

39. *Manual Didáctico sobre el Análisis e Interpretación de los Estados Financieros*, José Félix Ruíz Montero, Caracas, 2007, 285 pp

40. *Ley Orgánica de Prevención, Condiciones y Medio Ambiente de Trabajo (Reglamento Parcial)*, Juan Carlos Pró Rísquez, Gabriel Calleja Angulo y José Ignacio Hernández, Caracas 2007, 264 pp.

41. *Ley de Aguas*, Allan R. Brewer-Carías, Caracas 2007, pp. 139.

42. *Hacia la consolidación de un Estado socialista, centralizado, policial y militarista*, Allan R. Brewer-Carías, Caracas 2007, 160 pp.

43. *La Reforma Constitucional de 2007. Comentarios al proyecto inconstitucionalmente sancionado por la Asamblea Nacional el 2 de noviembre de 2007*, Allan R. Brewer-Carías, Caracas 2007, 225 pp.

44. *Ley de Contrataciones Públicas*, Allan R. Brewer-Carías, Carlos García Soto, Gustavo Linares Benzo, Víctor Hernández Mendible, José Ignacio Hernández G., Luis Alfonso Herrera Orellana, Miguel Mónaco, Manuel Rojas Pérez y Mauricio Subero Mujica, Caracas 2008, pp. 295; Segunda Edición, actualizada y aumentada, Allan R. Brewer-Carías, Víctor Hernández Mendible, Miguel Mónaco, Aurilivi Linares Martínez, José Ignacio Hernández G., Carlos García Soto, Mauricio Subero Mujica, Alejandro Canónigo Sarabia, Gustavo Linares Benzo, Manuel Rojas Pérez, Luis Alfonso Herrera Orellana, y Víctor Raúl Díaz Chirino, Caracas 2009, 466 pp.

45. *Leyes sobre Distrito Capital y del Área Metropolitana de Caracas*, Allan R. Brewer-Carías, Manuel Rachadell, Nelson Socorro, Enrique Sánchez Falcón, Tulio Álvarez y Juan Carmona, Caracas 2009, 210 pp.

46. *Ley Orgánica de los Consejos Comunales*, Allan R. Brewer-Carías, Caracas 2010, 100 pp.

47. *Ley Orgánica de la Jurisdicción Contencioso Administrativa*, Allan R. Brewer-Carías, Víctor Hernández Mendible, 2ᵈᵃ Edición, 1ʳᵃ reimpresión, Caracas 2012, 330 pp.

48. *Ley Orgánica del Tribunal Supremo de Justicia*, Allan R. Brewer-Carías, Víctor Hernández Mendible, Caracas 2010, 304 pp.

49. *Ley Orgánica de Procesos Electorales*, Manuel Rachadell, Juan Miguel Matheus, Ricardo Antela Garrido, Pedro Afonso del Pino, Jesús María Alvarado Andrade, Luis Izquiel, José Ignacio Hernández con prólogo de Allan Brewer-Carías, Caracas, 2010, 304 pp.

50. *Leyes Orgánicas sobre el Poder Popular (Los Consejos Comunales, las Comunas, la Sociedad Socialista y el Sistema Económico Comunal)*, Allan Brewer-Carías, Claudia Nikken, Luis A. Herrera Orellana, Jesús María Alvarado Andrade, José Ignacio Hernández y Adriana Vigilanza), Caracas, 2011, 721 pp.

51. *La Constitución de 1999 y la Enmienda Constitucional Nº 1 de 2009*, Allan Brewer-Carías, Caracas 2011, pp. 619

52. *Documentos Constitucionales de la Independencia 1811 / Constitutional Documents of the Independence of Venezuela 1811*, Allan R. Brewer-Carías, Caracas 2012, pp. 664.

53. *Ley costos y precios justos*, Claudia Nikken (Coordinadora), estudios por: Carlos García Soto, Marianela Zubillaga, Claudia Nikken, María Alejandra Correa Martín, María Giovanna Mascetti, Allan R. Brewer-Carías, Andrea Santacruz, José Ignacio Hernández G. Aejandra Cerviño y Leonardo Palacios Márquez, Caracas 2012, 504 páginas.

54. *Ley Orgánica del Trabajo, los trabajadores y las trabajadoras (LOTTT) y su Reglamento Parcial sobre el tiempo de trabajo*, Cesar Augusto Carballo Mena, Caracas 2013, 423 páginas.

CÓDIGO DE DERECHO ADMINISTRATIVO

Introducción General y edición
por
ALLAN R. BREWER-CARÍAS

COLECCIÓN TEXTOS
LEGISLATIVOS
N° 55

EDITORIAL JURÍDICA VENEZOLANA
Caracas/2013

Editorial Jurídica Venezolana
Avda. Francisco Solano López, Torre Oasis, P.B., Local 4, Sabana Grande.
Apartado 17.598-Caracas, 1015, Venezuela
Teléfono 762-25-53 / 762-38-42 / Fax. 763-52-39
Email fejv@cantv.net
http://editorialjurídicavenezolana.com.ve

Hecho el Depósito de Ley
ISBN: 978-980-365-204-3
Depósito Legal: lf54020133402769
Primera edición: Caracas, 2013

Diagramación, composición y montaje
por: Francis Gil, en letra
Time New Roman 10.5, Interlineado 11, Mancha 19X12.5

CONTENIDO GENERAL

INTRODUCCIÓN GENERAL

AL CÓDIGO DE DERECHO ADMINISTRATIVO: LA CONSTITUCIONALIZACIÓN DEL DERECHO ADMINISTRATIVO Y SU REGULACIÓN LEGAL BÁSICA

por

ALLAN R. BREWER-CARÍAS

Profesor de la Universidad Central de Venezuela

En una época en la cual legislación general en materia de derecho administrativo aún se limitaba al texto de una sola ley nacional destinada a regular el número y la competencia de los diversos Ministerios que conformaban el Ejecutivo nacional, denominada "Estatuto Orgánico de Ministerios," el profesor Eloy Lares Martínez en la primera edición de su *Manual de Derecho Administrativo* publicado en 1963, al referirse al tema de la codificación del derecho administrativo, indicaba con razón que un *Código de Derecho Administrativo* debía contener las "leyes especiales" en las cuales se regularan "las reglas relativas a los procedimientos de elaboración de los actos administrativos, los recursos ejercitables contra ellos en el seno de la administración, la carrera administrativa [y] las controversias provocadas por los actos de la administración" (pp. 86-87).

Cincuenta años pasaron desde que Lares formuló aquella apreciación, durante los cuales no sólo se produjo un importantísimo proceso de constitucionalización del derecho administrativo, que convirtió a la Constitución misma en la primera de la disciplina, sino que las leyes fundamentales de un *Código de Derecho Administrativo*, se fueron sancionando sucesivamente tal como lo vislumbraba el profesor Lares, regulando los aspectos generales de la disciplina, que fueron: 1. La Ley Orgánica de la Administración Pública; 2. La Ley del Estatuto de la Función Pública; 3. La Ley Orgánica de Procedimientos Administrativos; 4. La Ley de Contrataciones Públicas; 5. Ley Orgánica sobre Promoción de la Inversión Privada bajo el Régimen de Concesiones; 6. La Orgánica de la Administración Financiera del Sector Público; 7. Ley de Bienes Públicos; 8. Ley contra la Corrupción; 9 Ley Orgánica de la Contraloría General de la República y del Sistema de Control Fiscal.; y 10. Ley Orgánica de la Jurisdicción Contencioso Administrativa.

Este conjunto normativo, puede decirse que sin duda conforma ahora un *Código de Derecho Administrativo* que es el que queremos presentar con esta edición, contentivo de las regulaciones básicas que norman la Administración Pública como complejo orgánico, particularmente en cuanto a su organización, funcionamiento y actividad.

I. LA CONSTITUCIÓN Y LA CONSTITUCIONALIZACIÓN DEL DERECHO ADMINISTRATIVO

Todas esas leyes tienen una fuente orientadora y reguladora común que es la Constitución, por lo que sin duda, a las mismas también habría que agregar como conformando parte de dicho Código de Derecho Administrativo, al texto mismo de la Constitución de 1999,[1] particularmente porque en el mismo se produjo la culminación del proceso de constitucionalización del derecho administrativo. Este proceso, incluso lo vislumbró el mismo profesor Lares Martínez en 1963, ya en relación con la Constitución de 1961, indicando que mediante el mismo se han "agregado al texto constitucional, con el propósito de darles mayor estabilidad, principios y reglas que no tienen carácter fundamental en la organización del Estado, sino que rigen principalmente la actividad de las instituciones, y por ello son propiamente, una parte del derecho administrativo incorporada a la Constitución" (p. 29).

Ello en efecto se había comenzado a producir en la Constitución de 1961, habiendo cristalizado definitivamente en la Constitución de 1999, como lo destacamos en su momento,[2] tal y como sucedió en muchos otros países de América Latina,[3] lo que confirma los cada vez más estrechos vínculos que existen entre el derecho constitucional y el derecho administrativo, constituyendo la propia Constitución, como se dijo, la principal fuente de este último.

Ambas ramas del derecho son, ante todo y a la vez, por una parte, derechos estatales en el sentido de que tienen por objeto regular la organización, funcionamiento y actuación del Estado, y por la otra, derechos reguladores de las personas, es decir, que norman el ejercicio de los derechos por los ciudadanos, respondiendo ambas ramas del derecho a las mismas bases constitucionales del Estado concebido como "Estado social y democrático de derecho," conforme a la terminología acuñada desde hace varias décadas en las Constituciones europeas, y posteriormente recogida en América latina, antes que en Venezuela (art. 2), en las Constituciones de Colombia de 1991 (art. 1°) y de Ecuador de 1998 (art. 1°).

Ahora bien, específicamente en cuanto al derecho administrativo, además de ser un derecho de las personas, es ante todo, como se ha dicho, un derecho estatal,[4] en el sentido de que además de emanar del Estado, está destinado a regular una parte esencial de la organización y de la actividad del mismo, particularmente a la Administración Pública como complejo orgánico, su organización y funcionamiento; el ejercicio de la función administrativa; y las relaciones jurídicas que se establecen entre las personas jurídicas estatales y los administrados; siendo su objeto, por tanto, normar instituciones de carácter público que persiguen fines públicos y colectivos, situados por encima de los intereses particulares.

---

1   Para el estudio detallado de la Constitución de 1999, véase Allan R. Brewer-Carías, *La Constitución de 1999 y la Enmienda Constitucional N° 1 de 2009*, Editorial Jurídica venezolana, Caracas 2011.

2   Véase Allan R. Brewer–Carías, "Algunos aspectos de proceso de constitucionalización del derecho administrativo en la Constitución de 1999," en *Los requisitos y vicios de los actos administrativos. V Jornadas Internacionales de Derecho Administrativo Allan Randolph Brewer–Carías, Caracas 1996*, Fundación Estudios de Derecho Administrativo (FUNEDA), Caracas 2000, pp. 23–37.

3   Véase por ejemplo, en Colombia, Allan R. Brewer–Carías, "El proceso de constitucionalización del derecho administrativo en Colombia", *Revista de Derecho Público* N° 55 y 56, Editorial Jurídica Venezolana, Caracas, 1993, pp. 47 a 59; íd., "Algunos aspectos del proceso de constitucionalización del derecho administrativo en Venezuela", *V Jornadas Internacionales de Derecho Administrativo Allan Randolph Brewer Carías, Los requisitos y vicios de los actos administrativos 2000*, Funeda, Caracas, 2000, pp. 21 a 37.

4   André Demichel, *Le droit administratif. Essai de réflexion théorique*, París, 1978, p. 14.

Precisamente por al regular al Estado, el derecho administrativo se presenta siempre como un derecho dinámico, en constante evolución, como consecuencia directa de los constantes cambios que se operan en el fenómeno social y político de cada sociedad; la cual, como lo dijo hace años Alejandro Nieto, "se expresa en un determinado derecho [pues] las transformaciones sociales arrastran inevitablemente una alteración de la superestructura jurídica."[5] En otras palabras, "el derecho administrativo se asienta sobre bases que están en constante evolución y que reflejan los condicionamientos políticos y sociales vigentes en un momento dado"[6]; por lo que puede decirse que el derecho administrativo sufre permanentemente de una "crisis de crecimiento,"[7] la cual se debe a los cambios que de manera constante le provocan las transformaciones económicas y sociales, que no cesan.

Esos cambios, por supuesto, en el mundo contemporáneo se reflejan cada vez con mayor fuerza en las propias Constituciones, por lo que nuestro objetivo, en estas notas, es referirnos a las características más resaltantes del derecho administrativo venezolano, plasmadas precisamente en el texto constitucional de 1999, y determinar cómo están integradas en el panorama jurídico contemporáneo.

Siendo un derecho estatal, las características fundamentales del derecho administrativo constitucionalizado en Venezuela responden a lo que en el panorama jurídico contemporáneo constituyen los elementos fundamentales de nuestra disciplina, y que son, en *primer lugar,* el Estado de derecho y la legalidad; en *segundo lugar,* los condicionamientos democráticos y sociales de ese Estado; y en *tercer lugar*, el equilibrio que tiene que existir entre las prerrogativas y poderes del Estado y los derechos y garantías de los ciudadanos.

1. *El derecho administrativo como derecho del Estado de derecho*

Puede entonces decirse que el derecho administrativo es, ante todo, el derecho del Estado de derecho (*rule of law*), al punto de que sin este no habría derecho administrativo.

Nuestra disciplina puede decirse que nació efectivamente con el surgimiento del Estado de derecho,[8] producto de las revoluciones Francesa y Norteamericana[9] del siglo XVIII, el cual se configuró en torno a varios principios esenciales que lo condicionan, siempre vigentes en el constitucionalismo moderno, como son: la soberan-

---

5   *V.* Alejandro Nieto "La vocación del derecho administrativo de nuestro tiempo", *Revista de Administración Pública,* N° 76, Madrid, Centro de Estudios Constitucionales 1975; también en *34 artículos seleccionados de la Revista de Administración Pública con ocasión de su centenario,* Madrid, 1983, pp. 880 y 881.

6   *Cfr.* Martín Bassols, "Sobre los principios originarios del derecho administrativo y su evolución", en *Libro homenaje al profesor Juan Galván Escutia,* Valencia, 1980, p. 57.

7   *V.,* Prosper Weil, *El derecho administrativo,* Madrid, 1966, p. 31.

8   *Cfr.* Fernando Garrido Falla, "Sobre el derecho administrativo y sus ideas cardinales", *Revista de Administración Pública,* N° 7, Instituto de Estudios Políticos, Madrid, 1952; también en *34 artículos seleccionados de la Revista de Administración Pública con ocasión de su centenario, cit.,* p. 222.

9   *Cfr.* Allan R. Brewer–Carías, *Reflexiones sobre la Revolución americana (1776) y la Revolución francesa (1789) y sus aportes al constitucionalismo moderno,* Editorial Jurídica Venezolana, Caracas, 2001.

ía popular y la supremacía constitucional; la limitación y distribución del poder público; el principio de legalidad; el reconocimiento de los derechos y garantías ciudadanas, y el control judicial del imperio de la ley.

La Constitución venezolana de 1999, con toda su novedad, sin duda, sigue respondiendo a estos cinco principios clásicos del Estado de derecho, que son la base de nuestra disciplina.

A. La supremacía constitucional

La primera nota que condiciona el derecho administrativo es, en efecto, la idea de la existencia de la Constitución como norma suprema, producto de la soberanía popular. Debe recordarse que como todas las constituciones contemporáneas, y desde que el concepto de "Constitución" tal y como la entendemos en la actualidad fue inventado en las colonias independientes de Norteamérica a partir de 1776, la Constitución venezolana es un ejemplo de Constitución rígida, concebida como la "norma suprema" (art. 7°). Por ello, habiendo sido emanada de la voluntad popular, la Constitución es el fundamento de todo el ordenamiento jurídico, de manera que todos los órganos del Estado y todos los individuos están sujetos a la Constitución y tienen la obligación de respetarla y obedecerla (art. 7°). Como tal, sus normas son directamente aplicables tanto a los órganos estatales como a los individuos y son fuente directa de derechos y obligaciones; en particular, aquellas normas que consagran los derechos humanos y sus garantías, y las que atribuyen competencia a los órganos del Estado.

Ese carácter de la Constitución como norma rígida y suprema hace que la misma prevalezca sobre toda otra norma o acto estatal, debiendo, por tanto, ser aplicada con preferencia cuando exista incompatibilidad entre ella y otras normas. Así lo precisa el artículo 334 C., al asignar como poder-deber exclusivo de los jueces, el "de asegurar la integridad de la Constitución".

B. La limitación al poder público

La segunda nota esencial del Estado de Derecho que condiciona el derecho administrativo es la limitación al poder público o del poder del Estado, mediante su separación y división, como garantía de la libertad. A tal efecto, desde los inicios del constitucionalismo moderno puede decirse que surgieron dos sistemas de distribución del poder público que se consagraron en todas las Constituciones: un sistema de distribución vertical o territorial del poder, y un sistema de división horizontal del poder. Por supuesto, dichos sistemas no son ni jamás han sido uniformes: han variado en su forma e intensidad según los condicionamientos históricos, políticos y sociales propios de cada país. En el caso de Venezuela, ambos sistemas, sin duda, se han aplicado históricamente y están consagrados en la Constitución como producto de la realidad actual del país.

En *primer lugar,* la Constitución estableció un sistema de distribución vertical o territorial del poder público como consecuencia de la forma federal del Estado, el cual se califica como "descentralizado" (art. 4°), compuesto por tres niveles de entidades territoriales autónomas: los municipios, los estados y la República (además del distrito capital y las dependencias federales) (art. 16). Estas entidades descentralizadas gozan de autonomía para la gestión de sus intereses propios dentro de los límites de la Constitución, con derecho a ser gobernadas por autoridades propias, elegidas por votación popular, las cuales ejercen las competencias que constitucionalmente les corresponden, legislando sobre las mismas; y administran sus propios recursos y establecen los tributos necesarios para el cumplimiento de sus funciones (arts. 16, 159 y 168).

La Constitución de 1999, sin embargo, estableció una grave limitación a la autonomía de los Estados, al remitir a una ley nacional la regulación del régimen de la organización y el funcionamiento de los Consejos Legislativos de los Estados (art. 162), que son los que ejercen el poder legislativo estadal; y una aun más grave limitación a la autonomía municipal al circunscribirla no sólo a los límites impuestos por la Constitución, sino a los que pueda establecer la ley (art. 168), lo que es una negación a la misma, al carecer de garantía constitucional.

En *segundo lugar,* en la Constitución de 1999 se estableció una división horizontal o un sistema de separación orgánica de poderes, que origina órganos independientes y autónomos entre sí que ejercen las diversas ramas del poder público: legislativa, ejecutiva, judicial, ciudadana y electoral. El sistema, por supuesto, nada tiene que ver con la exageración del constitucionalismo inicial francés de la Revolución, de acuerdo con el cual se conformaron aquellos compartimientos estancos que tanto caracterizaron y condicionaron la evolución del derecho administrativo en Francia, y que no sólo dieron origen a la justicia administrativa separada del poder o rama judicial, sino que provocaron el tardío establecimiento de un completo sistema de control de la constitucionalidad de las leyes.

Nada más lejos de esa concepción que la que siempre se ha adoptado en Venezuela y que se refleja en la Constitución de 1999, en la cual, desde 1961, se ha constitucionalizado la jurisdicción contencioso administrativa pero formando parte de la rama judicial (art. 259) del poder público, y en la cual la jurisdicción constitucional se ha atribuido al Tribunal Supremo de Justicia en Sala Constitucional (art. 266.1). Dicho sistema, por supuesto, nada tiene que ver, salvo por aproximaciones semánticas, con el sistema de dualidad jurisdiccional estilo francés, donde la jurisdicción contencioso administrativa no forma parte de la rama judicial.

Pero en particular, en cuanto a la división del poder público, la Constitución adoptó un novedoso sistema de separación orgánica del poder público nacional, en cinco poderes, agregando a los tradicionales poderes legislativo, ejecutivo y judicial, dos nuevos, los poderes ciudadano y electoral. Esta penta división o separación horizontal orgánica del poder público (art. 136), por supuesto, no es rígida, como no lo es hoy en ninguna parte del mundo. No sólo todos los órganos que las integran colaboran entre sí en la realización de los fines del Estado (art. 136), sino que el ejercicio de las funciones propias de los órganos de cada uno no es exclusivo ni excluyente, pudiendo, en dicho ejercicio, haber interferencia por parte de los órganos de los otros poderes estatales. Así, por ejemplo, la función jurisdiccional la pueden ejercer, además de los órganos de la rama judicial, las autoridades administrativas, como sucede normalmente en todos los países contemporáneos, no sólo de nuestra familia de derechos, sino del *common law.*[10] La función administrativa también se ejerce por

---

10   Véanse las muy completas referencias al sistema de *administrative tribunals* y de órganos administrativos con funciones cuasi jurisdiccionales, en Inglaterra y en Estados Unidos de

las diversas ramas del poder, al igual que la función normativa. Hay, en todo caso, funciones que se ejercen por cada rama en forma privativa, y en éstas no puede haber interferencia, pues habría usurpación de funciones. De allí que conforme al artículo 138 C. "toda autoridad usurpada es ineficaz y sus actos son nulos".

Además, formalmente, como se ha dicho y como sucede hoy en la mayoría de los países, la otrora clásica división del poder en las ramas legislativa, ejecutiva y judicial, se rompió en el constitucionalismo del siglo XX, de manera que, en general, el poder público se ejerce, además de por los órganos que componen las tres clásicas ramas, por otra serie de órganos que progresivamente han sido constitucionalizados y dotados de autonomía funcional, y que en el caso de Venezuela han sido erigidos en ramas formales del poder público. Es el caso del poder ciudadano, que integra los ya clásicos órganos constitucionales de control (art. 273), como la Contraloría General de la República (art. 267), el Ministerio Público (art. 284) y la Defensoría del Pueblo (art. 280); y del poder electoral, que ejerce el Consejo Nacional Electoral (art. 293). En la Constitución de 1999, en todo caso, se eliminó el Consejo de la Judicatura, que también era un órgano constitucional con autonomía funcional, atribuyéndose ahora las funciones de gobierno y administración de la rama judicial al Tribunal Supremo de Justicia (art. 267).

Es de destacar, en todo caso, que la clave de funcionamiento de un sistema de separación orgánica de poderes es la autonomía e independencia entre los poderes, características que en la Constitución de 1999 resultan seriamente afectadas, entre otras, por las siguientes regulaciones: el Tribunal Supremo de Justicia tiene competencia para decretar la destitución del Presidente de la República (art. 233); el Presidente de la República puede disolver la Asamblea Nacional (arts. 236.21 y 240), y la Asamblea Nacional puede remover a los magistrados del Tribunal Supremo (art. 265), al Contralor General de la República, al Fiscal General de la República, al Defensor del Pueblo (art. 279) y a los integrantes del Consejo Nacional Electoral (art. 296). La independencia de los poderes, con estas regulaciones, sin embargo, no tiene garantía constitucional alguna.

Por supuesto, para el derecho administrativo en este contexto de la separación orgánica de poderes, tiene una particular importancia tanto el ordenamiento de la rama ejecutiva el poder público como el tratamiento dado a la Administración Pública en la Constitución, y que también comprende a los órganos de los poderes ciudadano y electoral, por ejemplo. Puede decirse que en esta materia todos los principios necesarios han sido constitucionalizados, relativos a la organización administrativa (arts. 236.20) y a la Administración descentralizada funcionalmente (arts. 142 y 300); a la actuación administrativa (art. 141); a la función pública (Artículos 145 a 149) y su responsabilidad (art. 139); a los bienes públicos (Artículos 12, 181 y 304); a la información administrativa (art. 143); a la contratación administrativa (arts. 150 y 151); a la responsabilidad patrimonial del Estado (art. 140), y al régimen de control de la gestión administrativa, tanto popular (art. 62) como político (art. 66), fiscal (art. 287) y de gestión (art. 315).

América, en Jorge Vélez García, *Los dos sistemas del derecho administrativo. Ensayo de derecho público comparado,* Bogotá, 1994, pp. 113 y ss.

C. La sumisión a la legalidad y el principio de la formación del derecho por grados

La tercera de las notas clásicas del Estado de derecho que condiciona el derecho administrativo, la cual, incluso, justifica su denominación, es la sumisión de todos los órganos del Estado al derecho o a la legalidad, integrada ésta tanto por la norma suprema que es la Constitución (art. 7°), como por todas las demás fuentes del ordenamiento jurídico y que se aplican a los diversos órganos del Estado, conforme al clásico principio de la formación del derecho por grados.

En tal sentido, el artículo 137 recoge la clásica fórmula de nuestro constitucionalismo, al establecer que "la Constitución y las leyes definen las atribuciones de los órganos que ejercen el poder público, a las cuales deben sujetarse las actividades que realicen"; y en cuanto al principio de la formación del derecho por grados, éste tiene su fundamento en la propia Constitución, al distinguir aquellos actos estatales dictados en ejecución directa e inmediata de la Constitución, cuyo control de constitucionalidad corresponde a la Sala Constitucional del Tribunal Supremo de Justicia, como jurisdicción constitucional (art. 336), de los actos estatales dictados en ejecución directa e inmediata de la legislación e indirecta y mediata de la Constitución, entre los cuales están los actos administrativos sometidos al control tanto de legalidad como de constitucionalidad por parte de los órganos de la jurisdicción contencioso administrativa (art. 259) y de la jurisdicción contencioso electoral (art. 297). El derecho administrativo, así, es un derecho que si bien se ha constitucionalizado, esencialmente regula actividades del Estado dictadas en ejecución directa e inmediata de la legislación, y sometidas a la ley.

D. La declaración constitucional de derechos y garantías

El cuarto de los principios tradicionales condicionantes del derecho administrativo es la declaración constitucional de los derechos y garantías, que ha sido y es el signo común de todos los Estados contemporáneos. Por ello hemos dicho que el derecho administrativo, además de ser un derecho estatal, es también un derecho regulador del ejercicio de los derechos de las personas.

Ahora bien, en esta materia, la Constitución de 1999 se ha incorporado a las corrientes actuales del constitucionalismo universal, al establecer una amplísima declaración de derechos y garantías constitucionales, que sigue la línea de constituciones recientes, como las de Brasil y Colombia.

Lo primero que debe destacarse en esta materia es que, conforme al artículo 2° C., se declara como valor superior del ordenamiento jurídico del Estado, incluyendo por supuesto el derecho administrativo, y de su actuación, "la preeminencia de los derechos humanos", y conforme al artículo 3°, se indica entre los fines esenciales del Estado "la garantía del cumplimiento de los principios, derechos y deberes consagrados en esta Constitución", recogiéndose, además, el principio tradicional del constitucionalismo de que "la enunciación de los derechos y garantías contenidos en la Constitución y en los instrumentos internacionales sobre derechos humanos no debe entenderse como negación de otros que, siendo inherentes a la persona humana, no figuren expresamente en ellos. La falta de ley reglamentaria de estos derechos no menoscaba el ejercicio de los mismos" (art. 22).

En la Constitución de 1999, además, no sólo se ha establecido el principio de la progresividad en la interpretación de los derechos (art. 19), y la obligación de los órganos del poder público, incluida por supuesto, la Administración Pública, de respetar y garantizar los derechos humanos conforme a la Constitución, a los tratados sobre derechos humanos y a las leyes que los desarrollen (art. 19); sino que además se le ha dado rango constitucional a los tratados, pactos y convenciones relativos a derechos humanos suscritos y ratificados por Venezuela, los cuales se declara que prevalecen en el orden interno en la medida en que contengan normas sobre su goce y ejercicio más favorables a las establecidas por la Constitución y las leyes (art. 23).

Las normas de la Constitución, en todo caso, en relación con los principios relativos a los derechos humanos conducen a que, en última instancia, estos tienen el alcance que conforme a las normas constitucionales los jueces precisen, lo que no implica novedad alguna. Basta recordar, por ejemplo, la situación en el Reino Unido, donde no hay Constitución pero, por supuesto, rige el principio de la *rule of law*. Como señalaba Dicey hace más de un siglo, cuando contrastaba el derecho administrativo de Europa continental con la Constitución inglesa: en el Continente, decía, "los derechos individuales resultan, o aparentan resultar de los principios generales de la Constitución", en tanto que en Inglaterra,

> "Los principios generales de la Constitución (como por ejemplo la libertad personal, el derecho de reunión pública) son el resultado de decisiones judiciales en casos concretos llevados ante los tribunales, determinantes de los derechos individuales de las personas."

De allí concluía:

> "Las normas que en los países extranjeros forman parte de un Código Constitucional, no son la fuente sino la consecuencia de los derechos individuales, tal como han sido definidos y aplicados por los jueces."[11]

Por tanto, los jueces tienen el poder–deber de aplicar la Constitución y asegurar su integridad (art. 334) particularmente en materia de derechos humanos (art. 19). Los jueces nunca han sido meros autómatas o entes pasivos, ni como decía Montesquieu, "nada más que la boca que pronuncia las palabras de la ley, incapaces de moderar su fuerza y vigor"[12]. Al contrario, los jueces siempre han sido los intérpretes de la Constitución, siempre sometidos a la misma y a la ley, y a sus principios y valores.

E.   Las garantías de la Constitución y de los derechos fundamentales, y el control judicial

En *quinto lugar*, la Constitución venezolana, conforme a la orientación del derecho contemporáneo, también establece todo un sistema de garantías de la misma y de los derechos constitucionales, entre los cuales se destaca un completo sistema de control judicial de las actuaciones del Estado.

En efecto, en cuanto a las garantías constitucionales de los derechos y de la Constitución, ésta, además de establecer la reserva legal como principio general y preci-

---

11   A.V. Dicey, *An Introduction to the Study of the Law of the Constitution* (introd. E.C.S. Wade), London, 1973, pp. 195,196 y 203.

12   *V.* la referencia en H. McIlwain, *The High Court of Parliament and its Supremacy,* Yale, 1910, p. 323.

sar la responsabilidad de los funcionarios públicos por violaciones constitucionales (art. 25), consagra, adicionalmente a la acción de amparo para la protección de los derechos fundamentales (art. 27), todo un completísimo sistema de control difuso y concentrado de la constitucionalidad de las leyes, tanto antes como después de su sanción y publicación (arts. 333 y ss.), que ha sido, históricamente, junto con el sistema colombiano, uno de los grandes aportes de nuestros países al derecho constitucional comparado.[13] Ello ha conducido a la creación, incluso, de la jurisdicción constitucional atribuida a la Sala Constitucional del Tribunal Supremo de Justicia (art. 336).

Por otra parte, en cuanto a las garantías, debe destacarse que, como garantía fundamental de los derechos, el artículo 337 C., al regular los casos de estados de excepción, establece la prohibición de la restricción de los derechos a la vida, la prohibición de incomunicación o tortura, el derecho al debido proceso, el derecho a la información y los demás "derechos humanos intangibles" que son los regulados en tal forma en la Convención Americana de Derechos Humanos.

En cuanto al amparo, éste se regula como un derecho ciudadano (art. 27) a la supremacía constitucional y a sus derechos[14], que se manifiesta en múltiples acciones, incluyendo la acción de amparo (art. 28), la acción de *habeas corpus* (art. 27) y el *habeas data* (art. 28).

Se ratifica así, en la Constitución, la institución del amparo, con lo cual se ratifica uno de los clásicos principios del constitucionalismo. Recuérdese, por ejemplo, que los jueces angloamericanos, a pesar de que no existe una "acción de amparo", cotidianamente amparan o tutelan los derechos constitucionales mediante los viejos y ordinarios *wrigts,* como el *injunction* o el *mandamus,* al igual que los jueces franceses con los *referés*[15]*,* con tanta o más efectividad que nuestro amparo, y en ello no hay nada extraordinario. Lo importante es que los jueces cumplan con su deber, pues más importante que las leyes es que sean justamente administradas. Como lo decía Lord Denning:

> "Nada se logra teniendo leyes justas si las mismas son administradas injustamente, por malos jueces o por abogados corruptos. Un país no puede tolerar, por mucho tiempo, un sistema legal que no asegure juicios justos."[16]

---

13   *Cfr.* Allan R. Brewer–Carías, "El control concentrado de la constitucionalidad de las leyes (Estudio de derecho comparado)", *Homenaje a Carlos Restrepo Piedrahita. Simposio Internacional sobre Derecho del Estado,* t. II, Bogotá, Universidad Externado de Colombia, 1993, pp. 770 y ss.; e íd., *El sistema mixto o integral de control de la constitucionalidad en Colombia y Venezuela,* Universidad Externado de Colombia y Pontificia Universidad Javeriana, Bogotá, 1995.

14   *Cfr.* Allan R. Brewer–Carías, "El amparo a los derechos y libertades constitucionales y la acción de tutela a los derechos fundamentales en Colombia: una aproximación comparativa", en Manuel José Cepeda (ed.). *La carta de derechos. Su interpretación y sus implicaciones,* Bogotá, 1993, pp. 25 y ss.

15   *Cfr.* ídem., p. 28; Jorge Vélez García, *Los dos sistemas del derecho administrativo. Ensayo de derecho público comparado, cit.,* pp. 93 y ss. y 321 y ss.

16   *V.* la referencia en Allan R. Brewer–Carías "La Constitución de 1961 y los problemas del Estado democrático y social de derecho", *Reflexiones sobre la Constitución (Tres décadas de vigencia),* Fundación Procuraduría General de la República, Caracas, 1991, p. 34.

Pero además de las anteriores garantías judiciales, en particular en relación con las actuaciones de la Administración Pública, la Constitución de 1999, siguiendo el modelo de la de 1961 (art. 206), constitucionalizó la jurisdicción contencioso administrativa, cuyos órganos (Sala Político Administrativa del Tribunal Supremo de Justicia y los demás tribunales que determine la ley) son competentes para anular los actos administrativos generales o individuales contrarios a derecho, incluso por desviación de poder; condenar al pago de sumas de dinero y a la reparación de daños y perjuicios originados en responsabilidad de la Administración; conocer de reclamos por la prestación de servicios públicos y disponer lo necesario para el restablecimiento de las situaciones jurídicas subjetivas lesionadas por la actividad administrativa (art. 259). En esta forma, además, el "acto administrativo" es una noción constitucional en Venezuela.

2. *El derecho administrativo como derecho del Estado democrático y social*

Pero hemos dicho que el derecho administrativo no sólo es el derecho de un clásico Estado de derecho caracterizado conforme a los principios y notas antes analizados, sino que también es el derecho de un Estado Democrático y Social, lo que, por supuesto, como principio fundamental, también condiciona la actuación de la Administración Pública.

Ello deriva del artículo 2° que precisa los valores del Estado democrático y social de derecho y de justicia, entre los cuales está "la construcción de una sociedad justa y amante de la paz, la promoción de la prosperidad y bienestar del pueblo", los cuales tienen que condicionar todo el derecho estatal, incluyendo el derecho administrativo[17].

Esos valores, además, se complementan con la declaración del artículo 3° C., que señala:

> "Son fines esenciales del Estado la defensa y el desarrollo de la persona y el respecto de su dignidad, el ejercicio democrático de la voluntad popular, la construcción de una sociedad justa y amante de la paz, la promoción de la prosperidad y bienestar del pueblo y la garantía del cumplimiento de los principios, derechos y deberes consagrados en esta Constitución."

Todos estos fines configuran, como un valor esencial del pacto político, el Estado social que encuentra su concreción individual en la riquísima cláusula igualitaria del artículo 21 C., conforme a la cual "todas las personas son iguales ante la ley", estableciendo, entre otros aspectos, la prohibición de "discriminaciones fundadas en la raza, el sexo, el credo, la condición social o aquellas que en general, tengan por objeto o por resultado anular o menoscabar el reconocimiento, goce o ejercicio en condiciones de igualdad, de los derechos y libertades de la persona" (ord. 1°).

Pero el Estado social, sin duda, no sólo es fuente de derechos de las personas, sino ante todo fuente de deberes y obligaciones para el Estado. Por ello, materialmente, al enumerarse los derechos sociales, económicos y culturales a partir del artículo 75 C., en cada uno de los artículos se impone una obligación al Estado de proteger, apoyar, asistir, organizar, dirigir, fomentar, garantizar, promover, regular, ejercer, fortalecer,

---

17 *Cfr.* Pelayo de Pedro Robles "Los valores superiores en el marco de la Constitución de 1999", en *Ensayos de Derecho Administrativo. Libro Homenaje a Nectario Andrade Labarca,* Vol. I, Tribunal Supremo de Justicia, Caracas, 2004, pp. 433 a 444.

facilitar e incentivar diversas acciones, actividades o prestaciones de orden social. Los servicios públicos, como actividades prestacionales impuestas al Estado encuentran, en estas normas, su fundamento jurídico esencial.

En dichas normas, en efecto, está la fuente esencial de la normativa que conforma el derecho administrativo, que no sólo es un derecho formal relativo a los actos, contratos y recursos administrativos, sino un derecho material que regula las actuaciones del Estado y sus relaciones con los administrados. En esa normativa, por supuesto, la orientación constitucional es fundamental en cuanto a la finalidad del Estado. No se olvide que lo que caracteriza al derecho administrativo en el panorama jurídico contemporáneo es que regula instituciones de carácter público colocadas por encima de los intereses individuales, que asumen y gestionan intereses colectivos, superiores y generales, que no son, precisamente, la suma de intereses individuales[18].

De acuerdo con esta normativa, en todo caso, el Estado social tiene un papel ordenador y conformador de la realidad económica y social que debe cumplir con vista a realizar una sociedad justa y solidaria, asumiendo, como se dijo, obligaciones prestacionales frente a los ciudadanos con el carácter de servicios públicos, y ordenando y regulando la realidad económica y social para el logro de sus fines. El Estado, además, constitucionalmente está autorizado a desarrollar actividades económicas mediante la constitución de empresas públicas (art. 300); y en todo caso, tiene constitucionalmente impuesta la obligación de desarrollar una política de ordenación del territorio atendiendo a las realidades ecológicas, geográficas, poblacionales, sociales, culturales, económicas, políticas, de acuerdo con las premisas del desarrollo sustentable, que incluya la información, consulta y participación ciudadana, correspondiendo a la ley orgánica desarrollar los principios y criterios para este ordenamiento (art. 128).

Por otra parte, y en especial respecto de la economía, la Constitución prescribe directamente que el régimen socioeconómico de la República se fundamenta en los principios de justicia social, democracia, eficiencia, libre competencia, protección del ambiente, productividad y solidaridad, a los fines de asegurar el desarrollo humano integral y una existencia digna y provechosa para la colectividad; correspondiendo al Estado, conjuntamente con la iniciativa privada, promover el desarrollo armónico de la economía nacional con el fin de generar fuentes de trabajo, alto valor agregado nacional, elevar el nivel de vida de la población y fortalecer la soberanía económica del país, garantizando la seguridad jurídica, solidez, dinamismo, sustentabilidad, permanencia y equidad del crecimiento de la economía, para lograr una justa distribución de la riqueza mediante una planificación estratégica democrática, participativa y de consulta abierta (art. 299). A tal fin, la Constitución garantiza el derecho de todas las personas a dedicarse libremente a la actividad económica de su preferencia, sin más limitaciones que las previstas en la propia Constitución y en las leyes, por razones de desarrollo humano, seguridad, sanidad, protección del ambiente u otras de interés social; y a la vez, prescribe que el Estado debe promover la iniciativa privada, garantizando la creación y justa distribución de la riqueza, así como la producción de bienes y servicios que satisfagan las necesidades de la población, la libertad de trabajo, empresa, comercio, industria, sin perjuicio de su facultad

---

18   *Cfr.* A. Nieto, "La vocación del derecho administrativo", *cit.,* p. 890.

para dictar medidas para planificar, racionalizar y regular la economía e impulsar el desarrollo integral del país (art. 112).

Además, la Constitución impone al Estado la obligación de promover y proteger las asociaciones destinadas a mejorar la economía popular y alternativa, como las cooperativas, cajas de ahorro y mutuales (art. 118), así como también a la empresa familiar, la microempresa y cualquier otra forma de asociación comunitaria para el trabajo, el ahorro y el consumo, bajo régimen de propiedad colectiva (art. 308).

El derecho administrativo, entonces, debe regular el ejercicio de la actuación del Estado en relación con la economía conforme a esos principios.

3. *El derecho administrativo y el equilibrio entre prerrogativas y poderes estatales y derechos e intereses individuales*

Todo ese conjunto de normas que establecen los fines del Estado, sin duda, además de imponerle obligaciones de todo orden, incluyendo las prestacionales, le confieren poderes y prerrogativas para poder hacer prevalecer los intereses generales y colectivos frente a los intereses individuales. Pero, por supuesto, éstos no desaparecen, pues también están y deben ser protegidos y garantizados. Por ello, el derecho administrativo, además de ser el derecho del Estado democrático y social de derecho y el derecho regulador del ejercicio de los derechos de las personas, es el derecho regulador del equilibrio necesario que debe existir entre los intereses públicos, colectivos o generales que debe proteger y garantizar, y los intereses individuales y privados que también debe garantizar. Como lo ha destacado la Sala Político Administrativa del Tribunal Supremo de Justicia en sentencia 1028 del 9 de mayo de 2000:

> "El derecho administrativo se presenta dentro de un Estado social de derecho como el punto de equilibrio entre el poder (entendido éste como el conjunto de atribuciones y potestades que tienen las instituciones y autoridades públicas, dentro del marco de la legalidad), y la libertad (entendida ésta como los derechos y garantías que tiene el ciudadano para convivir en paz, justicia y democracia). En este orden de ideas el derecho administrativo es ante y por sobre todo un derecho democrático y de la democracia, y su manifestación está íntimamente vinculada a la voluntad general (soberanía) de la cual emana. Así, García de Enterría sostiene que la posición del ciudadano no puede ser la de un simple destinatario de la acción administrativa, o un simple instrumento del poder, él está en el origen mismo del poder y en la manifestación constante que de ese poder se haga dentro de una sociedad."[19]

No debe olvidarse, por ello, que si algo ha caracterizado al derecho administrativo durante toda su historia es esa ambigüedad básica de su concepción, que a la vez lo muestra como un instrumento para garantizar la acción administrativa, y como un instrumento del liberalismo; como un medio para la manifestación de la actividad gubernamental y la prevalencia de los intereses generales y colectivos, y como un medio de protección del administrado frente a la Administración. Por eso, Garrido Falla ha señalado, con razón, que el:

> "derecho administrativo encierra en su seno una oposición aparentemente irreductible que le hace ofrecerse como un hipócrita personaje de doble faz: de una parte, un conjunto de prerrogativas que sitúan a la administración en un plano de desigualdad y favor en sus relaciones

---

19   *V. Revista de Derecho Público*, Nº 82, Editorial Jurídica Venezolana, Caracas, 2000, p. 214.

con los particulares; de otra parte, la más acabada instrumentación técnica del Estado liberal."[20]

En definitiva, el derecho administrativo siempre se ha explicado por el juego dialéctico de esos dos conceptos contrapuestos: prerrogativa administrativa y garantía del particular, de manera que, como decía Waline, por una parte se evite el inmovilismo y la impotencia, y por la otra, la tiranía[21].

La Constitución de Venezuela también está imbuida de esta tercera base constitucional, dando cabida a un conjunto de regulaciones para asegurar la relación Administración–administrado, sin el sacrificio o menosprecio de los intereses particulares, a pesar de la prevalencia de los intereses generales o colectivos, regulando las normas de actuación de la Administración y protegiendo los derechos e intereses de las personas.

En este campo se destaca, ante todo, la norma que al regular a la Administración Pública declara que "está al servicio de los ciudadanos y ciudadanas y se fundamenta en los principios de honestidad, participación, celeridad, eficacia, eficiencia, transparencia, rendición de cuenta y responsabilidad en el ejercicio de la función pública, con sometimiento pleno a la ley y al derecho" (art. 141). Estos principios, que "por primera vez en la historia constitucional venezolana se elevan a principios de rango constitucional"[22], se complementan con otros contenidos en las normas referidas al Estado federal, que debe estructurarse conforme a "los principios de integridad territorial, cooperación, solidaridad, concurrencia y corresponsabilidad" (art. 4°).

Sin duda, todos estos principios de actuación del Estado constituyen garantías de los individuos ante el mismo, permitiendo la búsqueda de ese equilibrio entre el poder y el individuo que caracteriza todo el derecho administrativo.

Esas garantías de las personas, además, se concretan en otras normas constitucionales, como la que impone el debido proceso, no sólo en las actuaciones judiciales sino en los procedimientos administrativos (art. 49).

Por otra parte, en este régimen de relaciones entre la Administración y los administrados, la Constitución venezolana incorpora en su texto, imbuyendo toda su normativa, el principio de participación. Así, al gobierno de la República se le define como "participativo" (art. 6°), consagrándose el derecho ciudadano "de participar libremente en los asuntos públicos" (art. 62), para lo cual "la participación del pueblo en la formación, ejecución y control de la gestión pública" es considerada como "el medio necesario para lograr el protagonismo que garantice su completo desarrollo, tanto individual como colectivo" (art. 62). Por ello, la Constitución declara que "es obligación del Estado y deber de la sociedad facilitar la generación de las condiciones más favorables" para la práctica de la participación (art. 62).

Dentro de los medios de participación y protagonismo del pueblo en ejercicio de su soberanía, el artículo 70 los define así: *en lo político,* la elección de cargos públicos, el referendo, la consulta popular, la revocatoria del mandato, la iniciativa legis-

---

20   Fernando Garrido Falla, "Sobre el derecho administrativo", *cit.,* p. 223.

21   Marcel Waline, *Droit administratif,* París, 1963, p. 4.

22   *V.* sentencia 164 del 19 de diciembre de 2000 de la Sala Electoral del Tribunal Supremo, *Revista de Derecho Público,* N° 84, Editorial Jurídica Venezolana, Caracas, 2000, p. 249.

lativa, constitucional y constituyente, el cabildo abierto y la asamblea de ciudadanos cuyas decisiones serán de carácter vinculante; y en lo *social y económico,* las instancias de atención ciudadana, la autogestión, la cogestión, las cooperativas en todas sus formas, incluyendo las de carácter financiero, las cajas de ahorro, la empresa comunitaria y demás formas asociativas guiadas por los valores de la mutua cooperación y la solidaridad (art. 70).

En cuanto a los estados y municipios, también se precisa una amplia política de participación mediante la transferencia, en materias de servicios públicos, formulación de políticas, economía, y diversas áreas de gestión, como la penitenciaria (art. 184).

Se destaca, asimismo, como fórmula jurídica para la participación, la regulación de los intereses colectivos y difusos como legitimación para el acceso a la justicia (art. 26), en particular, a la justicia contencioso administrativa (art. 259).

4   *El derecho administrativo como derecho que regula la actuación del Estado en relación con los administrados*

La Constitución de 1999, por otra parte, establece las regulaciones fundamentales relativas a la actuación del Estado como gestor del interés general en relación con los particulares o administrados, y en especial, en su actuación administrativa; con lo cual el régimen fundamental del derecho administrativo ha quedado constitucionalizado.

En primer lugar, se destaca el principio constitucional de que "la Administración Pública está al servicio de los ciudadanos y ciudadanas". A tal efecto, se prescribe que la actuación de la Administración Pública "se fundamenta en los principios de honestidad, participación, celeridad, eficacia, eficiencia, transparencia, rendición de cuentas y responsabilidad en el ejercicio de la función pública"; y además, conforme al principio de la legalidad, es decir, "con sometimiento pleno a la ley y al derecho" (art. 141).

La Constitución, por otra parte, garantiza a los ciudadanos el derecho a ser informados oportuna y verazmente por la Administración Pública, sobre el estado de las actuaciones en que estén directamente interesados, y a conocer las resoluciones definitivas que se adopten sobre el particular. Asimismo, la Constitución garantiza a los ciudadanos el acceso a los archivos y registros administrativos, sin perjuicio de los límites aceptables dentro de una sociedad democrática en materias relativas a seguridad interior y exterior, a la investigación criminal y a la intimidad de la vida privada, de conformidad con la ley que regule la materia de clasificación de documentos de contenido confidencial o secreto (art. 143).

Si el Estado está al servicio de los ciudadanos, los funcionarios públicos, a su vez, "están al servicio del Estado y no de parcialidad alguna", razón por la cual, "su nombramiento o remoción no podrán estar determinados por la afiliación u orientación política" (art. 145).

Su régimen debe establecerse por ley, como un estatuto de la función pública, mediante normas sobre el ingreso, ascenso, traslado, suspensión y retiro de los funcionarios de la Administración Pública, debiéndose proveer su incorporación a la seguridad social (art. 144).

La Constitución prescribe, además, que en general los cargos de los órganos de la Administración Pública son de carrera; quedando exceptuados sólo los de elección popular, los de libre nombramiento y remoción, los contratados, los obreros al servicio de la Administración Pública y los demás que determine la ley. A los efectos de los cargos de carrera, la Constitución exige que el ingreso de los funcionarios públicos a los mismos debe ser por concurso público, fundamentado en principios de honestidad, idoneidad y eficiencia; debiendo el ascenso quedar sometido a métodos científicos basados en el sistema de méritos, y debiendo el traslado, la suspensión o el retiro ser de acuerdo con su desempeño (art. 146).

En cuanto a la actuación de la Administración Pública, la Constitución se refiere a los actos administrativos (art. 259), a los contratos estatales y en especial, a los contratos de interés público (art. 150) y a las concesiones administrativas (art. 113). Nociones claves del derecho administrativo, que han sido constitucionalizadas.

Referente a las potestades de la Administración, las mismas también encuentran su fundamento en la propia Constitución. Así, por ejemplo, en cuanto a la potestad reglamentaria, la misma tiene su fundamento en la Constitución, en las atribuciones del Presidente de la República (art. 236.10), constituyendo los reglamentos actos administrativos de efectos generales.

Por otra parte, en cuanto a la potestad expropiatoria, la misma está establecida en la Constitución, como garantía del derecho de propiedad, de manera que "sólo por causa de utilidad pública o interés social, mediante sentencia firme y pago oportuno de justa indemnización, podrá ser declarada la expropiación de cualquier clase de bienes" (art. 115).

Conforme al artículo 139 C., el ejercicio del poder público acarrea responsabilidad individual por abuso o desviación de poder o por violación de la Constitución o de la ley; respondiendo patrimonialmente el Estado, además, por los daños que sufran los particulares en cualquiera de sus bienes y derechos, siempre que la lesión sea imputable al funcionamiento de la Administración Pública (art. 140).

Por último, la Constitución misma regula ciertos bienes públicos como dominio público, constitucionalizando por tanto su régimen. Así, se declara que los yacimientos mineros y de hidrocarburos, cualquiera que sea su naturaleza, existentes en el territorio nacional, bajo el lecho del mar territorial, en la zona económica exclusiva y en la plataforma continental, pertenecen a la República, considerándose como bienes del dominio público y, por tanto, inalienables e imprescriptibles. Igualmente, la Constitución declara a las costas marinas como bienes del dominio público (art. 12). Además, el artículo 304 C. también declara que todas las aguas son bienes de dominio público de la Nación, insustituibles para la vida y el desarrollo, remitiendo a la ley el establecimiento de las disposiciones necesarias a fin de garantizar su protección, aprovechamiento y recuperación, respetando las fases del ciclo hidrológico y los criterios de ordenación del territorio.

5. *La Constitución como fuente del derecho administrativo*

Como se puede apreciar de lo antes expuesto, la primera y más importante de las fuentes del derecho administrativo y, por tanto, de la legalidad administrativa, es la Constitución de 1999. De acuerdo a la tradición constitucional que se remonta al primer texto constitucional de la República del 21 de diciembre de 1811 (Constitución Federal para los Estados de Venezuela), la Constitución, tanto en su parte orgánica como en su parte dogmática, contiene una serie de normas que están en la cúspide del ordenamiento jurídico y que son de aplicación directa e inmediata a los funcionarios y ciudadanos[23]. Todos los principios del ordenamiento jurídico administrativo encuentran su fuente y consagración en dicho Texto Fundamental, el cual es la ley suprema del ordenamiento. Así lo establece expresamente el artículo 7º: "La Constitución es la norma suprema y el fundamento del ordenamiento jurídico". Por tanto, toda ley, norma o acto está subordinado a la Constitución y no puede haber acto alguno superior a ella.

Entre las varias características que tiene la Constitución, que la configuran como tal ley suprema, está, en primer lugar, su supremacía, tal como el mismo texto la expresa; en segundo lugar, su rigidez, derivada de su inmodificabilidad sin la participación del pueblo a través de las enmiendas, reformas o de la Asamblea Constituyente; en tercer lugar, su imperatividad, como lo indica el mismo artículo 7º: "Todas las personas y los órganos que ejercen el poder público están sujetos a esta Constitución"; y en cuarto lugar, su carácter de fuente del derecho. Todos estos principios están garantizados en el propio texto constitucional, con la sanción de la nulidad respecto de todo acto contrario a su articulado o a los principios constitucionales.

La importancia que tiene el identificar a la Constitución como fuente del derecho administrativo es que tanto los particulares como las autoridades administrativas, en su actividad, están sometidos directamente a las normas constitucionales, tanto a las que conforman la parte orgánica como a las que configuran la parte dogmática, en particular, las que establecen los derechos y garantías constitucionales, las cuales, por lo demás, son de aplicación directa e inmediata. La consecuencia de ello es que los actos administrativos pueden ser controlados y anulados por los órganos de la jurisdicción contencioso administrativa cuando violen una norma constitucional, es decir, por inconstitucionalidad que, por supuesto, es una de las formas de contrariedad al derecho de que habla el artículo 259 C. Tan importante es la consideración de la Constitución como fuente del derecho administrativo que incluso, en la hipótesis de que un acto administrativo se dicte fundado en una ley que sea en sí misma inconstitucional, el poder de los órganos de la jurisdicción contencioso administrativa para controlar la conformidad con el derecho (incluida la Constitución) de dichos actos no se detiene, desde el momento en que los jueces de la República pueden ejercer el control difuso de la inconstitucionalidad de la ley, conforme a los artículos 334 de la propia Constitución y 20 del CPC., declarando la ley inaplicable al caso concreto y, en consecuencia, anulando el acto administrativo por inconstitucional.

Ahora bien, cuando se indica que una de las fuentes del derecho administrativo –la primera y de carácter supremo– es la Constitución,[24] ello significa que los órganos de la Administración Pública deben, ante todo, respetar las normas constitucionales,

---

23   *Cfr.* Nelson E. Rodríguez García "Breves observaciones sobre el valor normativo de la Constitución y sus reflejos en el Derecho Administrativo", *Ensayos de Derecho Administrativo. Libro Homenaje a Nectario Andrade Labarca*, Vol. II, *cit.*, pp. 489 a 515; Augusto Pino, "Sistemas de las fuentes constitucionales del derecho venezolano", *Libro Homenaje a Rafael Caldera. Estudios sobre la Constitución*, t. I, *cit.*, pp. 113 a 150.

24   *Cfr.* Allan R. Brewer–Carías, "La Constitución como fuente del derecho administrativo", *Revista de Derecho Público*, Nº 47, Editorial Jurídica Venezolana, Caracas, 1991, pp. 35 y ss.

tanto las que se establecen en los *artículos* del texto, como las que regulan de *principios* constitucionales.

A. Los artículos de la Constitución como fuente del derecho administrativo

La Constitución, como Ley Suprema de la organización del Estado, por supuesto, contiene una serie de artículos que dentro del marco del derecho constitucional regulan la organización política de la sociedad.

Sin embargo, es evidente que al hablar de la Constitución es imposible, desde el ángulo del derecho administrativo, pretender señalar que sólo ciertos de sus artículos conciernen al derecho constitucional y otros se configuran, en cambio, como fuentes del derecho administrativo. Lo cierto, es que, como lo ha señalado por Vedel, es inconcebible que el derecho administrativo se defina con independencia de toda consideración de la Constitución, que es la fuente de todo el ordenamiento jurídico.[25] Como hemos indicado, progresivamente se ha producido un proceso de constitucionalización del derecho administrativo y paralelamente, también, de juridificación del derecho constitucional, que conducen a apreciar a la Constitución, materialmente en la globalidad de su articulado, como la fuente fundamental del derecho administrativo. Ahora bien, entre las normas constitucionales de mayor relevancia como fuente del derecho administrativo están los artículos constitucionales sobre el ejercicio del poder público; los que distribuyen el poder público en forma vertical, configurando la forma federal del Estado; los relativos a la reserva legal; los que consagran los derechos y garantías; los que regulan la actividad de la Administración Pública; los que regulan la Hacienda y las finanzas públicas; y los que establecen el control judicial de la actividad administrativa.

a. *Los artículos constitucionales sobre ejercicio del Poder Público*

Ante todo, deben considerarse como fuentes directas del derecho administrativo, de primera importancia, las normas del Texto Fundamental que establecen los principios fundamentales relativos al ejercicio del poder público, y que se aplican tanto a los órganos estatales nacionales, estadales y municipales como en ellos, en su caso, a los órganos legislativos, a los órganos judiciales, a los órganos administrativos y a los órganos de control. Están así, expresamente consagrados el principio de legalidad (arts. 137, 141 y 259); el principio de la distribución de funciones y competencias (art. 136); y la sanción, con nulidad, de los actos viciados de incompetencia constitucional (art. 138) o dictados en violación de los derechos y garantías constitucionales (art. 25).

La Constitución consagra, así mismo, el principio de la responsabilidad del Estado (arts. 6°, 26, 49.8; 141, 165, 311, 313, 319, 322, 326 y 329), y en particular, de la responsabilidad patrimonial del mismo (arts. 140 y 259); así como el principio de la responsabilidad individual de los funcionarios en ejercicio del poder público (arts. 25, 46.4, 49.8, 139, 199, 200, 216, 222, 232, 241, 242, 244, 255, 281.4 y 5, 285.4 y 315).

---

25   *Cfr.* Georges Vedel y Pierre Devolvé, *Droit administratif,* t. I, París, 1990, p. 444.

En particular, sobre la Administración Pública, la Constitución establece sus principios de actuación (art. 141), la figura de los institutos autónomos y el control del Estado sobre los entes descentralizados (art. 142) y el régimen de la información administrativa y del derecho de acceso a los documentos oficiales (art. 143). Sobre los funcionarios públicos, la Constitución regula el estatuto de la función pública y régimen de la carrera administrativa (arts. 144 y 146); el sentido del servicio al Estado de los funcionarios, y las prohibiciones de contratación con entes públicos (art. 145); el régimen de las remuneraciones (art. 147) y de las incompatibilidades (art. 148), y la prohibición de aceptación de cargos de naciones extranjeras (art. 149). Sobre los contratos públicos, la Constitución establece las normas básicas de contratación pública (art. 150) y las cláusulas de inmunidad de jurisdicción (art. 151), de carácter ambiental (art. 129) y de temporalidad en las concesiones (arts. 113 y 156.16)

La Constitución establece, asimismo, al regular el régimen de ejercicio del poder público, los principios fundamentales relativos a las relaciones internacionales, a la celebración de tratados o convenios internacionales y a los procesos de integración regional (arts. 152 a 155). Igualmente reguló en forma detallada el régimen de la seguridad y defensa de la Nación y de la Fuerza Armada y de los órganos de seguridad ciudadana (arts. 322 y ss.).

Todas las normas constitucionales relativas al poder público, por tanto, tienen carácter de fuentes directas del derecho administrativo, así como las relativas a su distribución vertical y división horizontal del poder público (art. 136).

b. *Los artículos constitucionales sobre distribución del Poder Público*

En efecto, el Estado venezolano constitucionalmente está estructurado como un Estado federal descentralizado (arts. 4 y 185), lo que implica un sistema de distribución vertical del poder público (art. 136), entre el poder nacional (arts. 156 a 158, y 186 a 298), el poder estadal (arts. 16 y 159 a 167) y el poder municipal (arts. 168 a 184). Cada una de esas ramas del poder público cuyos períodos constitucionales regula el Texto Fundamental en diversas normas (arts. 160, 162, 174, 192 y 230), tiene sus funciones propias, pero los órganos a los que incumbe su ejercicio deben colaborar entre sí en la realización de los fines del Estado (art. 136).

En cada una de esas ramas del poder público, la Constitución establece un sistema de separación orgánica de poderes (o distribución horizontal del poder), entre los órganos legislativos, los órganos ejecutivos y los órganos de control fiscal. En el nivel nacional, además, entre los órganos judiciales, los órganos electorales y algunos órganos de control. Todas las normas sobre esa distribución de competencias son fuentes directas del derecho administrativo. Así están los artículos que a nivel del poder nacional regulan el poder legislativo nacional y la organización y funcionamiento de la Asamblea Nacional (arts. 186 a 224); el poder ejecutivo nacional, y la organización y funcionamiento del Ejecutivo nacional (Presidente y Vicepresidente Ejecutivo de la República, ministros, Procurador General de la República y Consejo de Estado) (arts. 225 a 252); el poder judicial y el sistema de justicia, la organización y funcionamiento del Tribunal Supremo de Justicia y los tribunales (arts. 253 a 272), y la jurisdicción constitucional (arts. 333 a 336); el poder ciudadano, y la organización y funcionamiento del Consejo Moral Republicano, la Defensoría del Pueblo, el Ministerio Público y la Contraloría general de la República (arts. 273 a 291); y el poder electoral, y la organización y funcionamiento del Consejo Nacional Electoral (arts. 292 a 298).

Entre las normas relativas a las distribución del poder público, deben mencionarse además las concernientes al territorio y a la división política (arts. 16 a 18), y entre ellas las que regulan la capital de la República y el distrito capital (art. 18); los territorios federales (art. 16) y las dependencias federales (art. 17). Igualmente, la regulación de mecanismos institucionales para las relaciones intergubenamentales, a cargo del Consejo Federal de Gobierno (art. 185).

c. *Los artículos constitucionales que consagran la reserva legal*

Pero por supuesto, entre las normas constitucionales relativas a la distribución del poder público tienen especial significación para el derecho administrativo aquellas que establecen la reserva legal, es decir, competencias normativas exclusivas de la ley formal, las que conllevan una limitación al poder reglamentario.

Estas normas están diseminadas a lo largo de la Constitución, y son todas aquellas que remiten expresamente a la ley orgánica o a la ley para la regulación de un asunto. Particularmente, están las normas de organización, pues en general, la Constitución reserva al legislador la potestad organizativa; las normas limitativas o restrictivas de derechos y garantías constitucionales las cuales conforme a la Constitución deben tener siempre rango de ley formal; la creación de impuestos, tasas y contribuciones cuyo establecimiento sólo puede hacerse por ley formal; y el establecimiento de delitos e infracciones y penas y sanciones, lo que se encuentra reservado al legislador.

Todas esas normas constitucionales se configuran como fuentes del derecho administrativo, pues se refieren en alguna forma a la organización administrativa, al funcionamiento de la Administración o al ejercicio de la función administrativa.

d. *Los artículos constitucionales sobre derechos y garantías de las personas*

Pero, aparte de las normas que conforman la parte orgánica de la Constitución, todas aquellas que conforman la parte dogmática y que regulan los derechos y garantías de los habitantes y ciudadanos de Venezuela (arts. 19 y ss.) constituyen la fuente más importante del derecho administrativo. Puede decirse, sin lugar a dudas, que el derecho administrativo, como cuerpo normativo, se traduce, en general, en un conjunto de normas reguladoras de las relaciones que se establecen entre la Administración y los particulares con motivo del régimen de los derechos y deberes constitucionales y del ejercicio por éstos de dichos derechos y libertades, incluyendo el régimen de dichos derechos en situaciones de excepción (arts. 337 a 339). Dicho régimen, por supuesto, es de la reserva legal y solo puede tener su fuente normativa (aparte de la Constitución) en la ley formal.

Se destacan, en *primer lugar*, las regulaciones sobre el estatuto de las personas, relativas a la nacionalidad y ciudadanía (arts. 32 a 42); en segundo lugar, el régimen de los derechos individuales (arts. 19 a 31 y 43 a 61). Estos derechos individuales, que se traducen en la práctica en libertades (libertad personal, seguridad personal, libertad de tránsito, inviolabilidad del hogar doméstico y de la correspondencia, libertad religiosa, libertad de expresión del pensamiento, libertad de asociación, libertad de reunión), traen como consecuencia, generalmente, como contrapartida a cargo de la Administración, un deber general de abstención en cuanto a la limitación de su ejercicio, salvo que la ley lo autorice. La actividad administrativa de policía tendiente a respetar el ejercicio de los recíprocos derechos y libertades por los individuos, y mantener el orden público y social (art. 20), en definitiva, siempre se traduce en una limitación o restricción de tales derechos y libertades establecidas por ley, pero con las debidas garantías (arts. 19 y ss.).

Entre los derechos individuales, además, debe destacarse el derecho a la igualdad (art. 21), el derecho de petición (art. 51) que ha sido fuente primera, en definitiva, del procedimiento administrativo; el derecho de acceso a la justicia y a la tutela judicial efectiva (art. 26); el derecho al debido proceso y a la defensa (art. 49); el derecho al control judicial de legalidad de la Administración (art. 259), y el derecho de amparo frente a la Administración (art. 27), que conforman garantías fundamentales de los individuos frente a la Administración, y cuya regulación se constituye en una de las piezas fundamentales del derecho administrativo, por ejemplo, al establecerse la nulidad de los actos del poder público que violen o menoscaben dichos derechos (art. 25).

En *segundo lugar*, la Constitución conforme al principio del Estado democrático y social de derecho y de justicia (art. 2°) establece un largo elenco de derechos sociales y de las familias (arts. 75 a 86), de orden laboral (arts. 87 a 97), de carácter cultural y educativo (arts. 98 a 111), y de los pueblos indígenas (arts. 119 a 126), que se traducen, en el campo legislativo, en una serie de deberes de regulación por parte de la Asamblea Nacional; y en el campo administrativo, en una serie de obligaciones concretas de prestación de servicios públicos, de protección y promoción social (corporaciones, familia, maternidad, infancia), de atención a la salud o de educación.

En *tercer lugar*, están las normas constitucionales que establecen los derechos ambientales (arts. 127 a 129), los cuales también dan lugar a regulaciones de orden administrativo, siendo fuente directa del derecho administrativo.

En *cuarto lugar*, están las normas constitucionales que establecen los derechos económicos (arts. 112 a 118), complementadas con las normas que regulan el sistema socioeconómico (arts. 299 a 310) que no sólo regulan derechos, como el derecho de propiedad y las consecuentes limitaciones impuestas al Estado para extinguirlos (expropiación, confiscación), sino que establecen las bases del sistema económico, con la regulación de la libertad económica, sus limitaciones y los poderes de intervención del Estado; y en particular, la posibilidad para el Estado de no sólo fomentarla, sino restringirla, de manera, incluso, de reservarse determinadas industrias y servicios, con regulaciones específicas sobre la reserva en materia petrolera y sobre Petróleos de Venezuela S. A. (PDVSA) (art. 302 y 303). Las actividades administrativas de fomento y de gestión económica (empresas públicas) encuentran en dichas normas constitucionales su fuente primaria. De allí su importancia como fuentes del derecho administrativo.

Por último, en *quinto lugar*, están las normas relativas a los derechos políticos (arts. 62 a 74), a través de cuyo ejercicio se actualiza el régimen democrático (derecho a la participación política, derecho al sufragio, derecho de asociarse en partidos y organizaciones con fines políticos, derecho a referendos, derecho de manifestación, derecho de asilo), y que dan origen a importantes regulaciones de la actuación de la Administración, para lograr su efectivo ejercicio y garantía.

Aparte de los derechos, por supuesto, están las normas constitucionales que regulan los deberes constitucionales (arts. 130 a 135): a la defensa de la patria, al cumplimiento de la Constitución y las leyes, a prestar servicios civiles, electorales y militares; a la solidaridad social, al trabajo y a la educación; y a contribuir con los gastos públicos. Estos conllevan generalmente poderes a cargo de la Administración para exigir dichos derechos. Dichas normas son la fuente última de dicho régimen, y por tanto, fuente importante del derecho administrativo.

e. *Los artículos constitucionales sobre el régimen fiscal, monetario y de la tributación*

En el texto de la Constitución se regula el régimen fiscal, monetario y de la tributación (arts. 311 a 321), en cuyas normas se dispone sobre los principios fundamentales de gestión fiscal, régimen presupuestario y del crédito público (arts. 311 a 315); el fundamento del sistema tributario e impositivo (arts. 316 y 317), y el régimen relativo al sistema monetario nacional y a la coordinación macroeconómica, con regulaciones fundamentales sobre el Banco Central de Venezuela y su autonomía (arts. 318 a 321). Todas esas normas constituyen fuente primaria del derecho administrativo, al condicionar directamente la actividad administrativa de manejo del sistema fiscal y monetario y de los ingresos y gastos públicos.

f. *Los artículos constitucionales sobre el control judicial de la actividad administrativa*

Mención especial debe hacerse, por último, al hablar de los artículos de la Constitución que deben considerarse como fuente del derecho administrativo, de los artículos del Texto Fundamental que regulan la jurisdicción contencioso administrativa (art. 259) y la jurisdicción contencioso electoral (art. 297), así como las competencias del Tribunal Supremo de Justicia para ejercer el control de legalidad de determinados actos administrativos (art. 266). En esas normas, en definitiva, está la fuente primaria de todo el régimen contencioso administrativo, que es una de las partes fundamentales de nuestra disciplina. Entre las normas constitucionales de control, además, deben mencionarse las que consagran el derecho y acción de amparo (art. 27) y el derecho y acción de *habeas data* (art. 28), que permiten también el ejercicio del derecho de amparo a los derechos y garantías constitucionales frente a los actos, hechos u omisiones de la Administración que lesionan derechos fundamentales, y que se configuran, por tanto, como una importante fuente del derecho administrativo.

Sobre este punto, incluso, debe destacarse la sentencia de la antigua Corte Suprema de Justicia en Sala Político Administrativa del 30 de enero de 1991, en la cual al derecho de amparo que regulaba el artículo 49 C. de 1961 se le atribuyó un "rango superior" sobre cualquiera otra norma constitucional. En dicha sentencia, en efecto, tratándose de una acción de amparo intentada contra un acto privativo del antiguo Congreso, la Corte señaló:

No puede existir ningún acto estatal que no sea susceptible de ser revisado por vía de amparo, entendiendo ésta, no como una forma de control jurisdiccional de la constitucionalidad de los actos estatales capaz de declarar su nulidad, sino –como se ha dicho– un medio de protección de las libertades públicas cuyo objeto es restablecer su goce o disfrute, cuando alguna persona natural o jurídica, o grupos u organizaciones privadas, amenacen vulnerarlas o las vulneren efectivamente.[26]

B.   Los principios constitucionales

Pero además de las normas constitucionales consagradas expresamente en artículos del Texto Fundamental, también deben entenderse como normas constitucionales y que, por tanto, son fuente del derecho administrativo, los principios establecidos en el Preámbulo de la Constitución, y aquellos que se derivan del Texto Fundamental, aun sin consagración escrita, tanto de su parte orgánica como de su parte dogmática.

a.   *Los principios constitucionales del Preámbulo*

El Texto Constitucional de 1999 fue dictado por los representantes del pueblo venezolano, con una serie de propósitos que se enumeran y detallan en el Preámbulo de la Constitución, el cual podría considerarse como la base fundamental, el presupuesto que sirve de fundamento a las normas constitucionales, y que señala los valores sociales y económicos, políticos y jurídicos que inspiran la acción del Estado. En palabras de la antigua Corte Suprema de Justicia, "el Preámbulo de la Constitución contiene los "considerandos" o motivos que guiaron al constituyente para decretar una Constitución en los términos como lo hizo, vale decir, configura el propósito que se tuvo en cuenta para tales términos."[27]

En el Preámbulo, por tanto, se establecen los objetivos del pacto de organización política que es la Constitución, objetivos que por supuesto son guía de obligatoria conducta para los órganos del Estado. Por tanto, las declaraciones del Preámbulo forman el conjunto de principios y políticas que los órganos del Estado deben necesariamente seguir, a pesar de que los gobiernos tengan diversos signos ideológicos, y que pueden identificarse como objetivos políticos, sociales y económicos, igualitarios, internacionales, democráticos, morales e históricos, conforme a los principios de justicia, libertad, independencia, paz y de imperio de la ley.

Estos objetivos o propósitos constituyen sin duda, los principios constitucionales fundamentales que inspiran el Texto Fundamental y que, como tales gozan de la misma imperatividad, obligatoriedad y rigidez constitucional que las normas contenidas en el articulado de la Constitución. Su violación por un acto estatal, por ello, podría dar lugar a una acción de inconstitucionalidad o de nulidad por contrariedad al derecho.[28]

---

26   Consultada en original.

27   *V.* sentencia del 8 de agosto de 1989 de la Corte Suprema de Justicia en Sala Político Administrativa, *Revista de Derecho Público*, N° 39, Editorial Jurídica Venezolana, Caracas, 1989, p. 102.

28   Sobre el Preámbulo de la Constitución de 1961, *cfr.* Allan R. Brewer–Carías, "El Preámbulo de la Constitución", *Revista de Derecho Público*, N° 45, Editorial Jurídica Venezolana, Caracas, 1991, pp. 31 y ss.

b.　*Los principios constitucionales enumerados en el Texto Fundamental*

La Constitución de 1999, además de contener artículos con normas sustantivas, enumera en muchos de ellos principios constitucionales que, por supuesto, constituyen normas constitucionales y que son además fuentes del derecho administrativo. Se destacan, así, los valores fundamentales de la República: libertad, igualdad, justicia y paz internacional, así como los derechos irrenunciables de la Nación: la independencia, la libertad, la soberanía, la inmunidad, la integridad territorial y la autodeterminación nacional (art. 1°); los valores superiores del ordenamiento jurídico y de la actuación del Estado: la vida, la libertad, la justicia, la igualdad, la solidaridad, la democracia, la responsabilidad social y, en general, la preeminencia de los derechos humanos, la ética y el pluralismo político (art. 2°); los fines esenciales del Estado: la defensa y el desarrollo de la persona y el respeto a su dignidad, el ejercicio democrático de la voluntad popular, la construcción de una sociedad justa y amante de la paz, la promoción de la prosperidad y bienestar del pueblo y la garantía del cumplimiento de los principios, derechos y deberes reconocidos y consagrados en la Constitución, considerándose a la educación y al trabajo como procesos fundamentales para alcanzar dichos fines (art. 3°); los principios del Estado federal descentralizado: integridad territorial, cooperación, solidaridad, concurrencia y corresponsabilidad (art. 4°); los principios del gobierno de la República y de sus entidades políticas: democrático, participativo, electivo, descentralizado, alternativo, responsable, pluralista, y de mandatos revocables (art. 6°); los principios de la política fronteriza: la integridad territorial, la soberanía, la seguridad, la defensa, la identidad nacional, la diversidad y el ambiente (art. 15); los principios relativos a la justicia que el Estado debe garantizar: justicia gratuita, accesible, imparcial, idónea, transparente, autónoma, independiente, responsable, equitativa y expedita, sin dilaciones indebidas, sin formalismos o reposiciones inútiles (art. 26); a cuyo efecto las leyes procesales deben establecer la simplificación, uniformidad y eficacia de los trámites y adoptar un procedimiento breve, oral y público, sin sacrificarse la justicia por la omisión de formalidades no esenciales (art. 257); los principios del sistema público nacional de salud: de carácter intersectorial, descentralizado y participativo, integrado al sistema de seguridad social, y regido por los principios de gratuidad, universalidad, integralidad, equidad, integración social y solidaridad (art. 84); los principios que deben regir el sistema de seguridad social que debe ser universal, integral, de financiamiento solidario, unitario, eficiente y participativo, de contribuciones directas o indirectas (art. 86); los principios relativos a la educación, que debe ser democrática, gratuita y obligatoria, así como al servicio público de la educación fundamentado en el respeto a todas las corrientes del pensamiento, con la finalidad de desarrollar el potencial creativo de cada ser humano y el pleno ejercicio de su personalidad en una sociedad democrática basada en la valoración ética del trabajo y en la participación activa, consciente y solidaria en los procesos de transformación social, consustanciados con los valores de la identidad nacional y con una visión latinoamericana y universal (art. 102); los principios en los cuales se fundamenta la Administración Pública que está al servicio de los ciudadanos: honestidad, participación, celeridad, eficacia, eficiencia, transparencia, rendición de cuentas y responsabilidad en el ejercicio de la función pública, con sometimiento pleno a la ley y al derecho (art. 141); los principios de la legislación nacional que se dicte (leyes de base) en materias de competencia concurrente: interdependencia, coordinación, cooperación, corresponsabilidad y subsidiariedad (art. 165); los principios que deben orientar el contenido de los convenios mediante los cuales los estados y los municipios descentralicen y transfieran servicios a las comunidades y grupos vecinales organizados: interdependencia, coordinación, cooperación y corresponsabilidad (art. 184.1); los principios relativos a la actividad de la Defensoría del Pueblo: gratuidad, accesibilidad, celeridad, informalidad e impulso de oficio (art. 283); los principios que los órganos del poder electoral deben garantizar respecto de los procesos electorales: la igualdad, confiabilidad, imparcialidad, transparencia y eficiencia, así como la aplicación de la personalización del sufragio y la representación proporcional (art. 293); los principios en los que se fundamenta el régimen socioeconómico de la República: justicia social, democracia, eficiencia, libre competencia, protección del ambiente, productividad y solidaridad, a los fines de asegurar el desarrollo humano integral, una existencia digna y provechosa para la colectividad, generar fuentes de trabajo, alto valor agregado nacional, elevar el nivel de vida de la población y fortalecer la soberanía económica del país, garantizando la seguridad jurídica, solidez, dinamismo, sustentabilidad, permanencia y equidad del crecimiento de la economía, para lograr una justa distribución de la riqueza mediante una planificación estratégica democrática, participativa y de consulta abierta (art. 299); los principios que deben regir la gestión fiscal: eficiencia, solvencia, transparencia, responsabilidad y equilibrio fiscal (art. 311); los principios del sistema tributario: la progresividad, la protección de la economía nacional y la elevación del nivel de vida de la población (art. 316); los principios de funcionamiento del fondo de estabilidad macroeconómica: la eficiencia, la equidad y la no discriminación entre las entidades públicas que aporten recursos al mismo (art. 321); los principios de la seguridad de la Nación: independencia, democracia, igualdad, paz, libertad, justicia, solidaridad, promoción y conservación ambiental, afirmación de los derechos humanos, y satisfacción progresiva de las necesidades individuales y colectivas de los venezolanos (art. 326).

c. *Los principios constitucionales que derivan del Texto Fundamental*

Además de los principios expresamente enumerados en la Constitución, también se pueden identificar como tales los que derivan del texto de la misma, tanto de su parte orgánica como de su parte dogmática, muchos de los cuales han venido siendo identificados por el Supremo Tribunal, en su carácter de juez constitucional y juez contencioso administrativo.

En cuanto a la parte orgánica, por ejemplo, se destacan los principios que derivan de la autonomía propia de la descentralización político territorial o distribución vertical del poder público que contiene la Constitución. Así, el hecho de que el artículo 168 C. establezca expresamente el principio de que "los actos de los municipios no podrán ser impugnados sino por ante los tribunales competentes, de conformidad con esta Constitución y la ley", como una consecuencia de la autonomía municipal, no implica que esa garantía sea solo propia de la autonomía municipal, y no exista respecto de la autonomía de los estados. Al contrario, aun cuando sin consagración expresa, derivado del principio de la autonomía de los estados (art. 159), los actos de estas entidades sólo pueden ser impugnados por ante los órganos jurisdiccionales y no están sometidos a control por los órganos ejecutivos o legislativos nacionales.

En cuanto a la parte dogmática, sobre derechos y garantías, es la propia Constitución la que establece el principio de que "la enumeración de los derechos y garantías contenidos en esta Constitución no debe entenderse como negación de otros que, siendo inherentes a la persona humana, no figuren expresamente en ella", por lo que "la falta de ley reglamentaria de estos derechos no menoscaba el ejercicio de los mismos" (art. 22). Por tanto, los derechos constitucionales inherentes a la persona humana deben construirse con base en principios constitucionales, tal como sucedió en el pasado, por ejemplo, con el derecho a la defensa, que si bien sólo se regulaba en materia judicial (en todo estado y grado del proceso, decía el art. 68 C. de 1961), la jurisprudencia lo fue extendiendo al campo del procedimiento administrativo (lo cual se recogió expresamente en el art. 49 C. de 1999); y la garantía de la reserva legal en materia de delitos e infracciones y de penas y sanciones, que si bien la Constitución de 1961 la había consagrado respecto de medidas privativas de la libertad, particularmente en materia penal (art. 60.2), la jurisprudencia la fue extendiendo al régimen de infracciones y sanciones administrativas, lo que se ha acogido expresamente en la Constitución de 1999 (art. 49.6).

Estos principios, por tanto, en materia de derecho administrativo, se constituyen en fuentes de primera importancia de nuestra disciplina.

Como se puede apreciar de los principios y normas constitucionales antes referidos, las instituciones fundamentales del derecho administrativo en Venezuela puede decirse que se encuentran constitucionalizadas, de manera que la fuente fundamental de nuestra disciplina es la Constitución misma. Las normas constitucionales, en tal sentido, tienen aplicación directa e inmediata, siendo fuente de competencias para los órganos del Estado y para el ejercicio de los derechos ciudadanos, los cuales no requieren de desarrollo legislativo para ello. Esto no significa, sin embargo, que la actuación de la Administración, aun aplicando las normas constitucionales, sea una actuación de ejecución directa e inmediata de la Constitución, pues la misma por esencia es regulada y regulable mediante la legislación. Por ello, la actividad administrativa siempre es de carácter sublegal, de ejecución directa e inmediata de la legislación, y sólo indirecta y mediata de la Constitución, así no se haya dictado la ley requerida en cada caso.

En todo caso, con fundamento en esta constitucionalización del derecho administrativo, el régimen legal general y básico de nuestra disciplina está conformado por las mencionadas Ley Orgánica de la Administración Pública; Ley del Estatuto de la Función Pública; Ley Orgánica de Procedimientos Administrativos; Ley de Contrataciones Públicas; Ley Orgánica sobre promoción de la inversión privada bajo el régimen de concesiones; Ley Orgánica de la Administración Financiera del Sector Público; Ley de Bienes Públicos; Ley contra la Corrupción; Ley Orgánica de la Contraloría General de la República y del Sistema de Control Fiscal.; y Ley Orgánica de la Jurisdicción Contencioso Administrativa, que conforman el *Código de Derecho Administrativo,* las cuales comentaremos sumariamente a continuación.

II. EL RÉGIMEN DE LA ORGANIZACIÓN Y FUNCIONAMIENTO DE LA ADMINISTRACIÓN PÚBLICA: *LA LEY ORGÁNICA DE LA ADMINISTRACIÓN PÚBLICA*

La primera de las leyes que conforma el *Código de Derecho Administrativo*, es la Ley Orgánica de la Administración Pública,[29] la cual desarrolla los principios sobre la misma establecidos en la Constitución, habiéndose sancionado luego de una importante evolución en la regulación de la Administración Pública que llevó a la sustitución del viejo Estatuto Orgánico de Ministerios por una Ley Orgánica de la Administración Central en 1976.[30]

1. *Bases constitucionales de la Administración Pública*

Como se ha dicho, la Constitución de 1999 contiene un extenso Título IV relativo al "Poder Público", cuyas normas se aplican a todos los órganos que ejercen el Poder Público tal como lo indica el artículo 136: en su distribución vertical o territorial (Poder Municipal, Poder Estadal y Poder Nacional); y, en el nivel Nacional, en su distribución horizontal (Legislativo, Ejecutivo, Judicial, Ciudadano y Electoral)[31]. En particular, además, en dicho Título se incorporó una "sección segunda" relativa a "la Administración Pública", cuyas normas también se aplican a todos los órganos y entes que ejercen esos Poderes Públicos.

De allí que lo primero que debe determinarse de acuerdo con la Constitución es cuáles son los órganos estatales que ejercen el Poder Público y que pueden considerarse como parte de la "Administración Pública."

Ante todo, por supuesto, están los órganos de los diversos niveles del Poder Público (Nacional, Estadal y Municipal) que ejercen el Poder Ejecutivo. En consecuencia, las normas que contiene la sección segunda mencionada se aplican a todas las "Administraciones Públicas" *ejecutivas* de la República (administración pública nacional), de los Estados (administración pública estadal), de los Municipios (administración pública municipal) y de las otras entidades políticas territoriales que establece

---

29   Véase en Decreto Ley N° 6.217 de 15-07-2008, en *Gaceta Oficial* Extra N° 5.890 de 31-07-2008. Dicha Ley derogó la Ley Orgánica de la Administración Pública de 2001, *Gaceta Oficial* N° 37.305 de 17-10-2001; que había derogado eel Decreto-Ley N° 369 de 14-9-99, de la Ley Orgánica de la Administración Central, *Gaceta Oficial* N° 36.850 de 14-12-99. Sobre la Ley Orgánica de 2008 véase: Allan R. Brewer-Carías, Rafael Chavero Gazdik y Jesús María Alvarado Andrade, *Ley Orgánica de la Administración Pública*, por, 4ta Edición, Caracas 2009.

30   El primer proyecto sobre Ley reguladora de la Administración Pública, con un criterio diferente al puramente organizativo del viejo Estatuto Orgánico de Ministerios, se elaboró en el marco del programa de reforma administrativa de 1972, elaborado por la Comisión de Administración Pública de la Presidencia de la República, El texto del proyecto luego lo incorporé en las propuestas de reforma administrativa que como Presidente de la Comisión de Administración Pública presenté al gobierno de la época. Véase en *Informe sobre la Reforma de la Administración Pública Nacional*, Comisión de Administración Pública, Caracas, 1972, Vol. 2, pp. 391-406.

31   Véase nuestra propuesta sobre este título en Allan R. Brewer-Carías, *Debate Constituyente* (aportes a la Asamblea Nacional Constituyente), Tomo II, (9 Sept.-17 Oct. 1999), Caracas 1999, pp. 159 y ss.

el artículo 16 de la Constitución, entre las cuales se destacan los Distritos Metropolitanos cuyos órganos ejercen el Poder Municipal.

Pero la Administración Pública del Estado venezolano, en los tres niveles territoriales de distribución vertical del Poder Público, no se agota en los órganos y entes de la Administración Pública *ejecutiva* (que ejercen el Poder Ejecutivo), pues también comprende los otros órganos de los Poderes Públicos que desarrollan las funciones del Estado de carácter sublegal. En tal sentido, en el nivel nacional, los órganos que ejercen el Poder Ciudadano (Fiscalía General de la República, Contraloría General de la República y Defensoría del Pueblo) y el Poder Electoral (Consejo Nacional Electoral), sin la menor duda, son órganos que integran la Administración Pública del Estado, organizados con autonomía funcional respecto de los órganos que ejercen otros poderes del Estado. En cuanto a los órganos que ejercen el Poder Judicial, los que conforman la Dirección Ejecutiva de la Magistratura mediante la cual el Tribunal Supremo de Justicia ejerce la dirección, gobierno y administración del Poder Judicial, también son parte de la Administración Pública del Estado.

En consecuencia, en los términos de la sección segunda del Título IV de la Constitución, la Administración Pública del Estado no sólo está conformada por órganos que ejercen el Poder Ejecutivo, sino por los órganos que ejercen el Poder Ciudadano y el Poder Electoral, y por la Dirección Ejecutiva de la Magistratura que en ejercicio del Poder Judicial tiene a su cargo la dirección, el gobierno y la administración del Poder Judicial[32].

2. *El régimen legal general de la Administración Pública*

Para desarrollar los principios constitucionales relativos a la Administración Pública, se dictó la Ley Orgánica de la Administración Pública de 2001[33], la cual si bien ha sido objeto de una reforma general mediante Decreto Ley N° 6.217 de 15 de julio de 2008[34] (en lo adelante LOAP), la misma, básicamente, consistió en un cambio de redacción en muchos artículos de la misma, en particular por la utilización expresa del género femenino al referirse a las diversas "funcionarias y funcionarios" poniendo primero el femenino y luego el masculino;[35] y la introducción de las siguientes "reformas" sustantivas:

En *primer lugar*, la regulación de la "Administración Pública" como una sola organización que comprende la de la República (nacional), la de los estados y la municipal (art. 1), en forma centralizada, sometida toda a los lineamientos de la planificación centralizada (arts. 15, 18, 23, 32, 44, 48, 60, 77, 84, 91, 99, 119, 121, 131), bajo la dirección del Presidente de la República (art. 46) y la coordinación del Vicepresidente ejecutivo (art. 49,3).

---

32 Véase en general, Allan R. Brewer-Carías, *Principios del Régimen Jurídico de la Organización Administrativa Venezolana*, Caracas 1994, pp. 11 y 53.

33 *Gaceta Oficial* N° 37.305 de 17-10-2001. Esta Ley Orgánica sólo derogó expresamente la Ley Orgánica de la Administración Central, cuya última reforma había sido la hecha mediante Decreto-Ley N° 369 de 14-9-99, en *Gaceta Oficial* N° 36.850 de 14-12-99.

34 *Gaceta Oficial* Extra N° 5.890 de 31-07-2008.

35 En estas notas, por razones de simplificación de redacción nos limitaremos a utilizar sólo el género masculino para referirnos a dichos funcionarios, lo que incluye, por supuesto, a las mujeres.

En *segundo lugar*, la previsión expresa de las "misiones" como organizaciones que forman parte de la Administración Pública (arts. 15 y 131), que se agregan a los "órganos y entes" que han sido las organizaciones que tradicionalmente han conformado la misma, pero con la peculiaridad de que se las excluye, en general, de la aplicación de la Ley Orgánica, la cual básicamente se destina a dichos "órganos y entes."

En *tercer lugar*, la incorporación en los órganos superiores de la Administración Pública nacional central (ahora denominada Nivel Central de la Administración Pública Nacional (art. 44), además de los de dirección y de consulta, al de "coordinación y control de la planificación centralizada", que es la Comisión Central de Planificación (arts. 44, 57).

En *cuarto lugar*, la incorporación dentro de los órganos superiores de dirección del Nivel Central de la Administración Pública nacional, de las "autoridades regionales"(arts. 44, 70).

En *quinto lugar*, la eliminación de toda noción de "autonomía", reflejada en la transformación de los "servicios autónomos sin personalidad jurídica" en "servicios desconcentrados" (art. 93) y la creación de los "institutos públicos" en lugar de los "institutos autónomos" como entes descentralizados funcionalmente, aún cuando sin eliminar los últimos en virtud de tratarse de una institución con rango constitucional (art. 96).

En *sexto lugar*, la contradictoria calificación de las empresas del Estado como entes "con forma de derecho privado" (art. 29) y, a la vez, como "personas de derecho público" (art. 102); en sexto lugar, el cambio de nombre de los "gabinetes sectoriales" por "juntas sectoriales" y de los "gabinetes ministeriales" por "juntas ministeriales" (art. 44).

En *séptimo lugar*, la limitación de la participación política en la gestión de los asuntos administrativos sólo a las "comunidades organizadas"(incluyendo a los Consejos Comunales), al eliminarse la posibilidad de la participación de las "organizaciones públicas no estatales legalmente constituidas"(arts. 84,10; 138; 139;140); en *octavo lugar*, el establecimiento de normas que refuerzan la posibilidad de declarar como reservados o confidenciales los documentos administrativos limitándose el acceso de los administrados a la información pública (arts. 7,1).

La Ley Orgánica de 2008,[36] como lo disponía la de 2001 en el mismo artículo 1°, tiene por objeto general:

1°) Establecer los principios, bases y lineamientos que rigen la organización y el funcionamiento de la Administración Pública;

2°) Establecer los principios y lineamientos de la organización y funcionamiento de la Administración Pública;[37]

---

36 En el texto, en adelante, al hacer referencia a la *Ley Orgánica de la Administración Pública* de 2008, por supuesto la identificaremos como la "*Ley Orgánica*" y no como el "*Decreto con rango, valor y fuerza de Ley Orgánica* de la Administración Pública", pues se trata de una Ley Orgánica dictada con base en una delegación legislativa. En nuestro criterio, es errado la calificación del instrumento como "decreto", ya que ello es una mera forma jurídica constitucional, utilizada para sancionar una "ley".

3°)   Regular los compromisos de gestión;

4°)   Crear mecanismos para promover la participación y el control, seguimiento y evaluación de las políticas, planes y proyectos públicos; y

5°)   Establecer las normas básicas sobre los archivos y registros de la Administración Pública.

En la Ley Orgánica de 2001, sin embargo, siendo una ley nacional, sus disposiciones eran básicamente "aplicables a la Administración Pública Nacional" (art. 2), deduciéndose de su normativa que tal concepto abarcaba la Administración Pública que conformaban los órganos que ejercía el Poder Ejecutivo Nacional y aquéllos que conformaban la Administración Pública nacional descentralizada sometida al control de aquél, con forma de derecho público. En cuanto a la Administración Pública que conformaban los demás órganos del Poder Público Nacional, es decir, los que a nivel nacional ejercían el Poder Judicial, el Poder Ciudadano y el Poder Electoral, las disposiciones de la Ley Orgánica de 2001 sólo se les aplicaban "supletoriamente" (art. 2). En cuanto a los órganos que ejercían el Poder Legislativo, respecto de las funciones administrativas que realizasen, conforme al artículo 2 de la Ley Orgánica, también se les podían aplicar sus disposiciones supletoriamente.

En relación con los órganos de los Poderes Públicos que derivan de la distribución territorial del Poder Público, conforme al artículo 2 de la LOAP de 2001, "los principios y normas (de la Ley Orgánica) que se refieran en general a la Administración Pública, o expresamente a los Estados, Distritos metropolitanos y Municipios, serán de obligatoria observancia por éstos, quienes desarrollarán los mismos dentro del ámbito de sus respectivas competencias". Con ello, se respetaba la autonomía administrativa de los Estados y Municipios, y de sus propias Administraciones Públicas, que debía ejercerse dentro de un marco legal común. En cuanto a las demás regulaciones de la Ley Orgánica, regía el mismo principio de su posible aplicación supletoria a las Administraciones Públicas de los Estados y Municipios (art. 2).

La Ley Orgánica de 2008, en cambio, ahora centraliza todo en una sola Administración Pública, "nacionalizando" totalmente el régimen de la misma, al disponer que sus normas se aplican a la Administración Pública que abarca los tres niveles de distribución vertical del poder, es decir, "incluidos los estados, distritos metropolitanos y municipios, quienes deberán desarrollar su contenido dentro del ámbito de sus respectivas competencias" (art. 2). Además, centraliza totalmente la Administración Pública, al someterla (incluyendo la de los Estados y Municipios) a los lineamientos dictados por la Comisión Nacional de Planificación o conforme con la planificación centralizada (arts. 15, 18, 23, 32, 44, 48, 60, 77, 84, 91, 99, 119, 121, 131), a la dirección del Presidente de la República (art. 46) y a la coordinación del Vicepresidente de la República (art. 48,3). Es decir, la Ley Orgánica de 2008 no es que establece un régimen normativo común para todas las administraciones públicas, sino que regula una sola Administración Pública, totalmente centralizada, sin que los Gobernadores y Alcaldes tengan autonomía alguna en sus Administraciones Públicas, ya que las mismas están bajo la dirección del Presidente de la República, la coordinación del Vicepresidente ejecutivo y sometidas a los lineamientos de la planificación centralizada a cargo de una Comisión Central de Planificación que es un órgano de coordinación y control nacional.

---

37   La Ley Orgánica de 2001 se refería a la "Administración Pública nacional y a la administración descentralizada funcionalmente". Véase Allan R. Brewer-Carías, *Principios del Régimen Jurídico de la Organización... cit.,* pp. 35 y ss.

Por otra parte, en cuanto al carácter supletorio de la Ley, sólo se refiere a las Administraciones de los demás órganos del Poder Público nacional, al disponer que "las disposiciones de la presente Ley se aplicarán supletoriamente a los demás órganos y entes del Poder Público" (art. 2).

3.   *El universo de la Administración Pública: órganos, entes y misiones*

El universo de la Administración Pública conforme a la LOAP de 2001 englobaba dos tipos de organizaciones, los "órganos y entes" que se constituían en los componentes organizativos esenciales de la misma. Los "órganos" eran los que tradicionalmente conformaban lo que se denominaba "Administración Central," y los "entes," los que tradicionalmente conformaban la "Administración descentralizada," cada uno con personalidad jurídica propia.

La LOAP de 2008 retiene dicha clasificación, pero agrega una categoría más que son las "misiones", regulándose así, por primera vez legislativamente, una forma de organización administrativa "sin forma" organizativa precisa, que desde 2003 se ha venido utilizando para atender programas específicos de la Administración Pública.

Dichas "misiones" como integrando la Administración Pública, incluso se pretendieron incorporar en el proyecto de Reforma Constitucional de 2007 que fue rechazado por el pueblo en el referendo de diciembre de 2007,[38] en la cual se propuso una nueva redacción del artículo 141 constitucional, que pasaba de regular un régimen universal aplicable a toda "la Administración Pública," a establecer varias "administraciones públicas", las cuales, incluso, contra toda técnica legislativa, se las buscaba "clasificar" en la propia Constitución en las siguientes dos "categorías": "las administraciones públicas burocráticas o tradicionales, que son las que atienden a las estructuras previstas y reguladas en esta Constitución"; y "las misiones, constituidas por organizaciones de variada naturaleza, creadas para atender a la satisfacción de las más sentidas y urgentes necesidades de la población, cuya prestación exige de la aplicación de sistemas excepcionales, e incluso, experimentales, los cuales serán establecidos por el Poder Ejecutivo mediante reglamentos organizativos y funcionales".

Es decir, con el rechazado proyecto de reforma constitucional de 2007, en lugar de corregirse el descalabro administrativo que se había producido en los últimos años por el desorden organizativo y la indisciplina presupuestaria derivada de fondos asignados a programas específicos del gobierno denominados "misiones", concebidos en general fuera del marco de la organización general del Estado, lo que se buscaba hacer era constitucionalizar dicho desorden administrativo, calificándose a las estructuras administrativas del Estado como "burocráticas o tradicionales", renunciando a que las mismas fueran reformadas para convertirlas en instrumentos para que, precisamente, pudieran atender a la satisfacción de las más sentidas y urgentes necesidades de la población.

---

38   Véase Allan R. Brewer-Carías, *La Reforma Constitucional de 2007 (Comentarios al proyecto inconstitucionalmente sancionado por la Asamblea Nacional el 2 de noviembre de 2007)*, Editorial Jurídica Venezolana, Caracas 2007.

Ahora, con la reforma de la LOAP de 2008, se ha regularizado legislativamente a las "misiones" pero precisamente para no regularlas, pues la Ley, como se verá, se destina íntegramente a regular exclusivamente a los "órganos y entes", dejando fuera de sus regulaciones a las "misiones," estando sin embargo, todas en común, solo sujetas a "los lineamientos dictados conforme a la planificación centralizada" (art. 15).[39]

En efecto, en el artículo 15 de la Ley, que se refiere al ejercicio por los titulares respectivos de la potestad organizativa, es decir, de la potestad de crear, modificar y suprimir organizaciones, se definen las siguientes tres organizaciones que ahora forman el universo de la Administración Pública:

En *primer lugar*, están los "entes" que son todas las organizaciones administrativas descentralizadas funcionalmente con personalidad jurídica (se entiende, distinta de la república, de los Estados y Municipios). Ello sin embargo, no implica "autonomía" alguna (concepto que materialmente ha desaparecido de la Ley de 2008), pues se dispone expresamente que están "sujetos al control, evaluación y seguimiento de sus actuaciones por parte de sus órganos rectores, de adscripción y de la Comisión Central de Planificación."

En *segundo lugar*, están los "órganos", que son las unidades administrativas "de la República, de los Estados, de los Distritos metropolitanos y de los municipios, a los que se les atribuyan funciones que tengan efectos jurídicos frente a terceros, o cuya actuación tenga carácter regulatorio".

En *tercer lugar*, están las "misiones", que "son aquellas creadas con la finalidad de satisfacer las necesidades fundamentales y urgentes de la población, " lo que es redundante con las anteriores, pues tanto los órganos como los entes de la Administración Pública en general, por esencia, tienen por objeto la realización de actividades que tienen que ver con la satisfacción de necesidades fundamentales y urgentes de la población.

Sobre estas misiones, en la Exposición de Motivos del Decreto Ley mediante el cual se dictó la Ley Orgánica de 2008, se indicó, sobre esta "novedad legislativa", que se trata de "la figura de las Misiones, las cuales nacieron como organismo de ejecución de políticas públicas, obteniendo niveles óptimos de cumplimiento de los programas y proyectos asignados, y se conciben dentro del proyecto, como aquellas destinadas a atender a la satisfacción de las necesidades fundamentales y urgentes de la población, que pueden ser creadas por el Presidente de la República en Consejo de Ministros, cuando circunstancias especiales lo ameriten."

Se ha establecido, así, en la Ley, una distinción entre una Administración Pública "tradicional" conformada por órganos y entes que es la regulada precisamente en la LOAP, y otra Administración Pública conformada por las misiones, destinada "a atender a la satisfacción de las necesidades fundamentales y urgentes de la pobla-

---

39   Véase Allan R. Brewer-Carías, "¿Reforma Administrativa en Venezuela? O la transformación no siempre planificada de la Administración Pública, para la implementación de un Estado Socialista al margen de la Constitución, mediante la multiplicación, dispersión y centralización de sus órganos y entes." Ponencia para en el ***Cuarto Congreso Iberoamericano y Quinto Mexicano de Derecho Administrativo***, Xalapa, México, octubre 2012.

ción", como si la primera no tuviera esa función, pero con la diferencia de que la primera está sometida estrictamente a todas las prescripciones de la LOAP y la segunda no está sometida a todas dichas previsiones. Es decir, se ha creado una nueva organización en la LOAP para excluirla de su régimen, el cual como se puede apreciar del conjunto de su normativa, en su casi totalidad sólo rige para los "órganos y entes."[40]

En el único artículo en el cual se nombra expresamente a las Misiones, además del mencionado artículo 15, es en el artículo 131 que atribuye al Presidente de la República en Consejo de Ministros, "cuando circunstancias especiales lo ameriten," potestad para "crear misiones destinadas a atender a la satisfacción de las necesidades fundamentales y urgentes de la población, las cuales estarán bajo la rectoría de las políticas aprobadas conforme a la planificación centralizada."

4. *Principios fundamentales sobre la Administración Pública en la Ley Orgánica*

El Titulo II de la LOAP está destinado a regular las bases y principios fundamentales relativos a la organización y funcionamiento de la Administración Pública, que rigen para los entes, los órganos y las misiones, y que por tanto son comunes a todos las organizaciones que ejercen el Poder Público, entre los cuales deben mencionarse: el principio de legalidad, el principio de la responsabilidad de los funcionarios y del Estado, y el principio de finalidad de la Administración Pública.

A. El principio de la legalidad

El primer principio relativo a la Administración Pública y a todos los órganos del Estado en general, es el principio de legalidad que deriva del artículo 137 de la Constitución, que dispone:

> "La Constitución y la Ley definirán las atribuciones de los órganos que ejercen el Poder Público, a las cuales deben sujetarse las actividades que realicen".

Este principio de legalidad o de actuación en conformidad con el derecho, por tanto, implica que las actividades que realicen todos los órganos que ejercen el Poder Público y no sólo las organizaciones que conforman la Administración Pública, deben someterse a la Constitución y a las leyes. La consecuencia de ello, en un Estado de derecho como el que organiza la Constitución de 1999, es que las actividades contrarias al derecho están sometidas al control tanto de la jurisdicción constitucional (art. 334) como de la jurisdicción contencioso administrativa (art. 259), cuyos tribunales pueden anularlos.

En relación con la Administración Pública, la LOAP expresa formalmente el principio, vinculándolo a la competencia, para lo cual, además, precisa la jerarquía de las fuentes del derecho aplicable a la Administración, así:

> "*Artículo 4°.* La Administración Pública se organiza y actúa de conformidad con el principio de legalidad, por el cual la asignación, distribución y ejercicio de sus competencias se

---

40 En igual sentido, las "misiones" también quedan excluidas de la aplicación de la Ley Orgánica de Simplificación de Trámites Administrativos, pues la misma solo se aplica a "los órganos y entes" de la misma (art. 2). *Gaceta Oficial* N° 5.891 *Extraordinaria* de 31-7-2008.

sujeta a la Constitución de la República Bolivariana de Venezuela, las leyes y a los actos administrativos de carácter normativo, dictados formal y previamente conforme a la ley, en garantía y protección de las libertades públicas que consagra el régimen democrático participativo y protagónico".

Se destaca de esta norma, como se dijo, la indicación formal de la jerarquía de las fuentes del derecho: 1) la Constitución, 2) las leyes y 3) los actos administrativos normativos; y la referencia al principio teleológico de la sumisión a la ley, cuyo fin es la garantía y protección de las libertades públicas propias del régimen democrático. Las fuentes del derecho, además, para ser tales, deben haberse dictado formal y previamente a la actividad que se regule, lo que implica la proscripción de la retroactividad de la ley.

El principio de la legalidad, además, se erige como un principio en el cual se fundamenta la Administración Pública, definiéndose en la Constitución como "el sometimiento pleno a la ley y al derecho" (art. 141), siendo una de las misiones fundamentales de los órganos del Poder Ciudadano, el velar por "la aplicación del principio de la legalidad en toda la actividad administrativa del Estado" (art. 274).

Adicionalmente, el artículo 8 de la LOAP recoge la previsión del artículo 7 de la Constitución, y precisa que todos los funcionarios de la Administración Pública "están en la obligación de cumplir y hacer cumplir la Constitución". Toda autoridad, por tanto, deriva y debe ejecutarse conforme a la Constitución.

B. *El principio de la responsabilidad de los funcionarios*

El segundo principio fundamental que rige para todos los órganos del Estado, es decir, que ejercen el Poder Público, y por supuesto, para la Administración Pública, es el regulado en el artículo 139 de la Constitución, que recoge otra norma tradicional de nuestro constitucionalismo, y es el principio de la responsabilidad individual de los funcionarios públicos en el ejercicio del Poder Público. Dispone dicha norma que:

"El ejercicio del Poder Público acarrea responsabilidad individual por abuso o desviación de poder o por violación de esta Constitución o de la Ley".

Esta norma recogió el principio del artículo 121 de la Constitución de 1961, pero agregando a la desviación de poder dentro de los supuestos que generan responsabilidad del funcionario.

En consecuencia, la responsabilidad de los funcionarios cuando en ejercicio del Poder Público causen daños, puede originarse por abuso de poder, es decir, por el llamado vicio en la causa de los actos estatales (falso supuesto, por ejemplo); por desviación de poder, que es el vicio en la finalidad del acto estatal, al usarse el poder conferido para perseguir fines distintos a los establecidos en la norma atributiva de competencia; y en general, por violación de la Constitución o de la Ley, es decir, en general, por contrariedad al derecho.

La Constitución, por otra parte, y también siguiendo una larga tradición de nuestro constitucionalismo, reitera el principio de la responsabilidad de los funcionarios públicos pero, en particular, respecto de los actos que dicten, ordenen o ejecuten, que violen o menoscaben los derechos garantizados constitucionalmente; responsabilidad que puede ser civil, penal y administrativa, sin que pueda servirles de excusa órdenes superiores que reciba el funcionario (art. 25).

Este mismo principio lo repite el artículo 8 de la LOAP, en relación con los funcionarios "de la Administración Pública," agregando además, la responsabilidad por "hechos u omisiones en el ejercicio de sus funciones".

En la Ley de 2001 (art. 10), estos casos, y sin perjuicio del derecho de acceso a la justicia establecido en la Constitución (art. 26) y la ley, se disponía que las personas cuyos derechos humanos hubieran sido violados o menoscabados por un acto u orden de un funcionario público podía, directamente o a través de su representante, acudir ante el Ministerio Público para que éste ejerciera las acciones a que hubiere lugar para hacer efectiva "la responsabilidad civil, laboral, militar, penal, administrativa o disciplinaria" en que hubiere incurrido dicho funcionario. Igualmente, se disponía que podían acudir ante la Defensoría del Pueblo para que ésta instare al Ministerio Público a ejercer dichas acciones y, además, para que la Defensoría del Pueblo solicitare ante el Consejo Moral Republicano que adoptase las medidas a que hubiere lugar con respecto a tales funcionarios, de conformidad con la ley. Esta norma, sin embargo, fue eliminada en la reforma de la Ley de 2008.

En todo caso, sin embargo, a los efectos de la posibilidad de exigencia de responsabilidad, la LOAP establece el principio de rendición de cuentas, al disponer su artículo 14 que las autoridades y funcionarios de la Administración Pública deben "rendir cuentas de los cargos que desempeñen en los términos y condiciones que determine la ley".

C.   *El principio de la responsabilidad patrimonial del Estado*

Una de las innovaciones importantes de la Constitución de 1999 en materia de régimen general del ejercicio del Poder Público, fue la previsión expresa del principio de la responsabilidad patrimonial del Estado, es decir, de las personas jurídicas estatales, básicamente, de las que resultan de la distribución vertical del Poder Público (República, Estados y Municipios); por los daños y perjuicios que causen los funcionarios en ejercicio de sus funciones.

En la Constitución de 1961, el principio de la responsabilidad del Estado se deducía de la previsión del artículo 47, que establecía que las personas no podían pretender que los entes estatales los indemnizaren sino por daños causados por "autoridades legítimas en ejercicio de su función pública"; y del artículo 206, que regulaba la jurisdicción contencioso administrativa (equivalente al artículo 259 de la Constitución de 1999), al atribuirle a los tribunales de dicha jurisdicción, competencia para dictar sentencias de condena "al pago de sumas de dinero y a la reparación de daños y perjuicios originados en responsabilidad de la Administración".

En la Constitución de 1999, sin embargo, se incluyó una norma expresa en la materia, con el siguiente texto:

> "*Artículo 140*: El Estado responderá patrimonialmente por los daños que sufran los particulares en cualquiera de sus bienes y derechos, siempre que la lesión sea imputable al funcionamiento de la Administración Pública".

La expresión "funcionamiento de la Administración Pública" admite que la responsabilidad del Estado se origine cuando la lesión se derive tanto del funcionamiento normal como del funcionamiento anormal de la Administración Pública.

Se observa, ante todo, que conforme a este artículo, la responsabilidad es del "Estado", es decir, de las personas jurídicas estatales en particular, de la República, de los

Estados y de los Municipios en sus respectivos niveles territoriales, por el funcionamiento de sus Administraciones Públicas.

Ahora bien, en cuanto a la expresión "Administración Pública" utilizada en este artículo, en todo caso, debe interpretarse conforme se utiliza la expresión en el Título IV de la Constitución, donde está ubicada, abarcando no sólo la Administración Pública conformada por los órganos que ejercen el Poder Ejecutivo, en los tres niveles político territoriales, sino la conformada por los órganos que ejercen el Poder Ciudadano y el Poder Electoral, así como la Administración Pública que constituye la Dirección Ejecutiva de la Magistratura del Tribunal Supremo de Justicia y las unidades administrativas de la Asamblea Nacional.

La redacción de la norma, sin embargo, no permite su aplicación a los casos de responsabilidad del Estado legislador, causada, por ejemplo, al sancionar una ley. En cuanto a la responsabilidad del Estado por actos judiciales o de los jueces, ésta, sin embargo, sí está regulada expresamente en los artículos 49,8 y 255 de la Constitución.

El principio de la responsabilidad patrimonial del Estado, por la actividad de la Administración Pública, por otra parte, lo reitera el artículo 14 de la LOAP, aún cuando en forma impropia, al disponer que la responsabilidad patrimonial sería de la "Administración Pública", cuando esta no es sujeto de derecho ni persona jurídica.

La norma, en efecto, señala:

> "La Administración Pública será responsable ante las personas por la gestión de sus respectivos órganos, de conformidad con la Constitución de la República Bolivariana de Venezuela y la ley, sin perjuicio de la responsabilidad de cualquier índole que corresponda a las funcionarias y funcionarios por su actuación.
>
> La Administración Pública responderá patrimonialmente por los daños que sufran las personas en cualquiera de sus bienes y derechos siempre que la lesión sea imputable a su funcionamiento".

La "Administración Pública", en efecto, no puede ser responsable pues no es un sujeto de derecho; la responsabilidad es de las personas jurídicas estatales político-territoriales, (República, Estado, Municipios, Distritos Metropolitana), o descentralizadas (p.e., institutos autónomos) que la Constitución comprende en la expresión "Estado".

D. *El principio de finalidad de la Administración Pública: al servicio de los ciudadanos o personas*

La Constitución de 1999 en forma expresa establece que "la Administración Pública está al servicio de los ciudadanos" (art. 141); lo que reitera el artículo 3º de la LOAP, sustituyendo, sin embargo, la expresión ciudadanos por "personas", agregando que en su actuación la Administración Pública debe dar preferencia a la atención de "sus requerimientos y la satisfacción de sus necesidades, brindando especial atención a las de carácter social" (art. 5). En la ley de 2001 en lugar de personas se utilizaba la expresión "particulares" en el sentido de "administrados", sin que ello pudiera interpretarse que se trataba de privilegiar intereses privados.

Sin embargo, en la Exposición de Motivos del decreto Ley de 2008 se indicó que "se reforma lo referente a la administración al servicio de los particulares regulado por la Ley vigente, toda vez que tal visión pudiera generar concepciones erradas, referidas a que la Administración Pública está al servicio de particularidades individuales y no a la satisfacción de las necesidades del colectivo, incorporando el proyecto el principio de la administración pública al servicio de las personas, lo cual redunda en la integralidad del instrumento legislativo."

Por su parte, el artículo 3 de la LOAP, señala que el "objetivo" de la organización y funcionamiento de la Administración Pública, es hacer efectivos los principios, valores y normas consagrados en la Constitución y, en especial, conforme se indica en el artículo 19 de la Constitución, "garantizar a todas las personas el goce y ejercicio de los derechos humanos". En la reforma de la Ley de 2008, sin embargo, se eliminó la referencia conforme al principio de progresividad y sin discriminación alguna, y al carácter irrenunciable, indivisible e interdependiente de los derechos humanos.

La Administración Pública, agrega el artículo 5 de la LOAP, debe asegurar a los personas la efectividad de sus derechos cuando se relacionen con ella; además, debe tener entre sus objetivos, la continua mejora de los procedimientos, servicios y prestaciones públicas, de acuerdo con las políticas que se dicten. En la reforma de 2008, se eliminó de la norma la importante precisión sobre la necesidad de tener en cuenta "los recursos disponibles, determinando al respecto las prestaciones que proporcionan los servicios de la Administración Pública, sus contenidos y los correspondientes estándares de calidad" que contenía la misma norma de la Ley de 2001.

5. *Contenido general de la Ley Orgánica*

Además de establecer el conjunto de principios generales sobre el funcionamiento y la organización de la Administración Pública, la Ley Orgánica regula específicamente el régimen de la organización del nivel central de la Administración Pública nacional, referida a los órganos superiores del mismo: la Vicepresidencia de la República, el Consejo de Ministros, la organización de los Ministerios, de la Comisión Central de Planificación, de las Juntas Sectoriales, de las Autoridades Regionales y de las Autoridades Únicas de Área; y el régimen de la iniciativa legislativa del Poder Ejecutivo Nacional y del ejercicio de la potestad reglamentaria. Regula además la ley, el régimen legal de la desconcentración administrativa y de la descentralización funcional, con particular referencia a los institutos públicos (ignorando la figura de los institutos autónomos, la única regulada en la Constitución), a las empresas del Estado, a las fundaciones del Estado, a las asociaciones y sociedades civiles del Estado, y al régimen de control sobre los órganos desconcentrados y los entes descentralizados funcionalmente; y el régimen de las Misiones que sin asidero constitucional se regulan por primera vez en esta Ley.

La Ley Orgánica además regula el régimen de los compromisos de gestión, de la participación social en la gestión pública, y de archivos y registros de la Administración Pública, y del ejercicio el derecho de acceso a dichos Archivos y Registros.

III. EL RÉGIMEN DE LOS FUNCIONARIOS PÚBLICOS Y DE LA RELACIÓN DE EMPLEO PÚBLICO: *LA LEY DEL ESTATUTO DE LA FUNCIÓN PÚBLICA*

La Administración como complejo orgánica es manejada y gerenciada por personas naturales, que son los funcionarios públicos, siendo el recurso humano fundamental en la organización del Estado.

El régimen jurídico administrativo de los mismos tiene su fundamento en la propias previsiones de la Constitución de 1999, en la cual se prevén los principios para el establecimiento de un Estatuto de la función pública, más que para la carrera administrativa como lo establecía la Constitución de 1961 (art. 122).

1. *El Estatuto de la función pública*

Y efectivamente dicho Estatuto fue dictado por la Asamblea Nacional en 2002 al sancionar la Ley del Estatuto de la Función Pública,[41] mediante el cual se derogó el conjunto normativo básico que sobre los funcionarios públicos se había dictado a comienzos de los años setenta del siglo pasado en el marco de los proyectos de reforma administrativa,[42] en particular, la Ley de Carrera Administrativa del 3 de septiembre de 1970 (*Gaceta Oficial* N° 1.428 Extraordinario de fecha 4 de septiembre de 1970), reformada por Decreto Ley N° 914 del 13 de mayo de 1975 (*Gaceta Oficial* N° 1.745 Extraordinario del 23 de mayo de 1975); el Decreto N° 211 del 2 de julio de 1974 (*Gaceta Oficial* de N° 30.438 de fecha 2 de julio 1974); y el Reglamento sobre los Sindicatos de Funcionarios Públicos dictado mediante Decreto N° 585 del 28 de abril de 1971 (*Gaceta Oficial* N° 29.497 del 30 de abril de 1971).

En dicho Estatuto, conforme a la Constitución, en sustitución de dicha normativa, se estableció el régimen sobre el ingreso, ascenso, traslado, suspensión y retiro de los funcionarios de la Administración Pública, en el cual, además, debió haberse provisto su incorporación a la seguridad social[43]. La Constitución, además remitió a la ley para determinar las funciones y requisitos que deben cumplir los funcionarios públicos para ejercer sus cargos (art. 144)[44].

---

41   *G.O.* N° 37.522 del 6 de septiembre de 2002. Sobre esta Ley véase Gustavo Briceño Vivas y Joaquín Bracho Dos Santos, *Ley del Estatuto de la Función Pública*, Editorial Jurídica Venezolana, Caracas, 2004, 139 pp.. Véase además, Jesús Caballero Ortíz, "Bases constitucionales del derecho de la función pública", *Revista de Derecho Constitucional*, N° 5, julio-diciembre-2001, Editorial Sherwood, Caracas, 2002, pp. 21 a 46.

42   Véase sobre la Ley de carrera Administrativa, lo que expusimos en Allan R. Brewer-Carías, *El Estatuto del Funcionario Público en la Ley de Carrera Administrativa*, Ediciones de la Comisión de Administración Pública, Caracas 1971. Vé4ase además, sobre el origen de dicha Ley, Allan R. Brewer-Carías, "Algunos documentos que orientaron la conformación del Régimen Jurídico de la función pública en 1970: El Proyecto de "Ley sobre los funcionarios públicos" y algunos criterios generales," en *Revista de Derecho Funcionarial*, Volumen 1 (Ene-Dic 2010) Edición Cuatrimestral, Funeda, Caracas 2011, pp. 53-118.

43   Véase nuestra propuesta en Allan R. Brewer-Carías, *Debate Constituyente*, Tomo II, *op. cit.* p. 182. Véase en general Allan R. Brewer-Carías, *El Estatuto del funcionario público en la Ley de Carrera Administrativa*, Caracas, 1971.

44   En general, sobre el régimen constitucional de los funcionarios públicos, véase Antonio de Pedro Fernández, "Algunas consideraciones sobre la función pública en la Constitución de la

2.   *Principios constitucionales sobre el régimen de la función pública*

A.   El principio de dedicación del funcionario al Estado

El artículo 145 de la Constitución, conforme al principio que establecía el artículo 122 de la Constitución de 1961, establece que los funcionarios públicos están al servicio del Estado y no de parcialidad alguna, precisando, incluso, que su nombramiento y remoción no puede estar determinado por la afiliación u orientación política.

B.   Los principios de la carrera administrativa

La Constitución estableció, con carácter general, que los cargos de los órganos de la Administración Pública son de carrera (artículo 146), exceptuando los de elección popular, los de libre nombramiento y remoción, los contratados, los obreros al servicio de la Administración Pública y los demás que determine la Ley.

La consecuencia del principio de la carrera es que el ingreso de los funcionarios públicos y a los cargos de carrera deben realizarse mediante concurso público, fundamentado en principios de honestidad, idoneidad y eficiencia. En cuanto al ascenso, debe estar sometido a métodos científicos basados en el sistema de méritos, y el traslado, suspensión y retiro debe ser de acuerdo con el desempeño de los funcionarios.

C.   El régimen de las remuneraciones

El artículo 147 establece un principio general de disciplina del gasto público, en el sentido de que para la ocupación de cargos públicos de carácter remunerado es necesario que sus respectivos emolumentos estén previstos en el presupuesto correspondiente. Las escalas de salarios en la Administración Pública, dado su carácter estatutario, se deben establecer reglamentariamente conforme a la ley.

La Constitución, por otra parte, recogió el principio que estaba en el artículo 229 de la Constitución de 1961, conforme al cual, el Poder Nacional, por ley orgánica, puede establecer límites razonables a los emolumentos que devenguen los funcionarios públicos tanto municipales y estadales, como nacionales. La materia quedó así consolidada como una competencia del poder nacional que corresponde a la Asamblea Nacional (y escapa de la competencia de los Consejos Legislativos)[45], y en ejecución de dicha norma en 2002 se dictó la Ley Orgánica sobre Emolumentos para

---

República Bolivariana de Venezuela", en *Estudios de Derecho Administrativo: Libro Homenaje a la Universidad Central de Venezuela,* Volumen I, Imprenta Nacional, Caracas, 2001, pp. 307-342; Alfonso Rivas Quintero, *Derecho Constitucional,* Paredes Editores, Valencia-Venezuela, 2002, pp. 282 y ss.; Ricardo Combellas, *Derecho Constitucional: una introducción al estudio de la Constitución de la República Bolivariana de Venezuela,*Mc Graw Hill, Caracas, 2001, pp. 113 y ss.; e Hildegard Rondón de Sansó, *Análisis de la Constitución venezolana de 1999,* Editorial Ex Libris, Caracas, 2001, pp. 120 y ss.

45   Véase sentencia de la Sala Constitucional Nº 2399 de 29-08-03 (Caso: *Interpretación de las normas contenidas en los artículos 4 del Régimen Transitorio de Remuneraciones de los más Altos Funcionarios de los Estados y Municipios, Comisión Legislativa Nacional de 2000).*

Altos Funcionarios de los Estados y Municipios[46]. Además, La Constitución previó que la ley nacional también debe establecer el régimen de las jubilaciones y pensiones de los funcionarios públicos nacionales, estadales y municipales, siguiendo la orientación establecida en la Enmienda N° 2 de la Constitución de 1961, sancionada en 1983.

En esta forma, en cuanto al régimen de remuneraciones y pensiones, el Poder Nacional tiene competencias expresas para su regulación respecto de los tres niveles territoriales.

D.   Las incompatibilidades

a.   *En el desempeño de cargos*

Conforme al artículo 148, y siguiendo la orientación del artículo 123 de la Constitución de 1961, nadie puede desempeñar a la vez más de un destino público remunerado, a menos que se trata de los cargos académicos, accidentales, asistenciales o docentes que determine la ley. Se eliminó de las excepciones la referencia a los cargos edilicios y electorales que establecía el texto de 1961. (art. 123).

En todo caso, la aceptación de un segundo destino que no sea de los exceptuados, siempre implica la renuncia del primero, salvo cuando se trate de suplentes, mientras no reemplacen definitivamente al principal.

En cuanto a las jubilaciones o pensiones nadie puede disfrutar más de una, salvo los casos expresamente determinados en la ley.

b.   *En la contratación con el Estado*

El artículo 124 de la Constitución de 1961 se recogió, también, en la Constitución de 1999 (art. 145), al establecer que quien esté al servicio de los Municipios, de los Estados, de la República "y demás personas jurídicas de derecho público o de derecho privado estatales", no puede celebrar contrato alguno con ellas, ni por sí ni por interpuesta persona, ni en representación de otro, salvo las excepciones que establezca la ley.

Se destaca, de esta norma, la referencia a la clasificación de las personas jurídicas en el derecho público, en sus dos vertientes, que hemos propuesto desde hace años: por una parte, las personas jurídicas de derecho público y las personas jurídicas de derecho privado, según la forma de creación; y por la otra, las personas jurídicas estatales y las personas jurídicas no estatales, según su integración o no a la organización general del Estado[47].

---

46   *G.O.* N° 37.412 del 26 de marzo de 2002.

47   Véase Allan R. Brewer-Carías, "La distinción entre las personas públicas y las personas privadas y el sentido general de la problemática actual de la clasificación de los sujetos de derecho" en *Revista de la Facultad de Derecho*, N° 57, UCV, Caracas, 1976, pp. 115 a 135. La distinción se puede apreciar, también, por ejemplo, en el texto del artículo 322.

c. *En la aceptación de cargos u honores de gobiernos extranjeros*

El principio del artículo 125 de la Constitución de 1961 también se recogió en el artículo 149 de la nueva Constitución, al establecer que los funcionarios públicos no pueden aceptar cargos, honores o recompensas de gobiernos extranjeros sin la autorización de la Asamblea Nacional.

3. *Principios en la Ley del Estatuto*

Ahora bien, para implementar los principios establecidos en la Constitución, se dictó en la Ley del Estatuto de la Función Pública a los efectos de regir las relaciones de empleo público entre los funcionarios públicos y las administraciones públicas nacionales, estadales y municipales, lo que se acuerdo con su artículo 1, comprende:

1.   El sistema de dirección y de gestión de la función pública y la articulación de las carreras públicas

2.   El sistema de administración de personal, el cual incluye la planificación de recursos humanos, procesos de reclutamiento, selección, ingreso, inducción, capacitación y desarrollo, planificación de las carreras, evaluación de méritos, ascensos, traslados, transferencias, valorización y clasificación de cargos, escalas de sueldos, permisos y licencias, régimen disciplinario y normas para el retiro.

Sin embargo, a pesar de que la Ley define al funcionario público como "toda persona natural que, en virtud de nombramiento expedido por la autoridad competente, se desempeñe en el ejercicio de una función pública remunerada, con carácter permanente"(art. 3), de acuerdo con el artículo 1 de la misma, quedan excluidos de la aplicación de su normativa una larga lista de funcionarios, con lo que no sólo el ámbito de aplicación de la Ley queda muy reducido, sino que se ha desquiciado el régimen general de la función pública. Dichos funcionarios excluidos del ámbito de aplicación de la ley, son:

1.   Los funcionarios y funcionarias públicos al servicio del Poder Legislativo Nacional.

2.   Los funcionarios y funcionarias públicos a que se refiere la Ley del Servicio Exterior.

3.   Los funcionarios y funcionarias públicos al servicio del Poder Judicial.

4.   Los funcionarios y funcionarias públicos al servicio del Poder Ciudadano.

5.   Los funcionarios y funcionarias públicos al servicio del Poder Electoral.

6.   Los obreros y obreras al servicio de la Administración Pública.

7.   Los funcionarios y funcionarias públicos al servicio de la Procuraduría General de la República.

8.   Los funcionarios y funcionarias públicos al Servicio Nacional Integrado de Administración Aduanera y Tributaria (SENIAT).

9.   Los miembros del personal directivo, académico, docente, administrativo y de investigación de las universidades nacionales.[48]

---

48   Véase la crítica sobre dichas exclusiones, muchas de ellas totalmente injustificadas (Procuraduría General de la República o Seniat, por ejemplo, en Gustavo Briceño Vivas y Joaquín Bracho Dos Santos, *Ley del Estatuto de la Función Pública,* Editorial Jurídica Venezolana, Caracas, 2004, pp. 25 ss.

Ahora bien, en cuanto al contenido del Estatuto, respecto de los funcionarios a los cuales se aplica, en el mismo se estableció el régimen de los órganos de Dirección y de Gestión de la Función Pública Nacional, incluyendo el del Registro Nacional de funcionarios públicos, de las Oficinas de Recursos Humanos y de los planes de Personal.

La Ley estableció, además el régimen de derechos, deberes, prohibiciones e incompatibilidades de los funcionarios públicos, y del personal contratado; y el régimen del Sistema de Administración de Personal, con normas específicas en relación con la selección, ingreso y ascenso; clasificación de cargos; remuneraciones; evaluación del desempeño; capacitación y desarrollo del personal; jornada de servicio, situaciones administrativas; y retiro y reingreso.

Finalmente en la Ley se reguló en especial, el régimen de las responsabilidades y régimen disciplinario , de las medidas cautelares administrativas y del contencioso administrativo funcionarial.

IV. EL RÉGIMEN DE LOS PROCEDIMIENTOS ADMINISTRATIVOS Y DE LOS ACTOS ADMINISTRATIVOS: *LA LEY ORGÁNICA DE PRO-CEDIMIENTOS ADMINISTRATIVOS*

La tercera de las leyes básicas que conforman el Código de Derecho Administrativo, además de las relativas a la organización de la Administración Pública y a los funcionarios públicos, es la Ley Orgánica de Procedimientos Administrativos, dictada en Venezuela diez años después que se sancionara la primera de las leyes latinoamericanas de procedimientos administrativos que fue la de Argentina (Ley de Procedimientos Administrativos, Ley N° 19.549 de 1972).

Esta Ley Orgánica de Procedimientos Administrativos, que entró en vigencia el 1° de enero de 1982,[49] también se sancionó luego de un decantado proceso de elaboración basado en proyectos que se habían ido elaborando desde comienzos de los años sesenta del siglo pasado.[50]

Dicha Ley Orgánica, sin la menor duda, puede decirse que entonces fue y aún en la actualidad es la Ley más importante que se ha dictado en el país en materia de derecho administrativo y, en particular, en relación a la Administración Pública

---

49   Véase en *Gaceta Oficial* núm. 2.818 Extraordinario de 1 de julio de 1981. Véase sobre la Ley Orgánica los comentarios en Allan R. Brewer-Carías et al., *Ley Orgánica de Procedimientos Administrativos,* Editorial Jurídica Venezolana, Caracas, 1982.

50   El primer proyecto sobre Ley de Procedimientos Administrativos que se redactó en Venezuela fue elaborado entre 1961 y 1962, por una Comisión designada en Comisión de Administración Pública de la Presidencia de la República, sobre la base de un proyecto que había elaborado el profesor Tomás Polanco Alcántara; Comisión de la cual fui Secretario cuando cursaba mis últimos años de la carrera de derecho; y el segundo fue elaborado en 1965, a solicitud que me hizo la Consultoría Jurídica del Ministerio de Justicia, en cuya redacción incorporé a los profesores Sebastián Martín-Retortillo y Francisco Rubio Llorente, destacadísimos profesores españoles quienes en ese entonces residían en Caracas. El texto del proyecto luego lo incorporé en las propuestas de reforma administrativa que como Presidente de la Comisión de Administración Pública presenté al gobierno de la época. Véase en *Informe sobre la Reforma de la Administración Pública Nacional,* Comisión de Administración Pública, Caracas, 1972, Vol. 2, pp. 391-406.

contemporánea. No había sido nunca la Administración destinataria de un cuerpo normativo que regulara con tanta amplitud y precisión, aspectos centrales de su relación con los particulares, siendo esa la primera vez que se reguló en forma general, la actividad sustantiva de la Administración Pública.

Se trató de una Ley que difirió de las anteriores relativas a la Administración que como se dijo, se referían más a aspectos de la organización interna de la misma (Estatuto Orgánico de Ministerios), en la cual se pasó a regular básicamente las relaciones de la Administración con los administrados. Por eso, dentro de los aspectos medulares de la Ley, está la regulación de las situaciones jurídicas en las cuales se encuentran los particulares frente a la Administración y en las cuales se encuentra la Administración frente a los particulares. Se trató por tanto de una Ley que reguló, básicamente, las relaciones jurídicas entre administrados y Administración, y con base en ello, prevé un conjunto de poderes, prerrogativas y obligaciones de la Administración, por una parte, y por la otra, una serie de derechos y obligaciones de los particulares en sus relaciones con aquélla.

1. *El significado de la regulación legal del procedimiento administrativo*

La Orgánica e procedimientos Administrativos produjo profundas transformaciones jurídicas dentro de la Administración Pública, que se manifestaron en la sustitución por una parte, del informalismo por el formalismo en la conducta de la Administración; y por la otra, en la sustitución de una situación de ausencia de garantías del administrado, por un arsenal de derechos frente a la Administración.

A. La regulación de las formas de la acción administrativa

Antes de la vigencia de la Ley Orgánica de Procedimientos Administrativos, en efecto, el signo característico de la Administración Venezolana era la total informalidad, no existiendo formas ni formalidades generales para la elaboración y emisión de los actos administrativos, desarrollándose la actividad administrativa en buena parte en medio de la informalidad y la discrecionalidad procedimental.

Frente a esta situación, la Ley Orgánica cambió el panorama, y comenzó a exigir como principio de la actuación administrativa el formalismo, que se manifiesta, tanto en la prescripción de formalidades de la actuación de la Administración (procedimientos, trámites) como de formas del acto administrativo. Además, la Ley Orgánica erigió el formalismo en un deber de los funcionarios públicos, quienes están obligados a tramitar los asuntos (artículo 3°), a sustanciarlos (artículo 54), o a tomar en sus manos el impulso del procedimiento (artículo 53), a probar los presupuestos de hecho de los actos administrativos (artículo 69), y a decidir los asuntos y recursos en lapsos predeterminados (artículos 2° 5°, 41, 60, 62, 67, 89). Por otra parte, es indudable que la Ley Orgánica, por primera vez en el ordenamiento jurídico, prescribió formas concretas de los actos administrativos unilaterales (artículo 18), positivizando los principios generales que antes regían.

Pero, en concreto, al establecer formalidades, trámites y lapsos, la Ley Orgánica estableció una serie de regulaciones particulares que modificaron radicalmente la práctica anterior.

En efecto, en primer lugar, puede decirse que la Ley Orgánica eliminó el secreto administrativo que como norma existía en relación a los interesados, y que provocaba que éstos normalmente desconocieran, no sólo que había procedimientos en su contra, sino el contenido de las actas y documentos con base en los cuales la Administración podía decidir procedimientos en los cuales pudieran resultar lesionados sus derechos e intereses. El fin del eterno silencio administrativo se produjo con el establecimiento de la obligación de la Administración de notificar a los interesados cuyos derechos o intereses puedan resultar afectados por la acción administrativa (artículos 48, 68), lo que implica el derecho de éstos a ser oídos, a presentar pruebas y alegatos (artículos 48, 58) y previamente, a tener libre acceso al expediente (artículo 59) que debe ser uno y único (artículos 31, 51). Con anterioridad a la Ley, al contrario, no se garantizaba el derecho a ser oído y a conocer el expediente y, en cambio, lo que imperaba era el secreto administrativo y la reserva de los archivos de la Administración.

Por otra parte, en segundo lugar, el formalismo llevó a la regulación específica de aspectos anteriormente no normados, como los relativos a la Administración consultiva. La Ley Orgánica, en efecto, estableció al menos tres principios fundamentales relativos a la Administración consultiva: en primer lugar, el principio del carácter no obligatorio de las consultas y dictámenes previos para la emisión de un acto administrativo (artículo 56), salvo que expresamente la ley lo establezca; en segundo lugar, el principio del carácter no vinculante de las consultas, opiniones y dictámenes (artículo 57), salvo que expresamente la ley lo establezca; y en tercer lugar, el principio del carácter no suspensivo del procedimiento por la ausencia de tales dictámenes o consultas (artículo 56), salvo que expresamente la ley lo establezca. Quedaron así regulados los principios básicos relativos a la Administración consultiva, que antes no tenían consagración positiva precisa.

Por último, en tercer lugar, y como signo del formalismo que impuso la Ley Orgánica a la Administración, están las normas relativas a la publicación y notificación de los actos administrativos, a los efectos del inicio de su eficacia. En otros aspectos, la Ley Orgánica erigió en principio fundamental, la exigencia de la notificación como condición para que el acto administrativo de efectos particulares comience a surtir efectos (artículo 73), la cual no puede ser suplida, como principio, por la publicación del acto administrativo en la *Gaceta Oficial* de la República o de la entidad territorial correspondiente. La Ley, a tal efecto, prescribió cuáles actos deben ser publicados en la *Gaceta Oficial* (artículo 72) y en cuanto a las formalidades para la notificación (artículo 75), reguló los casos de las notificaciones impracticables, las cuales se suplen, no por publicación en la *Gaceta Oficial*, sino en un diario de mayor circulación (artículo 76). Las regulaciones sobre las notificaciones y publicación de los actos administrativos, en definitiva, transformaron una situación de informalidad anterior, que como en todos los aspectos de la Ley, ha exigido y exige educación tanto a los funcionarios como a los administrados, para que conozcan el alcance y efecto de sus derechos y obligaciones mutuas.

B.   El carácter garantista de la Ley Orgánica

El segundo aspecto de las transformaciones jurídicas que provocó la Ley Orgánica de Procedimientos Administrativos, y que cambió radicalmente la situación anterior, fue la consagración en la misma de un conjunto de derechos y garantías de los administrados, que antes no existían. En esta forma la Ley Orgánica estableció un nuevo balance entre los derechos de los administrados y los poderes de la Administración al regular un derecho fundamental que sólo estaba normado a nivel de principio general del derecho derivado de la Constitución, y que es el derecho a la defensa frente a la Administración, el cual era constantemente vulnerado por ésta.

La Ley Orgánica positivizó con creces este derecho a la defensa, al prescribir una serie de derechos derivados: el derecho a ser notificado de todo procedimiento que afecte los derechos subjetivos o los intereses legítimos, personales y directos de un particular (artículo 48); el derecho a ser oído y a hacerse parte en cualquier momento en un procedimiento administrativo (artículo 23); el derecho a tener acceso al expediente, a examinarlo y a copiarlo (artículo 59); el derecho a presentar pruebas y alegatos (artículos 48, 58); el derecho a que el acto administrativo indique formalmente sus motivos (artículo 9); y el derecho a ser notificado personalmente de todo acto administrativo que afecte los derechos e intereses legítimos, personales y directos de un particular (artículo 73) y a ser informado de los medios jurídicos de defensa contra el acto (artículos 73, 77). Con anterioridad a la Ley Orgánica, estos derechos no tenían consagración expresa, y si bien la jurisprudencia había variado estableciendo algunos de ellos como principios generales del derecho, en global eran pisoteados más que respetados por la Administración.

En todo caso, desde el punto de vista jurídico, la Ley Orgánica no sólo fue el detonante para provocar una revolución jurídica en la actuación y práctica administrativas, sino que también incidió notablemente en la elaboración teórica del derecho administrativo. Esta Ley Orgánica, en efecto, puede considerarse como la ley más importante del derecho administrativo venezolano, no sólo porque en ella adquirieron rango de derecho escrito muchos principios generales del derecho administrativo que la jurisprudencia venía estableciendo, sino porque la interpretación y aplicación sucesiva de sus normas ha provocado un enriquecimiento progresivo de esta rama del derecho, la cual carecía de un cuerpo normativo básico en el cual basar su dogmática.[51] A partir de su vigencia disponemos de una Ley, con la categoría de

---

51   Véase sobre este impacto, Allan R. Brewer Carías, *El Derecho Administrativo y la Ley Orgánica de Procedimientos Administrativos,* Editorial Jurídica Venezolana, Caracas, 1985. Véase además, en general sobre la Ley Orgánica venezolana: Allan R. Brewer-Carías, "Comentarios a la Ley Orgánica de Procedimientos Administrativos", en *Revista de Derecho Público,* N° 7, Caracas 1981, pp. 115-117; José Araujo Juares, *Derecho Administrativo Formal,* Vadell Hermanos Editores, 3era Edición, Caracas, 1998; José Araujo Juares, *Principios Generales del Derecho Procesal Administrativo,* Vadell Hermanos Editores, Caracas, 1998; Luis Beltrán Guerra, *El Acto Administrativo. La Teoría del Procedimiento Administrativo,* Caracas 1977; Antonio De Pedro Fernández, *El procedimiento administrativo en Venezuela,* Editorial M&H C.A., Caracas, 1994; Luis H. Farías Mata, *Procedimientos Administrativos,* Materiales de Estudio. Escuela de Estudios Políticos y Administrativos Universidad Central de Venezuela (mimeografiado), 1978; Agustín Gordillo, "Algunos aspectos del procedimiento administrativo en Venezuela", en *Revista de Derecho Público* N° 9, pp. 29-39; Víctor R. Hernández-Mendible, *Procedimiento Administrativo. Proceso Administrativo y Justicia Constitucional,* Vadell Hermanos Editores, Caracas-Valencia, 1997, Eloy Lares Martínez "Los Procedimientos Administrativos" en *Libro Homenaje a la Memoria de Joaquín Sánchez Covisa,* Caracas 1975, pp. 481-492; Henrique Meier E., *El Procedimiento Administrativo Ordinario,* Editorial Jurídica Alva, S.R.L., Caracas, 1992; Antonio Moles Caubet, "Vicisitudes del Procedimiento Administrativo en Venezuela", en *Revista Internacional de Ciencias Administrativas,* Bruselas, 1972, pp. 270-276; José Rodríguez Ramos, "Breves no-

Orgánica, que ha sido el texto fundamental para la actuación y funcionamiento de nuestra Administración Pública.

C. Las transformaciones administrativas

Pero a la revolución jurídica que implicó la Ley Orgánica, la siguió también una revolución administrativa en aspectos no jurídicos de la Administración, al establecer Ley Orgánica, una serie de exigencias en materia de racionalización administrativa, sentó las bases para una revolución administrativa sin precedentes en nuestra Administración Pública.

En efecto, si el signo jurídico de la Administración, antes de la Ley, era la informalidad, en la práctica de la actuación administrativa, era la irracionalidad y la discrecionalidad absoluta en el tratamiento del procedimiento y de las formas y trámites. Frente a esta situación, al contrario, la Ley prescribió la necesaria uniformización documental (artículo 32), la unidad de los expedientes (artículo 31), el establecimiento de sistemas y procedimientos administrativos para mejorar la eficacia de la administración (artículo 32), el registro de documentos (artículo 44) y un sistema amplio de información descendente (artículo 33), de manera de abrir a la Administración a los particulares.

La "revolución de las taquillas", en este sentido debía ser sin duda, el aporte más importante de la Ley Orgánica a la acción administrativa: el objetivo era que la información al público de lo que debe o no debe hacerse en los procedimientos, con indicación de los requisitos, formularios y plazos, no sea un don exclusivo que sólo algunos oscuros funcionarios conocen y dominan desde detrás de sus taquillas impenetrables, en combinación, a veces con gestores o intermediarios externos sino que fuera abierta, pública y a la disposición de todos. Este cambio, no ha sido, sin embargo fácil pues es una transformación que pretende incidir y lesionar órbitas y ámbitos de poder, a veces más poderosos que el del más alto funcionario: el del portero o del receptor de un documento, o el del gestor de poder rechazar y disponer, tiránicamente, de los derechos e intereses de los administrados.

---

tas sobre la Ley Orgánica de Procedimientos Administrativos", en *Revista del Colegio de Abogados del Estado Lara*, diciembre 1981, pp. 105-115; Hildegard Rondón de Sansó, "El Procedimiento Administrativo en el Derecho Comparado", en *Libro Homenaje a la Memoria de Joaquín Sánchez Covisa*, Caracas 1975, pp. 577-620; Hildegard Rondón de Sansó, "Análisis crítico de la Ley Orgánica de Procedimientos Administrativos", en *Revista del Consejo de la Judicatura*, N° 22, Caracas 1981, pp. 15-35; Hildegard Rondón de Sansó, *Procedimiento Administrativo*, Editorial Jurídica Venezolana, 2da. Edición, Caracas, 1983; Gabriel Ruan Santos, "La Administración y la Ley Orgánica de Procedimientos Administrativos", en *Revista de Derecho Público*, N° 18, 1984, pp. 57-83. Además, véanse las obras colectivas siguientes: *El Procedimiento Administrativo*, en el Tomo IV del *Archivo de Derecho Público y Ciencias de la Administración*, Instituto de Derecho Público, Caracas, 1982; en particular, véanse los trabajos de Antonio Moles Caubet, "Introducción al Procedimiento Administrativo" y de Luis Henrique Farías Mata, "El Proceso de elaboración de la Ley Orgánica de Procedimientos Administrativos"; *Contencioso Administrativo, I Jornadas Internacionales de Derecho Administrativo*, FUNEDA, Caracas, 1995, en particular, véase el trabajo de Sandra Morelli, "El procedimiento administrativo y el proceso contencioso administrativo"; *La relación jurídico administrativa y el procedimiento administrativo, IV Jornadas Internacionales de Derecho Administrativo*, FUNEDA, Caracas, 1998.

2. *Contenido general de la Ley Orgánica*

Ahora bien, en términos generales, esta Ley reguló cuatro aspectos fundamentales en relación a la Administración y sus relaciones con los particulares. Por una parte reguló todo un sistema o conjunto de situaciones jurídicas, tanto de la Administración como de los particulares. Aquí la Ley precisó, por una parte, una serie de potestades administrativas y estableció una serie de deberes y obligaciones de los funcionarios, y por la otra, reguló y consagró una serie de derechos de los particulares frente a la Administración, así como también les impuso obligaciones precisas en sus relaciones con aquélla. Este fue el primer campo de regulación de la Ley: las situaciones jurídicas de los particulares y de la Administración Pública.

En segundo lugar, reguló el acto administrativo, es decir, el resultado concreto de la actuación de la Administración cuando ésta decide produciendo efectos jurídicos en determinadas situaciones. Reguló con precisión el acto en sus requisitos, para someter a condiciones de validez y de legalidad la actuación de la Administración. Regula, además, los efectos de los actos; su revisión, tanto de oficio como por vía de recurso, y también, la forma de manifestación de las decisiones administrativas, no sólo estableciendo la decisión expresa, sino innovando, al consagrar la decisión administrativa tácita negativa derivada del silencio administrativo. Por tanto, de acuerdo con la Ley silencio dejó simplemente, de ser una forma de no decidir ni de resolver un asunto para que decayera por el transcurso del tiempo, sino que el silencio administrativo, de acuerdo a esta Ley, comenzó a ser una presunción de decisión, denegando lo solicitado, o los recursos intentados. Al convertirse en una forma tácita de decidir, abrió vías de protección y de recurso para los particulares, a quienes no se les decidía los recursos intentados en los lapsos prescritos. Esto conllevó, también, a ese cambio de mentalidad en la actuación del funcionario, quien muchas veces, simplemente para no decidir un asunto, guardaba silencio, se abstenía y no pasaba nada. A partir de la Ley el silencio comenzó a producir efectos y es que la decisión se considera que se ha tomado por el solo transcurso del tiempo en los lapsos determinados que prevé la Ley, considerándose que se ha denegado lo solicitado; y esa denegación plantea la posibilidad para el particular, de recurrir contra la denegación, sea ante el superior jerárquico, sea ante la vía judicial. Plantea, además, una responsabilidad del funcionario por la omisión y por la no actuación, y si sucede en forma reiterada, incurre en responsabilidad administrativa.

Además de regular las situaciones jurídicas y los actos administrativos, en tercer lugar la Ley reguló el procedimiento administrativo, es decir, todo el conjunto de trámites, requisitos y formalidades, que deben cumplirse ante la Administración y en esas relaciones entre Administración y particulares, para producir decisiones administrativas, es decir, actos administrativos.

Por último y en cuarto lugar, la Ley reguló las vías de revisión de los actos administrativos en vía administrativa; es decir, el sistema de recursos de reconsideración, de revisión y jerárquico, que permiten al particular, en sus relaciones con la Administración, reclamar formalmente, ante ella misma, no como un favor, sino por vías de derecho, contra los actos administrativos, estando ésta obligada a decidir esos recursos también en tiempo útil determinado, de manera que si no lo hace, el silencio provoca estos actos tácitos negativos.

El cuanto al ámbito de aplicación de la Ley Orgánica de Procedimientos Administrativos,[52] se refiere tanto al ámbito organizativo de aplicación, es decir, la determinación de a cuáles órganos se aplica; como al ámbito sustantivo de aplicación, es decir, a cuáles procedimientos se aplica, si es que se aplica a todos los que en esos órganos que caen bajo su regulación, se realizan.

3. Ámbito de aplicación de la Ley Orgánica

En cuanto al ámbito organizativo de aplicación de la Ley, el mismo está definido claramente en el artículo 1°, al señalar que la Administración Pública Nacional y la Administración Pública Descentralizada, integradas en la forma prevista en sus respectivas Leyes Orgánicas, deben ajustar su actividad a las prescripciones de la Ley. Distingue, por tanto, el artículo, dos conjuntos orgánicos. Por una parte, habla de la "Administración Pública Nacional," (Central) y por la otra, habla de la "Administración Pública Descentralizada," las cuales deben precisarse en los términos dispuestos en la Ley Orgánica de la Administración Pública de 2008[53] (LOAP) que es la que regula los órganos del Nivel Central de la Administración Pública nacional y la Administración Pública Nacional Descentralizada funcionalmente (Capítulo II, Título IV).

Pero luego de definir el ámbito organizativo básico de la Ley, el artículo 1° de su párrafo segundo trae una precisión adicional estableciendo que las Administraciones Estadales y Municipales, la Contraloría General de la República y la Fiscalía General de la República, también ajustarán sus actividades a la Ley, en cuanto les sea aplicable. En cuanto a los últimos, luego de sancionada la Constitución de 1999 habría que agregar al la Defensoría del Pueblo), a los órganos del Poder Electoral (Consejo Nacional Electoral) e, incluso, a los órganos de la administración del Poder Judicial (la Dirección Ejecutiva de la Magistrada, art. 267). Y en cuanto a las Administraciones Estadales y Municipales, las mismas como entidades político-territoriales con autonomía política territorial derivada de la forma federal del Estado, en principio deberían poder dictar sus propias leyes reguladoras del procedimiento Administrativo como hicieron en el pasado algunos Estados. En todo caso, como Ley Orgánica está basada en principios generales del derecho administrativo la misma, por ello, puede sin duda aplicarse a todos los entes territoriales.

Además del ámbito organizativo de aplicación de la Ley, con las precisiones señaladas que surgen del artículo 1°, también puede determinarse un ámbito sustantivo de aplicación, particularmente frente a los procedimientos previstos en leyes especiales; y los concernientes la seguridad y defensa del Estado.

En esta materia la Ley Orgánica precisa en el artículo 47, ubicado en el Capítulo I del Título III de la Ley que se refiere al *Procedimiento Ordinario,* que "Los procedimientos administrativos contenidos en Leyes Especiales, se aplicarán con preferencia al procedimiento ordinario previsto en este Capítulo, en las materias que

---

52   Véase Allan R. Brewer-Carías, "Ámbito de la aplicación de la Ley Orgánica de Procedimientos Administrativos", en *Revista de Control Fiscal*, N° 104, Caracas, 1982

53   Ley Orgánica de la Administración Pública (Decreto N° 6.217), *Gaceta Oficial* N° 5.890 Extraordinario de 31-07-2008. Véase sobre esta ley, Allan R. Brewer-Carías et al., *Ley Orgánica de la Administración Pública*, Editorial Jurídica Venezolana, caracas 2009.

constituyan la especialidad,"[54] lo que implica que las normas de procedimientos especiales sólo se aplicaría al procedimiento ordinario constitutivo del acto administrativo, y no al procedimiento de impugnación.

La Ley Orgánica por otra parte, excluye expresamente de su ámbito de aplicación, algunos procedimientos específicos, como son los indicados en el artículo 106, relativos a procedimientos "concernientes a la seguridad y defensa del Estado," expresión que debe entenderse en el sentido de aquellos aspectos que interesan al ámbito militar y al Ministerio de la Defensa y los procedimientos vinculados a la seguridad interna y a la policía.

4. *La Ley Orgánica en la consolidación del principio de la legalidad administrativa*

Uno de los aspectos de mayor importancia de la ley en cuanto a las regulaciones de la Administración, es que con la misma se produjo la consolidación y ampliación de la obligación de la Administración de someterse a la legalidad que se define expresamente en el artículo 1°, al establecer que la Administración Pública "ajustará" su actividad a las prescripciones de la Ley, utilizando una expresión imperativa: "ajustará".

La Ley indirectamente define y precisa este principio de la legalidad,[55] al establecer, en el artículo 1°, como *una obligación* de todos los órganos que están sometidos a sus normas, el ajustar su actividad a las prescripciones de la Ley y, en sentido amplio, a la legalidad. Así se establece, además, en el artículo 141 de la Constitución, que establece como principio de la Administración Pública "el sometimiento pleno a la Ley y al derecho".

Además, no se olvide que cuando la Constitución precisa la competencia de los órganos de la jurisdicción contencioso administrativa (artículo 259) exige que la Administración se ajuste al derecho y, por tanto, no sólo a la Ley como fuente formal escrita, sino a todas las otras fuentes escritas y no escritas del derecho, que han conformado tradicionalmente en Venezuela el bloque de la legalidad, y dentro del

---

54   Véase Hildegard Rondón de Sansó, "Problemas fundamentales que plantea la Ley Orgánica de Procedimientos Administrativos en las materias en la cuales rigen procedimiento especiales (con particular referencia a la Ley de Propiedad Industrial)," en *Revista de Derecho Público*, N° 10, Caracas 1982, pp. 119-128.

55   Sobre el principio de la legalidad, Allan R. Brewer-Carías, "El principio de la legalidad en la Ley Orgánica de Procedimientos Administrativos", en *Revista del Consejo de la Judicatura*, N° 22, Caracas 1981, pp. 5-14; y "Los principios de legalidad y eficacia en las leyes de procedimiento administrativo en América Latina", en *La relación jurídico administrativa y el procedimiento administrativo, V Jornadas Internacionales de Derecho Administrativo*. FUNEDA, Caracas 1998, pp. 21-90; Ana Elvira Araujo García "El Principio de legalidad y Estado de Derecho", en *Los requisitos y los vicios de los actos administrativos, V Jornadas Internacionales de Derecho Administrativo*, FUNEDA, Caracas 2000, pp. 39-59; Eloy Lares Martínez, "El principio de la legalidad aplicado a la Administración" *en Boletín de la Academia de Ciencias Políticas y Sociales*, N° 35, Caracas 1967, pp. 45-92; Enrique Meier E., "El principio de la legalidad administrativa y la Administración Pública, en *Revista de Derecho Público* N° 5, Caracas 1981, pp. 45-56; Antonio Moles Caubet, *El principio de la legalidad y sus implicaciones*, Caracas 1974; Gabriel Ruán Santos, *El Principio de Legalidad, la Discrecionalidad y las Medidas Administrativas*. FUNEDA, Caracas, 1998.

cual, la mayor importancia la han tenido los principios generales del derecho administrativo, muchos de los cuales la Ley les da carácter de derecho positivo.

Pero aparte de esta obligación de la Administración de someterse al derecho, la Ley consolida el principio de la legalidad a través de una serie de regulaciones, las cuales debemos analizar separadamente.

A.   El carácter sublegal de la actividad administrativa

En primer lugar, la Ley precisa el carácter sublegal de la actividad y acción administrativa; es decir, que la actividad administrativa, dentro de las actividades del Estado, es una actividad que se desarrolla vinculada y sometida a la ley, por debajo de la ley, y que, por tanto, no puede invadir competencias que están reservadas constitucionalmente al legislador.[56]

Tradicionalmente se ha considerado que esa reserva legal se define en la Constitución, respecto, al menos, a tres aspectos fundamentales: la creación de contribuciones e impuestos; el establecimiento de delitos y sanciones; y la regulación o limitación de las garantías constitucionales, se han considerado materias como de la reserva legal y que, por tanto, la Administración no puede regular. Es decir, la Administración no puede crear impuestos ni establecer contribuciones (artículo 317 de la Constitución); ni puede crear sanciones ni faltas administrativas (artículo 49, ordinal 6 de la Constitución); ni limitar los derechos constitucionales. Estas son materias reservadas al Legislador.

El artículo 10 de la Ley, aún cuando podría decirse, que aparentemente, es redundante frente a la formulación de estos principios que tienen asidero constitucional, realmente, no lo es. En efecto, esta norma establece que ningún acto administrativo podría crear sanciones, ni modificar las que hubieran sido establecidas en las Leyes, crear impuestos u otras contribuciones de derecho público, salvo dentro de los límites determinados por la Ley.

Esta norma, por una parte corrobora el carácter sublegal de la actividad administrativa, pero por la otra, deja la posibilidad de que la Administración podría regular sobre esas materias "dentro de los límites determinados por la Ley", con lo cual se plasma expresamente la práctica legislativa de dejar en manos del Ejecutivo, el establecimiento, por vía reglamentaria, de algunas sanciones o la regulación concreta de algunas contribuciones.

Pero aparte de esta posibilidad lo importante de la norma es la precisión de que los actos administrativos ni por supuesto, los Reglamentos pueden crear sanciones ni modificar las que hubieran sido establecidas en las Leyes, con lo que se puso límite a otra práctica viciada, de establecimiento de sanciones directamente por la Administración.

B.   La jerarquía de los actos administrativos

Además de consolidar el carácter sublegal de la Administración y del acto administrativo y, por tanto, de su sumisión a la Ley, dentro de la consolidación del prin-

---

56   Véase Allan R. Brewer-Carías, *Principios fundamentales del derecho público*, Editorial Jurídica venezolana, Caracas 2005, pp. 32 ss.

cipio de la legalidad, la Ley Orgánica de Procedimientos Administrativos establece otro principio de enorme importancia, y es el que se refiere a la consagración expresa de la jerarquía de los actos administrativos. En efecto, el artículo 13 de la Ley también tiene gran importancia para la consolidación de la legalidad, al establecer que ningún otro acto administrativo podrá violar lo establecido en otro de superior jerarquía. Por tanto, conforme a esta norma, el acto administrativo no sólo debe estar sometido a la Ley y ser de carácter sublegal, sino que, además, tiene que estar sometido a los otros actos administrativos de jerarquía superior. Es decir, los actos de los funcionarios de jerarquía inferior no pueden vulnerar lo establecido en los actos de los superiores, con lo cual se establece expresamente el principio de la jerarquía en la organización administrativa.

La consecuencia de ello es que toda violación de este principio de que el acto administrativo no puede violar lo establecido en otro de jerarquía superior, sería una violación del principio de la legalidad, actuación que sería controlable en vía jurisdiccional.

Pero además, la Ley, con base en este principio de la jerarquía de los actos, en el artículo 14 precisa cuál es esa jerarquía, estableciendo la siguiente: Decretos, Resoluciones, Ordenes, Providencias y otras Decisiones dictadas por órganos y autoridades administrativas, con lo cual queda claro que un Decreto, por ser emanado del Presidente de la República, se aplica con prevalencia frente a Resoluciones Ministeriales y éstas se aplican con prevalencia frente a las otras órdenes, providencias y decisiones, dictadas por órganos inferiores; y en estos, la jerarquía de los actos se determina por la jerarquía de los órganos de los cuales emanan.

La definición legal de los Decretos, de las Resoluciones Ministeriales, de los otros actos administrativos la establece la Ley Orgánica en sus artículos 15, 16 y 17.

C.   La inderogabilidad singular de los reglamentos

El artículo 13 de la Ley, además de establecer el principio de la jerarquía y del sometimiento de los actos de jerarquía inferior a los actos de jerarquía superior, le da fuerza de derecho positivo a otro principio, que también consolida el principio de la legalidad, y es el que se conoce como principio de la inderogabilidad singular de los Reglamentos. Conforme este principio general, los actos administrativos de efectos generales no pueden ser derogadas o vulnerados por actos administrativos de efectos particulares. Ahora bien, la Ley va más allá y establece que los actos administrativos de carácter particular no pueden vulnerar lo establecido en una disposición administrativa de carácter general, "aun cuando fueren dictados por autoridad igual o superior a la que dictó la disposición general".

Con esto se establece, también con fuerza de derecho positivo, un principio que hasta la promulgación de la Ley venía siendo manejado sólo a nivel de la doctrina, según el cual un acto de carácter general no puede ser vulnerado por un acto de carácter particular ni siquiera cuando éste es dictado por un órgano superior. Por tanto, si se dicta una Resolución Reglamentaria por un Ministro, este funcionario no sólo no puede vulnerarla con sus actos particulares, sino que el Presidente de la República tampoco puede vulnerar dicha disposición general, con un acto de efectos particulares. En esta forma, si el Ministro quiere apartarse de un acto general para decidir un caso concreto, no puede hacerlo sin antes modificar el acto de efectos generales, mediante otro acto de efectos generales, es decir, tiene que reformar la Resolución y luego que la reforme, es que puede dictar el acto de efectos particulares que desee. Lo mismo sucedería respecto de los actos del órgano superior: si existe una Resolución Ministerial de efectos generales, no puede el Presidente de la República mediante un Decreto de efectos particulares, modificar el acto ministerial de efectos generales; tendría que dictar un Decreto de carácter general o reglamentario, para luego dictar su acto de efectos particulares, pero derogando, previamente, la Resolución o acto general que deseaba modificar. Esta es otra consagración de este importante principio de la inderogabilidad singular de los Reglamentos, aplicable a todos los actos de efectos generales.

D.   El valor del precedente y la irretroactividad de los actos administrativos

Por otra parte, también dentro de la consolidación del principio de la legalidad, la Ley Orgánica reguló, en el artículo 11, una serie de principios que rigen la actividad administrativa, y que se refieren a la posibilidad que tiene la Administración de modificar sus criterios de interpretación en su actuación frente a los particulares. En ese artículo se determina cuál es el valor del precedente administrativo, y se consagra, en forma indirecta, otro principio que es el de la irretroactividad de los actos administrativos.

El artículo 11 señala, en efecto, como principio general, que los criterios establecidos por los distintos órganos de la Administración Pública, pueden ser modificados; es decir, la Administración no está sujeta a sus precedentes y, por tanto, ante nuevas situaciones se pueden adoptar nuevas interpretaciones. Pero esta posibilidad de la Administración de modificar sus criterios tiene limitaciones: en primer lugar, la nueva interpretación no puede aplicarse a situaciones anteriores, con lo cual, dictado un acto administrativo en un momento determinado conforme a una interpretación, si luego se cambia la interpretación, no puede afectarse la situación y el acto anterior. Por tanto, el nuevo acto dictado conforme a la nueva interpretación no tiene efecto retroactivo.

Esto, podía considerarse como un principio derivado de la interpretación de la irretroactividad de las Leyes (art. 24 de la Constitución). Sin embargo, a partir de la Ley surgió un asidero para el principio de la irretroactividad de los actos administrativos. Ello, sin embargo, tiene una excepción: la nueva interpretación puede aplicarse, sin embargo, a las situaciones anteriores, cuando fuese más favorable a los administrados y aquí se sigue también, la orientación del artículo 24 de la Constitución, cuando prescribe la retroactividad de las leyes, en materia penal, cuando sea más favorable al reo.

En todo caso, esta posibilidad de modificar criterios administrativos y la limitación, en cuanto a la aplicabilidad de los nuevos criterios a situaciones anteriores, tiene una previsión expresa en el propio artículo 11 de la Ley, al señalar que la modificación de los criterios por la Administración, no da derecho a la revisión de los actos definitivamente firmes dictados conforme a los criterios anteriores. En resumen: la Administración puede variar sus criterios, sin embargo, los nuevos criterios no pueden aplicarse a situaciones anteriores, lo que implica que no puede dárseles efectos retroactivos a los actos administrativos. Pero además, el nuevo criterio que se aplique no le da derecho a un particular a pedir que el acto que lo afectó en un tiempo atrás, sea modificado cuando ese acto ya es un acto definitivamente firme; es decir, la Administración no puede verse compelida, cuando varía de criterio, a modificar sus actos dictados conforme a criterios anteriores, por un pretendido derecho del particular, a que variado el criterio, se aplique ese nuevo criterio a las actuaciones precedentes. Esto, además de la irretroactividad del acto administrativo, implica la consagración del principio de la irrevocabilidad de los actos administrativos, es decir, no son libremente revocables, en cuanto a que el particular, en este caso no tiene derecho a pedir que la Administración modifique libremente sus actos.

E.   La sujeción a la cosa juzgada administrativa y el tema de la revocación de los actos administrativos

Es precisamente sobre este aspecto del valor de los actos definitivamente firmes, es decir, del valor de la cosa juzgada administrativa, se refiere otro aspecto que consolidó el principio de la legalidad en la Ley Orgánica de Procedimientos Administrativos. Se trata, insistimos, de la obligación que tiene la Administración de someterse a sus propios actos, es decir, de la sujeción a la cosa juzgada administrativa y, por tanto, de la limitación a la revocabilidad de los actos administrativos.

La Ley Orgánica consagra expresamente normas de enorme importancia, sobre todo frente a vicios, prácticas administrativas viciadas y arbitrarias, manifestadas en las más variadas formas, en todos los niveles de la Administración. En efecto, no era infrecuente encontrar en la acción administrativa, actividades mediante las cuales, pura y simplemente, se revocan actos administrativos que están definitivamente firmes y que habían cumplido, inclusive, sus efectos.

Frente a esta realidad había sido el trabajo de la doctrina y de la jurisprudencia el que había salido al paso, planteando el principio de la irrevocabilidad de los actos administrativos cuando son creadores de derechos a favor de particulares y, por tanto, planteando una limitación al poder revocatorio de la Administración.[57] Con la Ley Orgánica, este principio tiene una consagración expresa, aun cuando en forma indirecta y dispersa.

En primer lugar, se deduce por vía de interpretación a contrario del artículo 82. Ese artículo consagra la potestad revocatoria, pero dentro de límites precisos, al establecer que los actos administrativos que *no originen* derechos subjetivos o intereses legítimos, personales y directos para un particular, podrán ser revocados en cualquier momento, en todo o en parte, por la misma autoridad que los dictó o por el superior jerárquico. Es decir, en esta norma se consagra el principio de la revocación de los actos administrativos que no creen derechos o declaren a favor de particulares, con lo cual, por interpretación a contrario, surge el otro principio que había sido trabajado por la jurisprudencia, el de la irrevocabilidad de los actos administrativos creadores o declarativos de derecho.

Así, un acto administrativo que no crea derechos o intereses legítimos, puede ser revocado en cualquier momento por la Administración. Al contrario, si el acto administrativo crea o declara derechos a favor de particulares, es irrevocable, y esto se confirma en la propia Ley Orgánica, al sancionarse con el vicio de nulidad absoluta

---

57   Véase Allan R. Brewer-Carías, "Comentarios sobre la revocación de los actos administrativos," en *Revista de Derecho Público*, N° 4, Editorial Jurídica Venezolana, Caracas, octubre-diciembre 1980, pp. 27-30

aquel acto administrativo que revoque un acto anterior creador de derechos a favor de particulares. El artículo 19, ordinal 2° establece expresamente que son nulos, de nulidad absoluta, los actos administrativos que resuelvan un caso precedentemente decidido por otro acto administrativo, con carácter definitivo y que haya creado derechos particulares.

En esta forma, entonces, encontraron consagración legal los principios relativos a la revocación de los actos administrativos que habían sido establecidos para la jurisprudencia, de manera que si el acto no crea derechos a favor de particulares es revocable libremente por la Administración; si el acto crea o declara derechos a favor de particulares, es irrevocable, y si la Administración lo revoca, ese acto revocatorio es nulo, de nulidad absoluta.

En cuanto a los actos viciados de nulidad absoluta, los mismos no pueden surtir ningún efecto y pueden ser revisados en cualquier momento sin ninguna limitación, tal como lo establece el artículo 83, al decir que la Administración podrá, en cualquier momento, de oficio o a solicitud de parte, *reconocer* la nulidad absoluta de los actos dictados por ella. Por supuesto, la nulidad absoluta, que es uno de los capítulos centrales de la Ley, ahora es algo serio; ya no es el vicio que, sobre todo a nivel del foro, pueda continuar alegándose indistintamente ante cualquier irregularidad del acto administrativo. La nulidad absoluta, como vicio de los actos administrativos, está reducida en la Ley a cinco causas establecidas taxativa y expresamente en el artículo 19: 1. Cuando así esté expresamente determinado por una norma constitucional o legal; 2. Cuando resuelvan un caso precedentemente decidido con carácter definitivo y que haya creado derechos particulares, salvo autorización expresa de la Ley. 3. Cuando su contenido sea de imposible o ilegal ejecución, y; 4. Cuando hubieren sido dictados por autoridades manifiestamente incompetentes, o con prescindencia total y absoluta del procedimiento legalmente establecido. Así, en principio y salvo estos casos lógicos y racionales que son causales de la nulidad absoluta, las demás irregularidades o vicios son causas de anulabilidad y, por tanto, de nulidad relativa.

F.   Los límites al poder discrecional

Por último, dentro de la consolidación del principio de la legalidad, la Ley Orgánica de Procedimientos Administrativos consagra expresamente, en su artículo 12, los límites al poder discrecional de la Administración.[58] El poder discrecional, sin la menor duda, es esencial para el desarrollo de la actividad administrativa, de manera

---

58   Véase sobre los poderes discrecionales y sus límites, véase Allan R. Brewer-Carías, "Los límites al poder discrecional de las autoridades administrativas" en *Ponencias Venezolanas al VII Congreso Internacional de Derecho Comparado*, Caracas 1966, pp. 255-278 y en *Revista de la Facultad de Derecho*, UCAB, N° 2, Caracas 1966, pp. 9-35; Juan Carlos Balzán "Los límites a la discrecionalidad, la arbitrariedad y la razonabilidad de la Administración", en *Los requisitos y los vicios de los actos administrativos, V Jornadas Internacionales de Derecho Administrativo*, FUNEDA, Caracas 2000, pp. 61-101; J. M. Hernández Ron, "La potestad discrecional y la teoría de la autolimitación de los poderes", en *Revista del Colegio de Abogados del Distrito Federal*, Nos. 30-31, Caracas 1942, pp. 5-9; J. M. Hernández Ron, "La potestad administrativa discrecional", en *Revista del Colegio de Abogados del Distrito Federal*, Nos. 35-36, Caracas 1943, pp. 7-11; Gabriel Ruán Santos, El Principio de Legalidad, la Discrecionalidad y las Medidas Administrativas, FUNEDA, Caracas, 1998.

que puede decirse que no habría posibilidad real y efectiva para la Administración de actuar en el campo de la vida económica y social, si no dispusiese de la libertad legal que le permita apreciar la oportunidad y la conveniencia de ciertas actuaciones y, por tanto, juzgando esta oportunidad y conveniencia, adoptar determinadas decisiones. Por ello, el poder discrecional es esencial para la Administración.

Pero así como es esencial para la Administración, sin duda, el poder discrecional es la primera fuente de arbitrariedad administrativa. Por eso, la discrecionalidad, lo ha dicho la Jurisprudencia y lo ha trabajado la doctrina, no puede convertirse en arbitrariedad, pero lamentablemente, ha sido muy frecuente que ese límite se traspase y que la acción discrecional sea, en definitiva, una acción arbitraria. Por eso la discrecionalidad requiere de límites; y los mismos sólo habían sido determinados por la Jurisprudencia. La Ley Orgánica, ahora, le da valor de derecho positivo a los principios relativos a la discrecionalidad y a los límites de la acción administrativa. El artículo 12 de la Ley, en efecto, expresamente regula estos límites a la discrecionalidad al establecer que cuando una disposición legal o reglamentaria deje alguna medida o providencia a juicio de la autoridad administrativa competente (y, ciertamente, ya la Jurisprudencia había reconocido que siempre que la ley deje alguna medida *a juicio* de la autoridad administrativa, hay poder discrecional), dicha medida, es decir, el acto que se adopte, debe mantener la debida proporcionalidad y la adecuación con el supuesto de hecho y con los fines de la norma, y cumplir los trámites, requisitos y formalidades necesarias para su validez y eficacia. Este artículo 12, en relación al principio de la legalidad, tiene una riqueza inmensa, sobre todo en cuanto a las posibilidades de controlar la acción administrativa, y su contenido lo hemos visto repetido en la Ley contra la Corrupción de 2003,[59] en la cual su artículo 19 dispone que "los funcionarios y empleados públicos actuarán de conformidad con lo establecido en la ley," y "cuando una disposición legal o reglamentaria deje a su juicio o discrecionalidad una decisión, medida o providencia, ésta deberá ser suficientemente motivada y mantener la debida proporcionalidad y adecuación con el supuesto de hecho y con los fines de la norma, y cumplir los trámites, requisitos y formalidades necesarios para su validez y eficacia.

5. *Los principios del procedimiento administrativo en la Ley Orgánica*

De acuerdo con el artículo 141 de la Constitución, la Administración Pública se fundamenta en "los principios de honestidad, participación, celeridad, eficacia, eficiencia, transparencia, rendición de cuentas y responsabilidad en el ejercicio de la función pública, con sometimiento pleno a la ley y al derecho".

Estos principios los repite el artículo 10 de la LOAP al precisar que la actividad de la Administración Pública se desarrollará con base en "los principios de economía, celeridad, simplicidad, rendición de cuentas, eficacia, proporcionalidad, oportunidad, objetividad, imparcialidad, participación, honestidad, accesibilidad, uniformidad, modernidad, transparencia, buena fe, paralelismo de la forma y responsabilidad en el ejercicio de la misma, con sometimiento pleno a la ley y al derecho, y con supresión de las formalidades no esenciales." De esta enumeración de principios, se eliminó la previsión que tenía el artículo 12 de la LOAP de 2001, en relación con la

---

59   Véase en *Gaceta Oficial* N° 5.637 Extraordinario de 7 de abril de 2003

necesidad de que la actividad administrativa se efectúe "dentro de parámetros de racionalidad técnica y jurídica."

En cuanto a la Ley de Simplificación de Trámites Administrativos, la misma enumera en su artículo 5 los siguientes principios conforme a los cuales se deben elaborar los planes de simplificación: La presunción de buena fe del ciudadano; la simplicidad, transparencia, celeridad y eficacia de la actividad de la Administración Pública; la actividad de la Administración Pública al servicio de los ciudadanos; y la desconcentración en la toma de decisiones por parte de los órganos de dirección. Debe mencionarse además, que la Ley contra la Corrupción de 2003, también dispone el principio de que los funcionarios y empleados públicos debe instruir los procedimientos y demás trámites administrativos "procurando su simplificación y respetando los principios de economía, celeridad, eficacia, objetividad, imparcialidad, honestidad, transparencia, buena fe y confianza, establecidos en la Ley Orgánica de la Administración Pública y en la Ley Orgánica de Procedimientos Administrativos" (art. 16).

En cuanto a la LOPA, en el artículo 30 se enumeraron los siguientes principios del procedimiento administrativo de "principios de economía, eficacia, celeridad e imparcialidad".[60]

A.   El principio de la imparcialidad

En efecto, dentro de los principios generales que rigen el procedimiento administrativo está el principio de la imparcialidad, derivado del principio de igualdad y no discriminación de los administrados, conforme al cual, la Administración, en el curso del procedimiento y al decidirlo, no debe tomar partido, ni inclinar la balanza o beneficiar ilegítimamente a una parte en perjuicio de otra, sino que debe tomar su decisión únicamente conforme al ordenamiento jurídico y con la finalidad de interés general que la motiva.

Este principio regulado el Artículo 30 de la LOPA, exige a la Administración tratar en igual forma a todos los particulares y no puede establecer ningún tipo de discriminación respecto de ellos, ni parcializarse por ninguna posición y debe mantener siempre una posición imparcial. Esto trae dos consecuencias concretas en la Ley. Por una parte, la obligación de respetar el orden que establece el Artículo 34 para la decisión de los asuntos. Ya hemos visto que cuando se introduce una solicitud, debe haber un registro numerado conforme al Artículo 47, y en consecuencia, de acuerdo

---

60   Véase en general, Allan R. Brewer-Carias, *Principios del procedimiento administrativo,* Prólogo de Eduardo García de Enterría, Editorial Civitas, Madrid 1990; "Principios del Procedimiento Administrativo en España y América Latina," en **200 Años del Colegio de Abogados,** *Libro Homenaje,* Tomo I, Colegio de Abogados del Distrito Federal, Avila Arte/Impresores, Caracas 1990, pp. 255 -435; *Les principes de la procédure administrative non contentieuse. Études de Droit Comparé (France, Espagne, Amérique Latine),* Prólogo de Frank Moderne, Editorial Economica, París 1992; también publicado en *Etudes de droit public comparé,* Académie International de Droit Comparé, Ed. Bruylant, Bruxelles 2001, pp. 161-274 ; y *Principios del Procedimiento en América Latina,* Universidad del Rosario, Editorial Legis, Bogotá 2003; Allan R. Brewer-Carías, "Principios del Procedimiento Administrativo. Hacia un estándar continental," en Christian Steiner (Ed), *Procedimiento y Justicia Administrativa en América Latina,* Konrad Adenauer Stiftung, F. Konrad Adenauer, México 2009, pp. 163-199.

al Artículo 34, el despacho de los asuntos debe hacerse respetándose rigurosamente él orden en que fueron presentados. Sólo si hay razones de interés público y si se motivan estas razones mediante resolución expresa, puede el Jefe de la Oficina respectiva modificar el orden, dejando constancia en el expediente de los motivos.

B. El principio de economía

Otro principio general del procedimiento administrativo previsto en la LOPA es el principio de la economía procesal. En efecto, en general, debe considerarse que los procedimientos se establecen para resolver los asuntos, y no para dilatarlos. Lamentablemente, la distorsión que ha sufrido el procedimiento civil, en muchos casos llevó a considerar al procedimiento civil como un instrumento de dilación y no como un instrumento de solución de problemas. Por en muchos casos ha habido una justicia eterna, de larga duración, comandada, a veces, por jueces que olvidan que su misión fundamental es decidir en el fondo de los asuntos, y que consideran, al contrario, que el procedimiento civil sirve para no decidir. Lamentablemente esto ha ocurrido con frecuencia en el procedimiento civil, quedando de lado el principio de la economía procesal, que exige, al contrario, decisiones en el tiempo más corto posible.

La LOPA, al contrario, puede decirse que, afortunadamente, está imbuida por el principio de la economía procedimental, es decir, por la necesidad de que se decida administrativamente con celeridad y economizando lapsos. Por tanto, si la Ley prescribe formas, es para que se manifieste adecuadamente la voluntad de la Administración, es decir, para que se dicte un acto y no para dilatar las decisiones.

C. El principio de celeridad

Vinculado con el principio de oficialidad y también formulado en forma expresa en la LOPA, está el principio de la celeridad, que implica que si el procedimiento es un asunto de la Administración, es decir, si la Administración es la responsable del procedimiento, el principio consecuencial establecido en garantía de los particulares, es que debe ser desarrollado con la mayor rapidez y celeridad posible. Ello implica, las previsiones sobre actuación de oficio, regulación de plazos y términos y todo el régimen de simplicidad en los trámites.

D. El principio de la eficacia

La actividad de los órganos y entes de la Administración Pública debe perseguir el cumplimiento eficaz de los objetivos y metas fijados en las normas, planes y compromisos de gestión, bajo la orientación de las políticas y estrategias establecidas por el Presidente de la República, la Comisión Central de Planificación, por el gobernador, y el alcalde según el caso (art. 19 LOAP).

En todo caso, el funcionamiento de los órganos y entes de la Administración Pública, debe comprender el seguimiento de las actividades, así como la evaluación y control del desempeño institucional y de los resultados alcanzados (art. 18 LOAP).

V. EL RÉGIMEN DE LA ACTIVIDAD CONTRACTUAL DE LA ADMI-NISTRACIÓN: *LA LEY DE CONTRATACIONES PÚBLICAS*

Aparte de la regulación de la acción unilateral de la actividad administrativa en la Ley Orgánica de Procedimientos Administrativos, otra pieza fundamental de la actividad de la Administración Pública es la actividad bilateral, mediante acuerdos o contratos. Por ello, la importancia de la contratación administrativa, cuyas leyes reguladoras también forman parte fundamental de un Código de Derecho Administrativo. Es el caso de la Ley de Contrataciones Públicas y de la ley que regula las concesiones administrativas.

1. *El régimen constitucional de la contratación pública*

Sobre el tema de los contratos estadales, en la Constitución de 1999, siguiendo la orientación de la Constitución de 1961, se adoptó la noción de "contratos de interés público" para calificar los contratos que celebren las personas jurídicas estatales (nacionales, estadales o municipales), de manera que los mismos pueden ser contratos de interés público *nacional*, de interés público *estadal* o de interés público *municipal*, según conciernan a los diversos niveles territoriales de distribución del Poder Público[61].

A partir de esa noción, en la Constitución de 1999[62] puede decirse que también se constitucionalizó el régimen de los contratos estatales, denominados también, contratos de la Administración, o contratos del Estado.[63] A tal efecto, la sección cuarta "De los contratos de interés público" del Capítulo I "Disposiciones fundamentales" del Título IV "Del Poder Público" de la Constitución, regula el régimen de los contratos de interés público *nacional, estadal* y *municipal* (art. 150), conforme a la distribución del Poder Público entre esos tres niveles territoriales la organización del

---

61 Véase en general, Jesús Caballero Ortiz, "Los contratos administrativos, los contratos de interés público y los contratos de interés nacional en la Constitución de 1999", en *Estudios de Derecho Administrativo: Libro Homenaje a la Universidad Central de Venezuela*, Volumen I, Imprenta Nacional, Caracas, 2001, pp. 139-154; Jesús Caballero Ortíz, "¡Deben subsistir los contratos administrativos en una futura legislación", en *El Derecho Público a comienzos del siglo XXI. Estudios homenaje al Profesor Allan R. Brewer-Carías*, Tomo II, Instituto de Derecho Público, UCV, Civitas Ediciones, Madrid, 2003, pp. 1765-1777; Allan R. Brewer-Carías, "Los contratos de interés público nacional y su aprobación legislativa" en *Revista de Derecho Público*, Nº 11, Caracas, 1982, pp. 40 a 54; Allan R. Brewer-Carías, *Contratos Administrativos*, Caracas, 1992, pp. 28 a 36; Allan R. Brewer-Carías, *Debate Constituyente*, Tomo II, *op. cit.*, p. 173; Alfonso Rivas Quintero, *Derecho Constitucional*, Paredes Editores, Valencia-Venezuela, 2002, pp. 287 y ss.; Hildegard Rondón de Sansó, *Análisis de la Constitución venezolana de 1999*, Editorial Ex Libris, Caracas, 2001, pp. 123 y ss.; y Ricardo Combellas, *Derecho Constitucional: una introducción al estudio de la Constitución de la República Bolivariana de Venezuela*, Mc Graw Hill, Caracas, 2001, pp. 115 y ss.

62 Véase Allan R. Brewer-Carías, "Algunos aspectos del proceso de constitucionalización del Derecho administrativo en Venezuela", en *V Jornadas internacionales de Derecho Administrativo Allan Randolph Brewer Carías, Los requisitos y vicios de los actos administrativos*, (FUNEDA), Caracas 2000, pp. 21 a 37.

63 . Véase Allan R. Brewer-Carías, *Contratos Administrativos, cit.*, pp. 28 y ss.

"Estado Federal Descentralizado" (art. 4): el Poder Municipal, el Poder Estadal y el Poder Nacional (art. 136).

En consecuencia un contrato de interés público nacional, es aquél que interesa al ámbito nacional (en contraposición al ámbito estadal o municipal), porque ha sido celebrado por una persona jurídica estatal nacional, de derecho público (la República o un instituto autónomo) o de derecho privado (empresa del Estado). Por tanto, no serán contratos de interés público *nacional* aquéllos que son de interés público estadal o municipal, celebrados por personas jurídicas estatales de los Estados o de los Municipios, incluyendo los institutos autónomos y empresas del Estado de esas entidades político-territoriales.

Estos contratos de la Administración, que generalmente se celebran entre una persona jurídico estatal y otro sujeto de derecho de carácter privado, sin embargo, también pueden ser de carácter intergubernamentales o interadministrativos, cuando los contratantes sean todas personas jurídicas estatales. Por ejemplo, los celebrados entre la República y los Estados o Municipios, por ejemplo, derivados procesos transferencia de competencias entre los entes territoriales (art. 157, 165); y los acuerdos de mancomunidad municipal entre varios Municipios para la realización de una actividad en común (art. 170). También están los contratos de interés público interterritoriales, es decir, aquéllos suscritos por los Municipios entre sí o entre la República y los Municipios o los Estados y los Municipios para fines de interés público, a cuyo efecto el artículo 170 de la Constitución establece que los Municipios pueden "acordar entre sí o con los demás entes públicos territoriales, la creación de modalidades asociativas inter-gubernamentales para fines de interés público relativos a materias de su competencia".

2. Las cláusulas constitucionales obligatorias en los contratos de interés público

Siguiendo la orientación de la Constitución de 1961, la Constitución de 1999 ha establecido la incorporación obligatoria y tácita en los contratos de interés público, de una serie de cláusulas, entre las cuales destacan las de inmunidad de jurisdicción y la llamada cláusula "Calvo"; y a ciertos de ellos, una cláusula de protección ambiental. Además, regula las cláusulas de temporalidad en las concesiones administrativas de explotación de recursos naturales, de servicios públicos y de carácter minero.

A. La cláusula de inmunidad de jurisdicción

En cuanto a la cláusula de inmunidad de jurisdicción, el artículo 151 de la Constitución establece que:

> "En los contratos de interés público, si no fuere improcedente de acuerdo con la naturaleza de los mismos, se considerará incorporada, aun cuando no estuviera expresa, una cláusula según la cual las dudas y controversias que puedan suscitarse sobre dichos contratos y que no llegaren a ser resueltas amigablemente por las partes contratantes, serán decididas por los Tribunales competentes de la República, de conformidad con sus leyes..."

Se trata, realmente, de una cláusula obligatoria en el sentido de que todo contrato que suscriba una persona jurídica estatal en los tres niveles territoriales del Poder Público e, incluso, en los niveles de descentralización funcional, deben contener esta cláusula cuyo objeto es, primero, asegurar que la interpretación, aplicación y ejecución de esos contratos debe someterse a la ley venezolana; y segundo, que las controversias y dudas que de ellos surjan deben también someterse al conocimiento de los tribunales venezolanos[64].

Sin embargo, como sucedía en la Constitución de 1961, conforme al artículo 151 de la Constitución de 1999, el régimen de la inmunidad jurisdiccional previsto se aparta del carácter absoluto tradicional que tenía en el siglo XIX, establecido originalmente en la Constitución de 1892 (art. 147), y encaja dentro de la llamada "inmunidad relativa de jurisdicción". Por ello, la norma prescribe que la cláusula debe estar presente en todos los contratos de la Administración "si no fuere improcedente de acuerdo con la naturaleza de los mismos", lo que convierte la cláusula en una de inmunidad relativa de jurisdicción[65].

La relatividad de la inmunidad de jurisdicción deriva, en todo caso, de la naturaleza de la actividad del Estado regulada en el contrato, más que en su finalidad, que siempre es pública, admitiéndose la excepción al principio de la inmunidad basada en el carácter comercial de las actividades que realice un Estado, sobre todo en el ámbito de las contrataciones internacionales.

Por supuesto, para la determinación de la naturaleza de los contratos no se pueden dar fórmulas universales. Por ejemplo, se han planteado discusiones sobre la naturaleza de tales contratos en materia de empréstitos públicos, tanto en el derecho financiero como en el derecho internacional. En todo caso, utilizando la vieja distinción entre actos de autoridad y actos de gestión, nadie podría afirmar que un contrato de empréstito público no sea un acto de autoridad ni un contrato de interés público. Por ello, dicho criterio no puede utilizarse para determinar la relatividad de la inmunidad de jurisdicción, pues la solución al problema no se puede basar en la consideración de si el Estado suscribe el contrato haciendo uso de su soberanía o de sus poderes públicos, o si son o no contratos de la Administración; sino en la naturaleza de las operaciones. En el caso de los empréstitos, sin duda, el juez llamado a conocer de un problema judicial en relación a ellos, debe conocer, en realidad, de cuestiones mercantiles y comerciales. Por eso, y con base en la excepción prevista en la Constitución, los contratos de empréstito no contienen las cláusulas de inmunidad de jurisdicción y, por tanto, están sometidos en su ejecución, la cual, además, en general, se produce fuera del país, a las leyes y tribunales donde se realiza la operación e, incluso, a tribunales arbítrales.

B.   La cláusula "Calvo"

La segunda cláusula de carácter obligatorio, de rango constitucional regulada en el artículo 151 de la Constitución, el cual como lo propusimos[66], reprodujo exactamente el texto del artículo 127 de la Constitución de 1961, es la llamada cláusula "Calvo", que implica que en los contratos de interés público también se debe considerar incorpo-

---

64   Véase en general, Beatrice Sansó de Ramírez, "La inmunidad de jurisdicción en el Artículo 151 de la Constitución de 1999", en *Libro Homenaje a Enrique Tejera París, Temas sobre la Constitución de 1999,* Centro de Investigaciones Jurídicas (CEIN), Caracas, 2001, pp. 333 a 368.

65   Véase Allan R. Brewer-Carías, *Contratos Administrativos, cit.,* pp. 130 a 137.

66   Véase Allan R. Brewer-Carías, *Debate Constituyente,* Tomo I, *op. cit.,* pp. 209 a 233; y *Debate Constituyente,* Tomo II, *op. cit.,* pp. 174 y 175.

rada una cláusula que establece que por "ningún motivo" ni causa, la ejecución de los mismos "puede dar origen a reclamaciones extranjeras."[67]

El origen de esta cláusula se remonta a la Constitución de 1893 en la cual, al regularse los contratos de interés público, se señaló que los mismos en ningún caso podían ser motivo de reclamaciones internacionales. Esta cláusula establece, por tanto, la improcedencia de reclamaciones diplomáticas de Estados extranjeros contra el Estado venezolano, actuando aquellos Estados por cuenta de súbditos extranjeros, y parte del supuesto de que los extranjeros en el territorio del Estado venezolano se hallan en las mismas condiciones que los nacionales, por lo que si tienen alguna reclamación que formular cuando se puedan considerar lesionados, deben acudir únicamente a los tribunales nacionales. El objeto de la cláusula, en definitiva, es impedir que las divergencias que puedan surgir entre partes en un contrato estatal, en el cual una parte fuera un ciudadano extranjero, pudieran ser consideradas como de naturaleza internacional.

El origen de esta cláusula y por eso su denominación de cláusula "Calvo", está en la exposición contenida en el libro de Carlos Calvo, *Tratado de Derecho Internacional*, editado inicialmente en 1868, en el cual, después de estudiar la intervención franco-inglesa en el Río de La Plata y la intervención francesa en México, expresó lo siguiente:

> "Además de móviles políticos, las intervenciones han tenido siempre por pretexto aparente lesiones a intereses privados, reclamaciones y pedidos de indemnizaciones pecuniarias a favor de extranjeros cuya protección no era justificada la mayoría de las veces... Según el derecho internacional estricto, el cobro de créditos y la gestión de reclamaciones privadas no justifican de plano la intervención armada de los gobiernos, y como los Estados europeos siguen invariablemente esta regla en sus relaciones recíprocas, no hay razón para que no se la impongan también en sus relaciones con los otros Estados del Nuevo Mundo."[68]

Incluso, la propia cláusula "Calvo" influyó en la concepción de la llamada "Doctrina Drago", formulada en 1902 por el Ministro de Relaciones Exteriores de Argentina, Luis María Drago, quien ante las medidas de fuerza adoptadas por Alemania, Gran Bretaña e Italia contra Venezuela, formuló su tesis denegatoria del cobro compulsivo de las deudas públicas por los Estados[69].

Por supuesto, sobre la propia cláusula "Calvo" se ha discutido en torno a su validez: algunos han estimado que es nula porque las personas privadas no pueden contraer obligaciones que lleven a dejar sin efecto el derecho de su Estado de origen de protegerlas en el exterior; otros, en cambio, estiman que es válida porque constituye una estipulación formal explícita entre dos partes contratantes. En este marco es que la Constitución presume que existe en todo tipo de contrato de interés público y, en particular, por supuesto, en materia de contratos de empréstitos en los cuales incluso, como se ha dicho, puede haber la excepción de la cláusula de inmunidad jurisdiccional.

---

67   Véase Allan R. Brewer-Carías, *Contratos Administrativos, cit.*, pp. 137 y ss.

68   *Op. cit.,* Tomo I, parágrafo 205, *cit.,* por L.A. Podestá Costa, *Derecho Internacional Público,* tomo I, Buenos Aires, 1955, pp. 445 y 446.

69   Véase Victorino Jiménez y Núñez, *La Doctrina Drago y la Política Internacional,* Madrid, 1927.

C.   La cláusula temporal en las concesiones

Con relación a las concesiones administrativas, como contratos estatales, también puede identificarse en el ordenamiento constitucional venezolano, otra cláusula de carácter obligatorio y que tiene su fundamento en el citado artículo 113 de la Constitución, que regula las concesiones para la explotación de recursos naturales propiedad de la Nación o para la prestación de servicios de naturaleza pública, las cuales sólo pueden otorgarse "por tiempo determinado". En el mismo sentido, el artículo 156,16 de la Constitución prohíbe el otorgamiento de "concesiones mineras por tiempo indefinido".

Es evidente, por tanto, de acuerdo con estas normas, la posibilidad de que el Estado otorgue con carácter de exclusividad, concesiones para la explotación de bienes públicos o la prestación de servicios públicos por tiempo limitado. La temporalidad, así, puede considerarse como una característica de todas las concesiones por lo que las leyes especiales que las regulan prevén, en general, lapsos variables, pero siempre precisos, de duración de las mismas.

En este sentido, por ejemplo, las concesiones de servicios públicos municipales, de acuerdo al artículo 41, ordinal 1° de la Ley Orgánica de Régimen Municipal, sólo pueden tener un plazo máximo de 20 años; las concesiones de ferrocarrileras reguladas en la Ley de Ferrocarriles, de acuerdo a su artículo 9, deben tener una duración máxima de 40 años; las concesiones para la explotación de productos forestales reguladas en la Ley Forestal de Suelos y Aguas, conforme al artículo 68, deben tener una duración máxima de 50 años; y asimismo, las concesiones de obras y servicios públicos previstas en la Ley Orgánica sobre Promoción de la Inversión Privada bajo el Régimen de Concesiones, de acuerdo al artículo 16, deben tener una duración máxima de 50 años. Por último, en cuanto a las concesiones para el aprovechamiento de aguas, de acuerdo a la Ley Forestal de Suelos y de Aguas, artículo 92, la duración de las mismas debe ser de 60 años máximo.

D.   La cláusula de protección ambiental

Por otra parte, el artículo 129 de la Constitución exige la inclusión en los contratos que celebre la República (contratos de interés público nacional celebrados por la República), de una cláusula de protección ambiental[70] en los siguientes términos:

> "En los contratos que la República celebre con personas naturales o jurídicas, nacionales o extranjeras, o en los permisos que se otorguen, que afecten los recursos naturales, se considerará incluida aún cuando no estuviere expresa, la obligación de conservar el equilibrio ecológico de permitir el acceso a la tecnología y la transferencia de la misma en condiciones mutuamente convenidas y de restablecer el ambiente a su estado natural si éste resultara alterado, en los términos que fije la ley."

Se debe destacar de esta norma, que se trata de una cláusula de protección ambiental constitucionalmente obligatoria sólo respecto de los contratos de interés público *nacional*, que celebre la República. En consecuencia, puede considerarse que no es

---

70   Véase, en general, Alberto Blanco-Uribe Quintero, "La tutela ambiental como derecho-deber del Constituyente. Base constitucional y principios rectores del derecho ambiental", en *Revista de Derecho Constitucional*, N° 6 (enero-diciembre), Editorial Sherwood, Caracas, 2002, pp. 31-64.

obligatoria en los contratos de interés público estadal ni municipal, que celebren, por ejemplo, los Estados y Municipios; así como tampoco sería constitucionalmente obligatoria en los contratos de interés público nacional que celebren otras personas jurídicas estatales distintas a la República, como los institutos autónomos o empresas del Estado nacionales.

E.   La aprobación de contratos de interés público por el órgano legislativo nacional

En cuanto a la aprobación legislativa de los contratos de interés público nacional, la Constitución de 1999, a propuesta nuestra[71], cambió radicalmente la previsión del artículo 126 de la Constitución de 1961, que materialmente sometía a *todos* los contratos de interés público nacional a la aprobación legislativa, salvo las excepciones (contratos normales en el desarrollo de la Administración Pública y aquellos para los cuales la ley no establecía la aprobación legislativa) que terminaron convirtiéndose en la regla. Por ello, el artículo 150 de la Constitución de 1999, siguiendo la orientación mencionada de la práctica legislativa e interpretativa, ahora se limita a señalar que "la celebración de los contratos de interés público nacional requerirá la aprobación de la Asamblea Nacional sólo *en los casos que determine la ley"*.

En consecuencia, sólo cuando mediante ley se determine expresamente que un contrato de interés público nacional debe someterse a la aprobación de la Asamblea, ello se convierte en un requisito de eficacia del contrato (art. 182,9).

Sin embargo, la Constitución exige la aprobación obligatoria por parte de la Asamblea Nacional, (art. 150; 187,9) solo respecto de los contratos de interés público (no sólo nacional, sino estadal o municipal) que se celebren con Estados o entidades oficiales extranjeras o con sociedades no domiciliadas en Venezuela, así como respecto de los traspasos de esos contratos a dichas entidades.

3.   *Régimen legal de los contratos del Estado*

Con vistas a desarrollar los principios constitucionales, en 2008 se sancionó la Ley de Contrataciones Públicas,[72] la cual sin embargo, y a pesar de su denomina-

---

71   Véase Allan R. Brewer-Carías, *Debate Constituyente,* Tomo II, *op. cit.,* pp. 175 a 177.

72   La Ley fue dictada mediante Decreto Ley N° 5.929 de fecha 11 de marzo de 2008 en ejecución de la Ley habilitante de 2007, habiendo derogado la Ley de Licitaciones contenida en el Decreto Ley N° 1.555 de 13-11-2001, Gaceta Oficial N° 5.556 Extraordinaria de 13-11-2001. La Ley de Contrataciones Públicas fue inicialmente publicada en *Gaceta Oficial* N° 5.877 de fecha 14-03-2008, y republicada, por error de copia, en *Gaceta Oficial* N° 38895 de 25-03-2008. Dicha Ley fue reformada por Ley publicada en *Gaceta Oficial* N° 39.165 de 24 de abril de 2009 y posteriormente fue reformada por Ley publicada en *Gaceta Oficial* N° 39.503 de 6-9-2010) . Mediante Decreto N° 6.708 de 19-05-2009 se dictó el Reglamento de la Ley de Contrataciones Públicas, en *Gaceta Oficial* N° 39.181 de 19-05-2009, mediante el cual se derogó el Decreto N° 4.032 de 14-11-2005 contentivo del Reglamento Parcial de la Ley de Licitaciones, *Gaceta Oficial* Nro. 38.313 de 14-11-2005; el Decreto N° 2.371 de 24-04-2003 contentivo del Reglamento Parcial de la Ley de Licitaciones para la Adquisición Directa en caso de Contratación de Obras, Servicios o Adquisición de Bienes, en *Gaceta Oficial* N° 37.688 de fecha 13-05-2003; y el Decreto N° 1.417 sobre Condiciones Generales de Contratación para la Ejecución de Obras, en *Gaceta Oficial* N° 5.096 Extraordinario de fecha 31-07-1996.

ción, no reguló toda la actividad contractual del Estado incluidos los contratos administrativos,[73] como hubiese sido lo recomendable.

La Ley, en realidad, siguiendo la misma orientación de la Ley de Licitaciones que derogó expresamente,[74] con algunos agregados importantes, sólo está básicamente destinada a regular los procedimientos de selección de contratistas (arts. 36 a 92), pero sólo respecto de ciertos (no todos) contratos públicos. En cuanto a los agregaron, están normas generales referidas a la "contratación" (arts. 93 a 131), con la inclusión de previsiones, por ejemplo, sobre garantías contractuales, el inicio y la terminación de los contratos públicos, y sobre su modificación, aplicables a todos los contratos del Estado que caen dentro del ámbito de aplicación.

La consecuencia de esto es que la Ley de Contrataciones Públicas, sólo tiene por objeto regular los contratos vinculados a "la actividad del Estado para la *adquisición de bienes, prestación de servicios y ejecución de obras,*" la cual comúnmente se han considerado dentro de la categoría de los llamados "contratos administrativos,"[75] teniendo por tanto un limitado alcance de aplicación, primero, desde el punto de vista *subjetivo*, respecto de determinadas personas jurídicas estatales que se deben regir por sus disposiciones en los contratos públicos que celebren; y segundo, desde el punto de vista *sustantivo*, respecto de los contratos públicos que celebren dichas personas jurídicas que se deben regir por sus disposiciones.

A. Ámbito subjetivo de aplicación de la Ley de Contrataciones Públicas

Los contratos del Estado o los contratos públicos, como se ha dicho y como todo contrato, sólo pueden celebrarse entre sujetos de derecho, es decir, entre personas jurídicas, y en cuanto concierne al "Estado", por las personas jurídicas que lo componen, es decir, por las personas jurídicas estatales.[76] En tal sentido, en el artículo 1º de la Ley se hace referencia a "*la actividad del Estado* para la adquisición de bienes, prestación de servicios y ejecución de obra", con la intención, sin duda, de establecer un marco regulador aplicable omnicomprensivamente a todos las personas jurídicas o sujetos de derecho que componen el "Estado."

---

73   Véase sobre ello lo que expusimos en Allan R. Brewer-Carías, "La evolución del concepto de contrato administrativo" en *Libro Homenaje al Profesor Antonio Moles Caubet*, Tomo I, Facultad de Ciencias Jurídicas y Políticas, Universidad Central de Venezuela, Caracas 1981, pp. 41-69.

74   Decreto Ley Nº 1555 de fecha 13 de noviembre de 2001, *Gaceta Oficial* Nº 5556 de 13-11-2001. Véase sobre dicha Ley los comentarios que hicimos en Allan R. Brewer-Carías, "El régimen de selección de contratistas en la Administración Pública y la Ley de Licitaciones," en *Revista de Derecho Público*, Nº 42, Editorial Jurídica Venezolana, Caracas, abril-junio 1990, pp. 5-25.

75   Veáse Allan R. Brewer-Carías, *Contratos Administrativos*, Editorial Jurídica Venezolana, Caracas 1992; "Nuevas consideraciones sobre el régimen jurídico de los contratos del Estado en Venezuela", en *VIII Jornadas Internacionales de Derecho Administrativo Allan Randoloh Brewer-Carías. Contratos Administrativos. Contratos del Estado,* Fundación de Estudios de Derecho Administrativo FUNEDA, Caracas, 2006, pp. 449-479, y en *Revista de Derecho Administrativo (RDA)*, Círculo de Derecho Administrativo (CDA), Año 1, N° 2, Lima Diciembre 2006, pp. 46-69.

76   Sobre las mismas véase Allan R. Brewer-Carías, *Derecho Administrativo,* Universidad Externado de Colombia, Bogotá 2005, p. 437.

Sin embargo, al definirse a los sujetos a los cuales se aplica la Ley en el artículo 3, la misma incurre en el error de enumerar entre quienes pueden contratar no sólo a "personas jurídicas" estatales sino a determinados "órganos" de las mismas que por supuesto no tienen "personalidad jurídica." Es decir, la Ley enumera indistintamente como "contratantes" tanto a diversas personas jurídicas estatales como a diversos órganos de las Administraciones Públicas (nacional, estadal y municipal), los cuales obviamente no son ni sujetos de derecho ni personas jurídicas. La Ley se refiere, en efecto, a "los órganos y entes sujetos" a su normativa, mezclando en la enumeración del artículo 3 tanto a órganos de las Administraciones Públicas (nacional, estadal y municipal) como a diversas personas jurídicas estatales.

En efecto, el artículo 3 de la Ley, al precisar el "ámbito de aplicación" de la misma en lo que sería su ámbito subjetivo, dispone que será aplicable "a los *sujetos* que a continuación se señalan": [77]

1. Los órganos y entes del Poder Público Nacional, Estadal, Municipal, Central y Descentralizado.

2. Las Universidades Públicas.

3. El Banco Central de Venezuela.

4. Las asociaciones civiles y sociedades mercantiles en las cuales la República y las personas jurídicas a que se contraen los numerales anteriores tengan participación, igual o mayor al cincuenta por ciento (50%) del patrimonio o capital social respectivo.

5. Las asociaciones civiles y sociedades mercantiles en cuyo patrimonio o capital social, tengan participación igual o mayor al cincuenta por ciento (50%), las asociaciones civiles y sociedades a que se refiere el numeral anterior.

6. Las fundaciones constituidas por cualquiera de las personas a que se refieren los numerales anteriores o aquellas en cuya administración éstas tengan participación mayoritaria.

7. Los Consejos Comunales o cualquier otra organización comunitaria de base que maneje fondos públicos.

Si bien en los ordinales 2 a 7 se identifican con precisión algunos "sujetos de derecho", en el sentido de personas jurídicas estatales, en el ordinal 1° no ocurre tal cosa, y en cambio se enumeran "los órganos del Poder Público Nacional, Estadal, Municipal, Central y Descentralizado".

Esta última expresión, por supuesto, en sí misma es totalmente incorrecta, ya que de acuerdo con la Constitución no existen ni pueden existir "órganos del Poder Público" porque éste (el Poder Público) no es un "ente" público sino una potestad estatal, por lo que en realidad lo que existen son "órganos que *ejercen* el Poder Público" (art. 137), es decir, la potestad estatal.

Por otra parte, no existe en Venezuela, como se expresa en la norma, un Poder Público "Central y Descentralizado", sino que lo que hay es una distribución territorial del Poder Público, como potestad estatal, en tres niveles de gobierno: nacional, estadal y municipal. En cambio lo que si existe es una "Administración Pública"

---

77 En el artículo 6,1 la Ley vuelve a calificar como "sujetos" a todos los que enumera en el artículo 3, incluyendo los "órganos" que ejercen el poder público; aún cuando indica que son "órgano o ente contratante".

central o descentralizada en los términos establecidos en la Ley Orgánica de la Administración Pública de 2008, al regular la descentralización funcional.[78]

En todo caso, los supuestos órganos del Poder Público o que ejercen el Poder Público, en ningún caso son "sujetos de derecho," por lo que al incluirse en una enumeración como la del artículo 3 de la Ley, destinada a definir "sujetos" de derecho, que como personas jurídicas contratantes que conforman el Estado, se está confundiendo a los "órganos" de las personas jurídicas estatales con ellas mismas.

Como se dijo, en los ordinales 2 a 5 del artículo, en efecto, lo que se enumeran son diversas "personas jurídicas estadales" como son las Universidades públicas (autónomas y experimentales), el Banco Central de Venezuela; las asociaciones civiles y sociedades mercantiles del Estado en primero y segundo grado; las fundaciones del Estado y los Consejos Comunales. Pero en el ordinal 1° del artículo, al contrario, al usarse incorrectamente la expresión "los órganos y entes del Poder Público Nacional, Estadal, Municipal, Central y Descentralizado", se hace referencia tanto a personas jurídicas como a órganos, utilizándose la distinción entre "entes" y "órganos" que se ha establecido en la misma Ley Orgánica de la Administración Pública (art. 15).

Es decir, además de referirse a los "órganos" de las personas jurídicas estatales, la norma, indirectamente pretende hacer referencia a estas, al usar la expresión "entes", pero por supuesto, también en un contexto equivocado, pues no hay "entes del Poder Público nacional, estadal o municipal", pues como se dijo, el Poder Público es una potestad estatal que se ejerce, y no una entidad u organización.

En todo caso, la referencia a "órganos" y "entes" en el ordinal 1° del artículo 3 de la Ley, debe precisarse en el marco de la Ley Orgánica de la Administración Pública, la cual en su artículo 15, define como "órganos", las unidades administrativas de la República, de los estados, de los distritos metropolitanos y de los municipios a los que se les atribuyan funciones que tengan efectos jurídicos, o cuya actuación tenga carácter regulatorio; y como "entes" toda organización administrativa descentralizada funcionalmente con personalidad jurídica propia; sujeta al control, evaluación y seguimiento de sus actuaciones por parte de sus órganos rectores, de adscripción y de la Comisión Central de Planificación. El artículo 15 de la Ley Orgánica, además de los órganos y de los entes, regula a las "misiones" como integrando la Administración Pública, definiéndolas como "aquellas creadas con la finalidad de satisfacer las necesidades fundamentales y urgentes de la población."

Estas, por tanto, no están sujetas a las previsiones de la Ley de Contrataciones Públicas.[79]

En consecuencia, lo que hay que interpretar del ordinal 1° del artículo 3 de la Ley de Contrataciones Públicas es que allí lo que el legislador quiso decir fue que la misma se aplica a los "órganos" de los siguientes sujetos: la República, los Estados, los Municipios y distritos metropolitanos, por una parte, y por la otra a todos los entes descentralizados de las Administraciones Públicas naciona-

---

78   Arts. 96 y ss. Véase en *Gaceta Oficial Extra.* N° 5.890 de 31-7-2008.

79   El artículo 15 de la Ley Orgánica, además de los órganos y de los entes, regula a las "misiones" como integrando la Administración Pública, definiéndolas como "aquellas creadas con la finalidad de satisfacer las necesidades fundamentales y urgentes de la población." Estas, por tanto, no están sujetas a las previsiones de la Ley de Contrataciones Públicas.

les, estadales y municipales,[80] los cuales conforme se establece en el artículo 29 de la Ley Orgánica de la Administración Pública, pueden ser de dos tipos:

1. Entes descentralizados funcionalmente con forma de derecho privado: estarán conformados por las personas jurídicas constituidas de acuerdo a las normas del derecho privado y podrán adoptar o no la forma empresarial de acuerdo a los fines y objetivos para los cuales fueron creados y en atención a si la fuente fundamental de sus recursos proviene de su propia actividad o de los aportes públicos, respectivamente.

2. Entes descentralizados funcionalmente con forma de derecho público: estarán conformados por aquellas personas jurídicas creadas y regidas por normas de derecho público y que podrán tener atribuido el ejercicio de potestades públicas.

En esta forma, en el ordinal 1° del artículo 3 de la Ley de Contrataciones Públicas, conforme al ordinal 1° del artículo 29 de la Ley Orgánica de la Administración Pública, quedarían comprendidas las personas jurídicas estatales de derecho privado, las cuales sin embargo, redundantemente se enumeran de nuevo en los ordinales 4, 5 y 6 de la Ley sobre Contrataciones Públicas, es decir, las asociaciones civiles del Estado, las sociedades mercantiles del Estado (en primer y segundo grado, artículo 100 de la ley Orgánica de la Administración Pública) y las fundaciones del Estado; y conforme al ordinal 2 del mismo artículo 29 de la misma Ley Orgánica de la Administración Pública, también quedarían comprendidas las personas jurídicas estatales de derecho público que también se enumeran redundantemente en los ordinales 2 y 3 de la Ley de Contrataciones del Estado, es decir, el Banco Central de Venezuela y las Universidades públicas), y además, los institutos autónomos (art. 95 de la Ley Orgánica de la Administración Pública) que en la Ley de Contrataciones Públicas sin embargo, no se enumera específicamente.

La consecuencia de ello, a pesar de sus errores de redacción, es que el contenido del ordinal 1° del artículo 3 de la Ley de Contrataciones Públicas, en realidad, comprende en sí mismo todos los sujetos de derecho que se enumeran en los ordinales 2 al 6 de la misma norma, cuya enumeración (ordinales 2 a 6) es entonces totalmente redundante. Los únicos sujetos de derecho adicionales que se indican en la norma son los Consejos Comunales (ordinal 7), y que no existían cuando se dictó la Ley Orgánica de la Administración Pública de 2001, y que conforme al artículo 20 de la

---

80   En ese sentido es que se estable, por ejemplo, la enumeración del ámbito subjetivo de aplicación de la Ley Orgánica de Administración Financiera del Sector Público (Decreto Ley N° 6.233), en cuyo artículo 6 se estableció lo siguiente: "Están sujetos a las regulaciones de esta Ley, con las especificidades que la misma establece, los entes u organismos que conforman el sector público, enumerados seguidamente: 1. La República. 2. Los estados. 3. El Distrito Metropolitano de Caracas. 4. Los distritos. 5. Los municipios. 6. Los institutos autónomos. 7. Las personas jurídicas estatales de derecho público. 8. Las sociedades mercantiles en las cuales la República o las demás personas a que se refiere el presente artículo tengan participación igual o mayor al cincuenta por ciento del capital social. Quedarán comprendidas además, las sociedades de propiedad totalmente estatal, cuya función, a través de la posesión de acciones de otras sociedades, sea coordinar la gestión empresarial pública de un sector de la economía nacional. 9. Las sociedades mercantiles en las cuales las personas a que se refiere el numeral anterior tengan participación igual o mayor al cincuenta por ciento del capital social. 10. Las fundaciones, asociaciones civiles y demás instituciones constituidas con fondos públicos o dirigidas por algunas de las personas referidas en este artículo, cuando la totalidad de los aportes presupuestarios o contribuciones en un ejercicio, efectuados por una o varias de las personas referidas en el presente artículo, represente el cincuenta por ciento o más de su presupuesto." *Gaceta Oficial* Extra N° 5.891 de 31-07-2008.

Ley sobre los Consejos Comunales,[81] "para todos los efectos relacionados con esa Ley", quedan revestidos de personalidad jurídica con su "registro" "ante la Comisión Presidencial del Poder Popular respectiva." Es decir, a pesar de ser entes públicos, no tienen *per se* personalidad jurídica sino que se los "reviste" de la misma cuando se inscriban en una Comisión Presidencial.

En consecuencia, dadas todas las imperfecciones, redundancias y carencias del artículo 3 de la Ley, de su contenido sin embargo, lo que se puede deducir es que la misma se aplica a los siguientes sujetos de derecho:

I.   Personas jurídicas estatales de derecho público: 1. Político territoriales: A. República; B. Estados; C. Municipios, Distritos metropolitanos y mancomunidades municipales. 2. Consejos Comunales. 3. Universidades Públicas. 4. Institutos autónomos

II. Personas jurídicas estatales de derecho privado: 1. Asociaciones civiles del Estado; 2. Empresas del Estado (sociedades mercantiles del Estado en primer y segundo grado).[82] 3. Fundaciones del Estado

B.   Ámbito sustantivo de aplicación de la Ley

Sin embargo, respecto de las mencionadas personas jurídicas estatales que están sujetas a la Ley de Contrataciones Públicas, y que conforman su *ámbito subjetivo* de aplicación, en cuanto al ámbito sustantivo de aplicación, debe decirse de entrada, que a pesar de su nombre, no todos los contratos públicos que aquellas celebren quedan sujetos a las disposiciones de la Ley, ya que ésta, al definir su "objeto" de aplicación en el mismo artículo 1°, lo reduce sólo respecto de *tres tipos* de contratos públicos: los contratos de adquisición de bienes, los contratos de prestación de servicios y los contratos de ejecución de obras.[83]

a.   *Reducción del ámbito sustantivo a los contratos públicos de ejecución de obras, de adquisición de bienes y de prestación de servicios*

En consecuencia, los otros tipos de contratos públicos como por ejemplo, los contratos de concesión de servicios públicos, los contratos de concesión de obra pública, los contratos de empréstito público, los contratos de venta de bienes públicos, no están sujetos a sus disposiciones. Tampoco están incorporados en la enumeración del "objeto" de la Ley, los contratos de arrendamiento de bienes. Sin embargo, en este punto no debe dejar de advertirse que al excluir el artículo 5 de la misma Ley, a los contratos de "arrendamiento de bienes inmuebles" (ord. 3) de la aplicación de las normas relativas a las "modalidades de selección de contratistas", parecería que implícitamente, por interpretación a contrario, respecto de las otras normas de la Ley, las mismas si se aplicarían a los contratos de arrendamiento, aún cuando estos no puedan ser incluidos dentro de los tres que se indican taxativamente en la Ley (adquisición de bienes, prestación de servicios y ejecución de obras).

---

81   *Gaceta Oficial* N° 5.806 Extraordinario de 10-4-2006.

82   Nada se deriva de la Ley que pueda permitir excluir de sus disposiciones a la empresa Petróleos de Venezuela S. A. ni a ninguna otra empresa del Estado.

83   Incluso en el artículo 6,5 de la ley, al definir "contrato", se indica que "Es el instrumento jurídico que regula la ejecución de una obra, prestación de un servicio o suministro de bienes, incluidas las órdenes de compra y órdenes de servicio".

Pero incluso respecto de los tres mencionados tipos de contratos que configuran el "objeto" de la Ley, la misma excluye total o parcialmente de su ámbito de aplicación a algunos de ellos, con lo que el ámbito sustantivo de la misma se encuentra aún más reducido.

b. Exclusión de la aplicación de la totalidad de la Ley respecto de ciertos contratos públicos de ejecución de obras, de adquisición de bienes y de prestación de servicios excluidos

En efecto, de acuerdo con el artículo 4 de la Ley de Contrataciones Públicas, quedan excluidos de la aplicación de la totalidad de sus normas, los contratos que tengan por objeto la ejecución de obras, la adquisición de bienes y la prestación de servicios:

> "que se encuentren en el marco del cumplimiento de acuerdos internacionales de cooperación entre la República Bolivariana de Venezuela y otros Estados, incluyendo la contratación con empresas mixtas constituidas en el marco de estos convenios."

En este caso se trata de una exclusión de la aplicación de la totalidad de la Ley en relación a esos contratos cuando los mismos se celebren en el marco del cumplimiento de acuerdos internacionales de cooperación que haya celebrado la República Bolivariana de Venezuela con otros Estados, incluyendo la contratación por parte de las personas jurídicas estatales a las que se aplica la Ley, con empresas mixtas constituidas en el marco de estos convenios.

Sin embargo, a pesar de esta exclusión legal general, el artículo 5 del Reglamento de la Ley de Contrataciones Públicas de 2009,[84] en forma contraria a la Ley que reglamenta, respecto de estos contratos que se encuentren en el marco del cumplimiento de acuerdos internacionales de cooperación entre la República y otros Estados "excluidos de la aplicación de la Ley de Contrataciones Públicas," pero los cuales la República sufraga la contratación; dispone evidentemente *contra legem* que se deberán "aplicar las demás disposiciones legales que regulan la materia de contratación pública," a los fines de garantizar la participación nacional y establecer las garantías para las operaciones relacionadas con la actividad contractual.

c. Exclusión de la aplicación de parte de la Ley respecto de ciertos contratos públicos de ejecución de obras, de adquisición de bienes y de prestación de servicios excluidos

El artículo 5 de la Ley, por su parte, excluye de la aplicación de algunas normas de la Ley relativas a las "modalidades de selección de contratistas", a los contratos que tengan por objeto:

1. La prestación de servicios profesionales y laborales.

2. La prestación de servicios financieros por entidades regidas por la ley sobre la materia.

3. La adquisición y arrendamiento de bienes inmuebles, inclusive el financiero.

4. La adquisición de obras artísticas, literarias o científicas.

---

84   Decreto N° 6.708 de 19 de mayo de 2009 en *Gaceta Oficial* N° 39.181 de 19 de mayo de 2009.

5. Las alianzas comerciales y estratégicas para la adquisición de bienes y prestación de servicios entre personas naturales o jurídicas y los órganos o entes contratantes.

6. Los servicios básicos indispensables para el funcionamiento del órgano o ente contratante.

7. La adquisición de bienes, la prestación de servicios y la ejecución de obras, encomendadas a los órganos o entes de la administración pública.

En relación con estos contratos, por tanto, los mismos estarían sujetos a todas las otras disposiciones de la Ley, fuera de las destinadas a regular modalidades de selección de contratistas.

De lo anterior resulta, por tanto, que la Ley de Contrataciones Públicas, a pesar de su nombre, todavía no es una ley destinada a regular todos los contratos públicos o contratos del Estado celebrados por las personas jurídicas estatales, es decir, los diversos entes que integran el Estado. Al contrario, es una Ley que sólo regula algunos contratos públicos (de ejecución de obras, de adquisición de bienes y de prestación de servicios), con un contenido que aún cuando abarca aspectos sustantivos sobre el inicio, modificaciones y terminación de los contratos, está fundamentalmente destinado a regular las modalidades de selección de contratistas; y respecto de los mismos, excluye expresamente a algunos, de la aplicación de la totalidad o de algunas normas de la Ley.

VI. EL RÉGIMEN DE LAS CONCESIONES ADMINISTRATIVAS: *LA LEY ORGÁNICA SOBRE PROMOCIÓN DE LA INVERSIÓN PRIVADA BAJO EL RÉGIMEN DE CONCESIONES*

Dentro del universo de los contratos del Estado, en particular, las concesiones administrativas siempre han ocupado una posición especial, habiendo sido objeto, desde hace años de un régimen jurídico específico.

En esta forma, en 1983 se comenzó regulando las concesiones de obras públicas viales y de trasporte mediante la Ley sobre Concesiones de Obras en caso de Obras Viales y de Transporte,[85] la cual posteriormente se sustituyó para incluir también las concesiones de servicios públicos, por la Ley sobre Concesiones de Obras Públicas y Servicios Públicos Nacionales (Decreto–Ley N° 138 de 1994).[86] Esta ley rigió hasta 1999 cuando en el marco de la política pública de promoción de inversiones en el país, en ejecución de la Ley Orgánica que Autorizó al Presidente de la República para dictar Medidas Extraordinarias en materia Económica y Financiera requeridas por el Interés Público,[87] se dictó la Ley Orgánica sobre Promoción de la Inversión Privada bajo el régimen de Concesiones (Decreto Ley N° 318 de 17 de septiembre de 1999),[88] que se refiere en general a todo tipo de concesión.

1. *Objeto de la Ley Orgánica*

Tal como lo indica el artículo 1 de la Ley Orgánica, la misma tiene dos objetivos básicos: por una parte, "establecer reglas, garantías e incentivos dirigidos a la pro-

---

85   *Gaceta Oficial* N° 3.247 Extra de 26–8–1983.

86   *Gaceta Oficial* N° 4.719 Extra. de fecha 26–04–1994.

87   *Gaceta Oficial* N° 36.687 de 26–04–1999.

88   *Gaceta Oficial* N° 5.394 Extra. de 25–10–1999.

moción de la inversión privada y al desarrollo de la infraestructura y de los servicios públicos competencia del poder nacional, mediante el otorgamiento de concesiones"; y por la otra regular, con tal propósito, el régimen general aplicable a los contratos públicos de concesión.

A.   La promoción de Inversiones

Con el objeto de promover la inversiones en el país, la Ley Orgánica previó diversas formas de contratación bajo el régimen de concesiones, indicando en su artículo 3 que los organismos o entidades competentes para otorgar contratos de concesión "podrán proponer y desarrollar todos los esquemas lícitos de negocios que faciliten el financiamiento privado de inversiones de obras y servicios, entre ellos:

> "a) La ejecución de proyectos integrales cuyo diseño, financiamiento y construcción asume el concesionario, a cambio de su participación en el capital o en las ganancias de la empresa que se constituya para la explotación o gestión de la obra o servicio público de que se trate;
>
> b) La explotación, administración, reparación, conservación o mantenimiento de obras existentes, con la finalidad de obtener fondos para la construcción de obras nuevas que tengan vinculación física, técnica o de otra naturaleza con las primeras;
>
> c) La ejecución integral de obras de infraestructura, donde la retribución del contratista provendrá de la explotación bajo el régimen de concesión de una obra o servicio distinto del ejecutado;
>
> d) Cualesquiera otros que de acuerdo a su naturaleza, características y régimen de operación o de gestión, puedan ser ejecutados bajo el régimen de concesiones.

B.   El establecimiento del régimen general de las concesiones

La Ley Orgánica en el artículo 1° se refiere específicamente a los contratos de concesión "para la construcción y la explotación de nuevas obras, sistemas o instalaciones de infraestructura, para el mantenimiento, la rehabilitación, la modernización, la ampliación y la explotación de obras, sistemas o instalaciones de infraestructura ya existentes, o únicamente, para la modernización, el mejoramiento, la ampliación o la explotación de un servicio público ya establecido."

De acuerdo con esta disposición, resulta entonces que la intención primaria de la Ley Orgánica, fue regular en forma especial el régimen de las concesiones de obra pública y de servicios públicos, lo que sin embargo no reduce su ámbito de aplicación a esas solas concesiones, particularmente por la definición amplia de las concesiones públicas que se da en el artículo 2 de la propia Ley, y por la expresa indicación de que sus normas son de aplicación supletoria en todo tipo de concesión administrativa reguladas por leyes especiales.

El artículo 2° de la ley Orgánica, en efecto, al definir el contrato de concesión a los efectos de sus disposiciones, se refiere a todos los contratos de concesión:

> "celebrados por la autoridad pública competente por medio de los cuales una persona jurídica llamada concesionario asume la obligación de construir, operar y mantener una obra o bien destinados al servicio, al uso público o a la promoción del desarrollo, o la de gestionar, mejorar u organizar un servicio público, incluyendo la ejecución de las actividades necesarias para el adecuado funcionamiento o la prestación de la obra o del servicio, por su cuenta y riesgo y bajo la supervisión y el control de la autoridad concedente, a cambio del derecho a

explotar la obra o el servicio y de percibir el producto de las tarifas, precios, peajes, alquileres, valorización de inmuebles, subsidios, ganancias compartidas con algún ente público u otra fórmula establecida en los contratos correspondientes, durante un tiempo determinado, suficiente para recuperar la inversión, los gastos de explotación incurridos y obtener un tasa de retorno razonable sobre la inversión."

De esta norma resaltan los siguientes cuatro elementos de las concesiones:

1)   Se trata de un contrato público celebrado entre una "autoridad pública competente" que es la autoridad concedente, y una persona jurídica que puede ser estatal o no estatal, que se denomina concesionario;

2)   En el contrato el concesionario asume la obligación de: a) construir, operar y mantener una obra o bien destinados al servicio, al uso público o a la promoción del desarrollo, o b) de gestionar, mejorar u organizar un servicio público, incluyendo la ejecución de las actividades necesarias para el adecuado funcionamiento o la prestación de la obra o del servicio;

3)   La contrapartida de la obligación asumida por el concesionario es el derecho: a) a explotar la obra o el servicio; y b) de percibir el producto de las tarifas, precios, peajes, alquileres, valorización de inmuebles, subsidios, ganancias compartidas con algún ente público u otra fórmula establecida en los contratos correspondientes;

4)   El contrato de concesión debe ser otorgado siempre por un tiempo determinado, pero suficiente para recuperar la inversión, los gastos de explotación incurridos y obtener una tasa de retorno razonable sobre la inversión.

Ahora bien, de las definiciones de los artículos 1 y 2 de la Ley Orgánica, por su amplitud, por tanto permiten incluir en el ámbito de aplicación de dicha Ley materialmente a todos los contratos de concesión suscritos por el Estado, y no sólo los contratos de obra pública o de servicio público, incluyendo por ejemplo las concesiones para la explotación de los recursos naturales como las concesiones mineras, las cuales siempre tienen por esencia la finalidad de "la promoción del desarrollo." Ello se confirma con la enumeración que se incluye en el artículo 15 de la Ley al definir los "proyectos, obras o servicios adjudicables," es decir, que pueden otorgarse en concesión que son los que tengan por objeto el desarrollo, la ejecución o la explotación de las siguientes obras o servicios:

a.   Autopistas, carreteras, puentes, viaductos, enlaces viales y demás obras de infraestructura relacionadas;

b.   Vías ferroviarias, ferrocarriles y otras formas análogas de transporte masivo de pasajeros.

c.   Infraestructura portuaria, incluyendo muelles, puertos, almacenes o depósitos para carga y descarga de bienes o productos y todas las facilidades relacionadas.

d.   Infraestructura aeroportuaria y las facilidades relacionadas.

e.   Infraestructura de riego.

f.   Obras de infraestructura hidráulica.

g.   Infraestructura e instalaciones escolares y de salud.

h.   Desarrollo industrial y turístico.

i.   Edificios gubernamentales.

j.   Viviendas.

k.   Obras de saneamiento y de recuperación ambiental.

l.   Cualesquiera obras o servicios de la competencia del Poder Nacional susceptibles de ser ejecutados o gestionados bajo régimen de concesión.

Como puede apreciarse, no sólo se trata de concesiones de obras públicas o de servicios públicos, sino incluso todas las que se refieran al desarrollo industrial.

Esta enumeración, y el elemento en la definición de la concesión contenida en el artículo 2 de la Ley Orgánica relativo a la "promoción del desarrollo" permite entonces sostener que la misma no sólo tiene por objeto establecer principios relativos a las concesiones destinadas específicamente a la construcción de *obras públicas* y a la explotación de *servicios públicos*, sino que se aplica a todo tipo de concesiones, aún cuando de aplicación supletoria respecto de lo que establezcan las leyes especiales que los regulen.

2.   *El carácter supletorio del régimen legal general establecido en la Ley Orgánica*

En efecto, el artículo 4 de la Ley dispone:

> *"Artículo 4°: Ámbito de aplicación.*– Este Decreto–Ley rige los procedimientos mediante los cuales se otorgarán en concesión la ejecución de obras y la explotación de los servicios públicos cuya titularidad o competencia ejerce la República a través de los órganos o entidades que conforman la Administración Pública Nacional.
>
> Los contratos de concesión cuyo otorgamiento, administración o gestión se encuentre regulado por leyes especiales, se regirán preferentemente por dichas leyes, siendo de aplicación supletoria en tales casos las disposiciones de este Decreto Ley. "

La referencia en la primera parte de esta norma a los contratos de obra pública y de servicios públicos, por tanto, no obvia la posibilidad o necesidad de aplicación de sus normas en forma supletoria o analógica respecto de otras concesiones distintas reguladas en leyes especiales, como las concesiones mineras, y en general, todas aquellas que tienen por objeto la promoción del desarrollo. Sobre esto la Ley Orgánica es precisa: esas concesiones reguladas por leyes especiales, "se regirán preferentemente por dichas leyes [especiales]," siendo sin embargo "de aplicación supletoria en tales casos las disposiciones de este Decreto Ley," es decir, de la Ley Orgánica.

Ello ya ha sido admitido así, por ejemplo, por la jurisprudencia de la Sala Político Administrativa del Tribunal Supremo que ha resuelto repetidamente que las previsiones del la Ley Orgánica sobre terminación anticipada o rescate anticipado de concesiones, son aplicables de aplicación supletorias a todo tipo de concesiones y, en particular, respecto de las concesiones mineras reguladas en la Ley de Minas.

Sin embargo, como se ha dicho, en el artículo 4 de la Ley Orgánica, el legislador, en cuanto a su aplicabilidad en general a las todas las concesiones, fue preciso y cuidadoso en no sustituir el régimen específico y especial establecido respecto de las mismas en las leyes especiales que las regulan, estableciendo sólo el principio de supletoriedad.

Por tanto, a pesar de tratarse de una Ley Orgánica, que como lo dispone el artículo 203 de la Constitución sirve de "marco normativo a otras leyes," y por ello podría tener aplicación preferente en la materia que se regula, el legislador fue cuidadoso en descartar que sus previsiones pudieran prevalecer *per se* en relación con las normas específicas de las leyes especiales que regulan las diversas concesiones en el país. Al contrario, en el propio artículo 4 de la Ley Orgánica se dispone que "*los contratos de concesión cuyo otorgamiento, administración o gestión se encuentre regulado por leyes especiales*," como son precisamente por ejemplo las concesiones mineras, "se regirán preferentemente por dichas leyes," siendo en tales casos las disposiciones de la propia Ley Orgánica sobre Promoción de la Inversión Privada bajo el Régimen de Concesiones "*de aplicación supletoria.*" Esto significa entonces que las normas de la Ley Orgánica, siendo de aplicación supletoria respecto de las leyes especiales que regulen concesiones administrativas, se aplican en todos aquellos asuntos no regulados expresamente en dichas leyes especiales, como es precisamente el régimen legal para la terminación anticipada de concesiones y la determinación de la indemnización en caso de tal rescate anticipado, que sólo encuentra regulación en el artículo 53 de dicha Ley Orgánica, y que en general no está regulado en las leyes especiales destinadas a regular concesiones administrativas específicas.

La Ley Orgánica se aplica, por tanto a las concesiones administrativas reguladas en leyes especiales, como las concesiones mineras, porque así se estableció expresamente en su texto, y se aplica en virtud de la previsión expresa de su artículo 4, *sólo supletoriamente* respecto de aquellas previsiones, como las relativas al rescate anticipado de concesiones por razones de interés general (art. 53), que por ejemplo no están reguladas específicamente en la Ley de Minas.

Por otra parte, conforme al artículo 4 del Código Civil, dicha Ley Orgánica también se debe aplicar por analogía en todos aquellos aspectos sobre régimen de concesiones que no están expresamente regulados en las leyes especiales que las rijan. De ello resulta por ejemplo, que en materia de concesiones mineras, además de las previsiones de la Ley de Minas, la Ley Orgánica se aplica supletoriamente a las mismas, y además, por analogía, en virtud de dichas previsiones de los artículos 4 de la Ley Orgánica y del artículo 4 del Código Civil.

4. *Ámbito político territorial de aplicación de la Ley Orgánica*

Por otra parte, la Ley Orgánica, al regular una materia administrativa, siendo una ley nacional está destinada a aplicarse a los órganos y entes nacionales, no siendo aplicables a los *Estados y* Municipios.

En cuanto a estos, el artículo 5° de la Ley solo dispone que son dichos entes territoriales los que "podrán aplicar" sus disposiciones para el otorgamiento en concesión de las obras o servicios públicos de su competencia. En tales casos, la entidad competente tendrá a su cargo la creación o determinación del órgano o entidad encargada de su otorgamiento, así como la organización y conducción de los procedimientos de licitación y otorgamiento de los contratos y la supervisión, vigilancia y control de su ejecución.

Lo anterior no es obstáculo, sin embargo, para que puedan celebrarse contratos de concesión de carácter intergubernamental, en los que participen diversas entidades político territoriales en cuyo caso dispone el artículo 6 de la ley Orgánica que se pueden celebrar convenios o constituirse mancomunidades para el desarrollo de proyectos cuya competencia en cuanto al otorgamiento y gestión de los respectivos contratos corresponda a más de una entidad político–territorial.

## 5.	*Contenido general del marco regulatorio*

La Ley Orgánica, al establecer el régimen de la concesiones públicas, con especial énfasis en las concesiones de obras públicas y de servicios públicos, estableció cuatro regulaciones fundamentales: la primera, referida al marco común necesario para la contratación mediante concesiones; la segunda, relativa al régimen de selección de contratistas, con particular referencia a la licitación; la tercera, relativa al régimen de ejecución de los contratos de concesión; y la cuarta al régimen sancionatorio.

## VII.	RÉGIMEN JURÍDICO DE LA ADMINISTRACIÓN FINANCIERA DEL ESTADO: *LEY ORGÁNICA DE LA ADMINISTRACIÓN FINANCIERA DEL SECTOR PÚBLICO*

En el año 2000 se dictó la Ley Orgánica de la Administración Financiera del Sector Público, la cual ha sido reformada en varias ocasiones,[89] con el objeto regular la administración financiera, el sistema de control interno del sector público, y los aspectos referidos a la coordinación macroeconómica, al Fondo de Estabilización Macroeconómica y al Fondo de Ahorro Intergeneracional (art. 1); quedando comprendidos dentro de la administración financiera del sector público, el conjunto de sistemas, órganos, normas y procedimientos que intervienen en la captación de ingresos públicos y en su aplicación para el cumplimiento de los fines del Estado (art. 2). La misma se rige además, por los principios constitucionales de legalidad, eficiencia, solvencia, transparencia, responsabilidad, equilibrio fiscal y coordinación macroeconómica.

En particular, en esta importante Ley Orgánica, se regulan específicamente los sistemas de presupuesto, crédito público, tesorería y contabilidad. En cuanto a los sistemas tributario (Código Orgánico Tributario) y de administración de bienes (Ley de Bienes Públicos), aún cuando regulados por leyes especiales, también conforman la administración financiera del sector público, estando todos interrelacionados (art. 3). En virtud de que casi todos estos sistemas estaban regulados con anterioridad, primero en la Ley Orgánica de la hacienda Pública nacional; y luego desde los años sesenta en sucesivas leyes especiales, quedando la normativa anterior refundida en este nuevo texto legal, en el artículo 171 de la Ley se derogaron diversas previsiones de la misma Ley Orgánica de la Hacienda Pública Nacional (arts. 1, in fine; 2; 51, 60, 61, 62, 78, 81.4, 82 al 91, 98 al 101, 128 al 138, 146, 204, 205, 206, 208 al 210 de la Ley Orgánica de la Hacienda Pública Nacional (Gaceta Oficial N° 1.660 Extraordinario, de fecha 21 de junio de 1974), así como a Ley Orgánica de Crédito Público (Gaceta Oficial N° 35.077 de fecha 26 de octubre de 1992); y la Ley Orgánica de Régimen Presupuestario (Gaceta Oficial N° 36.916 de fecha 2 de marzo de 2000 (salvo el artículo 74).

Conforme al artículo 4 de la ley Orgánica, el Ministerio del Poder Popular con competencia en materia de Planificación y Finanzas es el encargado de coordinar la administración financiera del sector público nacional, y dirigir y supervisar la implantación y mantenimiento de los sistemas que la integran. Sin embargo, en cuanto al sistema de control interno del sector público, cuyo órgano rector es la Superinten-

---

89	*Gaceta Oficial* N° 39.556 del 19 de noviembre de 2010.

dencia Nacional de Auditoría Interna, el mismo comprende el conjunto de normas, órganos y procedimientos de control, integrados a los procesos de la administración financiera así como la auditoría interna. Dicho sistema de control interno de acuerdo con la Ley Orgánica, debe actuar coordinadamente con el Sistema de Control Externo a cargo de la Contraloría General de la República, y tiene por objeto promover la eficiencia en la captación y uso de los recursos públicos, el acatamiento de las normas legales en las operaciones del Estado, la confiabilidad de la información que se genere y divulgue sobre los mismos; así como mejorar la capacidad administrativa para evaluar el manejo de los recursos del Estado y garantizar razonablemente el cumplimiento de la obligación de los funcionarios o funcionarias de rendir cuenta de su gestión (art. 5).

En cuanto al ámbito organizativo de aplicación de la Ley Orgánica, el artículo 6 dispone que quedan sujetos a sus regulaciones, con las especificidades que la misma establece, los entes u organismos que conforman el sector público, enumerándose a tal efecto los siguientes: 1. La República. 2. Los estados. 3. El Distrito Metropolitano de Caracas y el Distrito Alto Apure. 4. Los distritos. 5. Los municipios. 6. Los institutos autónomos. 7. Las personas jurídicas estatales de derecho público. 8. Las sociedades mercantiles en las cuales la República o las demás personas a que se refiere el presente artículo tengan participación igual o mayor al cincuenta por ciento del capital social. Quedarán comprendidas además, las sociedades de propiedad totalmente estatal, cuya función, a través de la posesión de acciones de otras sociedades, sea coordinar la gestión empresarial pública de un sector de la economía nacional. 9. Las sociedades mercantiles en las cuales las personas a que se refiere el numeral anterior tengan participación igual o mayor al cincuenta por ciento del capital social. 10. Las fundaciones, asociaciones civiles y demás instituciones constituidas con fondos públicos o dirigidas por algunas de las personas referidas en este artículo, cuando la totalidad de los aportes presupuestarios o contribuciones en un ejercicio, efectuados por una o varias de las personas referidas en el presente artículo, represente el cincuenta por ciento o más de su presupuesto.

VIII. RÉGIMEN JURÍDICO SOBRE LOS BIENES DEL ESTADO: *LA LEY ORGÁNICA DE BIENES PÚBLICOS*

Los bienes del Estado, que siendo parte de la administración financiera del Estado, habían estado regulados históricamente sólo por unas escuetas normas sobre "bienes nacionales" de la vieja Ley Orgánica de la Hacienda Pública Nacional, y por las clásicas normas del Código Civil que se refieren a los bienes según las personas a quienes pertenecen, donde se estableció la clásica clasificación de los bienes del Estado entre bienes del dominio público y bienes del dominio privado, según su afectación.

A esas normas, en tiempos más recientes se agregaron disposiciones aisladas contenidas en la Ley Orgánica que regula la Enajenación de Bienes del Sector Público no Afectos a las Industrias Básicas, publicada (*Gaceta Oficial* N° 3.951 Extraordinario, de 7 de enero de 1987); y en la Ley de Conservación y Mantenimiento de los Bienes Públicos (*Gaceta Oficial* N° 38.756, de 28 de agosto de 2007).

Ese régimen ha sido el que se ha sustituido por el contenido en la Ley Orgánica sobre Bienes Públicos,[90] que derogó las antes mencionadas leyes, sancionada con el objeto de regular el régimen básico de los mismos, y la organización, atribuciones y funcionamiento del Sistema de Bienes Públicos, como parte integrante del Sistema de Administración Financiera del Estado.

1.   *Ámbito de aplicación de la Ley Orgánica*

De acuerdo con la ley, bienes públicos son los bienes del Estado, o en los términos del artículo 4 de la misma, son los bienes del sector público, que a los efectos de la ley se define como integrado por las siguientes personas jurídicas estatales": 1.- La República. 2.- Los Estados. 3.- El Distrito Capital. 4.- Los Distritos Metropolitanos. 5.- Los Distritos. 6.- Los Municipios. 7.- El Territorio Insular Francisco de Miranda. 8.- Los Institutos Autónomos e Institutos Públicos. 9.- Las personas jurídicas estatales de derecho público. 10.- Las sociedades mercantiles en las cuales la República o las demás personas antes mencionadas tengan participación igual o mayor al cincuenta por ciento (50%) del capital social; quedando comprendidas además, las sociedades de propiedad totalmente estatal, cuya función, a través de la posesión de acciones de otras sociedades, sea coordinar la gestión empresarial pública de un sector de la economía nacional. 11.- Las sociedades mercantiles en las cuales las personas a que se refiere el numeral anterior tengan participación igual o mayor al cincuenta por ciento (50%) del capital social. 12.- Las Empresas de Propiedad Social Indirecta Comunal. 13.- Las fundaciones, asociaciones civiles y demás instituciones constituidas con fondos públicos o dirigidas por algunas de las personas referidas en el presente artículo, cuando la totalidad de los aportes presupuestarios o contribuciones en un ejercicio efectuados por una o varias de las personas referidas en el presente artículo, represente el cincuenta por ciento (50%) o más de su presupuesto. 14.- El Banco Central de Venezuela y el Sector Público Financiero en General. Y 15.- Las Universidades Públicas.

Esos bienes públicos, que perteneces a las personas jurídico estatales antes mencionadas, son de acuerdo con el artículo 5 de la Ley Orgánica, en primer lugar, los bienes cuya titularidad está atribuida formalmente a los entes del sector público antes mencionados, y que son los "bienes muebles e inmuebles, títulos valor, acciones, cuotas o participaciones en sociedades y demás derechos, de dominio público o de dominio privado, que hayan adquirido o adquieran los órganos y entes que conforman el Sector Público, independientemente del nivel de gobierno al que pertenezcan:"(art. 5.1).

En segundo lugar, también se consideran bienes públicos los bienes que carezcan de dueño, situación que se produce respecto de los siguientes bienes que enumera el artículo 5 de la Ley: 1. Los bienes, mercancías o efectos, que se encuentran en el territorio de la República y que no tienen dueño; 2. Los bienes muebles e inmuebles, títulos valor, acciones, cuotas o participaciones en sociedades y demás derechos provenientes de las herencias yacentes; 3. Las mercancías que se declaren abandonadas; y 4. Los bienes, mercancías o efectos que sean objeto de una medida de co-

---

90   *Gaceta Oficial* N° 39.952 del 26 de junio de 2012

miso firme mediante acto administrativo o sentencia definitiva, y los que mediante sentencia firme o procedimiento de Ley sean puestos a la orden del Tesoro Nacional.

En cambio, ce acuerdo con el mismo artículo 5 de la Ley Orgánica, no son considerados como bienes públicos: 1.- Los productos que sean adquiridos, concebidos, extraídos o fabricados por las personas, órganos y entes sujetos a la Ley, de conformidad con su naturaleza, funciones, competencias, atribuciones o actividades comerciales, mercantiles, financieras o sociales, con destino a la venta; 2.- Los artículos calificados como materiales y suministros según el Clasificador Presupuestario dictado por la Oficina Nacional de Presupuesto; 3.- Los bienes adquiridos con la finalidad de ser donados de forma inmediata; y 4.- Los bienes adquiridos en ejecución de norma expresa, en cumplimiento de fines institucionales, con el fin de ser enajenados a terceros.

2. *La clasificación de los bienes públicos en bienes nacionales, estadales, municipales y distritales*

La Ley establece dos formas de clasificar los bienes públicos, según la titularidad de acuerdo con el sistema de distribución vertical del Poder Público; y según su afectación.

En cuanto a los bienes según su titularidad, el artículo 5 de la ley distingue entre los bienes nacionales, los bienes estadales, y los bienes municipales y bienes distritales.

Los bienes nacionales, son los bienes públicos, de dominio público o privado propiedad de la República, de los institutos autónomos y de las empresas del Estado, de las demás personas en que los entes antes mencionados tengan una participación superior al 50% del capital social y de las consideradas fundaciones del Estado.

Los bienes estadales, son los bienes públicos, de dominio público o privado propiedad de los Estados, de los institutos autónomos y de las empresas estadales, de las demás personas en que los entes antes mencionados tengan una participación superior al 50% del capital social y de las consideradas fundaciones estadales.

Los bienes municipales, son los bienes públicos, de dominio público o privado propiedad de los municipios, de los institutos autónomos y de las empresas municipales, de las demás personas en que los entes antes mencionados tengan una participación superior al 50% del capital social y de las consideradas fundaciones municipales.

Y los bienes distritales, son los bienes públicos, de dominio público o privado propiedad de los distritos municipales o distritos metropolitanos, de los institutos autónomos y de las empresas distritales, de las demás personas en que los entes antes mencionados tengan una participación superior al 50% del capital social y de las consideradas fundaciones distritales.

3. *La clasificación de los bienes públicos entre bienes del dominio público y bienes del dominio privado*

La segunda clasificación establecida en la Ley está en el artículo 6, en la cual se establece la distinción de los bienes públicos en bienes del dominio público y bienes del dominio privado, mediante el cual se ha reformado lo establecido en el Código Civil.

En efecto, conforme a lo que se había regulado en el Código Civil desde el siglo XIX, los bienes pertenecen "a la Nación, a los Estados, a las Municipalidades, a los establecimientos públicos y demás personas jurídicas y a los particulares" (art. 538); y en cuanto a los bienes de la Nación, de los Estados y de las Municipalidades, el Código los clasificó en bienes del dominio público o del dominio privado.

De acuerdo con el 539 del Código, "son bienes del dominio público, los caminos, los lagos, los ríos, las murallas, fosos, puentes de las plazas de guerra y demás bienes semejantes"; los cuales, de acuerdo con el artículo 540, pueden ser "de uso público o de uso privado de la Nación, de los Estados y de las Municipalidades." Estos bienes del dominio público son inalienables (art. 543), y por supuesto, están sometidos a un régimen de derecho público. Ese régimen sólo cambia cuando los bienes del dominio público dejen de estar destinados al uso público y a la defensa nacional, en los casos en los cuales ello sea posible, en cuyo caso pasan del dominio público al dominio privado de los entes públicos (art. 541).

En cuanto a los bienes del dominio privado los mismos de acuerdo con el Código Civil se rigen por sus disposiciones, en cuanto no se opongan a las leyes especiales respectivas (art. 544), y pueden enajenarse de conformidad con las leyes que les conciernen (art. 543). Entre esos bienes del dominio privado están las tierras que, estando situadas dentro de los límites territoriales del país, carecen de otro dueño, en cuyo caso, si su ubicación fuere en el Distrito Federal o en Territorios o Dependencias Federales se trata de bienes del dominio privado de la Nación, y son del dominio privado de los Estados, si estuviesen en el territorio de éstos.

Ahora bien, este régimen clásico del Código Civil se ha reformado en la Ley Orgánica de Bienes Públicos, en la cual aún conservando la misma clasificación de bienes del dominio público y del dominio privado ha establecido unas novedosas regulaciones.

Este régimen había sido complementado con las previsiones de la Constitución de 1999, en la cual se por primera vez en el constitucionalismo venezolano, se declaró como del dominio público una serie de bienes. En efecto, la Constitución declaró como bienes del dominio público a los yacimientos mineros y de hidrocarburos (Art. 12), declaratoria que con anterioridad ya la Ley de Minas de 1999 la había establecido (art. 2), así como la Ley Orgánica de Hidrocarburos Gaseosos de 1999 (art. 1). La Constitución, por otra parte, también declaró que "las costas marinas son bienes del dominio público" (art. 12); lo cual se complementó a parir de la Ley de Conservación y Saneamiento de Playas de 2000 (art. 2). Por otra parte, en cuanto a las aguas, el artículo 304 de la Constitución estableció que "Todas las aguas son del dominio público de la Nación, insustituibles para la vida y el desarrollo..." lo cual se ha ratificado en la Ley de Aguas de 2005. Además, otras normas constitucionales también regulan bienes del dominio público, aun cuando sin utilizar este calificativo jurídico: se trata, por ejemplo de las "armas de guerra" respecto de las cuales el artículo 324 declara que sólo el Estado puede poseerlas y usarlas, de manera que "todas las que existan, se fabriquen o se introduzcan en el país *pasarán a ser propiedad* de la República sin indemnización ni proceso" (art. 324). Por otra parte, el artículo 303 de la Constitución dispone que "por razones de soberanía económica, política y de estrategia nacional, el Estado *conservará* la totalidad de las acciones de

Petróleos de Venezuela, S.A., o del ente creado para el manejo de la industria petrolera", lo que implica una declaratoria indirecta de dominio público de dichas acciones societarias, que son inalienables.

Ahora bien, en cuanto a este tema de los bienes públicos del dominio público, la Ley Orgánica de Bienes Públicos, siguiendo fundamentalmente lo dispuesto en la Constitución, considera que son tales:

1.- Los bienes destinados al uso público, como plazas, parques, infraestructura vial, vías férreas, caminos y otros.

2.- Los bienes que en razón de su configuración natural, construcción o adaptación especial, o bien por su importancia histórica, científica o artística sean necesarios para un servicio público o para dar satisfacción a una necesidad pública y que no puedan ser fácilmente reemplazados en esa función.

3. Los espacios lacustre y fluvial, mar territorial, áreas marinas interiores, históricas y vitales y las comprendidas dentro de las líneas de base recta que ha adoptado o adopte la República; las costas marinas; el suelo y subsuelo de éstos; el espacio aéreo continental, insular y marítimo y los recursos que en ellos se encuentran, incluidos los genéticos, los de las especies migratorias, sus productos derivados y los componentes intangibles que por causas naturales allí se hallen.

4.- Los yacimientos mineros y de hidrocarburos, cualquiera que sea su naturaleza, existentes en el territorio nacional, bajo el lecho del mar territorial, en la zona económica exclusiva y en la plataforma continental.

5.- Todos aquellos bienes a los que por ley se confiera tal cualidad.

Los bienes públicos del dominio privado, son aquellos bienes públicos no incluidos en las categorías de bienes mencionadas en la enumeración anterior, los cuales, siendo de propiedad del Estado o de algún ente público, no están destinados al uso público ni afectados a algún servicio público.

Por ello, el artículo 7 de la Ley Orgánica, regula la desafectación de bienes públicos de dominio público, estableciendo que los bienes públicos de dominio público que sean susceptibles de desafectación por no estar destinados al uso público o a los servicios públicos, o no ser requeridos para tales fines, se entienden incorporados al dominio privado de la República, una vez dictado por el Presidente de la República el respectivo Decreto, en Consejo de Ministros y previa autorización de la Asamblea Nacional. De igual forma, se debe proceder en los casos de deslinde del dominio público en que los inmuebles sobrantes pasen al dominio privado.

En cuanto a la afectación de un bien público de dominio privado al uso público o a los servicios públicos, en calidad de bien público del dominio público, sólo es posible mediante ley especial dictada por la Asamblea Nacional (art. 8).

De acuerdo con el artículo 9 del La Ley Orgánica, los bienes de dominio público son imprescriptibles, inembargables e inalienables y están exentos además, de contribuciones o gravámenes nacionales, estadales y/o municipales.

Además, conforme al artículo 10 de la ley Orgánica, los bienes, rentas, derechos o acciones que formen parte del patrimonio de la República, no están sujetos a embargos, secuestros, hipotecas, ejecuciones interdictales y en general, a ninguna medida preventiva o ejecutiva y están exentos además, de contribuciones o gravámenes nacionales, estadales y/o municipales.

4. *Alcance del régimen legal*

La Ley Orgánica, además de precisar las distinciones y clasificaciones antes indicadas, establece un régimen legal destinado a regular primero, el sistema administrativo de los bienes públicos, creando un nuevo órgano, la Superintendencia Nacional de Bienes Públicos; y segundo, las normas generales para la administración de los bienes públicos, y el régimen administrativo sancionatorio.

A tal efecto, y en cuanto a la aplicabilidad preferente o supletoria de las normas de la Ley Orgánica respecto de los bienes públicos, por una parte, el artículo 14 de la Ley Orgánica dispone que las normas contenidas en leyes especiales que regulen los bienes a que se refiere la Ley, se deben aplicar en tanto no contradigan las disposiciones establecidas en la Ley Orgánica. Por otra parte, de acuerdo con el artículo 15 de la Ley Orgánica, se rigen por sus respectivas leyes y sólo supletoriamente por lo establecido en la Ley Orgánica, los siguientes bienes:

1. Los yacimientos mineros y de hidrocarburos, cualquiera que sea su naturaleza, existentes en el territorio nacional, bajo el lecho del mar territorial, en la zona económica exclusiva y en la plataforma continental.

2. Los espacios lacustre y fluvial, mar territorial, áreas marinas interiores, históricas y vitales y las comprendidas dentro de las líneas de base recta que ha adoptado o adopte la República, las costas marinas; el suelo y subsuelo de éstos; el espacio aéreo continental, insular y marítimo y los recursos que en ellos se encuentran, incluidos los genéticos, los de las especies migratorias, sus productos derivados y los componentes intangibles que por causas naturales allí se hallen.

3. Los Bienes Públicos empleados directamente para la seguridad y defensa de bienes y personas.

4. El espectro radioeléctrico.

5. Las tierras baldías.

6. Las tierras propiedad del Instituto Nacional de Tierras y las que por ley le deban pertenecer.

7. Los Bienes Públicos empleados directamente por la Industrias Básicas Pesadas en poder del Estado, en las labores de aprovechamiento y/o transformación de los recursos naturales a su cargo.

8. Los Bienes Públicos enmarcados en procesos de privatizaciones.

9. Los estupefacientes y sustancias psicotrópicas, así como las sustancias químicas, precursoras y esenciales, susceptibles de ser desviadas a la fabricación ilícita de drogas.

10. Los haberes de los fondos públicos de prestaciones, pensiones y jubilaciones.

11. Los bienes de valor artístico e histórico propiedad de la República, los estados, los municipios o los distritos, sin perjuicio de que sean incluidos en los registros de bienes establecidos en esta Ley.

IX. RÉGIMEN JURÍDICO SOBRE LA PROTECCIÓN DEL PATRIMONIO PÚBLICO: *LA LEY CONTRA LA CORRUPCIÓN*

La protección del patrimonio público fue objeto de una regulación legal específica mediante la Ley Orgánica de Salvaguarda del Patrimonio Público de 1982,[91] la cual fue sustituida, en 2003 por la Ley contra la Corrupción,[92] en la cual se precisa, como su objeto, el establecimiento de normas que rijan la conducta que deben asumir en general los funcionarios públicos y demás personas sujetas a la misma, a los fines de salvaguardar el patrimonio público, garantizar el manejo adecuado y transparente de los recursos públicos; todo ello con fundamento en los principios constitucionales de honestidad, transparencia, participación, eficiencia, eficacia, legalidad, rendición de cuentas y responsabilidad. La Ley Orgánica tiene también como objeto, la tipificación de los delitos contra la cosa pública y las sanciones que deben aplicarse a quienes infrinjan estas disposiciones y cuyos actos, hechos u omisiones causen daño al patrimonio público (art. 1).

1. *Ámbito subjetivo de aplicación*

La Ley, por tanto, se aplica no sólo a los funcionarios públicos, sino también a los particulares, y personas naturales o jurídicas en los términos en ella establecidos (art. 2). A tal efecto, y sin perjuicio de lo que se dispone en la Ley del Estatuto de la Función Pública, el artículo 3 de la Ley Orgánica considera a sus efectos como "funcionarios o empleados públicos" a los siguientes:

1. Los que estén investidos de funciones públicas, permanentes o transitorias, remuneradas o gratuitas originadas por elección, por nombramiento o contrato otorgado por la autoridad competente, al servicio de la República, de los estados, de los territorios y dependencias federales, de los distritos, de los distritos metropolitanos o de los municipios, de los institutos autónomos nacionales, estadales, distritales y municipales, de las universidades públicas, del Banco Central de Venezuela o de cualesquiera de los órganos o entes que ejercen el Poder Público.

2. Los directores y administradores[93] de las sociedades civiles y mercantiles, fundaciones, asociaciones civiles y demás instituciones constituidas con recursos públicos o dirigidas

---

91 Véase en la *Gaceta Oficial* N° 3.077 Extra. de 23 de diciembre de 1982. Véase en general sobre dicha Ley Orgánica el libro: Allan R. Brewer-Carías, Alberto Arteaga, Humberto Njaim y Manuel Rachadell, *Ley Orgánica de Salvaguarda del Patrimonio Público*, Colección Textos Legislativos, N° 2, Editorial Jurídica Venezolana, Caracas 1983; y el libro *El Régimen Jurídico de Salvaguarda del Patrimonio Público, Archivo de Derecho Público y Ciencias de la Administración*, Vol. VI, 1983, Instituto de Derecho Público, Facultad de Ciencias Jurídicas y Políticas, Universidad Central de Venezuela, Caracas 1985.

92 Véase en *Gaceta Oficial* N° 5.637 Extra. de 7 de abril de 2003

93 El artículo 3 de la Ley dispone que a los fines de su normativa, se "deben considerarse como directores y administradores, quienes desempeñen funciones tales como: a) Directivas, gerenciales, supervisorias, contraloras y auditoras; b) Participen con voz y voto en comités de: compras, licitaciones, contratos, negocios, donaciones o de cualquier otra naturaleza, cuya actuación pueda comprometer el patrimonio público; c) Manejen o custodien almacenes, talleres, depósitos y, en general, decidan sobre la recepción, suministro y entrega de bienes muebles del ente u organismos, para su consumo; d) Movilicen fondos del ente u organismo depositados en cuentas bancarias; e) Representen al ente u organismo con autoridad para comprometer a la entidad; f) Adquieran compromisos en nombre del ente u organismo o au-

por algunas de las personas a que se refiere el artículo 4 de esta Ley, o cuando la totalidad de los aportes presupuestarios o contribuciones en un ejercicio provenientes de una o varias de estas personas represente el cincuenta por ciento (50%) o más de su presupuesto o patrimonio; y los directores nombrados en representación de dichos órganos y entes, aun cuando la participación fuere inferior al cincuenta por ciento (50%) del capital o patrimonio.

## 2.	Ámbito objetivo de aplicación

En cuanto a la determinación del patrimonio público, cuya protección se persigue con la normativa de la Ley, el artículo 4 de la misma dispone que es aquel que corresponde por cualquier título a: 1. Los órganos y entidades a los que incumbe el ejercicio del Poder Público Nacional. 2. Los órganos y entes a los que incumbe el ejercicio del Poder Público Estadal. 3. Los órganos y entes a los que incumbe el ejercicio del Poder Público en los distritos y distritos metropolitanos. 4. Los órganos a los que incumbe el ejercicio del Poder Público Municipal y en las demás entes locales previstas en la Ley Orgánica de Régimen Municipal. 5. Los órganos y entes a los que incumbe el ejercicio del Poder Público en los territorios y dependencias federales. 6. Los institutos autónomos nacionales, estadales, distritales y municipales. 7. El Banco Central de Venezuela. 8. Las universidades públicas. 9. Las demás personas de derecho público nacionales, estadales, distritales y municipales. 10. Las sociedades de cualquier naturaleza en las cuales las personas a que se refieren los numerales anteriores tengan participación en su capital social, así como las que se constituyen con la participación de aquéllas.; y 11. Las fundaciones y asociaciones civiles y demás instituciones creadas con fondos públicos o que sean dirigidas por las personas a que se refieren los numerales anteriores, o en las cuales tales personas designen sus autoridades, o cuando los aportes presupuestarios o contribuciones efectuadas en un ejercicio presupuestario por una o varias de las personas a que se refieren los numerales anteriores representen el cincuenta por ciento (50%) o más de su presupuesto.

La Ley Orgánica precisa además, que también se considera patrimonio público cualquier participación accionaria menor al cincuenta por ciento (50%) que tengan las personas jurídicas que integran el sector público (art. 3) en cualquier sociedad, la cual está sujeta a las normas y principios previstos en la misma, de manera que su irregular o incorrecta administración debe ser penada de conformidad con lo previsto en la Ley y las sanciones administrativas establecidas en la Ley Orgánica de la Contraloría General de la República y del Sistema Nacional de Control Fiscal (art. 5).

Además, también se considera patrimonio público, conforme al mismo artículo 4 de la Ley Orgánica, los recursos entregados a particulares por los entes del sector público antes mencionados (art. 30), mediante transferencias, aportes, subsidios, contribuciones o alguna otra modalidad similar para el cumplimiento de finalidades de interés o utilidad pública, hasta que se demuestre el logro de dichas finalidades. En consecuencia, los particulares que administren tales recursos están sometidos a las sanciones y demás acciones y medidas previstas en la Ley, así como en la Ley

---

toricen los pagos correspondientes; y g) Dicten actos que incidan en la esfera de los derechos u obligaciones de los particulares o en las atribuciones y deberes del Estado."

Orgánica de la Contraloría General de la República y del Sistema Nacional de Control Fiscal.

3. *Principios para la prevención de la corrupción y para la salvaguardar el patrimonio público*

De acuerdo con la Constitución y la Ley Orgánica, en la administración de los bienes y recursos públicos, los funcionarios y empleados públicos se rigen por los principios de honestidad, transparencia, participación, eficiencia, eficacia, legalidad, rendición de cuentas y responsabilidad (art. 6); debiendo administrar y custodiar el patrimonio público con decencia, decoro, probidad y honradez, de forma que la utilización de los bienes y el gasto de los recursos que lo integran, se haga de la manera prevista en la Constitución y las leyes, y se alcancen las finalidades establecidas en las mismas con la mayor economía, eficacia y eficiencia (art. 7).

Para asegurar tales principios, la Ley Orgánica establece, por una parte, el carácter público de la información sobre la administración del patrimonio público que corresponda a las personas sujetas a su normativa, salvo las excepciones que "por razones de seguridad y defensa de la Nación expresamente establezca la ley" (art. 8); y por la otra, el deber de los entes y órganos del sector público de informar a los ciudadanos sobre la utilización de los bienes y el gasto de los recursos que integran el patrimonio público cuya administración les corresponde. A tal efecto, el artículo 9 de la ley los obliga a publicar trimestralmente y poner a la disposición de cualquier persona en las oficinas de atención al público o de atención ciudadana que deben crear, "un informe detallado de fácil manejo y comprensión, sobre el patrimonio que administran, con la descripción y justificación de su utilización y gasto" (art. 9).

La consecuencia de ello es que de acuerdo con el artículo 10 de la ley Orgánica, los particulares tienen el derecho de solicitar a los órganos y entes del sector público, cualquier información sobre la administración y custodia del patrimonio público de dichos órganos y entes; y derecho de acceder y obtener copia de los documentos y archivos correspondientes para examinar o verificar la información que se les suministre, de acuerdo con el ordenamiento jurídico vigente, salvo las excepciones que "por razones de seguridad y defensa de la Nación expresamente establezca la ley."

Por otra parte, la Ley Orgánica reafirma el principio constitucional de que los funcionarios y empleados públicos "están al servicio del Estado y no de parcialidad política" alguna, agregando que tampoco están al servicio de parcialidad "económica alguna." En consecuencia, no pueden destinar el uso de los bienes públicos o los recursos que integran el patrimonio público para favorecer a partidos o proyectos políticos, o a intereses económicos particulares (art. 13). Además, dispone la Ley Orgánica que el nombramiento y remoción o destitución de los funcionarios y empleados públicos "no podrá estar determinado por afiliación u orientación política alguna" debiendo realizarse de conformidad con lo dispuesto en la Constitución y en las leyes (art. 14)

Otros principios establecido en la Ley contra la Corrupción es que los funcionarios y empleados públicos deben administrar los bienes y recursos públicos "con criterios de racionalidad y eficiencia, procurando la disminución del gasto y la mejor utilización de los recursos disponibles en atención a los fines públicos " (art. 17); deben utilizar los bienes y recursos públicos "para los fines previstos en el presupuesto correspondiente" (art. 19); y debe "rendir cuentas de los bienes y recursos públicos que administren," debiendo ser público el informe de rendición de cuentas, de manera que al mismo pueda tener acceso cualquier ciudadano (art. 20)

4.   *Contenido general de la Ley Orgánica*

De acuerdo con la Ley Orgánica, los funcionarios y empleados públicos responden civil, penal, administrativa y disciplinariamente por la administración de los bienes y recursos públicos (art. 21), a cuyo efecto en la misma se regula con todo detalle, el régimen de la declaración jurada del patrimonio público (art. 23-32); el régimen de la sanciones administrativas y el procedimiento, incluyendo la posibilidad de la administración sancionadora de adoptar medidas preventivas (art. 33-40); las atribuciones y deberes de la Contraloría general de la república y del Ministerio Público en la salvaguarda del patrimonio público (art. 41-45); y el régimen de los delitos contra el patrimonio público, con previsiones específicas sobre el enriquecimiento ilícito y su restitución al patrimonio público (art. 46 a 51); sobre los otros delitos contra la cosa pública y las penas (arts. 52-81); sobre los delitos contra la administración de justicia en la aplicación de la Ley (art. 82-87) y sobre el procedimiento penal aplicable (art. 87-98).

X. RÉGIMEN JURÍDICO DEL CONTROL FISCAL DE LA ADMINISTRACIÓN PÚBLICA: LA *LEY ORGÁNICA DE LA CONTRALORÍA GENERAL DE LA REPÚBLICA Y DEL SISTEMA DE CONTROL FISCAL*

La Contraloría General de la República es el órgano de control, vigilancia y fiscalización de los ingresos, gastos, bienes públicos y bienes nacionales, así como de las operaciones relativas a los mismos.

Conforme al artículo 287 de la Constitución, es un órgano del Estado que goza de autonomía funcional, administrativa y organizativa, y orienta su actuación a las funciones de inspección de los organismos y entidades sujetas a su control.[94] Para regular su organización, funcionamiento y actividad en 2001 se ha sancionado la Ley N° 59, sobre Ley Orgánica de la Contraloría General de la República y del Sistema Nacional de Control Fiscal.[95]

Conforme al artículo 289 de la Constitución las atribuciones de la Contraloría General de la República que se desarrollan en la Ley Orgánica, son la Constitución, las siguientes:

---

94   Véase José Ignacio, Hernández G., "La Contraloría General de la República", *Revista de Derecho Público,* N° 83 (julio-septiembre), Editorial Jurídica Venezolana, Caracas 2000, pp. 21-38; y "La Contraloría General de la República y los principios del régimen de control fiscal en Venezuela," en Allan R. Brewer-Carías et al, *Leyes Orgánicas del Poder Ciudadano,* Editorial Jurídica Venezolana, Caracas 2006, pp. 189-241; y María Alejandra Correa, "El sistema de control fiscal en la nueva Ley Orgánica de la Contraloría general de la república y del sistema nacional de control fiscal," en *Idem,* pp. 243-268.

95   *Gaceta Oficial* N° 37.347 del 17 de diciembre de 2001.

1. Ejercer el control, la vigilancia y fiscalización de los ingresos, gastos y bienes públicos, así como las operaciones relativas a los mismos, sin perjuicio de las facultades que se atribuyan a otros órganos en el caso de los Estados y Municipios, de conformidad con la ley.

2. Controlar la deuda pública, sin perjuicio de las facultades que se atribuyan a otros órganos en el caso de los Estados y Municipios, de conformidad con la ley.

3. Inspeccionar y fiscalizar los órganos, entidades y personas jurídicas del sector público sometidos a su control; practicar fiscalizaciones, disponer el inicio de investigaciones sobre irregularidades contra el patrimonio público, así como dictar las medidas, imponer los reparos y aplicar las sanciones administrativas a que haya lugar de conformidad con la ley.

4. Instar al Fiscal o Fiscala de la República a que ejerzan las acciones judiciales a que hubiere lugar con motivo de las infracciones y delitos cometidos contra el patrimonio público y de los cuales tenga conocimiento en el ejercicio de sus atribuciones.

5. Ejercer el control de gestión y evaluar el cumplimiento y resultado de las decisiones y políticas públicas de los órganos, entidades y personas jurídicas del sector público sujetos a su control, relacionadas con sus ingresos, gastos y bienes.

6. Las demás que le atribuyan esta Constitución y la ley.

Como se dijo, para asegurar el desarrollo de estas actividades en el artículo 9 la Ley Orgánica de la Contraloría General de la República y del Sistema Nacional de Control Fiscal, se definió el ámbito de aplicación de la misma, sujetándose a sus disposiciones y al control, vigilancia y fiscalización de la Contraloría General de la República, a los siguientes órganos y entidades:

1. Los órganos y entidades a los que incumbe el ejercicio del poder público nacional.

2. Los órganos y entidades a los que incumbe el ejercicio del poder público estadal.

3. Los órganos entidades a los que incumbe el ejercicio del poder público en los distritos y distritos metropolitanos.

4. Los órganos y entidades a los que incumbe el ejercicio del poder público municipal y en las demás entidades locales previstas en la Ley Orgánica de Régimen Municipal.

5. Los órganos y entidades a los que incumbe el ejercicio del poder público en los territorios federales y dependencias federales.

6. Los institutos autónomos nacionales, estadales, distritales y municipales.

7. El Banco Central de Venezuela.

8. Las Universidades públicas.

9. Las demás personas de derecho público nacionales, estadales, distritales y municipales.

10. Las sociedades de cualquier naturaleza en las cuales las personas a que se refieren los numerales anteriores tengan participación en su capital social, así como las que se constituyan con la participación de aquéllas.

11. Las fundaciones y asociaciones civiles y demás instituciones creadas con fondos públicos, o que sean dirigidas por las personas a que se refieren los numerales anteriores, o en las cuales tales personas designen sus autoridades, o cuando los aportes presupuestarios o contribuciones efectuados en un ejercicio presupuestario por una o varias de las personas a que se refieren los numerales anteriores representen el cincuenta por ciento (50%) o más de su presupuesto.

12. las personas naturales o jurídicas que sean contribuyentes o responsables, de conformidad con lo previsto en el Código Orgánico Tributario, o que en cualquier forma contraten, negocien o celebren operaciones con cualesquiera de los organismos o entidades menciona-

das en los numerales anteriores, o que reciban aportes, subsidios, otras transferencias o incentivos fiscales, o que en cualquier forma intervengan en la administración, manejo o custodia de recursos públicos.

Ahora bien, a los efectos de desarrollar legalmente las previsiones constitucionales, la Ley Orgánica regula en especifico, el régimen de la organización de la Contraloría General de la República, con particulares previsiones sobre su régimen presupuestario y de personal; para luego establecer la normativa general, por una parte, del Sistema Nacional de Control Fiscal, con previsiones sobre el control interno, el control externo, las cuentas, el control de gestión, el control de la deuda pública, y la participación ciudadana; y por la otra, las potestades de investigación, las responsabilidades y las sanciones administrativas, así como el procedimiento administrativo para la determinación de responsabilidades.

XI.   RÉGIMEN JURÍDICO DEL CONTROL JUDICIAL DE LA ADMINISTRACIÓN PÚBLICA: *LA LEY ORGÁNICA DE LA JURISDICCIÓN CONTENCIOSO ADMINISTRATIVA*

La Jurisdicción Contencioso Administrativo en Venezuela había estado regulada en forma transitoria desde 1976, en la Ley Orgánica de la Corte Suprema de 1976, reformada en 2004,[96] hasta 2010 cuando se sancionó la Ley Orgánica de la Jurisdicción Contencioso Administrativa de 15 de diciembre de 2009,[97] en la cual se recogieron todos los principios relativos al control judicial de constitucionalidad y legalidad de los actos administrativos, que habían sido desarrollados con el invalorable aporte de la doctrina,[98] y de la abundantísima jurisprudencia en la materia,[99] partien-

---

96   Véase en *Gaceta Oficial* N° 1.893, Extraordinaria del 30-07-1976. Véase los comentarios a dicha Ley Orgánica en Allan R. Brewer-Carías y Josefina Calcaño de Temeltas, *Ley Orgánica de la Corte Suprema de Justicia,* Editorial Jurídica Venezolana, Caracas, 1989. Esta Ley estuvo vigente hasta 2004, cuando sus normas fueron sustituidas por las de la Ley Orgánica del Tribunal Supremo de Justicia de 2004. Véase en *Gaceta Oficial* N° 37.942 de 20-05-2004. Véase los comentarios a dicha Ley Orgánica en Allan R. Brewer-Carías, *Ley Orgánica del Tribunal Supremo de Justicia*, Editorial Jurídica Venezolana, Caracas, 2004. Véase en general los estudios de Antonio Canova González, Alejandra Figueiras, Andrés E. Troconis Torres, Miguel Ángel Torrealba Sánchez, José Ignacio Hernández G., Daniela Urosa Maggi, Jorge C. Kiriakidis L., Luis Fraga Pittaluga, Betty Andrade Rodríguez, en el libro *El Contencioso Administrativo a partir de la Ley Orgánica del Tribunal Supremo de Justicia*, Funeda, Caracas, 2009. La Ley Orgánica de 2004 fue derogada por la Ley del Tribunal Supremo de Justicia sancionada por la Asamblea Nacional el 6 de mayo de 2010 (LOTSJ 2010), en la cual se eliminó toda la normativa que se refería al contencioso administrativo. Esta última Ley Orgánica, sin embargo, tampoco había sido publicada al momento de la conclusión de la redacción de este estudio (1 junio 2010).

97   La Ley Orgánica fue sancionada por la Asamblea Nacional el 15 de diciembre de 2009, y publicada en *Gaceta Oficial* N° 39.447 de 16 de junio de 2010. Previamente, la Sala Constitucional del Tribunal Supremo de Justicia había declarado la "constitucionalidad del carácter orgánico" de la Ley, en sentencia N° 290 de 23 de abril de 2010. Véase el texto en http://www.tsj.gov.ve/decisiones/scon/Abril/290-23410-2010-10-0008.html

98   Véase Luis Torrealba Narváez, "Consideraciones acerca de la Jurisdicción Contencioso-Administrativa, su Procedimiento y Algunas Relaciones de éste con el de la Jurisdicción Judicial Civil", en *Anales de la Facultad de Derecho,* Universidad Central de Venezuela, Caracas, 1951; Hildegard Rondón de Sansó, *El Sistema Contencioso-Administrativo de la Carrera Administrativa. Instituciones, Procedimiento y Jurisprudencia,* Ediciones Magón, Cara-

do de la constitucionalización de la Jurisdicción Contencioso Administrativa en el artículo 206 de la Constitución de 1961, cuyo texto fue recogido en el artículo 259 de la Constitución de 1999, cuando se constitucionalizó esta jurisdicción, en el cual se estableció una Jurisdicción especializada dentro del Poder Judicial.

Por tanto, en Venezuela, como en la gran mayoría de los países latinoamericanos, el derecho administrativo no se construyó con base en los criterios de distinción entre una "jurisdicción judicial" y una supuesta "jurisdicción administrativa," sino que su configuración paulatina lo que dio origen fue a una competencia especializada de determinados tribunales para conocer de litigios en los cuales interviene la Administración, pero siempre integrados en el Poder Judicial.[100]

La Constitución de 1999, como lo hizo la de 1961, reservó al Tribunal Supremo, en general, la declaratoria de nulidad de los actos administrativos del Ejecutivo Nacional, cuando sea procedente (artículo 266, numerales 5, 6 y 7), con lo que dejó

---

cas, 1974. Allan R. Brewer-Carías, *Estado de Derecho y Control Judicial*, Madrid, 1985, págs. 281 y ss; José Araujo Juárez, *Derecho Procesal Administrativo*, Vadell Hermanos editores, Caracas, 1996; Allan R. Brewer-Carías, *Instituciones Políticas y Constitucionales*, Tomo VII: *Justicia Contencioso Administrativa*, Editorial Jurídica Venezolana, Caracas-San Cristóbal, 1997; Antonio Canova González, *Reflexiones para la reforma del sistema contencioso administrativo venezolano*, Editorial Sherwood, Caracas, 1998; Carlos L. Carrillo Artiles, *El recurso jurisdiccional contra las abstenciones u omisiones de los funcionarios públicos*, Universidad Católica Andrés Bello, Caracas, 1996; Víctor Hernández-Mendible, *Tutela judicial cautelar en el contencioso administrativo*, Vadell Hermanos editores, Caracas, 1998; Daniela Urosa Maggi, *Tutela judicial frente a la inactividad administrativa en el derecho español y venezolano*, Funeda, Caracas, 2003; M. A. Torrealba Sánchez, *Manual de Contencioso Administrativo (Parte General)*, Caracas, 2006. Véase además, las siguientes obras colectivas: *El Control Jurisdiccional de los Poderes Públicos en Venezuela*, Instituto de Derecho Público, Facultad de Ciencias Jurídicas y Políticas, Universidad Central de Venezuela, Caracas, 1979; *Contencioso Administrativo en Venezuela*, Editorial Jurídica Venezolana, tercera edición, Caracas, 1993; *Derecho Procesal Administrativo*, Vadell Hermanos editores, Caracas, 1997; *8ª Jornadas "J.M. Domínguez Escovar" (Enero 1983), Tendencias de la jurisprudencia venezolana en materia contencioso-administrativa*, Facultad de Ciencias Jurídicas y Políticas, U.C.V., Corte Suprema de Justicia; Instituto de Estudios Jurídicos del Estado Lara, Tip. Pregón, Caracas, 1983; *Contencioso Administrativo, I Jornadas de Derecho Administrativo Allan Randolph Brewer-Carías*, Funeda, Caracas, 1995; *XVIII Jornadas "J.M. Domínguez Escovar, Avances jurisprudenciales del contencioso- administrativo en Venezuela*, 2 Tomos, Instituto de Estudios Jurídicos del Estado Lara, Diario de Tribunales Editores, S.R.L. Barquisimeto, 1993.

99 En cuanto a la jurisprudencia, véase en Allan R. Brewer-Carías, *Jurisprudencia de la Corte Suprema 1930-74 y Estudios de Derecho Administrativo*, Tomo V, *La Jurisdicción Contencioso-Administrativa*, Vol. 1 y 2, Instituto de Derecho Público, Facultad de Derecho, Universidad Central de Venezuela, Caracas, 1978; Allan R. Brewer-Carías y Luís Ortiz Álvarez, *Las grandes decisiones de la jurisprudencia Contencioso-Administrativa*, Editorial Jurídica Venezolana, Caracas, 1996; Luís Ortiz-Álvarez, *Jurisprudencia de medidas cautelares en el contencioso-administrativo (1980-1994)*, Editorial Jurídica Venezolana, Caracas, 1995. La jurisprudencia del Alto Tribunal y de las Cortes de lo Contencioso Administrativo a partir de 1980 ha sido publicada regularmente, ordenada sistemáticamente, en la *Revista de Derecho Público*, Editorial Jurídica Venezolana.

100 Véase M. Pérez Guevara, "Prólogo", en Allan R. Brewer-Carías, *Jurisprudencia de la Corte Suprema 1930-1974 y Estudios de Derecho Administrativo*, Tomo II, *Ordenamiento Orgánico y Tributario del Estado*, Instituto de Derecho Público, Facultad de Derecho, Universidad Central de Venezuela, Caracas, 1976, págs. 1-10.

implícitamente a los demás Tribunales de la jurisdicción contencioso-administrativa la competencia para declarar la nulidad de los actos de las autoridades administrativas de los Estados y Municipios. Además, en cuanto a las demás autoridades nacionales que no conforman estrictamente el "Ejecutivo Nacional", el control contencioso-administrativo de sus actos, constitucionalmente se ha atribuido a otros Tribunales distintos del Tribunal Supremo de Justicia, tanto por razones de inconstitucionalidad como de ilegalidad, como parcialmente se hizo desde 1976 al crearse la Corte Primera de lo Contencioso-Administrativo y atribuirle competencia en dicha materia al igual que a ciertos Tribunales Superiores con competencia en lo civil. Ahora, es la LOJCA 2010 la que regula ampliamente toda la gama de tribunales contenciosos administrativos, incluyendo, además de la Sala Político Administrativa del Tribunal Supremo de Justicia, los Juzgados Nacionales, los Juzgados Estadales y los Juzgados de Municipio de la jurisdicción Contencioso Administrativo (art. 11).

1.   *Los órganos de la Jurisdicción y las cuestiones sometidas al conocimiento de la misma*

De acuerdo con el artículo 11 de la LOJCA 2010, los órganos de la Jurisdicción Contencioso Administrativa son los siguientes: 1. La Sala Político-Administrativa del Tribunal Supremo de Justicia; 2. Los Juzgados Nacionales de la Jurisdicción Contencioso Administrativa; 3. Los Juzgados Superiores Estadales de la Jurisdicción Contencioso Administrativa; y 4. Los Juzgados de Municipio de la Jurisdicción Contencioso Administrativa.

Estos tribunales deben decidir directamente los asuntos que se les sometan para lo cual tienen competencia y no pueden constituirse con asociados para dictar sentencia (art. 5). Todos deben orientar su actuación por los principios de justicia gratuita, accesibilidad, imparcialidad, idoneidad, transparencia, autonomía, independencia, responsabilidad, brevedad, oralidad, publicidad, gratuidad, celeridad e inmediación (art. 2). Pero además de los enumerados, también forma parte de la Jurisdicción Contencioso Administrativa, la "jurisdicción especial tributaria" con un régimen especial previsto en el Código Orgánico Tributario (art. 11). Otras ramas especiales de la Jurisdicción Contenciosa Administrativa, aún cuando no reguladas en la LOJCA 2010 son la Jurisdicción Contencioso Administrativa, que es la Jurisdicción Contencioso Electoral que consagra la Constitución atribuida a la Sala Electoral del Tribunal Supremo de Justicia (art. 297), con competencia conforme a la LOTSJ 2010, para conocer entre otros, de "las demandas contencioso electorales que se interpongan contra actos, actuaciones y omisiones de los órganos del Poder Electoral, tantos los que estén directamente vinculados con los procesos comiciales, como aquellos que estén relacionados con su organización, administración y funcionamiento"(art. 27,1); y la jurisdicción especial contencioso administrativa en materia agraria y ambiental, prevista en la Ley de Tierras y Desarrollo Agrario,[101] atribuida a los Tribunales Superiores Regionales Agrarios y a la Sala Especial Agraria de la Sala de Casación Social del Tribunal Supremo de Justicia.[102]

---

101 *Gaceta Oficial* N° 37.323 del 13 de noviembre de 2001.
102 Véase sentencia de la Sala Político Administrativa N° 836 del 15 de julio de 2004 (Caso: *Daniel Laguado Estupiñán*).

En cuanto a las personas jurídicas sometidas a esta jurisdicción especial, una de las partes de la relación jurídico-procesal debe ser en principio, una persona de derecho público o una persona jurídico-estatal (la Administración), o una entidad privada u organización de carácter popular actuando en función administrativa o ejerciendo prerrogativas del Poder Público, o que, por ejemplo, preste un servicio público mediante concesión (art. 7, LOJCA 2010).

Respecto a las relaciones jurídicas, hechos y actos jurídicos, esta jurisdicción especial está llamada a juzgar, en principio, los actos, hechos y relaciones jurídico-administrativos, es decir, actos, hechos y relaciones jurídicas originados por la actividad administrativa (art. 8, LOJCA 2010), definiéndose el ámbito sustantivo en el artículo 9 de la LOJCA 2010, al enumerase la competencia de la Jurisdicción para conocer de:

"1. Las impugnaciones que se interpongan contra los *actos administrativos* de efectos generales o particulares contrarios a derecho, incluso por desviación de poder.

2. De la *abstención o la negativa* de las autoridades a producir un acto al cual estén obligados por la ley.

3. Las reclamaciones contra las *vías de hecho* atribuidas a los órganos del Poder Público.

4. Las *pretensiones de condena* al pago de sumas de dinero y la reparación de daños y perjuicios originados por *responsabilidad* contractual o extracontractual de los órganos que ejercen el Poder Público.

5. Los reclamos por la *prestación de los servicios públicos* y el restablecimiento de las situaciones jurídicas subjetivas lesionadas por los prestadores de los mismos.

6. La resolución de los recursos de *interpretación* de leyes de contenido administrativo.

7. La resolución de las *controversias administrativas* que se susciten entre la República, algún estado, municipio u otro ente público, cuando la otra parte sea alguna de esas mismas entidades.

8. Las *demandas* que se ejerzan contra la República, los estados, los municipios, los institutos autónomos, entes públicos, empresas o cualquier otra forma de asociación, en las cuales la República, los estados, los municipios o cualquiera de las personas jurídicas antes mencionadas tengan participación decisiva.

9. Las *demandas* que ejerzan la República, los estados, los municipios, los institutos autónomos, entes públicos, empresas o cualquier otra forma de asociación, en la cual la República, los estados, los municipios o cualquiera de las personas jurídicas antes mencionadas tengan participación decisiva, si es de contenido administrativo.

10. Las *actuaciones, abstenciones, negativas o las vías de hecho* de los consejos comunales y de otras personas o grupos que en virtud de la participación ciudadana ejerzan funciones administrativas.

11. Las demás *actuaciones de la Administración Pública* no previstas en los numerales anteriores."

Por tanto, en general, se trata de una competencia especializada dentro de un único Poder Judicial que corresponde a ciertos tribunales, a los cuales están sometidas ciertas personas de derecho público o de derecho privado de carácter estatal, o personas o entidades que ejercen la función administrativa o prestan servicios públicos, y que juzga determinados actos o relaciones jurídicas de derecho administrativo.

De lo anterior resulta, por tanto, en cuanto a la especialidad de la Jurisdicción Contencioso Administrativa, que la misma, en cuanto a la materia, se construye partiendo del contenido del artículo 259 de la Constitución, en el cual se hace referencia a los "actos administrativos", a la "administración", a los "servicios públicos", a la "responsabilidad" administrativa y a la "actividad administrativa". De ello se deduce que el ámbito y el dominio de la jurisdicción contencioso-administrativa en materia de control de legalidad y constitucionalidad son el conocimiento de los litigios en que la "administración" (o entidades no estatales actuando en función administrativa) sea parte, originados ya sea por "actos administrativos", la "responsabilidad" de la administración, por la prestación de "servicios públicos" o por la "actividad administrativa." Ello conlleva la competencia en materia de anulación y en materia de resolución de todas las otras pretensiones que se pueden formular en demandas contra los entes públicos en las cuales no necesariamente se plantee la nulidad de actos administrativos, como serían las pretensiones de condena al pago de sumas de dinero y la reparación de daños y perjuicios originados por responsabilidad contractual y extracontractual de los órganos que ejerzan el Poder Público; así como las demandas por la actuación material constitutiva de vías de hecho de la Administración (arts. 9,3; 23,4; 24,4;25,5 LOCJCA 2010). A lo anterior debe añadirse como una innovación de la Constitución de 1999, la competencia de la jurisdicción contencioso administrativa en materia de reclamos por la prestación de los servicios públicos. Además de los poderes de anulación y de condena, y del contencioso de la responsabilidad administrativa contractual y extracontractual, y de los servicios públicos, otro aspecto de la competencia de la jurisdicción contencioso-administrativa, es la relativa a la *interpretación* de las leyes de contenido administrativo (art. 9,5, LOJCA 2010). Entre la competencia de la Jurisdicción se destaca también la relativa a conocer de las demandas contra la abstención o la negativa de los entes públicos a dictar un acto al cual estén obligados por la ley (arts. 9, 2 y 10, LOJCA 2010). Y por último, se debe mencionar la competencia que se atribuye a la Sala Político Administrativa en el artículo 266,4 de la Constitución, para dirimir las controversias administrativas que se susciten entre la República, algún Estado, Municipio u otro ente público, cuando la otra parte sea alguna de esas mismas entidades, a menos que se trate de controversias entre Municipios de un mismo Estado, caso en el cual la ley puede atribuir su conocimiento a otro tribunal, lo que da origen al *contencioso de la solución de controversias administrativas*, (art, 9,6; 23,7, LOJCA 2010).

2.   *La universalidad del control como garantía del principio de legalidad*

La Jurisdicción contencioso administrativa en Venezuela, además, se rige por otro principio que es el de la *universalidad del control* que la Constitución regula en el artículo 259 respecto de las actividades y actos administrativos, como manifestación del principio de legalidad. Ello se ha recogido en la Ley Orgánica a establecerse que todos, absolutamente todos los actos administrativos, pueden ser sometidos a control judicial ante los órganos de la Jurisdicción contencioso administrativa, por contrariedad al derecho, es decir, sea cual sea el motivo de la misma: inconstitucionalidad o ilegalidad en sentido estricto. La Constitución no admite excepciones ni la Ley Orgánica las prevé, y como en su momento lo explicó la Exposición de Motivos de la Constitución de 1961, la fórmula "contrarios a derecho es una enunciación general que evita una enumeración que puede ser peligrosa al dejar fuera de control algunos actos administrativos".

Por tanto, de acuerdo con la intención de la Constitución, toda actuación administrativa y, en particular, los actos administrativos emanados de cualquier ente u órgano de la Administración Pública o de cualquier otra persona o entidad actuando en función administrativa, por cualquier motivo de contrariedad al derecho, puedan ser controlados por los Tribunales que conforman la jurisdicción contencioso-administrativa. Ello implica que cualquier exclusión de control respecto de actos administrativos específicos sería inconstitucional, sea que dicha exclusión se haga por vía de ley o por las propias decisiones de los Tribunales, en particular, del propio Tribunal Supremo de Justicia.

Este principio implica, primero, que toda actividad administrativa o toda forma de acto administrativo queda sometido a control judicial contencioso administrativo, lo que se recoge expresamente en el artículo 8 de la LOJCA 2010 al indicar bajo el acápite de "universalidad del control," que será objeto de control de la Jurisdicción Contencioso Administrativa, "la actividad administrativa" desplegada por todos los órganos y entes sujetos a control, "lo cual incluye actos de efectos generales y particulares, actuaciones bilaterales, vías de hecho, silencio administrativo, prestación de servicios públicos, omisión de cumplimiento de obligaciones y, en general, cualquier situación que pueda afectar los derechos o intereses públicos o privados."

Segundo, el principio implica que esa actividad administrativa o acto administrativo que está sometido a control puede emanar de cualquier ente y órgano de la Administración Pública, no sólo la que actúa en ejercicio del Poder Ejecutivo sino en ejercicio de cualquiera de los otros Poderes Públicos, o de cualquier entidad incluso no estatal que actúe en función administrativa. Por ello en el artículo 7 de la Ley Orgánica se enumeran aún cuando imperfectamente como "entes y órganos controlados" o "sujetos al control de la Jurisdicción Contencioso Administrativa," los siguientes: 1) "Los órganos que componen la Administración Pública; 2). Los órganos que ejercen el Poder Público, en sus diferentes manifestaciones, en cualquier ámbito territorial o institucional; 3). Los institutos autónomos, corporaciones, fundaciones, sociedades, empresas, asociaciones y otras formas orgánicas o asociativas de derecho público o privado donde el Estado tenga participación decisiva; 4). Los consejos comunales y otras entidades o manifestaciones populares de planificación, control, ejecución de políticas y servicios públicos, cuando actúen en función administrativa; 5). Las entidades prestadoras de servicios públicos en su actividad prestacional;" y 6) Cualquier sujeto distinto a los mencionados anteriormente, que dicte actos de autoridad o actúe en función administrativa.

Tercero, la universalidad del control no sólo radica en que todos los actos administrativos cualquiera sea el órgano, ente o entidad que los dicte están sometidos a control judicial, sino que lo son por cualquier motivo de contrariedad al derecho, es decir, por razones de inconstitucionalidad como ilegalidad propiamente dicha. [103]

---

103 En tal sentido, la Sala Constitucional, en la sentencia N° 194 de 4 de abril de 2000 ratificó lo que había decidido en sentencia de 27 de enero de 2000 (Caso *Milagros Gómez y otros*), así:"El criterio acogido por el Constituyente para definir las competencias de la Sala Constitucional, atiende *al rango de las actuaciones objeto de control,* esto es, que dichas actuaciones tienen una relación directa con la Constitución que es el cuerpo normativo de más alta jerarquía dentro del ordenamiento jurídico en un Estado de derecho contemporáneo. Así las cosas, *la normativa constitucional aludida imposibilita una eventual interpretación que tienda a identificar las competencias de la Sala Constitucional con los vicios de inconstituciona-*

3. *La multiplicidad de medios de control como manifestación del derecho a la tutela judicial efectiva*

Por otra parte, el régimen de la jurisdicción contencioso administrativa está condicionado por otro derecho fundamental, que es el de la tutela judicial efectiva que la Constitución regula en el artículo 26, y que implica que a los efectos de asegurar el sometimiento a la legalidad de la Administración Pública y el principio de la universalidad del control de la actividad administrativa, correlativamente las personas tienen derecho de acceso a los órganos de la Jurisdicción contencioso administrativa como parte que son de la administración de justicia, para hacer valer frente a la Administración Pública, sus órganos o entes, y ante las entidades que ejerzan la función administrativa, sus derechos e intereses, incluso los colectivos o difusos; y además, a la tutela efectiva de los mismos y a obtener con prontitud la decisión correspondiente.

Como consecuencia de ello, la LOJCA 2010 ha establecido un elenco de *recursos y acciones* que se han puesto a disposición de los particulares y de toda persona interesada, que les permiten acceder a la justicia administrativa, lo que implica que además del recurso de nulidad contra los actos administrativos de efectos generales o de efectos particulares, o contra los actos administrativos generales o individuales, con o sin pretensión patrimonial o de amparo constitucional, está el recurso por abstención o negativa de los funcionarios públicos a actuar conforme a las obligaciones legales que tienen; el recurso de interpretación; el conjunto de demandas contra los entes públicos de orden patrimonial o no patrimonial, incluyendo las que tengan por motivo vías de hecho; las acciones para resolver los conflictos entre autoridades administrativas del Estado; y las acciones destinadas a reclamos respecto de la omisión, demora o prestación deficiente de los servicios públicos.

En esta forma puede decirse que en relación con los particulares y los ciudadanos, la regulación de la Jurisdicción contencioso-administrativa en la LOJCA 2010, facilitando el control judicial de la actividad administrativa y en particular de los actos administrativos, viene a ser una manifestación específica del *derecho fundamental del ciudadano a la tutela judicial efectiva de sus derechos e intereses frente a la Administración*, en el sentido de lo establecido en el artículo 26 de la propia Constitución y de lo que se establecía en el artículo 18, primer párrafo de la derogada LOTSJ 2004. La consecuencia de ello es que entonces, la jurisdicción contencioso administrativa se configura constitucional y legalmente como un instrumento procesal para la protección de los administrados frente a la Administración, y no como un mecanismo de protección de la Administración frente a los particulares; ello a pesar de que en la LOJCA 2010 se atribuya a los órganos de la Jurisdicción competencia para conocer de las demandas que pueda intentar la Administración contra particulares,[104] o de las demandas entre personas de derecho público (artículo 9,8), lo que convierte a la Jurisdicción en cierta forma, como el fuero de la Administración. Sin embargo, en el primer aspecto, del control de la Administración a instancia de los

---

lidad que se imputen a otros actos o con las actuaciones de determinados funcionarios u órganos del Poder Público." Véase en *Revista de Derecho Público*, N° 82, Editorial Jurídica Venezolana, Caracas, 2000.

104 En este mismo sentido se establece en la LOTSJ 2010, al regularse la competencia de la Sala Político Administrativa del Tribunal Supremo de Justicia (art. 26,2).

administrados, tratándose de una manifestación de un derecho fundamental a dicho control, en la relación que siempre debe existir entre privilegios estatales, por una parte, y derechos y libertades ciudadanas, por la otra, este último elemento es el que debe prevalecer.

Este derecho a la tutela judicial efectiva y la garantía del principio de legalidad implican por otra parte la asignación al juez contencioso-administrativo de *amplísimos* poderes de tutela, no sólo de la legalidad objetiva que debe siempre ser respetada por la Administración, sino de las diversas situaciones jurídicas subjetivas que pueden tener los particulares en relación a la Administración. De allí que el contencioso-administrativo, conforme al artículo 259 de la Constitución, no sea solamente un proceso a los actos administrativos, sino que está concebido como un sistema de justicia para la tutela de los derechos subjetivos y de los intereses de los administrados, incluyendo los derechos e intereses colectivos y difusos, donde por supuesto, se incluye también los derechos y libertades constitucionales. Por tanto, no se concibe el contencioso-administrativo sólo como un proceso de protección a la legalidad objetiva, sino de tutela de los derechos e intereses de los recurrentes frente a la Administración. Por ello, el juez contencioso-administrativo, de acuerdo a los propios términos del artículo 259 de la Constitución, tiene competencia no sólo para anular los actos administrativos contrarios a derecho, sino para condenar a la Administración al pago de sumas de dinero y a la reparación de daños y perjuicios originados en responsabilidad de la misma, y además, para disponer lo necesario para el restablecimiento de las situaciones jurídicas subjetivas lesionadas por la autoridad administrativa, incluyendo en la expresión "situaciones jurídicas subjetivas" no sólo el clásico derecho subjetivo, sino los derechos constitucionales y los propios intereses legítimos, personales y directos de los ciudadanos; y los reclamos derivados de la prestación de servicios públicos.

De lo anterior resulta entonces que a partir de la constitucionalización de la jurisdicción contencioso-administrativa en el texto constitucional de 1961 y luego en el de 1999, y el desarrollo jurisprudencial y legislativo en la materia hasta la sanción de la LOJCA 2010, que el contencioso-administrativo, como instrumento procesal de protección de los particulares frente a la autoridad pública, se ha ampliado, distinguiéndose siete tipos de acciones contencioso-administrativos: [105]; en primer lugar, las demandas de contenido patrimonial contra los entes públicos; en segundo lugar, las demandas en relación con la prestación de servicios públicos; en tercer lugar, las contra las vías de hecho administrativas; en cuarto lugar, las demandas contra las conductas omisivas de la Administración; en quinto lugar, las demandas de nulidad de los actos administrativos;; en sexto lugar, las demandas de interpretación de leyes administrativas, y en séptimo lugar, las demandas para la solución de las controversias administrativas.

La LOJCA 2010, estableció en la materia, aun cuando en forma insuficiente, unas normas procesales comunes a todas las demandas, dividiendo arbitrariamente los procedimientos en tres tipos: Primero, el procedimiento en las demandas de contenido patrimonial; Segundo, un procedimiento denominado breve, para las acciones de

---

105. Véase Allan R. Brewer-Carías, ""Los diversos tipos de acciones y recursos contencioso-administrativos en Venezuela", en *Revista de Derecho Público*, N° 25, Editorial Jurídica Venezolana, Caracas, enero-marzo 1986, págs. 6 y ss.

contenido no patrimonial y en especial las destinadas a reclamos por la omisión, demora o deficiente prestación de los servicios públicos, contra las vías de hecho, y contra la abstención de la Administración; y tercero, un procedimiento común para las demandas de nulidad de actos administrativos, para la interpretación de leyes y para la solución de controversias administrativas. Decimos que es una división arbitraria, pues en realidad, por ejemplo, tal y como se había venido construyendo por la jurisprudencia, las demandas contra la carencia o abstención administrativas debían quizás seguir el mismo procedimiento establecido para las demandas de nulidad contra los actos administrativos; y las demandas contra vías de hecho, debía quizás seguir el mismo procedimiento establecido para las demandas de contenido patrimonial.

En todo caso, las acciones, recursos y pretensiones procesales varían en cada uno de esos tipos de contencioso y, por supuesto, también varían algunas reglas de procedimiento aplicables a los diversos procesos, que se desarrollan en detalle a lo largo de la Ley, siendo ello su objeto principal.

4. *Principios generales y normas comunes a todos los procedimientos contencioso administrativos*

En todo caso, la LOJCA 2010 estableció algunos principios generales del procedimiento contencioso administrativo aplicables a todos los procedimientos que se regulan de acuerdo a las diversas pretensiones, según se trate de demandas de contenido patrimonial; demandas relacionadas con reclamos por la omisión, demora o deficiente prestación de los servicios públicos; demandas relacionadas con vías de hecho; demandas relacionadas con la abstención de la Administración; demandas de nulidad de actos administrativos y contratos públicos; demandas de interpretación de leyes de contenido administrativo y demandas relacionadas con controversias administrativas.

El primer principio general es el de la *publicidad* que se consagra en el artículo 3 de la LOJCA 2010 al disponer que "Los actos del proceso serán públicos, salvo que la ley disponga lo contrario o el tribunal así lo decida por razones de seguridad, orden público o protección de la intimidad de las partes."

El segundo principio general es el del Juez como rector del proceso, consagrado en el artículo 4 de la LOJCA 2010, lo que implica que está obligado a impulsarlo de oficio o a petición de parte, hasta su conclusión.

El tercer principio es el de la oralidad de los procesos que se establece en la Ley, siguiendo una de las innovaciones más importantes en el ámbito judicial establecidas en la Constitución de 1999, lo cual proporciona celeridad, y permite la cercanía entre partes y jueces. Esa oralidad se materializa en las diversas Audiencias previstas en los procedimientos, como la Audiencia preliminar, la Audiencia conclusiva, la Audiencia de juicio.

El cuarto principio general es el de la participación popular en el proceso, de manera que de acuerdo con el artículo 10 de la LOJCA 2010, los entes, consejos comunales, colectivos y otras manifestaciones populares de planificación, control, ejecución de políticas y servicios públicos, pueden emitir su opinión en los juicios cuya materia debatida esté vinculada a su ámbito de actuación, aunque no sean partes.

A.   Las partes en los procesos contencioso administrativos y la legitimación procesal

La LOJCA 2010, por otra parte, establece una serie de disposiciones generales aplicables a todos los diversos procedimientos que regula, y que son las siguientes:

En cuanto a la capacidad procesal para poder actuar ante la Jurisdicción contencioso administrativa, conforme al artículo 27 de la LOJCA 2010, ella la tienen las personas naturales o jurídicas, públicas o privadas, las irregulares o de hecho, las asociaciones, consorcios, comités, consejos comunales y locales, agrupaciones, colectivos y cualquiera otra entidad.

En cuanto a la legitimación para hacerse parte en los juicios, sin embargo, las personas y entidades antes indicados, conforme al artículo 29 de la LOJCA 2010, sólo pueden actuar en la Jurisdicción Contencioso Administrativa cuando tengan "un interés jurídico actual" es decir, que exista al momento de realizarse la actuación procesal. Sin embargo, por supuesto, ello no basta para tener *legitimatio ad causam* en los procesos contencioso administrativos, entendiendo por tal, la idoneidad de la persona para actuar en juicio que deriva de la titularidad de la acción, lo que le otorga la idoneidad suficiente para que el órgano jurisdiccional pueda emitir un pronunciamiento de mérito que permita a una parte frente a otra, obtener la tutela judicial efectiva de su derecho. Ese interés actual, por tanto, tiene que referirse a la relación o situación jurídica concreta de la persona, lo que dependerá de la pretensión procesal que se formule ante la Jurisdicción. Si por ejemplo, se trata de una demanda por responsabilidad administrativa por violación por la Administración de un derecho contractual, la legitimación corresponderá al cocontratante de la Administración; o si se trata de la abstención o negativa de la Administración de decidir un asunto respecto del cual está obligada a decidir, la legitimación activa corresponderá al titular del derecho a obtener respuesta o decisión sobre determinado asunto. Por ello, en el texto de la demanda que se intente, la Ley Orgánica exige que en todo los procesos, se establezca la relación de los hechos y los fundamentos de derecho con sus respectivas conclusiones; si lo que se pretende es la indemnización de daños y perjuicios, debe indicarse el fundamento del reclamo y su estimación; y en todo caso, deben producirse con el escrito de la demanda, los instrumentos de los cuales se derive el derecho reclamado (art. 33).

En todo caso, de acuerdo con el artículo 28 de la LOJCA 2010, las partes sólo pueden actuar en juicio asistidos o representados por un abogado. Sin embargo, en los casos de reclamos por la omisión, demora o deficiente prestación de los servicios públicos, la acción puede interponerse sin la asistencia o representación de abogado, en cuyo caso el Juez debe procurar a la parte demandante la debida asistencia o representación para los actos subsiguientes, a través de los órganos competentes.

B.   El principio dispositivo y la actuación de oficio

La iniciativa procesal ante la jurisdicción contencioso administrativa se regula en el artículo 30 de la LOJCA 2010, al disponerse como principio que "los órganos de la Jurisdicción Contencioso Administrativa conocerán a instancia de parte, o de oficio, cuando la ley lo autorice."[106]

En cuanto a la presentación de demandas en todos los casos de pretensiones procesales ante la Jurisdicción, por supuesto rige el principio dispositivo, no existiendo caso alguno en el cual el juez contencioso administrativo esté autorizado para iniciar un proceso de oficio, es decir, presentando alguna demanda.

Como hemos dicho, de acuerdo con el artículo 4 de la LOJCA 2010, el Juez es el rector del proceso y debe impulsarlo de oficio hasta su conclusión; pero en concreto, la posibilidad del juez de tener iniciativa procesal de oficio está siempre establecida expresamente en la ley, y se refiere a actuaciones en un proceso en curso. Por ejemplo, en todos los procesos, el juez tiene la posibilidad de hacer evacuar de oficio las pruebas que considere pertinentes (art. 39). En las demandas de contenido patrimonial, resolver de oficio los defectos del procedimiento (art. 57); y convocar de oficio para su participación en la audiencia preliminar a las personas, entes, consejos comunales, colectivos o cualquier otra manifestación popular de planificación, control y ejecución de políticas y servicios públicos, cuyo ámbito de actuación se encuentre vinculado con el objeto de la controversia, para que opinen sobre el asunto debatido (art. 58). Los procedimientos breves, una vez admitida la demanda, el juez puede de oficio, realizar las actuaciones que estime procedentes para constatar la situación denunciada y dictar medidas cautelares (art. 69).

Por lo anterior, conforme al artículo 41 de la Ley, la perención se produce cuando transcurre un año sin haberse ejecutado ningún acto de procedimiento por las partes, salvo que el acto procesal siguiente le corresponda al Juez o Jueza, tal como la admisión de la demanda, la fijación de la audiencia y la admisión de pruebas.

C.   El trámite procesal de las demandas y la acumulación de acciones

Las demandas ejercidas ante la Jurisdicción Contencioso Administrativa conforme se dispone en el artículo 31 de la LOJCA 2010 se deben tramitar conforme a lo previsto en la propia Ley; y supletoriamente, se deben aplicar las normas de procedimiento de la Ley Orgánica del Tribunal Supremo de Justicia y del Código de Procedimiento Civil.

En todo caso, cuando el ordenamiento jurídico no contemple un procedimiento especial, el Juez puede aplicar el que considere más conveniente para la realización de la justicia.

En cuanto a la acumulación de acciones, la LOJCA 2010 nada dispone salvo respecto de la inadmisibilidad en caso de acumulación de pretensiones que se excluyan mutuamente o cuyos procedimientos sean incompatibles (Art. 35,2). El artículo 31,3 de la LOTSJ 2010 en cuanto a las diversas Salas, incluida la Sala Político Administrativa dispone que la competencia para "conocer de los juicios en que se ventilen varias acciones conexas, siempre que al tribunal esté atribuido el conocimiento de alguna de ellas". Las razones de esta acumulación de acciones son, en general, las mismas que rigen en el procedimiento ordinario. La competencia de la sala es, en

---

106 El artículo 89 de la LOTSJ 2010 en este mismo sentido establece que "El tribunal Supremo de Justicia conocerá de los asuntos que le competen a instancia de parte interesada; no obstante, podrá actuar de oficio en los casos que disponga la ley,"

este caso, una competencia por conexión o por continencia de la causa, y se admite por el interés que existe de evitar el riesgo de que se dicten sentencias contrarias o contradictorias en asuntos que tengan entre sí una conexión.

D.   Requisitos de las demandas y de su presentación

En todos los procesos contencioso administrativos, conforme se indica en el artículo 33 de la LOJCA 2010, el escrito de la demanda debe expresar: 1. La identificación del tribunal ante el cual se interpone; 2. El nombre, apellido y domicilio de las partes, carácter con que actúan, su domicilio procesal y correo electrónico, si lo tuviere; y si alguna de las partes fuese persona jurídica debe indicarse la denominación o razón social y los datos relativos a su creación o registro; 4. La relación de los hechos y los fundamentos de derecho con sus respectivas conclusiones; 5. Si lo que se pretende es la indemnización de daños y perjuicios, deberá indicarse el fundamento del reclamo y su estimación; 6. Los instrumentos de los cuales se derive el derecho reclamado, los que deberán producirse con el escrito de la demanda; y 7. La identificación del apoderado y la consignación del poder.

En casos justificados podrá presentarse la demanda en forma oral ante el tribunal, el cual debe ordenar su trascripción. La negativa del juez a aceptar la presentación oral debe estar motivada por escrito.

La demanda debe presentarse ante el tribunal competente; sin embargo, de acuerdo con el artículo 34 de la LOJCA 2010, cuando en el domicilio del demandante no exista un tribunal de la Jurisdicción Contencioso Administrativa competente para conocer de la demanda, el demandante puede presentarla ante un tribunal de municipio, el cual debe remitir inmediatamente el expediente, foliado y sellado, al tribunal señalado por la parte actora. La caducidad de la acción se debe determinar por la fecha de presentación inicial de la demanda. Para ello, el tribunal receptor antes de efectuar la indicada remisión, lo debe hacer constar al pie del escrito y en el libro de presentación.

E.   Las condiciones para la admisibilidad de la demanda (causales de inadmisibilidad)

Presentada la demanda, la primera operación que el juez debe realizar es verificar que la misma cumple los requisitos de admisibilidad de la misma, que se formulan en sentido negativo, como causales de inadmisibilidad en el artículo 35 de la LOJCA 2010. Si el tribunal constata que el escrito de la demanda cumple con esos requisitos, de acuerdo con el artículo 36 de la LOJCA 2010, debe entonces proceder a decidir la admisión de la demanda, dentro de los 3 días de despacho siguientes a su recibo.

Estas causales de inadmisibilidad de las demandas contencioso administrativas, conforme al artículo 35 de la LOJCA 2010, que son los supuestos en los cuales las demandas se deben declarar inadmisibles, son los siguientes:

En primer lugar, está la caducidad de la acción (art. 35,1), la cual se aplica a las acciones de nulidad de los actos administrativos, a los casos de demandas por vías de vías de hecho o a los caso de recursos por abstención conforme se establece en el artículo 32 de la LOJCA 2010. En estos casos, en materia de acciones de nulidad contra actos administrativos de efectos particulares, las mismas caducarán conforme a las siguientes reglas:

Primero, en los casos de acciones de nulidad contra actos administrativos de efectos particulares, las mismas deben interponerse en el término de 180 días continuos, contados a partir de su notificación al interesado, o cuando la Administración no haya decidido el correspondiente recurso administrativo en el lapso de 90 días hábiles, contados a partir de la fecha de su interposición. La regla tradicional en materia contencioso administrativa de que a pesar de la caducidad de la acción, la ilegalidad del acto administrativo de efectos particulares podrá oponerse siempre por vía de excepción, salvo disposiciones especiales, se a conservado en la Ley Orgánica (art. 32,1). Cuando el acto administrativo impugnado sea de efectos temporales, el lapso dentro del cual debe interponerse la acción de nulidad es de 30 días continuos.

Como se dijo esta condición de admisibilidad de las acciones de nulidad basada en la caducidad, sólo se aplica en la impugnación de actos administrativos de efectos particulares.[107] En cambio, las acciones de nulidad contra los actos administrativos de efectos generales dictados por el Poder Público pueden intentarse en cualquier tiempo.

Segundo, en los casos de demandas originadas en vías de hecho de funcionarios o de recursos por abstención o negativa de la Administración, la demanda respectiva debe interponerse en el lapso de 180 días continuos contados a partir de la materialización de aquéllas, o desde el momento en el cual la Administración incurrió en la abstención, según sea el caso.

En segundo lugar, la acción debe declararse inadmisible en los casos de acumulación de pretensiones que se excluyan mutuamente o cuyos procedimientos sean incompatibles (art. 35,2). Esta causal deriva del régimen general establecido en el artículo 78 del Código de Procedimiento Civil, que dispone que "no podrán acumularse en el mismo libelo pretensiones que se excluyan mutuamente, o que sean contrarias entre sí ni las que por razón de la materia no correspondan al conocimiento del mismo Tribunal; ni aquellas cuyos procedimientos sean incompatibles entre sí. Sin embargo, podrán acumularse en un mismo libelo dos o más pretensiones incompatibles para que sean resueltas una como subsidiaria de la otra siempre que sus respectivos procedimientos no sean incompatibles entre sí".

En tercer lugar, y específicamente en relación con las demandas con contenido patrimonial, es causal de inadmisibilidad cuando se produzca el incumplimiento del procedimiento administrativo previo a las demandas contra la República, los estados, o contra los órganos o entes del Poder Público a los cuales la ley les atribuye tal prerrogativa (art. 35,3). En esos casos, la Ley Orgánica de la Procuraduría General de la República, que es la que regula el procedimiento administrativo previo a las demandas patrimoniales, dispone que "los funcionarios judiciales deben declarar inadmisibles las acciones o tercerías que se intente contra la República, sin que se acredite el cumplimiento de las formalidades del procedimiento administrativo previo" (art. 60).

---

107 Véase Allan R. Brewer-Carías, *El control de la constitucionalidad de los actos estatales.* Caracas, 1977, págs. 7-10; y "El recurso contencioso-administrativo, contra los actos de efectos particulares" en *El control jurisdiccional de los Poderes Públicos en Venezuela,* Instituto de Derecho Público, Universidad Central de Venezuela, Caracas 1979, págs. 173-174.

En cuarto lugar, las demandas deben declararse inadmisibles cuando con el escrito de las demandas, como se ha dicho, no se consignarse los instrumentos de los cuales se derive el derecho reclamado (art. 33,6), y que sean indispensables para verificar su admisibilidad (art. 35,4).

En quinto lugar, las demandas deben declararse inadmisibles cuando exista cosa juzgada (art. 35,5).

En sexto lugar, las demandas también deben declararse inadmisibles cuando el escrito de las mismas contenga conceptos irrespetuosos (art. 35,6).

Por último, en séptimo lugar, las demandas contencioso administrativas también deben declararse inadmisibles cuando sean contrarias al orden público, a las buenas costumbres o a alguna disposición expresa de la ley (art. 35,7).

F.   Medidas cautelares

La Ley Orgánica ha investido al Juez Contencioso Administrativo "de las más amplias potestades cautelares," a cuyo efecto lo autoriza para "dictar, aún de oficio, las medidas preventivas que resulten adecuadas a la situación fáctica concreta, imponiendo ordenes de hacer o no hacer a los particulares, así como a los órganos y entes de la Administración Pública, según el caso concreto, en protección y continuidad sobre la prestación de los servicios públicos y en su correcta actividad administrativa"(art. 4). A tal efecto, la ley establece un procedimiento común para el caso de tramitación de medidas cautelares en los procesos contencioso administrativos, el cual se debe aplicar en general, incluso en los casos de solicitudes de amparo cautelar que se formulen junto con las acciones de nulidad de actos administrativos (art. 103). La única previsión especial en esta materia es la referida a los procedimientos breves (referidos a reclamos por la omisión, demora o deficiente prestación de los servicios públicos; demandas por vías de hecho; y acciones por abstención), en los cuales, conforme al artículo 69, una admitida la demanda, el tribunal puede de oficio o a instancia de parte, dictar medidas cautelares, en cuyo caso, la oposición a las mismas debe ser resuelta a la mayor brevedad.

Las medidas cautelares, en general, conforme al artículo 104 de la LOJCA 2010, deben solicitarse por las partes en cualquier estado y grado del procedimiento, pudiendo ser acordadas por el tribunal como las estime pertinentes "para resguardar la apariencia del buen derecho invocado y garantizar las resultas del juicio, ponderando los intereses públicos generales y colectivos concretizados y ciertas gravedades en juego, siempre que dichas medidas no prejuzguen sobre la decisión definitiva."

A tal efecto, el tribunal cuenta con los más amplios poderes cautelares para proteger no sólo a los demandantes, sino como lo dice el artículo 104, "la Administración Pública, a los ciudadanos, a los intereses públicos y para garantizar la tutela judicial efectiva y el restablecimiento de las situaciones jurídicas infringidas mientras dure el proceso." En las causas de contenido patrimonial, la Ley Orgánica prescribe que el tribunal puede exigir garantías suficientes al solicitante.

Una vez recibida la solicitud de medida cautelar, el tribunal debe abrir un cuaderno separado para el pronunciamiento que deberá formularse dentro de los 5 días de despacho siguientes (art. 105). En el caso de tribunales colegiados el juzgado de sustanciación debe remitir inmediatamente el cuaderno separado, y recibido este, se debe designar ponente, de ser el caso, y decidirse sobre la medida dentro de los 5 días de despacho siguientes. Al trámite de las medidas cautelares se le debe dar prioridad (art. 105). El trámite de la oposición que formulen las partes a las medidas cautelares se rige por lo dispuesto en el Código de Procedimiento Civil (art. 106).

TEXTO DE LAS LEYES DEL CÓDIGO DE DERECHO ADMINISTRATIVO

LEY PRIMERA:
LEY ORGÁNICA DE LA ADMINISTRACIÓN PÚBLICA*

Decreto N° 6.217   15 de julio de 2008

HUGO CHÁVEZ FRÍAS
Presidente de la República

En ejercicio de la atribución que le confiere el numeral 8 del artículo 236 de la Constitución de la República Bolivariana de Venezuela y de conformidad con lo dispuesto en los numerales 1 y 2 del artículo 1° de la Ley que autoriza al Presidente de la República para dictar Decretos con Rango, Valor y Fuerza de Ley en las materias que se delegan, en Consejo de Ministros.

DICTA

El siguiente,

DECRETO CON RANGO, VALOR Y FUERZA DE LEY ORGÁNICA DE LA ADMINISTRACIÓN PÚBLICA

TÍTULO I

DISPOSICIONES GENERALES

Objeto

Artículo 1°. El presente Decreto con Rango, Valor y Fuerza de Ley Orgánica tiene por objeto establecer los principios, bases y lineamientos que rigen la organización y el funcionamiento de la Administración Pública; así como regular los compromisos de gestión; crear mecanismos para promover la participación popular y el control, seguimiento y evaluación de las políticas, planes y proyectos públicos; y establecer las normas básicas sobre los archivos y registros de la Administración Pública.

Ámbito de aplicación

Artículo 2°. Las disposiciones del presente Decreto con Rango, Valor y Fuerza de Ley Orgánica serán aplicables a la Administración Pública, incluidos los estados, distritos metropolitanos y municipios, quienes deberán desarrollar su contenido dentro del ámbito de sus respectivas competencias.

Las disposiciones del presente Decreto con Rango, Valor y Fuerza de Ley Orgánica se aplicarán supletoriamente a los demás órganos y entes del Poder Público.

TÍTULO II

PRINCIPIOS Y BASES DEL FUNCIONAMIENTO Y
ORGANIZACIÓN DE LA ADMINISTRACIÓN PÚBLICA

Objetivo de la Administración Pública

Artículo 3°. La Administración Pública tendrá como objetivo de su organización y funcionamiento hacer efectivos los principios, valores y normas consagrados en la Constitución de la República Bolivariana de Venezuela y en especial, garantizar a todas las personas, el goce y ejercicio de los derechos humanos.

Principio de legalidad

Artículo 4°. La Administración Pública se organiza y actúa de conformidad con el principio de legalidad, por el cual la asignación, distribución y ejercicio de sus competencias se sujeta a lo establecido en la Constitución de la República Bolivariana de Venezuela, las leyes y los actos administrativos de carácter normativo dictados formal y previamente conforme a la ley, en garantía y protección de las libertades públicas que consagra el régimen democrático, participativo y protagónico.

Principio de la Administración
Pública al servicio de las personas

Artículo 5°. La Administración Pública está al servicio de las personas, y su actuación estará dirigida a la atención de sus requerimientos y la satisfacción de sus necesidades, brindando especial atención a las de carácter social.

La Administración Pública debe asegurar a todas las personas la efectividad de sus derechos cuando se relacionen con ella. Además, tendrá entre sus objetivos la continua mejora de los procedimientos, servicios y prestaciones públicas, de acuerdo con las políticas que se dicten.

Garantías que debe ofrecer la
Administración Pública a las personas

Artículo 6°. La Administración Pública desarrollará su actividad y se organizará de manera que las personas puedan:

1. Resolver sus asuntos, ser auxiliadas en la redacción formal de documentos administrativos, y recibir información de su interés por cualquier medio escrito, oral, telefónico, electrónico e informático;

2. Presentar reclamaciones sobre el funcionamiento de la Administración Pública;

3. Acceder fácilmente a información actualizada sobre el esquema de organización de los órganos y entes de la Administración Pública, así como a guías informativas sobre los procedimientos administrativos, servicios y prestaciones que ellos ofrecen.

*Derechos de las personas en sus
relaciones con la Administración Pública*

Artículo 7°. Las personas en sus relaciones con la Administración Pública tendrán los siguientes derechos:

1. Conocer, en cualquier momento, el estado de los procedimientos en los que tengan interés, y obtener copias de documentos contenidos en los archivos que se lleven a tales efectos, siempre y cuando no estén calificados como reservados o confidenciales de conformidad con la normativa aplicable, a excepción de los jueces y las partes interesadas.

2. Conocer la identidad de las funcionarias o funcionarios al servicio de la Administración Pública bajo cuya responsabilidad se tramiten los procedimientos.

3. Obtener copia sellada de los documentos que presenten, aportándola junto con los originales, así como a la devolución de éstos, salvo cuando los originales deban cursar en un procedimiento.

4. Obtener copias certificadas de expedientes o documentos en los términos previstos en el presente Decreto con Rango, Valor y Fuerza de Ley Orgánica y demás normativa aplicable.

5. Formular alegatos y presentar documentos en los procedimientos administrativos en los cuales tengan interés, en los términos o lapsos previstos legalmente.

6. Presentar sólo los documentos exigidos por las normas aplicables al procedimiento de que se trate.

7. Obtener información y orientación acerca de los requisitos jurídicos o técnicos que las disposiciones vigentes impongan a los proyectos, actuaciones o solicitudes que se propongan realizar.

8. Acceder a los archivos y registros de la Administración Pública en los términos previstos en la Constitución de la República Bolivariana de Venezuela y demás normativa aplicable.

9. Ser tratados con respeto y deferencia por las funcionarias y funcionarios, los cuales están obligados a facilitar a las personas el ejercicio de sus derechos y el cumplimiento de sus obligaciones.

10. Ejercer, a su elección y sin que fuere obligatorio el agotamiento de la vía administrativa, los recursos administrativos o judiciales que fueren procedentes para la defensa de sus derechos e intereses frente a las actuaciones u omisiones de la Administración Pública, de conformidad con la ley, salvo el procedimiento administrativo previo a las acciones contra la República.

11. Los demás que establezcan la Constitución de la República Bolivariana de Venezuela y la ley.

*Garantía de la Constitución de la
República Bolivariana de Venezuela*

Artículo 8°. Las funcionarias y funcionarios de la Administración Pública están en la obligación de cumplir y hacer cumplir la Constitución de la República Bolivariana de Venezuela.

Las funcionarias y funcionarios de la Administración Pública incurren en responsabilidad civil, penal, administrativa o disciplinaria, según el caso, por los actos, hechos u omisiones que en el ejercicio de sus funciones violen o menoscaben los derechos garantizados en la Constitución de la República Bolivariana de Venezuela y la ley, sin que les sirva de excusa órdenes superiores.

Garantía del derecho a petición

Artículo 9°. Las funcionarias y funcionarios de la Administración Pública tienen la obligación de recibir y atender, sin excepción, las peticiones o solicitudes que les formulen las personas, por cualquier medio escrito, oral, telefónico, electrónico o informático; así como de responder oportuna y adecuadamente tales solicitudes, independientemente del derecho que tienen las personas de ejercer los recursos administrativos o judiciales correspondientes, de conformidad con la ley.

En caso de que una funcionaria o funcionario público se abstenga de recibir las peticiones o solicitudes de las personas, o no de adecuada y oportuna respuesta a las mismas, serán sancionados de conformidad con la ley.

Principios que rigen la actividad
de la Administración Pública

Artículo 10. La actividad de la Administración Pública se desarrollará con base en los principios de economía, celeridad, simplicidad, rendición de cuentas, eficacia, eficiencia, proporcionalidad, oportunidad, objetividad, imparcialidad, participación, honestidad, accesibilidad, uniformidad, modernidad, transparencia, buena fe, paralelismo de la forma y responsabilidad en el ejercicio de la misma, con sometimiento pleno a la ley y al derecho, y con supresión de las formalidades no esenciales.

La simplificación de los trámites administrativos, así como la supresión de los que fueren innecesarios será tarea permanente de los órganos y entes de la Administración Pública, de conformidad con los principios y normas que establezca la ley correspondiente.

Mecanismos tecnológicos

Artículo 11. Los órganos y entes de la Administración Pública deberán utilizar las tecnologías que desarrolle la ciencia, tales como los medios electrónicos o informáticos y telemáticos, para su organización, funcionamiento y relación con las personas. Cada órgano y ente de la Administración Pública deberá establecer y mantener una página en internet, que contendrá entre otra, la información que se considere relevante, los datos correspondientes a su misión, organización, procedimiento, normativa que lo regula, servicios que presta, documentos de interés para las personas, ubicación de sus dependencias e información de contactos.

Principio de publicidad normativa

Artículo 12. Los reglamentos, resoluciones y demás actos administrativos de carácter general dictados por los órganos y entes de la Administración Pública deberán ser publicados sin excepción en la Gaceta Oficial de la República Bolivariana de Venezuela o, según el caso, en el medio de publicación oficial correspondiente.

Principio de responsabilidad
patrimonial de la Administración Pública

Artículo 13. La Administración Pública será responsable ante las personas por la gestión de sus respectivos órganos, de conformidad con la Constitución de la República Bolivariana de Venezuela y la ley, sin perjuicio de la responsabilidad de cualquier índole que corresponda a las funcionarias o funcionarios por su actuación.

La Administración Pública responderá patrimonialmente por los daños que sufran las personas en cualquiera de sus bienes y derechos, siempre que la lesión sea imputable a su funcionamiento.

Principio de rendición de cuentas

Artículo 14. Las funcionarias y funcionarios de la Administración Pública deberán rendir cuentas de los cargos que desempeñen, en los términos y condiciones que determine la ley.

Ejercicio de la potestad organizativa

Artículo 15. Los órganos, entes y misiones de la Administración Pública se crean, modifican y suprimen por los titulares de la potestad organizativa, conforme a lo establecido en la

Constitución de la República Bolivariana de Venezuela y la ley. En el ejercicio de sus funciones, los mismos deberán sujetarse a los lineamientos dictados conforme a la planificación centralizada.

Se entiende como órganos, las unidades administrativas de la República, de los estados, de los distritos metropolitanos y de los municipios a los que se les atribuyan funciones que tengan efectos jurídicos, o cuya actuación tenga carácter regulatorio.

Tendrá el carácter de ente toda organización administrativa descentralizada funcionalmente con personalidad jurídica propia; sujeta al control, evaluación y seguimiento de sus actuaciones por parte de sus órganos rectores, de adscripción y de la Comisión Central de Planificación.

Las misiones son aquellas creadas con la finalidad de satisfacer las necesidades fundamentales y urgentes de la población.

Requisitos para la creación y
modificación de órganos y entes

Artículo 16. La creación de órganos y entes administrativos se sujetará a los siguientes requisitos:

1. Indicación expresa de su objeto y competencias.

2. Determinación de su forma organizativa, su ubicación en la estructura de la Administración Pública y su adscripción funcional y administrativa.

3. Previsión de las partidas y asignaciones presupuestarias necesarias para su organización, funcionamiento o reformas organizativas.

La modificación, supresión y liquidación de órganos y entes administrativos se adoptará mediante actos que gocen de rango normativo igual o superior al de aquellos que determinaron su creación o última modificación.

No podrán crearse nuevos órganos o entes que supongan duplicación de las competencias de otros ya existentes si al mismo tiempo no se suprime o restringe debidamente la competencia de éstos.

Principio de Responsabilidad Fiscal

Artículo 17. No podrán crearse nuevos órganos o entes en la Administración Pública que impliquen un aumento en el gasto recurrente de la República, los estados, los distritos metropolitanos o de los municipios, sin que se creen o prevean fuentes de ingresos ordinarios de igual o mayor magnitud a las necesarias para permitir su funcionamiento.

Principio de control de gestión

Artículo 18. El funcionamiento de los órganos y entes de la Administración Pública se sujetará a las políticas, estrategias, metas y objetivos que se establezcan en los respectivos planes estratégicos, compromisos de gestión y lineamientos dictados conforme a la planificación centralizada. Igualmente, comprenderá el seguimiento de las actividades, así como la evaluación y control del desempeño institucional y de los resultados alcanzados.

Principio de eficacia

Artículo 19. La actividad de los órganos y entes de la Administración Pública perseguirá el cumplimiento eficaz de los objetivos y metas fijados en las normas, planes y compromisos de gestión, bajo la orientación de las políticas y estrategias establecidas por la Presidenta o Presidente de la República, la Comisión Central de Planificación, la Gobernadora o Gobernador, la Alcaldesa o Alcalde, según fuere el caso.

La actividad de las unidades administrativas sustantivas de los órganos y entes de la Administración Pública se corresponderá y ajustará a su misión, y la actividad desarrollada por las unidades administrativas de apoyo técnico y logístico se adaptará a la de aquellas.

Principio de eficiencia en la asignación
y utilización de los recursos públicos

Artículo 20. La asignación de recursos a los órganos, entes de la Administración Pública y demás formas de organización que utilicen recursos públicos, se ajustará estrictamente a los requerimientos de su organización y funcionamiento para el logro de sus metas y objetivos, con uso racional de los recursos humanos, materiales y financieros.

En los casos en que las actividades de los órganos y entes de la Administración Pública, en ejercicio de potestades públicas que por su naturaleza lo permitan, fueren más económicas y eficientes mediante la gestión de los Consejos Comunales y demás formas de organización comunitaria o del sector privado, dichas actividades podrán ser transferidas a éstos, de conformidad con la ley, reservándose la Administración Pública la supervisión, evaluación y control del desempeño y de los resultados de la gestión transferida.

Los órganos y entes de la Administración Pública procurarán que sus unidades de apoyo administrativo no consuman un porcentaje del presupuesto destinado al sector correspondiente mayor que el estrictamente necesario. A tales fines, los titulares de la potestad organizativa de los órganos y entes de la Administración Pública, previo estudio económico y con base en los índices que fueren más eficaces de acuerdo al sector correspondiente, determinarán los porcentajes máximos de gasto permitido en unidades de apoyo administrativo.

Principio de suficiencia, racionalidad
y adecuación de los medios a los fines institucionales

Artículo 21. La dimensión y estructura organizativa de los órganos y entes de la Administración Pública serán proporcionales y consistentes con los fines y propósitos que les han sido asignados. Las formas organizativas que adopte la Administración Pública serán suficientes para el cumplimiento de sus metas y objetivos y propenderán a la utilización racional de los recursos públicos.

Excepcionalmente, y sólo en el caso que se requiera la contratación de determinados profesionales especialistas para actividades eventuales y transitorias, los órganos y entes de la Administración Pública podrán incorporar asesores cuya remuneración se establecerá por vía contractual con base en honorarios profesionales u otras modalidades fijadas de conformidad con la ley.

Principio de simplicidad, transparencia
y cercanía organizativa a las personas

Artículo 22. La organización de la Administración Pública procurará la simplicidad institucional y la transparencia en su estructura organizativa, asignación de competencias, adscripciones administrativas y relaciones interorgánicas.

La estructura organizativa preverá la comprensión, acceso, cercanía y participación de las personas de manera que les permitan resolver sus asuntos, ser auxiliados y recibir la información que requieran por cualquier medio.

Principio de coordinación

Artículo 23. Las actividades que desarrollen los órganos y entes de la Administración Pública deberán efectuarse de manera coordinada, y estar orientadas al logro de los fines y objetivos del Estado, con base en los lineamientos dictados conforme a la planificación centralizada.

Principio de cooperación

Artículo 24. Los órganos y entes de la Administración Pública colaborarán entre sí y con las otras ramas de los poderes públicos en la realización de los fines del Estado.

Principio de lealtad institucional

Artículo 25. Los órganos y entes de la Administración Pública actúan y se relacionan de acuerdo con el principio de lealtad institucional y, en consecuencia, deberán:

1. Respetar el ejercicio legítimo de las respectivas competencias.

2. Ponderar, en el ejercicio de las competencias propias, la totalidad de los intereses públicos implicados.

3. Facilitar la información que le sea solicitada sobre la actividad que desarrollen en el ejercicio de sus competencias.

4. Prestar la cooperación y asistencia activa que pudieren serles requeridas en el ámbito de sus competencias.

Principio de la competencia

Artículo 26. Toda competencia atribuida a los órganos y entes de la Administración Pública será de obligatorio cumplimiento y ejercida bajo las condiciones, limites y procedimientos establecidos; será irrenunciable, indelegable, improrrogable y no podrá ser relajada por convención alguna, salvo los casos expresamente previstos en las leyes y demás actos normativos.

Toda actividad realizada por un órgano o ente manifiestamente incompetente, o usurpada por quien carece de autoridad pública, es nula y sus efectos se tendrán por inexistentes. Quienes dicten dichos actos, serán responsables conforme a la ley, sin que les sirva de excusa órdenes superiores.

Asignación de competencias
a la administración sin determinación orgánica

Artículo 27. En el caso que una disposición legal o administrativa otorgue una competencia a la Administración Pública, sin especificar el órgano o ente que debe ejercerla, se entenderá que corresponde al órgano o ente con competencia en razón de la materia.

En el caso que una disposición legal o administrativa otorgue una competencia a un órgano o ente de la Administración Pública sin determinar la unidad administrativa competente, se entenderá que su ejercicio corresponde a la unidad administrativa con competencia por razón de la materia y el territorio.

Principio de jerarquía

Artículo 28. Los órganos y entes de la Administración Pública estarán internamente ordenados de manera jerárquica y relacionados de conformidad con la distribución vertical de atribuciones en niveles organizativos. Los órganos de inferior jerarquía estarán sometidos a la dirección, supervisión, evaluación y control de los órganos superiores de la Administración Pública con competencia en la materia respectiva.

El incumplimiento por parte de un órgano inferior de las órdenes e instrucciones de su superior jerárquico inmediato obliga a la intervención de éste y acarrea la responsabilidad de las funcionarias o funcionarios a quienes sea imputable dicho incumplimiento, salvo lo dispuesto en el artículo 8º del presente Decreto con Rango, Valor y Fuerza de Ley.

Principio de descentralización funcional

Artículo 29. Los titulares de la potestad organizativa podrán crear entes descentralizados funcionalmente cuando el mejor cumplimiento de los fines del Estado así lo requiera, en los términos y condiciones previstos en la Constitución de la República Bolivariana de Venezuela, el presente Decreto con Rango, Valor y Fuerza de Ley Orgánica y demás normativa aplicable. Los entes descentralizados funcionalmente serán de dos tipos:

1. Entes descentralizados funcionalmente con forma de derecho privado: estarán conformados por las personas jurídicas constituidas de acuerdo a las normas del derecho privado y podrán adoptar o no la forma empresarial de acuerdo a los fines y objetivos para los cuales fueron creados y en atención a si la fuente fundamental de sus recursos proviene de su propia actividad o de los aportes públicos, respectivamente.

2. Entes descentralizados funcionalmente con forma de derecho público: estarán conformados por aquellas personas jurídicas creadas y regidas por normas de derecho público y que podrán tener atribuido el ejercicio de potestades públicas.

La descentralización funcional sólo podrá revertirse por medio de la modificación del acto que le dio origen.

Principio de descentralización territorial

Artículo 30. La Administración Pública Nacional, con el propósito de incrementar la eficiencia y eficacia de su gestión, podrá descentralizar competencias y servicios públicos en los estados, distritos metropolitanos y municipios, de conformidad con la Constitución de la República Bolivariana de Venezuela y la ley.

Así mismo, los estados podrán descentralizar competencias y servicios públicos, en los distritos metropolitanos y los municipios.

Principio de desconcentración
funcional y territorial

Artículo 31. La Administración Pública, con el objetivo de acercarse a las personas y mejorar el servicio prestado, podrá adaptar su organización a determinadas condiciones de especialidad funcional y de particularidad territorial, transfiriendo atribuciones de sus órganos superiores a sus órganos inferiores, mediante acto administrativo dictado de conformidad con el presente Decreto con Rango, Valor y Fuerza de Ley Orgánica.

La desconcentración de atribuciones sólo podrá revertirse mediante la modificación o derogación del instrumento jurídico que le dio origen.

Consecuencia de la descentralización y
desconcentración funcional y territorial

Artículo 32. La descentralización funcional o territorial transfiere la titularidad de la competencia y, en consecuencia, transfiere cualquier responsabilidad que se produzca por el ejercicio de la competencia o de la gestión del servicio público correspondiente, en la persona jurídica y en las funcionarias o funcionarios del ente descentralizado.

La desconcentración, funcional o territorial, transfiere únicamente la atribución. La persona jurídica en cuyo nombre actúe el órgano desconcentrado será responsable patrimonialmente por el ejercicio de la atribución o el funcionamiento del servicio público correspondiente, manteniendo la responsabilidad que corresponda a las funcionarias y funcionarios que integren el órgano desconcentrado y se encuentren encargados de la ejecución de la competencia o de la gestión del servicio público correspondiente.

La ministra o ministro respectivo, previa delegación de la ley o del instrumento de creación de los respectivos entes descentralizados funcionalmente que le estén adscritos, podrá atribuir o delegar competencias y atribuciones a los referidos entes, regulando su organización y funcionamiento en coordinación con los lineamientos de la planificación centralizada.

La delegación intersubjetiva

Artículo 33. La Administración Pública, podrá delegar las competencias que le estén otorgadas por ley a sus respectivos entes descentralizados funcionalmente, de conformidad con los lineamientos de la planificación centralizada, y de acuerdo con las formalidades del presente Decreto con Rango, Valor y Fuerza de Ley Orgánica y su Reglamento.

Delegación interorgánica

Artículo 34. La Presidenta o Presidente de la República, la Vicepresidenta Ejecutiva o Vicepresidente Ejecutivo, las ministras o ministros, las viceministras o viceministros, las gobernadoras o gobernadores, las alcaldesas o alcaldes y los superiores jerárquicos de los órganos y entes de la Administración Pública, así como las demás funcionarias o funcionarios superiores de dirección podrán delegar las atribuciones que les estén otorgadas por ley, a los órganos o funcionarias o funcionarios bajo su dependencia, así como la firma de documentos en funcionarias o funcionarios adscritas a los mismos, de conformidad con las formalidades que determine el presente Decreto con Rango, Valor y Fuerza de Ley Orgánica y su Reglamento.

Limitación a las delegaciones
intersubjetivas e interorgánicas

Artículo 35. Sin perjuicio de lo dispuesto en la Constitución de la República Bolivariana de Venezuela o en leyes especiales, la delegación intersubjetiva o interorgánica no procederá en los siguientes casos:

1. Cuando se trate de la adopción de disposiciones de carácter normativo.

2. Cuando se trate de la resolución de recursos en los órganos administrativos que hayan dictado los actos objeto de recurso.

3. Cuando se trate de competencias o atribuciones ejercidas por delegación.

4. En aquellas materias que así se determine por norma con rango de ley.

Los actos administrativos que se adopten por delegación indicarán expresamente esta circunstancia y se considerarán dictados por el órgano delegante.

La delegación será revocable en cualquier momento por el órgano que la haya conferido.

Las delegaciones y su revocatoria deberán publicarse en la Gaceta Oficial correspondiente.

Consecuencia de la delegación intersubjetiva

Artículo 36. La delegación intersubjetiva, en los términos establecidos por el presente Decreto con Rango, Valor y Fuerza de Ley Orgánica, transfiere la responsabilidad por su ejercicio al ente delegado. Las funcionarias o funcionarios del ente delegado encargados del ejercicio de la competencia, serán responsables personalmente por su ejecución.

Consecuencia de la delegación interorgánica

Artículo 37. Las funcionarias o funcionarios del órgano al cual se haya delegado una atribución serán responsables por su ejecución.

Los actos administrativos derivados del ejercicio de las atribuciones delegadas, a los efectos de los recursos correspondientes se tendrán como dictados por la autoridad delegante.

Encomienda de gestión

Artículo 38. La Administración Pública podrá encomendar temporalmente la realización de actividades de carácter material o técnico de determinadas competencias a sus respectivos entes descentralizados funcionalmente, por razones de eficacia o cuando no posea los medios técnicos para su desempeño, de conformidad con las formalidades establecidas en el presente Decreto con Rango, Valor y Fuerza de Ley Orgánica y su Reglamento.

La encomienda de gestión no supone cesión de la titularidad de la competencia ni de los elementos sustantivos de su ejercicio, siendo responsabilidad del órgano encomendante dictar resoluciones que le den soporte o en las que se identifique la concreta actividad material objeto de encomienda.

Encomienda convenida

Artículo 39. Cuando la encomienda se establezca entre órganos de distintos niveles territoriales de la Administración Pública o entre entes públicos, se adoptará mediante convenio, cuya eficacia quedará supeditada a su publicación en la Gaceta Oficial correspondiente.

*Requisitos formales de la
delegación y encomienda*

Artículo 40. El acto contentivo de la delegación intersubjetiva, interorgánica, y de la encomienda será motivado, identificará los órganos o entes entre los que se transfiera el ejercicio de la atribución o competencia y determinará la fecha de inicio de su vigencia, y de culminación cuando fuere el caso.

En los casos en que no se determine la fecha de inicio de su vigencia, se entenderá que ésta comienza desde su publicación en la Gaceta Oficial correspondiente.

Avocación

Artículo 41. La Presidenta o Presidente de la República, la Vicepresidenta Ejecutiva o Vicepresidente Ejecutivo, las ministras o ministros, las viceministras o viceministros, las gobernadoras o gobernadores, las alcaldesas o alcaldes y los superiores jerárquicos de los órganos y entes de la Administración Pública, así como las demás funcionarias o funcionarios superiores de dirección, podrán avocarse al conocimiento, sustanciación o decisión de un asunto cuya atribución corresponda ordinariamente o por delegación a sus órganos jerárquicamente subordinados, cuando razones técnicas, económicas, sociales, jurídicas o de interés público lo hagan necesario. La avocación se realizará mediante acto motivado que deberá ser notificado a los interesados.

Instrucciones, órdenes y circulares

Artículo 42. Los órganos y entes de la Administración Pública dirigirán las actividades de sus órganos jerárquicamente subordinados mediante instrucciones, órdenes y circulares.

Cuando una disposición específica así lo establezca o se estime conveniente por razón de los destinatarios o de los efectos que puedan producirse, las instrucciones, órdenes y circulares se publicarán en la Gaceta Oficial que corresponda.

En todo caso se establecerán los mecanismos necesarios para garantizar la difusión de su contenido y su accesibilidad a las interesadas o interesados.

Solución de los conflictos de atribuciones

Artículo 43. Cuando el órgano que esté conociendo de un asunto se considere incompetente deberá remitir las actuaciones al órgano que estime con competencia en la materia, si éste se considera a su vez incompetente; o si ambos se consideran competentes, el asunto será resuelto por el órgano superior jerárquico común.

Los conflictos a que se refiere el presente artículo sólo podrán suscitarse entre unidades administrativas integrantes del mismo órgano o ente y con respecto a asuntos sobre los cuales no haya recaído decisión administrativa definitiva o finalizado el procedimiento administrativo.

TÍTULO III

DEL NIVEL CENTRAL DE LA
ADMINISTRACIÓN PÚBLICA NACIONAL

CAPÍTULO I
*De los Órganos Superiores del Nivel Central de la
Administración Pública Nacional*

Órganos Superiores

Artículo 44. Son órganos superiores de dirección del nivel central de la Administración Pública Nacional, la Presidenta o Presidente de la República, la Vicepresidenta Ejecutiva o Vicepresidente Ejecutivo, el Consejo de Ministros, las ministras o ministros, las viceministras o viceministros; y las autoridades regionales.

Es órgano superior de coordinación y control de la planificación centralizada la Comisión Central de Planificación.

Son órganos superiores de consulta del nivel central de la Administración Pública Nacional, la Procuraduría General de la República, el Consejo de Estado, el Consejo de Defensa de la Nación, las juntas sectoriales y las juntas ministeriales.

Rol de dirección estratégica de los órganos superiores

Artículo 45. Corresponde a los órganos superiores de dirección del nivel central de la Administración Pública Nacional dirigir la política interior y exterior de la República, ejercer la función ejecutiva y la potestad reglamentaria de conformidad con la Constitución de la República Bolivariana de Venezuela y la ley.

Asimismo, tendrán a su cargo la conducción estratégica del Estado y, en especial, la formulación, aprobación y evaluación de las políticas públicas, el seguimiento de su ejecución y la evaluación del desempeño institucional y de sus resultados.

Los órganos superiores de dirección del nivel central de la Administración Pública Nacional ejercerán la rectoría y el control de la actividad y de las políticas desarrolladas por los órganos inferiores, a los cuales evaluarán en su funcionamiento, desempeño y resultados.

La Presidenta o Presidente de la República

Artículo 46. La Presidenta o Presidente de la República, en su carácter de Jefa o Jefe del Estado y del Ejecutivo Nacional, dirige la acción del gobierno y de la Administración Pública, con la colaboración inmediata de la Vicepresidenta Ejecutiva o Vicepresidente Ejecutivo, conforme a lo establecido en la Constitución de la República Bolivariana de Venezuela y la ley.

CAPÍTULO II

De la Vicepresidencia de la República

Vicepresidencia de la República

Artículo 47. La Vicepresidencia de la República estará a cargo de la Vicepresidenta Ejecutiva o Vicepresidente Ejecutivo, órgano directo y colaborador inmediato de la Presidenta o el Presidente de la República.

La Vicepresidencia de la República contará con la estructura orgánica y las funcionarias y funcionarios que requiera para el logro de su misión, de conformidad con el reglamento orgánico que dicte la Presidenta o Presidente de la República en Consejo de Ministros.

Atribuciones de la Vicepresidenta Ejecutiva
o Vicepresidente Ejecutivo

Artículo 48. Son atribuciones de la Vicepresidenta Ejecutiva o Vicepresidente Ejecutivo:

1. Colaborar con la Presidenta o el Presidente de la República en la dirección de la acción del Gobierno.

2. Suplir las faltas temporales y absolutas de la Presidenta o el Presidente de la República, de conformidad con la Constitución de la República Bolivariana de Venezuela.

3. Coordinar la Administración Pública, de conformidad con las instrucciones de la Presidenta o Presidente de la República.

4. Proponer a la Presidenta o el Presidente de la República el nombramiento y remoción de las ministras o ministros.

5. Presidir, previa autorización de la Presidenta o Presidente de la República, el Consejo de Ministros.

6. Coordinar las relaciones del Ejecutivo Nacional con la Asamblea Nacional y efectuar el seguimiento a la discusión parlamentaria de los proyectos de ley.

7. Presidir la Comisión Central de Planificación.

8. Presidir el Consejo Federal de Gobierno y coordinar las relaciones del Ejecutivo Nacional con los estados, los distritos metropolitanos y los municipios.

9. Nombrar y remover, de conformidad con la ley, las funcionarias y funcionarios nacionales cuya designación no esté atribuida a otra autoridad.

10. Ejercer las atribuciones que le delegue la Presidenta o Presidente de la República.

11. Dirigir y coordinar el proceso de evaluación de los resultados de las políticas públicas adoptadas por el Ejecutivo Nacional e informar de ello a la Presidenta o Presidente de la República.

12. Efectuar el seguimiento a las decisiones del Consejo de Ministros e informar periódicamente a la Presidenta o Presidente de la República sobre el estado general de su ejecución y resultados.

13. Efectuar el seguimiento a las instrucciones impartidas por la Presidenta o Presidente de la República a las ministras o ministros e informarle sobre su ejecución y resultados.

14. Coordinar y ejecutar los trámites correspondientes a la iniciativa legislativa del Poder Ejecutivo ante la Asamblea Nacional.

15. Coordinar el proceso de promulgación de las leyes y, de ser el caso, el proceso al que se refiere el artículo 214 de la Constitución de la República Bolivariana de Venezuela.

16. Presidir el Consejo de Estado.

17. Las demás que le señale la ley y demás actos normativos.

CAPÍTULO III

Del Consejo de Ministros

Integración del Consejo de Ministros

Artículo 49. La Presidenta o Presidente de la República, la Vicepresidenta Ejecutiva o Vicepresidente Ejecutivo y las ministras o ministros reunidos integran el Consejo de Ministros, el cual será presidido por la Presidenta o Presidente de la República o por la Vicepresidenta Ejecutiva o Vicepresidente Ejecutivo. En este último caso, las decisiones adoptadas deberán ser ratificadas por la Presidenta o Presidente de la República.

La Procuradora o Procurador General de la República asistirá al Consejo de Ministros con derecho a voz. La Presidenta o Presidente de la República podrá invitar a otras funcionarias o funcionarios y a otras personas a las reuniones del Consejo de Ministros, cuando a su juicio la naturaleza de la materia o su importancia así lo requieran.

El Consejo de Ministros designará su Secretaria o Secretario.

Misión del Consejo de Ministros

Artículo 50. La finalidad fundamental del Consejo de Ministros es la consideración y aprobación de las políticas generales y sectoriales que son competencias del Poder Ejecutivo Nacional de conformidad con lo establecido en la Constitución de la República Bolivariana de Venezuela y la ley.

Organización y funcionamiento
del Consejo de Ministros

Artículo 51. La Presidenta o Presidente de la República mediante decreto fijará la organización y funcionamiento del Consejo de Ministros, con el objeto de garantizar el ejercicio eficaz de sus competencias y su adaptabilidad a los requerimientos que imponen las políticas públicas cuya consideración y aprobación le corresponde. El referido decreto establecerá las unidades de apoyo técnico y logístico necesarias para el eficaz cumplimiento de sus fines.

Quórum de funcionamiento

Artículo 52. El quórum de funcionamiento del Consejo de Ministros no podrá ser menor de las dos terceras partes de sus miembros. En caso de que la Presidenta o Presidente de la República estime urgente la consideración de determinado asunto, el Consejo de Ministros podrá sesionar con la mayoría absoluta de sus integrantes.

Funcionamiento básico
del Consejo de Ministros

Artículo 53. La Presidenta o Presidente de la República fijará la periodicidad de las reuniones del Consejo de Ministros y lo convocará extraordinariamente cuando lo juzgue conveniente.

Actas de las sesiones

Artículo 54. De las sesiones del Consejo de Ministros se levantará un acta por la Secretaria o Secretario, quien la asentará en un libro especial y la certificará con su firma una vez aprobada. Dicha acta contendrá las circunstancias relativas al tiempo y lugar de su celebración, la relación de los asistentes, las decisiones adoptadas sobre cada uno de los asuntos tratados en la reunión y los informes presentados.

Carácter de las deliberaciones y decisiones

Artículo 55. Las deliberaciones del Consejo de Ministros tendrán carácter secreto.

Las decisiones que se adopten en el Consejo de Ministros no tendrán carácter confidencial ni secreto. No obstante, por razones de interés nacional o de carácter estratégico, la Presidenta o Presidente de la República podrá declarar la reserva de alguna de las decisiones del Consejo de Ministros, en cuyo caso, el punto en el acta correspondiente tendrá carácter confidencial o secreto durante el tiempo estrictamente necesario, luego del cual la Presidenta o Presidente de la República levantará la reserva de la decisión adoptada.

Responsabilidad solidaria
de los miembros del Consejo de Ministros

Artículo 56. La Vicepresidenta Ejecutiva o Vicepresidente Ejecutivo y las ministras o ministros serán solidariamente responsables con la Presidenta o Presidente de la República de las decisiones adoptadas en las reuniones del Consejo de Ministros a que hubieren concurrido, salvo que hayan hecho constar su voto negativo.

CAPÍTULO IV

De la Organización de los Ministerios y demás órganos del
Nivel Central de la Administración Pública Nacional

SECCIÓN PRIMERA

De la Comisión Central de Planificación

Comisión Central de Planificación

Artículo 57. La Comisión Central de Planificación es el órgano superior de coordinación y control de la planificación centralizada de la Administración Pública Nacional, de carácter permanente, encargado de garantizar la armonización y adecuación de las actuaciones de los órganos y entes de la Administración Pública Nacional.

La Ley que acuerde su creación fijará su objeto, atribuciones, organización y funcionamiento.

SECCIÓN SEGUNDA

De los Ministerios

Determinación de los ministerios

Artículo 58. La Presidenta o Presidente de la República, mediante decreto, fijará el número, denominación, competencia y organización de los ministerios y otros órganos de la Administración Pública Nacional, así como sus entes adscritos, con base en parámetros de adaptabilidad de las estructuras administrativas a las políticas públicas que desarrolla el Poder Ejecutivo Nacional en los principios de organización y funcionamiento establecidos en el presente Decreto con Rango, Valor y Fuerza de Ley Orgánica.

Nombramiento de ministras
o ministros de Estado

Artículo 59. La Presidenta o Presidente de la República podrá nombrar ministras y ministros de Estado sin asignarles despacho determinado, los cuales, además de asistir al Consejo de Ministros, asesorarán a la Presidenta o Presidente de la República y a la Vicepresidenta Ejecutiva o Vicepresidente Ejecutivo en los asuntos que les fueren asignados.

Por vía de excepción y mediante Decreto motivado, la Presidenta o Presidente de la República podrá adscribirles los órganos, entes o fondos necesarios para el eficaz cumplimiento de los fines que se le asignen.

Misión de los ministerios

Artículo 60. Los ministerios son los órganos del Ejecutivo Nacional encargados de la formulación, adopción, seguimiento y evaluación de las políticas, estrategias, planes generales, programas y proyectos en las materias de su competencia y sobre las cuales ejercen su rectoría, de conformidad con la planificación centralizada.

Competencias específicas de cada ministerio

Artículo 61. Las competencias específicas y las actividades particulares de cada ministerio serán las establecidas en el reglamento orgánico respectivo.

Suprema dirección de los ministerios

Artículo 62. La suprema dirección del ministerio corresponde a la ministra o ministro, quien la ejercerá con la inmediata colaboración de las viceministras o viceministros y de los órganos de apoyo ministerial.

Junta ministerial

Artículo 63. La planificación y coordinación estratégicas del ministerio y la rectoría de las políticas públicas del sector cuya competencia le está atribuida, estarán a cargo de la ministra o ministro y de sus viceministras o viceministros, quienes reunidos conformarán la junta ministerial, la cual contará con una unidad estratégica de seguimiento y evaluación de políticas públicas adscrita al despacho de la ministra o ministro, integrada por un equipo multidisciplinario.

La unidad estratégica de seguimiento y evaluación de políticas públicas analizará y evaluará la ejecución y el impacto de las políticas públicas que están bajo la responsabilidad del ministerio y someterá el resultado de sus estudios a la consideración de la junta ministerial para que ésta adopte las decisiones a que haya lugar.

Integración de los ministerios

Artículo 64. Cada ministerio estará integrado por el despacho de la ministra o ministro, los despachos de las viceministras o viceministros, y las demás unidades o dependencias administrativas.

El reglamento orgánico de cada ministerio determinará el número y competencias de las viceministras o viceministros de acuerdo con los sectores que deba atender, así como de las demás unidades o dependencias del ministerio que sean necesarias para el cumplimiento de su cometido.

Nombramiento de las
viceministras o viceministros

Artículo 65. Las viceministras o viceministros serán de libre nombramiento y remoción por la Presidenta o Presidente de la República, oída la propuesta de la ministra o ministro correspondiente.

Asignaciones de las
viceministras o viceministros

Artículo 66. La viceministra o viceministro podrá tener asignado más de un sector, pero no se podrán crear cargos de viceministras o viceministros sin asignación de sectores.

Sección Tercera

De las Juntas Sectoriales

Creación y misión de las Juntas Sectoriales

Artículo 67. La Presidenta o Presidente de la República dispondrá la creación de juntas sectoriales para que le asesoren y propongan acuerdos o políticas sectoriales, así como para estudiar y hacer recomendaciones sobre los asuntos a ser considerados por el Consejo de Ministros. También podrán ser creados para coordinar las actividades entre varios ministerios, o entre estos y los entes públicos.

Integración de las juntas sectoriales

Artículo 68. Las juntas sectoriales estarán integradas por las ministras o ministros y otras autoridades de los órganos rectores de los sistemas de apoyo técnico y logístico del sector correspondiente. Serán coordinados por la ministra o ministro que la Presidenta o Presidente de la República designe, o por la Vicepresidenta Ejecutiva o Vicepresidente Ejecutivo, cuando la Jefa o Jefe del Estado lo considere necesario. Las ministras o ministros integrantes de las juntas sectoriales sólo podrán delegar su asistencia y participación en los mismos, en viceministras o viceministros de su despacho.

Articulación de las juntas sectoriales
con la actividad del Consejo de Ministros

Artículo 69. De los asuntos tratados en las juntas sectoriales se informará al Consejo de Ministros, en cuyo seno deberán conocerse y discutirse aquellos que, de acuerdo con la Constitución de la República Bolivariana de Venezuela y la ley, se correspondan con competencias que la Presidenta o Presidente de la República deba ejercer en Consejo de Ministros.

La Presidenta o Presidente de la República podrá autorizar a los coordinadores de las juntas sectoriales para que reciban la cuenta de las ministras o ministros que integran su junta sectorial, a fin de que el coordinador correspondiente le presente a la Presidenta o Presidente de la República o a la Vicepresidenta Ejecutiva o Vicepresidente Ejecutivo, según el caso, la cuenta de las ministras o ministros que integran la junta sectorial.

El reglamento respectivo establecerá el funcionamiento de las juntas sectoriales.

SECCIÓN CUARTA

De las Autoridades Regionales

Autoridades Regionales

Artículo 70. La Presidenta o Presidente de la República podrá designar autoridades regionales, las cuales tendrán por función la planificación, ejecución, seguimiento y control de las políticas, planes y proyectos de ordenación y desarrollo del territorio aprobados conforme a la planificación centralizada, así como, las demás atribuciones que le sean fijadas de conformidad con la ley, asignándoles los recursos necesarios para el eficaz cumplimiento de su objeto.

SECCIÓN QUINTA

De los consejos nacionales, las comisiones y
los comisionados presidenciales

Los consejos nacionales

Artículo 71. La Presidenta o Presidente de la República podrá crear consejos nacionales con carácter permanente o temporal, integrados por autoridades públicas y personas de las comunidades organizadas, para la consulta de las políticas públicas sectoriales que determine el decreto de creación.

El decreto de creación respectivo determinará la integración de la representación de los sectores organizados, económicos, laborales, sociales y culturales y de cualquier otra índole, en cada uno de estos consejos nacionales.

Los comisionados y comisiones
presidenciales e interministeriales

Artículo 72. La Presidenta o Presidente de la República podrá designar comisionados y crear comisiones presidenciales o interministeriales, permanentes o temporales, integradas por funcionarias o funcionarios públicos y personas especializadas, para el examen y consideración en la materia que se determine en el decreto de creación.

Las comisiones presidenciales o interministeriales también podrán tener por objeto la coordinación de criterios y el examen conjunto de materias asignadas a diversos ministerios. El decreto de creación determinará quien habrá de presidir las comisiones presidenciales. Sus conclusiones y recomendaciones serán adoptadas por mayoría absoluta de votos.

SECCIÓN SEXTA

De las Autoridades Únicas de Área

Autoridades Únicas de Área

Artículo 73. La Presidenta o Presidente de la República podrá designar Autoridades Únicas de Área para el desarrollo del territorio o programas regionales, con las atribuciones que determinen las disposiciones legales sobre la materia y los decretos que las crearen.

SECCIÓN SÉPTIMA

De los Sistemas de Apoyo de la
Administración Pública

*Sistemas de apoyo de la
Administración Pública*

Artículo 74. Los sistemas de apoyo técnico y logístico de la Administración Pública están conformados por la agrupación de procesos funcionales, procedimientos administrativos y redes de órganos y entes coordinados, cuyo propósito es ofrecer asesoría estratégica y suministro de insumos institucionales a los órganos sustantivos, garantizando las condiciones organizacionales necesarias para su adecuado funcionamiento y para el logro de las metas y objetivos esperados por la Administración Pública.

*Los órganos o entes rectores
de los sistemas de apoyo*

Artículo 75. Los órganos o entes rectores de los sistemas de apoyo fiscalizarán y supervisarán las actividades de los órganos que integran los respectivos sistemas de apoyo institucional de la Administración Pública, para lo cual estos órganos permitirán el acceso a documentos, expedientes, archivos, procedimientos y trámites administrativos, y suministrarán cualquier información que les sea requerida.

Los órganos o entes rectores de los sistemas de apoyo institucional evaluarán la información obtenida y ordenarán a los órganos de apoyo la corrección de las diferencias detectadas. Los órganos de apoyo deberán efectuar las correcciones señaladas y, en caso de incumplimiento, el respectivo órgano o ente rector formulará la queja correspondiente ante el ministro o ministra o máximo órgano jerárquico correspondiente, con copia a la Vicepresidenta Ejecutiva o Vicepresidente Ejecutivo.

Las oficinas nacionales

Artículo 76. La Presidenta o Presidente de la República podrá crear oficinas nacionales para que auxilien a los órganos y entes de la Administración Pública en la formulación y aprobación de las políticas institucionales respectivas, las cuales serán rectoras de los sistemas que les estén asignados y que comprenden los correspondientes órganos de apoyo técnico y logístico institucional de la Administración Pública.

CAPÍTULO V

*De las Competencias Comunes
de las Ministras o Ministros y Viceministras o Viceministros*

*Competencias comunes
de las ministras o ministros con despacho*

Artículo 77. Son competencias comunes de las ministras o ministros con despacho:

1. Dirigir la formulación, el seguimiento y la evaluación de las políticas sectoriales que les corresponda, de conformidad con el decreto presidencial que determine el número y la competencia de los ministerios y con el reglamento orgánico respectivo.

2. Orientar, dirigir, coordinar, supervisar y controlar las actividades del ministerio, sin perjuicio de las atribuciones que, sobre control externo, la Constitución de la República Bolivariana de Venezuela y la ley confieren a los órganos de la función contralora.

3. Representar política y administrativamente al ministerio.

4. Cumplir y hacer cumplir las órdenes que les comunique la Presidenta o Presidente de la República o la Vicepresidenta Ejecutiva o Vicepresidente Ejecutivo, así como los lineamientos estratégicos y políticas dictadas conforme a la planificación centralizada.

5. Formular y aprobar los planes y proyectos en atención a los lineamientos y políticas dictados conforme a la planificación centralizada.

6. Informar a la Presidenta o Presidente de la República y a la Vicepresidenta Ejecutiva o Vicepresidente Ejecutivo sobre el funcionamiento de sus ministerios; y garantizar el suministro de información sobre la ejecución y resultados de las políticas públicas y los proyectos a los correspondientes sistemas de información.

7. Asistir a las reuniones del Consejo de Ministros, del Consejo Federal de Gobierno y de las juntas sectoriales que integren.

8. Convocar y reunir periódicamente las juntas ministeriales.

9. Refrendar los actos de la Presidenta o Presidente de la República o de la Vicepresidenta Ejecutiva o Vicepresidente Ejecutivo que sean de su competencia y cuidar de su ejecución, así como de la promulgación y ejecución de los decretos o resoluciones que dicten.

10. Presentar a la Asamblea Nacional la memoria y cuenta de su ministerio, señalando las políticas, estrategias, objetivos, metas, resultados, impactos y obstáculos a su gestión.

11. Presentar, conforme a la ley, el anteproyecto de presupuesto del ministerio y remitirlo, para su estudio y tramitación, al órgano rector del sistema de apoyo presupuestario.

12. Ejercer la superior administración, dirección, inspección y resguardo de los servicios, bienes y ramos de renta del ministerio.

13. Ejercer la rectoría de las políticas públicas que deben desarrollar los entes descentralizados funcionalmente adscritos a sus despachos, así como las funciones de coordinación y control que le correspondan conforme al presente Decreto con Rango, Valor y Fuerza de Ley Orgánica, y a los demás instrumentos jurídicos respectivos.

14. Ejercer la representación de las acciones pertenecientes a la República en las empresas del Estado que se les asigne, así como el correspondiente control accionario.

15. Comprometer y ordenar los gastos del ministerio e intervenir en la tramitación de créditos adicionales y demás modificaciones de su presupuesto, de conformidad con la ley.

16. Suscribir, previo cumplimiento de las formalidades de ley, los contratos relacionados con asuntos propios del ministerio.

17. Instruir a la Procuradora o Procurador General de la República sobre los asuntos en que debe intervenir en las materias de la competencia del ministerio, conforme a lo establecido en la Constitución de la República Bolivariana de Venezuela y la ley.

18. Cumplir oportunamente las obligaciones legales respecto a la Contraloría General de la República.

19. Suscribir los actos y correspondencias del despacho a su cargo.

20. Conocer y decidir los recursos administrativos que les correspondan de conformidad con la ley.

21. Presentar a conocimiento y resolución de la Presidenta o Presidente de la República y a la Vicepresidenta Ejecutiva o Vicepresidente Ejecutivo, los asuntos o solicitudes que requieran su intervención.

22. Legalizar la firma de las funcionarias y funcionarios al servicio del ministerio.

23. Resolver los conflictos de competencia entre funcionarias o funcionarios del ministerio y ejercer la potestad disciplinaria, con arreglo a las disposiciones legales o reglamentarias.

24. Contratar para el ministerio los servicios de profesionales y técnicos por tiempo determinado o para obra determinada, de conformidad con lo establecido en la normativa aplicable.

25. Someter a la decisión de la Presidenta o Presidente de la República y a la Vicepresidenta Ejecutiva o Vicepresidente Ejecutivo los asuntos de su competencia en cuyas resultas tenga interés personal, o la tenga su cónyuge o algún pariente por consanguinidad en cualquier grado en la línea recta o en la colateral hasta el cuarto grado inclusive, o por afinidad hasta el tercer grado.

26. Delegar sus atribuciones, gestiones y la firma de documentos de conformidad con las previsiones del presente Decreto con Rango, Valor y Fuerza de Ley Orgánica y su reglamento.

27. Las demás que le señalen las leyes y los reglamentos.

Contenido de las memorias
de las ministras o ministros

Artículo 78. Las memorias que las ministras o ministros deban presentar a la Asamblea Nacional, conforme a lo dispuesto en la Constitución de la República Bolivariana de Venezuela, contendrán la exposición razonada y suficiente de las políticas, estrategias, planes generales, objetivos, metas, resultados, impactos y obstáculos en la gestión de cada ministerio en el año inmediatamente anterior, así como los lineamientos de sus planes para el año siguiente. Si posteriormente se evidenciaren actos o hechos desconocidos por la ministra o ministro, que por su importancia merecieren ser del conocimiento de la Asamblea Nacional, estos serán dados a conocer.

Las ministras o ministros en la memoria y cuenta de su gestión informarán anualmente a la Asamblea Nacional acerca de las actividades de control que ejerzan, en los términos previstos en el presente Decreto con rango, Valor y Fuerza de Ley Orgánica, sobre los entes que le estén adscritos o se encuentren bajo su tutela.

En las memorias se insertarán aquellos documentos que la ministra o ministro considere indispensables, teniendo en cuenta su naturaleza y trascendencia.

Aprobación de las memorias

Artículo 79. La aprobación de las memorias no comprende la de las convenciones y actos contenidos en ellas que requieren especial aprobación legislativa.

Presentación de la cuenta

Artículo 80. Acompañada de la memoria, cada ministerio presentará una cuenta que contendrá una exposición de motivos y los estados financieros conforme a la ley.

Vinculación de la cuenta a la memoria

Artículo 81. La cuenta deberá estar vinculada a la memoria, al plan estratégico y operativo respectivo y a sus resultados, de manera que constituya una exposición integrada de la gestión de la ministra o ministro y permita su evaluación conjunta.

Cuenta del ministerio encargado de las finanzas

Artículo 82. La cuenta del ministerio a cargo de las finanzas públicas comprenderá, además, la Cuenta General de Rentas y Gastos Públicos, la cual centralizará el movimiento general de todos los ramos de renta y de gastos y la Cuenta de Bienes Nacionales adscritos a los diversos ministerios, con especificación del movimiento de los bienes muebles e inmuebles, de conformidad con la Ley respectiva.

Viceministras o Viceministros

Artículo 83. Las viceministras o viceministros serán los órganos inmediatos de la ministra o ministro, supervisarán las actividades de sus respectivas dependencias de acuerdo con las instrucciones de la ministra o ministro, tendrán a su cargo las funciones que les otorgue el presente Decreto con Rango, Valor y Fuerza de Ley Orgánica, el Reglamento orgánico del ministerio, así como el conocimiento y la decisión de los asuntos que les delegue la ministra o ministro.

Competencias comunes de
las viceministras o viceministros

Artículo 84. Son competencias comunes de las viceministras o viceministros:

1. Seguir y evaluar las políticas a su cargo; dirigir, planificar, coordinar y supervisar las actividades de las dependencias de sus respectivos despachos; y resolver los asuntos que les sometan sus funcionarias o funcionarios, de lo cual darán cuenta a la ministra o ministro en las juntas ministeriales o cuando ésta o éste lo considere oportuno.

2. Ejercer la administración, dirección, inspección y resguardo de los servicios, bienes y ramos de renta de sus respectivos despachos.

3. Comprometer y ordenar, por delegación de la ministra o ministro, los gastos correspondientes a las dependencias a su cargo.

4. Suscribir los actos y correspondencia de los despachos a su cargo.

5. Cumplir y hacer cumplir las órdenes e instrucciones que les comunique la ministra o ministro, a quien dará cuenta de su actuación.

6. Coordinar aquellas materias que la ministra o ministro disponga llevar a la cuenta de la Presidenta o Presidente de la República y a la Vicepresidenta Ejecutiva o Vicepresidente Ejecutivo, al Consejo de Ministros, a la Comisión Central de Planificación y a las juntas sectoriales.

7. Asistir a las juntas ministeriales y presentar los informes, evaluaciones y opiniones sobre las políticas de los ministerios.

8. Ejercer la potestad disciplinaria, con arreglo a las disposiciones legales o reglamentarias correspondientes.

9. Contratar por delegación de la ministra o ministro los servicios de profesionales y técnicos por tiempo determinado o para obra determinada, de conformidad con la normativa aplicable.

10. Presentar a conocimiento y resolución de la ministra o ministro los asuntos o solicitudes que requieran su intervención, incluyendo los que por su órgano sean presentadas por las comunidades organizadas.

11. Someter a la decisión de la ministra o ministro los asuntos de su atribución en cuyas resultas tenga interés personal directo, por sí o a través de terceras personas.

12. Delegar atribuciones, gestiones y la firma de documentos, conforme a lo que establezca el presente Decreto con Rango, Valor y Fuerza de Ley Orgánica y su Reglamento.

13. Suplir las faltas temporales de la ministra o ministro.

14. Las demás que le atribuyan la ley y los reglamentos.

CAPÍTULO VI

Del Consejo de Estado

Consejo de Estado

Artículo 85. El Consejo de Estado es el órgano superior de consulta del Gobierno y de la Administración Pública. Será de su competencia recomendar políticas de interés nacional en aquellos asuntos sobre los que la Presidenta o Presidente de la República considere de especial trascendencia y requieran de su opinión.

CAPÍTULO VII

*De la Iniciativa Legislativa del Poder Ejecutivo Nacional
y su Potestad Reglamentaria*

Iniciativa legislativa

Artículo 86. El Poder Ejecutivo Nacional podrá ejercer la iniciativa legislativa prevista en la Constitución de la República Bolivariana de Venezuela mediante la elaboración, aprobación y posterior remisión de los proyectos de ley a la Asamblea Nacional.

*Procedimiento para la elaboración
de proyectos de ley*

Artículo 87. El procedimiento de elaboración de proyectos de ley por parte del Poder Ejecutivo Nacional se iniciará en la Vicepresidencia de la República o en el ministerio o ministerios competentes mediante la elaboración del correspondiente anteproyecto, que irá acompañado por un informe jurídico, los estudios o informes técnicos sobre la necesidad y oportunidad del mismo, así como por un informe económico sobre su impacto o incidencia presupuestaria.

El titular del ministerio proponente, previa revisión por parte de la Procuraduría General de la República, elevará el anteproyecto al Consejo de Ministros a fin de que éste decida sobre los ulteriores trámites y solicite las consultas, dictámenes e informes que resulten convenientes.

Una vez cumplidos los trámites a que se refiere el párrafo anterior, la ministra o ministro proponente someterá el anteproyecto nuevamente al Consejo de Ministros para su aprobación como proyecto de ley, y su remisión por órgano de la Vicepresidencia de la República a la Asamblea Nacional, acompañándolo de una exposición de motivos, del informe técnico y del informe económico sobre su impacto o incidencia presupuestaria, y demás antecedentes necesarios para pronunciarse.

Cuando razones de urgencia así lo aconsejen, el Consejo de Ministros podrá prescindir de los trámites contemplados en este artículo y acordar la aprobación de un proyecto de ley y su remisión a la Asamblea Nacional.

Potestad reglamentaria

Artículo 88. El ejercicio de la potestad reglamentaria corresponde a la Presidenta o Presidente de la República, en Consejo de Ministros, de conformidad con la Constitución de la República Bolivariana de Venezuela y la ley.

Los reglamentos no podrán regular materias objeto de reserva de ley, ni infringir normas con dicho rango. Además, sin perjuicio de su función de desarrollo o colaboración con respecto a la ley, no podrán tipificar delitos, faltas o infracciones administrativas, establecer penas o sanciones, así como tributos, cánones u otras cargas o prestaciones personales o patrimoniales de carácter público.

Procedimiento de elaboración
de los reglamentos

Artículo 89. La elaboración de los reglamentos de leyes se ajustará al siguiente procedimiento:

1. La iniciación del procedimiento de elaboración de un reglamento se llevará a cabo por el ministerio competente según la materia, mediante la elaboración del correspondiente proyecto al que se acompañará un informe técnico y un informe sobre su impacto o incidencia presupuestaria.

2. A lo largo del proceso de elaboración deberán recabarse, además de los informes, los dictámenes correspondientes y cuantos estudios y consultas se estimen convenientes para garantizar la eficacia y la legalidad del texto.

3. Elaborado el texto se someterá a consulta pública para garantizar el derecho de participación de las personas, de conformidad con lo dispuesto en el Título VI del presente Decreto con Rango, Valor y Fuerza de Ley Orgánica.

4. Aprobado el reglamento por la Presidenta o Presidente de la República en Consejo de Ministros, entrará en vigencia con su publicación en la Gaceta Oficial de la República Bolivariana de Venezuela, salvo que el reglamento disponga otra cosa.

Aprobación de reglamentos

Artículo 90. El Ejecutivo Nacional deberá aprobar el o los reglamentos necesarios para la eficaz aplicación y desarrollo de las leyes dentro del año inmediatamente siguiente a su promulgación.

TÍTULO IV

DE LA DESCONCENTRACIÓN Y DE LA DESCENTRALIZACIÓN FUNCIONAL

CAPÍTULO I

De la Desconcentración

Desconcentración

Artículo 91. La Presidenta o el Presidente de la República, en Consejo de Ministros, podrá convertir unidades administrativas de los ministerios y oficinas nacionales, en órganos desconcentrados con capacidad de gestión presupuestaria, administrativa o financiera, según lo acuerde el respectivo reglamento orgánico.

Control de los órganos desconcentrados

Artículo 92. La ministra o ministro, o en su caso la jefa o jefe de la oficina nacional, ejercerá el control jerárquico sobre los órganos desconcentrados, de conformidad con los lineamientos de la Planificación Centralizada.

Servicios desconcentrados

Artículo 93. La Presidenta o Presidente de la República, mediante el reglamento orgánico respectivo, en Consejo de Ministros, podrá crear órganos con carácter de servicios desconcentrados sin personalidad jurídica, u otorgar tal carácter a órganos existentes en los ministerios y en las oficinas nacionales, con el propósito de obtener recursos propios para ser afectados a la prestación de un servicio.

Sólo podrá otorgarse el carácter de servicio desconcentrado en aquellos casos de prestación de servicios a cargo del Estado que permitan, efectivamente, la captación de ingresos.

Los referidos servicios son órganos que dependerán jerárquicamente de la ministra o ministro o de la viceministra o viceministro, o de la jefa o jefe de la oficina nacional que determine el respectivo reglamento orgánico.

Ingresos de los servicios desconcentrados

Artículo 94. Los servicios desconcentrados sin personalidad jurídica contarán con un fondo separado, para lo cual estarán dotados de la capacidad presupuestaria o financiera que acuerde el reglamento orgánico que les otorgue tal carácter.

Los ingresos provenientes de la gestión de los servicios desconcentrados sin personalidad jurídica no forman parte del Tesoro y, en tal virtud, podrán ser afectados directamente de acuerdo con los fines para los cuales han sido creados. Tales ingresos sólo podrán ser utilizados para cubrir los gastos que demanda el cumplimiento de sus fines.

Requisitos del reglamento orgánico
que cree un servicio desconcentrado

Artículo 95. El reglamento orgánico que cree un servicio desconcentrado establecerá:

1. La finalidad y asignación de competencia del servicio desconcentrado que se cree.

2. La integración y fuentes ordinarias de ingreso.

3. El grado de autogestión presupuestaria, administrativa, financiera y de gestión que se acuerde.

4. Los mecanismos de control a los cuales quedará sometido.

5. El destino que se dará a los ingresos obtenidos, incluidos los excedentes al final del ejercicio fiscal.

6. La forma de designación del titular que ejercerá la dirección y administración, y el rango de su respectivo cargo.

CAPÍTULO II
De la Descentralización Funcional

SECCIÓN PRIMERA
De los Institutos Públicos

Institutos Públicos

Artículo 96. Los institutos públicos son personas jurídicas de derecho público de naturaleza fundacional, creadas por ley nacional, estadal, u ordenanza municipal, dotadas de patrimonio propio, con las competencias determinadas en éstas.

Requisitos de la ley de creación

Artículo 97. La Ley que cree un instituto público contendrá:

1. El señalamiento preciso de su finalidad, competencias y actividades.

2. El grado de autogestión presupuestaria, administrativa y financiera que se establezca.

3. La descripción de la integración de su patrimonio y de sus fuentes de ingresos.

4. Su estructura organizativa interna a nivel superior, con indicación de sus unidades administrativas y señalamiento de su jerarquía y atribuciones.

5. Los mecanismos particulares de control de tutela que ejercerá el órgano de adscripción.

6. Los demás requisitos que exija el presente Decreto con Rango, Valor y Fuerza de Ley Orgánica.

Privilegios y prerrogativas de
los institutos públicos

Artículo 98. Los institutos públicos gozarán de los privilegios y prerrogativas que la ley acuerde a la República, los estados, los distritos metropolitanos o los municipios.

Sujeción de los Institutos públicos

Artículo 99. La actividad de los institutos públicos queda sujeta a los principios y bases establecidos en la normativa que regule la actividad administrativa, así como a los lineamientos de la Planificación Centralizada.

Supresión de los Institutos públicos

Artículo 100. Los institutos públicos sólo podrán ser suprimidos por ley, la cual establecerá las reglas básicas de la disolución, así como las potestades necesarias para que el respectivo Ejecutivo nacional, estadal, del distrito metropolitano o municipal proceda a su liquidación.

Institutos Autónomos

Artículo 101. Los institutos autónomos se regularán conforme a las disposiciones previstas en la presente sección, y todas aquellas normas que les sean aplicables a los institutos públicos.

SECCIÓN SEGUNDA
De las Empresas del Estado

Empresas del Estado

Artículo 102. Las Empresas del Estado son personas jurídicas de derecho público constituidas de acuerdo a las normas de derecho privado, en las cuales la República, los estados, los distritos metropolitanos y los municipios, o alguno de los entes descentralizados funcionalmente a los que se refiere el presente Decreto con Rango, Valor y Fuerza de Ley Orgánica, solos o conjuntamente, tengan una participación mayor al cincuenta por ciento del capital social.

Creación de las empresas del Estado

Artículo 103. La creación de las empresas del Estado será autorizada por la Presidenta o el Presidente de la República en Consejo de Ministros, las gobernadoras o gobernadores, las alcaldesas o alcaldes, según corresponda, mediante decreto de conformidad con la ley. Adquieren la personalidad jurídica con la protocolización de su acta constitutiva en el registro correspondiente a su domicilio, donde se archivará un ejemplar auténtico de sus estatutos y de la Gaceta Oficial de la República Bolivariana de Venezuela o del medio de publicación oficial correspondiente, donde aparezca publicado el decreto que autorice su creación.

Los trámites de registro de los documentos referidos a las empresas del Estado, estarán exentos del pago de aranceles y otras tasas previstas en la legislación que regula la actividad notarial y registral.

Obligatoriedad de publicación
de los documentos de las empresas del Estado

Artículo 104. Todos los documentos relacionados con las empresas del Estado que, conforme al ordenamiento jurídico vigente deben ser objeto de publicación, se publicarán en la Gaceta Oficial de la República Bolivariana de Venezuela o en el medio de publicación oficial correspondiente.

Empresas del Estado con único accionista

Artículo 105. Las empresas del Estado podrán crearse con un único accionista y los derechos societarios podrán ser ejercidos, según sea el caso, por la República, los estados, los distritos metropolitanos, los municipios o los entes a que se refiere el presente Decreto con Rango, Valor y Fuerza de Ley Orgánica, que sea titular de la totalidad de las acciones, sin que ello implique el incumplimiento de las disposiciones establecidas en la ley.

Creación de empresas matrices

Artículo 106. Cuando operen varias empresas del Estado en un mismo sector, o requieran una vinculación aunque operen en diversos sectores, la Presidenta de la República o Presidente de la República, la gobernadora o gobernador, la alcaldesa o alcalde correspondiente, podrá crear empresas matrices tenedoras de las acciones de las empresas del Estado y de las empresas mixtas correspondientes, sin perjuicio de que los institutos públicos o autónomos puedan desempeñar igual función.

Legislación que rige las empresas del Estado

Artículo 107. Las empresas del Estado se regirán por la legislación ordinaria, por lo establecido en el presente Decreto con Rango, Valor y Fuerza de Ley Orgánica y las demás normas aplicables; y sus trabajadores se regirán por la legislación laboral ordinaria.

*Registro de la composición accionaria
de las empresas donde el Estado tenga participación*

Artículo 108. El órgano nacional, estadal, distrital o municipal que sea competente en materia presupuestaria, según corresponda, llevará un registro de la composición accionaria de las empresas donde el Estado tenga participación en su capital social, y remitirá semestralmente copia del mismo a la comisión correspondiente de la Asamblea Nacional, de los consejos legislativos, de los cabildos metropolitanos o de los consejos municipales, dentro de los primeros treinta (30) días del semestre siguiente.

SECCIÓN TERCERA

De las Fundaciones del Estado

Las fundaciones del Estado

Artículo 109. Son fundaciones del Estado aquellas cuyo patrimonio está afectado a un objeto de utilidad general, artístico, científico, literario, benéfico, o social, en cuyo acto de constitución participe la República, los estados, los distritos metropolitanos, los municipios o alguno de los entes descentralizados funcionalmente a los que se refiere el presente Decreto con Rango, Valor y Fuerza de Ley Orgánica, siempre que su patrimonio inicial se realice con aportes del Estado en un porcentaje mayor al cincuenta por ciento.

Igualmente, son fundaciones del Estado aquellas cuyo patrimonio pase a estar integrado, en la misma proporción, por aportes de los referidos entes, independientemente de quienes hubieren sido sus fundadores.

Creación

Artículo 110. La creación de las fundaciones del Estado será autorizada respectivamente por la Presidenta o Presidente de la República en Consejo de Ministros, las gobernadoras o gobernadores, las alcaldesas o alcaldes. Adquirirán la personalidad jurídica con la protocolización de su acta constitutiva en la oficina subalterna de registro correspondiente a su domicilio, donde se archivará un ejemplar auténtico de sus estatutos y la Gaceta Oficial de la República Bolivariana de Venezuela o del medio de publicación oficial correspondiente donde aparezca publicado el instrumento jurídico que autorice su creación.

Los trámites de registro de los documentos referidos a las fundaciones del Estado, estarán exentos del pago de aranceles y otras tasas previstas en la legislación que regula la actividad notarial y registral.

*Obligatoriedad de publicación
de los documentos*

Artículo 111. El acta constitutiva, los estatutos, y cualquier reforma de tales documentos de las fundaciones del Estado será publicada en la Gaceta Oficial de la República Bolivariana de Venezuela o en el respectivo medio de publicación oficial correspondiente, con indicación de los datos del registro.

*Señalamiento del valor de los
bienes patrimoniales*

Artículo 112. Tanto en el instrumento jurídico que acuerde la creación, como en el acta constitutiva de las fundaciones del Estado, se indicará el valor de los bienes que integran su patrimonio, así como la forma en que serán dirigidas y administradas, y los mecanismos para la designación de los miembros de la directiva, garantizándose que en el mismo tengan participación los órganos del sector público vinculados con el objeto de la Fundación. La modificación de los estatutos de la Fundación no podrá hacerse sin la previa aprobación del órgano que ejerce el control estatutario.

Duración

Artículo 113. Las fundaciones del Estado tendrán la duración que establezcan sus estatutos, pero podrán ser disueltas en cualquier momento por la autoridad que la creó, cuando las circunstancias así lo requieran.

Legislación

Artículo 114. Las fundaciones del Estado se regirán por el Código Civil, el presente Decreto con Rango, Valor y Fuerza de Ley, y las demás normas aplicables; y sus empleados se regirán por la legislación laboral ordinaria.

Sección Cuarta
De las Asociaciones y Sociedades Civiles del Estado

*De las asociaciones y sociedades
civiles del Estado*

Artículo 115. Serán asociaciones y sociedades civiles del Estado aquellas en las que la República o sus entes descentralizados funcionalmente posean más del cincuenta por ciento de las cuotas de participación, y aquellas conformadas en la misma proporción por aporte de los mencionados entes, siempre que tales aportes hubiesen sido efectuados en calidad de socio o miembro.

Creación

Artículo 116. La creación de las asociaciones y sociedades civiles del Estado deberá ser autorizada por la Presidenta o Presidente de la República mediante decreto. Adquirirán personalidad jurídica con la protocolización de su Acta Constitutiva en la Oficina del Registro Subalterno correspondiente a su domicilio, donde se archivará un ejemplar auténtico de sus Estatutos y de la Gaceta Oficial de la República Bolivariana de Venezuela, donde aparezca publicado el Decreto que autorice la creación.

A las asociaciones y sociedades civiles del Estado le será aplicable lo establecido en los artículos 111, 112, 113 y 114 del presente Decreto con Rango, Valor y Fuerza de Ley.

SECCIÓN QUINTA

Del Control Sobre los Órganos Desconcentrados
y Sobre los Entes Descentralizados Funcionalmente

*Atribuciones de la Presidenta
o Presidente de la República*

Artículo 117. La Presidenta o Presidente de la República en Consejo de Ministros decretará la adscripción de los institutos, empresas, fundaciones, asociaciones y sociedades civiles del Estado. Dicho decreto podrá:

1. Determinar el ministerio de adscripción, en los casos en que ello no se encuentre previsto en la ley o acto jurídico de creación del ente descentralizado funcionalmente.

2. Variar la adscripción del ente descentralizado funcionalmente que se encuentre prevista en su correspondiente ley o acto jurídico de creación, de acuerdo a las reformas que tengan lugar en la organización ministerial, y atendiendo, en especial, a la creación o supresión de los ministerios o cambios en sus respectivas competencias.

3. Variar la adscripción de las acciones de uno a otro órgano o transferir sus acciones a un instituto, o a otro ente descentralizado funcionalmente.

4. Fusionar empresas del Estado y transformar en éstas o en servicios desconcentrados sin personalidad jurídica, las fundaciones del Estado que estime conveniente.

Adscripción

Artículo 118. Todo ente descentralizado funcionalmente se adscribirá a un determinado ministerio u órgano de la Administración Pública, a los efectos del ejercicio del control correspondiente.

Atribuciones de los órganos de adscripción

Artículo 119. Los ministros u otros órganos de control, nacionales, estadales, de los distritos metropolitanos o municipales, respecto de los órganos desconcentrados y entes descentralizados funcionalmente que le estén adscritos, tienen las siguientes atribuciones:

1. Definir la política a desarrollar por tales entes, a cuyo efecto formularán las directivas generales que sean necesarias.

2. Ejercer permanentemente funciones de coordinación, supervisión y control conforme a los lineamientos de la planificación centralizada.

3. Nombrar los presidentes de institutos públicos, institutos autónomos y demás entes descentralizados.

4. Evaluar en forma continua el desempeño y los resultados de su gestión e informar oportunamente a la Presidenta o Presidente de la República, gobernadora o gobernador, alcaldesa o alcalde, según corresponda.

5. Ser informado permanentemente acerca de la ejecución de los planes, y requerir dicha información cuando lo considere oportuno.

6. Proponer a la Presidenta o Presidente de la República, gobernadora o gobernador, alcaldesa o alcalde, según corresponda, las reformas necesarias a los fines de modificar o eliminar entes descentralizados funcionalmente que le estuvieren adscritos, de conformidad con la normativa aplicable.

7. Velar por la conformidad de las actuaciones de sus órganos desconcentrados dependientes y entes descentralizados funcionalmente que le estén adscritos, a los lineamientos, políticas y planes dictados conforme a la planificación centralizada.

8. Las demás que determinen las leyes nacionales, estadales, las ordenanzas y los reglamentos.

Obligatoriedad de publicación

Artículo 120. En el mes de enero de cada año, los ministerios y órganos de adscripción nacionales, estadales, de los distritos metropolitanos o municipales publicarán en la Gaceta Oficial de la República Bolivariana de Venezuela o en el medio oficial que corresponda, la lista de los entes descentralizados adscritos o bajo su tutela, con indicación del monto de la participación, si se tratare de una empresa del Estado, y de la conformación de su patrimonio si se tratare de un instituto público, instituto autónomo o una fundación del Estado. Igualmente indicarán los entes que se hallen en proceso de privatización o de liquidación.

Indicadores de gestión

Artículo 121. El ministerio u órgano de control nacional, estadal, del distrito metropolitano o municipal, a cargo de la coordinación y planificación, bajo los lineamientos de la Comisión Central de Planificación determinará los indicadores de gestión aplicables para la evaluación del desempeño institucional de los órganos desconcentrados y entes descentralizados funcionalmente, de conformidad con el reglamento respectivo.

Como instrumento del control de tutela sobre el desempeño institucional, se suscribirán compromisos de gestión, de conformidad con el presente Decreto con Rango, Valor y Fuerza de Ley Orgánica, entre entes descentralizados funcionalmente y el respectivo ministerio u órgano de adscripción nacional, estadal, del distrito metropolitano o municipal, según el caso.

Representación en empresas,
fundaciones y asociaciones civiles del Estado

Artículo 122. La ministra o ministro u órgano de adscripción nacional, estadal, del distrito metropolitano o municipal respectivo ejercerá, según corresponda, la representación de la República, del estado, del distrito metropolitano o del municipio respectivo, en la asamblea de accionistas u órganos correspondientes de las empresas, fundaciones y asociaciones civiles del Estado que se encuentren bajo su tutela.

Información de los entes descentralizados
sobre participaciones accionarias

Artículo 123. Los entes descentralizados funcionalmente deberán informar al ministerio u órgano de adscripción nacional, estadal, del distrito metropolitano o municipal acerca de toda participación accionaria que suscriban y de los resultados económicos de la misma.

Los administradores de los entes descentralizados funcionalmente remitirán anualmente a los ministerios u órganos de adscripción nacional, estadal, del distrito metropolitano o municipal correspondientes el informe y cuenta de su gestión.

Incorporación de bienes

Artículo 124. La República, los estados, los distritos metropolitanos y los municipios podrán incorporar determinados bienes a un ente descentralizado funcionalmente, sin que dicho ente adquiera la propiedad. En tales casos, el ente queda obligado a utilizarlos exclusivamente para los fines que determinen los titulares de la propiedad.

En los casos de incorporación de bienes a entes descentralizados funcionalmente, éstos podrán conservar su calificación jurídica originaria.

Intervención

Artículo 125. La Presidenta o Presidente de la República, gobernadora o gobernador, alcaldesa o alcalde, según corresponda, podrá decidir la intervención de un instituto público, instituto autónomo, fundación del Estado, empresa del Estado, asociación o sociedad civil del Estado, o algún otro ente descentralizado, cuando existan razones que lo justifiquen, sin perjuicio de lo establecido en leyes especiales.

Requisitos del acto de intervención

Artículo 126. La intervención a que se refiere el artículo anterior, se decidirá mediante acto que se publicará en la Gaceta Oficial de la República Bolivariana de Venezuela o en el medio de publicación oficial correspondiente. Dicho acto contendrá el lapso de duración de la intervención y los nombres de las personas que formarán parte de la junta interventora.

Junta Interventora

Artículo 127. La junta interventora procederá a redactar y ejecutar uno o varios presupuestos sucesivos tendentes a solventar la situación, cumpliendo al efecto lo preceptuado en la legislación presupuestaria. Su actuación se circunscribirá estrictamente a realizar los actos de administración necesarios para mantener la continuidad de las atribuciones o actividades a cargo del ente intervenido, proveyendo al cumplimiento de sus obligaciones y adoptando las medidas conducentes a evitarle cualquier perjuicio.

Resultados de la junta interventora

Artículo 128. La ministra o ministro u órgano de adscripción nacional, estadal, del distrito metropolitano o municipal, examinará los antecedentes que hayan motivado la intervención y, de acuerdo con sus resultados, procederá a remitir a los órganos competentes, los documentos necesarios con el objeto de determinar la responsabilidad penal, civil, administrativa o disciplinaria de los integrantes de los órganos de dirección y administración.

Cesación de la junta interventora

Artículo 129. La gestión de la junta interventora cesará tan pronto haya logrado rehabilitar el patrimonio del intervenido.

El acto respectivo de la Presidenta o Presidente de la República, gobernadora o gobernador, alcaldesa o alcalde, según corresponda, que restituya el régimen normal, dispondrá lo procedente respecto a la integración de los órganos directivos.

Supresión y liquidación de las empresas
y fundaciones del Estado

Artículo 130. La Presidenta o Presidente de la República, gobernadora o gobernador, alcaldesa o alcalde, según corresponda, decidirá la supresión y liquidación de las empresas y fundaciones del Estado, y designará a las personas encargadas de ejecutarlas y las reglas que estime necesarias a tales fines.

La personalidad jurídica subsistirá a los exclusivos efectos de su liquidación, hasta el final de ésta.

CAPÍTULO III

De las Misiones

Misiones

Artículo 131. La Presidenta o Presidente de la República en Consejo de Ministros, cuando circunstancias especiales lo ameriten, podrá crear misiones destinadas a atender a la satisfacción de las necesidades fundamentales y urgentes de la población, las cuales estarán bajo la rectoría de las políticas aprobadas conforme a la planificación centralizada.

El instrumento jurídico de creación de la respectiva misión determinará el órgano o ente de adscripción o dependencia, formas de financiamiento, funciones y conformación del nivel directivo encargado de dirigir la ejecución de las actividades encomendadas.

Título V
DE LOS COMPROMISOS DE GESTIÓN

Los compromisos de gestión

Artículo 132. Los compromisos de gestión son convenios celebrados entre órganos superiores de dirección y órganos o entes de la Administración Pública entre sí, o celebrados entre aquellos y los Consejos Comunales o las comunidades organizadas y organizaciones públicas no estatales, de ser el caso, mediante los cuales se establecen compromisos para la obtención de determinados resultados en los respectivos ámbitos de competencia, así como las condiciones para su cumplimiento, como contrapartida al monto de los recursos presupuestarios asignados.

Fundamento de los compromisos de gestión

Artículo 133. Los compromisos de gestión servirán de fundamento para la evaluación del desempeño y la aplicación de un sistema de incentivo y sanciones de orden presupuestario, en función del desempeño institucional. La evaluación del desempeño institucional deberá atender a los indicadores de gestión que establezcan previamente los órganos y entes de la Administración Pública Nacional, de común acuerdo con el Vicepresidente Ejecutivo o Vicepresidenta Ejecutiva.

Aspectos que deben determinar
y regular los compromisos de gestión

Artículo 134. Los compromisos de gestión determinarán y regularán, en cada caso, por lo menos, los siguientes aspectos:

1. La finalidad del órgano desconcentrado, ente descentralizado funcionalmente, comunidades organizadas u organizaciones públicas no estatales, de ser el caso, con el cual se suscribe.

2. Los objetivos, metas y resultados, con sus respectivos indicadores de desempeño, que se prevé alcanzar durante la vigencia del compromiso nacional de gestión.

3. Los plazos estimados para el logro de los objetivos y metas.

4. Las condiciones organizacionales.

5. Los beneficios y obligaciones de los órganos y entes de la Administración Pública y de las comunidades organizadas y organizaciones públicas no estatales encargados de la ejecución.

6. Las facultades y compromisos del órgano o ente de control.

7. La transferencia de recursos en relación con el cumplimiento de las metas fijadas.

8. Los deberes de información de los órganos o entes de la Administración Pública, o las comunidades organizadas u organizaciones públicas no estatales encargadas de la ejecución.

9. Los criterios e instrumentos de evaluación del desempeño institucional.

10. Los incentivos y restricciones financieras institucionales e individuales de acuerdo al resultado de la evaluación, de conformidad con las pautas que establezca el respectivo reglamento de la presente Ley.

Los compromisos de gestión sobre condicionamiento
de transferencias presupuestarias a entidades
descentralizadas funcionalmente

Artículo 135. La República, por órgano de los ministerios de adscripción, bajo la coordinación de la Vicepresidencia de la República, podrá condicionar las transferencias presupuestarias a las entidades descentralizadas funcionalmente, cuya situación financiera, de conformidad con la correspondiente evaluación por parte de los órganos de control interno, no permita cumplir de manera eficiente y eficaz su objetivo.

Dichas condiciones serán establecidas en un compromiso de gestión, en el cual se determinarán los objetivos y los programas de acción con el fin de garantizar el restablecimiento de las condiciones organizacionales, funcionales y técnica para el buen desempeño del ente, de conformidad con los objetivos y funciones señalados en la norma de creación y con las políticas de gobierno.

Modalidades de los compromisos de gestión

Artículo 136. Los compromisos de gestión podrán adoptar las siguientes modalidades:

1. Compromisos de gestión sectorial, celebrados entre el Vicepresidente Ejecutivo o Vicepresidenta Ejecutiva y los ministros o ministras del ramo respectivo.

2. Compromisos de gestión territorial, celebrados entre el Vicepresidente Ejecutivo o la Vicepresidenta Ejecutiva y los gobernadores o gobernadoras de estado.

3. Compromisos de gestión de servicios públicos, celebrados entre el Vicepresidente Ejecutivo o la Vicepresidenta Ejecutiva, el ministro o ministra de adscripción y la autoridad máxima del órgano o ente adscrito responsable de prestar el servicio.

4. Compromisos de gestión con comunidades organizadas u organizaciones públicas no estatales, celebrados entre el Vicepresidente Ejecutivo o la Vicepresidenta Ejecutiva, el ministro o ministra del ramo afín al servicio prestado y la o las autoridades del servicio público no estatal, definido en los términos que establece la presente Ley.

El reglamento respectivo determinará los contenidos específicos de cada una de las modalidades de compromisos de gestión.

Formalidades de los compromisos de gestión

Artículo 137. Los compromisos de gestión se entenderán perfeccionados con la firma del Vicepresidente Ejecutivo o Vicepresidenta Ejecutiva y la de los ministros o ministras de los despachos con competencia en materia de finanzas públicas y de planificación y desarrollo.

Los compromisos de gestión serán de conocimiento público y entrarán en vigencia a partir de su publicación en la gaceta Oficial de la República Bolivariana de Venezuela, a los fines de permitir el control social sobre la gestión pública.

TÍTULO VI

DE LA PARTICIPACIÓN SOCIAL
EN LA GESTIÓN PÚBLICA

Promoción de la participación ciudadana

Artículo 138. Los órganos y entes de la Administración Pública promoverán la participación ciudadana en la gestión pública.

Las personas podrán, directamente o a través de las comunidades organizadas, presentar propuestas y formular opiniones sobre la gestión de los órganos y entes de la Administración Pública, así como participar en la elaboración de los instrumentos de contenido normativo.

Los órganos y entes públicos llevarán un registro de las comunidades organizadas cuyo objeto se refiera al sector correspondiente.

Procedimiento para la consulta de regulaciones sectoriales

Artículo 139. Cuando los órganos o entes públicos, en su rol de regulación sectorial, propongan la adopción de normas reglamentarias o de otra jerarquía, deberán iniciar el correspondiente proceso de consulta pública y remitir el anteproyecto a las comunidades organizadas. En el oficio de remisión del anteproyecto correspondiente se indicará el lapso durante el cual se recibirán por escrito las observaciones, el cual comenzará a correr a partir del décimo día hábil siguiente a la entrega del anteproyecto correspondiente.

Paralelamente a ello, el órgano o ente público correspondiente difundirá a través de cualquier medio de comunicación el inicio del proceso de consulta indicando su duración. De igual manera lo informará a través de su página en internet, en la cual se expondrá el o los documentos sobre los cuales verse la consulta.

Durante el proceso de consulta cualquier persona puede presentar por escrito sus observaciones y comentarios sobre el correspondiente anteproyecto.

Una vez concluido el lapso de recepción de las observaciones, el órgano o ente público podrá fijar una fecha para que sus funcionarias o funcionarios, especialistas en la materia que sean convocados y las comunidades organizadas intercambien opiniones, hagan preguntas, realicen observaciones y propongan adoptar, desechar o modificar el anteproyecto propuesto o considerar un anteproyecto nuevo.

El resultado del proceso de consulta tendrá carácter participativo no vinculante.

La nulidad como consecuencia de la
aprobación de normas no consultadas y su excepción

Artículo 140. El órgano o ente público no podrá aprobar normas para cuya resolución sea competente, ni remitir a otra instancia proyectos normativos que no sean consultados, de conformidad con el artículo anterior. Las normas que sean aprobadas por los órganos o entes públicos o propuestas por éstos a otras instancias serán nulas de nulidad absoluta si no han sido consultadas según el procedimiento previsto en el presente Título.

En caso de emergencia manifiesta, por fuerza de la obligación del Estado en la seguridad y protección de la sociedad o en los casos de legislación excepcional previstos en la Constitución de la República Bolivariana de Venezuela, la Presidenta o Presidente de la República, gobernadora o gobernador, alcaldesa o alcalde, según corresponda, podrá autorizar la aprobación de normas sin la consulta previa. En este caso, las normas aprobadas serán consultadas seguidamente bajo el mismo procedimiento a las comunidades organizadas; el resultado de la consulta deberá ser considerado por la instancia que aprobó la norma y éstas podrán ratificarla, modificarla o eliminarla.

Obligación de informar a la población

Artículo 141. La Administración Pública deberá establecer sistemas que suministren a la población la más amplia, oportuna y veraz información sobre sus actividades, con el fin de ejercer el control social sobre la gestión pública. Cualquier persona puede solicitar de los órganos y entes de la Administración Pública la información que considere necesaria para el ejercicio del control social sobre la actividad de éstos de conformidad y con las excepciones establecidas en la legislación vigente.

Obligación de información a las personas

Artículo 142. Todos los órganos y entes de la Administración Pública mantendrán permanentemente actualizado y a disposición de las personas, en las unidades de información correspondientes, el esquema de su organización y la de los órganos dependientes o entes adscritos, así como guías informativas sobre los procedimientos administrativos, servicios y prestaciones aplicables en el ámbito de su competencia.

TÍTULO VII
DE LOS ARCHIVOS Y REGISTROS
DE LA ADMINISTRACION PÚBLICA

CAPÍTULO I
Del Sistema Nacional de Archivo

Órgano de Archivo

Artículo 143. A los efectos del presente Decreto con Rango, Valor y Fuerza de Ley Orgánica se entiende por órgano de archivo, al ente o unidad administrativa del Estado que tiene bajo su responsabilidad la custodia, organización, conservación, valoración, desincorporación y transferencia de documentos oficiales sea cual fuere su fecha, forma y soporte material, pertenecientes al Estado o aquellos que se derivan de la prestación de un servicio público.

Objetivo

Artículo 144. El objetivo esencial de los órganos de archivo del Estado es el de conservar y disponer de la documentación de manera organizada, útil, confiable y oportuna, de forma tal que sea recuperable para uso del Estado, en servicio de las personas y como fuente de la historia.

Finalidad

Artículo 145. En cada órgano o ente de la Administración Pública habrá un órgano de archivo con la finalidad de valorar, seleccionar, desincorporar y transferir a los archivos intermedios o al Archivo General de la Nación, según sea el caso, los documentos, expedientes, gacetas y demás publicaciones que deban ser archivadas conforme al reglamento respectivo.

Deberes del Estado

Artículo 146. El Estado creará, organizará, preservará y ejercerá el control de sus archivos y propiciará su modernización y equipamiento para que cumplan la función probatoria, supletoria, verificadora, técnica y testimonial.

Archivo General de la Nación

Artículo 147. El Archivo General de la Nación es el órgano de la Administración Pública Nacional responsable de la creación, orientación y coordinación del Sistema Nacional de Archivos y tendrá bajo su responsabilidad velar por la homogeneización y normalización de los procesos de archivos, promover el desarrollo de los centros de información, la salvaguarda del patrimonio documental y la supervisión de la gestión archivística en todo el territorio nacional.

Sistema Nacional de Archivos

Artículo 148. Integran el Sistema Nacional de Archivos: el Archivo General de la Nación y los órganos de archivo de los órganos y entes del Estado.

Los órganos o entes integrantes del Sistema Nacional de Archivos, de acuerdo con sus funciones, llevarán a cabo los procesos de planeación, programación y desarrollo de acciones de asistencia técnica, ejecución, control y seguimiento, correspondiéndole al Archivo General de la Nación coordinar la elaboración y ejecución del Plan Nacional de Desarrollo Archivístico.

Plan Nacional de Desarrollo Archivístico

Artículo 149. El Plan Nacional de Desarrollo Archivístico se incorporará a los planes de la Nación y se podrá elaborar con la participación y cooperación de las universidades con carreras en el campo de la archivología.

Naturaleza de la documentación administrativa

Artículo 150. La documentación administrativa e histórica de la Administración Pública es producto y propiedad del Estado, éste ejercerá el pleno control sobre los fondos documentales existentes en los archivos, no siendo susceptibles de enajenación. Los órganos y entes de la Administración Pública podrán contratar servicios de custodia, organización, reprografía, digitalización y conservación de documentos de archivos; igualmente podrá contratar la administración de archivos y fondos documentales históricos con universidades nacionales e instituciones de reconocida solvencia académica e idoneidad.

Incorporación de nuevas tecnologías

Artículo 151. Los órganos y entes de la Administración Pública podrán incorporar tecnologías y emplear cualquier medio electrónico, informático, óptico o telemático para el cumplimiento de sus fines. Los documentos reproducidos por los citados medios gozarán de la misma validez y eficacia del documento original, siempre que se cumplan los requisitos exigidos por ley y se garantice la autenticidad, integridad e inalterabilidad de la información.

Prohibición de destrucción
de documentos de valor histórico

Artículo 152. Los documentos que posean valor histórico no podrán ser destruidos, aun cuando hayan sido reproducidos o almacenados mediante cualquier medio. La violación de esta prohibición acarreará las sanciones que establezca la ley.

Transferencia de archivos

Artículo 153. Los órganos y entes de la Administración Pública que se supriman o fusionen entregarán sus archivos y fondos documentales a los órganos o entes que asuman sus funciones o, en su caso, al Archivo General de la Nación. Los órganos o entes de la Administración Pública que sean objeto de privatización transferirán copia de sus documentos históricos al Archivo General de la Nación.

Remisión reglamentaria

Artículo 154. Las características específicas de los archivos de gestión, la obligatoriedad de la elaboración y adopción de tablas de retención documental en razón de las distintas cronologías documentales y el tratamiento que recibirán los documentos de los registros públicos, notarías y archivos especiales de la Administración Pública, se determinarán mediante reglamento. Asimismo, se reglamentará lo concerniente a los documentos producidos por los consejos comunales, comunidades organizadas o entidades privadas que presten servicios públicos.

Visitas e inspecciones

Artículo 155. El Archivo General de la Nación podrá, de oficio o a solicitud de parte, realizar visitas de inspección a los archivos de los órganos y entes del Estado, así como a los prestadores de servicios públicos, con el fin de verificar el cumplimiento de lo dispuesto en el presente Decreto con Rango, Valor y Fuerza de Ley Orgánica y el respectivo reglamento.

Control y vigilancia de documentos
de interés histórico

Artículo 156. El Estado, a través del Archivo General de la Nación, ejercerá control y vigilancia sobre los documentos declarados de interés histórico cuyos propietarios, tenedores o poseedores sean personas naturales o jurídicas de carácter privado.

Cuando el ministerio de adscripción considere que se trata de documentos históricos sobre los que no exista constancia de que han sido ofrecidos en venta a la Nación y de que ha quedado copia en el Archivo General de la Nación, podrá ejecutar medidas tendentes a impedir su salida del país, aún cuando fuere de propiedad particular.

Toda persona que descubra documentos históricos, una vez acreditado el derecho que a ellos tiene la República, recibirá el resarcimiento correspondiente de conformidad con el reglamento respectivo.

Serán nulas las enajenaciones o negociaciones que contravengan lo dispuesto en el presente Decreto con Rango, Valor y Fuerza de Ley Orgánica, y los que las efectúen o conserven en su poder sin causa legítima, serán sancionados de conformidad con la ley.

Declaratoria de interés público

Artículo 157. Son de interés público los documentos y archivos del Estado. Sin perjuicio del derecho de propiedad y siguiendo el procedimiento que se establezca al efecto por el reglamento respectivo, podrán declararse de interés público documentos privados y, en tal caso, formarán parte del patrimonio documental de la Nación. Las personas poseedoras o tenedoras de documentos declarados de interés público, no podrán trasladarlos fuera del territorio nacional sin previa autorización del Archivo General de la Nación, ni transferir su propiedad, posesión o tenencia a título oneroso o gratuito, sin previa información escrita al mismo. El Ejecutivo Nacional, por medio de reglamento respectivo, establecerá las medidas de estímulo al desarrollo de los archivos privados declarados de interés público.

El estado venezolano tiene derecho de preferencia para la adquisición, de dichos documentos y su ejercicio se establecerá en un término de dos (02) años, el incumplimiento de esta norma acarreara la nulidad de la venta o disposiciones de documento.

CAPÍTULO II

Del Derecho de Acceso a Archivos y
Registros de la Administración Pública

Derecho de acceso

Artículo 158. Toda persona tiene el derecho de acceder a los archivos y registros administrativos, cualquiera que sea la forma de expresión o el tipo de soporte material en que figuren, salvo las excepciones establecidas en la Constitución de la República Bolivariana de Venezuela y en la ley que regule la materia de clasificación de documentos de contenido confidencial o secreto.

Ejercicio del derecho de acceso

Artículo 159. El derecho de acceso a los archivos y registros de la Administración Pública será ejercido por las personas de forma que no se vea afectada la eficacia del funcionamiento de los servicios públicos, debiéndose a tal fin, formular petición individualizada de los documentos que se desee consultar, sin que quepa, salvo para su consideración con carácter potestativo, formular solicitud genérica sobre una materia o conjunto de materias. No obstante, cuando los solicitantes sean investigadores que acrediten un interés histórico, científico o cultural relevante, se podrá autorizar el acceso directo de aquellos a la consulta de los expedientes.

Contenido del derecho de acceso

Artículo 160. El derecho de acceso a los archivos y registros conllevará el de obtener copias simples o certificadas de los mismos, previo pago o cumplimiento de las formalidades que se hallen legalmente establecidas.

Publicaciones

Artículo 161. Será objeto de periódica publicación la relación de los documentos que estén en poder de la Administración Pública sujetos a un régimen de especial publicidad.

Serán objeto de publicación regular las instrucciones y respuestas a consultas planteadas por las personas u otros órganos administrativos que comporten una interpretación del derecho positivo o de los procedimientos vigentes, a efectos de que puedan ser alegadas por las personas en su relación con la Administración Pública.

Registros de documentos
presentados por las personas

Artículo 162. Los órganos o entes administrativos llevarán un registro general en el que se hará el correspondiente asiento de todo escrito o comunicación que sea presentado o que se reciba en cualquier unidad administrativa propia. También se anotará la salida de los escritos y comunicaciones oficiales dirigidas a otros órganos o personas.

El archivo de los escritos y comunicaciones deberá efectuarse de manera tal que se mantengan todos los documentos relacionados con determinado asunto en un mismo expediente, pudiendo auxiliarse de medios electrónicos.

Creación de registros

Artículo 163. Los órganos o entes podrán crear en las unidades administrativas correspondientes de su propia organización, otros registros con el fin de facilitar la presentación de escritos y comunicaciones. Estos serán auxiliares del registro general, al que comunicarán toda anotación que efectúen.

Los asientos se anotarán respetando el orden temporal de recepción o salida de los escritos y comunicaciones, e indicarán la fecha de la recepción o salida.

Concluido el trámite de registro, los escritos y comunicaciones serán cursados sin dilación a sus destinatarios y a las unidades administrativas correspondientes desde el registro en que hubieran sido recibidas.

Soporte informático

Artículo 164. Los registros que la Administración Pública establezca para la recepción de escritos y comunicaciones de los particulares o de órganos o entes, deberán instalarse en un soporte informático.

El sistema garantizará la constancia en cada asiento que se practique, de un número, epígrafe expresivo de su naturaleza, fecha de entrada, fecha y hora de su presentación, identificación del interesado, órgano administrativo remitente, si procede, y persona u órgano o ente administrativo al que se envía y, en su caso, referencia al contenido del escrito o comunicación que se registra.

Asimismo, el sistema garantizará la integración informática en el registro general de las anotaciones efectuadas en los restantes registros del órgano o ente.

Lugar de presentación de documentos

Artículo 165. Las solicitudes, escritos y comunicaciones que las personas dirijan a los órganos y entes de la Administración Pública podrán presentarse:

1. En la unidad correspondiente de los órganos y entes administrativos a que se dirijan.

2. En las oficinas de correo en la forma que reglamentariamente se establezca.

3. En las representaciones diplomáticas o delegaciones consulares de República Bolivariana de Venezuela.

4. En cualquier otro que establezca la ley.

A los fines previstos en este artículo podrán hacerse efectivos, por cualquier medio, como giro postal o telegráfico, o mediante transferencia dirigida a la oficina pública correspondiente, cualesquiera tributos que haya que satisfacer en el momento de la presentación de solicitudes y escritos a la Administración Pública.

Información sobre horario

Artículo 166. Cada órgano o ente de la Administración Pública establecerá los días y el horario en que deban permanecer abiertas sus oficinas, garantizando el derecho de las personas a la presentación de documentos previstos en el presente Decreto con Rango, Valor y Fuerza de Ley Orgánica.

La Administración Pública deberá hacer pública y mantener actualizada una relación de sus oficinas, sus sistemas de acceso y comunicación, así como los horarios de funcionamiento.

Remisión reglamentaria

Artículo 167. El reglamento respectivo determinará las funcionarias o funcionarios que tendrán acceso directo a los documentos, archivos y registros administrativos de la Administración Pública.

Para la consulta por otras funcionarias o funcionarios o personas de los documentos, archivos y registros administrativos que hayan sido expresamente declarados como confidenciales o secretos, deberá requerirse autorización del órgano superior respectivo, de conformidad con la ley que regule la materia de clasificación de contenido confidencial o secreto.

Limitaciones de exhibición o inspección judicial

Artículo 168. La autoridad judicial podrá acordar la copia, exhibición o inspección de determinado documento, expediente, libro o registro administrativo y se ejecutará la providencia, a menos que la autoridad competente hubiera resuelto con anterioridad otorgarle al documento, libro, expediente o registro la clasificación como secreto o confidencial por afectar la estabilidad del Estado y de las instituciones democráticas, el orden constitucional o en general el interés nacional, de conformidad con la Constitución de la República Bolivariana de Venezuela y las leyes que regulen la materia de clasificación de contenido confidencial o secreto.

Prohibición

Artículo 169. Se prohíbe a las funcionarias y funcionarios públicos conservar para sí documentos de los archivos de la Administración Pública y publicar copia de ellos por cualquier medio sin autorización del órgano superior respectivo.

Expedición de copias certificadas

Artículo 170. Todo aquel que presentare petición o solicitud ante la Administración Pública tendrá derecho a que se le expida copia certificada del expediente o de sus documentos, de conformidad con la Constitución de la República Bolivariana de Venezuela y la ley respectiva.

Prohibición de expedición de copias certificadas
de documentos y expedientes secretos o confidenciales

Artículo 171. Las copias certificadas que solicitaren los interesados y las autoridades competentes se expedirán por la funcionaria o funcionario correspondiente, salvo que los documentos y expedientes hubieran sido previa y formalmente declarados secretos o confidenciales de conformidad con las leyes que regulen la materia.

Prohibición de expedición de
certificaciones de mera relación

Artículo 172. Se prohíbe la expedición de certificaciones de mera relación, entendidas como aquellas que sólo tengan por objeto hacer constar el testimonio u opinión del funcionario declarante sobre algún hecho o dato de su conocimiento de los contenidos en el expediente archivados o en curso.

Procedimiento especial para la expedición
de copias certificadas

Artículo 173. Para expedir copias certificadas por procedimientos que requieran del conocimiento y de la intervención de técnicos, el órgano superior respectivo nombrará un experto para ejecutar la copia, quién deberá prestar juramento de cumplir fielmente su cometido, antes de realizar el trabajo.

Los honorarios del experto, de ser necesario, se fijarán previamente en acto, verificado ante el funcionario o funcionaria correspondiente y serán por cuenta del solicitante, quien deberá consignarlos de conformidad con el reglamento respectivo.

Los gastos y derechos que ocasione la expedición de copias certificadas, conforme a lo establecido en los artículos anteriores, serán por cuenta de los interesados.

DISPOSICIÓN DEROGATORIA

Única. Se deroga la Ley Orgánica de la Administración Pública, publicada en la Gaceta Oficial de la República Bolivariana de Venezuela Nº 37.305 de fecha 17 de octubre de dos mil uno, así como todas las disposiciones legales y reglamentarias que colidan con el presente Decreto con Rango, Valor y Fuerza de Ley Orgánica.

DISPOSICIÓN TRANSITORIA

Única. En el lapso de un año contado a partir de la publicación del presente Decreto con Rango, Valor y Fuerza de Ley Orgánica, la Administración Pública debe dictar los instrumentos correspondientes a los fines de adaptar la estructura, organización y funcionamiento de sus órganos y entes, a las previsiones en él contenidas.

DISPOSICIÓN FINAL

Única. El presente Decreto con Rango, Valor y Fuerza de Ley Orgánica, entrará en vigencia a partir de su publicación en la Gaceta Oficial de la República Bolivariana de Venezuela.

Dado en Caracas, a los quince días del mes de julio de dos mil ocho. Años 198° de la Independencia, 149° de la Federación y 10° de la Revolución Bolivariana.

Ejecútese, (L.S.) HUGO CHÁVEZ FRÍAS

Refrendado El Vicepresidente Ejecutivo, RAMÓN ALONZO CARRIZALEZ RENGIFO

El Ministro del Poder Popular del Despacho de la Presidencia, JESSE CHACÓN ESCAMILLO

El Ministro del Poder Popular para Relaciones Interiores y Justicia, RAMÓN EMILIO RODRÍGUEZ CHACÍN

La Ministra del Poder Popular para el Turismo, OLGA CECILIA AZUAJE

El Ministro del Poder Popular para la Agricultura y Tierras, ELÍAS JAUA MILANO

El Ministro del Poder Popular para la Educación Superior, LUIS ACUÑA CEDEÑO

El Ministro del Poder Popular para la Educación, HÉCTOR NAVARRO

El Ministro del Poder Popular para la Salud, JESÚS MARIA MANTILLA OLIVEROS

El Ministro del Poder Popular para el Trabajo y Seguridad Social, ROBERTO MANUEL HERNÁNDEZ

El Encargado del Ministerio del Poder Popular para la Infraestructura, ISIDRO UBALDO RONDÓN TORRES

La Ministra del Poder Popular para el Ambiente, YUVIRI ORTEGA LOVERA

El Ministro del Poder Popular para la Planificación y Desarrollo, HAIMAN EL TROUDI

El Ministro del Poder Popular para la Economía Comunal, PEDRO MOREJÓN CARRILLO

El Ministro del Poder Popular para la Cultura, HÉCTOR ENRIQUE SOTO CASTELLANOS

El Ministerio del Poder Popular para la Vivienda y Hábitat, FRANCISCO DE ASÍS SESTO NOVAS

La Ministra del Poder Popular para la Participación y Protección Social, ERIKA DEL VALLE FARÍAS PEÑA

La Ministra del Poder Popular para el Deporte, VICTORIA MERCEDES MATA GARCÍA

La Ministra del Poder Popular para los Pueblos Indígenas, NICIA MALDONADO MALDONADO

La Ministra de Estado para Asuntos de la Mujer, MARIA LEÓN

LEY SEGUNDA:
LEY DEL ESTATUTO
DE LA FUNCIÓN PÚBLICA*

LA ASAMBLEA NACIONAL
DE LA REPÚBLICA BOLIVARIANA DE VENEZUELA

DECRETA

la siguiente,

LEY DEL ESTATUTO DE LA FUNCIÓN PÚBLICA

TÍTULO I

DISPOSICIONES FUNDAMENTALES

Artículo 1. La presente Ley regirá las relaciones de empleo público entre los funcionarios y funcionarias públicos y las administraciones públicas nacionales, estadales y municipales, lo que comprende:

1. El sistema de dirección y de gestión de la función pública y la articulación de las carreras públicas.

2. El sistema de administración de personal, el cual incluye la planificación de recursos humanos, procesos de reclutamiento, selección, ingreso, inducción, capacitación y desarrollo, planificación de las carreras, evaluación de méritos, ascensos, traslados, transferencia, valoración y clasificación de cargos, escalas de sueldos, permisos y licencias, régimen disciplinario y normas para el retiro.

Parágrafo Único: Quedarán excluidos de la aplicación de esta Ley:

1. Los funcionarios y funcionarias públicos al servicio del Poder Legislativo Nacional;

2. Los funcionarios y funcionarias públicos a que se refiere la Ley Orgánica del Servicio Exterior;

3. Los funcionarios y funcionarias públicos al servicio del Poder Judicial;

4. Los funcionarios y funcionarias públicos al servicio del Poder Ciudadano;

5. Los funcionarios y funcionarias públicos al servicio del Poder Electoral;

6. Los obreros y obreras al servicio de la Administración Pública;

---

*   Véase *Gaceta Oficial* N° 37.522 de 06 de septiembre de 2002.

7. Los funcionarios y funcionarias públicos al servicio de la Procuraduría General de la República;

8. Los funcionarios y funcionarias públicos al servicio del Servicio Nacional Integrado de Administración Aduanera y Tributaria (SENIAT);

9. Los miembros del personal directivo, académico, docente, administrativo y de investigación de las universidades nacionales.

Artículo 2. Las normas que se refieran en general a la Administración Pública, o expresamente a los estados y municipios, serán de obligatorio cumplimiento por éstos.

Sólo por leyes especiales podrán dictarse estatutos para determinadas categorías de funcionarios y funcionarias públicos o para aquellos que presten servicio en determinados órganos o entes de la Administración Pública.

Artículo 3. Funcionario o funcionaria público será toda persona natural que, en virtud de nombramiento expedido por la autoridad competente, se desempeñe en el ejercicio de una función pública remunerada, con carácter permanente.

TÍTULO II

DIRECCIÓN Y GESTIÓN DE LA FUNCIÓN PÚBLICA

CAPÍTULO I

Disposiciones Generales

Artículo 4. El Presidente o Presidenta de la República ejercerá la dirección de la función pública en el Poder Ejecutivo Nacional.

Los gobernadores o gobernadoras y alcaldes o alcaldesas ejercerán la dirección de la función pública en los estados y municipios. En los institutos autónomos, sean éstos nacionales, estadales o municipales, la ejercerán sus máximos órganos de dirección.

Artículo 5. La gestión de la función pública corresponderá a:

1. El Vicepresidente o Vicepresidenta Ejecutivo.

2. Los ministros o ministras.

3. Los gobernadores o gobernadoras.

4. Los alcaldes o alcaldesas.

5. Las máximas autoridades directivas y administrativas de los institutos autónomos nacionales, estadales y municipales.

En los órganos o entes de la Administración Pública dirigidos por cuerpos colegiados, la competencia de gestión de la función pública corresponderá a su presidente o presidenta, salvo cuando la ley u ordenanza que regule el funcionamiento del respectivo órgano o ente le otorgue esta competencia al cuerpo colegiado que lo dirige o administra.

Artículo 6. La ejecución de la gestión de la función pública corresponderá a las oficinas de recursos humanos de cada órgano o ente de la Administración Pública, las cuales harán cumplir las directrices, normas y decisiones del órgano de dirección y de los órganos de gestión correspondientes.

CAPÍTULO II

*Órganos de Dirección y de Gestión de la
Función Pública Nacional*

Artículo 7. El organismo responsable de la planificación del desarrollo de la función pública en los órganos de la Administración Pública Nacional será el Ministerio de Planificación y

Desarrollo. El Reglamento respectivo creará los mecanismos correspondientes de participación ciudadana en la elaboración de esta planificación.

Artículo 8. Corresponderá al Ministerio de Planificación y Desarrollo asistir al Presidente o Presidenta de la República en el ejercicio de las competencias que le acuerde esta Ley, así como evaluar, aprobar y controlar la aplicación de las políticas en materia de función pública mediante la aprobación de los planes de personal que ejecuten los órganos y entes de la Administración Pública Nacional. En particular, dicho Ministerio tendrá las atribuciones siguientes:

1. Organizar el sistema de la función pública y supervisar su aplicación y desarrollo. A tal fin, dictará directrices y procedimientos relativos al reclutamiento, selección, ingreso, clasificación, valoración, remuneración de cargos, evaluación del desempeño, desarrollo, capacitación, ascensos, traslados, transferencias, licencias, permisos, viáticos, registros de personal, régimen disciplinario y egresos, así como cualesquiera otras directrices y procedimientos inherentes al sistema.

2. Velar por el cumplimiento de las directrices y procedimientos a que se refiere el numeral anterior

3. Aprobar los planes de personal de los órganos y entes de la Administración Pública Nacional sujetos a esta Ley, así como sus modificaciones, una vez verificada con el Ministerio de Finanzas la correspondiente disponibilidad presupuestaria para su aplicación.

4. Realizar auditorías, estudios, análisis e investigaciones para evaluar la ejecución de los respectivos planes.

5. Solicitar de los órganos y entes de la Administración Pública Nacional la información que se requiera para el cabal desempeño de sus funciones.

6. Prestar asesoría técnica a los órganos y entes que lo soliciten.

7. Evacuar las consultas que le formulen los órganos y entes de la Administración Pública Nacional en relación con la administración de personal.

8. Evaluar el costo de los proyectos y acuerdos de las convenciones colectivas de trabajo en la Administración Pública Nacional.

9. Aprobar los informes técnicos sobre las clases de cargos y los sistemas de rango propuestos por los órganos y entes de la Administración Pública Nacional.

10. Presentar para la consideración y aprobación del Presidente o Presidenta de la República, una vez verificada la correspondiente disponibilidad presupuestaria con el Ministerio de Finanzas, los informes técnicos sobre la escala de sueldos que se aplicará en los órganos y entes de la Administración Pública Nacional.

11. Aprobar las bases y los baremos de los concursos para el ingreso y ascenso de los funcionarios o funcionarias públicos, los cuales deberán incluir los perfiles y requisitos exigidos para cada cargo.

12. Aprobar los informes técnicos de las reducciones de personal que planteen los órganos y entes de la Administración Pública Nacional de conformidad con esta Ley.

13. Solicitar al Ejecutivo Nacional, conjuntamente con el Ministerio de Finanzas, los correctivos y ajustes presupuestarios en aquellos órganos y entes de la Administración Pública Nacional que incumplan las metas de los planes de personal en lo relativo a la materia presupuestaria.

14. Las demás que establezca esta Ley y sus reglamentos.

Capítulo III

Registro Nacional de Funcionarios y Funcionarias Públicos

Artículo 9. El Ministerio de Planificación y Desarrollo deberá llevar y mantener actualizado el registro nacional de funcionarios y funcionarias públicos al servicio de la Administración Pública Nacional, de conformidad con lo que señalen los reglamentos de esta Ley.

Al registro nacional de funcionarios y funcionarias públicos quedarán integrados los demás registros de personal que puedan preverse en leyes especiales.

Parágrafo Único: En los estados y municipios el órgano o ente encargado de la planificación y desarrollo de la correspondiente entidad territorial tendrá las mismas competencias previstas en este artículo en el ámbito de su territorio.

Capítulo IV

Oficinas de Recursos Humanos

Artículo 10. Serán atribuciones de las oficinas de recursos humanos de los órganos y entes de la Administración Pública Nacional:

1. Ejecutar las decisiones que dicten los funcionarios o funcionarias encargados de la gestión de la función pública.

2. Elaborar el plan de personal de conformidad con esta Ley, sus reglamentos y las normas y directrices que emanen del Ministerio de Planificación y Desarrollo, así como dirigir, coordinar, evaluar y controlar su ejecución.

3. Remitir al Ministerio de Planificación y Desarrollo, en la oportunidad que se establezca en los reglamentos de esta Ley, los informes relacionados con la ejecución del Plan de Personal y cualquier otra información que le fuere solicitada.

4. Dirigir la aplicación de las normas y de los procedimientos que en materia de administración de personal señale la presente Ley y sus reglamentos.

5. Dirigir y coordinar los programas de desarrollo y capacitación del personal, de conformidad con las políticas que establezca el Ministerio de Planificación y Desarrollo.

6. Dirigir y coordinar los procesos para la evaluación del personal.

7. Organizar y realizar los concursos que se requieran para el ingreso o ascenso de los funcionarios o funcionarias de carrera, según las bases y baremos aprobados por el Ministerio de Planificación y Desarrollo.

8. Proponer ante el Ministerio de Planificación y Desarrollo los movimientos de personal a que hubiere lugar, a los fines de su aprobación.

9. Instruir los expedientes en caso de hechos que pudieren dar lugar a la aplicación de las sanciones previstas en esta Ley.

10. Actuar como enlace entre el órgano o ente respectivo y el Ministerio de Planificación y Desarrollo.

11. Las demás que se establezcan en la presente Ley y su Reglamento.

Parágrafo Único: Las oficinas de recursos humanos de los estados y municipios tendrán las mismas competencias respecto al órgano o ente encargado de la planificación y desarrollo en su territorio.

Artículo 11. La omisión, retardo, negligencia o imprudencia de los titulares de las oficinas de recursos humanos en adoptar las medidas que les hubiere prescrito el Ministerio de Planificación y Desarrollo, o el órgano encargado de la planificación y desarrollo en el respectivo estado o municipio, será causal de remoción de la función pública, sin perjuicio de la aplicación de las sanciones civiles y penales a las que hubiere lugar.

CAPÍTULO V

Planes de Personal

Artículo 12. Los planes de personal serán los instrumentos que integran los programas y actividades que desarrollarán los órganos y entes de la Administración pública para la óptima utilización del recurso humano, tomando en consideración los objetivos institucionales, la disponibilidad presupuestaria y las directrices que emanen de los órganos de gestión de la función pública.

Artículo 13. Los planes de personal deberán contener los objetivos y metas para cada ejercicio fiscal en lo relativo a estructura de cargos, remuneraciones, creación, cambios de clasificación, supresión de cargos, ingresos, ascensos, concursos, traslados, transferencias, egresos, evaluación del desempeño, desarrollo y capacitación, remuneraciones y las demás materias, previsiones y medidas que establezcan los reglamentos de esta Ley.

Los planes de personal estarán orientados al cumplimiento de los programas y metas institucionales.

Artículo 14. Corresponderá a los órganos de gestión de la Administración Pública Nacional, por intermedio de la oficina de recursos humanos, la presentación de los planes de personal ante el Ministerio de Planificación y Desarrollo en la oportunidad que éste señale, de conformidad con la normativa presupuestaria, así como acatar las modificaciones que le sean prescritas por este último órgano.

Parágrafo Único: En el caso de los estados y municipios, corresponderá al órgano encargado de la planificación la presentación de los planes de personal.

Artículo 15. El Ministerio de Planificación y Desarrollo aprobará los planes de personal en la Administración Pública Nacional, los cuales quedarán integrados al proyecto de Ley de Presupuesto que presente el Ejecutivo Nacional ante la Asamblea Nacional.

En caso de que dichos planes requieran algún tipo de modificación en el transcurso del ejercicio fiscal correspondiente, los órganos o entes de la Administración Pública Nacional, deberán someter dichas modificaciones, debidamente motivadas, a la consideración y aprobación conjunta del Ministerio de Planificación y Desarrollo y del Ministerio de Finanzas.

Parágrafo Único: Las mismas atribuciones corresponderán a los órganos o entes de planificación y desarrollo en los estados y municipios respecto a las oficinas de personal de los mismos.

TÍTULO III

FUNCIONARIOS Y FUNCIONARIAS PÚBLICOS

CAPÍTULO I

Disposiciones Generales

Artículo 16. Toda persona podrá optar a un cargo en la Administración Pública, sin más limitaciones que las establecidas por la Constitución de la República Bolivariana de Venezuela y las leyes.

Artículo 17. Para ejercer un cargo de los regulados por esta Ley, los aspirantes deberán reunir los siguientes requisitos:

1. Ser venezolano o venezolana.

2. Ser mayor de dieciocho años de edad.

3. Tener título de educación media diversificada.

4. No estar sujeto o sujeta a interdicción civil o inhabilitación política.

5. No gozar de jubilación o pensión otorgada por algún organismo del Estado, salvo para ejercer cargos de alto nivel, caso en el cual deberán suspender dicha jubilación o pensión. Se exceptúan de éste requisito la jubilación o pensión proveniente del desempeño de cargos compatibles.

6. Reunir los requisitos correspondientes al cargo.

7. Cumplir con los procedimientos de ingreso establecidos en esta Ley y su Reglamento, si fuere el caso.

8. Presentar declaración jurada de bienes.

9. Los demás requisitos establecidos en las leyes.

Artículo 18. Los funcionarios o funcionarias públicos, antes de tomar posesión de sus cargos, deberán prestar juramento de cumplir la Constitución de la República Bolivariana de Venezuela, las leyes de la República y los deberes inherentes al cargo.

Artículo 19. Los funcionarios o funcionarias de la Administración Pública serán de carrera o de libre nombramiento y remoción.

Serán funcionarios o funcionarias de carrera, quienes habiendo ganado el concurso público, superado el período de prueba y en virtud de nombramiento, presten servicios remunerado y con carácter permanente.

Serán funcionarios o funcionarias de libre nombramiento y remoción aquellos que son nombrados y removidos libremente de sus cargos sin otras limitaciones que las establecidas en esta Ley.

Artículo 20. Los funcionarios o funcionarias públicos de libre nombramiento y remoción podrán ocupar cargos de alto nivel o de confianza. Los cargos de alto nivel son los siguientes:

1. El Vicepresidente o Vicepresidenta Ejecutivo.

2. Los ministros o ministras.

3. Los jefes o jefas de las oficinas nacionales o sus equivalentes.

4. Los comisionados o comisionadas presidenciales.

5. Los viceministros o viceministras.

6. Los directores o directoras generales, directores o directoras y demás funcionarios o funcionarias de similar jerarquía al servicio de la Presidencia de la República, Vicepresidencia Ejecutiva y Ministerios.

7. Los miembros de las juntas directivas de los institutos autónomos nacionales.

8. Los directores o directoras generales, directores o directoras y demás funcionarios o funcionarias de similar jerarquía en los institutos autónomos.

9. Los registradores o registradoras y notarios o notarias públicos.

10. El Secretario o Secretaria General de Gobierno de los estados.

11. Los directores generales sectoriales de las gobernaciones, los directores de las alcaldías y otros cargos de la misma jerarquía.

12. Las máximas autoridades de los institutos autónomos estadales y municipales, así como sus directores o directoras y funcionarios o funcionarias de similar jerarquía.

Artículo 21. Los cargos de confianza serán aquellos cuyas funciones requieren un alto grado de confidencialidad en los despachos de las máximas autoridades de la Administración Pública, de los viceministros o viceministras, de los directores o directoras generales y de los directores o directoras o sus equivalentes. También se considerarán cargos de confianza aquellos cuyas funciones comprendan principalmente actividades de seguridad del estado, de fiscalización e inspección, rentas, aduanas, control de extranjeros y fronteras, sin perjuicio de lo establecido en la ley.

CAPÍTULO II

De los Derechos de los Funcionarios o Funcionarias Públicos

Artículo 22. Todo funcionario o funcionaria público tendrá derecho, al incorporarse al cargo, a ser informado por su superior inmediato acerca de los fines, organización y funcionamiento de la unidad administrativa correspondiente y de las atribuciones, deberes y responsabilidades que le incumben.

Artículo 23. Los funcionarios o funcionarias públicos tendrán derecho a percibir las remuneraciones correspondientes al cargo que desempeñen, de conformidad con lo establecido en esta Ley y sus reglamentos.

Artículo 24. Los funcionarios o funcionarias de la Administración Pública tendrán derecho a disfrutar de una vacación anual de quince días hábiles durante el primer quinquenio de servicios; de dieciocho días hábiles durante el segundo quinquenio; de veintiún días hábiles durante el tercer quinquenio y de veinticinco días hábiles a partir del decimosexto año de servicio. Asimismo, de una bonificación anual de cuarenta días de sueldo.

Cuando el funcionario o funcionaria público egrese por cualquier causa antes de cumplir el año de servicio, bien durante el primer año o en los siguientes, tendrá derecho a recibir el bono vacacional proporcional al tiempo de servicio prestado.

Artículo 25. Los funcionarios o funcionarias públicos al servicio de la Administración Pública, tendrán derecho a disfrutar, por cada año calendario de servicio activo, dentro del ejercicio fiscal correspondiente, de una bonificación de fin de año equivalente a un mínimo de noventa días de sueldo integral, sin perjuicio de que pueda aumentarse por negociación colectiva.

Artículo 26. Los funcionarios o funcionarias al servicio de la Administración Pública tendrán derecho a los permisos y licencias que se establezcan en los reglamentos de esta Ley, los cuales pueden ser con goce de sueldo o sin él y de carácter obligatorio o potestativo.

Artículo 27. Los funcionarios y funcionarias públicos nacionales, estadales y municipales, tendrán derecho a su protección integral a través del sistema de seguridad social en los términos y condiciones que establezca la ley y los reglamentos que regulan el Sistema de Seguridad Social.

Artículo 28. Los funcionarios y funcionarias públicos gozarán de los mismos beneficios contemplados en la Constitución de la República Bolivariana de Venezuela, en la Ley Orgánica del Trabajo y su Reglamento, en lo atinente a la prestación de antigüedad y condiciones para su percepción.

Artículo 29. Las funcionarias públicas en estado de gravidez gozarán de la protección integral a la maternidad en los términos consagrados en la Constitución de la República Bolivariana de Venezuela y en la Ley Orgánica del Trabajo y su Reglamento. No obstante, las controversias a las cuales pudiera dar lugar la presente disposición serán sustanciadas y decididas por los tribunales con competencia en lo contencioso administrativo funcionarial.

CAPÍTULO III

Derechos Exclusivos de los Funcionarios o Funcionarias Públicos de Carrera

Artículo 30. Los funcionarios o funcionarias públicos de carrera que ocupen cargos de carrera gozarán de estabilidad en el desempeño de sus cargos. En consecuencia, sólo podrán ser retirados del servicio por las causales contempladas en la presente Ley.

Artículo 31. Los funcionarios o funcionarias públicos de carrera que ocupen cargos de carrera tendrán derecho al ascenso en los términos previstos en esta Ley y sus reglamentos.

Artículo 32. Los funcionarios o funcionarias públicos de carrera, que ocupen cargos de carrera, tendrán el derecho a organizarse sindicalmente, a la solución pacífica de los conflictos, a la convención colectiva y a la huelga, de conformidad con lo establecido en la Ley Orgánica del Trabajo y su Reglamento, en cuanto sea compatible con la índole de los servicios que prestan y con las exigencias de la Administración Pública.

Todos los conflictos a los cuales diere lugar la presente disposición serán conocidos por los tribunales competentes en lo contencioso administrativo funcionarial.

CAPÍTULO IV

Deberes y Prohibiciones de los Funcionarios o
Funcionarias Públicos

Artículo 33. Además de los deberes que impongan las leyes y los reglamentos, los funcionarios o funcionarias públicos estarán obligados a:

1. Prestar sus servicios personalmente con la eficiencia requerida.

2. Acatar las órdenes e instrucciones emanadas de los superiores jerárquicos.

3. Cumplir con el horario de trabajo establecido.

4. Prestar la información necesaria a los particulares en los asuntos y expedientes en que éstos tengan algún interés legítimo.

5. Guardar en todo momento una conducta decorosa y observar en sus relaciones con sus superiores, subordinados y con el público toda la consideración y cortesía debidas.

6. Guardar la reserva, discreción y secreto que requieran los asuntos relacionados con las funciones que tengan atribuidas, dejando a salvo lo previsto en el numeral 4 de este artículo.

7. Vigilar, conservar y salvaguardar los documentos y bienes de la Administración Pública confiados a su guarda, uso o administración.

8. Cumplir las actividades de capacitación y perfeccionamiento destinados a mejorar su desempeño.

9. Poner en conocimiento de sus superiores las iniciativas que estimen útiles para la conservación del patrimonio nacional, el mejoramiento de los servicios y cualesquiera otras que incidan favorablemente en las actividades a cargo del órgano o ente.

10. Inhibirse del conocimiento de los asuntos cuya competencia esté legalmente atribuida, en los siguientes casos:

a. Cuando personalmente, o bien su cónyuge, su concubino o concubina o algún pariente dentro del cuarto grado de consanguinidad o segundo de afinidad, tuvieren interés en un asunto.

b. Cuando tuvieren amistad o enemistad manifiesta con cualquiera de las personas interesadas que intervengan en un asunto.

c. Cuando hubieren intervenido como testigos o peritos en el expediente de cuya resolución se trate, o como funcionarios o funcionarias públicos hubieren manifestado previamente su opinión en el mismo, de modo que pudieran prejuzgar la resolución del asunto; o tratándose de un recurso administrativo, que hubieren resuelto o intervenido en la decisión del acto que se impugna.

d. Cuando tuvieren relación de subordinación con funcionarios o funcionarias públicos directamente interesados en el asunto.

El funcionario o funcionaria público de mayor jerarquía en la entidad donde curse un asunto podrá ordenar, de oficio o a instancia de los interesados, a los funcionarios o funcionarias públicos incursos en las causales señaladas en este artículo que se abstengan de toda intervención en el procedimiento, designando en el mismo acto al funcionario o funcionaria que deba continuar conociendo del expediente.

11. Cumplir y hacer cumplir la Constitución de la República Bolivariana de Venezuela, las leyes, los reglamentos, los instructivos y las órdenes que deban ejecutar.

Artículo 34. Sin perjuicio de lo dispuesto en las leyes y los reglamentos, se prohíbe a los funcionarios o funcionarias públicos:

1. Celebrar contratos por sí, por personas interpuestas o en representación de otro, con la República, los estados, los municipios y demás personas jurídicas de derecho público o de derecho privado estatales, salvo las excepciones que establezcan las leyes.

2. Realizar propaganda, coacción pública u ostentar distintivos que los acrediten como miembros de un partido político, todo ello en el ejercicio de sus funciones.

3. Intervenir directa o indirectamente en las gestiones que realicen personas naturales o jurídicas, públicas o privadas, que pretendan celebrar cualquier contrato con la República, los estados, los municipios y demás personas jurídicas de derecho público o de derecho privado estatales.

4. Aceptar cargos, honores o recompensas de gobiernos extranjeros sin que preceda la correspondiente autorización de la Asamblea Nacional.

CAPÍTULO V

Incompatibilidades

Artículo 35. Los funcionarios o funcionarias públicos no podrán desempeñar más de un cargo público remunerado, a menos que se trate de cargos académicos, accidentales, asistenciales o docentes que determine la ley.

La aceptación de un segundo destino, que no sea de los exceptuados en este artículo, implica la renuncia del primero, salvo cuando se trate de suplentes mientras no reemplacen definitivamente al principal.

Artículo 36. El ejercicio de los cargos académicos, accidentales, asistenciales y docentes, declarados por la ley compatibles con el ejercicio de un destino público remunerado, se hará sin menoscabo del cumplimiento de los deberes inherentes a éste.

TÍTULO IV

PERSONAL CONTRATADO

Artículo 37. Sólo podrá procederse por la vía del contrato en aquellos casos en que se requiera personal altamente calificado para realizar tareas específicas y por tiempo determinado.

Se prohibirá la contratación de personal para realizar funciones correspondientes a los cargos previstos en la presente Ley.

Artículo 38. El régimen aplicable al personal contratado será aquél previsto en el respectivo contrato y en la legislación laboral.

Artículo 39. En ningún caso el contrato podrá constituirse en una vía de ingreso a la Administración Pública.

TÍTULO V
SISTEMA DE ADMINISTRACIÓN DE PERSONAL

CAPÍTULO I
Selección, Ingreso y Ascenso

Artículo 40. El proceso de selección de personal tendrá como objeto garantizar el ingreso de los aspirantes a los cargos de carrera en la Administración Pública, con base en las aptitudes, actitudes y competencias, mediante la realización de concursos públicos que permitan la participación, en igualdad de condiciones, de quienes posean los requisitos exigidos para desempeñar los cargos, sin discriminaciones de ninguna índole.

Serán absolutamente nulos los actos de nombramiento de funcionarios o funcionarias públicos de carrera, cuando no se hubiesen realizado los respectivos concursos de ingreso, de conformidad con esta Ley.

Artículo 41. Corresponderá a las oficinas de recursos humanos de los órganos y entes de la Administración Pública la realización de los concursos públicos para el ingreso de los funcionarios o funcionarias públicos de carrera.

Artículo 42. Las oficinas de recursos humanos de los órganos y entes de la Administración Pública llevarán los registros de elegibles, a los cuales se les dará la mayor publicidad, de conformidad con lo establecido en los reglamentos de la presente Ley.

Artículo 43. La persona seleccionada por concurso será nombrada en período de prueba. Su desempeño será evaluado dentro de un lapso que no exceda de tres meses. Superado el período de prueba, se procederá al ingreso como funcionario o funcionaria público de carrera al cargo para el cual concursó. De no superar el período de prueba, el nombramiento será revocado.

Artículo 44. Una vez adquirida la condición jurídica de funcionario o funcionaria público de carrera, ésta no se extinguirá sino en el único caso en que el funcionario o funcionaria público sea destituido.

Artículo 45. El ascenso se hará con base en el sistema de méritos que contemple la trayectoria y conocimientos del funcionario o funcionaria público. Los reglamentos de la presente Ley desarrollarán las normas relativas a los ascensos.

Parágrafo Único: La provisión de cargos vacantes de carrera se realizará atendiendo el siguiente orden de prioridades:

1. Con candidatos o candidatas del registro de elegibles para ascensos del organismo respectivo.

2. Con candidatos o candidatas del registro de elegibles para ascensos de la Administración Pública.

3. Con candidatos o candidatas del registro de elegibles para ingresos.

CAPÍTULO II
Clasificación de Cargos

Artículo 46. A los efectos de la presente Ley, el cargo será la unidad básica que expresa la división del trabajo en cada unidad organizativa. Comprenderá las atribuciones, actividades, funciones, responsabilidades y obligaciones específicas con una interrelación tal, que puedan ser cumplidas por una persona en una jornada ordinaria de trabajo.

El Manual Descriptivo de Clases de Cargos será el instrumento básico y obligatorio para la administración del sistema de clasificación de cargos de los órganos y entes de la Administración Pública.

Artículo 47. Los cargos sustancialmente similares en cuanto al objeto de la prestación de servicio a nivel de complejidad, dificultad, deberes y responsabilidades, y cuyo ejercicio exija los mismos requisitos mínimos generales, se agruparán en clases bajo una misma denominación y grado común en la escala general de sueldos.

Artículo 48. Las clases de cargos sustancialmente similares en cuanto al objeto de la prestación de servicio, pero diferentes en niveles de complejidad de los deberes y responsabilidades, se agruparán en series en orden ascendente.

Artículo 49. El sistema de clasificación de cargos comprenderá el agrupamiento de éstos en clases definidas. Cada clase deberá ser descrita mediante una especificación oficial que incluirá lo siguiente:

1. Denominación, código y grado en la escala general de sueldos.

2. Descripción a título enunciativo de las atribuciones y deberes generales inherentes a la clase de cargo, la cual no eximirá del cumplimiento de las tareas específicas que a cada cargo atribuya la ley o la autoridad competente.

3. Indicación de los requisitos mínimos generales para el desempeño de la clase de cargo, la cual no eximirá del cumplimiento de otros señalados por la ley o autoridad competente.

4. Cualesquiera otros que determinen los reglamentos respectivos.

Artículo 50. Las denominaciones de clases de cargos, así como su ordenación y la indicación de aquellos que sean de carrera, serán aprobadas por el Presidente de la República mediante Decreto. Las denominaciones aprobadas serán de uso obligatorio en la Ley de Presupuesto y en los demás actos y documentos oficiales, sin perjuicio del uso de la terminología empleada para designar, en la respectiva jerarquía, los cargos de jefatura o de carácter supervisorio.

Artículo 51. Los órganos o entes de la Administración Pública Nacional podrán proponer al Ministerio de Planificación y Desarrollo los cambios o modificaciones que estimen conveniente introducir en el sistema de clasificación de cargos. Dicho Ministerio deberá comunicar su decisión en el plazo que se fije en el Reglamento de la presente Ley.

Artículo 52. La especificación oficial de las clases de cargos en la Administración Pública Nacional se publicará en la Gaceta Oficial de la República Bolivariana de Venezuela, con la denominación de manual descriptivo de clases de cargos. Igualmente se registrarán y publicarán sus modificaciones.

Artículo 53. Los cargos de alto nivel y de confianza quedarán expresamente indicados en los respectivos reglamentos orgánicos de los órganos o entes de la Administración Pública Nacional.

Los perfiles que se requieran para ocupar los cargos de alto nivel se establecerán en el Reglamento de la presente Ley.

CAPÍTULO III

Remuneraciones

Artículo 54. El sistema de remuneraciones comprende los sueldos, compensaciones, viáticos, asignaciones y cualesquiera otras prestaciones pecuniarias o de otra índole que reciban los funcionarios y funcionarias públicos por sus servicios. En dicho sistema se establecerá la escala general de sueldos, divididas en grados, con montos mínimos, intermedios y máximos. Cada cargo deberá ser asignado al grado correspondiente, según el sistema de clasificación, y remunerado con una de las tarifas previstas en la escala.

Artículo 55. El sistema de remuneraciones que deberá aprobar mediante decreto el Presidente o Presidenta de la República, previo informe favorable del Ministerio de Planificación y Desarrollo, establecerá las normas para la fijación, administración y pago de sueldos inicia-

   ALLAN R. BREWER-CARÍAS

les; aumentos por servicios eficientes y antigüedad dentro de la escala; viáticos y otros beneficios y asignaciones que por razones de servicio deban otorgarse a los funcionarios o funcionarias públicos. El sistema comprenderá también normas relativas al pago de acuerdo con horarios de trabajo, días feriados, vacaciones, licencias con o sin goce de sueldo y trabajo a tiempo parcial.

Artículo 56. Las escalas de sueldos de los funcionarios o funcionarias públicos de alto nivel serán aprobadas en la misma oportunidad en que se aprueben las escalas generales, tomando en consideración el nivel jerárquico de los mismos.

CAPÍTULO IV

Evaluación del Desempeño

Artículo 57. La evaluación de los funcionarios y funcionarias públicos en los órganos y entes de la Administración Pública comprenderá el conjunto de normas y procedimientos tendentes a evaluar su desempeño.

Los órganos y entes de la Administración Pública Nacional deberán presentar al Ministerio de Planificación y Desarrollo, para su aprobación, los resultados de sus evaluaciones, como soporte de los movimientos de personal que pretendan realizar en el próximo año fiscal y su incidencia en la nómina del personal activo, conjuntamente con el plan de personal, determinando los objetivos que se estiman cumplir durante el referido ejercicio fiscal.

Artículo 58. La evaluación deberá ser realizada dos veces por año sobre la base de los registros continuos de actuación que debe llevar cada supervisor.

En el proceso de evaluación, el funcionario deberá conocer los objetivos del desempeño a evaluar, los cuales serán acordes con las funciones inherentes al cargo.

Artículo 59. Tanto el Ministerio de Planificación y Desarrollo como la oficina de recursos humanos de los diferentes entes y órganos incluidos en el ámbito de aplicación de la presente Ley, establecerán los instrumentos de evaluación en el servicio, los cuales deberán satisfacer los requisitos de objetividad, imparcialidad e integridad de la evaluación.

Artículo 60. La evaluación de los funcionarios y funcionarias públicos será obligatoria, y su incumplimiento por parte del supervisor o supervisora será sancionado conforme a las previsiones de esta Ley.

Artículo 61. Con base en los resultados de la evaluación, la oficina de recursos humanos propondrá los planes de capacitación y desarrollo del funcionario o funcionaria público y los incentivos y licencias del funcionario en el servicio, de conformidad con la presente Ley y sus reglamentos.

Artículo 62. Para que los resultados de la evaluación sean válidos, los instrumentos respectivos deberán ser suscritos por el supervisor o supervisora inmediato o funcionario o funcionaria evaluador y por el funcionario o funcionaria evaluado. Este último podrá hacer las observaciones escritas que considere pertinente.

Los resultados de la evaluación deberán ser notificados al funcionario evaluado, quien podrá solicitar por escrito la reconsideración de los mismos dentro de los cinco días hábiles siguientes a su notificación. La decisión sobre el recurso ejercido deberá notificarse por escrito al evaluado. En caso de que esta decisión incida económicamente en el ejercicio fiscal respectivo, el organismo correspondiente deberá notificarlo al Ministerio de Planificación y Desarrollo.

Capítulo V

Capacitación y Desarrollo del Personal

Artículo 63. El desarrollo del personal se logrará mediante su formación y capacitación y comprende el mejoramiento técnico, profesional y moral de los funcionarios o funcionarias públicos; su preparación para el desempeño de funciones más complejas, incorporar nuevas tecnologías y corregir deficiencias detectadas en la evaluación; habilitarlo para que asuma nuevas responsabilidades, se adapte a los cambios culturales y de las organizaciones, y progresar en la carrera como funcionario o funcionaria público.

Artículo 64. El Ministerio de Planificación y Desarrollo diseñará, impulsará, evaluará y efectuará el seguimiento de las políticas de formación, capacitación y desarrollo del personal al servicio de la Administración Pública Nacional y será responsable de la coordinación, vigilancia y control de los programas de los distintos órganos y entes con el fin de garantizar el cumplimiento de dichas políticas.

Artículo 65. Los programas de formación, capacitación y desarrollo podrán ser ejecutados directamente por los órganos o entes de la Administración Pública Nacional, o podrá recurrirse a la contratación de profesionales o instituciones acreditadas. El Ministerio de Planificación y Desarrollo velará por la calidad de los programas y propondrá los correctivos o mejoras que sean necesarios.

Capítulo VI

Jornada de Servicio

Artículo 66. El Ministerio de Planificación y Desarrollo mediante Resolución, establecerá el calendario de los días hábiles de la Administración Pública Nacional, la cual será publicada en la Gaceta Oficial de la República Bolivariana de Venezuela.

Artículo 67. La jornada de servicio diurna de los funcionarios y funcionarias públicos no excederá de ocho horas diarias ni de cuarenta y cuatro horas semanales. La jornada de servicio nocturna no excederá de siete horas diarias ni de treinta y cinco horas semanales.

Artículo 68. El Ministerio de Planificación y Desarrollo, conjuntamente con la organización sindical respectiva y por circunstancias que así lo exijan y que serán señaladas en la resolución correspondiente, podrá modificar los horarios en la Administración Pública Nacional.

Artículo 69. Cuando los funcionarios o funcionarias públicos, previa solicitud de la autoridad correspondiente, presten servicios fuera de los horarios establecidos en los órganos o entes de la Administración Pública, ésta, por intermedio de sus órganos de gestión, establecerá incentivos como compensación por las horas extras trabajadas.

Capítulo VII

Situaciones Administrativas de los Funcionarios y Funcionarias Públicos

Artículo 70. Se considerará en servicio activo al funcionario o funcionaria público que ejerza el cargo o se encuentre en comisión de servicio, traslado, suspensión con goce de sueldo, permiso o licencia.

Artículo 71. La comisión de servicio será la situación administrativa de carácter temporal por la cual se encomienda a un funcionario o funcionaria público el ejercicio de un cargo diferente, de igual o superior nivel del cual es titular. Para ejercer dicha comisión de servicio, el funcionario o funcionaria público deberá reunir los requisitos exigidos para el cargo.

La comisión de servicio podrá ser realizada en el mismo órgano o ente donde presta servicio o en otro de la Administración Pública dentro de la misma localidad. Si el cargo que se ejerce en comisión de servicio tuviere mayor remuneración, el funcionario o funcionaria público tendrá derecho al cobro de la diferencia, así como a los viáticos y remuneraciones que fueren procedentes.

Artículo 72. Las comisiones de servicio serán de obligatoria aceptación y deberán ser ordenadas por el lapso estrictamente necesario, el cual no podrá exceder de un año a partir del acto de notificación de la misma.

Artículo 73. Por razones de servicio, los funcionarios o funcionarias públicos de carrera podrán ser trasladados dentro de la misma localidad de un cargo a otro de la misma clase, siempre que no se disminuya su sueldo básico y los complementos que le puedan corresponder. Cuando se trate de traslado de una localidad a otra, éste deberá realizarse de mutuo acuerdo, con las excepciones que por necesidades de servicio determinen los reglamentos.

Artículo 74. Los funcionarios o funcionarias públicos de carrera podrán ser transferidos cuando tenga lugar la descentralización de las actividades a cargo del órgano o ente donde presten sus servicios, de conformidad con lo establecido en la ley. En tales casos deberá levantarse un acta de transferencia.

Artículo 75. El funcionario o funcionaria público que cumpla con los requisitos para el disfrute de la jubilación o de una pensión por invalidez, podrá ser transferido, previo acuerdo entre la Administración Pública y el funcionario o funcionaria público.

Artículo 76. El funcionario o funcionaria público de carrera que sea nombrado para ocupar un cargo de alto nivel, tendrá el derecho a su reincorporación en un cargo de carrera del mismo nivel al que tenía en el momento de separarse del mismo, si el cargo estuviere vacante.

Artículo 77. Los funcionarios y funcionarias públicos tendrán derecho a los permisos y licencias previstos en la presente Ley y sus reglamentos.

CAPÍTULO VIII

Retiro y Reingreso

Artículo 78. El retiro de la Administración Pública procederá en los siguientes casos:

1. Por renuncia escrita del funcionario o funcionaria público debidamente aceptada.

2. Por pérdida de la nacionalidad.

3. Por interdicción civil.

4. Por jubilación y por invalidez de conformidad con la ley.

5. Por reducción de personal debido a limitaciones financieras, cambios en la organización administrativa, razones técnicas o la supresión de una dirección, división o unidad administrativa del órgano o ente. La reducción de personal será autorizada por el Presidente o Presidenta de la República en Consejo de Ministros, por los consejos legislativos en los estados, o por los concejos municipales en los municipios.

6. Por estar incurso en causal de destitución.

7. Por cualquier otra causa prevista en la presente Ley.

Los cargos que quedaren vacantes conforme al numeral 5 de este artículo no podrán ser provistos durante el resto del ejercicio fiscal.

Los funcionarios o funcionarias públicos de carrera que sean objeto de alguna medida de reducción de personal, conforme al numeral 5 de este artículo, antes de ser retirados podrán ser reubicados. A tal fin, gozarán de un mes de disponibilidad a los efectos de su reubicación. En caso de no ser ésta posible, el funcionario o funcionaria público será retirado e incorporado al registro de elegibles.

TÍTULO VI
RESPONSABILIDADES Y RÉGIMEN DISCIPLINARIO

CAPÍTULO I
Responsabilidades

Artículo 79. Los funcionarios o funcionarias públicos responderán penal, civil, administrativa y disciplinariamente por los delitos, faltas, hechos ilícitos e irregularidades administrativas cometidas en el ejercicio de sus funciones. Esta responsabilidad no excluirá la que pudiere corresponderles por efecto de otras leyes o de su condición de ciudadanos o ciudadanas.

Aquel funcionario o funcionaria público que estando en la obligación de sancionar, no cumpla con su deber, será sancionado por la autoridad correspondiente conforme a lo establecido en la presente Ley, sus reglamentos y demás leyes que rijan la materia. Esta responsabilidad no excluirá la que pudiere corresponderles por efecto de otras leyes o de su condición de ciudadanos o ciudadanas.

Artículo 80. Los funcionarios o funcionarias públicos que renuncien, disminuyan o comprometan sus competencias de dirección o de gestión en la función pública, mediante actos unilaterales o bilaterales, serán responsables de los perjuicios causados a la República por responsabilidad administrativa, civil y penal, de conformidad con la ley.

Artículo 81. Corresponderá al Ministerio Público intentar las acciones a que hubiere lugar para hacer efectiva la responsabilidad civil, penal, administrativa o disciplinaria en que hubieren incurrido los funcionarios o funcionarias públicos con motivo del ejercicio de sus funciones. Sin embargo, ello no menoscabará el ejercicio de los derechos y acciones que correspondan a los particulares o a otros funcionarios o funcionarias públicos, de conformidad con la ley.

CAPÍTULO II
Régimen Disciplinario

Artículo 82. Independientemente de las sanciones previstas en otras leyes aplicables a los funcionarios o funcionarias públicos en razón del desempeño de sus cargos, éstos quedarán sujetos a las siguientes sanciones disciplinarias:

1. Amonestación escrita.

2. Destitución.

Artículo 83. Serán causales de amonestación escrita:

1. Negligencia en el cumplimiento de los deberes inherentes al cargo.

2. Perjuicio material causado por negligencia manifiesta a los bienes de la República, siempre que la gravedad del perjuicio no amerite su destitución.

3. Falta de atención debida al público.

4. Irrespeto a los superiores, subalternos o compañeros.

5. Inasistencia injustificada al trabajo durante dos días hábiles dentro de un lapso de treinta días continuos.

6. Realizar campaña o propaganda de tipo político o proselitista, así como solicitar o recibir dinero u otros bienes para los mismos fines, en los lugares de trabajo.

7. Recomendar a personas determinadas para obtener beneficios o ventajas en la función pública.

Artículo 84. Si se hubiere cometido un hecho que amerite amonestación escrita, el supervisor o supervisora inmediato notificará por escrito del hecho que se le imputa y demás circunstancia del caso al funcionario o funcionaria público para que, dentro de los cinco días hábiles siguientes, formule los alegatos que tenga a bien esgrimir en su defensa.

Cumplido el procedimiento anterior, el supervisor o supervisora emitirá un informe que contendrá una relación sucinta de los hechos y de las conclusiones a que haya llegado. Si se comprobare la responsabilidad del funcionario o funcionaria público, el supervisor o supervisora aplicará la sanción de amonestación escrita.

En el acto administrativo respectivo deberá indicarse el recurso que pudiere intentarse contra dicho acto y la autoridad que deba conocer del mismo. Se remitirá copia de la amonestación a la oficina de recursos humanos respectiva.

Artículo 85. Contra la amonestación escrita el funcionario o funcionaria público podrá interponer, con carácter facultativo, recurso jerárquico, sin necesidad del ejercicio previo del recurso de reconsideración, para ante la máxima autoridad del órgano o ente de la Administración Pública, dentro del plazo de quince días hábiles contados a partir de la fecha de su notificación. La máxima autoridad deberá decidir el recurso dentro del término de treinta días hábiles siguientes a su recepción. El vencimiento del término sin que la máxima autoridad se haya pronunciado sobre el recurso jerárquico interpuesto se considerará como silencio administrativo negativo y el interesado podrá ejercer ante el tribunal competente el recurso contencioso administrativo funcionarial.

Artículo 86. Serán causales de destitución:

1. Haber sido objeto de tres amonestaciones escritas en el transcurso de seis meses.

2. El incumplimiento reiterado de los deberes inherentes al cargo o funciones encomendadas.

3. La adopción de resoluciones, acuerdos o decisiones declarados manifiestamente ilegales por el órgano competente, o que causen graves daños al interés público, al patrimonio de la Administración Pública o al de los ciudadanos o ciudadanas. Los funcionarios o funcionarias públicos que hayan coadyuvado en alguna forma a la adopción de tales decisiones estarán igualmente incursos en la presente causal.

4. La desobediencia a las órdenes e instrucciones del supervisor o supervisora inmediato, emitidas por éste en el ejercicio de sus competencias, referidas a tareas del funcionario o funcionaria público, salvo que constituyan una infracción manifiesta, clara y terminante de un precepto constitucional o legal.

5. El incumplimiento de la obligación de atender los servicios mínimos acordados que hayan sido establecidos en caso de huelga.

6. Falta de probidad, vías de hecho, injuria, insubordinación, conducta inmoral en el trabajo o acto lesivo al buen nombre o a los intereses del órgano o ente de la Administración Pública.

7. La arbitrariedad en el uso de la autoridad que cause perjuicio a los subordinados o al servicio.

8. Perjuicio material severo causado intencionalmente o por negligencia manifiesta al patrimonio de la República.

9. Abandono injustificado al trabajo durante tres días hábiles dentro del lapso de treinta días continuos.

10. Condena penal o auto de responsabilidad administrativa dictado por la Contraloría General de la República.

11. Solicitar o recibir dinero o cualquier otro beneficio, valiéndose de su condición de funcionario o funcionaria público.

12. Revelación de asuntos reservados, confidenciales o secretos de los cuales el funcionario o funcionaria público tenga conocimiento por su condición de tal.

13. Tener participación por sí o por interpuestas personas, en firmas o sociedades que estén relacionadas con el respectivo órgano o ente cuando estas relaciones estén vinculadas directa o indirectamente con el cargo que se desempeña.

14. Haber recibido tres evaluaciones negativas consecutivas, de conformidad con lo previsto en el artículo 58 de esta Ley.

Artículo 87. Las faltas de los funcionarios o funcionarias públicos sancionadas con amonestación escrita prescribirán a los seis meses a partir del momento en que el supervisor inmediato tuvo conocimiento del hecho y no inició el procedimiento correspondiente.

Artículo 88. Las faltas de los funcionarios o funcionarias públicos sancionadas con la destitución, prescribirán a los ocho meses, a partir del momento en que el funcionario o funcionaria público de mayor jerarquía dentro de la respectiva unidad tuvo conocimiento, y no hubiere solicitado la apertura de la correspondiente averiguación administrativa.

CAPÍTULO III

Procedimiento Disciplinario de Destitución

Artículo 89. Cuando el funcionario o funcionaria público estuviere presuntamente incurso en una causal de destitución, se procederá de la siguiente manera:

1. El funcionario o funcionaria público de mayor jerarquía dentro de la respectiva unidad, solicitará a la oficina de recursos humanos la apertura de la averiguación a que hubiere lugar.

2. La oficina de recursos humanos instruirá el respectivo expediente y determinará los cargos a ser formulados al funcionario o funcionaria público investigado, si fuere el caso.

3. Una vez cumplido lo establecido en el numeral precedente, la oficina de recursos humanos notificará al funcionario o funcionaria público investigado para que tenga acceso al expediente y ejerza su derecho a la defensa, dejando constancia de ello en el expediente. Si no pudiere hacerse la notificación personalmente, se entregará la misma en su residencia y se dejará constancia de la persona, día y hora en que la recibió. A tal efecto, cuando el funcionario o funcionaria público ingrese a la Administración Pública deberá indicar una sede o dirección en su domicilio, la cual subsistirá para todos los efectos legales ulteriores y en la que se practicarán todas las notificaciones a que haya lugar. Si resultare impracticable la notificación en la forma señalada, se publicará un cartel en uno de los periódicos de mayor circulación de la localidad y, después de transcurridos cinco días continuos, se dejará constancia del cartel en el expediente y se tendrá por notificado al funcionario o funcionaria público.

4. En el quinto día hábil después de haber quedado notificado el funcionario o funcionaria público, la oficina de recursos humanos le formulará los cargos a que hubiere lugar. En el lapso de cinco días hábiles siguientes, el funcionario o funcionaria público consignará su escrito de descargo.

5. El funcionario o funcionaria público investigado, durante el lapso previo a la formulación de cargos y dentro del lapso para consignar su escrito de descargo, tendrá acceso al expediente y podrá solicitar que le sean expedidas las copias que fuesen necesarias a los fines de la preparación de su defensa, salvo aquellos documentos que puedan ser considerados como reservados.

6. Concluido el acto de descargo, se abrirá un lapso de cinco días hábiles para que el investigado o investigada promueva y evacue las pruebas que considere conveniente.

7. Dentro de los dos días hábiles siguientes al vencimiento del lapso de pruebas concedido al funcionario o funcionaria público, se remitirá el expediente a la Consultoría Jurídica o la unidad similar del órgano o ente a fin de que opine sobre la procedencia o no de la destitución. A tal fin, la Consultoría Jurídica dispondrá de un lapso de diez días hábiles.

8. La máxima autoridad del órgano o ente decidirá dentro de los cinco días hábiles siguientes al dictamen de la Consultoría Jurídica y notificará al funcionario o funcionaria público investigado del resultado, indicándole en la misma notificación del acto administrativo el recurso jurisdiccional que procediere contra dicho acto, el tribunal por ante el cual podrá interponerlo y el término para su presentación.

9. De todo lo actuado se dejará constancia escrita en el expediente.

El incumplimiento del procedimiento disciplinario a que se refiere este artículo por parte de los titulares de las oficinas de recursos humanos, será causal de destitución.

Título VII
MEDIDAS CAUTELARES ADMINISTRATIVAS

Artículo 90. Cuando para realizar una investigación judicial o administrativa fuere conveniente, a los fines de la misma, suspender a un funcionario o funcionaria público, la suspensión será con goce de sueldo y tendrá una duración hasta de sesenta días continuos, lapso que podrá ser prorrogado por una sola vez.

La suspensión con goce de sueldo terminará por revocatoria de la medida, por decisión de sobreseimiento, por absolución en la averiguación o por imposición de una sanción.

Artículo 91. Si a un funcionario le ha sido dictada medida preventiva de privación de libertad, se le suspenderá del ejercicio del cargo sin goce de sueldo. Esta suspensión no podrá tener una duración mayor a seis meses.

En caso de sentencia absolutoria con posterioridad al lapso previsto en este artículo, la Administración reincorporará al funcionario o funcionaria público con la cancelación de los sueldos dejados de percibir durante el lapso en que estuvo suspendido.

Título VIII
CONTENCIOSO ADMINISTRATIVO FUNCIONARIAL

Artículo 92. Los actos administrativos de carácter particular dictados en ejecución de esta Ley por los funcionarios o funcionarias públicos agotarán la vía administrativa. En consecuencia, sólo podrá ser ejercido contra ellos el recurso contencioso administrativo funcionarial dentro del término previsto en el artículo 94 de esta Ley, a partir de su notificación al interesado, o de su publicación, si fuere el caso, conforme a la Ley Orgánica de Procedimientos Administrativos.

Artículo 93. Corresponderá a los tribunales competentes en materia contencioso administrativo funcionarial, conocer y decidir todas las controversias que se susciten con motivo de la aplicación de esta Ley, en particular las siguientes:

1. Las reclamaciones que formulen los funcionarios o funcionarias públicos o aspirantes a ingresar en la función pública cuando consideren lesionados sus derechos por actos o hechos de los órganos o entes de la Administración Pública.

2. Las solicitudes de declaratoria de nulidad de las cláusulas de los convenios colectivos.

Artículo 94. Todo recurso con fundamento en esta Ley sólo podrá ser ejercido válidamente dentro de un lapso de tres meses contado a partir del día en que se produjo el hecho que dio lugar a él, o desde el día en que el interesado fue notificado del acto.

Artículo 95. Las controversias que se susciten con motivo de la aplicación de la presente Ley se iniciarán a través del recurso contencioso administrativo funcionarial, el cual consiste en una querella escrita en la que el interesado o interesada deberá indicar en forma breve, inteligible y precisa:

1. La identificación del accionante y de la parte accionada.

2. El acto administrativo, la cláusula de la convención colectiva cuya nulidad se solicita o los hechos que afecten al accionante, si tal fuere el caso.

3. Las pretensiones pecuniarias, si fuere el caso, las cuales deberán especificarse con la mayor claridad y alcance.

4. Las razones y fundamentos de la pretensión, sin poder explanarlos a través de consideraciones doctrinales. Los precedentes jurisprudenciales podrán alegarse sólo si los mismos fueren claros y precisos y aplicables con exactitud a la situación de hecho planteada. En ningún caso se transcribirán literalmente los artículos de los textos normativos ni las sentencias en su integridad.

5. Los instrumentos en que se fundamente la pretensión, esto es, aquellos de los cuales se derive inmediatamente el derecho deducido. Estos instrumentos deberán producirse con la querella.

6. Lugar donde deberán practicarse las citaciones y notificaciones.

7. Nombres y apellidos del mandatario o mandataria si fuere el caso. En tal supuesto deberá consignarse junto con la querella el poder correspondiente.

8. Cualesquiera otras circunstancias que, de acuerdo con la naturaleza de la pretensión, sea necesario poner en conocimiento del juez o jueza.

Artículo 96. Las querellas que se extiendan en consideraciones doctrinales y jurisprudenciales que se reputan conocidas por el juez o jueza, las que sean ininteligibles o repetitivas de hechos o circunstancias, las que transcriban el acto administrativo que se acompaña o que sean tan extensas de forma tal que el juez o jueza evidenciare que por estas causas se podrá producir un retardo en la administración de justicia, serán devueltas al accionante dentro de los tres días de despacho siguientes a su presentación, a los fines de que sean reformuladas.

Artículo 97. La querella podrá ser consignada ante cualquier juez o jueza de Primera Instancia o de municipio, quien deberá remitirla dentro de los tres días de despacho siguientes a su recepción, al tribunal competente. En este supuesto el lapso para la devolución, de ser el caso, se contará a partir del día de la recepción de la querella por parte del tribunal competente.

Artículo 98. Al recibir la querella, bien sea en su primera oportunidad si se encuentra ajustada a la ley, o bien después de haber sido reformulada, el tribunal competente la admitirá dentro de los tres días de despacho siguientes, si no estuviese incursa en algunas de las causales previstas para su inadmisión en la Ley Orgánica de la Corte Suprema de Justicia.

Artículo 99. Admitida la querella, dentro de los dos días de despacho siguientes el tribunal solicitará el expediente administrativo al Procurador o Procuradora General de la República, al Procurador o Procuradora General del estado, al Sindico Procurador Municipal o al representante legal del instituto autónomo nacional, estadal o municipal.

En esa misma oportunidad el tribunal conminará a la parte accionada a dar contestación a la querella dentro de un plazo de quince días de despacho a partir de su citación, la cual podrá tener lugar por oficio con aviso de recibo o por correo certificado.

A la citación el juez o jueza deberá acompañar copia certificada de la querella y de todos los anexos de la misma. Citada la parte accionada conforme a lo dispuesto anteriormente, las partes se entenderán a derecho, por lo cual no será necesario una nueva notificación para los subsiguientes actos del proceso, salvo que así lo determine la ley.

Artículo 100. A la contestación de la querella se le aplicarán las mismas disposiciones previstas para la querella, en cuanto fuere posible, pero en ningún caso la contestación de la querella se devolverá.

Artículo 101. Todas las pretensiones de la parte accionante y las defensas de la accionada serán resueltas en la sentencia definitiva, dejando a salvo lo previsto en el artículo 98 de esta Ley, respecto a la admisión de la querella.

Artículo 102. Si la parte accionada no diere contestación a la querella dentro del plazo previsto, la misma se entenderá contradicha en todas sus partes en caso de que la parte accionada gozase de este privilegio.

Artículo 103. Vencido el plazo de quince días de despacho para la contestación, haya tenido o no lugar la misma, el tribunal fijará en uno de los cinco días de despacho siguientes, la hora para que tenga lugar la audiencia preliminar.

Artículo 104. En la audiencia preliminar el juez o jueza pondrá de manifiesto a las partes los términos en que, en su concepto, ha quedado trabada la litis. Las partes podrán formular cualesquiera consideraciones al respecto, las cuales podrán ser acogidas por el juez o jueza. A su vez, éste podrá formular preguntas a las mismas a los fines de aclarar situaciones dudosas en cuanto a los extremos de la controversia.

En la misma audiencia, el juez o jueza deberá llamar a las partes a conciliación, ponderando con la mayor objetividad la situación procesal de cada una de ellas. Igualmente, podrá el juez o jueza fijar una nueva oportunidad para la continuación de la audiencia preliminar. En ningún caso, la intervención del juez o jueza en esta audiencia podrá dar lugar a su inhibición o recusación, pues se entiende que obra en pro de una justicia expedita y eficaz.

De producirse la conciliación, se dará por concluido el proceso.

Artículo 105. Las partes, dentro de los cinco días de despacho siguientes a la audiencia preliminar, sólo si alguna de las mismas solicita en esa oportunidad la apertura del lapso probatorio, deberán acompañar las que no requieren evacuación y promover aquéllas que la requieran.

Artículo 106. La evacuación de las pruebas tendrá lugar dentro de los diez días de despacho siguientes al vencimiento de lapso previsto en el artículo anterior, más el término de distancia para las pruebas que hayan de evacuarse fuera de la sede del tribunal, el cual se calculará a razón de un día por cada doscientos kilómetros o fracción, pero que no excederán de diez días consecutivos. El juez o jueza solamente podrá comisionar para las pruebas que hayan de evacuarse fuera de la sede del tribunal.

Artículo 107. Vencido el lapso probatorio, el juez o jueza fijará uno de los cinco días de despacho siguientes para que tenga lugar la audiencia definitiva. La misma la declarará abierta el juez o jueza, quien la dirige. Al efecto, dispondrá de potestades disciplinarias para asegurar el orden y la mejor celebración de la misma.

Las partes harán uso del derecho de palabra para defender sus posiciones. Al respecto, el tribunal fijará la duración de cada intervención. Además, podrá de nuevo interrogar a las partes sobre algún aspecto de la controversia y luego se retirará para estudiar su decisión definitiva, cuyo dispositivo será dictado en la misma audiencia definitiva, salvo que la complejidad del asunto exija que la misma sea dictada dentro de los cinco días de despacho siguientes a dicha audiencia.

Artículo 108. El Juez o Jueza, dentro de los diez días de despacho siguientes al vencimiento del lapso previsto en el único aparte del artículo anterior, dictará sentencia escrita sin narrativa y, menos aún, con transcripciones de actas, documentos, demás actos del proceso o citas doctrinales, precisando en forma clara, breve y concisa los extremos de la litis y los motivos de hecho y de derecho de la decisión, pronunciándose expresamente sobre cada uno de esos extremos con fundamento en las pruebas aportadas, si fuere el caso y sin poder extender su fallo en consideraciones doctrinales o citas jurisprudenciales.

El Juez o Jueza, en la sentencia, podrá declarar inadmisible el recurso por cualquiera de las causales establecidas en la Ley Orgánica de la Corte Suprema de Justicia.

Artículo 109. El juez o jueza, en cualquier estado del proceso podrá, a solicitud de las partes, dictar medidas cautelares si considerase que las mismas son necesarias para evitar perjuicios irreparables o de difícil reparación por la definitiva, tomando en consideración las circunstancias del caso.

Artículo 110. Contra las decisiones dictadas por los jueces o juezas superiores con competencia para conocer del recurso contencioso administrativo funcionarial, podrá interponerse apelación en el término de cinco días de despacho contado a partir de cuando se consigne por escrito la decisión definitiva, para ante la Corte Primera de lo Contencioso Administrativo.

Artículo 111. En las materias no reguladas expresamente en este Título, se aplicará supletoriamente el procedimiento breve previsto en el Código de Procedimiento Civil, siempre que sus normas no resulten incompatibles con lo dispuesto en esta Ley.

DISPOSICIONES TRANSITORIAS

Primera. Mientras se dicte la ley que regule la jurisdicción contencioso administrativa, son competentes en primera instancia para conocer de las controversias a que se refiere el artículo 93 de esta Ley, los jueces o juezas superiores con competencia en lo contencioso administrativo en el lugar donde hubieren ocurrido los hechos, donde se hubiere dictado el acto administrativo, o donde funcione el órgano o ente de la Administración Pública que dio lugar a la controversia.

Segunda. Mientras se dicta la ley que regule la jurisdicción contencioso administrativa, y a los fines de una mayor celeridad en las decisiones de los jueces en materia contencioso administrativo funcionarial, los actuales integrantes del Tribunal de Carrera Administrativa pasarán a constituir los jueces superiores quinto, sexto y séptimo de lo contencioso administrativo de la región capital, con sede en Caracas, dejando a salvo las atribuciones que le correspondan a los órganos de dirección del Poder Judicial.

Tercera. Mientras se dicte la ley que regule la jurisdicción contencioso administrativa, el procedimiento a seguirse en segunda instancia será el previsto en la Ley Orgánica de la Corte Suprema de Justicia

Cuarta. Los expedientes que cursen ante el Tribunal de la Carrera Administrativa serán distribuidos en un lapso máximo de treinta días continuos, conforme a la competencia territorial a que se refiere la Disposición Transitoria Primera de esta Ley. Durante este lapso se entenderán paralizados los procesos.

Quinta. Los procesos en curso ante el Tribunal de la Carrera Administrativa se continuarán sustanciando por los juzgados superiores de lo contencioso administrativo que resulten competentes.

Los procesos que se encuentren actualmente en curso serán decididos conforme a la norma sustantiva y adjetiva prevista en la Ley de Carrera Administrativa.

DISPOSICIÓN DEROGATORIA

Única. Al entrar en vigencia la presente Ley quedarán derogados la Ley de Carrera Administrativa del 3 de septiembre de 1970, publicada en la Gaceta Oficial de la República de Venezuela N° 1.428 Extraordinario de fecha 4 de septiembre de 1970, reformada por Decreto Ley N° 914 del 13 de mayo de 1975 publicado en la Gaceta Oficial de la República de Venezuela N° 1.745 Extraordinario del 23 de mayo de 1975; el Decreto N° 211 del 2 de julio de 1974, publicado en la Gaceta Oficial de la República de Venezuela N° 30.438 de fecha 2 de julio 1974; el Reglamento sobre los Sindicatos de Funcionarios Públicos dictado mediante Decreto N° 585 del 28 de abril de 1971, publicado en la Gaceta Oficial de la República de Venezuela N° 29.497 del 30 de abril de 1971 y cualesquiera otras disposiciones que colidan con la presente Ley.

DISPOSICIONES FINALES

Única. La presente Ley entrará en vigencia a partir de su publicación en la Gaceta Oficial de la República Bolivariana de Venezuela.

Dada, firmada y sellada en el Palacio Federal Legislativo, sede de la Asamblea Nacional, en Caracas, a los nueve días del mes de julio de dos mil dos. Año 192° de la Independencia y 143° de la Federación.

WILLIAN LARA, Presidente

RAFAEL SIMÓN JIMÉNEZ, Primer Vicepresidente

EUSTOQUIO CONTRERAS, Secretario

NOELÍ POCATERRA, Segunda Vicepresidenta

ZULMA TORRES DE MELO, Subsecretaria

Palacio de Miraflores, en Caracas, a los once días del mes de julio de dos mil dos. Años 192° de la Independencia y 143° de la Federación.

Cúmplase

(L.S.)

HUGO CHÁVEZ FRÍAS

Refrendado:

El Vicepresidente Ejecutivo, JOSÉ VICENTE RANCEL

El Ministro de Interior y Justicia, DIOSDADO CABELLO RONDÓN

El Ministro de Relaciones Exteriores, ROY CHADERTON MATOS

El Ministro de Finanzas, TOBÍAS NOBREGA SUAREZ

El Ministro de la Defensa, JOSÉ LUIS PRIETO

El Ministro de Producción y el Comercio, RAMÓN ROSALES LINARES

El Ministro de la Educación Superior, HÉCTOR NAVARRO DIAZ

El Ministro de Educación, Cultura y Deportes, ARISTÓBULO ISTÚRIZ ALMEIDA

La Ministra de Salud y Desarrollo Social, MARIA URBANEJA DURANT

La Ministra del Trabajo, MARIA CRISTINA IGLESIAS

El Ministro de Infraestructura, ISMAEL ELIEZER HURTADO SOUCRE

El Ministro de Energía y Minas, ÁLVARO SILVA CALDERÓN

La Ministra del Ambiente y de los Recursos Naturales, ANA ELISA OSORIO GRANADO

El Ministro de Planificación y Desarrollo, FELIPE PÉREZ MARTÍ

El Ministro de Ciencia y Tecnología, NELSON JOSÉ MERENTES DÍAZ

El Ministro de la Secretaría de la Presidencia, RAFAEL VARGAS MEDINA

LEY TERCERA:
LEY ORGÁNICA DE
PROCEDIMIENTOS ADMINISTRATIVOS [*]

EL CONGRESO DE LA REPÚBLICA DE VENEZUELA

DECRETA

la siguiente,

LEY ORGÁNICA DE PROCEDIMIENTOS ADMINISTRATIVOS

TÍTULO I
DISPOSICIONES FUNDAMENTALES

CAPÍTULO I
Disposiciones Generales

Ámbito de aplicación [**]

Artículo 1° La Administración Pública Nacional y la Administración Pública Descentralizada, integradas en la forma prevista en sus respectivas leyes orgánicas, ajustarán su actividad a las prescripciones de la presente Ley.

Las administraciones estadales y municipales, la Contraloría General de la República y la Fiscalía General de la República, ajustarán igualmente sus actividades a la presente Ley, en cuanto les sea aplicable.

Derecho de petición

Artículo 2° Toda persona interesada podrá, por sí o por medio de su representante, dirigir instancias o peticiones a cualquier organismo, entidad o autoridad administrativa. Estos de-

---

[*]   Tomado de la *Gaceta Oficial* N° 2.818 Extraordinario de 1-7-81. Para el mejor manejo del articulado de la Ley, cada disposición ha sido precedida de una frase que resume su contenido, lo cual se ha realizado por Hildegard Rondón de Sansó y Allan R. Brewer-Carías. Al final del libro se publica un Índice Alfabético del contenido de dicho articulado.

[**] Véase Art. 106

berán resolver las instancias o peticiones que se les dirijan o bien declarar, en su caso, los motivos que tuvieren para no hacerlo.

*Responsabilidad de los servidores públicos****

Artículo 3° Los funcionarios y demás personas que presten servicios en la Administración Pública, están en la obligación de tramitar los asuntos cuyo conocimiento les corresponda y son responsables por las faltas en que incurran.

Recurso de Reclamo

Los interesados podrán reclamar, ante el superior jerárquico inmediato, del retardo, omisión, distorsión o incumplimiento de cualquier procedimiento, trámite o plazo en que incurrieren los funcionarios responsables del asunto.

Este reclamo deberá interponerse en forma escrita y razonada y será resuelto dentro de los quince (15) días siguientes. La reclamación no acarreará la paralización del procedimiento ni obstaculizará la posibilidad de que sean subsanadas las fallas u omisiones. Si el superior jerárquico encontrare fundado el reclamo, impondrá al infractor o infractores la sanción prevista en el Artículo 100 de la presente Ley, sin perjuicio de las demás responsabilidades y sanciones a que hubiere lugar.

*Silencio administrativo negativo**

Artículo 4°. En los casos en que un órgano de la Administración Pública no resolviere un asunto o recurso dentro de los correspondientes lapsos, se considerará que ha resuelto negativamente y el interesado podrá intentar el recurso inmediato siguiente, salvo disposición expresa en contrario. Esta disposición no releva a los órganos administrativos ni a sus personeros de las responsabilidades que le sean imputables por la omisión o la demora.

Responsabilidad y sanciones por silencio

Parágrafo Único: La reiterada negligencia de los responsables de los asuntos o recursos que dé lugar a que éstos se consideren resueltos negativamente como se dispone en este artículo, les acarreará amonestación escrita a los efectos de lo dispuesto en la Ley de Carrera Administrativa, sin perjuicio de las sanciones previstas en el artículo 100 de esta Ley.

*Plazos para las decisiones***

Artículo 5°. A falta de disposición, expresa toda petición, representación o solicitud de naturaleza administrativa dirigida por los particulares a los órganos de la Administración Pública y que no requiera sustanciación, deberá ser resuelta dentro de los veinte (20) días siguientes a su presentación o a la fecha posterior en la que el interesado hubiere cumplido los requisitos legales exigidos. La Administración informará al interesado por escrito, y dentro de los cinco (5) días siguientes a la fecha de la presentación de la solicitud, la omisión o incumplimiento por éste de algún requisito.

Responsabilidad de la Administración

Artículo 6°. Cuando la Administración haya incurrido en mora o retardo en el cumplimiento de las obligaciones contraídas con los administrados y ello acarreare daño patrimonial, el funcionario o funcionarios a quienes competa la tramitación del asunto, además de las sanciones previstas en esta Ley, será responsable civilmente por el daño ocasionado a la Administración.

***   Véase Art. 100

*   Véase Arts. 5, 60, 67 y 93.

**   Véase Arts. 60 y 67.

CAPÍTULO II
De los Actos Administrativos

Definición de acto administrativo

Artículo 7°. Se entiende por acto administrativo, a los fines de esta Ley, toda declaración de carácter general o particular emitida de acuerdo con las formalidades y requisitos establecidos en la Ley, por los órganos de la Administración Pública.

*Ejecutividad y Ejecutoriedad**

Artículo 8°. Los actos administrativos que requieran ser cumplidos mediante actos de ejecución, deberán ser ejecutados por la Administración en el término establecido. A falta de este término, se ejecutarán inmediatamente.

*Motivación***

Artículo 9°. Los actos administrativos de carácter particular deberán ser motivados, excepto los de simple trámite, o salvo disposición expresa de la Ley. A tal efecto, deberán hacer referencia a los hechos y a los fundamentos legales del acto.

Carácter sublegal

Artículo 10. Ningún acto administrativo podrá crear sanciones, ni modificar las que hubieran sido establecidas en las leyes, crear impuestos u otras contribuciones de derecho público, salvo dentro de los límites determinados por la Ley.

Nuevas interpretaciones. Irretroactividad

Artículo 11. Los criterios establecidos por los distintos órganos de la Administración Pública podrán ser modificados, pero la nueva interpretación no podrá aplicarse a situaciones anteriores, salvo que fuere más favorable a los administrados. En todo caso, la modificación de los criterios no dará derecho a la revisión de los actos definitivamente firmes.

Límites a la discrecionalidad

Artículo 12. Aun cuando una disposición legal o reglamentaria deje alguna medida o providencia a juicio de la autoridad competente, dicha medida o providencia deberá mantener la debida proporcionalidad y adecuación con el supuesto de hecho y con los fines de la norma, y cumplir los trámites, requisitos y formalidades necesarios para su validez y eficacia.

Principios de jerarquía y de generalidad.
Inderogabilidad singular de los Reglamentos

Artículo 13. Ningún acto administrativo podrá violar lo establecido en otro de superior jerarquía; ni los de carácter particular vulnerar lo establecido en una disposición administrativa de carácter general, aun cuando fueren dictados por autoridad igual o superior a la que dictó la disposición general.

Jerarquía de los actos

Artículo 14. Los actos administrativos tienen la siguiente jerarquía: decretos, resoluciones, órdenes, providencias y otras decisiones dictadas por órganos y autoridades administrativas.

---

*   Véase Art. 79.
**   Véase Arts. 18, Ord. 5°, 34, 59, 86 y 104.

Decretos. Requisitos

Artículo 15. Los decretos son las decisiones de mayor jerarquía dictadas por el Presidente de la República y, en su caso, serán refrendados por aquél o aquellos Ministros a quienes corresponda la materia, o por todos, cuando la decisión haya sido tomada en Consejo de Ministros. En el primer caso, el Presidente de la República, cuando a su juicio la importancia del asunto lo requiera, podrá ordenar que sea refrendado, además, por otros Ministros.

Resoluciones Ministeriales

Artículo 16. Las resoluciones son decisiones de carácter general o particular adoptadas por los Ministros por disposición del Presidente de la República o por disposición específica de la Ley.

Las resoluciones deben ser suscritas por el Ministro respectivo.

Cuando la materia de una resolución corresponda a más de un Ministro, deberá ser suscrita por aquellos a quienes concierna el asunto.

Ordenes. Providencias.
Instrucciones. Circulares

Artículo 17. Las decisiones de los órganos de la Administración Pública Nacional, cuando no les corresponda la forma de decreto o resolución, conforme a los artículos anteriores, tendrán la denominación de orden o providencia administrativa. También, en su caso, podrán adoptar las formas de instrucciones o circulares.

Requisitos del acto administrativo

Artículo 18. Todo acto administrativo deberá contener:

Organismo

1. Nombre del Ministerio u organismo a que pertenece el órgano que emite el acto;

Órgano

2. Nombre del órgano que emite el acto;

Lugar y fecha

3. Lugar y fecha donde el acto es dictado;

Destinatario

4. Nombre de la persona u órgano a quien va dirigido;

*Motivación**

5. Expresión sucinta de los hechos, de las razones que hubieren sido alegadas y de los fundamentos legales pertinentes;

Decisión

6. La decisión respectiva, si fuere el caso;

Competencia

7. Nombre del funcionario o funcionarios que los suscriben, con indicación de la titularidad con que actúen, e indicación expresa, en caso de actuar por delegación, del número y fecha del acto de delegación que confirió la competencia.

---

*   Véase Art. 9.

*Firma mecánica***

8.   El sello de la oficina.

El original del respectivo instrumento contendrá la firma autógrafa del o de los funcionarios que lo suscriban. En el caso de aquellos actos cuya frecuencia lo justifique, se podrá disponer mediante decreto, que la firma de los funcionarios sea estampada por medios mecánicos que ofrezcan garantías de seguridad.

*Nulidad absoluta**

Artículo 19. Los actos de la Administración serán absolutamente nulos en los siguientes casos:

Disposición expresa

1.   Cuando así esté expresamente determinado por una norma constitucional o legal;

*Violación de la cosa juzgada administrativa***

2.   Cuando resuelvan un caso precedentemente decidido con carácter definitivo y que haya creado derechos particulares, salvo autorización expresa de la Ley.

Vicio en el objeto

3.   Cuando su contenido sea de imposible o ilegal ejecución, y;

Incompetencia manifiesta.
Ausencia total de procedimiento

4.   Cuando hubieren sido dictados por autoridades manifiestamente incompetentes, o con prescindencia total y absoluta del procedimiento legalmente establecido.

*Anulabilidad****

Artículo 20. Los vicios de los actos administrativos que no llegaren a producir la nulidad de conformidad con el artículo anterior, los harán anulables.

Anulabilidad parcial

Artículo 21. Si en los supuestos del artículo precedente, el vicio afectare sólo a una parte del acto administrativo, el resto del mismo, en lo que sea independiente, tendrá plena validez.

Interesados

Artículo 22. Se considerarán interesados, a los efectos de esta Ley, a las personas naturales o jurídicas a que se refieren los artículos 112 y 121 de la Ley Orgánica de la Corte Suprema de Justicia.

Interesados no participantes inicialmente

Artículo 23. La condición de interesados la tendrán, también quienes ostenten las condiciones de titularidad señaladas en el artículo anterior, aunque no hubieran intervenido en la iniciación del procedimiento, pidiendo, en tal caso, apersonarse en el mismo en cualquier estado en que se encuentre la tramitación.

**   Véase Art. 35.

*   Véase Art. 83

**   Véase Art. 82.

***   Véase Art. 81.

Capacidad jurídica

Artículo 24. Por lo que se refiere a sus relaciones con la Administración Pública, las condiciones relativas a la capacidad jurídica de los administrados serán las establecidas con carácter general en el Código Civil, salvo disposición expresa de la Ley.

Representación

Artículo 25. Cuando no sea expresamente requerida su comparecencia personal, los administrados podrán hacerse representar y, en tal caso, la administración se entenderá con el representante designado.

Forma de la representación

Artículo 26. La representación señalada en el artículo anterior podrá ser otorgada por simple designación en la petición o recurso ante la administración o acreditándola por documento registrado o autenticado.

Actuación personal del interesado

Artículo 27. La designación de representante no impedirá la intervención ante la Administración Pública a quien se hubiera hecho representar, ni el cumplimiento por éste de las obligaciones que exijan su comparencia personal.

Obligación de informar

Artículo 28. Los administrados están obligados a facilitar a la Administración Pública la información de que dispongan sobre el asunto de que se trate, cuando ello sea necesario para tomar la decisión correspondiente y les sea solicitada por escrito.

Deber de comparencia

Artículo 29. Los administrados estarán obligados a comparecer a las oficinas públicas cuando sean requeridos, previa notificación hecha por los funcionarios competentes para la tramitación de los asuntos en los cuales aquéllos tengan interés.

TÍTULO II

DE LA ACTIVIDAD ADMINISTRATIVA

CAPÍTULO I

Disposiciones Generales

Principios de la actividad administrativa

Artículo 30. La actividad administrativa se desarrollará con arreglo a principios de economía, eficacia, celeridad e imparcialidad.

Las autoridades superiores de cada organismo velarán por el cumplimiento de estos preceptos cuando deban resolver cuestiones relativas a las normas de procedimiento.

Unidad del expediente

Artículo 31. De cada asunto se formará expediente y se mantendrá la unidad de éste y de la decisión respectiva, aunque deban intervenir en el procedimiento oficinas de distintos Ministerios o Institutos Autónomos.

Uniformidad de documentos y expedientes

Artículo 32. Los documentos y expedientes administrativos deberán ser uniformes de modo que cada serie o tipo de ellos obedezca a iguales características. El administrado podrá adjuntar, en todo caso, al expediente, los escritos que estime necesarios para la aclaración del asunto.

Racionalización administrativa

La Administración racionalizará sus sistemas y métodos de trabajo y vigilará su cumplimiento. A tales fines, adoptará las medidas y procedimientos más idóneos.

Información sobre la organización administrativa

Artículo 33. Todas las entidades públicas sometidas a la presente Ley, prepararán y publicarán en la Gaceta Oficial correspondiente, reglamentos e instrucciones referentes a las estructuras, funciones, comunicaciones y jerarquías de sus dependencias, asimismo en todas las dependencias al servicio del público, se informará a éste por los medios adecuados, sobro los fines, competencias y funcionamiento de sus distintos órganos y servicios

Información sobre procedimiento

Igualmente informarán a los interesados sobre los métodos y procedimientos en uso de la tramitación o consideración de su caso.

*Orden de entrada**

Artículo 34. En el despacho de todos los asuntos se respetará rigurosamente el orden en que éstos fucron prescntados. Sólo por razones de interés público y mediante providencia motivada, el jefe de la oficina podrá modificar dicho orden, dejando constancia en el expediente.

*Decisiones en serie***

Artículo 35. Los órganos administrativos utilizarán procedimientos expeditivos en la tramitación de aquellos asuntos que así lo justifiquen. Cuando sean idénticos los motivos y fundamentos de las resoluciones, se podrán usar medios de producción en serie; siempre que no se lesionen las garantías jurídicas de los interesados.

CAPÍTULO II

De las Inhibiciones

Causas de inhibición

Artículo 36. Los funcionarios administrativos deberán inhibirse del conocimiento del asunto cuya competencia les esté legalmente atribuida, en los siguientes casos:

Interés en el procedimiento

1. Cuando personalmente, o bien su cónyuge o algún pariente dentro del cuarto grado de consanguinidad o segundo de afinidad, tuvieren interés en el procedimiento.

Amistad o enemistad

2. Cuando tuvieren amistad íntima o enemistad manifiesta con cualquiera de las personas interesadas que intervengan en el procedimiento.

---

*   Véase Art. 46.
**   Véase Art. 36.

Intervención en el asunto u opinión formada

3.   Cuando hubieren intervenido como testigos o peritos en el expediente de cuya resolución se trate, o si como funcionarios hubieren manifestado previamente su opinión en el mismo, de modo que pudieran prejuzgar ya la resolución del asunto, o tratándose de un recurso administrativo, que hubieren resuelto o intervenido en la decisión del acto que se impugna. Quedan a salvo los casos de revocación de oficio y de la decisión del recurso de reconsideración.

Relación de servicio o subordinación[*]

4.   Cuando tuvieren relación de servicio o de subordinación con cualquiera de los directamente interesados en el asunto.

Parágrafo Único: Quedan exceptuados de esta disposición los funcionarios que tengan a su cargo la expedición de certificados adoptados en serie o conforme a modelos preestablecidos, de modo que les resulte en extremo difícil advertir la existencia de causas de inhibición.

Oportunidad de la inhibición

Artículo 37. El funcionario, dentro de los dos (2) días hábiles siguientes a aquel en que comenzó a conocer del asunto o en que sobrevino la causal, deberá plantear su inhibición en escrito razonado, y remitir, sin retardo, el expediente a su superior jerárquico.

Decisión

Artículo 38. El funcionario superior, dentro de los diez (10) días hábiles contados a partir de la fecha de recepción del expediente, deberá decidir, sin más trámites, si es procedente o no la inhibición.

En el primer caso, el superior designará, en la misma decisión, un funcionario de igual jerarquía que conozca del asunto y, al efecto, le remitirá el expediente sin retardo alguno.

En caso de que no existiere funcionario de igual jerarquía al que se hubiere inhibido, designará un funcionario *ad-hoc*.

En caso de que no aceptara la inhibición, devolverá el expediente al funcionario inhibido, quien continuará conociendo del asunto.

Inhibición de oficio

Artículo 39. El funcionario de mayor jerarquía en la entidad donde curse un asunto podrá ordenar de oficio o a instancia de los interesados, a los funcionarios incursos en las causales señaladas en el artículo 36 que se abstengan de toda intervención en el procedimiento, designando en el mismo acto al funcionario que deba continuar conociendo del expediente.

Cooperación del inhibido

Artículo 40. El funcionario que se haya inhibido prestará la cooperación que le sea requerida por el funcionario a quien se hubiere encomendado la resolución del asunto.

CAPÍTULO III

De los Términos y Plazos

Imperatividad de los términos y plazos

Artículo 41. Los términos o plazos establecidos en ésta y en otras leyes relativas a la materia objeto de la presente, obligan por igual, y sin necesidad de apremio, tanto a las autorida-

---

[*]   Véase Art. 33.

des y funcionarios competentes para el despacho de los asuntos, como a los particulares interesados en los mismos.

Forma de cómputo

Artículo 42. Los términos o plazos se contarán siempre a partir del día siguiente de aquel en que tenga lugar la notificación o publicación. En los términos o plazos que vengan establecidos por días, se computarán exclusivamente los días hábiles, salvo disposición en contrario.

Días hábiles

Se entenderá por días hábiles, a los efectos de esta Ley, los días laborables de acuerdo con el calendario de la Administración Pública.

Términos mensuales y anuales

Los términos y plazos que se fijaren por meses o años, concluirán en día igual al de la fecha del acto del mes o año que corresponda para completar el número de meses o años fijados en el lapso.

Vencimiento del plazo

El lapso que, según la regla anterior, debiera cumplirse en un día de que carezca el mes, se entenderá vencido el último de ese mes. Si dicho día fuere inhábil, el término o plazo respectivo expirará el primer día hábil siguiente.

Documentos remitidos por correo

Artículo 43. Se entenderá que los administrados han actuado en tiempo hábil cuando los documentos correspondientes fueren remitidos por correo al órgano competente de la administración, con anterioridad al vencimiento de los términos y plazos y siempre que haya constancia de la fecha en que se hizo la remisión.

A tales fines, el Ministerio de Transporte y Comunicaciones dictará la reglamentación pertinente.

CAPÍTULO IV

De la Recepción de Documentos

Registro de presentación

Artículo 44. En los Ministerios, organismos y demás dependencias públicas se llevará un registro de presentación de documentos en el cual sé dejará constancia de todos los escritos, peticiones y recursos que se presenten por los administrados, así como de las comunicaciones que puedas dirigir otras autoridades.

La organización y el funcionamiento del registro se establecerán en el Reglamento de esta Ley.

Advertencia de omisiones o irregularidades

Artículo 45. Los funcionarios del registro que reciban la documentación advertirán a los interesados de las omisiones y de las irregularidades que observen, pero sin que puedan negarse a recibirla.

*Constancia de recibo**

Artículo 46. Se dará recibo de todo documento presentado y de sus anexos, con indicación del número de registro que corresponda, lugar, fecha y hora de presentación. Podrá servir de

---

*   Véase Art. 34.

recibo la copia mecanografiada o fotostática del documento que se presente, una vez diligenciada y numerada por los funcionarios del registro.

TÍTULO III

DEL PROCEDIMIENTO ADMINISTRATIVO

CAPÍTULO I

Del Procedimiento Ordinario

Prioridad de procedimientos especiales establecidos por Ley

Artículo 47. Los procedimientos administrativos contenidos en leyes especiales se aplicarán con preferencia al procedimiento ordinario previsto en este capítulo en las materias que constituyan la especialidad.

SECCIÓN PRIMERA

De la Iniciación del Procedimiento

Medios. Instancia de parte o de oficio

Artículo 48. El procedimiento se iniciará a instancia de parte interesada, mediante solicitud escrita, o de oficio.

Iniciación de oficio. Audiencia
del interesado. ∗ *Pruebas*

En el segundo caso, la autoridad administrativa competente o una autoridad administrativa superior ordenará la apertura del procedimiento y notificará a los particulares cuyos derechos subjetivos o intereses legítimos, personales y directos pudieren resultar afectados, concediéndoles un plazo de diez (10) días para que expongan sus pruebas y aleguen sus razones.

Iniciación a solicitud de parte.

Requisitos del escrito

Artículo 49. Cuando el procedimiento se inicie por solicitud de persona interesada, en el escrito se deberá hacer constar:

1. El organismo al cual está dirigido;
2. La identificación del interesado, y en su caso, de la persona que actúe como su representante con expresión de los nombres y apellidos, domicilio, nacionalidad, estado civil, profesión y número de la cédula de identidad o pasaporte;
3. La dirección del lugar donde se harán las notificaciones pertinentes;
4. Los hechos, razones y pedimentos correspondientes, expresando con toda claridad la materia objeto de la solicitud;
5. Referencia a los anexos que lo acompañan, si tal es el caso;
6. Cualesquiera otras circunstancias que exijan las normas legales o reglamentarias;
7. La firma de los interesados.

∗   Véase Art. 76.

*Omisiones en la solicitud***

Artículo 50. Cuando en el escrito o solicitud dirigido a la Administración Pública faltare cualquiera de los requisitos exigidos en el artículo anterior, la autoridad que hubiere de iniciar las actuaciones lo notificará al presentante, comunicándole las omisiones o faltas observadas a fin de que en el plazo de quince (15) días proceda a subsanarlos. Si el interesado presentare oportunamente el escrito o solicitud con las correcciones exigidas, y ésta fuere objetada por la administración debido a nuevos errores u omisiones, el solicitante podrá ejercer el recurso jerárquico contra la segunda decisión o bien corregir nuevamente sus documentos conforme a las indicaciones del funcionario.

SECCIÓN SEGUNDA

De la Sustanciación del Expediente

*Apertura del expediente**

Artículo 51. Iniciado el procedimiento se procederá a abrir expediente en el cual se recogerá toda la tramitación a que dé lugar el asunto.

De las comunicaciones entre las distintas autoridades, así como de las publicaciones y notificaciones que se realicen, se anexará copia al expediente.

Acumulación de expedientes

Artículo 52. Cuando el asunto sometido a la consideración de una oficina administrativa tenga relación íntima o conexión con cualquier otro asunto que se tramite en dicha oficina, podrá el jefe de la dependencia, de oficio o a solicitud de parte, ordenar la acumulación de ambos expedientes, a fin de evitar decisiones contradictorias.

*Sustanciación e impulso procesal***

Artículo 53. La administración, de oficio o a instancia del interesado, cumplirá todas las actuaciones necesarias para el mejor conocimiento del asunto que deba decidir, siendo de su responsabilidad impulsar el procedimiento en todos sus trámites.

Actuación inquisitiva

Artículo 54. La autoridad administrativa a la que corresponda la tramitación del expediente, solicitará de las otras autoridades u organismos los documentos, informes o antecedentes que estime convenientes para la mejor resolución del asunto.

Cuando la solicitud provenga del interesado, éste deberá indicar la oficina donde curse la documentación.

Plazos para evacuación

Artículo 55. Los documentos, informes y antecedentes a que se refiere el artículo anterior, deberán ser evacuados en el plazo máximo de quince (15) días, si se solicitaren de funcionarios del mismo organismo y de veinte (20) días en los otros casos.

Si el funcionario requerido considerare necesario un plazo mayor, lo manifestará inmediatamente al requirente, con indicación del plazo que estime necesario, el cual no podrá exceder en ningún caso del doble del ya indicado.

**   Véase Art. 45.

*   Véase Art. 31.

**   Véase Art. 64.

Efectos no suspensivos de la omisión de informes

Artículo 56. La omisión de los informes y antecedentes señalados en los artículos anteriores no suspenderá la tramitación, salvo disposición expresa en contrario, sin perjuicio de la responsabilidad en que incurra el funcionario por la omisión o demora.

Carácter no vinculante de los informes

Artículo 57. Los informes que se emitan, salvo disposición legal en contrario, no serán vinculantes pata la autoridad que hubiere de adoptar la decisión.

Medios de prueba

Artículo 58. Los hechos que se consideren relevantes para la decisión de un procedimiento podrán ser objeto de todos los medios de prueba establecidos en los Códigos Civil, de Procedimiento Civil y de Enjuiciamiento Criminal o en otras leyes.

Acceso al expediente. Confidencialidad

Artículo 59. Los interesados y sus representantes tienen el derecho de examinar en cualquier estado o grado del procedimiento, leer y copiar cualquier documento contenido en el expediente, así como de pedir certificación del mismo. Se exceptúan los documentos calificados como confidenciales por el superior jerárquico, los cuales serán archivados en cuerpos separados del expediente. La calificación de confidencial deberá hacerse mediante acto motivado.

SECCIÓN TERCERA

De la Terminación del Procedimiento

Plazos para las decisiones[*]

Artículo 60. La tramitación y resolución de los expedientes no podrá exceder de cuatro (4) meses, salvo que medien causas excepcionales, de cuya existencia se dejará constancia, con indicación de la prórroga que se acuerde.

La prórroga o prórrogas no podrán exceder, en su conjunto, de dos (2) meses.

Cómputo del plazo

Artículo 61. El término indicado en el Artículo anterior correrá a partir del día siguiente del recibo de la solicitud o instancia del interesado o a la notificación a éste, cuando el procedimiento se hubiera iniciado de oficio.

Globalidad de la decisión

Artículo 62. El acto administrativo que decida el asunto resolverá todas las cuestiones que hubieren sido planteadas, tanto inicialmente como durante la tramitación.

Desistimiento

Artículo 63. El procedimiento se entenderá terminado por el desistimiento que el interesado haga de su solicitud, petición o instancia. El desistimiento deberá formularse por escrito. En caso de pluralidad de interesados, el desistimiento de uno de ellos no afectará a los restantes.

El funcionario que conozca del asunto formalizará el desistimiento por auto escrito y ordenará el archivo del expediente.

---

[*]   Véase Arts. 4° y 3°.

Perención del procedimiento

Artículo 64. Si el procedimiento iniciado a instancia de un particular se paraliza durante dos (2) meses por causa imputable al interesado, se operará la perención de dicho procedimiento. El término comenzará a partir de la fecha en que la autoridad administrativa notifique al interesado.

Vencido el plazo sin que el interesado hubiere reactivado el procedimiento, el funcionario procederá a declarar la perención.

*Efectos de la perención**

Artículo 65. La declaratoria de perención de un procedimiento no extingue los derechos y acciones del interesado y tampoco interrumpe el término de la prescripción de aquéllos.

Continuación del procedimiento desistido
o perimido

Artículo 66. No obstante el desistimiento o perención, la administración podrá continuar la tramitación del procedimiento, si razones de interés público lo justifican.

CAPÍTULO II

Del Procedimiento Sumario.

*Características y plazo**

Artículo 67. Cuando la administración lo estime conveniente podrá seguir un procedimiento sumario para dictar sus decisiones. El procedimiento sumario se iniciará de oficio y deberá concluir en el término de treinta (30) días.

Opción por el procedimiento ordinario

Artículo 68. Iniciado el procedimiento sumario, el funcionario sustanciador, con autorización del superior jerárquico inmediato y previa audiencia de los interesados, podrá determinar que se siga el procedimiento ordinario, si la complejidad del asunto así lo exigiere.

Actuación de oficio: Carga de la prueba

Artículo 69. En el procedimiento sumario la administración deberá comprobar de oficio la verdad de los hechos y demás elementos de juicio necesarios para el esclarecimiento del asunto.

CAPÍTULO III

Del procedimiento en Casos de Prescripción

*Término de la prescripción***

Artículo 70. Las acciones provenientes de los actos administrativos creadores de obligaciones a cargo de los administrados, prescribirán en el término de cinco (5) años, salvo que en leyes especiales se establezcan plazos diferentes.

La interrupción y suspensión de los plazos de prescripción se rigen por el Código Civil.

---

*   Véase Art. 70.
*   Véase Arts. 4, 5 y 60.
** Véase Art. 65.

Excepción de prescripción. Procedimiento

Artículo 71. Cuando el interesado se oponga a la ejecución de un acto administrativo alegando la prescripción, la autoridad administrativa a la que corresponde el conocimiento del asunto procederá, en el término de treinta (30) días, a verificar el tiempo transcurrido y las interrupciones o suspensiones habidas, si fuese el caso, y a decidir lo pertinente.

CAPÍTULO IV

De la Publicación y Notificación de los Actos Administrativos

Publicación de los actos administrativos. Casos

Artículo 72. Los actos administrativos de carácter general o que interesen a un número indeterminado de personas, deberán ser publicados en la *Gaceta Oficial* que corresponda al organismo que tome la decisión.

Se exceptúan aquellos actos administrativos referentes a asuntos internos de la administración.

También serán publicados en igual forma los actos administrativos de carácter particular cuando así lo exija la Ley.

*Notificación de los actos. Contenido**

Artículo 73. Se notificará a los interesados todo acto administrativo de carácter particular que afecte sus derechos subjetivos o sus intereses legítimos, personales, y directos, debiendo contener la notificación el texto íntegro del acto, e indicar si fuere el caso, los recursos que proceden con expresión de los términos para ejercerlos y de los órganos o tribunales ante los cuales deban interponerse.

Notificaciones defectuosas

Artículo 74. Las notificaciones que no llenen todas las menciones señaladas en el artículo anterior se considerarán defectuosas y no producirán ningún efecto.

Forma de la notificación

Artículo 75. La notificación se entregará en el domicilio o residencia del interesado o de su apoderado y se exigirá recibo firmado en el cual se dejará constancia de la fecha en que se realiza el acto y del contenido de la notificación, así como del nombre y Cédula de Identidad de la persona que la reciba.

Notificación impracticable. Publicación

Artículo 76. Cuando resulte impracticable la notificación en la forma prescrita en el artículo anterior, se procederá a la publicación del acto en un diario de mayor circulación de la entidad territorial donde la autoridad que conoce del asunto tenga su sede y, en este caso, se entenderá notificado el interesado quince (15) días después de la publicación, circunstancia que se advertirá en forma expresa.

Parágrafo Único: En caso de no existir prensa diaria en la referida entidad territorial, la publicación se hará en un diario de gran circulación de la capital de la República.

Error en la notificación. Consecuencias

Artículo 77. Si sobre la base de información errónea, contenida en la notificación, el interesada hubiere intentado algún procedimiento improcedente, el tiempo transcurrido no será

---

*   Véase Art. 77.

tomado en cuenta a los efectos de determinar el vencimiento de los plazos que le corresponden pata interponer el recurso apropiado.

CAPÍTULO V
De la Ejecución de los Actos Administrativos

Condición para la ejecución: la decisión

Artículo 78. Ningún órgano de la administración podrá realizar actos materiales que menoscaben o perturben el ejercicio de los derechos de los particulares, sin que previamente haya sido dictada la decisión que sirva de fundamento a tales actos.

*Ejecución forzosa**

Artículo 79. La ejecución forzosa de los actos administrativos será realizada de oficio por la propia administración, salvo que por expresa disposición legal deba ser encomendada a la autoridad judicial.

Medios de ejecución forzosa

Artículo 80. La ejecución forzosa de actos por la administración se llevará a cabo conforme a las normas siguientes:

Ejecución indirecta

1. Cuando se trate de actos susceptibles de ejecución indirecta con respecto al obligado, se procederá a la ejecución, bien por la administración o por la persona que ésta designe, a costa del obligado.

Ejecución personal

2. Cuando se trate de actos de ejecución personal y el obligado se resistiere a cumplirlos, se le impondrán multas sucesivas mientras permanezca en rebeldía y, en el caso de que persista en el incumplimiento, será sancionado con nuevas multas iguales o mayores a las que ya se le hubieren aplicado, concediéndole un plazo razonable, a juicio de la administración, para que cumpla lo ordenado. Cada multa podrá tener un monto de hasta diez mil bolívares (Bs. 10.000,00), salvo que otra ley establezca una mayor, caso en el cual se aplicará ésta.

TÍTULO IV
DE LA REVISIÓN DE LOS ACTOS EN VÍA ADMINISTRATIVA

CAPÍTULO I
De la Revisión de Oficio

*Convalidación**

Artículo 81. La administración podrá convalidar en cualquier momento los actos anulables, subsanando los vicios de que adolezcan.

---

* Véase Art. 8.
* Véase Arts. 20 y 90.

*Revocación***

Artículo 82. Los actos administrativos que no originen derechos subjetivos o intereses legítimos, personales y directos para un particular, podrán ser revocados en cualquier momento, en todo o en parte, por la misma autoridad que los dictó, o por el respectivo superior jerárquico.

*Reconocimiento de nulidad absoluta****

Artículo 83. La administración podrá en cualquier momento, de oficio o a solicitud de particulares, reconocer la nulidad absoluta de los actos dictados por ella.

Corrección de errores materiales

Artículo 84. La administración podrá en cualquier tiempo corregir errores materiales o de cálculo en que hubiere incurrido, en la configuración de los actos administrativos.

CAPÍTULO II

De los Recursos Administrativos

SECCIÓN PRIMERA

Disposiciones Generales

Legitimación y objeto

Artículo 85. Los interesados podrán interponer los recursos a que se refiere este Capítulo contra todo acto administrativo que ponga fin a un procedimiento, imposibilite su continuación, cause indefensión o lo prejuzgue como definitivo, cuando dicho acto lesione sus derechos subjetivos o intereses legítimos, personales y directos.

Formalidades

Artículo 86. Todo recurso administrativo deberá intentarse por escrito y en él se observarán los extremos exigidos por el artículo 49.

Inadmisibilidad

El recurso que no llenare los requisitos exigidos, no será admitido. Esta decisión deberá ser motivada y notificada al interesado.

Irrelevancia de los errores en la calificación

El error en la calificación del recurso por parte del recurrente no será obstáculo para su tramitación, siempre que del escrito se deduzca su verdadero carácter.

Principio de los efectos no suspensivos del recurso

Artículo 87. La interposición de cualquier recurso no suspenderá la ejecución del acto impugnado, salvo previsión legal en contrario.

**   Véase Art. 19, Ord. 2° y 36, Ord. 3.

*** Véase Art. 19 y 36, Ord. 3.

Posibilidad de suspensión administrativa
de los efectos. Condiciones

El órgano ante el cual se recurra podrá, de oficio o a petición de parte, acordar la suspensión de los efectos del acto recorrido en el caso de que su ejecución pudiera causar grave perjuicio al interesado, o si la impugnación se fundamentare en la nulidad absoluta del acto. En estos casos, el órgano respectivo deberá exigir la constitución previa de la caución que considere suficiente. El funcionario será responsable por la insuficiencia de la caución aceptada.

Decisión. Límites de la delegación

Artículo 88. Ningún órgano podrá resolver, por delegación, los recursos intentados contra sus propias decisiones.

Contenido de la decisión. Asuntos no alegados

Artículo 89. El órgano administrativo deberá resolver todos los asuntos que se sometan a su consideración dentro del ámbito de su competencia o que surjan con motivo de recurso aunque no hayan sido aleados por los interesados.

Poderes del órgano decisor[*]

Artículo 90. El órgano competente para decidir el recurso de reconsideración o el jerárquico, podrá confirmar, modificar o revocar el acto impugnado, así como ordenar la reposición en caso de vicios en el procedimiento, sin perjuicio de la facultad de la administración para convalidar los actos anulables.

Lapsos para la decisión[**]

Artículo 91. El recurso de reconsideración, cuando quien deba decidir sea el propio Ministro, así como el recurso jerárquico, deberán ser decididos en los noventa (90) días siguientes a su presentación.

Vía contencioso-administrativa. Pendencia

Artículo 92. Interpuesto el recurso de reconsideración, o el jerárquico, el interesado no podrá acudir ante la jurisdicción de lo contencioso administrativo, mientras no se produzca la decisión respectiva o no se venza el plazo que tenga la administración para decidir.

Vía contencioso-administrativa. Silencio administrativo[***]

Artículo 93. La vía contencioso administrativa quedará abierta cuando interpuestos los recursos que ponen fin a la vía administrativa, éstos hayan sido decididos en sentido distinto al solicitado, o no se haya producido decisión en los plazos correspondientes. Los plazos para intentar los recursos contenciosos son los establecidos por las leyes correspondientes.

SECCIÓN SEGUNDA

Del Recurso de Reconsideración

Condiciones y lapsos de interposición y decisión

Artículo 94. El recurso de reconsideración procederá contra todo acto administrativo de carácter particular y deberá ser interpuesto dentro de los quince (15) días siguientes a la noti-

---

*   Véase Art. 81.

**   Véase Art. 36, Ord. 3.

***   Véase Art. 4°.

ficación del acto que se impugna, por ante el funcionario que lo dictó. Si el acto no pone fin a la vía administrativa, el órgano ante el cual se interpone este recurso, decidirá dentro de los quince (15) días siguientes al recibo del mismo. Contra esta decisión no puede interponerse de nuevo dicho recurso.

SECCIÓN TERCERA

Del Recurso Jerárquico

Condiciones y lapso de interposición

Artículo 95. El recurso jerárquico procederá cuando el órgano inferior decida no modificar el acto de que es autor en la forma solicitada en el recurso de reconsideración. El interesado podrá, dentro de los quince (15) días siguientes a la decisión a la cual se refiere el párrafo anterior interponer el recurso jerárquico directamente para ante el Ministro.

Institutos Autónomos. Recursos jerárquicos

Artículo 96. El recurso jerárquico podrá ser intentado contra las decisiones de los órganos subalternos de los Institutos Autónomos por ante los órganos superiores de ellos.

Institutos Autónomos. Recurso ante el
Ministro de Adscripción

Contra las decisiones de dichos órganos superiores, operará recurso jerárquico para ante el respectivo Ministro de Adscripción, salvo disposición en contrario de la Ley.

SECCIÓN CUARTA

Del Recurso de Revisión

Motivos

Artículo 97. El recurso de Revisión contra los actos administrativos firmes podrá intentarse ante el Ministro respectivo en los siguientes casos:

Pruebas esenciales

1.   Cuando hubieren aparecido pruebas esenciales para la resolución del asunto, no disponibles para la época de la tramitación del expediente.

Documentos falsos

2.   Cuando en la resolución hubieren influido, en forma decisiva, documentos o testimonios declarados falsos por sentencia judicial definitivamente firme.

Fraude

3.   Cuando la resolución hubiere sido adoptada por cohecho, violencia, soborno u otra manifestación fraudulenta y ello hubiere quedado establecido en sentencia judicial, definitivamente firme.

Lapsos de interposición

Artículo 98. El recurso de revisión sólo procederá dentro de los tres (3) meses siguientes la fecha de la sentencia a que se refieren los numerales 2 y 3 del artículo anterior, o de haberse tenido noticia de la existencia de las pruebas a que se refiere el numeral 1° del mismo artículo.

Lapsos de decisión

Artículo 99. El recurso de revisión será decidido dentro de los treinta (30) días, siguientes a la fecha de su presentación.

TÍTULO V

DE LAS SANCIONES

*Responsabilidad administrativa de los funcionarios. Multas**

Artículo 100. El funcionario o empleado público responsable de retardo, omisión, distorsión o incumplimiento de cualquier disposición, procedimiento, trámite o plazo, establecido en la presente Ley, será sancionado con multa entre el cinco por ciento (5%) y el cincuenta por ciento (50%) de su remuneración total correspondiente al mes en que cometió la infracción, según la gravedad de la falta.

*Otras responsabilidades***

Artículo 101. La sanción prevista en el artículo anterior se aplicará sin perjuicio de las acciones civiles, penales o administrativas a que haya lugar.

Igualmente, quedan a salvo las demás sanciones previstas en la Ley de Carrera Administrativa.

Procedimiento para las multas

Artículo 102. Para la imposición de las multas señaladas en esta Ley se seguirá el procedimiento establecido al efecto por la Ley Orgánica de la Hacienda Pública Nacional, en cuanto sea aplicable.

Órgano competente

Artículo 103. La multa prevista en el artículo 100 será aplicada por el Ministro respectivo. Los superiores inmediatos del sancionado deberán iniciar el procedimiento para la aplicación de la multa, so pena de incurrir en falta grave que se castigará de conformidad con la Ley de Carrera Administrativa.

Motivación

Artículo 104. Las sanciones establecidas en esta Ley se aplicarán mediante resolución motivada.

Recursos

Artículo 105. Las resoluciones que impongan multas podrán ser recurridas en reconsideración, dentro de los quince (15) días siguientes a su publicación o notificación. El recurso será decidido dentro de los treinta (30) días siguientes. Contra la decisión del Ministro se podrá recurrir ante la jurisdicción de lo contencioso administrativo, dentro de los cinco (5) días hábiles siguientes a la notificación.

*Seguridad y defensa. Exclusión**

Artículo 106. De la aplicación de la presente Ley quedan excluidos los procedimientos concernientes a la seguridad y defensa del Estado.

---

*   Véase Arte. 3° y 4°.

**   Véase Art. 6.

*   Esta debería ser una *Disposición final.* Véase Art. 47.

TÍTULO VI
DISPOSICIONES TRANSITORIAS

Procedimientos iniciados. Aplicación de la Ley

Artículo 107. En los procedimientos administrativos iniciados antes de la fecha de vigencia de esta Ley, se aplicarán los plazos de la misma a partir de dicha fecha, si con ello se reduce la duración del trámite.

*Vacatio legis**

Artículo 108. La presente Ley entrará en vigencia seis (6) meses después de su publicación en la *Gaceta Oficial de la República de Venezuela.* Dentro de dicho lapso, el Ejecutivo Nacional dictará los reglamentos y disposiciones a que hubiere lugar y adoptará las medidas administrativas necesarias para la mejor aplicación de aquélla.

Dada, firmada y sellada en el Palacio Federal Legislativo, en Caracas, a los siete días del mes de mayo de mil novecientos ochenta y uno. Año 172° de la Independencia y 123° de la Federación.

El Presidente,

Godofredo González

El Vicepresidente,

Armando Sánchez Bueno

Los Secretarios,

José Rafael García
Héctor Carpio Castillo

Palacio de Miraflores, en Caracas, al primer día del mes de julio de mil novecientos ochenta y uno. - Año 171° de la Independencia y 122° de la Federación.

Cúmplase.

(L. S.)

Luis Herrera Campíns

(siguen firmas de Ministros)

---

*   La Ley fue publicada en *Gaceta Oficial* N° 2.818 Extraordinario de 1° de julio de 1981. Por tanto, entró en vigencia el 1° de enero de 1982.

LEY CUARTA:
LEY DE CONTRATACIONES PÚBLICAS[*]

LA ASAMBLEA NACIONAL
DE LA REPÚBLICA BOLIVARIANA DE VENEZUELA

DECRETA

la siguiente,

LEY DE CONTRATACIONES PÚBLICAS

TÍTULO I
DISPOSICIONES GENERALES

CAPÍTULO I
Disposiciones Generales

Artículo 1. Objeto. El presente Ley, tiene por objeto regular la actividad del Estado para la adquisición de bienes, prestación de servicios y ejecución de obras, con la finalidad de preservar el patrimonio público, fortalecer la soberanía, desarrollar la capacidad productiva y asegurar la transparencia de las actuaciones de los órganos y entes sujetos a la Presente Ley, de manera de coadyuvar al crecimiento sostenido y diversificado de la economía.

Artículo 2. Principios. Las disposiciones de la presente Ley se desarrollarán respetando los principios de economía, planificación, transparencia, honestidad, eficiencia, igualdad, competencia, publicidad y deberán promover la participación popular a través de cualquier forma asociativa de producción.

Artículo 3. Ámbito de Aplicación. La presente Ley, será aplicada a los sujetos que a continuación se señalan:

1. Los órganos y entes del Poder Público Nacional, Estadal, Municipal, Central y Descentralizado.

2. Las Universidades Públicas.

3. El Banco Central de Venezuela.

---

[*]   *Gaceta Oficial* N° 39.503 del 6 de septiembre de 2010. Ley que reformó parcialmente la Ley de Contrataciones Públicas, publicada en *Gaceta Oficial* N° 39.165 de 24 de abril de 2009.

4. Las asociaciones civiles y sociedades mercantiles en las cuales la República y las personas jurídicas a que se contraen los numerales anteriores tengan participación, igual o mayor al cincuenta por ciento (50%) del patrimonio o capital social respectivo.

5. Las asociaciones civiles y sociedades mercantiles en cuyo patrimonio o capital social, tengan participación igual o mayor al cincuenta por ciento (50%), las asociaciones civiles y sociedades a que se refiere el numeral anterior.

6. Las fundaciones constituidas por cualquiera de las personas a que se refieren los numerales anteriores o aquellas en cuya administración éstas tengan participación mayoritaria.

7. Los Consejos Comunales o cualquier otra organización comunitaria de base que maneje fondos públicos.

Artículo 4. Exclusiones. Se excluyen de la aplicación de la presente Ley, los contratos que tengan por objeto la ejecución de obras, la adquisición de bienes y la prestación de servicios, que se encuentren en el marco del cumplimiento de acuerdos internacionales de cooperación entre la República Bolivariana de Venezuela y otros Estados, incluyendo la contratación con empresas mixtas constituidas en el marco de estos convenios.

Artículo 5. Exclusión de las Modalidades de Selección. Quedan excluidos, solo de la aplicación de las modalidades de selección de contratistas indicadas en la presente Ley, los contratos que tengan por objeto:

1. La prestación de servicios profesionales y laborales.

2. La prestación de servicios financieros por entidades regidas por la ley sobre la materia.

3. La adquisición y arrendamiento de bienes inmuebles, inclusive el financiero.

4. La adquisición de obras artísticas, literarias o científicas.

5. Las alianzas comerciales y estratégicas para la adquisición de bienes y prestación de servicios entre personas naturales o jurídicas y los órganos o entes contratantes.

6. Los servicios básicos indispensables para el funcionamiento del órgano o ente contratante.

7. La adquisición de bienes, la prestación de servicios y la ejecución de obras, encomendadas a los órganos o entes de la administración pública.

La Presidenta o el Presidente de la República en Consejo de Ministros, podrá dictar medidas que regulen la modalidad de selección para estas materias, en el marco de los principios establecidos en la presente Ley.

Artículo 6. Definiciones. A los fines de la presente Ley, se define lo siguiente:

1. Órgano o Ente Contratante: Todos los sujetos señalados en el artículo 3° de la presente Ley.

2. Contratista: Toda persona natural o jurídica que ejecuta una obra, suministra bienes o presta un servicio no profesional ni laboral, para alguno de los órganos y entes sujetos de la presente Ley, en virtud de un contrato, sin que medie relación de dependencia.

3. Participante: Es cualquier persona natural o jurídica que haya adquirido el pliego de condiciones para participar en un Concurso Abierto o un Concurso Abierto Anunciado Internacionalmente, o que sea invitado a presentar oferta en un Concurso Cerrado o Consulta de Precios.

4. Servicios Profesionales: Son los servicios prestados por personas naturales o jurídicas, en virtud de actividades de carácter científico, técnico, artístico, intelectual, creativo, docente o en el ejercicio de su profesión, realizados en nombre propio o por personal bajo su dependencia.

5. Contrato: Es el instrumento jurídico que regula la ejecución de una obra, prestación de un servicio o suministro de bienes, incluidas las órdenes de compra y órdenes de servicio,

que contendrán al menos las siguientes condiciones: precio, cantidades, forma de pago, tiempo y forma de entrega y especificaciones contenidas en el pliego de condiciones, si fuere necesario.

6. Pliego de Condiciones: Es el documento donde se establecen las reglas básicas, requisitos o especificaciones que rigen para las modalidades de selección de contratistas establecidas en la presente Ley.

7. Calificación: Es el resultado del examen de la capacidad legal, técnica y financiera de un participante para cumplir con las obligaciones derivadas de un contrato.

8. Clasificación: Es la ubicación del interesado en las categorías de especialidades del Registro Nacional de Contratistas, definidas por el Servicio Nacional de Contrataciones, con base a su capacidad técnica general.

9. Oferta: Es aquella propuesta que ha sido presentada por una persona natural o jurídica, cumpliendo con los recaudos exigidos para suministrar un bien, prestar un servicio o ejecutar una obra.

10. Oferente: Es la persona natural o jurídica que ha presentado una manifestación de voluntad de participar una oferta en alguna de las modalidades previstas en la presente Ley.

11. Modalidades de Contratación: Son las categorías que disponen los sujetos de la presente Ley, establecidas para efectuar la selección de contratistas para la adquisición de bienes, prestación de servicios y ejecución de obras.

12. Concurso Abierto: Es la modalidad de selección pública del contratista, en la que pueden participar personas naturales y jurídicas nacionales y extranjeras, previo cumplimiento de los requisitos establecidos en la presente Ley, su Reglamento y las condiciones particulares inherentes al pliego de condiciones.

13. Concurso Cerrado: Es la modalidad de selección del contratista en la que al menos cinco (5) participantes son invitados de manera particular a presentar ofertas por el órgano o ente contratante, con base en su capacidad técnica, financiera y legal.

14. Consulta de Precios: Es la modalidad de selección de contratista en la que, de manera documentada, se consultan precios a por lo menos tres (3) proveedores de bienes, ejecutores de obras o prestadores de servicios.

15. Contratación Directa: Es la modalidad excepcional de adjudicación que realiza el órgano o ente contratante, que podrá realizarse de conformidad con la presente Ley y su Reglamento.

16. Emergencia Comprobada: Son los hechos o circunstancias sobrevenidas que tienen como consecuencia la paralización, o la amenaza de paralización total o parcial de sus actividades o del desarrollo de las competencias del órgano o ente contratante.

17. Proceso Productivo: Son las actividades realizadas por el órgano y ente contratante, mediante las cuales un conjunto de elementos o materiales sufren un proceso de transformación que conducen a obtener bienes tangibles o servicios para satisfacer necesidades.

18. Presupuesto Base: Es una estimación de los costos que se generan por las especificaciones técnicas requeridas para la ejecución de obras, la adquisición de bienes o la prestación de servicios.

19. Compromiso de Responsabilidad Social: Son todos aquellos acuerdos que los oferentes establecen en su oferta, para la atención de por lo menos una de las demandas sociales relacionadas con: 1. La ejecución de proyectos de desarrollo socio comunitario. 2. La creación de nuevos empleos permanentes. 3. Formación socio productiva de integrantes de la comunidad. 4. Venta de bienes a precios solidarios o al costo, 5. Aportes en dinero especies a programas sociales determinados por el Estado o a instituciones sin fines de lucro y 6. Cualquier otro que satisfaga las necesidades prioritarias del entorno social del órgano o ente contratante.

20. Medios Electrónicos: Son instrumentos, dispositivos, elementos o componentes tangibles o intangibles que obtienen, crean, almacenan, administran, codifican, manejan, mueven, controlan, transmiten y reciben de forma automática o no, datos o mensajes de datos cuyo significado aparece claro para las personas o procesadores de datos destinados a interpretarlos.

21. Desviación Sustancial: Divergencia o reserva mayor con respecto a los términos, requisitos y especificaciones del pliego de condiciones, en la que incurren los oferentes y que harían improbable el suministro del bien o del servicio o ejecución de obras en las condiciones solicitadas, por el órgano o ente contratante.

22. Cadena Agroalimentaria: Es el conjunto de los factores involucrados en las actividades de producción primaria, transformación, almacenamiento, transporte, distribución, comercialización y consumo de alimentos.

23. Servicios Básicos: Son los servicios requeridos para el funcionamiento del órgano o ente contratante en el desarrollo de sus competencias, que incluyen: electricidad, agua, aseo urbano, gas, telefonía, postales y redes informáticas de información.

24. Alianza Estratégica: Consiste en el establecimiento de mecanismos de cooperación entre el órgano o ente contratante y personas naturales o jurídicas, en la combinación de esfuerzos, fortalezas y habilidades, con objeto de abordar los problemas complejos del proceso productivo, en beneficio de ambas partes.

25. Alianza Comercial: Son acuerdos o vínculos que establece el órgano o ente contratante con personas naturales o jurídicas, que tienen un objetivo común específico para el beneficio mutuo.

26. Pequeño Productor: Es una persona natural que desarrolla la actividad agrícola por la explotación de su campo y sus ventas no debe superar un monto anual equivalente a cuatro mil unidades tributarias (4.000 U.T.).

Capítulo II

Medidas de Promoción de Desarrollo Económico

Artículo 7. Medidas Temporales. La Presidenta o el Presidente de la República en Consejo de Ministros, en atención a los planes del desarrollo económico, podrá dictar, medidas temporales para que las contrataciones de los órganos y entes a que se refiere la presente Ley, compensen condiciones adversas o desfavorables que afecten a la pequeña y mediana industria, cooperativas y cualquier otra forma de asociación comunitaria.

Tales medidas incluyen entre otras, el establecimiento de márgenes de preferencia, categorías o montos de contratos reservados, la utilización de esquemas de contratación que impliquen la incorporación de bienes con valor agregado nacional, transferencia de tecnología, incorporación de recursos humanos, programación de entregas, las cuales servirán de instrumento de promoción y desarrollo para las pequeñas y medianas industrias, así como el estímulo y la inclusión de las personas y cualquier otra forma asociativa comunitaria para el trabajo.

Artículo 8. Producción Nacional. El órgano o ente contratante, debe garantizar en las contrataciones la inclusión de bienes y servicios producidos en el país con recursos provenientes del financiamiento público y que cumplan con las especificaciones técnicas respectivas, mediante el diseño de criterios de evaluación objetivos y de carácter incentivador, que serán identificados en el llamado o en la invitación para ofertar, y se detallarán en el pliego de condiciones asignándoles prioridad.

Artículo 9. Valor Agregado Nacional. Para la selección de ofertas cuyos precios no superen entre ellas, el cinco por ciento (5%) de la que resulte mejor evaluada, debe preferirse aquella que en los términos definidos en el pliego de condiciones cumpla con lo siguiente:

1. En la adquisición de bienes, la oferta que tenga mayor valor agregado nacional.

2. En las contrataciones de obras y de servicios, la oferta que sea presentada por un oferente cuyo domicilio principal esté en Venezuela, tenga mayor incorporación de partes e insumos nacionales y mayor participación de recursos humanos nacionales, incluso en el nivel directivo.

Una vez aplicados los criterios anteriores, si la evaluación arrojare dos o más ofertas con resultados iguales se preferirá al oferente que tenga mayor participación nacional en su capital.

CAPÍTULO III

Comisiones de Contrataciones

Artículo 10. Integración de las Comisiones de Contrataciones. En los sujetos de la presente Ley, excepto los Consejos Comunales, debe constituirse una o varias Comisiones de Contrataciones, atendiendo a la cantidad y complejidad de las obras a ejecutar, la adquisición de bienes y la prestación de servicios.

Estarán integradas por un número impar de miembros principales con sus respectivos suplentes de calificada competencia profesional y reconocida honestidad, designados por la máxima autoridad del órgano o ente contratante de forma temporal o permanente, preferentemente entre sus empleados o funcionarios, quienes serán solidariamente responsables con la máxima autoridad, por las recomendaciones que se presenten y sean aprobadas.

En las Comisiones de Contrataciones estarán representadas las áreas jurídica, técnica y económico financiera; e igualmente se designará un secretario con derecho a voz, mas no a voto.

Artículo 11. Observadores. La Contraloría General de la República y la unidad de control interno del órgano o ente contratante, podrán designar representantes para que actúen como observadores, sin derecho a voto, en los procedimientos de contratación.

Artículo 12. Validez de Reuniones y Decisiones. Las Comisiones de Contrataciones deben constituirse válidamente con la presencia de la mayoría de sus miembros y sus decisiones serán tomadas con el voto favorable de la mayoría. Todo lo relativo al régimen de inhibiciones y disentimiento se regulará en el Reglamento de la presente Ley.

Artículo 13. Reserva de la Información. Los miembros de las Comisiones de Contrataciones y los observadores llamados a participar en sus deliberaciones, así como aquellas personas que por cualquier motivo intervengan en las actuaciones de las Comisiones, deberán guardar debida reserva de la documentación presentada, así como de los informes, opiniones y deliberaciones que se realicen con ocasión del procedimiento.

CAPÍTULO IV

Expediente de la Contratación

Artículo 14. Conformación y Custodia del Expediente. Todos los documentos, informes, opiniones y demás actos que se reciban, generen o consideren en cada modalidad de selección de contratistas establecido en la presente Ley, deben formar parte de un expediente por cada contratación. Este expediente deberá ser archivado, por la unidad administrativa financiera del órgano o ente contratante, manteniendo su integridad durante al menos tres (3) años después de ejecutada la contratación.

Artículo 15. Carácter Público del Expediente. Culminada la selección de contratista, los oferentes tendrán derecho a solicitar la revisión del expediente y requerir copia certificada de cualquier documento en él contenido. Se exceptúan de lo dispuesto en este artículo, los documentos del expediente declarados reservados o confidenciales conforme a la ley que rige los procedimientos administrativos.

Artículo 16. Denuncia. Toda persona podrá denunciar ante la Contraloría General de la República o ante la unidad de control interno del órgano o ente contratante, las circunstancias de hechos contrarios a los principios o disposiciones de la presente Ley y su Reglamento, contenidos en el pliego de condiciones o cualquiera relacionado con la aplicación de la modalidad.

CAPÍTULO V

Consejos Comunales

Artículo 17. Selección de Contratistas. Los Consejos Comunales, con los recursos asignados por los órganos o entes del Estado, podrán aplicar las modalidades de selección de contratistas para promover la participación de las personas y de organizaciones comunitarias para el trabajo, de su entorno o localidad, preferiblemente.

Artículo 18. Comisiones Comunales de Contratación. Los Consejos Comunales seleccionarán en asamblea de ciudadanos y ciudadanas los miembros que formarán parte de la Comisión Comunal de Contrataciones, la cual estará conformada por un número impar de al menos cinco (5) miembros principales con sus respectivos suplentes, igualmente se designará un secretario con derecho a voz, mas no a voto y sus decisiones serán validadas por la Asamblea, siendo regulado su funcionamiento en el Reglamento de la presente Ley.

Artículo 19. Supuestos Cuantitativos de Adjudicación. A los efectos de adquisición de bienes, prestación de servicios o ejecución de obras, los Consejos Comunales, a través de las Comisiones Comunales de Contratación, aplicarán la modalidad de selección de contratistas definida como Consulta de Precios, adecuándose a los límites cuantitativos señalados para esta modalidad en la presente Ley.

En el caso de aplicar la modalidad de Concurso Abierto o Concurso Cerrado por superar la contratación los límites cuantitativos establecidos en la presente Ley, la Comisión Comunal de Contrataciones podrá solicitar oportunamente por escrito el apoyo y acompañamiento gratuito del Servicio Nacional de Contrataciones.

Artículo 20. Contraloría Social. Los Consejos Comunales, una vez formalizada la Contratación correspondiente, deberán asegurar el cumplimiento de las obligaciones contraídas por las partes, estableciendo los mecanismos que deberán utilizar para el control, seguimiento y rendición de cuentas en la ejecución de los contratos, aplicando los elementos de Contraloría Social correspondientes.

TÍTULO II

SISTEMA NACIONAL DE CONTRATACIONES

CAPÍTULO I

Servicio Nacional de Contrataciones

Artículo 21. Naturaleza Jurídica. El Servicio Nacional de Contrataciones, es un órgano desconcentrado dependiente funcional y administrativamente de la Comisión Central de Planificación.

Artículo 22. Competencias. El Servicio Nacional de Contrataciones debe ejercer la autoridad técnica en las materias reguladas por la presente Ley, tendrá las siguientes competencias:

1. Dictar el reglamento interno para su funcionamiento.

2. Emitir dictamen cuando así lo requieran las autoridades judiciales o administrativas.

3. Automatizar y mantener actualizada toda la información que maneja el Registro Nacional de Contratistas y demás unidades adscritas.

4. Crear o eliminar Registros Auxiliares.

5. Dictar los criterios conforme a los cuales se realizarán la clasificación de especialidad, experiencia técnica y la calificación legal y financiera de los interesados a los fines de su inscripción en el Registro Nacional de Contratistas.

6. Suspender del Registro Nacional de Contratistas a los infractores de la presente Ley, de acuerdo a los procedimientos previstos.

7. Diseñar y coordinar los sistemas de información y procedimientos referidos a la aplicación de la presente Ley.

8. Solicitar y recibir de los órganos y entes contratantes la programación anual de compras, así como la información de la contratación realizada.

9. Diseñar y coordinar la ejecución de los programas de capacitación y adiestramiento, en cuanto al régimen de contrataciones.

10. Solicitar, recabar, sistematizar, divulgar y suministrar a quien lo solicite, la información disponible sobre las programaciones anuales y sumario trimestral de contrataciones.

11. Establecer las tarifas que se cobrarán por la prestación de sus servicios, publicaciones o suministro de información disponible.

12. Estimular y fortalecer el establecimiento y mejoramiento de los sistemas de control de la ejecución de contrataciones de obras, bienes y servicios por los órganos y entes contratantes a que se refiere la presente Ley.

13. Diseñar, coordinar y ejecutar las actividades de apoyo formativo y de gestión a los Consejos Comunales en la aplicación de las modalidades de contratación establecidas en la presente Ley.

14. Examinar los libros, documentos y practicar las auditorías y evaluaciones necesarias a las personas que soliciten inscripción o estén inscritas en el Registro Nacional de Contratistas, o bien hayan celebrado dentro de los tres años anteriores, contratos con alguno de los órganos o entes regidos por la presente Ley.

15. Solicitar, recabar, sistematizar los informes de la actuación o desempeño de contratistas durante la ejecución de contratos que celebren con los órganos o entes contratantes.

16. Denunciar ante la Contraloría General de la República, las posibles irregularidades que se detecten y remitir el expediente administrativo respectivo a los fines de determinar y aplicar las sanciones administrativas correspondientes.

17. Cualesquiera otras que le señale la presente Ley y su Reglamento.

Artículo 23. Información de la programación y de las contrataciones. Los órganos o entes sujetos a la presente Ley, están en la obligación de remitir al Servicio Nacional de Contrataciones:

1. Dentro de los quince días continuos, siguientes a la aprobación del presupuesto, la programación de obras, servicios y adquisición de bienes a contratar para el próximo ejercicio fiscal, salvo aquellas contrataciones que por razones de seguridad de Estado estén calificadas como tales, o que hayan sobrevenido y que por su naturaleza no puedan ser planificadas.

En caso de que esta programación sufra modificaciones, deberán ser notificadas al Servicio Nacional de Contrataciones dentro de los quince días siguientes, contados a partir de la aprobación de la modificación.

2. Dentro de los primeros quince días continuos, siguientes al vencimiento de cada trimestre, un sumario de contrataciones realizadas en dicho plazo, por cada procedimiento previsto en la presente Ley, que contendrá la identificación de cada procedimiento, su tipo, su objeto, el nombre de las empresas participantes, de la adjudicataria y el monto del contrato.

Artículo 24. Carácter Informativo de la Programación. La información contenida en la programación de contrataciones a que se refiere la presente Ley, debe tener carácter informativo, no implicará compromiso alguno de contratación y conjuntamente con los sumarios trimestrales de contrataciones deben estar a disposición del público, previa cancelación de las tarifas que fije el Servicio Nacional de Contrataciones.

Artículo 25. Promoción de Encuentros de Oferta y Demanda. Con la finalidad de desarrollar la capacidad productiva y promover la participación de la pequeña y mediana industria, cooperativas o cualquier forma asociativa de producción, el Servicio Nacional de Contrataciones podrá organizar y convocar encuentros entre estos y los órganos y entes contratantes, con base a la demanda contenida en la Programación Anual de Compras del Estado, para la adquisición de bienes, prestación de servicios o ejecución de obras, que por su cuantía o complejidad puedan ser realizadas por estos.

CAPÍTULO II

Registro Nacional de Contratistas

Artículo 26. Dependencia. El Registro Nacional de Contratistas es una dependencia administrativa del Servicio Nacional de Contrataciones conforme a lo que se establezca en la presente Ley y su Reglamento. El Servicio Nacional de Contrataciones podrá crear o eliminar Registros Auxiliares.

Artículo 27. Objeto y Funciones. El Registro Nacional de Contratistas tiene por objeto centralizar, organizar y suministrar en forma eficiente, veraz y oportuna, en los términos previstos en la presente Ley y su Reglamento, la información necesaria para la calificación legal, financiera, experiencia técnica y la clasificación por especialidad, para personas naturales o jurídicas, nacionales y extranjeras. En tal sentido le corresponde:

1. Aprobar o negar la inscripción y otorgar el certificado de inscripción o actualización, una vez verificado el cumplimiento de los requisitos establecidos conforme con la presente Ley y su Reglamento.

2. Efectuar de manera permanente, la sistematización, organización y consolidación de los datos suministrados por las personas naturales y jurídicas que soliciten la inscripción.

3. Llevar el Registro Público de Contratistas y suministrar a los órganos o entes públicos o privados, la información correspondiente a las personas inscritas.

4. Elaborar y publicar un directorio contentivo de la calificación y clasificación por especialidad de los contratistas.

5. Establecer los requisitos y documentación necesaria para la inscripción en el Registro Nacional de Contratistas y solicitar información complementaria en caso de que la requiera, para personas naturales o jurídicas, estableciendo las diferencias necesarias cuando las mismas sean de origen nacional y extranjero.

6. Someter a la consideración del Servicio Nacional de Contrataciones las posibles suspensiones cometidas por los presuntos infractores de la presente Ley, de acuerdo a los procedimientos previstos.

7. Cualesquiera otras que le señalen esta Ley y su Reglamento.

Artículo 28. Publicidad. La información contenida en el Registro Nacional de Contratistas podrá ser consultada por cualquier persona que lo solicite.

Artículo 29. Obligación de Inscripción. Para presentar ofertas en todas las modalidades regidas por la presente Ley, cuyo monto estimado sea superior a cuatro mil Unidades Tributarias (4.000 U.T.) para bienes y servicios, y cinco mil Unidades Tributarias (5.000 U.T.) para ejecución de obras, los interesados deben estar inscritos en el Registro Nacional de Contratistas.

La inscripción en el Registro Nacional de Contratistas no será necesaria, para aquellos interesados en participar en la modalidad de Concurso Abierto Anunciado Internacionalmente; así como también, para los que presten servicios altamente especializados de uso esporádico;

pequeños productores de alimentos o productos básicos declarados como de primera necesidad.

Artículo 30. Obligación de actualización de datos. Las personas naturales y jurídicas inscritas en el Registro Nacional de Contratistas tendrán la obligación de actualizar anualmente sus datos en el respectivo Registro.

Quedarán suspendidos del Registro Nacional de Contratistas, quienes hayan dejado de actualizar sus datos.

Artículo 31. Información de actuación y desempeño. Los órganos o entes contratantes deben remitir al Registro Nacional de Contratistas información sobre la actuación o desempeño del contratista, dentro de los treinta días hábiles siguientes a la notificación de los resultados en la ejecución de los contratos de obras, adquisición de bienes o prestación de servicios.

CAPÍTULO III

Recursos Administrativos

Artículo 32. Recursos por Negación de la Inscripción. Cuando la inscripción fuere negada, o cuando el solicitante esté inconforme con la clasificación que se le haya asignado, puede recurrir el acto de conformidad con la ley que regule la materia de procedimientos administrativos.

Artículo 33. Efectos del Recurso. La interposición de cualquier recurso no suspenderá la ejecución del acto impugnado.

Artículo 34. Agotamiento de la Vía Administrativa. Las decisiones dictadas por la máxima autoridad del órgano o ente contratante o las dictadas por la máxima autoridad del Servicio Nacional de Contrataciones agotan la vía administrativa y contra ellas sólo podrá acudirse a la vía jurisdiccional.

Artículo 35. Actuación o Desempeño del Contratista. Como mecanismo para el mejoramiento continuo de la calidad, los órganos o entes contratantes deben evaluar la actuación o desempeño del contratista en la ejecución de las categorías de contratos que se establezcan en el Reglamento de la presente Ley. La unidad contratante del órgano o ente, dentro de los veinte días hábiles siguientes a la finalización de cada contrato, notificará al contratista los resultados de la evaluación, quien podrá ejercer los recursos administrativos señalados en la Ley que regula la materia de Procedimientos Administrativos.

TÍTULO III

MODALIDADES DE SELECCIÓN DE CONTRATISTAS

CAPÍTULO I

Disposiciones Generales

Artículo 36. Suficiencia de la Acreditación. En las modalidades de contratación regidas por la presente Ley, el órgano o ente contratante para efectuar la calificación legal y financiera no podrá solicitar a los participantes, la presentación de documentación o información suministrada cuando formalizó su inscripción en el Registro Nacional de Contratistas. No obstante el órgano o ente contratante podrá verificar la validez de la información y de resultar falsa se procederá a aplicar las sanciones señaladas en la presente Ley, además de denunciar el hecho ante las autoridades competentes encargadas de determinar la responsabilidad civil y penal.

Artículo 37. Prohibición de Fraccionamiento. Se prohíbe dividir en varios contratos la ejecución de una misma obra, la prestación de un servicio o la adquisición de bienes, con el objeto de disminuir la cuantía del mismo y evadir u omitir así, normas, principios, procedimientos o requisitos establecidos en esta Ley y su Reglamento.

Artículo 38. Estimación de Montos para Contratar. En la estimación de los montos para seleccionar la modalidad de contratación de las establecidas en la presente Ley, se considerarán todos los impuestos correspondientes a su objeto, que deban ser asumidos por el órgano o ente contratante. Igualmente se solicitará su inclusión a los oferentes en la presentación de sus propuestas.

Artículo 39. Presupuesto Base. Para todas las modalidades de selección de contratistas establecidas en la presente Ley, el órgano o ente contratante debe preparar un presupuesto base de la contratación, cuyo contenido será confidencial hasta que se produzca la notificación oficial del resultado de la selección del contratista, salvo que en el pliego de condiciones se establezca el empleo de éste como criterio para el rechazo de ofertas, en cuyo caso se dará lectura al valor en él definido, al inicio del acto de apertura de los sobres contentivos de las ofertas. Una vez divulgado, el presupuesto base se incorporará al expediente de la contratación respectiva.

En ningún caso se podrá emplear el presupuesto base como criterio de evaluación de ofertas.

Artículo 40. Sistema Referencial de Precios. El Ejecutivo Nacional podrá designar al órgano o ente responsable de crear un sistema referencial de precios que facilite la elaboración de los presupuestos base, y consolidar la información relacionada con los precios de bienes, servicios y obras que deberán mantener actualizado y a disposición de todos los órganos o entes contratantes.

Artículo 41. Valor Aplicable de la Unidad Tributaria. A los efectos de la presente Ley, el valor de la unidad tributaria a emplear será el vigente para el momento de iniciar el procedimiento de contratación en cualquiera de las modalidades de selección de contratistas.

Artículo 42. Delegaciones. La máxima autoridad del órgano o ente contratante podrá delegar las atribuciones conferidas en la presente Ley, a funcionarios y funcionarias del mismo órgano o ente contratante, sujetos a la normativa legal vigente.

Artículo 43. Pliego de Condiciones. Las reglas, condiciones y criterios aplicables a cada contratación deben ser objetivos, de posible verificación y revisión, y se establecerán en el pliego de condiciones.

En el Concurso Abierto, el pliego de condiciones debe estar disponible a los interesados desde la fecha que se indique en el llamado a participar, hasta el día hábil anterior a la fecha fijada para el acto de apertura de los sobres contentivos de las manifestaciones de voluntad y ofertas. El órgano o ente contratante debe llevar un registro de adquirentes del pliego de condiciones en el que se consignarán los datos mínimos para efectuar las notificaciones que sean necesarias en el procedimiento. El hecho de que una persona no adquiera el pliego de condiciones para esta modalidad, no le impedirá la presentación de la manifestación de voluntad y oferta. El órgano o ente contratante podrá establecer un precio para la adquisición del pliego de condiciones.

En el Concurso Cerrado y la Consulta de Precios, el pliego de condiciones será remitido a los participantes conjuntamente con la invitación, sin embargo en la modalidad de Consulta de Precios, cuando las características de los bienes o servicios a adquirir lo permitan, podrá remitirse con la invitación sólo la relación de las especificaciones técnicas requeridas para la preparación de las ofertas con aspectos generales de la contratación.

En la modalidad de Contratación Directa el órgano o ente contratante deberá preparar las condiciones de la contratación, la cual formará parte del contrato que se formalice y se incorporará al expediente.

Artículo 44. Contenido del Pliego de Condiciones. El Pliego de condiciones debe, contener, al menos, determinación clara y precisa de:

1. La documentación legal del participante, necesaria para la calificación y evaluación en las modalidades establecidas en la presente Ley.

2. Los bienes a adquirir, los servicios a prestar o las obras a ejecutar con listas de cantidades, servicios conexos y planos, si fuere el caso.

3. Especificaciones técnicas detalladas de los bienes a adquirir o a incorporar en la obra, los servicios a prestar, según sea el caso y sin hacer referencia a determinada marca o nombre comercial. Si se trata de adquisición de repuestos o servicios a ser aplicados a activos del órgano o ente contratante, podrá hacerse mención de ésta, siempre señalando que pueden cotizarse otras con características similares certificadas por el fabricante. Cuando existan reglamentaciones técnicas obligatorias, éstas serán exigidas como parte de las especificaciones técnicas.

4. Idioma de las manifestaciones de voluntad y ofertas, plazo y lugar para presentarlas, así como su tiempo mínimo de validez.

5. Moneda de las ofertas y tipos de conversión a una moneda común.

6. Lapso y lugar en que los participantes podrán solicitar aclaratorias del pliego de condiciones a la Comisión de Contrataciones.

7. Autoridad competente para responder aclaratorias, modificar el pliego de condiciones y notificar decisiones en el procedimiento.

8. La obligación de que el oferente indique en su oferta la dirección del lugar donde se le harán las notificaciones pertinentes.

9. Fecha, lugar y mecanismo para la recepción y apertura de las manifestaciones de voluntad y ofertas en las modalidades indicadas en la presente Ley.

10. La forma en que se corregirán los errores aritméticos o disparidades en montos en que se incurra en las ofertas.

11. Criterios de calificación, su ponderación y la forma en que se cuantificarán dichos criterios.

12. Criterios de evaluación, su ponderación y la forma en que se cuantificarán el precio y los demás factores definidos como criterios.

13. Criterios que permitan la preferencia en calificación y evaluación a oferentes constituidos con iniciativa local en el área donde se va a ejecutar la actividad objeto de la contratación.

14. Establecimiento del compromiso de responsabilidad social.

15. Proyecto de contrato que se suscribirá con el beneficiario de la adjudicación.

16. Normas, métodos y pruebas que se emplearán para determinar si los bienes, servicios u obras, una vez ejecutados, se ajustan a las especificaciones definidas.

17. Forma, plazo y condiciones de entrega de los bienes, ejecución de obras o prestación de servicios objeto de la contratación, así como los servicios conexos que el contratista debe prestar como parte del contrato.

18. Condiciones y requisitos de las garantías que se exigen con ocasión del contrato.

19. Modelos de manifestación de voluntad, oferta y garantías.

Artículo 45. Plazo de manifestación de voluntad. La Comisión de Contrataciones, teniendo en cuenta la complejidad de la obra o del suministro del bien o servicio, debe fijar un lapso para la preparación de manifestación de voluntad de participar o de ofertar, para cada modalidad de contratación que no podrá ser menor de los indicados a continuación:

1. Concurso Abierto, seis días hábiles para bienes y servicios, y nueve días hábiles para obras.

2. Concurso Abierto Anunciado Internacionalmente, veinte días hábiles.

3. Concurso Cerrado, cuatro días hábiles para bienes y servicios, y seis días hábiles para obras.

4. Consulta de Precios, tres días hábiles para bienes y servicios, y cuatro días hábiles para obras.

Artículo 46. Plazos de Modificaciones. El órgano o ente contratante sólo puede introducir modificaciones al pliego de condiciones hasta dos días hábiles antes de la fecha limite para la presentación de las manifestaciones de voluntad u ofertas, según el caso, notificando las modificaciones a todos los participantes que hayan adquirido el pliego de condiciones o hayan sido invitados. El órgano o ente contratante puede prorrogar el lapso originalmente establecido para la preparación de manifestaciones de voluntad u ofertas a partir de la última notificación.

Artículo 47. Derecho de Aclaratoria. Cualquier participante tiene derecho a solicitar por escrito, aclaratorias del pliego de condiciones dentro del plazo en él establecido. Las solicitudes de aclaratoria deben ser respondidas por escrito a cada participante con un resumen de la aclaratoria formulada sin indicar su origen. Las respuestas a las aclaratorias deben ser recibidas por todos los participantes con al menos un día hábil de anticipación a la fecha fijada para que tenga lugar el acto de entrega de manifestaciones de voluntad u ofertas, según el caso. Las respuestas a las aclaratorias pasarán a formar parte integrante del pliego de condiciones y tendrán su mismo valor.

Artículo 48. Plazo de Aclaratoria. El lapso para solicitar aclaratorias en el Concurso Abierto y en el Concurso Abierto Anunciado Internacionalmente será de al menos tres días hábiles; dos días hábiles en el Concurso Cerrado y un día hábil para Consulta de Precios. Dichos lapsos se deben contar desde la fecha a partir de la cual el pliego de condiciones esté disponible a los interesados.

Artículo 49. Prórroga de las Ofertas. El órgano o ente contratante puede solicitar a los oferentes que prorroguen la vigencia de sus ofertas, los oferentes que acepten, proveerán lo necesario para que la garantía de mantenimiento de la oferta, continúe vigente durante el tiempo requerido en el pliego de condiciones, más la prórroga. Con ocasión de la solicitud de prórroga, no se pedirá ni permitirá modificar las Condiciones de la oferta, distintas a su plazo de vigencia.

Artículo 50. Ampliación de Lapsos en Modalidades de Contratación. En los casos de adquisición de bienes, prestación de servicios, y ejecución de obras que por su importancia, complejidad u otras características, se justifique la ampliación de los lapsos establecidos para las modalidades de selección de contratistas señaladas en la presente Ley, se requiere acto motivado de la máxima autoridad del órgano o ente contratante, indicando explícitamente en la motivación los nuevos lapsos, de conformidad con el Reglamento.

Artículo 51. Contratación Conjunta de Proyecto y Obra. No se podrá iniciar las modalidades de selección de contratistas para ejecución de obras, si no existiere el respectivo proyecto. Sólo se podrá contratar conjuntamente el proyecto y la ejecución de una obra, cuando a ésta se incorporen como parte fundamental equipos altamente especializados; o cuando equipos de esa índole deban ser utilizados para ejecutar la construcción, y el órgano o ente contratante considere que podrá lograr ventajas confrontando el diseño y la tecnología propuesta por los distintos oferentes.

Artículo 52. Disponibilidad Presupuestaria para Contratar. Los órganos o entes contratantes podrán adjudicar la totalidad de la actividad objeto de contratación, dentro de un mismo ejercicio fiscal, al otorgar el contrato por el componente con disponibilidad presupuestaria y el resto quedará condicionado a la obtención de los recursos presupuestarios necesarios para la culminación del resto de la actividad adjudicada, previa suscripción de los contratos respectivos.

Los órganos o entes pueden iniciar los procedimientos de contratación, seis meses antes de que se inicie el ejercicio presupuestario del año fiscal siguiente, sin embargo, no pueden otorgar la adjudicación hasta tanto se cuente con la disponibilidad presupuestaria correspondiente, tomando en cuenta los lapsos de las modalidades de selección de contratista señalados en la presente Ley.

Artículo 53. Contratación Plurianual. Los órganos o entes contratantes podrán incorporar en las modalidades de selección de contratistas para la ejecución de obras, adquisición de bienes y suministro de servicios, que superen más de un ejercicio fiscal, la contratación de la totalidad de cualquiera de estos requerimientos, y se procederá a suscribir este contrato por el monto disponible para el primer ejercicio fiscal y el resto sujeto a la disponibilidad presupuestaria para cada ejercicio subsiguiente.

Artículo 54. Apertura de los Sobres. La Comisión de Contrataciones una vez concluido el lapso de entrega de los sobres contentivos de las manifestaciones de voluntad u ofertas, procederá en el acto fijado, a la apertura y verificación de su contenido, dejando constancia en el acta de esto, y de cualquier observación que se formule al respecto.

Capítulo II

Concurso Abierto

Artículo 55. Procedencia del Concurso Abierto. Debe procederse por Concurso Abierto o Concurso Abierto Anunciado Internacionalmente:

1. En el caso de adquisición de bienes o contratación de servicios, si el contrato a ser otorgado es por un monto estimado superior a veinte mil unidades tributarias (20.000 UT.).

2. En el caso de construcción de obras, si el contrato a ser otorgado es por un monto estimado superior a cincuenta mil unidades tributarias (50.000 UT.).

Artículo 56. Mecanismos del Concurso Abierto. El Concurso Abierto podrá realizarse bajo cualquiera de los siguientes mecanismos:

1. Acto único de recepción y apertura de sobres contentivo de: manifestación de voluntad de participar, documentos de calificación y ofertas. En este mecanismo la calificación y evaluación serán realizadas simultáneamente. La descalificación del oferente, será causal de rechazo de su oferta.

2. Acto único de entrega en sobres separados de manifestaciones de voluntad de participar, documentos de calificación y oferta, con apertura diferida. En este mecanismo, se recibirán en un sobre por oferente las manifestaciones de voluntad de participar, así como los documentos necesarios para la calificación, y en sobre separado las ofertas, abriéndose sólo los sobres que contienen las manifestaciones de voluntad de participar y los documentos para la calificación.

Una vez efectuada la calificación, la Comisión de Contrataciones notificará, mediante comunicación dirigida a cada uno de los oferentes, los resultados y la celebración del acto público de apertura de los sobres contentivos de las ofertas a quienes calificaron y la devolución de los sobres de ofertas sin abrir a los oferentes descalificados. La calificación debe realizarse en un lapso de dos días hábiles contados a partir de la recepción de los documentos.

3. Actos separados de entrega de manifestaciones de voluntad de participar, los documentos necesarios para la calificación y de entrega de sobre contentivo de la oferta. En este mecanismo de actos separados, deben recibirse en un único sobre por oferente, las manifestaciones de voluntad de participar y los documentos necesarios para la calificación. Una vez efectuada la calificación, la Comisión de Contrataciones, notificará, mediante comunicación dirigida a cada uno de los oferentes, los resultados, invitando solo a quienes resulten preseleccionados a presentar sus ofertas, en un lapso de cuatro días hábiles para la contratación de bienes y servicios, y seis días hábiles en el caso de la contratación de obras. En los Concursos

Públicos Anunciados Internacionalmente este lapso será de doce días hábiles. La notificación se acompañará con el pliego de condiciones para preparar las ofertas.

En los mecanismos anteriores la evaluación de las ofertas y la elaboración del informe de recomendación para la adjudicación, se cumplirá en un lapso de cuatro (4) días hábiles para la contratación de bienes y servicios y de once (11) días hábiles en el caso de contratación de obras, contados a partir de la recepción y apertura del sobre.

Artículo 57. Publicación del llamado. Los órganos o entes contratantes deben publicar en su página web oficial el llamado a participar en Concursos Abiertos, hasta un día antes de la recepción de sobres; igualmente debe remitir al Servicio Nacional de Contrataciones el llamado a participar en los Concursos Abiertos para que sean publicados en la página web de ese órgano durante el mismo lapso.

Igualmente los órganos o entes contratantes en casos excepcionales, y previa aprobación de la máxima autoridad de la Comisión Central de Planificación, podrán publicar los llamados a Concursos Abiertos en medios de comunicación de circulación nacional o regional, especialmente en la localidad donde se vaya a suministrar el bien o servicio, o ejecutar la obra. Adicionalmente, podrán divulgar el llamado a través de otros medios de difusión.

Artículo 58. Contenido del Llamado de Participación. En el llamado a participar debe indicarse:

1. El objeto de la participación.

2. La identificación del órgano o ente contratante.

3. La dirección, dependencia, fecha a partir de la cual estará disponible el pliego de condiciones, horario, requisitos para su obtención y su costo si fuere el caso.

4. El sitio, día, hora de inicio del acto público, o plazo, en que se recibirán las manifestaciones de voluntad de participar en la contratación y documentos para la calificación.

5. El mecanismo a utilizar en el procedimiento de Concurso Abierto.

6. Las demás que se requieran.

Artículo 59. Entrega de la Manifestación de Voluntad y Ofertas. Las manifestaciones de voluntad de participar y las ofertas, serán entregadas a la Comisión de Contrataciones debidamente firmadas y en sobres sellados, en acto público a celebrarse al efecto. En ningún caso, deben admitirse ofertas después de concluido el acto.

Artículo 60. Concurso abierto anunciado internacionalmente. Para esta modalidad, los órganos o entes contratantes deben publicar en su página web oficial el llamado a participar hasta un día antes de la recepción de sobres; igualmente, deben remitir al Servicio Nacional de Contrataciones el llamado a participar en los Concursos Abiertos Internacionalmente para que sean publicados en la página web de ese órgano, durante el mismo lapso; en esta modalidad pueden participar personas naturales y jurídicas constituidas y domiciliadas en Venezuela o en el extranjero.

Así mismo, los órganos o entes contratantes podrán en casos excepcionales, y previa aprobación de la máxima autoridad de la Comisión Central de Planificación, publicar los llamados a participar en Concurso Abierto Internacionalmente en medios de comunicación de circulación nacional o internacional. Adicionalmente, podrán divulgar el llamado a través de otros medios de difusión.

El Concurso Abierto Anunciado Internacionalmente se efectuará utilizando el sistema de precalificación señalados en los numerales 2 y 3 del artículo 56 de la presente Ley, establecido para los mecanismos de concurso abierto que lo contemplen. Una vez efectuada la calificación, la cual debe realizarse en un lapso de cinco días hábiles contados a partir de la recepción de los documentos, la Comisión de Contrataciones, notificará, mediante comunicación dirigida a cada uno de los oferentes, los resultados y la celebración del acto público de apertura de los sobres contentivos de las ofertas a quienes calificaron y la devolución de los sobres de oferta sin abrir a los oferentes descalificados. Los lapsos para la evaluación de las ofertas, deben ser de diez días hábiles.

Los lapsos deben fijarse en cada caso, teniendo especialmente en cuenta la complejidad de la ejecución de la obra del suministro del bien o de la prestación del servicio

CAPÍTULO III

Concurso Cerrado

Artículo 61. Procedencia del Concurso Cerrado. Puede procederse por Concurso Cerrado:

1. En el caso de la adquisición de bienes o prestación de servicios, si el contrato a ser otorgado es por un precio estimado superior a cinco mil unidades tributarias (5.000 UT.) y hasta veinte mil unidades tributarias (20.000 UT.).

2. En el caso de construcción de obras, si el contrato a ser otorgado es por un precio estimado superior a veinte mil unidades tributarias (20.000 UT.) y hasta cincuenta mil unidades tributarias (50.000 UT.).

Artículo 62. Justificación Adicional. Puede también procederse por Concurso Cerrado independientemente del monto de la contratación, cuando la máxima autoridad del órgano o ente contratante, mediante acto motivado lo justifique, en los siguientes casos:

1. Si se trata de la adquisición de equipos altamente especializados destinados a la experimentación, investigación y educación.

2. Por razones de seguridad de Estado, calificadas como tales, conforme a lo previsto en la disposición legal que regule la materia.

3. Cuando de la información verificada en los archivos o base de datos suministrados por el Registro Nacional de Contratistas, los bienes a adquirir los producen o venden cinco o menos fabricantes o proveedores, o si sólo cinco o menos industrias están en capacidad de ejecutar las obras o prestar los servicios a contratar.

Artículo 63. Requisitos para la Selección. En el Concurso Cerrado debe seleccionarse a presentar ofertas al menos a cinco participantes, mediante invitación acompañada del pliego de condiciones, e indicando el lugar, día y hora de los actos públicos de recepción y apertura de los sobres que contengan las ofertas. La selección debe estar fundamentada en los requisitos de experiencia, especialización y capacidad técnica y financiera, que sean considerados a tal fin, éstos deben constar en el acta levantada al efecto. En caso que se verifique que no existen inscritos al menos cinco participantes que cumplan los requisitos establecidos para el concurso cerrado, en los archivos o la base de datos del Registro Nacional de Contratistas, se invitará a la totalidad de los inscritos que los cumplan.

El órgano u ente contratante atendiendo a la naturaleza de la obra, bien o servicio, procurará preferentemente la participación de medianas y pequeñas industrias, pequeños productores, cooperativas y otras formas asociativas comunitarias, naturales de la localidad donde será ejecutada la contratación.

Artículo 64. Plazo para la Recepción de Ofertas. Para esta modalidad el tiempo entre la invitación a participar y el acto de recepción y apertura de ofertas será de al menos cuatro días hábiles para adquisición de bienes y servicios y seis días hábiles para contratación de obras. Los lapsos para la evaluación de las ofertas deben ser de al menos tres días hábiles para adquisición de bienes y servicios y seis días hábiles para la contratación de obras. Estos lapsos deben fijarse, en cada caso, teniendo especialmente en cuenta la complejidad de la ejecución de obra, del suministro del bien o de la prestación del servicio.

CAPÍTULO IV

Disposiciones Comunes para Concurso Abierto y Concurso Cerrado

Artículo 65. Garantía de mantenimiento de la oferta. Los oferentes deben obligarse a sostener sus ofertas durante el lapso indicado en el pliego de condiciones. Deben presentar además, junto con sus ofertas, caución o garantía por el monto fijado por el órgano o ente contratante, de acuerdo a lo establecido en el Reglamento, para asegurar en caso de que se adjudique, el mantenimiento de la oferta hasta el otorgamiento del contrato. En la Consulta de Precios se podrá exigir caución o garantía de sostenimiento de la oferta.

Artículo 66. Condiciones para calificación y evaluación. En la calificación, examen, evaluación y decisión, el órgano o ente contratante debe sujetarse a las condiciones de la contratación, según la definición, ponderación y procedimiento establecidos en el pliego de condiciones. El acto por el cual se descalifique a un oferente o rechace una oferta deberá ser motivado por los supuestos expresamente establecidos en la presente Ley, su Reglamento y en el pliego de condiciones.

Artículo 67. Reserva de la información. En el lapso comprendido desde la apertura de sobres contentivos de las manifestaciones de voluntad u ofertas, según el caso, hasta la notificación de los resultados, no se debe suministrar información alguna sobre la calificación, el examen y evaluación de las ofertas.

Artículo 68. Carácter público de los actos y obligación del acta. Los actos de recepción y apertura de sobres contentivos de las manifestaciones de voluntad y ofertas tienen carácter público. El resto de las actuaciones estarán a disposición de los interesados en los términos y condiciones establecidas en la presente Ley.

De todo acto que se celebre debe levantarse acta que será firmada por los presentes. Si alguno de ellos se negare a firmar el acta o por otro motivo no la suscribiere, se dejará constancia de esa circunstancia y de las causas que la motivaron.

Artículo 69. Examen de las ofertas. Una vez concluido los actos de recepción y apertura de las ofertas, la Comisión de Contrataciones debe examinarlas, determinando entre otros aspectos, si éstas han sido debidamente firmadas, si están acompañadas de la caución o garantía exigida y cumplen los requisitos especificados en el pliego de condiciones. Igualmente, la Comisión aplicará los criterios de evaluación establecidos y presentará sus recomendaciones en informe razonado.

Artículo 70. Informe de evaluación de ofertas. El informe de recomendación debe ser detallado en sus motivaciones, en cuanto a los resultados de la evaluación de los aspectos legales, técnicos, económicos, financieros y en el empleo de medidas de promoción del desarrollo económico y social, así como en lo relativo a los motivos de descalificación o rechazo de las ofertas presentadas. En ningún caso, se aplicarán criterios o mecanismos no previstos en el pliego de condiciones, ni se modificarán o dejarán de utilizar los establecidos en él.

Artículo 71. Causales de rechazo de las ofertas. La Comisión de Contrataciones en el proceso posterior del examen y evaluación de las ofertas, debe rechazar aquellas que se encuentren dentro de alguno de los supuestos siguientes:

1. Que incumplan con las disposiciones de la presente Ley.

2. Que tengan omisiones o desviaciones sustanciales a los requisitos exigidos en el pliego de condiciones.

3. Que sean condicionadas o alternativas, salvo que ello se hubiere permitido en los pliegos de condiciones.

4. Que diversas ofertas provengan del mismo proponente.

5. Que sean presentadas por personas distintas, si se comprueba la participación de cualquiera de ellas o de sus socios, directivos o gerentes en la integración o dirección de otro oferente en la contratación.

6. Que suministre información falsa.

7. Que aparezca sin la firma de la persona facultada para representar al oferente.

8. Que se presente sin el compromiso de responsabilidad social.

Artículo 72. Recomendación de adjudicación. El informe de recomendación de adjudicación, indicará la oferta que resulte con la primera opción, según los criterios y mecanismos previstos en el pliego de condiciones, así como la existencia de ofertas que merezcan la segunda y tercera opción.

CAPÍTULO V

Consulta de Precios

Artículo 73. Procedencia de la consulta de precios. Se puede proceder por Consulta de Precios:

1. En el caso de adquisición de bienes o prestación de servicios, si el contrato a ser otorgado es por un precio estimado de hasta cinco mil unidades tributarias (5.000 UT.)

2. En el caso de ejecución de obras, si el contrato a ser otorgado es por un precio estimado de hasta veinte mil unidades tributarias (20.000 UT.).

Adicionalmente, se procederá por Consulta de Precios, independientemente del monto de la contratación, en caso de obras, servicios o adquisiciones de bienes, que por razones de interés general deban ser contratados y ejecutados en un plazo perentorio que se determinará de acuerdo a la naturaleza del plan excepcional aprobado por el Ejecutivo Nacional.

En aquellos casos que los Planes Excepcionales sean propuestos por los órganos de la administración pública nacional, deberán contar con la revisión previa de la Comisión Central de Planificación, antes de ser sometido a consideración del Ejecutivo Nacional.

Artículo 74. Solicitud de cotizaciones. En la Consulta de Precios se deberá solicitar al menos tres ofertas; sin embargo se podrá otorgar la adjudicación si hubiere recibido al menos una de ellas, siempre que cumpla con las condiciones del requerimiento y sea conveniente a los intereses del órgano o ente contratante.

Artículo 75. Consultas de precio sometidas a la Comisión de Contrataciones. En la modalidad de Consulta de Precios, la Unidad Contratante, deberá estructurar todo el expediente y elaborar el informe de recomendación que se someterá a la máxima autoridad del órgano o ente contratante. El informe a elaborar en aquellos casos que por su cuantía supere las dos mil quinientas unidades tributarias (2.500 UT.), para la adquisición de bienes o prestación de servicio y las diez mil unidades tributarias (10.000 UT.), para la ejecución de obras, debe contar con la previa aprobación de la Comisión de Contrataciones

CAPÍTULO VI

Contratación Directa

Artículo 76. Con acto motivado. Se podrá proceder excepcionalmente a la Contratación Directa, independientemente del monto de la contratación, siempre y cuando la máxima autoridad del órgano o ente contratante, mediante acto motivado, justifique adecuadamente su procedencia, en los siguientes supuestos:

1. Si se trata de suministros de bienes, prestación de servicios o ejecución de obras requeridas para la continuidad del proceso productivo, y pudiera resultar gravemente afectado por el retardo de la apertura de un procedimiento de contratación.

2. Cuando las condiciones técnicas de determinado bien, servicio u obra, excluyen toda posibilidad de competencia.

3. En caso de contratos que tengan por objeto la fabricación de equipos, la adquisición de bienes o la contratación de servicios, en los que no fuere posible aplicar las modalidades de

contratación, dadas las condiciones especiales bajo las cuales los fabricantes y proveedores convienen en producir o suministrar esos bienes, equipos o servicios.

4. Cuando se trate de emergencia comprobada, producto de hechos o circunstancia sobrevenidos que tengan como consecuencia la paralización total o parcial de las actividades del ente u órgano contratante, o afecte la ejecución de su competencia.

5. Cuando se trate de la ejecución de obras, adquisición de bienes o prestación de servicios regulados por contratos terminados anticipadamente, y si del retardo en la apertura de un nuevo procedimiento de contratación pudieren resultar perjuicios para el órgano o ente contratante.

6. Cuando se trate de la contratación de bienes, servicios u obras para su comercialización ante consumidores, usuarios o clientes, distintos al órgano o ente contratante, siempre que los bienes o servicios estén asociados a la actividad propia del contratante y no ingresen de manera permanente a su patrimonio.

7. Cuando se trate de contrataciones que tengan por objeto la adquisición de bienes, prestación de servicio o ejecución de obras sobre los cuales una modalidad de selección de contratistas pudiera comprometer secreto o estrategias comerciales del órgano o ente contratante, cuyo conocimiento ofrecería ventaja a sus competidores.

8. Cuando se trate de la adquisición de bienes producidos por empresas con las que el órgano o ente contratante suscriba convenios comerciales de fabricación, ensamblaje o aprovisionamiento, siempre que tales convenios hayan sido suscritos para desarrollar la industria nacional sobre los referidos bienes, en cumplimiento de planes dictados por el Ejecutivo Nacional.

9. Cuando se trata de contrataciones de obra, bienes o servicios requeridos para el restablecimiento inmediato o continuidad de los servicios públicos o actividades de interés general que hayan sido objeto de interrupción o fallas, independientemente de su recurrencia.

10. Cuando se trate de actividades requeridas para obras que se encuentren en ejecución directa por órganos y entes del Estado, y de acuerdo a su capacidad de ejecución, sea necesario por razones estratégicas de la construcción, que parcialmente sean realizadas por un tercero, siempre y cuando esta asignación no supere el cincuenta por ciento (50%) del contrato original.

11. Cuando se trate de la adquisición de bienes y contratación de servicios a pequeños y medianos productores nacionales que sean indispensables para asegurar el desarrollo de la cadena agroalimentaria.

12. Cuando se trate de suministros de bienes, prestación de servicios o ejecución de obras para las cuales se hayan aplicado modalidades de contratación y estas hayan sido declaradas desiertas, manteniendo las mismas condiciones establecidas en la modalidad declarada desierta

Artículo 77. Sin acto motivado. Se procederá excepcionalmente por Contratación Directa sin acto motivado, previa aprobación de la máxima autoridad del Ministerio competente:

1. Cuando se decrete cualquiera de los estados de excepción contemplados en la Constitución de la República Bolivariana de Venezuela.

2. Si se trata de bienes, productos y servicios de urgente necesidad para la seguridad y defensa de la Nación, para cuya adquisición se hace imposible la aplicación de las modalidades de selección, dadas las condiciones especiales que los proveedores requieren para suministrar los bienes, productos y servicios.

3. Si se trata de bienes, servicios, productos alimenticios y medicamentos, declarados como de primera necesidad, siempre y cuando existan en el país condiciones de desabastecimiento por no producción o producción insuficiente, previamente certificadas por la autoridad competente.

Artículo 78. Emergencia comprobada. La emergencia comprobada deberá ser específica e individualmente considerada para cada contratación, por lo que deberá limitarse al tiempo y objeto estrictamente necesario para corregir, impedir o limitar los efectos del daño grave en que se basa la calificación y su empleo será solo para atender las áreas estrictamente afectadas por los hechos o circunstancias que lo generaron, y deberá ser participada al Servicio Nacional de Contrataciones dentro de los diez días hábiles siguientes a la suscripción del contrato, anexando toda la documentación en la que se fundamenta la decisión.

Los órganos o entes contratantes deberán preparar y remitir mensualmente al órgano de control interno una relación detallada de las decisiones de contratación fundamentadas en emergencia comprobada, anexando los actos motivados, con la finalidad de que determine si la emergencia fue declarada justificadamente o si fue causada o agravada por la negligencia, imprudencia, impericia, imprevisión o inobservancia de normas por parte del funcionario o funcionaria del órgano o ente contratante, en cuyo caso procederá a instruir el procedimiento para determinar las responsabilidades administrativas a que haya lugar.

CAPÍTULO VII

Contrataciones Electrónicas

Artículo 79. Garantías de los medios electrónicos. Las modalidades de selección de contratistas previstas en esta Ley, pueden realizarse utilizando medios y dispositivos de tecnologías de información y comunicaciones que garanticen la transparencia, honestidad, eficiencia, igualdad, competencia, publicidad, autenticidad, seguridad jurídica y confidencialidad necesaria.

A los efectos de garantizar estos principios, el órgano o ente contratante debe utilizar sistemas de seguridad que permitan el acceso de los participantes, el registro y almacenamiento de documentos en medios electrónicos o de funcionalidad similar a los procedimientos, lo cual deberá estar previsto en el pliego de condiciones.

Artículo 80. Especificaciones técnicas en las contrataciones electrónicas. Previa opinión favorable de la Comisión de Contrataciones, el órgano o ente contratante, de acuerdo con su disponibilidad y preparación tecnológica, debe establecer en el llamado o invitación y en el pliego de condiciones, la posibilidad de participar por medios electrónicos, para lo cual debe especificar los elementos tecnológicos, programas y demás requerimientos necesarios para participar en la respectiva modalidad de selección. En la referida especificación se utilizarán elementos y programas de uso seguro y masivo, y se mantendrá siempre la neutralidad tecnológica, garantizando el registro de los participantes que utilicen este medio.

En todo caso, debe garantizarse el cumplimiento de los principios previstos en la presente Ley, y los requisitos y demás normas aplicables contenidas en la legislación sobre mensajes de datos y firmas electrónicas.

Artículo 81. Carácter optativo. En las modalidades de selección del contratista, en las cuales se haya acordado el uso de medios electrónicos, debe garantizarse que los contratistas puedan participar utilizando estos medios o los demás previstos en la presente Ley.

En cualquiera de los casos se tomará como válida la información que primero se haya entregado en la oportunidad fijada para ello.

CAPÍTULO VIII

Suspensión y terminación del procedimiento de selección de Contratistas

Artículo 82. Plazo para la suspensión o terminación. En todas las modalidades reguladas por la presente Ley, el órgano o ente contratante puede suspender el procedimiento, mediante acto motivado, mientras no haya tenido lugar el acto de apertura de sobres contentivos de manifestaciones de voluntad u ofertas, según el caso.

Igualmente puede dar por terminado el procedimiento, mediante acto motivado, mientras no se haya firmado el contrato definitivo. En caso de que se hubiere otorgado y notificada la adjudicación, se indemnizará al beneficiario de ésta con una suma equivalente al monto de los gastos en que incurrió para participar en el procedimiento de selección, que no será superior al cinco por ciento (5%) del monto de su oferta, previa solicitud del beneficiario de la adjudicación acompañada de los comprobantes de los gastos, dentro del lapso de treinta días contados a partir de la notificación de terminación del procedimiento. En caso de haberse otorgado la adjudicación y no haya sido notificada, no procederá indemnización alguna.

Artículo 83. Apertura de nuevo proceso. Terminado el procedimiento de selección del contratista de conformidad con el artículo anterior, el órgano o ente contratante puede abrir un nuevo procedimiento, cuando hayan cesado las causas que dieron origen a la terminación y transcurrido un lapso de cinco días hábiles, contados a partir de la terminación. En los casos del Concurso Cerrado se deberá invitar a participar en el nuevo procedimiento, a la totalidad de los oferentes de la modalidad terminada.

TÍTULO IV

ADJUDICACIÓN, DECLARATORIA DE DESIERTA Y
NOTIFICACIONES

CAPÍTULO I

Adjudicación

Artículo 84. Plazo para otorgar la adjudicación. Dentro de los tres días hábiles siguientes a la recepción del informe que presente la Comisión de Contrataciones o la unidad contratante, la máxima autoridad del órgano o ente contratante debe otorgar la adjudicación o declarar desierto el procedimiento.

Artículo 85. Otorgamiento de la adjudicación. Debe otorgarse la adjudicación a la oferta que resulte con la primera opción al aplicar los criterios de evaluación y cumpla los requisitos establecidos en el pliego de condiciones.

En los casos de ejecución de obra, adquisición de bienes o prestación de servicios, podrá otorgarse parcialmente la totalidad o parte entre varias ofertas presentadas, si así se ha establecido expresamente en el pliego de condiciones, tomando en cuenta la naturaleza y las características de la contratación a celebrar. La adjudicación parcial debe realizarse cumpliendo los criterios, condiciones y mecanismos previstos en el pliego de condiciones.

Artículo 86. Segunda y tercera opción. Se procederá a considerar la segunda o tercera opción, en este mismo orden en caso de que el participante con la primera opción, notificado del resultado del procedimiento, no mantenga su oferta, se niegue a firmar el contrato, no suministre las garantías requeridas o le sea anulada la adjudicación por haber suministrado información falsa.

Artículo 87. Adjudicación a oferta única. En cualquiera de las modalidades establecidas en la presente Ley, se podrá adjudicar el contrato cuando se presente solo una oferta y cumpla con todos los requisitos señalados en el pliego de condiciones, luego de efectuada la calificación y evaluación respectiva.

Artículo 88. Nulidad del otorgamiento de la adjudicación. Cuando el otorgamiento de la adjudicación, o cualquier otro acto dictado en ejecución de la presente Ley y su Reglamento, se hubiese producido partiendo de datos falsos o en violación de disposiciones legales, el órgano o ente contratante deberá, mediante motivación, declarar la nulidad del acto.

CAPÍTULO II

Declaratoria de desierta de la modalidad de Contratación

Artículo 89. Motivos para declarar desierta. El órgano o ente contratante deberá declarar desierta la contratación cuando:

1. Ninguna oferta haya sido presentada.

2. Todas las ofertas resulten rechazadas o los oferentes descalificados, de conformidad con lo establecido en el pliego de condiciones.

3. Esté suficientemente justificado que de continuar el procedimiento podría causarse perjuicio al órgano o ente contratante.

4. En caso de que los oferentes beneficiarios de la primera, segunda y tercera opción no mantengan su oferta, se nieguen a firmar el contrato, no suministren las garantías requeridas o le sea anulada la adjudicación por haber suministrado información falsa.

5. Ocurra algún otro supuesto expresamente previsto en el pliego de condiciones.

Artículo 90. Nuevo procedimiento. Declarada desierta la modalidad de Concurso Abierto, puede procederse por Concurso Cerrado. Si la modalidad declarada desierta fuera un Concurso Cerrado se podrá proceder por Consulta de Precios.

Si el órgano o ente contratante lo considera conveniente podrá realizar una modalidad de selección similar a la fallida.

El Concurso Cerrado y la Consulta de Precios deben iniciarse bajo las mismas condiciones establecidas en la modalidad declarada desierta, invitándose a participar a los oferentes calificados en ésta.

CAPÍTULO III

Notificaciones

Artículo 91. Notificación de fin de procedimiento y descalificación. Se notificará a todos los oferentes del acto mediante el cual se ponga fin al procedimiento. Igualmente debe notificarse a los oferentes que resulten descalificados, del acto por el que se tome tal decisión.

Artículo 92. Requisitos de las notificaciones. Las notificaciones a que se refiere la presente Ley deberán realizarse en la dirección o direcciones indicadas en el registro de adquirentes del pliego de condiciones o de los invitados, dejándose constancia de los datos de la persona que recibió la notificación.

Si resultare impracticable la notificación antes señalada se procederá a fijar un cartel en la dirección indicada en el registro de adquirientes del pliego de condiciones o la que conste en el Registro Nacional de Contratistas, dejándose constancia de ello en el expediente y se tendrá por notificado al día siguiente de fijado el mencionado cartel.

TÍTULO V

DE LA CONTRATACIÓN

CAPÍTULO I

Aspectos Generales de la Contratación

Artículo 93. Documentos para formalizar el contrato. A los efectos de la formalización de los contratos, los órganos o entes contratantes deberán contar con la siguiente documentación:

1. Documentación legal de la persona natural o jurídica.

2. El pliego de condiciones y la oferta.

3. Solvencias y garantías requeridas.

4. Cronograma de desembolso de la contratación, de ser necesario.

5. Certificados que establezcan las garantías respectivas y sus condiciones.

Artículo 94. Firma del contrato. El lapso máximo para la firma del contrato será de ocho días hábiles contados a partir de la notificación de la adjudicación.

Artículo 95. Control del contrato. Los órganos o entes contratantes, una vez formalizada la contratación correspondiente, deberán garantizar a los fines de la administración del contrato, el cumplimiento de las obligaciones contraídas por las partes, estableciendo controles que permitan regular los siguientes aspectos:

1. Cumplimiento de la fecha de inicio de la obra o suministro de bienes y servicios.

2. Otorgamiento del anticipo, de ser aplicable.

3. Cumplimiento del compromiso de responsabilidad social.

4. Supervisiones e inspecciones a la ejecución de obras o suministro de bienes y servicios.

5. Modificaciones en el alcance original y prorrogas durante la ejecución del contrato.

6. Cumplimiento de la fecha de terminación de la obra o entrega de los bienes o finalización del servicio.

7. Finiquitos.

8. Pagos parciales o final.

9. Evaluación de actuación o desempeño del contratista.

Artículo 96. Mantenimiento de las condiciones. En los contratos adjudicados por la aplicación de las modalidades previstas en la presente Ley, debe mantenerse lo contemplado en el pliego de condiciones y en la oferta beneficiaria de la adjudicación.

Artículo 97. Cesiones. El contratista no podrá ceder ni traspasar el contrato de ninguna forma, ni en todo ni en parte, sin la previa autorización del órgano o ente contratante, quien no reconocerá ningún pacto o convenio que celebre el contratista para la cesión total o parcial del contrato, y lo considerará nulo en caso de que esto ocurriera.

Artículo 98. Nulidad de los contratos. El órgano o ente contratante deberá declarar la nulidad de los contratos en los siguientes casos:

1. Cuando se evidencie suficientemente que la adjudicación se otorgó indebidamente o de forma irregular.

2. En los contratos para cuya celebración la Ley exija para su adjudicación la aplicación de las modalidades de Concurso Abierto o Concurso Cerrado y se celebren sin seguir estos mecanismos.

3. Cuando los contratos se aparten o difieran de las condiciones establecidas en los respectivos pliegos de condiciones y de las ofertas beneficiarias de la adjudicación.

CAPÍTULO II

Garantías

Artículo 99. Fianza de anticipo. En los casos en que se hubiera señalado en el pliego de condiciones y en el contrato, el pago de un anticipo, establecido como un porcentaje del monto total de la contratación, el órgano o ente contratante procederá a su pago previa consignación, por parte del contratista, de una fianza por el cien por ciento (100%) del monto otorgado como anticipo; la cual será emitida por una institución bancaria o empresa de seguro debidamente inscritas en la Superintendencia correspondiente, o Sociedad Nacional de garantías recíprocas para la mediana y pequeña industria, a satisfacción del órgano o ente contratante.

Artículo 100. Garantía de fiel cumplimiento. Para asegurar el cumplimiento de todas las obligaciones que asume el contratista, con ocasión del contrato para la adquisición de bienes, prestación de servicios o ejecución de obras, cuando se requiera, éste deberá constituir una fianza de fiel cumplimiento otorgada por una institución bancaria o empresas de seguro, debidamente inscritas en la Superintendencia correspondiente, o sociedad nacional de garantías recíprocas para la mediana y pequeña industria a satisfacción del órgano o ente contratante, que no podrá ser inferior al quince por ciento (15%) del monto del contrato.

En caso de no constituir una fianza, el órgano o ente contratante podrá acordar con el contratista retención del diez por ciento (10%) sobre los pagos que realice, cuyo monto total retenido será reintegrado al momento de la recepción definitiva del bien u obra o terminación del servicio.

Artículo 101. Garantía laboral. El órgano o ente contratante, podrá solicitar al contratista la constitución de una fianza laboral hasta por el diez por ciento (10%) del costo de la mano de obra, incluida en la estructura de costos de su oferta, otorgada por una institución bancaria o empresa de seguro, debidamente inscrita en la Superintendencia correspondiente, o Sociedad Nacional de Garantías Recíprocas para la Mediana y Pequeña Industria, la cual deberá estar vigente desde el inicio del contrato hasta seis meses después de su terminación o recepción definitiva.

El monto de la fianza puede ser revisado y deberá ser cubierto por el contratista en caso de que el costo de la mano de obra a su servicio se vea incrementado por encima de lo inicialmente estimado. En caso de no constituir la fianza, el órgano o ente contratante, establecerá la retención del porcentaje sobre los pagos que realice, cuyo monto total retenido será reintegrado al momento de la recepción definitiva del bien u obra o terminación del servicio.

Artículo 102. Póliza de responsabilidad civil. El órgano o ente contratante, en los casos en que se hubiera establecido en el contrato, solicitará al contratista la constitución de una póliza de responsabilidad civil general la cual deberá incluir responsabilidad civil y daños a equipos e instalaciones de terceros objetó del servicio u obra. El monto de la referida póliza será fijado en el contrato.

CAPÍTULO III

Inicio de obra o servicio y fecha de entrega de bienes

Artículo 103. Inicio. El Contratista deberá iniciar el suministro de los bienes, la prestación del servicio o ejecución de la obra dentro del plazo señalado en el contrato u orden de compra o servicio. El plazo se contará a partir de la fecha de la firma del contrato. Se podrá acordar una prórroga de ese plazo cuando existan circunstancias que lo justifiquen plenamente. Cuando la prórroga sea solicitada por el contratista deberá hacerlo por escrito. En todos los casos deberá dejarse constancia de la fecha en que se inicie efectivamente el suministro del bien o prestación del servicio o la ejecución de la obra, mediante acta o documento que será firmado por las partes.

Artículo 104. Anticipos de obras, Servicios y bienes. El pago del anticipo no será condición indispensable para iniciar el suministro del bien o servicio, o ejecución de la obra, al menos que se establezca el pago previo de éste en el contrato. En caso de que el contratista no presente la fianza de anticipo, deberá iniciar la construcción y estará obligado a desarrollarla de acuerdo a las especificaciones y al cronograma acordado, los cuales forman parte del contrato. Presentada la fianza de anticipo y aceptada ésta por el órgano o ente contratante, se pagará al contratista el monto del anticipo correspondiente, en un plazo no mayor de quince días calendario, contados a partir de la presentación de la valuación para su pago. El anticipo no deberá ser mayor del cincuenta por ciento (50%) del monto del contrato. A todo evento el pago de este anticipo dependerá de la disponibilidad del órgano o ente contratante.

Artículo 105. Anticipo especial. Además del anticipo establecido en el artículo anterior, la máxima autoridad del órgano o ente contratante, podrá conceder un anticipo especial, cuando exista disponibilidad, para los cuales se aplicarán las mismas normas establecidas en relación con la fianza de anticipo, el establecimiento del porcentaje a deducirse de las valuaciones para amortizarlo, progresivamente y ampliación de la fianza. Este anticipo especial procederá en los casos debidamente justificados por los órganos o entes contratantes. El otorgamiento del anticipo especial no podrá exceder el veinte por ciento (20%) del monto total del contrato.

El otorgamiento del anticipo contractual mas el anticipo especial no podrá superar el setenta por ciento (70%) del monto total del contrato.

CAPÍTULO IV

Modificaciones del Contrato

Artículo 106. Modificaciones. El órgano o ente contratante podrá, antes o después de iniciado el suministro de los bienes, la prestación de los servicios o la ejecución de la obra, introducir las modificaciones que estime necesarias, las cuales serán notificadas por escrito al contratista. Así mismo, éste podrá solicitar al órgano o ente contratante cualquier modificación que considere conveniente, la cual deberá ir acompañada del correspondiente estudio económico, técnico y de su presupuesto, y el órgano o ente contratante deberá dar oportuna respuesta a la misma. El contratista sólo podrá realizar las modificaciones propuestas cuando reciba autorización por escrito del órgano o ente contratante, debidamente firmada por la máxima autoridad o de quien éste delegue.

Artículo 107. Modificaciones del contrato sin autorización. El órgano o ente contratante procederá a reconocer y pagará las modificaciones o cambios en el suministro de bienes y servicios, o ejecución de obras cuando las haya autorizado expresamente. En el caso de obras, podrá obligar al contratista a restituir la construcción o parte de ésta al estado en que se encontraba antes de la ejecución de la modificación o a demoler a sus expensas lo que hubiere ejecutado sin la referida autorización escrita. Si no lo hiciere, el órgano o ente contratante podrá ordenar la demolición a expensas del contratista.

Artículo 108. Causas de modificación del contrato. Serán causas que darán origen a modificaciones del contrato las siguientes:

1. El incremento o reducción en la cantidad de la obra, bienes o servicios originalmente contratados.

2. Que surjan nuevas partidas o renglones a los contemplados en el contrato.

3. Se modifique la fecha de entrega del bien, obra o servicio.

4. Variaciones en los montos previamente establecidos en el presupuesto original del contrato.

5. Las establecidas en el Reglamento de la presente Ley.

Artículo 109. Variación del presupuesto. Se consideran variaciones del presupuesto original las fundamentadas por el contratista, por hechos posteriores imprevisibles a la fecha de presentación de la oferta, debidamente aprobadas por el órgano o ente contratante. En el caso de contratos para la ejecución de obras, también se considerarán variaciones los aumentos o disminuciones de las cantidades originalmente contratadas; así como las obras adicionales.

Artículo 110. Variaciones de precios. Todas las variaciones de precios que hayan afectado realmente el valor de los bienes y servicios suministrados u obra contratada, debidamente aprobadas por el órgano o ente contratante, se reconocerán y pagarán al contratista de acuerdo a los mecanismos establecidos en los contratos, aplicables según su naturaleza y fines, entre los cuales se señalan el calculado con base en las variaciones de índices incluidos en fórmulas polinómicas o el de comprobación directa.

El Reglamento de la presente Ley, establecerá los elementos para considerar las variaciones de precios que por diversos motivos sean presentadas a los órganos o entes contratantes.

Artículo 111. Mecanismos de ajustes a contratos. En los casos de contrataciones con duración superior a un año, se podrá incorporar en las condiciones de la contratación mecanismos de ajustes que permitan reducir o minimizar los elementos de incertidumbre o riesgos, generados por la variabilidad, de los factores que condicionan la ejecución del contrato con impacto impredecible en las ofertas de los contratistas. En los contratos para la ejecución de obras, prestación de servicios o suministro de bienes, debe incluirse o especificarse lo siguiente:

1. La estructura de costos por renglón o partida.

2. El esquema de ajuste o fórmula escalatoria que será aplicada.

3. La periodicidad de los ajustes.

4. Los precios referenciales o índices seleccionados para los efectos de cálculo, indicando para éste último el órgano competente que los genere o los publique.

5. Que durante el primer año de vigencia del contrato los precios ofertados permanecerán fijos y sin estar sujetos a reconocimiento de ajustes. Después del primer año sólo se reconocerán ajustes a los precios de aquellos renglones o partidas que tengan continuidad.

6. En cada período de ajuste se afectará solo la porción de obra ejecutada o del bien mueble o servicio suministrado en el mismo, sin afectar las porciones ejecutadas o suministradas con anterioridad y los nuevos renglones o partidas no incluidas en el presupuesto original.

CAPÍTULO V

Control y Fiscalización en el contrato de obra

Artículo 112. Supervisión e inspección. El órgano o ente contratante ejercerá el control y la fiscalización de los contratos que suscriba en ocasión de adjudicaciones resultantes de la aplicación de las modalidades previstas en la presente Ley, asignará el o los supervisores o Ingenieros Inspectores, de acuerdo a la naturaleza del contrato.

Artículo 113. Instalaciones provisionales de obra. En los contratos de ejecución de obras, el contratista deberá construir un local con las características que señalen los planos y especificaciones, donde funcionará la Oficina de Inspección, así como las instalaciones adicionales previstas para el buen funcionamiento de esta oficina. En los presupuestos de las obras se deberán incluir partidas específicas que cubran el costo de las referidas instalaciones provisionales, las cuales serán pagadas al contratista.

Artículo 114. Ingeniero residente. El contratista deberá mantener al frente de la obra un ingeniero, quien ejercerá las funciones de Ingeniero Residente, con experiencia y especialidad en el área objeto del contrato, y participará por escrito al órgano o ente contratante la designación de éste, indicando el alcance de sus responsabilidades.

Artículo 115. Atribuciones y obligaciones del ingeniero inspector de obras. Son atribuciones y obligaciones del Ingeniero Inspector de obras las siguientes:

1. Elaborar y firmar el Acta de Inicio de los Trabajos, conjuntamente con el Ingeniero Residente y el contratista.

2. Supervisar la calidad de los materiales, los equipos y la tecnología que el contratista utilizará en la obra.

3. Rechazar y hacer retirar de la obra los materiales y equipos que no reúnan las condiciones o especificaciones para ser utilizados o incorporados a la obra.

4. Fiscalizar los trabajos que ejecute el contratista y la buena calidad de las obras concluidas o en proceso de ejecución, y su adecuación a los planos, a las especificaciones particula-

res, al presupuesto original o a sus modificaciones, a las instrucciones del órgano o ente contratante y a todas las características exigibles para los trabajos que ejecute el contratista.

5. Suspender la ejecución de partes de la obra cuando éstas no se estén ejecutando conforme a los documentos y normas técnicas, planos y especificaciones de la misma.

6. Recibir las observaciones y solicitudes que formule por escrito el contratista en relación con la ejecución de la obra, e indicarle las instrucciones, acciones o soluciones que estime convenientes, dentro de los plazos previstos en el contrato o con la celeridad que demande la naturaleza de la petición.

7. Informar, al menos mensualmente, el avance técnico y administrativo de la obra y notificar de inmediato, por escrito, al órgano o ente contratante cualquier paralización o anormalidad que observe durante su ejecución.

8. Coordinar con el proyectista y con el órgano o ente contratante para prever, con la debida anticipación, las modificaciones que pudieren surgir durante la ejecución.

9. Dar estricto cumplimiento al trámite, control y pago de las valuaciones de obra ejecutada.

10. Conocer cabalmente el contrato que rija la obra a inspeccionar o inspeccionada.

11. Elaborar y firmar el acta de terminación y recepción provisional o definitiva de la obra conjuntamente con el ingeniero residente y el contratista.

12. Velar por el estricto cumplimiento de las normas laborales, de seguridad industrial y de condiciones en el medio ambiente de trabajo.

13. Elaborar, firmar y tramitar, conforme al procedimiento establecido en estas condiciones, las actas de paralización y reinicio de los trabajos y las que deban levantarse en los supuestos de prórroga, conjuntamente con el ingeniero residente y el contratista.

14. Cualquiera otra que se derive de las obligaciones propias de la ejecución del contrato.

CAPÍTULO VI

Pagos

Artículo 116. Condiciones para el pago. El órgano o ente contratante procederá a pagar las obligaciones contraídas con motivo del contrato, cumpliendo con lo siguiente:

1. Verificación del cumplimiento del suministro del bien o servicio o de la ejecución de la obra, o parte de ésta.

2. Recepción y revisión de las facturas presentadas por el contratista.

3. Conformación, por parte del supervisor o ingeniero inspector del cumplimiento de las condiciones establecidas.

4. Autorización del pago por parte de las personas autorizadas.

Artículo 117. Conformación y validación de los formularios. En los casos de obras y servicios, el contratista elaborará los formularios o valuaciones que al efecto establezca el órgano o ente contratante, donde reflejará la cantidad de obra o servicio ejecutado, en un periodo determinado. El formulario y su contenido debe ser verificado por el supervisor o ingeniero inspector.

Artículo 118. Condiciones para entregar y conformar las valuaciones. En los casos de obras, el contratista deberá presentar las facturas o valuaciones en los lapsos establecidos en el contrato, debidamente firmadas por el ingeniero residente, al Ingeniero Inspector en forma secuencial para su conformación, de modo que los lapsos entre una y otra no sean menores de cinco días calendario ni mayores de cuarenta y cinco días calendario. El ingeniero inspector indicará al contratista los reparos que tenga que hacer a las valuaciones, dentro de un lapso de ocho días calendario, siguientes a la fecha que les fueron entregadas.

Artículo 119. Pago de pequeños y medianos productores. Cuando se trate de la adquisición de bienes y contratación de servicios a pequeños y medianos productores nacionales, los órganos o entes contratantes deberán proceder al pago inmediato del valor de los bienes adquiridos o servicios recibidos. En caso de producción agrícola podrán realizar compras anticipadas.

CAPÍTULO VII

Terminación del Contrato

Artículo 120. Entrega de bienes, servicios y obras. El órgano o ente contratante velará por el cumplimiento de las obligaciones por parte del contratista, particularmente de la fecha de entrega de la ejecución de las obras, de lo cual deberá dejar constancia que permita soportar el cierre administrativo del contrato. Esta disposición también es aplicable en los casos de suministro de bienes y prestación de servicios.

Artículo 121. Terminación en caso de obra. En el caso de terminación de las obras, el contratista notificará por escrito al Ingeniero Inspector, con diez días calendario de anticipación la fecha que estime para terminación de los trabajos, en la cual el Ingeniero Inspector procederá a dejar constancia de la terminación satisfactoria de la ejecución de la obra, mediante acta suscrita por el ingeniero inspector, el ingeniero residente y el contratista.

Artículo 122. Solicitud de prórrogas. A solicitud expresa del contratista, el órgano o ente contratante podrá acordar prórrogas del plazo de la ejecución del contrato por razones plenamente justificadas por alguna o varias de las causas siguientes: 1. Haber ordenado el órgano o ente contratante, la suspensión temporal de los trabajos por causas no imputables al contratista o modificación de éstos. 2. Haber determinado diferencias entre lo establecido en los documentos del contrato, y la obra a ejecutar, siempre que estas diferencias supongan variación significativa de su alcance. 3. Fuerza mayor o situaciones imprevistas debidamente comprobadas; y 4. Cualquier otra que el órgano o ente contratante que así lo considere.

Artículo 123. Aceptación provisional. El contratista deberá solicitar por escrito la aceptación provisional de la obra dentro del plazo de sesenta días calendario contado a partir de la fecha del Acta de Terminación. La solicitud deberá estar acompañada de los siguientes documentos:

1. Los formularios que al efecto indique el órgano o entre contratante, con los resultados de la medición final y el cuadre de cierre con las cantidades de obra ejecutada.

2. Los planos definitivos de las partes de la obra que hubieren sufrido variaciones, firmados por el contratista, el Ingeniero Residente de la obra y el Ingeniero Inspector, en físico y en formato digital.

3. La constancia conformada por los funcionarios autorizados de que la obra se entrega sin equipos o artefactos explosivos, en caso de que éstos se hubieran utilizado.

4. Los planos, dibujos, catálogos, instrucciones, manuales y demás documentos relativos a los equipos incorporados a la obra.

5. Las constancias de las garantías de los equipos e instalaciones.

A tal efecto, se levantará el acta respectiva que firmará el representante del órgano o ente contratante, el Ingeniero Inspector, el Ingeniero Residente y el contratista.

Artículo 124. Garantía de funcionamiento. En el documento principal del contrato se establecerá el lapso de garantía necesaria para determinar si la obra no presenta defectos y si sus instalaciones, equipos y servicios funcionan correctamente. Este lapso de garantía comenzará a contarse a partir de la fecha del Acta de Terminación.

Artículo 125. Recepción definitiva. Concluido el lapso de garantía señalado en el artículo que antecede, el contratista deberá solicitar por escrito, al órgano o ente contratante la recepción definitiva de la obra; y dentro de los treinta días siguientes a la fecha de presentación de esa solicitud, al órgano o entre contratante, quién hará una inspección general de la obra. Si en la inspección se comprueba que ha sido ejecutada en un todo conforme con lo estipulado en el contrato, se procederá a su recepción definitiva y se levantará el acta respectiva suscrita por el representante del órgano o ente contratante, el Ingeniero Inspector, el Ingeniero Residente y el contratista.

Artículo 126. Pagos y liberación garantías Efectuada la recepción definitiva, el órgano o ente contratante deberá realizar los pagos restantes al contratista, a la devolución de las retenciones que aún existieren y a la liberación de las fianzas que se hubiesen constituido. A estos efectos, la Dirección competente del órgano o ente contratante realizará, cumplidos los requisitos correspondientes, el finiquito contable.

Artículo 127. Causales de rescisión unilateral del contrato. El órgano o ente contratante podrá rescindir unilateralmente el contrato en cualquier, momento, cuando el contratista:

1. Ejecute los trabajos en desacuerdo con el contrato, o los efectúe en tal forma que no le sea posible cumplir con su ejecución en el término señalado.

2. Acuerde la disolución o liquidación de su empresa, solicite se le declare judicialmente en estado de atraso o de quiebra, o cuando alguna de esas circunstancias haya sido declarada judicialmente.

3. Ceda o traspase el contrato, sin la previa autorización del órgano o ente contratante, dada por escrito.

4. Incumpla con el inicio de la ejecución de la obra de acuerdo con el plazo establecido en el contrato o en su prórroga, si la hubiere.

5. Cometa errores u omisiones sustanciales durante la ejecución de los trabajos.

6. Cuando el contratista incumpla con sus obligaciones laborales durante la ejecución del contrato.

7. Haya obtenido el contrato mediante tráfico de influencias, sobornos, suministro de datos falsos, concusión, comisiones o regalos, o haber empleado tales medios para obtener beneficios con ocasión del contrato, siempre que esto se compruebe mediante la averiguación administrativa o judicial que al efecto se practique.

8. Incurra en cualquier otra falta o incumplimiento de las obligaciones establecidas en el contrato, a juicio del órgano o ente contratante.

9. No mantenga al frente de la obra a un Ingeniero Residente de acuerdo a lo establecido en la presente Ley.

Lo dispuesto en los numerales 1 al 8 del presente artículo son aplicables también en los casos de suministro de bienes y prestación de servicios.

Artículo 128. Notificación al contratista. Cuando el órgano o ente contratante decida rescindir unilateralmente el contrato por haber incurrido el contratista en alguna o algunas de las causales antes indicadas, lo notificará por escrito a éste, a los garantes y cesionarios si los hubiere.

Tan pronto el contratista reciba la notificación, deberá paralizar los trabajos y no iniciará ningún otro, a menos que el órgano o ente contratante lo autorice por escrito a concluir alguna parte ya iniciada de la obra.

Artículo 129. Evaluación de desempeño. Rescindido el contrato, el órgano o ente contratante debe efectuar la evaluación de desempeño del contratista, la cual será remitida al Servicio Nacional de Contrataciones de acuerdo a lo establecido en la presente Ley.

CAPÍTULO VIII

Medidas preventivas

Artículo 130. Medidas preventivas administrativas. Abierto el procedimiento administrativo para determinar el incumplimiento por parte del contratista en los contratos de ejecución de obras, cuando la obra hubiere sido paralizada o exista un riesgo inminente de su paralización, el órgano o ente contratante podrá dictar y ejecutar como medidas preventivas, la requisición de los bienes, equipos, instalaciones y maquinarias, así como el comiso de los materiales, afectos a la ejecución de la obra. Todo ello con la finalidad de dar continuidad a la obra y garantizar su culminación en el plazo establecido.

Artículo 131. Ejecución de las medidas preventivas. Las medidas preventivas se adoptarán y ejecutarán en el mismo acto, haciéndolas constar en un acta a suscribirse entre el funcionario o funcionaria actuante, el ingeniero inspector o ingeniera inspectora y el contratista.

La negativa de los sujetos afectados por la medida o del ingeniero inspector o ingeniera inspectora a suscribir el acta, no impedirá su ejecución, pero tal circunstancia deberá dejarse expresamente indicada en dicha acta.

Artículo 132. Inventario de los bienes afectos a la ejecución de la obra. En la misma fecha en que el órgano o ente contratante ejecute la medida preventiva, el funcionario o funcionaria actuante procederá a levantar un acta en el lugar de la obra, que será suscrita por éste o ésta, el ingeniero inspector o ingeniera inspectora y el contratista, en la cual se deje constancia de los bienes, equipos, instalaciones y materiales que allí se encuentren, así como del estado de ejecución de las obras y cualquier otra circunstancia que permita determinar con certeza el grado de avance de las obras.

Si hubieren equipos, maquinarias o materiales ubicados o depositados en lugares distintos al de la obra, los mismos deberán ser inventariados en el acta a que se refiere el presente artículo o, deberán levantarse las actas necesarias en nuevas oportunidades a los fines de dejar constancia de la existencia y ubicación de todos los bienes afectos a la ejecución de la obra.

Artículo 133. Sustanciación de la medida preventiva. La sustanciación de la medida preventiva se efectuará en cuaderno separado, debiendo incorporarse al expediente principal los autos mediante los cuales se decrete o se disponga su modificación o revocatoria.

Artículo 134. De la oposición a la medida preventiva. Dentro de los tres días hábiles siguientes a aquél en que ha sido dictada la medida preventiva, o de su ejecución, cualquier persona interesada podrá solicitar razonadamente su revocatoria, suspensión o modificación por ante el funcionario o funcionaria que la dictó, quien decidirá dentro de los cinco días hábiles siguientes tal solicitud.

Cuando la medida preventiva no haya podido ser notificada al afectado, éste podrá oponerse a ella dentro de los dos días hábiles siguientes a su conocimiento.

Artículo 135. Efectos de la medida preventiva. Los bienes objeto de requisición o comiso por los efectos de la medida preventiva, quedarán a disposición del órgano o ente contratante mediante la ocupación temporal y posesión inmediata de los mismos. La porción de obra ejecutada por el órgano o ente contratante con ocasión de la medida preventiva a que refiere el presente capítulo, no podrá ser imputada a favor del contratista.

Sin embargo, cuando la resolución del procedimiento administrativo de rescisión le fuera favorable, el contratista podrá exigir al órgano o ente contratante el reconocimiento de las inversiones que hubiere efectuado en la obra con relación a los materiales bajo comiso y las maquinarias y equipos requisados.

Cuando los bienes, materiales, equipos o maquinarias objeto de requisición o comiso fueren propiedad de terceros distintos al contratista, éstos podrán exigir al órgano o ente contratante el pago de los contratos que hubieren suscrito con el contratista, sólo respecto de lo efectivamente ejecutado por el órgano o ente contratante, y previa demostración fehaciente de la existencia y vigencia de dichos contratos.

Artículo 136. Vigencia de la medida preventiva. La medida preventiva permanecerá en vigencia hasta la recepción definitiva de la obra o hasta su revocatoria por parte del órgano o ente contratante.

Artículo 137. Levantamiento o modificación de medidas preventivas. En cualquier grado y estado del procedimiento, el funcionario o funcionaria que conoce del respectivo asunto, de oficio, podrá decretar la revocatoria, suspensión o modificación de las medidas preventivas que hubieren sido dictadas cuando, a su juicio, hayan desaparecido las condiciones que justificaron su procedencia y el levantamiento o modificación de la medida nó pudiere afectar la ejecución de la decisión que fuere dictada.

TÍTULO VI

SANCIONES

CAPÍTULO I

Sanciones por incumplimiento

Artículo 138. Sanciones a los funcionarios o funcionarias públicos. Independientemente de la responsabilidad civil, penal o administrativa, serán sancionados o sancionadas con multa de cien unidades tributarias (100 UT.) a quinientas unidades tributarias (500 UT.), a los funcionarios o funcionarias de los órganos y entes contratantes sujetos a la presente Ley que:

1. Cuando procedan a seleccionar por la modalidad de Contratación Directa o Consulta de Precios en violación de lo dispuesto en la presente Ley y su Reglamento.

2. Acuerden o nieguen de manera injustificada la inscripción y actualización en el Registro Nacional de Contratistas, o incumplan los plazos establecidos para ellos.

3. Nieguen injustificadamente a los participantes, el acceso al expediente de contratación o parte de su contenido.

4. Incumplan el deber de suministrar al Servicio Nacional de Contrataciones, la información requerida de conformidad con la presente Ley y su Reglamento.

5. Cuando la máxima autoridad administrativa del órgano o ente contratante se abstenga injustificadamente a declarar la nulidad del acto o del contrato, según lo previsto en la presente Ley.

Artículo 139. Sanciones a los particulares. Sin perjuicio de la responsabilidad civil, administrativa y penal que corresponda, cuando se compruebe mediante la evaluación y desempeño de los contratistas, en el ejercicio administrativo y operativo relacionado con la contratación, que incumplan con las obligaciones contractuales, el órgano o ente contratante deberá sustanciar el expediente respectivo para remitirlo al Servicio Nacional de Contrataciones a los fines de la suspensión en el Registro Nacional de Contratistas.

Los responsables serán sancionados con multa de tres mil unidades tributarias (3.000 UT), y el Servicio Nacional de Contratistas declarará la inhabilitación de éstos, para integrar sociedades de cualquier naturaleza que con fines comerciales pueda contratar con la administración pública. La declaratoria de la inhabilitación, será notificada a los órganos competentes de conformidad con el Reglamento de la presente Ley.

Igualmente cuando el infractor de la presente Ley fuese una persona jurídica, se le suspende del Registro Nacional de Contratistas, independientemente de la responsabilidad civil, penal o administrativa de sus representantes, por los siguientes lapsos:

1. De tres a cuatro años, cuando suministren información falsa, actúen dolosamente, de mala fe o empleen otras prácticas fraudulentas para la inscripción en el Registro Nacional de Contratistas, en el ejercicio de recursos, o cualesquiera otros procedimientos previstos en la presente Ley.

2. De dos a tres años cuando retiren ofertas durante su vigencia, o siendo beneficiarios de la adjudicación no suscriban el contrato o no constituyan la garantía de fiel cumplimiento del contrato, dentro del plazo establecido en los pliegos de condiciones.

3. De dos a tres años cuando ejerzan recursos manifiestamente temerarios contra los actos o procedimientos previstos en la presente Ley, o les sean resueltos por su incumplimiento contratos celebrados con órganos o entes regidos por la misma.

4. De cuatro a cinco años cuando incurran en prácticas de corrupción.

DISPOSICIÓN TRANSITORIA

Única. Hasta tanto se dicte el Reglamento de la presente Ley, los Registros Auxiliares funcionarán conforme a los lineamientos y directrices emanadas del Servicio Nacional de Contratistas.

DISPOSICIÓN FINAL

Única. La presente Ley entrará en vigencia a partir de su publicación en la Gaceta Oficial de la República Bolivariana de Venezuela.

Dada y firmada y sellada en el Palacio Federal Legislativo, sede de la Asamblea Nacional, en Caracas, a los cinco días del mes de agosto de dos mil diez. Año 200° de la Independencia y 151° de la Federación.

Ejecútese,

CILIA FLORES, Presidenta de la Asamblea Nacional

DARÍO VIVAS VELASCO, Primer Vicepresidente

MARELIS PÉREZ MARCANO, Segundo Vicepresidente

IVÁN ZERPA GUERRERO, Secretario

VÍCTOR CLARK BOSCÁN, Subsecretario

Palacio de Miraflores, en Caracas, a los tres días del mes de septiembre de dos mil diez. Años 200° de la Independencia, 151° de la Federación.

Cúmplase,

(L.S.) HUGO CHÁVEZ FRÍAS

Siguen firmas Ministros

LEY QUINTA:
LEY ORGÁNICA SOBRE PROMOCIÓN DE LA INVERSIÓN PRIVADA BAJO EL RÉGIMEN DE CONCESIONES *

Decreto N° 318   17 de septiembre de 1999

HUGO CHÁVEZ FRÍAS
Presidente de la República

En ejercicio de la atribución que le confiere el ordinal 8° del artículo 190 de la Constitución y de conformidad con lo dispuesto en el literal h) del numeral 4 del artículo 1 de la Ley Orgánica que Autoriza al Presidente de la República para dictar Medidas Extraordinarias en materia Económica y Financiera requeridas por el Interés Público, publicada en la Gaceta Oficial de la República de Venezuela N° 36.687 de fecha 26 de abril de 1999, en Consejo de Ministros,

DICTA

el siguiente

DECRETO CON RANGO Y FUERZA DE
LEY ORGÁNICA SOBRE PROMOCIÓN DE LA INVERSIÓN PRIVADA BAJO EL RÉGIMEN DE CONCESIONES

TÍTULO I

DISPOSICIONES GENERALES

Artículo 1°: Objeto de la Ley.- Este Decreto-Ley tiene por objeto establecer reglas, garantías e incentivos dirigidos a la promoción de la inversión privada y al desarrollo de la infraestructura y de los servicios públicos competencia del poder nacional, mediante el otorgamiento de concesiones para la construcción y la explotación de nuevas obras, sistemas o instalaciones de infraestructura, para el mantenimiento, la rehabilitación, la modernización, la ampliación y la explotación de obras, sistemas o instalaciones de infraestructura ya existentes, o únicamente, para la modernización, el mejoramiento, la ampliación o la explotación de un servicio público ya establecido.

Artículo 2°: Definición del contrato de concesión.- Son contratos de concesión los celebrados por la autoridad pública competente por medio de los cuales una persona jurídica llamada concesionario asume la obligación de construir, operar y mantener una obra o bien destinados al servicio, al uso público o a la promoción del desarrollo, o la de gestionar, mejorar u organizar un servicio público, incluyendo la ejecución de las actividades necesarias para el adecuado funcionamiento o la prestación de la obra o del servicio, por su cuenta y riesgo y bajo la supervisión y el control de la autoridad concedente, a cambio del derecho a explotar la obra o el servicio y de percibir el producto de las tarifas, precios, peajes, alquileres, valorización de inmuebles, subsidios, ganancias compartidas con algún ente público u otra fórmula establecida en los contratos correspondientes, durante un tiempo determinado, suficiente para recuperar la inversión, los gastos de explotación incurridos y obtener un tasa de retorno razonable sobre la inversión.

Artículo 3°: Formas de contratación bajo el régimen de concesiones.- Los organismos o entidades competentes para otorgar contratos de concesión podrán proponer y desarrollar todos los esquemas lícitos de negocios que faciliten el financiamiento privado de inversiones de obras y servicios, entre ellos:

a) La ejecución de proyectos integrales cuyo diseño, financiamiento y construcción asume el concesionario, a cambio de su participación en el capital o en las ganancias de la empresa que se constituya para la explotación o gestión de la obra o servicio público de que se trate;

b) La explotación, administración, reparación, conservación o mantenimiento de obras existentes, con la finalidad de obtener fondos para la construcción de obras nuevas que tengan vinculación física, técnica o de otra naturaleza con las primeras;

c) La ejecución integral de obras de infraestructura, donde la retribución del contratista provendrá de la explotación bajo el régimen de concesión de una obra o servicio distinto del ejecutado;

d) Cualesquiera otros que de acuerdo a su naturaleza, características y régimen de operación o de gestión, puedan ser ejecutados bajo el régimen de concesiones.

Artículo 4°: Ámbito de aplicación.- Este Decreto-Ley rige los procedimientos mediante los cuales se otorgarán en concesión la ejecución de obras y la explotación de los servicios públicos cuya titularidad o competencia ejerce la República a través de los órganos o entidades que conforman la Administración Pública Nacional.

Los contratos de concesión cuyo otorgamiento, administración o gestión se encuentre regulado por leyes especiales, se regirán preferentemente por dichas leyes, siendo de aplicación supletoria en tales casos las disposiciones de este Decreto-Ley.

Artículo 5°: Aplicación a Estados y Municipios.- Los Estados y Municipios podrán aplicar las disposiciones de este Decreto-Ley para el otorgamiento en concesión de las obras o servicios públicos de su competencia. En tales casos, la entidad competente tendrá a su cargo la creación o determinación del órgano o entidad encargada de su otorgamiento, así como la organización y conducción de los procedimientos de licitación y otorgamiento de los contratos y la supervisión, vigilancia y control de su ejecución.

Artículo 6°: Convenios y mancomunidades.- Podrán celebrarse convenios o constituirse mancomunidades para el desarrollo de proyectos cuya competencia en cuanto al otorgamiento y gestión de los respectivos contratos corresponda a más de una entidad político-territorial. Será materia del convenio la determinación de las características de las obras y de las fuentes de financiamiento, los aportes que corresponderán a cada entidad, las condiciones de la licitación y el régimen de explotación. Asimismo, deberá determinarse en dicho instrumento la autoridad a cuyo cargo estará la administración, inspección y control de los procedimientos licitatorios y de los contratos.

TÍTULO II

**DE LAS ATRIBUCIONES PARA EL OTORGAMIENTO Y
CONTROL DE LOS CONTRATOS DE CONCESIÓN**

Artículo 7°: Atribuciones comunes a las entidades contratantes.- Los órganos o entidades competentes para otorgar los contratos previstos en este Decreto-Ley, quedan sujetos al cumplimiento de las disposiciones, procedimientos y formalidades aquí establecidas, sin perjuicio de las previsiones contenidas en leyes especiales. En tal sentido, tendrán las siguientes atribuciones y deberes:

a) Identificar los proyectos concluidos, en ejecución, o por ejecutarse, que de acuerdo a sus características, correspondan a los que puedan ejecutarse bajo el régimen de concesión;

b) Cumplir la evaluación preliminar de dichos proyectos, emitir su conformidad en forma oportuna y realizar los trámites aprobatorios necesarios para la convocatoria de los procedimientos de licitación;

c) Promover la ejecución de proyectos de inversión bajo las modalidades contractuales previstas en este Decreto-Ley;

d) Establecer los mecanismos que aseguren la efectiva operatividad de los beneficios e incentivos contemplados en este Decreto-Ley;

e) Gestionar la obtención y hacer seguimiento a la obtención o transferencia efectiva de los aportes a los cuales se comprometa el Ejecutivo Nacional con ocasión de los proyectos ejecutados bajo régimen de concesión;

f) Cumplir y hacer cumplir este Decreto-Ley, su Reglamento, los contratos de concesión y demás disposiciones de carácter legal o reglamentario aplicables en razón de la materia;

g) Determinar y aprobar, el contenido y alcance de las convocatorias, pliegos de condiciones, criterios de evaluación de propuestas y en general, todo acto procedimental encaminado al otorgamiento de concesiones;

h) Suscribir los contratos a los que se refiere este Decreto-Ley;

i) Dictar órdenes e instrucciones dirigidas a los concesionarios, en el ámbito de sus competencias;

j) Ejercer el seguimiento, la supervisión y el control de los contratos otorgados;

k) Fijar las tarifas u otras formas de remuneración o retribución del concesionario;

l) Conocer y decidir oportunamente sobre cualquier solicitud de ajuste de tarifas, precios u otras modalidades de remuneración del concesionario, y en general, sobre cualquier otro factor que pueda alterar el equilibrio o los términos de la relación contractual originalmente pactada;

m) Conocer y decidir acerca de los recursos administrativos interpuestos por los usuarios y terceros titulares de intereses personales, legítimos y directos, relacionados con el objeto de este Decreto-Ley;

n) Sostener y asegurar la efectiva realización de los derechos de los usuarios destinatarios de los servicios prestados por los concesionarios;

o) Asegurar la publicidad de las decisiones que adopte, incluyendo los fundamentos y motivos de éstas;

p) Intervenir la concesión en las circunstancias y en conformidad con el procedimiento previsto en este Decreto-Ley y en su Reglamento;

q) Aplicar las sanciones establecidas en este Decreto-Ley.

Artículo 8°: Comité de Concesiones. Los organismos o entidades que en razón de su competencia deban otorgar alguno de los contratos regulados por este Decreto-Ley deberán conformar un Comité de Concesiones que tendrá a su cargo la organización, preparación y ejecución de los procesos de licitación para el otorgamiento de concesiones, así como el seguimiento, inspección y control de los contratos otorgados.

El Comité será designado mediante acto o resolución expedido por la máxima autoridad del organismo o entidad de que se trate, funcionará de manera permanente, sus integrantes lo serán a dedicación exclusiva y deberán reunir las condiciones de capacidad y experiencia necesarias para cumplir eficientemente sus atribuciones y deberes. El Reglamento fijará las reglas comunes de organización y funcionamiento de dichas unidades.

Artículo 9°: Atribuciones en materia de reclamos y denuncias.- Los organismos o entidades competentes para celebrar los contratos previstos en este Decreto-Ley lo serán igualmente para conocer de los reclamos o denuncias interpuestos por los usuarios o terceros interesados, relacionados con actos o resoluciones emanados de cualquiera de ellos, o con actuaciones de los concesionarios que puedan afectar sus derechos e intereses.

En casos de que los procedimientos instaurados guarden relación con el concesionario o contratista, éste tendrá el derecho a ser oído y a promover y a evacuar toda la documentación y las pruebas que le favorezcan.

Artículo 10: Recurso administrativo opcional.- Los actos administrativos o resoluciones del ente concedente podrán recurrirse optativamente ante éstos mediante el recurso de reconsideración, o directamente por ante la jurisdicción contencioso-administrativa. De interponerse el recurso en sede administrativa, la decisión recaída agotará la vía administrativa.

Artículo 11: Principios de control de gestión.- Las actuaciones de los entes concedentes deberán guardar la debida conformidad con las políticas generales y sectoriales establecidas por el Ejecutivo Nacional. En tal sentido, cada uno de ellos realizará auditorías de cumplimiento de sus metas y objetivos y rendirá al Presidente de la República o al órgano de adscripción según el caso, informes trimestrales indicativos de las metas alcanzadas en el período, de todo lo cual informará públicamente, sin perjuicio de su sujeción a las disposiciones contenidas en otras leyes en materia de contraloría.

TÍTULO III

RÉGIMEN JURÍDICO DE LAS CONCESIONES

Artículo 12: Marco regulatorio.- El procedimiento de licitación para el otorgamiento de contratos de concesión, así como el seguimiento y el control de la ejecución de aquéllos se regirán por este Decreto-Ley, su Reglamento, el pliego o bases de la licitación de cada contrato y por las resoluciones, órdenes e instrucciones expedidas por el ente concedente actuando en el ámbito de sus competencias.

De igual modo, aplicarán al procedimiento de licitación de concesiones los principios y reglas contenidos en la Ley de Licitaciones, en cuanto resulten compatibles con dicho procedimiento. En todo caso, la licitación previa tendrá carácter obligatorio.

Artículo 13: Evaluación preliminar de viabilidad.- Antes de adoptarse la decisión de convocar a una licitación, el ente concedente deberá practicar la evaluación preliminar de los proyectos para determinar su conveniencia, prioridad y viabilidad. Para este propósito, se considerarán los aspectos técnicos y financieros, las ventajas económicas que se esperan de cada proyecto, su costo estimado, los ingresos potenciales previstos provenientes de la explotación de la infraestructura y su impacto ambiental. Se considerará además la importancia regional o nacional de cada proyecto a los fines de establecer su prioridad relativa. Cuando se trate de proyectos a ser financiados en parte por medio de aportes públicos, se hará especial consideración con relación a las fuentes de financiamientos y a la estrategia propuesta para la obtención del financiamiento.

Artículo 14: Aprobación de convocatoria a licitación.- Cumplida la evaluación preliminar de los proyectos, el Ministerio correspondiente, ya sea actuando en ejercicio de su competencia o como ente de adscripción, los presentará al Presidente de la República a los fines de su aprobación en Consejo de Ministros.

Artículo 15: Proyectos, obras o servicios adjudicables.- Podrán otorgarse en concesión los proyectos que tengan por objeto el desarrollo, la ejecución o la explotación de las siguientes obras o servicios:

a) Autopistas, carreteras, puentes, viaductos, enlaces viales y demás obras de infraestructura relacionadas;

b) Vías ferroviarias, ferrocarriles y otras formas análogas de transporte masivo de pasajeros.

c) Infraestructura portuaria, incluyendo muelles, puertos, almacenes o depósitos para carga y descarga de bienes o productos y todas las facilidades relacionadas;

d) Infraestructura aeroportuaria y las facilidades relacionadas,

e) Infraestructura de riego;

f) Obras de infraestructura hidráulica;

g) Infraestructura e instalaciones escolares y de salud;

h) Desarrollo industrial y turístico;

i) Edificios gubernamentales;

j) Viviendas;

k) Obras de saneamiento y de recuperación ambiental;

l) Cualesquiera obras o servicios de la competencia del poder nacional susceptibles de ser ejecutados o gestionados bajo régimen de concesión.

Artículo 16: Duración de las concesiones.- La duración máxima de los contratos de concesión será de cincuenta años contados a partir del perfeccionamiento del contrato.

Dichos contratos podrán ser objeto de renovación, previa evaluación objetiva del desempeño del concesionario, la cual deberá realizarse por lo menos un (1) año antes de la fecha de terminación del contrato. A los efectos de considerar la renovación, el ente concedente podrá consultar la opinión de las comunidades organizadas o de los usuarios de la obra o servicio.

CAPÍTULO I

Licitaciones originadas por particulares

Artículo 17: Formulación y examen de propuestas.- Las empresas interesadas podrán presentar propuestas para la construcción de nuevas obras, sistemas o instalaciones de infraestructura, o para el mantenimiento, la rehabilitación, la modernización, la ampliación y la explotación de obras, sistemas o instalaciones de infraestructura ya existentes, bajo el régimen de concesiones. A los fines de su consideración, las propuestas deberán acompañar.

a) La descripción general del proyecto;

b) Estudios de prefactibilidad técnica y financiera, así como la indicación de los beneficios sociales esperados;

c) La evaluación del impacto ambiental de la obra a ejecutarse.

El órgano o entidad contratante estudiará la viabilidad de la propuesta y dentro de los seis (6) meses siguientes a su presentación, deberá pronunciarse mediante acto motivado aprobándola o rechazándola. A partir de la aprobación de la propuesta las partes definirán de común acuerdo los términos de referencia para la elaboración del proyecto definitivo, cuya preparación no podrá en ningún caso exceder de dos (2) años contados desde la fecha de aprobación de la propuesta.

Presentando el proyecto definitivo, el ente concedente convocará a licitación dentro de los seis (6) meses siguientes. La licitación se regirá por las normas contenidas en el Capítulo II de este Título.

Una vez aprobada una propuesta en los términos previstos en esta disposición, la misma no podrá ser posteriormente rechazada por razones de oportunidad o conveniencia. La República será responsable por los daños o perjuicios que pueda causar a los proponentes.

Artículo 18: Derechos del proponente.- El proponente privado tendrá derecho a participar en la licitación que se convoque en los mismos términos y condiciones que los demás particulares, con los siguientes derechos adicionales:

a) De efectuarse preselección, será admitido de pleno derecho;

b) Al participar en la licitación, su oferta económica o la del grupo que integre, será premiada con un incremento de hasta el diez por ciento (10%) del puntaje final obtenido, en los términos que determine la Reglamentación de este Decreto-Ley y el pliego de condiciones de la respectiva licitación;

c) Si el proyecto aprobado es ejecutado en forma directa por alguna autoridad pública, o se otorga en concesión o bajo cualquier otra modalidad a un tercero, con o sin la concurrencia del proponente, le serán reembolsados los gastos en que hubiere incurrido para la formulación de la propuesta y la elaboración del proyecto, previa determinación de su valor actualizado por la entidad licitante, el cual deberá constar en el pliego de condiciones.

Estos gastos se entenderán reembolsados por la sola adjudicación del contrato.

Artículo 19: Evaluación preliminar de viabilidad: Dentro del lapso establecido para la aprobación o rechazo de las propuestas y con apoyo en la documentación suministrada por el proponente, el ente concedente practicará la evaluación preliminar de viabilidad a que se refiere el artículo 13 de este Decreto-Ley, incluyendo como parte de ésta el examen de la capacidad legal, técnica y financiera de aquél para ejecutar el proyecto.

CAPÍTULO II

Del procedimiento de Licitación

Artículo 20: Condiciones subjetivas de los licitantes.- Podrán participar en los procesos de licitación todas las personas jurídicas, consorcios o asociaciones temporales nacionales o extranjeras, que tengan plena capacidad de obrar y de acreditar su solvencia económica, financiera, técnica y profesional, y cumplan los requisitos establecidos en este Decreto-Ley, su Reglamento y el pliego de condiciones diseñado para cada proceso.

Artículo 21: Inhabilidades.- No podrán participar en las licitaciones promovidas de conformidad con este Decreto-Ley:

a) Las personas jurídicas cuyos accionistas, socios o administradores tengan con el Presidente de la República, con alguno de los ministros en funciones o con algún directivo o representante del ente concedente, parentesco hasta el cuarto grado de consanguinidad o segundo de afinidad, o sean cónyuges de alguno de ellos;

b) Aquellas personas que habiendo sido titulares de una concesión, hubieren dado lugar a su extinción por incumplimiento del contrato;

c) Aquellas personas jurídicas cuyos accionistas, socios o administradores hubieren sido condenados mediante sentencia definitivamente firme en procesos de resolución o de cumplimiento de contrato;

d) Los declarados en quiebra culpable o fraudulenta;

e)   Las personas cuyos administradores hubieren sido condenados por la comisión de delitos contra la propiedad, la fe pública, el fisco o delitos de Salvaguarda y del Patrimonio Público;

f)   Las personas jurídicas cuyos accionistas, socios o administradores sean dirigentes de organizaciones y partidos políticos, mientras se encuentren en el ejercicio de tales funciones.

Artículo 22: Preselección.- En caso de estimarse conveniente, atendiendo a la magnitud, complejidad o costo de determinadas obras, podrá convocarse a una precalificación pública de interesados, que tendrá por objeto determinar la capacidad técnica, económica y la experiencia de los posibles licitantes.

Una vez comprobada la capacidad y antecedentes de las empresas convocadas, el ente concedente seleccionará entre los concurrentes aquellos que presenten las mejores credenciales rigiéndose por las especificaciones que para tal efecto establezca el pliego de la licitación. Seguidamente, invitará a los preseleccionados a presentar propuestas dentro de los plazos y bajo las condiciones que establezca el indicado pliego, debiendo sujetarse en todo caso al procedimiento licitatorio establecido en este Decreto-Ley.

Podrán suministrarse a los preseleccionados versiones preliminares de la documentación respectiva y solicitar de estas observaciones y comentarios sobre los pliegos de condiciones y el texto borrador del contrato.

Artículo 23: Convocatoria: La Convocatoria a licitación será hecha del conocimiento de los interesados por todos los medios posibles de difusión locales, nacionales e internacionales, atendiendo a la magnitud o complejidad de los proyectos involucrados. Como mínimo, la convocatoria deberá publicarse por dos (2) veces en un diario de circulación nacional y deberá expresar la descripción general y objetivos del proyecto y la forma de adquisición del pliego de condiciones de la licitación.

El Reglamento establecerá el tiempo que deberá mediar entre una y otra publicación, así como el que tendrán los interesados para presentar sus propuestas.

Artículo 24: Pliego de Condiciones.- El pliego de condiciones de cada licitación expresará los derechos y obligaciones de las partes contratantes, el procedimiento de la licitación y las reglas conforme a las cuales se garantiza la transparencia, la igualdad y la libre concurrencia de todos los interesados. Una vez otorgado el respectivo contrato, formará parte integrante de éste y contendrá, sin carácter limitativo, los aspectos siguientes:

a)   Descripción general y objetivos del proyecto;

b)   Condiciones para la presentación de la oferta económica;

c)   Aportes y garantías ofrecidos por el Estado, si los hubiere;

d)   Grado de riesgo que asume el participante durante la construcción de la obra o prestación del servicio;

e)   Condiciones y estándares de construcción, de servicio y de devolución de las obras al término de la concesión;

f)   Fórmulas e índices a ser utilizados para la fijación o determinación de tarifas, precios y demás modos de retribución del concesionario;

g)   Índices a ser utilizados para la determinación de la tasa interna de retorno del inversionista;

h)   La forma y plazo en que el concesionario podrá solicitar la revisión del sistema tarifario, de su fórmula de reajuste o del plazo de la concesión, por causas sobrevinientes que así lo justifiquen;

i)   Criterios y métodos para la evaluación de los componentes técnicos y financieros de las propuestas;

j)   Origen de los fondos para ejecutar los trabajos y el importe autorizado para el primer ejercicio, en el caso de proyectos cuya ejecución demande de aportes públicos;

k)   Garantías a ser constituidas, incluida la de seriedad de la propuesta, indicando su naturaleza, cuantía y los plazos en que debe constituirse;

l)   Los derechos que corresponden a los usuarios del servicio;

m)   Plazos para consultas y aclaratorias sobre el pliego de condiciones;

n)   Antecedentes que deben entregar los licitantes en las ofertas técnica y económica;

o)   Forma, fecha, hora y lugar de la presentación de las ofertas y formalidades del acto de apertura;

p)   Multas y demás sanciones establecidas;

q)   Causales de suspensión y extinción de la concesión;

r)   Forma de calcular la indemnización del concesionario en caso de rescate anticipado;

s)   Plazo para el otorgamiento y firma del contrato.

Una vez hecha pública la convocatoria de la licitación, el pliego de condiciones no podrá alterarse o modificarse, salvo que se deje sin efecto la convocatoria realizada.

Artículo 25: Presentación de Ofertas: Las ofertas serán presentadas en la forma establecida en el pliego de las condiciones, debiendo contener en todo caso los antecedentes generales de las personas jurídicas oferentes, una oferta técnica y una oferta económico-financiera.

Artículo 26: Apertura de Ofertas.- Las ofertas serán recibidas en acto público por el ente concedente, en el día, hora y lugar indicado para este efecto en el pliego de condiciones.

En el acto de apertura se dejará constancia mediante acta de quienes presentaron ofertas, de los antecedentes recibidos, de cuáles fueron rechazadas y de las observaciones que formularen los licitantes.

Artículo 27: Evaluación de las propuestas.- Las evaluaciones de propuestas comprenderá una etapa de evaluación técnica y otra de evaluación económica. Sólo aquellas que resulten aprobadas en la primera etapa podrán ser consideradas para la segunda. El Reglamento establecerá los criterios de evaluación que podrán utilizarse según el tipo de concesión de que se trate, siendo de obligatoria consideración, ya sea en forma alternativa o simultánea, los siguientes:

a)   La estructura tarifaria propuesta;

b)   El plazo de duración de la concesión;

c)   Los pagos ofrecidos por el concesionario a la República;

d)   La reducción de aportes o garantías que deba hacer la República,

e)   El menor valor presente de las tarifas, peajes u otra modalidad de retribución del concesionario;

f)   El menor valor presente de las amortizaciones o pagos que en su caso deba hacer la República al concesionario;

g)   Las ventajas y desventajas del plan de financiamiento propuesto y su adecuación para atender los costos de construcción, operativos y de mantenimiento del proyecto.

Artículo 28: Adjudicación del contrato.- El contrato será adjudicado a quien formule la mejor propuesta económico-financiera entre las aceptadas desde el punto de vista técnico aunque en el proceso de licitación se presentare una sola oferta, sin perjuicio de la facultad del ente concedente de desestimar todas las ofertas mediante acto motivado.

En caso de quedar desestimadas todas las propuestas presentadas, no nacerá para los oferentes derecho alguno de pedir indemnización. El ente concedente podrá licitarla de nuevo admitiendo a todos los que participaron en la anterior licitación y a cualquier nuevo proponente que cumpla los requisitos establecidos para presentar propuestas.

El contrato de concesión quedará perfeccionado al ser suscrito por las partes contratantes y deberá publicarse en la Gaceta Oficial de la República.

Artículo 29: Constitución y requisitos de la sociedad concesionaria.- El concesionario quedará obligado, dentro del plazo establecido en el pliego de condiciones, a:

a) Constituir una sociedad mercantil de nacionalidad venezolana con quien se entenderá celebrado el contrato y cuyo objeto será la construcción rehabilitación, modernización, ampliación y explotación de obras y servicios públicos, incluyendo particular referencia al objeto de la concesión adjudicada.

b) Suscribir el contrato de concesión.

c) Autenticar el contrato de concesión, los poderes otorgados y las garantías ante Notario Público.

d) Registrar el contrato, poderes y garantías autenticados ante el ente concedente.

Si el adjudicatario no da cumplimiento a estas obligaciones dentro del término que se le hubiere fijado, el acto de adjudicación quedará sin ningún efecto y la garantía constituida para responder por la seriedad de la propuesta pasará de pleno derecho en favor de la República o, en su caso, al patrimonio de la entidad contratante.

Artículo 30: Constitución de Garantías.- El concesionario deberá constituir una garantía definitiva correspondiente a la fase de construcción, cuya forma y monto será establecido en el pliego de condiciones. Asimismo, deberá constituir, con carácter previo a la puesta en funcionamiento de la obra o del servicio o de una parte o sección de éstos, garantía para asegurar el cumplimiento de las obligaciones asumidas con motivo de la explotación, en la forma y monto que determine el pliego de condiciones.

El concesionario no estará obligado a mantener la vigencia de alguna garantía cuando la obligación cuyo cumplimiento estaba llamado a garantizar se hubiere cumplido en los términos y condiciones previstos en el contrato y en el pliego de condiciones.

CAPÍTULO III

De la ejecución del contrato de concesión

SECCIÓN I

Del Régimen de ejecución durante
las etapas de construcción y explotación

Artículo 31: Régimen jurídico durante la construcción.- El régimen jurídico de la concesión durante la etapa de construcción de obras, será el siguiente:

a) En el caso de proyectos integrales o llave en mano, el concesionario deberá presentar ante el ente concedente dentro del plazo estipulado en el pliego de condiciones, la memoria descriptiva, los planos y el proyecto de ingeniería de detalle a los efectos de su aprobación. El pliego de condiciones establecerá las sanciones aplicables por el retardo en el cumplimiento de esta obligación de parte del concesionario. De no producirse respuesta alguna dentro de los sesenta (60) días siguientes a la presentación de toda la documentación exigida, el proyecto presentado se entenderá aprobado.

b) Las obras deberán ejecutarse con estricta sujeción a las estipulaciones contenidas en el pliego de condiciones, en el proyecto aprobado, en el contrato y conforme a las instrucciones que en interpretación técnica del contrato diere al concesionario el Inspector designado por el ente concedente. Durante el desarrollo de las obras y hasta que se cumpla el plazo de garantía que establezca el pliego de condiciones, el concesionario es responsable de los defectos que pueda presentar la construcción.

c) Las obras se ejecutarán a entero riesgo del concesionario, incumbiéndole hacer frente a cuanto desembolsos fueren precisos hasta su total terminación. La República no será responsable de las consecuencias derivadas de los contratos que celebre el concesionario con los constructores o suministradores.

d) Cuando el retraso en el cumplimiento de los plazos parciales o del total fuere imputable a la República, el concesionario gozará de un aumento igual al período de entorpecimiento o paralización, sin perjuicio de las compensaciones que procedan.

e) Tanto las aguas como las minas o materiales que aparecieren como consecuencia de la ejecución de las obras públicas no se entenderán incluidos en la concesión y su utilización por el concesionario se regirá por las normas contenidas en la legislación especial aplicable en cada caso.

f) El ente concedente designará un Inspector que tendrá a su cargo el control y vigilancia del avance, desarrollo y calidad de la ejecución de las obras y su concordancia con la ingeniería aprobada.

g) El concesionario está obligado a concluir las obras y ponerlas en servicio en las fechas y plazos que establezcan el pliego de condiciones y el contrato. El pliego de condiciones fijará las sanciones aplicables por los incumplimientos.

h) El procedimiento a seguir para la autorización de puesta en servicio de la obra se establecerá en el Reglamento o en el pliego de condiciones. La negativa de autorización deberá ser motivada, con precisa indicación de las inconformidades existentes entre el proyecto aprobado y la obra ejecutada. Deberá indicar además el plazo dentro del cual deberá el concesionario subsanar las deficiencias advertidas sin perjuicio de la aplicación de las sanciones que procedan por el retardo que no fueren imputables al ente concedente o a la Administración.

i) El plazo de garantía comenzará a correr desde la fecha de levantamiento del acta de recepción de la obra de parte del Inspector. Dicho plazo será establecido atendiendo a la naturaleza y complejidad de la obra y en ningún caso podrá ser inferior a dos (2) años, sin perjuicio de la responsabilidad que pueda caber al concesionario por vicios ocultos de las construcción.

Artículo 32: Régimen jurídico durante la explotación.- En la etapa de explotación de la obra o de gestión del servicio, el concesionario deberá actuar con estricta sujeción a las estipulaciones contenidas en el contrato de concesión y en su pliego de condiciones, sin perjuicio del cumplimiento del marco regulatorio contenido en leyes especiales dictadas para la regulación del servicio público de que se trate.

SECCIÓN II

De los derechos y obligaciones
del concesionario

Artículo 33: Derechos del Concesionario.- Desde el momento en que se perfeccione el contrato, nacen para el concesionario los derechos a:

a) Percibir oportunamente las remuneraciones acordadas en el pliego de condiciones o en el contrato;

b) Explotar las obras ejecutadas y percibir los peajes, precios y demás asignaciones o beneficios convenidos y debidamente establecidos en el pliego de condiciones o en el contrato;

c)   Solicitar la revisión del régimen económico de la concesión y del plazo de ejecución por causas sobrevinientes, y a obtener, si fuere el caso, las compensaciones a que hubiere lugar que podrán hacerse efectivas por medio de la revisión del régimen tarifario u otras fórmulas de remuneración del concesionario, de su fórmula de reajuste o del plazo del contrato, pudiendo utilizarse para ello uno o varios de estos factores a la vez;

d)   Gozar de los derechos y obligaciones del beneficiario de la expropiación, limitados a lo necesario para dar cumplimiento al contrato de concesión;

e)   Gozar de las garantías e incentivos establecidos por ésta u otras leyes;

f)   Emitir acciones, obligaciones y a contraer cualquier deuda u obligación destinadas al financiamiento de las inversiones vinculadas a la concesión, cuando en el pliego de condiciones o en el contrato correspondiente se autorice a ello;

Artículo 34: Derecho de constitución de garantías sobre el contrato.- El concesionario podrá constituir en prenda sin desplazamiento de posesión el contrato de concesión o los ingresos futuros de dicho contrato, para garantizar el cumplimiento de obligaciones crediticias contraídas para financiar su ejecución, previa autorización del ente concedente. Igualmente, podrá ceder u otorgar en prenda cualquier pago ofrecido por la República y que conste en el contrato. El documento en que se establezca la garantía deberá protocolizarse por ante la Oficina Subalterna de Registro competente y consignarse ante el ente concedente.

En todo lo no previsto en este Decreto-Ley, se aplicarán las previsiones contenidas en la Ley de Hipoteca Mobiliaria y Prenda sin Desplazamiento de Posesión.

Artículo 35: Derecho de cesión o transferencia del contrato.- El concesionario podrá ceder o transferir, desde el perfeccionamiento del contrato, la concesión o los derechos de la sociedad concesionaria previa autorización del ente concedente. En el caso de que se hubiere constituido garantía sobre el contrato de concesión de conformidad con el artículo anterior, se requerirá también de la aprobación escrita del acreedor prendario.

La cesión voluntaria o forzosa de la concesión deberá ser total, comprenderá todos los derechos y obligaciones derivados del contrato y la persona jurídica que pretenda sustituirse en el concesionario, incluido el acreedor prendario, deberá reunir los requisitos establecidos para ser licitante, no podrá estar sujeta a inhabilidades y acreditará suficientemente su capacidad para cumplir las metas, plazos, especificaciones técnicas y demás obligaciones y requisitos fijados en el pliego de condiciones y en el contrato.

Artículo 36: Obligaciones del Concesionario.- El concesionario tendrá las siguientes obligaciones:

a)   Cumplir y hacer cumplir el contrato con estricta sujeción a las normas, los proyectos, especificaciones técnicas y estándares de calidad establecidos en este Decreto-Ley, en su Reglamento y en el pliego de condiciones;

b)   Acatar las directrices, órdenes o resoluciones emitidos por el ente concedente en el ámbito de sus atribuciones;

c)   Permitir y facilitar las inspecciones y auditorías que tengan por objeto verificar su desempeño y comprobar el cumplimiento de las condiciones de calidad, precio y adecuación técnica de la obras ejecutadas y de los servicios prestados;

d)   Prestar el servicio con la continuidad convenida y garantizar a los usuarios el derecho a utilizarlo en las condiciones que hayan sido establecidas en el Reglamento del Servicio o en las leyes reguladoras del servicio público de que se trate;

e)   Facilitar o prestar el servicio en condiciones de absoluta normalidad, suprimiendo las causas que originen molestias, incomodidades, inconvenientes o peligrosidad a los usuarios de las obras, salvo que la adopción de medidas que alteren la normalidad del servicio obedezcan a razones de seguridad o de urgente reparación, y;

f)   Prestar el servicio ininterrumpidamente, salvo situaciones excepcionales debidas a caso fortuito o fuerza mayor, cuyos efectos serán calificados por el ente concedente, acordando las medidas que sean necesarias para lograr la más rápida y eficiente reanudación del servicio.

g)   Indemnizar los daños y perjuicios que se causen a terceros con motivo de la ejecución del contrato de concesión, a menos que tales daños fuesen la consecuencia inmediata de una orden o instrucción emanada del ente concedente o de cualquier otro órgano o entidad de la administración.

SECCIÓN III

De las prerrogativas y del ente concedente

Artículo 37: Facultad de inspección y control.- El ente concedente podrá disponer en todo momento las medidas de inspección, vigilancia y control necesarias para asegurar el cumplimiento del contrato, y en particular, para verificar el adecuado desempeño del concesionario y comprobar la conformidad existente entre el proyecto o la obra ejecutados y las condiciones de calidad y demás especificaciones técnicas fijadas en el pliego de condiciones, en el contrato, y en su caso, las que se desprendan de las instrucciones emanadas del ente concedente.

Artículo 38: Interpretación unilateral.- De surgir discrepancias entre las partes durante la ejecución del contrato acerca de la interpretación o el alcance de cualesquiera de sus disposiciones, el ente concedente, de no lograrse un acuerdo, interpretará mediante acto administrativo debidamente motivado las estipulaciones o cláusulas objeto de la diferencia. Quedan a salvo los derechos del concesionario de utilizar los mecanismos de solución de controversias contemplados en este Decreto-Ley para la defensa de sus intereses y de reclamar los daños o perjuicios que el acto administrativo pueda ocasionarle.

Artículo 39: Modificación unilateral.- Desde que se perfeccione el contrato, el ente concedente podrá modificar, por razones de interés público y mediante acto debidamente motivado, las características de las obras y servicios contratados. En tal circunstancia deberá compensar al concesionario en caso de perjuicio, acordando con aquél indemnizaciones que podrán expresarse en el plazo de la concesión, en las tarifas, en los aportes o subsidios o en otros factores del régimen económico de la concesión pactados, pudiendo utilizar uno o varios de esos factores a la vez.

Si las modificaciones alteran el valor del contrato en un veinte por ciento (20%) o más del valor inicialmente fijado en el contrato, el concesionario tendrá derecho a solicitar la rescisión y a reclamar la indemnización de los daños y perjuicios que la modificación le ocasione.

Artículo 40: Insuficiencia de obras.- Si durante la vigencia de la concesión, la obra resultare insuficiente para la prestación del servicio en los niveles definidos en el contrato de concesión o en el pliego de condiciones y se considerare conveniente su ampliación o mejoramiento por iniciativa del ente concedente o a solicitud del concesionario, se procederá a la suscripción de un convenio complementario al referido contrato de concesión. Este convenio fijará las particulares condiciones a que deba sujetarse la realización de las obras y su repercusión en el régimen de tarifas o en cualquier otro factor del régimen económico o en el plazo de la concesión, quedando facultado el ente concedente para incluir en dicho convenio, como compensación, uno o varios de esos factores.

Para la aprobación del convenio complementario se observarán las formalidades establecidas en el artículo 14 de este Decreto-Ley.

Artículo 41: Garantías e indemnizaciones .- El ente concedente velará por la oportuna consignación y suficiencia de las garantías exigibles al concesionario, por su mantenimiento y vigencia durante cada etapa del contrato y ejercitará todas las acciones que procedieren para obtener las indemnizaciones que correspondan por los daños y perjuicios derivados de la ejecución de dichos contratos.

Artículo 42: Previsiones para evitar incremento de costos.- Es deber del ente concedente realizar todos los esfuerzos dirigidos a prevenir y evitar el encarecimiento de las obras ejecutadas en virtud de este Decreto-Ley. Con tal propósito, corregirán en el menor tiempo posible los desajustes que pudieran presentarse, gestionarán o asignarán oportunamente los recursos a cuyo aporte se hubiere comprometido la República y utilizarán los mecanismos o procedimientos más eficaces para precaver o solucionar los conflictos o diferencias que puedan afectar la ejecución de los contratos.

Artículo 43: Potestad sancionatoria.- El ente concedente está facultado para imponer al concesionario las sanciones de apercibimiento, de amonestación o de multa establecidas previamente en el pliego de condiciones y en el contrato por el incumplimiento de dicho contrato, de su pliego de condiciones o de las resoluciones expedidas por el ente concedente, todo ello sin perjuicio de la facultad que le corresponde de adoptar las medidas preventivas que fuesen necesarias para asegurar la continuidad de una obra o de un servicio o para evitar su pérdida o deterioro.

Asimismo, podrá declarar suspendida temporalmente la concesión, acordar su intervención y declarar su extinción, todo ello en conformidad con las previsiones contenidas en este Decreto-Ley.

Artículo 44: Responsabilidad de la administración.- La República, por órgano del ministerio o entidad competente, será responsable por las actuaciones, abstenciones, hechos y omisiones que le sean imputables y que causen perjuicios al concesionario. En tales casos deberá indemnizar la disminución patrimonial que se ocasione, la prolongación de la misma y la ganancia, beneficio o provecho dejados de percibir por el concesionario.

La República podrá concurrir junto al concesionario el pago de los daños y perjuicios producto de caso fortuito o fuerza mayor, si así lo estableciere el pliego de condiciones o el contrato.

TÍTULO IV

SUSPENSIÓN Y EXTINCIÓN DE LA CONCESIÓN

CAPÍTULO I

De la suspensión de la concesión

Artículo 45: Suspensión de la Concesión.- Quedará temporalmente suspendida la concesión:

a) En el caso de guerra, conmoción interior o fuerza mayor que impidan la prestación del servicio;

b) Cuando se produzca una destrucción parcial de las obras o de sus elementos, de modo que se haga inviable su utilización por un período de tiempo; y

c) Por cualquier otra causa que el pliego de condiciones establezca.

El ente concedente deberá constatar, de ser posible, la existencia de alguno de los supuestos de suspensión de la concesión a los fines de su autorización previa. En todo caso, adoptará las previsiones de emergencia o de necesidad necesarias para la protección y conservación de las obras o del servicio y acordará la reanudación o restablecimiento de unos u otros en cuanto cesen las causas que dieron lugar a la suspensión.

CAPÍTULO II

De la extinción de la concesión

Artículo 46: Causas de Extinción.- La concesión se extinguirá por las siguientes causales:

a) Cumplimiento del plazo por el que se otorgó con sus modificaciones si procediere;

b)   Mutuo acuerdo entre el ente concedente y el concesionario;

c)   Por rescisión del contrato debida a incumplimiento grave de las obligaciones del concesionario;

d)   Por rescate anticipado;

e)   Por quiebra del concesionario; y

f)   Las que se estipulen en el pliego de condiciones y en el contrato.

Artículo 47: Extinción por cumplimiento del plazo.- Cumplido el plazo de la concesión, se comprobará el cumplimiento de su objeto. Dicha constatación se verificará mediante acto de recepción o conformidad, en el plazo y bajo las condiciones que establezca el Reglamento.

Extinguida la concesión, las obras o servicios podrán ser nuevamente otorgados en concesión que tendrá por objeto su conservación, reparación, ampliación o explotación.

Artículo 48: Reversión de obras y servicios.- El Contrato establecerá el plazo de la concesión, las inversiones que deberá realizar el concesionario y los bienes que por estar afectos a la obra o al servicio de que se trate revertirán al ente concedente, a menos que no hubieren podido ser totalmente amortizadas durante el mencionado plazo.

Asimismo, el contrato expresará las obras, instalaciones o bienes que hubiere de realizar el concesionario no sujetas a reversión, las cuales, de considerarse de utilidad o interés público, podrán ser objeto de reversión previo pago de su precio al concesionario.

Durante un período prudencial anterior a la terminación del contrato, el ente concedente deberá adoptar las disposiciones encaminadas a que la entrega de los bienes a ser revertidos se verifique en las condiciones convenidas.

Artículo 49: Extinción por mutuo acuerdo.- El acuerdo entre el ente concedente y el concesionario extingue la concesión, con arreglo a las condiciones del convenio que se suscriba por ambas partes. Este convenio deberá ser previamente aprobado por el Presidente de la República y entrará en vigor mediante Resolución del Ministerio competente que deberá publicarse en la Gaceta Oficial de la República.

La resolución de la concesión por mutuo acuerdo sólo podrá adoptarse cuando no concurra otra causa de resolución o de extinción imputable al concesionario y siempre que por razones de interés público resultare innecesaria o inconveniente la continuación del contrato.

Artículo 50: Extinción por incumplimiento.- La declaración de incumplimiento grave del contrato de concesión deberá ser acordada con fundamento en alguna de las causales establecidas en este Decreto-Ley, en el respectivo contrato de concesión o en el pliego de condiciones, por el ente concedente. La declaratoria de incumplimiento del contrato será ejecutada sin necesidad de pronunciamiento judicial.

En este caso, el ente concedente deberá proceder a licitar públicamente y en el plazo de 180 días contados desde la declaración, el contrato de concesión por el plazo que le reste. El pliego de condiciones de la licitación deberá establecer los requisitos que habrá de cumplir el nuevo concesionario, los que, en ningún caso, podrán ser más gravosos que los impuestos al concesionario original. Al asumir el nuevo concesionario, cesará en sus funciones el interventor que se hubiere designado de conformidad con las previsiones contenidas en este Decreto-Ley.

En todo caso, la declaratoria de extinción del contrato por incumplimiento grave sólo podrá acordarse previa audiencia del concesionario y mediante un procedimiento que le asegure el pleno ejercicio de sus garantías constitucionales.

Artículo 51: Supuestos de incumplimiento grave.- Sin perjuicio de los supuestos de incumplimiento grave de las obligaciones del concesionario que puedan establecer el pliego de condiciones o el contrato, se considerarán como tales los siguientes:

a)   Demoras no autorizadas en la construcción de las obras, por períodos superiores a los establecidos en el pliego de condiciones;

b)   Falta de cumplimiento reiterado de los niveles mínimos de calidad del servicio establecidos en el pliego de condiciones;

c)   Cobranza reiterada de tarifas superiores a las autorizadas;

d)   Incumplimiento reiterado de las normas de conservación de las obras, especificadas en el pliego de condiciones;

e)   No constitución o reconstitución de las garantías en los plazos y condiciones estipuladas en el pliego de condiciones;

Artículo 52: Intervención de la Concesión.- En caso de que el concesionario abandone la obra, interrumpa el servicio de manera injustificada, o incurra en uno de los supuestos de incumplimiento grave de las obligaciones del contrato, el ente concedente podrá designar un interventor con el propósito de impedir o evitar la paralización de la obra o el servicio.

Al conocer del asunto, el ente concedente abrirá el procedimiento destinado a constatar la situación de hecho, a establecer la responsabilidad que pudiera caber al concesionario y a tomar las decisiones correspondientes de acuerdo con sus atribuciones.

A tales efectos notificará de la apertura del procedimiento al concesionario y tendrá un plazo de diez (10) días contados a partir de la fecha de dicha notificación para decidir en forma motivada, con audiencia previa del interesado y con plena observancia de sus garantías constitucionales. Podrá prorrogar dicho plazo por igual período y por una sola vez.

Comprobados como estuvieren los supuestos que dieron lugar a la apertura de la averiguación, adoptará las medidas y decisiones que correspondan y procederá a la designación del interventor.

El interventor designado sólo tendrá las facultades de administración necesarias para velar por el cumplimiento del contrato de concesión. Cesará en su cargo en cuanto el concesionario reasuma sus funciones o cuando la concesión sea nuevamente otorgada en la forma prevista en este Decreto-Ley. En todo caso, si después de noventa (90) días de la designación del interventor el concesionario no reasume, se entenderá que hay incumplimiento grave y se procederá conforme a lo previsto en el artículo 50 de este Decreto-Ley.

Artículo 53: Rescate anticipado.- Las concesiones podrán rescatarse anticipadamente por causa de utilidad o interés público, mediante acto administrativo debidamente motivado del ente concedente. En estos casos procederá la indemnización integral del concesionario, incluyendo la retribución que dejare de percibir por el tiempo que reste para la terminación de la concesión.

En el pliego de condiciones se establecerán los elementos o criterios que servirán para fijar el monto de la indemnización que haya de cubrirse al concesionario. Si el concesionario estuviese conforme con el monto de la indemnización, la cantidad que se señale por este concepto tendrá carácter definitivo. Si no estuviere conforme, el importe de la indemnización se determinará mediante alguno de los mecanismos de solución de conflictos contemplados en este Decreto-Ley.

Artículo 54: Extinción por quiebra del concesionario.- La quiebra de la sociedad concesionaria determinará la extinción de la concesión y la pérdida en favor de la República o de la entidad contratante de las garantías constituidas y exigibles.

TÍTULO V

RÉGIMEN DE INCENTIVOS Y GARANTÍAS

Artículo 55: Aportes o incentivos.- Cuando lo estime conveniente en razón de la magnitud o del interés público de los proyectos, el Ejecutivo Nacional, a través del ente concedente podrá:

a) Compartir con el concesionario los costos del financiamiento de las obras, o aportar los proyectos, terrenos o las construcciones que fueren necesarios para su ejecución.

b) Concederle la explotación, conservación y el mantenimiento de obras contiguas a la concedida, o tramos de ésta ya construidos.

Artículo 56: Incentivos fiscales.- Los titulares de las concesiones de obras o servicios otorgados de conformidad con este Decreto-Ley quienes en virtud de lo dispuesto en el contrato correspondiente, asuman el financiamiento de la inversión que requiera la obra o el servicio concedido, gozarán de los siguientes beneficios fiscales:

a) Exención del cincuenta por ciento (50%) de la renta neta gravable con el impuesto sobre la renta, en los casos en los que los titulares de la concesión asuman el financiamiento de la inversión en una proporción igual o superior al cincuenta por ciento (50%).

b) Exención del veinticinco por ciento (25%) de la renta neta gravable con el impuesto sobre la renta, en los casos de titulares de la concesión que asuman el financiamiento de la inversión en una proporción inferior al cincuenta por ciento (50%).

Parágrafo Primero: A los efectos de la determinación del derecho de los titulares de la concesión a los beneficios establecidos en este artículo, se considerará como financiamiento de la inversión los aportes de capital en dinero o especie directamente aplicados a la obra o servicio objeto de la concesión.

Parágrafo Segundo: Las exenciones otorgadas en el párrafo primero sólo serán procedentes cuando el titular de la concesión haya cumplido con el financiamiento de la inversión programada para cada ejercicio fiscal, de conformidad con el contrato.

Artículo 57: Otros beneficios fiscales.- En los casos de concesiones cuyo financiamiento provenga del titular de la concesión, el Ejecutivo podrá exonerar del pago de impuesto sobre la renta los intereses de los capitales tomados en préstamo y los correspondientes a las obligaciones emitidas por el titular de la concesión vinculados al financiamiento de la inversión. Las exoneraciones se otorgarán de conformidad con las normas del Código Orgánico Tributario.

TÍTULO VI

DEL USO DE BIENES DE DOMINIO PUBLICO,
EXPROPIACIONES Y SERVIDUMBRES

Artículo 58: Declaratoria de utilidad pública.- Se declaran utilidad pública las obras o servicios públicos a ser otorgados mediante concesión, a los efectos de la constitución de servidumbres y la expropiación de los bienes necesarios para la construcción de las obras, de los servicios anexos o complementarios a éstas y para la prestación de los servicios.

Los alcances de esta declaratoria de utilidad pública serán precisados por el ente concedente para cada obra o servicio que se licite, atendiendo a las dimensiones y características de cada proyecto y considerando las obras principales, complementarias y de servicios que demandará su ejecución y posterior explotación.

Artículo 59: Facultad expropiatoria.- El ente concedente tendrá a su cargo la obligación de adquirir los terrenos y demás bienes necesarios para la ejecución o gestión de la obra o del servicio público otorgado en concesión mediante el procedimiento expropiatorio, a cuyo efecto podrá acudir de ser necesario a las medidas de ocupación previa o de urgencia previstas en la legislación que rige la materia. El pliego de condiciones de cada licitación establecerá la forma y los plazos conforme a los cuales el ente concedente ejercerá esta facultad.

No obstante, también los concesionarios podrán tratar directamente con los particulares, y negociar con éstos la adquisición de los terrenos y demás bienes necesarios para la ejecución del contrato, en conformidad con la normativa aplicable, reconociéndosele como precio el valor máximo que se hubiere estipulado en el pliego de condiciones o en el contrato.

Artículo 60: Bienes incorporados a la concesión.- Desde el momento de perfeccionarse el contrato de concesión, el concesionario tendrá derecho al uso y goce de los bienes de dominio público o privado del ente concedente que sean destinados a la ejecución y desarrollo de las obras o servicios objeto de dicho contrato.

Los bienes o derechos que por cualquier título adquiera el concesionario para ser destinados a la concesión pasarán a formar parte del dominio público desde que se incorporen o sean afectados a las obras, sea por adherencia o por destinación. Quedan a salvo las obras, instalaciones o bienes que por no estar afectados a la concesión permanecerán en el patrimonio del concesionario según lo establezca el respectivo contrato.

TÍTULO VII
DE LA SOLUCIÓN DE CONTROVERSIAS

Artículo 61: Medios de solución de conflictos.- Para la solución de los conflictos que surjan con motivo de la ejecución, desarrollo o extinción de los contratos regulados por este Decreto-Ley, las partes podrán utilizar mecanismos de solución directa tales como la conciliación y la transacción.

Asimismo, podrán acordar en el respectivo contrato someter sus diferencias a la decisión de un Tribunal Arbitral, cuya composición, competencia, procedimiento y derecho aplicable serán determinados de mutuo acuerdo, de conformidad con la normativa que rige la materia.

Cuando se trate de la solución de diferencias de carácter exclusivamente técnico, las partes podrán someter la solución del asunto al conocimiento de expertos directamente designados por ellas. En tales casos, la decisión adoptada siguiendo el procedimiento previamente establecido, tendrá carácter definitivo.

TÍTULO VIII
DISPOSICIONES FINALES Y TRANSITORIAS

Artículo 62: Colaboración en la gestión autorizatoria.- El ente concedente estará facultado para coordinar y facilitar la tramitación y obtención de todos los permisos, licencias o autorizaciones que requiera el concesionario para la ejecución de los respectivos contratos, sin perjuicio del estricto cumplimiento de las leyes, reglamentos y demás instrumentos que rigen la expedición de tales actos.

Artículo 63: Contratos de concesión vigentes.- Los contratos de concesión celebrados con anterioridad a la vigencia de este Decreto-Ley se ejecutarán con arreglo a las condiciones y plazos originalmente convenidos. Sin embargo, las partes podrán adaptarlos a las disposiciones del presente Decreto-Ley.

Dado en Caracas, a los diecisiete días del mes de septiembre de mil novecientos noventa y nueve. Año 189° de la Independencia y 140° de la Federación.

Cúmplase,

(L.S.) HUGO CHÁVEZ FRÍAS

(Siguen firmas de los Ministros).

LEY SEXTA:
LEY ORGÁNICA SOBRE ADMINISTRACIÓN FINANCIERA DEL SECTOR PÚBLICO*

LA ASAMBLEA NACIONAL DE LA
REPÚBLICA BOLIVARIANA DE VENEZUELA

Decreta

la siguiente,

LEY ORGÁNICA DE LA ADMINISTRACIÓN FINANCIERA
DEL SECTOR PÚBLICO

TÍTULO I
DISPOSICIONES GENERALES

Artículo 1. Esta Ley tiene por objeto regular la administración financiera, el sistema de control interno del sector público, y los aspectos referidos a la coordinación macroeconómica, al Fondo de Estabilización Macroeconómica y al Fondo de Ahorro Intergeneracional.

Artículo 2. La administración financiera del sector público comprende el conjunto de sistemas, órganos, normas y procedimientos que intervienen en la captación de ingresos públicos y en su aplicación para el cumplimiento de los fines del Estado, y estará regida por los principios Constitucionales de legalidad, eficiencia, solvencia, transparencia, responsabilidad, equilibrio fiscal y coordinación macroeconómica.

Artículo 3. Los sistemas de presupuesto, crédito público, tesorería y contabilidad, regulados en esta Ley; así como los sistemas tributario y de administración de bienes, regulados por leyes especiales, conforman la administración financiera del sector público. Dichos sistemas estarán interrelacionados y cada uno de ellos actuará bajo la coordinación de un órgano rector.

Artículo 4. El Ministerio del Poder Popular con competencia en materia de Planificación y Finanzas coordina la administración financiera del sector público nacional y dirige y supervisa la implantación y mantenimiento de los sistemas que la integran, de conformidad con lo establecido en la Constitución de la República y en la ley.

Artículo 5. El sistema de control interno del sector público, cuyo órgano rector es la Superintendencia Nacional de Auditoría Interna, comprende el conjunto de normas, órganos y

---

* *Gaceta Oficial* N° 39.556 del 19 de noviembre de 2010

procedimientos de control, integrados a los procesos de la administración financiera así como la auditoría interna. El sistema de control interno actuará coordinadamente con el Sistema de Control Externo a cargo de la Contraloría General de la República tiene por objeto promover la eficiencia en la captación y uso de los recursos públicos, el acatamiento de las normas legales en las operaciones del Estado, la confiabilidad de la información que se genere y divulgue sobre los mismos; así como mejorar la capacidad administrativa para evaluar el manejo de los recursos del Estado y garantizar razonablemente el cumplimiento de la obligación de los funcionarios o funcionarias de rendir cuenta de su gestión.

Artículo 6. Están sujetos a las regulaciones de esta Ley, con las especificidades que la misma establece, los entes u organismos que conforman el sector público, enumerados seguidamente:

1. La República.

2. Los estados.

3. El Distrito Metropolitano de Caracas y el Distrito Alto Apure.

4. Los distritos.

5. Los municipios.

6. Los institutos autónomos.

7. Las personas jurídicas estatales de derecho público.

8. Las sociedades mercantiles en las cuales la República o las demás personas a que se refiere el presente artículo tengan participación igual o mayor al cincuenta por ciento del capital social. Quedarán comprendidas además, las sociedades de propiedad totalmente estatal, cuya función, a través de la posesión de acciones de otras sociedades, sea coordinar la gestión empresarial pública de un sector de la economía nacional.

9. Las sociedades mercantiles en las cuales las personas a que se refiere el numeral anterior tengan participación igual o mayor al cincuenta por ciento del capital social.

10.   Las fundaciones, asociaciones civiles y demás instituciones constituidas con fondos públicos o dirigidas por algunas de las personas referidas en este artículo, cuando la totalidad de los aportes presupuestarios o contribuciones en un ejercicio, efectuados por una o varias de las personas referidas en el presente artículo, represente el cincuenta por ciento o más de su presupuesto.

Artículo 7. A los efectos de la aplicación de esta Ley se hacen las siguientes definiciones:
1. Se entiende por entes descentralizados funcionalmente, sin fines empresariales los señalados en los numerales 6, 7 y 10 del artículo anterior, que no realizan actividades de producción de bienes o servicios destinados a la venta y cuyos ingresos o recursos provengan fundamentalmente del presupuesto de la República.

2. Se entiende por entes descentralizados con fines empresariales aquéllos cuya actividad principal es la producción de bienes o servicios destinados a la venta y cuyos ingresos o recursos provengan fundamentalmente de esa actividad.

3. Se entiende por sector público nacional al conjunto de entes enumerados en el artículo 6 de esta Ley, salvo los mencionados en los numerales 2, 3, 4 y 5, y los creados por ellos.

4. Se entiende por deuda pública el endeudamiento que resulte de las operaciones de crédito público. No se considera deuda pública la deuda presupuestaria o del Tesoro.

5. Se entiende por ingresos ordinarios, los ingresos recurrentes.

6. Se entiende por ingresos extraordinarios, los ingresos no recurrentes, tales como los provenientes de operaciones de crédito público y de leyes que originen ingresos de carácter eventual o cuya vigencia no exceda de 3 años.

7. Se entiende por ingresos corrientes, los ingresos recurrentes, sean o no tributarios, petroleros o no petroleros.

8. Se entiende por ingresos de capital, ingresos por concepto de ventas de activos y por concepto de transferencias con fines de capital.

9. Se entiende por ingreso total, la suma de los ingresos corrientes y los ingresos de capital.

10. Se entiende por ingresos recurrentes, aquéllos que se prevea producir o se hayan producido por más de 3 años.

Artículo 8. A los fines previstos en esta Ley, el ejercicio económico financiero comenzará el primero de enero y terminará el treinta y uno de diciembre de cada año.

TÍTULO II

DEL SISTEMA PRESUPUESTARIO

CAPÍTULO I

Disposiciones Generales

SECCIÓN PRIMERA

Normas Comunes

Artículo 9. El sistema presupuestario está integrado por el conjunto de principios, órganos, normas y procedimientos que rigen el proceso presupuestario de los entes y órganos del sector público.

Artículo 10. Los presupuestos públicos expresan los planes nacionales, regionales y locales, elaborados dentro de las líneas generales del plan de desarrollo económico y social de la Nación aprobadas por la Asamblea Nacional, en aquellos aspectos que exigen, por parte del sector público, captar y asignar recursos conducentes al cumplimiento de las metas de desarrollo económico, social e institucional del país; y se ajustarán a las reglas de disciplina fiscal contempladas en esta Ley y en la Ley del marco plurianual del presupuesto.

El plan operativo anual, coordinado por el Ministerio del Poder Popular con competencia en materia de Planificación y Finanzas, será presentado a la Asamblea Nacional en la misma oportunidad en la cual se efectúe la presentación formal del proyecto de ley de presupuesto.

Artículo 11. El Ejecutivo Nacional podrá establecer normas que limiten y establezcan controles al uso de los créditos presupuestarios de los entes referidos en el artículo 6, adicionales a las establecidas en esta Ley. Tales limitaciones no se aplicarán a los presupuestos del Poder Legislativo, del Poder Judicial, de los órganos del Poder Ciudadano, del Poder Electoral, de los estados, del Distrito Metropolitano de Caracas, del Distrito Alto Apure, de los distritos, de los municipios y del Banco Central de Venezuela.

Artículo 12. Los presupuestos públicos comprenderán todos los ingresos y todos los gastos, así como las operaciones de financiamiento sin compensaciones entre sí, para el correspondiente ejercicio económico financiero.

Con el proyecto de ley de presupuesto anual, el Ministerio del Poder Popular con competencia en materia de Planificación y Finanzas presentará los estados de cuenta anexos en los que se describan los planes de previsión social, así como la naturaleza y relevancia de riesgos fiscales que puedan identificarse, tales como:

1. Obligaciones contingentes, es decir, aquéllas cuya materialización efectiva, monto y exigibilidad dependen de eventos futuros inciertos que de hecho pueden no ocurrir, incluidas garantías y asuntos litigiosos que puedan originar gastos en el ejercicio.

2. Gastos tributarios, tales como excepciones, exoneraciones, deducciones, diferimientos y otros sacrificios fiscales que puedan afectar las previsiones sobre el producto fiscal tributario estimado del ejercicio.

3. Actividades cuasifiscales, es decir, aquellas operaciones relacionadas con el sistema financiero o cambiario, o con el dominio público comercial, incluidos los efectos fiscales previsibles de medidas de subsidios, de manera que puedan evaluarse los efectos económicos y la eficiencia de las políticas que se expresan en dichas actividades.

La obligación establecida en este artículo no será exigible cuando tales datos no puedan ser cuantificables o aquéllos cuyo contenido total o parcial haya sido declarado secreto o confidencial de conformidad con la ley.

Artículo 13. Los presupuestos públicos de ingresos contendrán la enumeración de los diferentes ramos de ingresos corrientes y de capital, así como las cantidades estimadas para cada uno de ellos. No habrá rubro alguno que no esté representado por una cifra numérica.

Las denominaciones de los diferentes rubros de ingreso serán lo suficientemente específicas como para identificar las respectivas fuentes.

Artículo 14. Los presupuestos públicos de gastos contendrán los gastos corrientes y de capital, y utilizarán las técnicas más adecuadas para formular, ejecutar, seguir y evaluar las políticas, los planes de acción y la producción de bienes y servicios de los entes y órganos del sector público, así como la incidencia económica y financiera de la ejecución de los gastos y la vinculación de éstos con sus fuentes de financiamiento. Para cada crédito presupuestario se establecerá el objetivo específico a que esté dirigido, así como los resultados concretos que se espera obtener, en términos cuantitativos, mediante indicadores de desempeño, siempre que ello sea técnicamente posible. El reglamento de esta Ley establecerá las técnicas de programación presupuestaria y los clasificadores de gastos e ingresos que serán utilizados.

Artículo 15. Las operaciones de financiamiento comprenden todas las fuentes y aplicaciones financieras, sea que originen o no movimientos monetarios durante el ejercicio económico financiero.

Las fuentes financieras provienen de la disminución de activos financieros y de incrementos de pasivos, tales como las operaciones de crédito público.

Las aplicaciones financieras son incrementos de activos financieros y disminución de pasivos, tales como la amortización de la deuda pública.

Artículo 16. Sin perjuicio del equilibrio económico de la gestión fiscal que se establezca para el período del marco plurianual del presupuesto, los presupuestos públicos deben mostrar equilibrio entre el total de las cantidades autorizadas para gastos y aplicaciones financieras y el total de las cantidades estimadas como ingresos y fuentes financieras.

Artículo 17. En los presupuestos se indicarán las unidades administrativas que tengan a su cargo la producción de bienes y servicios prevista. En los casos de ejecución presupuestaria con participación de diferentes unidades administrativas de uno o varios entes u órganos públicos, se indicará la actividad que a cada una de ellas corresponda y los recursos asignados para el cumplimiento de las metas previstas.

Artículo 18. Las autoridades correspondientes designarán a los funcionarios encargados o funcionarias encargadas de las metas y objetivos presupuestarios, quienes participarán en su formulación y responderán del cumplimiento de los mismos y la utilización eficiente de los recursos asignados.

Cuando sea necesario establecer la coordinación entre programas de distintos entes u órganos se crearán mecanismos técnico-administrativos con representación de las instituciones participantes en dichos programas.

Artículo 19. Cuando en los presupuestos se incluyan créditos para obras, bienes o servicios cuya ejecución exceda del ejercicio presupuestario, se incluirá también la información correspondiente a su monto total, el cronograma de ejecución, los recursos erogados en ejercicios precedentes, los que se erogarán en el futuro y la respectiva autorización para gastar en el ejercicio presupuestario correspondiente. Si el financiamiento tuviere diferentes orígenes se señalará, además, si se trata de ingresos corrientes, de capital o de fuentes financieras. Las informaciones a que se refiere este artículo se desagregarán en el proyecto de ley de presupuesto y se evaluará su impacto en el marco plurianual del presupuesto.

SECCIÓN SEGUNDA

Organización del Sistema

Artículo 20. La Oficina Nacional de Presupuesto es el órgano rector del Sistema Presupuestario Público y estará bajo la responsabilidad y dirección de un Jefe o Jefa de Oficina, de libre nombramiento y remoción del Ministro o Ministra del Poder Popular con competencia en materia de Planificación y Finanzas.

Artículo 21. La Oficina Nacional de Presupuesto es una dependencia especializada del Ministerio del Poder Popular con competencia en materia de Planificación y Finanzas, y tiene las siguientes atribuciones:

1. Participar en la formulación de los aspectos presupuestarios de la política financiera que, para el sector público nacional, elabore el Ministerio del Poder Popular en materia de Planificación y Finanzas.

2. Participar en la elaboración del plan operativo anual y preparar el presupuesto consolidado del sector público.

3. Participar en la preparación del proyecto de ley del marco plurianual del presupuesto del sector público nacional bajo los lineamientos de política económica y fiscal que elaboren, coordinadamente, el Ministerio del Poder Popular con competencia en materia de Planificación y Finanzas y el Banco Central de Venezuela, de conformidad con la ley.

4. Preparar el proyecto de ley de presupuesto y todos los informes que sean requeridos por las autoridades competentes.

5. Analizar los proyectos de presupuesto que deban ser sometidos a su consideración y, cuando corresponda, proponer las correcciones que considere necesarias.

6. Aprobar, conjuntamente con la Oficina Nacional del Tesoro, la programación de la ejecución de la ley de presupuesto.

7. Preparar y dictar las normas e instrucciones técnicas relativas al desarrollo de las diferentes etapas del proceso presupuestario.

8. Asesorar en materia presupuestaria a los entes u órganos regidos por esta Ley.

9. Analizar las solicitudes de modificaciones presupuestarias que deban ser sometidas a su consideración y emitir opinión al respecto.

10. Evaluar la ejecución de los presupuestos aplicando las normas y criterios establecidos por esta Ley, su reglamento y las normas técnicas respectivas.

11. Informar al Ministro o Ministra del Poder Popular con competencia en materia de Planificación y Finanzas, con la periodicidad que éste o ésta lo requiera, acerca de la gestión presupuestaria del sector público.

12. Las demás que le confiera la ley.

Artículo 22. Los funcionarios o funcionarias y demás trabajadores o trabajadoras al servicio de los entes y órganos cuyos presupuestos se rigen por esta Ley, están obligados a suministrar las informaciones que requiera la Oficina Nacional de Presupuesto, así como a cumplir las normas e instructivos técnicos que emanen de ella.

Artículo 23. Cada uno de los entes y órganos cuyos presupuestos se rigen por esta Ley, contarán con unidades administrativas para el cumplimiento de las funciones presupuestarias aquí establecidas. Estas unidades administrativas, acatarán las normas e instructivos técnicos dictados por la Oficina Nacional de Presupuesto, de conformidad con esta Ley y su reglamento.

CAPÍTULO II

Del Régimen presupuestario de la República y de sus entes
Descentralizados funcionalmente sin fines empresariales

SECCIÓN PRIMERA

De los entes y órganos regidos por este Capítulo

Artículo 24. Se regirán por este Capítulo, los entes del sector público nacional indicados en los numerales 1, 6, 7 y 10 del artículo 6º de esta Ley, salvo aquéllos que por la naturaleza de sus funciones empresariales deban regirse por el Capítulo IV de este Título.

SECCIÓN SEGUNDA

Del Marco Plurianual del Presupuesto

Artículo 25. El Proyecto de Ley del marco plurianual del presupuesto será elaborado por el Ministerio del Poder Popular con competencia en materia de Planificación y Finanzas, en coordinación con el Banco Central de Venezuela, y establecerá los límites máximos de gasto y de endeudamiento que hayan de contemplarse en los presupuestos nacionales para un período de tres años, así como los indicadores y demás reglas de disciplina fiscal que permitan asegurar la solvencia y sostenibilidad fiscal y equilibrar la gestión financiera nacional en dicho período, de manera que los ingresos ordinarios sean suficientes para cubrir los gastos ordinarios.

El marco plurianual del presupuesto especificará lo siguiente:

1. El período al cual corresponde y los resultados financieros esperados de la gestión fiscal de cada año. Estos resultados deberán compensarse de manera que la sumatoria para el período muestre equilibrio o superávit entre ingresos ordinarios y gastos ordinarios, entendiendo por los primeros, los ingresos corrientes deducidos los aportes al Fondo de Estabilización Macroeconómica y al Fondo de Ahorro Intergeneracional, y por los segundos los gastos totales, excluida la inversión directa del gobierno central. El ajuste fiscal a los fines de lograr el equilibrio no se concentrará en el último año del período del marco plurianual.

2. El límite máximo del total del gasto causado, calculado para cada ejercicio del período del marco plurianual, en relación al producto interno bruto, con indicación del resultado financiero primario y del resultado financiero no petrolero mínimos correspondientes a cada ejercicio, de acuerdo con los requerimientos de sostenibilidad fiscal.

Se entenderá como resultado financiero primario la diferencia resultante entre los ingresos totales y los gastos totales, excluidos los gastos correspondientes a los intereses de la deuda pública, y como resultado financiero no petrolero, la resultante de la diferencia entre los ingresos no petroleros y el gasto total.

3. El límite máximo de endeudamiento que haya de contemplarse para cada ejercicio del período del marco plurianual, de acuerdo con los requerimientos de sostenibilidad fiscal. El límite máximo de endeudamiento para cada ejercicio será definido a un nivel prudente en relación con el tamaño de la economía, la inversión reproductiva y la capacidad de generar ingresos fiscales. Para la determinación de la capacidad de endeudamiento se tomará en cuenta el monto global de los activos financieros de la República.

Artículo 26. El proyecto de Ley del marco plurianual del presupuesto irá acompañado de la cuenta ahorro-inversión-financiamiento presupuestada para el período a que se refiere dicho marco, los objetivos de política económica, con expresa indicación de la política fiscal, así como de las estimaciones de gastos para cada uno de los ejercicios fiscales del período. Estas estimaciones se vincularán con los pronósticos macroeconómicos indicados para el mediano plazo, y las correspondientes al primer año del período se explicitarán de manera que constituyan la base de las negociaciones presupuestarias para ese ejercicio.

Artículo 27. El Ejecutivo Nacional, por órgano del Ministro o Ministra del Poder Popular con competencia en materia de Planificación y Finanzas, presentará a la Asamblea Nacional el proyecto de ley del marco plurianual del presupuesto, antes del quince de julio del primero y del cuarto año del período constitucional de la Presidencia de la República, y el mismo será sancionado antes del 15 de agosto del mismo año de su presentación.

Artículo 28. El Ejecutivo Nacional presentará anualmente a la Asamblea Nacional, antes del quince de julio, un informe global contentivo de lo siguiente:

1. La evaluación de la ejecución de la ley de presupuesto del ejercicio anterior, comparada con los presupuestos aprobados por la Asamblea Nacional, con la explicación de las diferencias ocurridas en materia de ingresos, gastos y resultados financieros.

2. Un documento con las propuestas más relevantes que contendrá el proyecto de ley de presupuesto para el año siguiente, con indicación del monto general de dicho presupuesto, su correspondencia con las metas macroeconómicas y sociales definidas para el sector público en el marco plurianual del presupuesto y la sostenibilidad de las mismas, a los fines de proporcionar la base de la discusión de dicho proyecto de ley.

3. La cuenta ahorro-inversión-financiamiento y las estimaciones agregadas de gasto para los dos años siguientes, de conformidad con las proyecciones macroeconómicas actualizadas y la sostenibilidad de las mismas, de acuerdo con las limitaciones establecidas en la Ley del marco plurianual del presupuesto.

La Asamblea Nacional comunicará al Ejecutivo Nacional el acuerdo resultante de las deliberaciones efectuadas sobre el informe global a que se refiere este artículo, antes del quince de agosto de cada año.

Artículo 29. Las modificaciones de los límites de gasto, de endeudamiento y de resultados financieros establecidos en la ley del marco plurianual del presupuesto sólo procederán en casos de estados de excepción decretados de conformidad con la ley, o de variaciones que afecten significativamente el servicio de la deuda pública. En este último caso, el proyecto de modificación será sometido por el Ejecutivo Nacional a la consideración de la Asamblea Nacional con una exposición razonada de las causas que la motiven y sólo podrán afectarse las reglas de límite máximo de gasto, de resultado primario y de resultado no petrolero de la gestión económico financiera.

SECCIÓN TERCERA

De la Estructura de la Ley de Presupuesto

Artículo 30. La ley de presupuesto constará de tres títulos cuyos contenidos serán los siguientes:

TÍTULO I

DISPOSICIONES GENERALES

TÍTULO II

PRESUPUESTOS DE INGRESOS Y GASTOS Y OPERACIONES DE FINANCIAMIENTO DE LA REPÚBLICA

TÍTULO III

PRESUPUESTOS DE INGRESOS Y GASTOS Y OPERACIONES DE FINANCIAMIENTO DE LOS ENTES DESCENTRALIZADOS FUNCIONALMENTE DE LA REPÚBLICA, SIN FINES EMPRESARIALES

Artículo 31. Las disposiciones generales de la ley de presupuesto constituirán normas complementarias del Título II de esta Ley que regirán para cada ejercicio presupuestario y contendrán normas que se relacionen directa y exclusivamente con la aprobación, ejecución y evaluación del presupuesto del que forman parte. En consecuencia, no podrán contener disposiciones de carácter permanente, ni reformar o derogar leyes vigentes, o crear, modificar o suprimir tributos u otros ingresos, salvo que se trate de modificaciones autorizadas por las leyes creadoras de los respectivos tributos.

Artículo 32. Se considerarán ingresos de la República aquéllos que se prevea recaudar durante el ejercicio y el financiamiento proveniente de donaciones, representen o no entradas de dinero en efectivo al Tesoro.

En el presupuesto de gastos de la República se identificará la producción de bienes y servicios que cada uno de los organismos ordenadores se propone alcanzar en el ejercicio y los créditos presupuestarios correspondientes. Los créditos presupuestarios expresarán los gastos que se estime han de causarse en el ejercicio, se traduzcan o no en salidas de fondos del Tesoro. Las operaciones financieras contendrán todas las fuentes financieras, incluidos los excedentes que se estimen existentes a la fecha del cierre del ejercicio anterior al que se presupuesta, calculadas de conformidad con lo que establezca el reglamento de esta Ley, así como las aplicaciones financieras del ejercicio.

Artículo 33. Los presupuestos de los entes descentralizados funcionalmente comprenderán sus ingresos, gastos y financiamientos. Los presupuestos de ingresos incluirán todos aquéllos que se han de recaudar durante el ejercicio. Los presupuestos de gastos identificarán la producción de bienes y servicios, así como los créditos presupuestarios requeridos para ello. Los créditos presupuestarios expresarán los gastos que se estime han de causarse en el ejercicio, se traduzcan o no en salidas de fondos en efectivo. Las operaciones financieras se presupuestarán tal como se establece para la República en el artículo anterior.

Artículo 34. No se podrá destinar específicamente el producto de ningún ramo de ingreso con el fin de atender el pago de determinados gastos, ni predeterminarse asignaciones presupuestarias para atender gastos de entes o funciones estatales específicas, salvo las afectaciones constitucionales. No obstante y sin que ello constituya la posibilidad de realizar gastos extrapresupuestarios, podrán ser afectados para fines específicos los siguientes ingresos:

1. Los provenientes de donaciones, herencias o legados a favor de la República o sus entes descentralizados funcionalmente sin fines empresariales, con destino específico.

2. Los recursos provenientes de operaciones de crédito público.

3. Los que resulten de la gestión de los servicios autónomos sin personalidad jurídica.

4. El producto de las contribuciones especiales.

SECCIÓN CUARTA

De la formulación del presupuesto de la República y de
sus entes descentralizados sin fines empresariales

Artículo 35. El Presidente o Presidenta de la República, en Consejo de Ministros, fijará anualmente los lineamientos generales para la formulación del proyecto de ley de presupuesto y las prioridades de gasto, atendiendo a los límites y estimaciones establecidos en la ley del marco plurianual del presupuesto. A tal fin, el Ministerio del Poder Popular con competencia en materia de Planificación y Finanzas practicará una evaluación del cumplimiento de los planes y políticas nacionales y de desarrollo general del país, así como una proyección de las variables macroeconómicas y la estimación de metas físicas que contendrá el plan operativo anual para el ejercicio que se formula.

El Ministerio del Poder Popular con competencia en materia de Planificación y Finanzas, con el objeto de delimitar el impacto anual del marco plurianual del presupuesto, por órgano de la Oficina Nacional de Presupuesto, preparará los lineamientos de política que regirán la formulación del presupuesto.

Artículo 36. La Oficina Nacional de Presupuesto elaborará el proyecto de ley de presupuesto atendiendo a los anteproyectos preparados por los órganos de la República y los entes descentralizados funcionalmente sin fines empresariales, y con los ajustes que resulte necesario introducir.

Artículo 37. Los órganos del Poder Judicial, del Poder Ciudadano y del Poder Electoral formularán sus respectivos proyectos de presupuesto de gastos tomando en cuenta las limitaciones establecidas en la Constitución de la República y en la ley del marco plurianual del presupuesto y los tramitarán ante la Asamblea Nacional, pero deberán remitirlos al Ejecutivo Nacional a los efectos de su inclusión en el proyecto de ley de presupuesto.

Artículo 38. El proyecto de ley de presupuesto será presentado por el Ejecutivo Nacional a la Asamblea Nacional antes del quince de octubre de cada año. Será acompañado de una exposición de motivos que, dentro del contexto de la ley del marco plurianual del presupuesto y en consideración del acuerdo de la Asamblea Nacional a que se refiere el artículo 28 de esta Ley, exprese los objetivos que se propone alcanzar y las explicaciones adicionales relativas a la metodología utilizada para las estimaciones de ingresos y fuentes financieras, para la determinación de las autorizaciones para gastos y aplicaciones financieras, así como las demás informaciones y elementos de juicio que estime oportuno.

Artículo 39. Si por cualquier causa el Ejecutivo Nacional no hubiese presentado a la Asamblea Nacional, dentro del plazo previsto en el artículo anterior, el proyecto de ley de presupuesto, o si el mismo fuere rechazado o no aprobado por la Asamblea Nacional antes del quince de diciembre de cada año, el presupuesto vigente se reconducirá, con los siguientes ajustes que introducirá el Ejecutivo Nacional:

1.- En los presupuestos de ingreso:

    a. Eliminará los ramos de ingreso que no pueden ser recaudados nuevamente.

    b. Estimará cada uno de los ramos de ingreso para el nuevo ejercicio.

2. En los presupuestos de gasto:

    a. Eliminará los créditos presupuestarios que no deben repetirse, por haberse cumplido los fines para los cuales fueron previstos.

    b. Incluirá en el presupuesto de la República la asignación por concepto del Situado Constitucional correspondiente a los ingresos ordinarios que se estimen para el nuevo ejercicio, y los aportes que deban ser hechos de conformidad con lo establecido por las leyes vigentes para la fecha de presentación del proyecto de ley de presupuesto respectivo.

    c. Incluirá los créditos presupuestarios indispensables para el pago de los intereses de la deuda pública y las cuotas que se deban aportar por concepto de compromisos derivados de la ejecución de tratados internacionales.

    d. Incluirá los créditos presupuestarios indispensables para asegurar la continuidad y eficiencia de la administración del Estado y, en especial, de los servicios educativos, sanitarios, asistenciales y de seguridad.

3. En las operaciones de financiamiento:

    a. Suprimirá los recursos provenientes de operaciones de crédito público autorizadas, en la cuantía en que fueron utilizados.

    b. Excluirá los excedentes de ejercicios anteriores, en el caso de que el presupuesto que se reconduce hubiere previsto su utilización.

    c. Incluirá los recursos provenientes de operaciones de crédito público, cuya percepción deba ocurrir en el ejercicio correspondiente.

    d. Incluirá las aplicaciones financieras indispensables para la amortización de la deuda pública.

4. Adaptará los objetivos. En todo caso, el Ejecutivo Nacional cumplirá con la ley del marco plurianual del presupuesto y el Acuerdo a que se refiere el artículo 28 de esta Ley.

Artículo 40. En caso de reconducción el Ejecutivo Nacional ordenará la publicación del correspondiente decreto en la Gaceta Oficial de la República Bolivariana de Venezuela.

Artículo 41. Durante el período de vigencia de los presupuestos reconducidos regirán las disposiciones generales de la ley de presupuesto anterior, en cuanto sean aplicables.

Artículo 42. Si la Asamblea Nacional sancionare la ley de presupuesto durante el curso del primer trimestre del año en que hubieren entrado en vigencia los presupuestos reconducidos, esa ley regirá desde el primero de abril hasta el treinta y uno de diciembre, y se darán por aprobados los créditos presupuestarios equivalentes a los compromisos adquiridos con cargo a los presupuestos reconducidos. Si para el treinta y uno de marzo no hubiese sido sancionada dicha ley, los presupuestos reconducidos se considerarán definitivamente vigentes hasta el término del ejercicio.

Sección Quinta

De la ejecución del presupuesto de la República y de sus
entes descentralizados sin fines empresariales

Artículo 43. Si durante la ejecución del presupuesto se evidencia una reducción de los ingresos previstos para el ejercicio, en relación con las estimaciones de la ley de presupuesto, que no pueda ser compensada con recursos del Fondo de Estabilización Macroeconómica a que se refiere el Capítulo I del Título VIII de esta Ley, el Presidente o Presidenta de la República, en Consejo de Ministros, ordenará los ajustes necesarios, oída la opinión del Ministerio del Poder Popular con competencia en materia de Planificación y Finanzas, por órgano de la Oficina Nacional de Presupuesto y la Oficina Nacional del Tesoro. La decisión será publicada en la Gaceta Oficial de la República Bolivariana de Venezuela.

Artículo 44. Los reintegros de fondos erogados, cuando corresponda, deberán ser restablecidos en el nivel de agregación que haya aprobado la Asamblea Nacional, siempre que la devolución se efectúe durante la ejecución del presupuesto bajo cuyo régimen se hizo la operación.

Artículo 45. Los niveles de agregación que haya aprobado la Asamblea Nacional en los gastos y aplicaciones financieras de la ley de presupuesto constituyen los límites máximos de las autorizaciones disponibles para gastar.

Artículo 46. Una vez promulgada la ley de presupuesto, el Presidente o Presidenta de la República decretará la distribución general del presupuesto de gastos, la cual consistirá en la presentación desagregada hasta el último nivel previsto en los clasificadores y categorías de programación utilizadas, de los créditos y realizaciones contenidas en la ley de presupuesto.

Artículo 47. Se considera gastado un crédito cuando queda afectado definitivamente al causarse un gasto. El reglamento de esta Ley establecerá los criterios y procedimientos para la aplicación de este artículo.

Artículo 48. Los órganos de la República así como los entes descentralizados funcionalmente sin fines empresariales están obligados a llevar los registros de ejecución presupuestaria, en las condiciones que fije el reglamento de esta Ley. En todo caso, se registrará la liquidación o el momento en que se devenguen los ingresos y su recaudación efectiva; y en materia de gastos, además del momento en que se causen éstos, según lo establece el artículo anterior, las etapas del compromiso y del pago.

El registro del compromiso se utilizará como mecanismo para afectar preventivamente la disponibilidad de los créditos presupuestarios; y el del pago para reflejar la cancelación de las obligaciones asumidas.

Artículo 49. No se podrán adquirir compromisos para los cuales no existan créditos presupuestarios, ni disponer de créditos para una finalidad distinta a la prevista.

Artículo 50. Los órganos de la República así como los entes descentralizados funcionalmente sin fines empresariales programarán, para cada ejercicio, la ejecución física y financiera de los presupuestos, siguiendo las normas que fijará el reglamento de esta Ley y las disposiciones complementarias y procedimientos técnicos que dicten la Oficina Nacional de Presupuesto y la Oficina Nacional del Tesoro. Dicha programación será aprobada por los referidos órganos rectores, con las variaciones que estimen necesarias para coordinarla con el flujo de los ingresos.

El monto total de las cuotas de compromisos fijadas para el ejercicio no podrá ser superior al monto de los recursos que se estime recaudar durante el mismo.

Artículo 51. El Vicepresidente Ejecutivo o Vicepresidenta Ejecutiva de la República, el Presidente o Presidenta del Consejo Federal de Gobierno, los Ministros o Ministras, el Presidente o Presidenta de la Asamblea Nacional, el Presidente o Presidenta del Tribunal Supremo de Justicia, el Presidente o Presidenta del Consejo Moral Republicano, el Contralor o Contralora General de la República, el o la Fiscal General de la República, el Defensor o Defensora del Pueblo, el Presidente o Presidenta del Consejo Nacional Electoral, el Procurador o Procuradora General de la República, el o la Superintendente Nacional de Auditoría Interna, el Director Ejecutivo o Directora Ejecutiva de la Oficina Presidencial de Planes y Proyectos Especiales y las máximas autoridades de los entes descentralizados sin fines empresariales, serán los ordenadores u ordenadoras de compromisos y pagos en cuanto el presupuesto de cada uno de los entes u organismos que dirigen. Dichas facultades se ejercerán y podrán delegarse de acuerdo con lo que fije el reglamento de esta Ley, salvo lo relativo a la Asamblea Nacional la cual se regirá por sus disposiciones internas.

Artículo 52. Quedarán reservadas a la Asamblea Nacional, a solicitud del Ejecutivo Nacional, las modificaciones que aumenten el monto total del presupuesto de gastos de la República, para las cuales se tramitarán los respectivos créditos adicionales; las modificaciones de los límites máximos para gastar aprobados por ésta, en la cuantía que determine la ley de presupuesto.

Las modificaciones que impliquen incremento del gasto corriente en detrimento del gasto de capital, sólo podrán ser autorizadas por la Asamblea Nacional en casos excepcionales debidamente documentados por el Ejecutivo Nacional.

No se podrán efectuar modificaciones presupuestarias que impliquen incrementar los gastos corrientes en detrimento de los gastos del servicio de la deuda pública.

Los créditos adicionales al presupuesto de gastos que hayan de financiarse con ingresos provenientes de operaciones de crédito público serán decretados por el Poder Ejecutivo Nacional, con la sola autorización contenida en la correspondiente ley de endeudamiento.

El Poder Ejecutivo Nacional autorizará las modificaciones de los presupuestos de los entes descentralizados sin fines empresariales, según el procedimiento que establezca el reglamento e informará inmediatamente de las mismas a la Asamblea Nacional.

El reglamento de esta Ley establecerá los alcances y mecanismos para efectuar las modificaciones a los presupuestos que resulten necesarias durante su ejecución.

Artículo 53. En el presupuesto de gastos de la República se incorporará un crédito denominado: Rectificaciones al Presupuesto, cuyo monto no podrá ser inferior a cero coma cinco por ciento (0,5%) ni superior al uno por ciento (1%) de los ingresos ordinarios estimados en el mismo presupuesto. El Ejecutivo Nacional podrá disponer de este crédito para atender gastos imprevistos que se presenten en el transcurso del ejercicio o para aumentar los créditos presupuestarios que resultaren insuficientes, previa autorización del Presidente o Presidenta de la República en Consejo de Ministros. La decisión será publicada en la Gaceta Oficial de la República Bolivariana de Venezuela. Salvo casos de emergencia, los recursos de este crédito no podrán destinarse a crear nuevos créditos ni a cubrir gastos cuyas asignaciones hayan sido disminuidas por los mecanismos formales de modificación presupuestaria.

No se podrán decretar créditos adicionales a los créditos para rectificaciones de presupuesto, ni incrementar éstos mediante traspaso.

Artículo 54. Ningún pago puede ser ordenado sino para pagar obligaciones válidamente contraídas y causadas, salvo lo previsto en el artículo 113 de esta Ley.

Artículo 55. El reglamento de esta Ley establecerá las normas sobre la ejecución y ordenación de los compromisos y los pagos, las piezas justificativas que deben componer los expedientes en que se funden dichas ordenaciones y cualquier otro aspecto relacionado con la ejecución del presupuesto de gastos que no esté expresamente señalado en la presente Ley.

Los ordenadores de pagos podrán recibir las propuestas y librar las correspondientes solicitudes de pago por medios informáticos. En este supuesto, la documentación justificativa del gasto realizado quedará en aquellas unidades en las que se reconocieron las obligaciones, a los fines de la rendición de cuentas.

Sección Sexta

De la liquidación del presupuesto de la República y de sus entes
descentralizados funcionalmente sin fines empresariales

Artículo 56. Las cuentas de los presupuestos de ingresos y gastos se cerrarán al 31 de diciembre de cada año. Después de esa fecha, los ingresos que se recauden se considerarán parte del presupuesto vigente, con independencia de la fecha en que se hubiere originado la obligación de pago o liquidación de los mismos. Con posterioridad al treinta y uno de diciembre de cada año, no podrán asumirse compromisos ni causarse gastos con cargo al ejercicio que se cierra en esa fecha.

Artículo 57. Los gastos causados y no pagados al treinta y uno de diciembre de cada año se pagarán durante el año siguiente, con cargo a las disponibilidades en caja y banco existentes a la fecha señalada. Los gastos comprometidos y no causados al treinta y uno de diciembre de cada año se imputarán automáticamente al ejercicio siguiente, afectando los mismos a los créditos disponibles para ese ejercicio.

Los compromisos originados en sentencia judicial firme con autoridad de cosa juzgada o reconocidos administrativamente de conformidad con los procedimientos establecidos en la Ley Orgánica de la Procuraduría General de la República y en el Reglamento de esta Ley, así como los derivados de reintegros que deban efectuarse por concepto de tributos recaudados en exceso, se pagarán con cargo al crédito presupuestario que, a tal efecto, se incluirá en el respectivo presupuesto de gastos.

El reglamento de esta Ley establecerá los plazos y los mecanismos para la aplicación de estas disposiciones.

Artículo 58. Al término del ejercicio se reunirá información de las dependencias responsables de la liquidación y captación de ingresos de la República y de sus entes descentralizados funcionalmente sin fines empresariales y se procederá al cierre de los respectivos presupuestos de ingresos.

Del mismo modo procederán los organismos ordenadores de gastos y pagos con el presupuesto de gastos de la República y de sus entes descentralizados sin fines empresariales.

Esta información, junto al análisis de correspondencia entre los gastos y la producción de bienes y servicios que preparará la Oficina Nacional de Presupuesto, será centralizada en la Oficina Nacional de Contabilidad Pública, para la elaboración de la Cuenta General de Hacienda que el Ejecutivo Nacional debe rendir anualmente ante la Asamblea Nacional, de conformidad con lo previsto en el artículo 130 de esta Ley.

SECCIÓN SÉPTIMA

De la Evaluación de la Ejecución Presupuestaria

Artículo 59. La Oficina Nacional de Presupuesto evaluará la ejecución de los presupuestos de la República y sus entes descentralizados funcionalmente sin fines empresariales, tanto durante el ejercicio, como al cierre de los mismos. Para ello, los entes y sus órganos están obligados a lo siguiente:

1. Llevar registros de información de la ejecución física de su presupuesto, sobre la base de los indicadores de gestión previstos y de acuerdo con las normas técnicas correspondientes.

2. Participar los resultados de la ejecución física de sus presupuestos a la Oficina Nacional de Presupuesto, dentro de los plazos que determine el reglamento de esta Ley.

Artículo 60. La Oficina Nacional de Presupuesto, con base en la información que señala el artículo 58, la que suministre el sistema de contabilidad pública y otras que se consideren pertinentes, realizará un análisis crítico de los resultados físicos y financieros obtenidos y de sus efectos, interpretará las variaciones operadas con respecto a lo programado, procurará determinar sus causas y preparará informes con recomendaciones para los organismos afectados, así como para el Ministerio del Poder Popular con competencia en materia de Planificación y Finanzas.

El Reglamento de esta Ley establecerá los métodos y procedimientos para la aplicación de las disposiciones contenidas en esta Sección, así como el uso que se dará a la información generada.

Artículo 61. Si de la evaluación de los resultados físicos se evidenciare incumplimientos injustificados de las metas y objetivos programados, la Oficina Nacional de Presupuesto actuará de conformidad con lo establecido en el Título IX de esta Ley.

CAPÍTULO III

Del régimen presupuestario de los Estados, del Distrito Metropolitano de Caracas, de los Distritos y de los Municipios

Artículo 62. El proceso presupuestario de los estados, distritos y municipios se regirá por la Ley Orgánica de Régimen Municipal, las leyes estadales y las ordenanzas municipales respectivas, pero se ajustará, en cuanto sea posible, a las disposiciones técnicas que establezca la Oficina Nacional de Presupuesto. Las leyes y ordenanzas de presupuesto de los estados, distritos y municipios, dentro de los sesenta días siguientes a su aprobación, se remitirán, a través del Vicepresidente Ejecutivo o Vicepresidenta Ejecutiva de la República, a la Asamblea Nacional, al Consejo Federal de Gobierno, al Ministerio del Poder Popular con competencia en materia de Planificación y Finanzas y a la Oficina Nacional de Presupuesto, a los solos fines de información. Dentro de los treinta días siguientes al fin de cada trimestre, remitirán, igualmente, a la Oficina Nacional de Presupuesto información acerca de la respectiva gestión presupuestaria.

Artículo 63. El régimen presupuestario del Distrito Metropolitano de Caracas y el Distrito Alto Apure, se ajustará a las disposiciones de la Ley Especial sobre el Régimen del Distrito Metropolitano de Caracas y del Distrito Alto Apure, respectivamente.

Artículo 64. Los principios y disposiciones establecidos para la administración financiera nacional regirán la de los estados, distritos y municipios, en cuanto sean aplicables. A estos fines, las disposiciones que regulen la materia en dichas entidades, se ajustarán a los principios constitucionales y a los establecidos en esta Ley para su ejecución y desarrollo.

CAPÍTULO IV

Del régimen presupuestario de las sociedades mercantiles del Estado
y otros entes descentralizados funcionalmente con fines empresariales

Artículo 65. Se regirán por este Capítulo los entes del sector público nacional a que se refieren los numerales 8 y 9 del artículo 6 de esta Ley, así como los otros entes descentralizados funcionalmente con fines empresariales de acuerdo con la definición contenida en el artículo 7 de esta Ley.

Artículo 66. Los directorios o la máxima autoridad de los entes regidos por este Capítulo, aprobarán el proyecto de presupuesto anual de su gestión y lo remitirán, a través del correspondiente órgano de adscripción, a la Oficina Nacional de Presupuesto, antes del treinta de septiembre del año anterior al que regirá. Los proyectos de presupuesto expresarán las políticas generales contenidas en la ley del marco plurianual del presupuesto y los lineamientos específicos que, en materia presupuestaria, establezca el Ministro o Ministra del Poder Popular con competencia en materia de Planificación y Finanzas; contendrán los planes de acción, las autorizaciones de gastos y su financiamiento, el presupuesto de caja y los recursos humanos a utilizar y permitirán establecer los resultados operativo, económico y financiero previstos para la gestión respectiva.

El presupuesto de gastos operativos del Banco Central de Venezuela será sometido directamente a la discusión y aprobación de la Asamblea Nacional.

Artículo 67. Los proyectos de presupuesto de ingreso y de gasto deben formularse utilizando el momento del devengado y de la causación de las transacciones respectivamente, como base contable.

Artículo 68. La Oficina Nacional de Presupuesto analizará los proyectos de presupuesto de los entes regidos por este Capítulo a los fines de verificar si los mismos encuadran en el marco de las políticas, planes y estrategias fijados para este tipo de instituciones. En el informe que al efecto deberá producir en cada caso propondrá los ajustes a practicar si, a su juicio, la aprobación del proyecto de presupuesto sin modificaciones puede causar un perjuicio patrimonial al Estado o atentar contra los resultados de las políticas y planes vigentes.

Artículo 69. Los proyectos de presupuesto, acompañados del informe mencionado en el artículo anterior, serán sometidos a la aprobación del Presidente o Presidenta de la República, en Consejo de Ministros, de acuerdo con las modalidades y los plazos que establezca el reglamento de esta Ley. El Ejecutivo Nacional aprobará, antes del treinta y uno de diciembre de cada año, con los ajustes que considere convenientes, los presupuestos de las sociedades del Estado u otros entes descentralizados funcionalmente con fines empresariales. Esta aprobación no significará limitaciones en cuanto a los volúmenes de ingresos y gastos presupuestarios y sólo establecerá la conformidad entre los objetivos y metas de la gestión empresarial con la política sectorial que imparta el organismo de adscripción.

Si los entes regidos por este Capítulo no presentaren sus proyectos de presupuesto en el plazo previsto en el artículo 66, la Oficina Nacional de Presupuesto elaborará de oficio los respectivos presupuestos y los someterá a consideración del Ejecutivo Nacional. Para los fines señalados, dicha Oficina tomará en cuenta el presupuesto anterior y la información acumulada sobre su ejecución.

Artículo 70. Quienes representen acciones o participaciones del Estado en sociedades y entes descentralizados funcionalmente con fines empresariales, en los órganos facultados para aprobar los respectivos presupuestos, propondrán y votarán el presupuesto aprobado por el Ejecutivo Nacional.

Artículo 71. El Ejecutivo Nacional publicará en la Gaceta Oficial de la República Bolivariana de Venezuela una síntesis de los presupuestos de los entes regidos por este Capítulo.

Artículo 72. Las modificaciones presupuestarias que impliquen la disminución de los resultados operativos o económicos previstos, alteren sustancialmente la inversión programada o incrementen el endeudamiento autorizado, serán aprobadas por el Ejecutivo Nacional, oída la opinión de la Oficina Nacional de Presupuesto. En el marco de esta norma y con la opinión favorable del ente u órgano de adscripción y de dicha Oficina, los entes regidos por este Capítulo establecerán su propio sistema de modificaciones presupuestarias.

Artículo 73. Al término de cada ejercicio económico financiero, las sociedades mercantiles y otros entes descentralizados funcionalmente con fines empresariales procederán al cierre de cuentas de su presupuesto de ingresos y gastos.

Artículo 74. Se prohíbe a los entes y órganos regidos por el Capítulo II de este Título realizar aportes o transferencias a sociedades del Estado y otros entes descentralizados funcionalmente con fines empresariales, cuyo presupuesto no esté aprobado en los términos de esta Ley, ni haya sido publicado en la Gaceta Oficial de la República Bolivariana de Venezuela, requisitos que también serán imprescindibles para realizar operaciones de crédito público.

CAPÍTULO V

Del presupuesto consolidado del Sector Público

Artículo 75. La Oficina Nacional de Presupuesto preparará anualmente el presupuesto consolidado del sector público, el cual presentará información sobre las transacciones netas que realizará este sector con el resto de la economía y contendrá, como mínimo, la información siguiente:

1. Una síntesis de la ley de presupuesto.

2. Los aspectos básicos de los presupuestos de cada uno de los entes regidos por el Capítulo IV de este Título.

3. La consolidación de los ingresos y gastos públicos y su presentación en agregados institucionales útiles para el análisis económico.

4. Una referencia a los principales proyectos de inversión en ejecución por el sector público.

5. Información acerca de la producción de bienes y servicios y de los recursos humanos que se estima utilizar, así como la relación de ambos aspectos con los recursos financieros.

6. Un análisis de los efectos económicos de los recursos y gastos consolidados sobre el resto de la economía.

El presupuesto consolidado del sector público será presentado al Ejecutivo Nacional antes del treinta de mayo del año de su vigencia. Una vez aprobado por el Ejecutivo Nacional, será remitido a la Asamblea Nacional con fines informativos.

TÍTULO III

DEL SISTEMA DE CRÉDITO PÚBLICO

CAPÍTULO I

De la deuda pública y de las operaciones que la generan

Artículo 76. Se denomina crédito público a la capacidad de los entes regidos por esta Ley para endeudarse. Las operaciones de crédito público se regirán por las disposiciones de esta Ley, su Reglamento, las previsiones de la ley del marco plurianual del presupuesto y por las leyes especiales, decretos, resoluciones y convenios relativos a cada operación.

Artículo 77. Son operaciones de crédito público:

1. La emisión y colocación de títulos, incluidas las letras del tesoro, constitutivos de empréstitos o de operaciones de tesorería.

2. La apertura de créditos de cualquier naturaleza.

3. La contratación de obras, servicios o adquisiciones cuyo pago total o parcial se estipule realizar en el transcurso de uno o más ejercicios posteriores a aquél en que se haya causado el objeto del contrato, siempre que la operación comporte un financiamiento.

4. El otorgamiento de garantías.

5. La consolidación, conversión, unificación o cualquier forma de refinanciamiento o reestructuración de deuda pública existente.

Artículo 78. Las operaciones de crédito público tendrán por objeto arbitrar recursos o fondos para realizar inversiones reproductivas, atender casos de evidente necesidad o de conveniencia nacional, incluida la dotación de títulos públicos al Banco Central de Venezuela para la realización de operaciones de mercado abierto con fines de regulación monetaria y cubrir necesidades transitorias de tesorería.

CAPÍTULO II

De la autorización para celebrar operaciones de Crédito Público

Artículo 79. Los entes regidos por esta Ley no podrán celebrar ninguna operación de crédito público sin la autorización de la Asamblea Nacional, otorgada mediante ley especial.

Los estados, los distritos, los municipios y las demás entidades a que se refiere el Capítulo III del Título II de esta Ley, previo acuerdo del respectivo consejo legislativo, cabildo o concejo municipal, enviarán la respectiva solicitud al Ejecutivo Nacional para que, una vez aprobada por el Presidente o Presidenta de la República en Consejo de Ministros, sea sometida a la autorización de la Asamblea Nacional.

Artículo 80. Conjuntamente con el proyecto de ley de presupuesto, el Ejecutivo Nacional presentará a la Asamblea Nacional, para su autorización mediante ley especial que será promulgada simultáneamente con la Ley de Presupuesto para el Ejercicio Fiscal correspondiente, el monto máximo de las operaciones de crédito público a contratar durante el ejercicio presupuestario respectivo por la República, el monto máximo de endeudamiento neto que podrá contraer durante ese ejercicio así como el monto máximo en letras del tesoro que podrán estar en circulación al cierre del respectivo ejercicio presupuestario.

Los montos máximos referidos se determinarán, de conformidad con las previsiones de la Ley del Marco Plurianual de Presupuesto, atendiendo a la capacidad de pago y a los requerimientos de un desarrollo ordenado de la economía, y se tomarán como referencia los ingresos fiscales previstos para el año, las exigencias del servicio de la deuda existente, el producto interno bruto, el ingreso de exportaciones y aquellos índices macroeconómicos elaborados por el Banco Central de Venezuela u otros organismos especializados, que permitan medir la capacidad económica del país para atender las obligaciones de la deuda pública.

Una vez sancionada la ley de endeudamiento anual, el Ejecutivo Nacional procederá a celebrar las operaciones de crédito público. En todo caso será necesaria la autorización de cada operación de crédito público por la Comisión Permanente de Finanzas de la Asamblea Nacional, quien dispondrá de un plazo de diez días hábiles para decidir, contados a partir de la fecha en que se dé cuenta de la solicitud en reunión ordinaria. Si transcurrido este lapso la Comisión Permanente de Finanzas de la Asamblea Nacional no se hubiere pronunciado, la solicitud se dará por aprobada. La solicitud del Ejecutivo Nacional deberá ser acompañada de la opinión del Banco Central de Venezuela, tal como se especifica en el artículo 86 de esta Ley, para la operación específica.

Artículo 81. Por encima del monto máximo a contratar autorizado por la ley de endeudamiento anual, conforme al artículo precedente, podrán celebrarse aquellas operaciones requeridas para hacer frente a gastos extraordinarios producto de calamidades o de catástrofes públicas y aquellos gastos ordinarios que no puedan ser ejecutados debido a una reducción de los ingresos previstos para el ejercicio fiscal, lo cual no pueda ser compensado con recursos del Fondo de Estabilización Macroeconómica al que se refiere el Capítulo I del Título VIII de esta Ley. Igualmente, podrán celebrarse, por encima del monto máximo a contratar autorizado por la ley de endeudamiento anual, aquellas operaciones que tengan por objeto el refinanciamiento o reestructuración de la deuda pública, así como también aquéllas derivadas de soberanía alimentaria, la preservación de la inversión social, seguridad y defensa integral en los términos previstos en la Constitución de la República y la ley. Todas las operaciones por encima del monto máximo a contratar, con excepción de las relacionadas a gastos extraordinarios producto de calamidades o de catástrofes públicas, deberán autorizarse mediante Ley Especial. Para aquéllas que tengan por objeto el refinanciamiento o reestructuración de deuda pública, la Asamblea Nacional podrá otorgar al Poder Ejecutivo Nacional una autorización general para adoptar, dentro de límites, condiciones y plazos determinados, programas generales de refinanciamiento.

Artículo 82. En los casos en que haya reconducción del presupuesto, se entenderá que el monto autorizado para el endeudamiento del año será igual al del año anterior, con las deducciones a que se refiere el numeral 3, literal a) del artículo 39 de esta Ley.

Igualmente, el Ejecutivo Nacional presentará a la Asamblea Nacional, en la fecha que considere conveniente, la Ley Especial de Endeudamiento Anual, correspondiente al presupuesto reconducido, atendiendo a lo previsto en el artículo 80. En estos casos, los créditos se incorporarán al presupuesto conforme a la autorización que deberá contener la ley especial de endeudamiento.

Artículo 83. En la ley especial de endeudamiento anual se indicarán las modalidades de las operaciones y se autorizará la inclusión de los correspondientes créditos presupuestarios en la ley de presupuesto. En los supuestos a que se refieren los artículos 81 y 82, la Ley de Endeudamiento autorizará los respectivos créditos adicionales.

En ningún caso la Ley Especial de Endeudamiento Anual podrá establecer prohibiciones o formalidades autorizatorias adicionales a las previstas en esta Ley.

Artículo 84. En uso de la autorización a que se refieren los artículos 80, 81 y 82 de este Capítulo, el Ejecutivo Nacional podrá establecer que los entes descentralizados realicen directamente aquellas operaciones que sean de su competencia o bien que la República les transfiera los fondos obtenidos en las operaciones que ella realice. Esta transferencia se hará en la forma que determine el Ejecutivo Nacional y en todo caso le corresponderá decidir si mantiene, cede, remite o capitaliza la acreencia, total o parcialmente, en los términos y condiciones que él mismo determine.

Artículo 85. En el caso de los contratos plurianuales previstos en el numeral 3 del artículo 77 de esta Ley, la ley de presupuesto en que se incluya el primer pago autorizará al Ejecutivo Nacional para contratar el total de las obras, servicios o adquisiciones de que se trate. En tal caso dicha ley indicará, expresamente, la autorización para contratar que se dé al Ejecutivo Nacional y ordenará la inclusión en los sucesivos presupuestos de las asignaciones correspondientes a los pagos anuales que se hayan convenido.

Artículo 86. El Banco Central de Venezuela será consultado por el Ejecutivo Nacional sobre los efectos fiscales y macroeconómicos del endeudamiento y el monto máximo de letras del tesoro que se prevean en el proyecto de ley de endeudamiento anual a que se refiere este Capítulo.

Así mismo será consultado sobre el impacto monetario y las condiciones financieras de cada operación de crédito público. Dicha opinión no vinculante la emitirá el Banco Central de Venezuela en un plazo de cinco días hábiles contados a partir de la recepción de la solicitud de opinión. Si transcurrido este lapso el Banco Central de Venezuela no se hubiere pronunciado, el Ejecutivo Nacional podrá continuar la tramitación de las operaciones consultadas.

CAPÍTULO III

De las operaciones y entes exceptuados del régimen previsto
en este título o de la autorización Legislativa

Artículo 87. No requerirán ley especial que las autorice, las operaciones siguientes:

1. La emisión y colocación de letras del tesoro con la limitación establecida en el artículo 80 de esta Ley, así como cualesquiera otras operaciones de tesorería cuyo vencimiento no trascienda el ejercicio presupuestario en el que se realicen.

2. Las obligaciones derivadas de la participación de la República en instituciones financieras internacionales en las que ésta sea miembro.

Artículo 88. No se requerirá ley autorizatoria para las operaciones de refinanciamiento o reestructuración que tengan como objeto la reducción del tipo de interés pactado, la ampliación del plazo previsto para el pago, la conversión de una deuda externa en interna, la reducción de los flujos de caja, la ganancia o ahorro en el costo efectivo de financiamiento, en beneficio de la República, con respecto a la deuda que se está refinanciando o reestructurando.

Artículo 89. Están exceptuadas del régimen previsto en este Título: el Banco Central de Venezuela y el Fondo de Inversiones de Venezuela; las sociedades mercantiles del Estado dedicadas a la intermediación de crédito, regidas por la Ley General de Bancos y otras Instituciones Financieras, las regidas por la Ley de Empresas de Seguros y Reaseguros, las creadas o que se crearen de conformidad con la Ley Orgánica que Reserva al Estado la Industria y el Comercio de los Hidrocarburos, y las creadas o que se crearen de conformidad con el artículo 10 del Decreto Ley N° 580 del 26 de noviembre de 1974, mediante el cual se reservó al Estado la industria de la explotación del mineral de hierro; siempre y cuando se certifique la capacidad de pago de las sociedades mencionadas.

A los fines de la certificación de la capacidad de pago, la respectiva sociedad publicará en un diario de circulación nacional y, por lo menos, en un diario de la zona donde tenga su sede principal dentro de los quince días hábiles siguientes a la terminación de su ejercicio económico, un balance con indicación expresa del monto del endeudamiento pendiente, debidamente suscrito por un contador público o contadora pública, inscrito o inscrita en el Registro de Contadores Públicos en Ejercicio Independiente de la Profesión que lleva la Comisión Nacional de Valores.

Artículo 90. Los institutos autónomos y los institutos públicos cuyo objeto principal sea la actividad financiera, así como las sociedades mercantiles del Estado, están exceptuados del requisito de ley especial autorizatoria para realizar operaciones de crédito público; sin embargo, requerirán la autorización del Presidente o Presidenta de la República, en Consejo de Ministros.

En todo caso, el monto de las obligaciones pendientes por tales operaciones, más el monto de las operaciones a tramitarse, no excederá de dos veces el patrimonio del respectivo instituto autónomo o instituto público o el capital de la sociedad; salvo que su respectiva ley especial disponga un monto mayor.

CAPÍTULO IV

De las prohibiciones en materia de operaciones de Crédito Público

Artículo 91. No realizarán operaciones de crédito público, los institutos autónomos y demás personas jurídicas públicas descentralizadas funcionalmente que no tengan el carácter de sociedades mercantiles, así como las fundaciones constituidas y dirigidas por algunas de las personas jurídicas referidas en el artículo 6 de esta Ley.

Se exceptúan de esta prohibición los institutos autónomos cuyo objeto principal sea la actividad financiera, a los solos efectos del cumplimiento de dicho objeto, los entes autorizados por el Presidente o Presidenta de la República en Consejo de Ministro, cuando se considere necesario para el interés nacional, en cuyo caso, será aplicable para sus operaciones de crédito público, lo establecido en el primer aparte del artículo 90, excluyendo lo previsto en el segundo párrafo de dicho artículo y en el artículo 93 de esta Ley. Igualmente, se excluyen de dicha prohibición las operaciones a que se refiere el numeral 3 del artículo 77 de la presente Ley.

Artículo 92. Se prohíbe a la República y a las sociedades cuyo objeto no sea la actividad financiera, otorgar garantías para respaldar obligaciones de terceros, salvo las que se autoricen conforme al régimen legal sobre concesiones de obras públicas y servicios públicos nacionales.

Artículo 93. No se podrán contratar operaciones de crédito público con garantía o privilegios sobre bienes o rentas nacionales, estadales o municipales.

Artículo 94. La deuda pública a corto plazo será pagada necesariamente a su vencimiento y no podrá ser refinanciada.

Artículo 95. Los estados, distritos y municipios, las otras entidades a que se refiere el Capítulo III del Título II y los entes por ellos creados, no podrán realizar operaciones de crédito público externo, ni en moneda extranjera, ni garantizar obligaciones de terceros.

Artículo 96. Se crea la Oficina Nacional de Crédito Público como órgano rector del Sistema de Crédito Público, la cual estará a cargo de un Jefe o Jefa de oficina, de libre nombramiento y remoción por parte del Ministro o Ministra del Poder Popular con competencia en materia de Planificación y Finanzas y tendrá por misión asegurar la existencia de políticas de endeudamiento, así como una eficiente programación, utilización y control de los medios de financiamiento que se obtengan mediante operaciones de crédito público. A tales efectos, la Oficina Nacional de Crédito Público tendrá las siguientes atribuciones:

1. Participar en la formulación de los aspectos crediticios de la política financiera que para el sector público nacional elabore el Ministerio del Poder Popular con competencia en materia de Planificación y Finanzas.

2. Proponer el monto máximo de endeudamiento que podrá contraer la República en cada ejercicio presupuestario, atendiendo a lo previsto en la ley del marco plurianual del presupuesto y a las políticas financiera y presupuestaria definidas por el Ejecutivo Nacional.

3. Mantener y administrar un sistema de información sobre el mercado de capitales que sirva para el apoyo y orientación a las negociaciones que se realicen para emitir empréstitos o contratar préstamos, así como para intervenir en las mismas.

4. Dirigir y coordinar las gestiones de autorización, la negociación y la celebración de las operaciones de crédito público.

5. Dictar las normas técnicas que regulen los procedimientos de emisión, colocación, canje, depósito, sorteos, operaciones de mercado y cancelación de la deuda pública.

6. Dictar las normas técnicas que regulen la negociación, contratación y amortización de préstamos.

7. Registrar las operaciones de crédito público en forma integrada al sistema de contabilidad pública.

8. Realizar las estimaciones y proyecciones presupuestarias del servicio de la deuda pública y supervisar su cumplimiento.

9. Dirigir y coordinar las relaciones con inversionistas y agencias calificadoras de riesgos.

10.   Las demás atribuciones que le asigne la ley.

Artículo 97. Antes de realizar las operaciones de crédito público autorizadas conforme lo dispone la presente Ley, los respectivos entes y órganos solicitarán la intervención de la

Oficina Nacional de Crédito Público, para iniciar las gestiones necesarias a fin de llevar a cabo la operación.

Artículo 98. Los contratos de empréstitos, el otorgamiento de garantías y las operaciones de refinanciamiento o reestructuración de deuda pública, se documentarán según lo establecido en las normas que al efecto dicte la Oficina Nacional de Crédito Público.

Los contratos de empréstitos y los títulos de la deuda pública de la República llevarán la firma del Ministro o Ministra del Poder Popular con competencia en materia de Planificación y Finanzas o sus delegados o delegadas, o del funcionario designado o funcionaria designada al efecto por el Presidente o Presidenta de la República. Se exceptúan aquellos títulos para los cuales se establezcan otras modalidades de emisión, incluida la utilización de procedimientos informáticos, de acuerdo con lo que establezca el respectivo decreto de emisión.

Artículo 99. Las obligaciones provenientes de la deuda pública o los títulos que la representen prescriben a los diez años; los intereses o los cupones representativos de éstos prescriben a los tres años. Ambos lapsos se contarán desde las respectivas fechas de vencimiento de las obligaciones.

Artículo 100. Los títulos de la deuda pública emitidos por la República, serán admisibles por su valor nominal en toda garantía que haya de constituirse a favor de la República. En las leyes que autoricen operaciones de crédito público, podrá establecerse que los mencionados títulos sean utilizados a su vencimiento para el pago de cualquier impuesto o contribución nacional.

Artículo 101. En los presupuestos de los entes u órganos deberán incluirse las partidas correspondientes al servicio de la deuda pública, sin perjuicio de que éste se centralice en el Ministerio del Poder Popular con competencia en materia de Planificación y Finanzas.

Artículo 102. Los funcionarios o funcionarias y demás trabajadores o trabajadoras al servicio de los entes y órganos regidos por esta Ley, están obligados a suministrar las informaciones que requiera la Oficina Nacional de Crédito Público, así como a cumplir las normas e instrucciones que emanen de ella.

Artículo 103. Las operaciones de crédito público realizadas en contravención de las disposiciones de esta Ley, que establezcan prohibiciones o formalidades autorizatorias se considerarán nulas y sin efectos, sin perjuicio de la responsabilidad personal de quienes las realicen. Las obligaciones que se pretenda derivar de dichas operaciones no serán oponibles a la República ni a los demás entes públicos.

Artículo 104. Las controversias de crédito público que surjan con ocasión de la realización de operaciones de crédito público, serán de la competencia del Tribunal Supremo de Justicia en Sala Político Administrativa, sin perjuicio de las estipulaciones que de conformidad con lo dispuesto en el artículo 151 de la Constitución de la República, se incorporen en los respectivos documentos contractuales.

TÍTULO IV

DEL SISTEMA DE TESORERÍA

Artículo 105. El Sistema de Tesorería está integrado por el conjunto de principios, órganos, normas y procedimientos a través de los cuales se presta el servicio de tesorería.

Artículo 106. El conjunto de los fondos nacionales, los valores de la República y las obligaciones a cargo de ésta, conforman el Tesoro Nacional.

Artículo 107. El servicio de tesorería, en lo que se refiere a las actividades de custodia de fondos, percepción de ingresos y realización de pagos, se extenderá hasta incluir todo el sector público nacional centralizado y los entes descentralizados de la República sin fines empresariales, en la medida en que se cumpla una evolución progresiva y consistente de la modalidad y atributos funcionales del servicio consagrados en esta Ley.

Artículo 108. Se crea la Oficina Nacional del Tesoro, como órgano rector del Sistema de Tesorería que actuará como unidad especializada para la gestión financiera del Tesoro, la coordinación de la planificación financiera del sector público nacional y las demás actividades propias del servicio de tesorería nacional, con la finalidad de promover la optimización del flujo de caja del Tesoro, bajo la modalidad de cuenta única del tesoro.

La Oficina Nacional del Tesoro podrá tener agencias, según los requerimientos del servicio de tesorería.

La Oficina Nacional del Tesoro estará a cargo del Tesorero o Tesorera Nacional, de libre nombramiento y remoción por parte del Ministro o Ministra del Poder Popular con competencia en materia de Planificación y Finanzas.

Artículo 109. Corresponden a la Oficina Nacional de Tesorería las atribuciones siguientes:

1. Participar en la formulación y coordinación de la política financiera para el sector público nacional.

2. Aprobar, conjuntamente con la Oficina Nacional de Presupuesto, la programación de la ejecución del presupuesto de los órganos y entes regidos por la ley de presupuesto y programar el flujo de fondos de la República.

3. Percibir los productos en numerario de los ingresos públicos nacionales.

4. Custodiar los fondos y valores pertenecientes a la República.

5. Hacer los pagos autorizados por el presupuesto de la República conforme a la ley.

6. Distribuir en el tiempo y en el territorio las disponibilidades dinerarias para la puntual satisfacción de las obligaciones de la República.

7. Administrar el sistema de cuenta única del Tesoro Nacional que establece el Artículo 112 de esta Ley.

8. Registrar contablemente los movimientos de ingresos y egresos del Tesoro Nacional.

9. Determinar las necesidades de emisión y colocación de letras del tesoro, con las limitaciones establecidas en el artículo 80 de esta Ley, y solicitar de la Oficina Nacional de Crédito Público la realización de estas operaciones.

10. Elaborar anualmente el presupuesto de caja del sector público nacional y realizar el seguimiento y evaluación de su ejecución.

11. Participar en la coordinación macroeconómica concerniente a la política fiscal y monetaria, así como en la formación del acuerdo anual de políticas sobre esas materias, estableciendo lineamientos sobre mantenimiento y utilización de los saldos de caja.

Artículo 110. La Oficina Nacional del Tesoro tendrá un subtesorero o subtesorera que llenará las faltas temporales o accidentales del Tesorero o Tesorera y las absolutas, mientras se provea la vacante.

Artículo 111. La Oficina Nacional del Tesoro dictará las normas e instrucciones técnicas necesarias para el funcionamiento del servicio y propondrá las normas reglamentarias pertinentes.

Artículo 112. La República, por órgano del Ministerio del Poder Popular con competencia en materia de Planificación y Finanzas, mantendrá una cuenta única del Tesoro Nacional. En dicha cuenta se centralizarán todos los ingresos y pagos de los entes integrados al Sistema de Tesorería, los cuales se ejecutarán a través del Banco Central de Venezuela y de los bancos comerciales, nacionales o extranjeros, de conformidad con los convenios que al efecto se celebren.

Artículo 113. Las existencias del Tesoro Nacional estarán constituidas por la totalidad de los fondos integrados a él, independientemente de donde se mantengan. Dichas existencias forman una masa indivisa a los fines de su manejo y utilización en los pagos ordenados conforme a la ley. No obstante, podrán constituirse provisiones de fondos de carácter permanente a los funcionarios o funcionarias que determine el reglamento de esta Ley y en las condiciones que éste señale, las cuales incluirán la forma de justificar la aplicación de estos fondos.

El establecimiento de la Cuenta Única del Tesoro Nacional no es incompatible con el mantenimiento de subcuentas en divisas abiertas en el Banco Central de Venezuela por la Oficina Nacional del Tesoro o con la autorización de ésta, conforme al reglamento de esta Ley.

En todo caso, la Oficina Nacional del Tesoro autorizará la apertura de cuentas bancarias con fondos del Tesoro Nacional y vigilará el manejo de las mismas, a fin de resguardar el Sistema de Cuenta Única del Tesoro Nacional. Así mismo organizará y mantendrá actualizado un registro general de cuentas bancarias del sector público nacional.

Artículo 114. El Ministerio del Poder Popular con competencia en materia de Planificación y Finanzas dispondrá la devolución al Tesoro Nacional, de las sumas acreditadas en cuentas de la República y de sus entes descentralizados funcionalmente sin fines empresariales, sin menoscabo de la titularidad de los fondos de estos últimos, cuando éstas se mantengan sin utilizar por un período que determinará el reglamento de esta Ley. Las instituciones financieras depositarias de dichos fondos deberán ejecutar las transferencias que ordene el referido Ministerio.

Artículo 115. Los fondos del Tesoro Nacional podrán ser colocados en las instituciones financieras en los términos y condiciones que señale el Ministro o Ministra del Poder Popular con competencia en materia de Planificación y Finanzas, conforme a lo dispuesto en el Reglamento de la presente Ley. En todo caso, estas colocaciones se sujetarán al acuerdo anual de armonización de políticas, fiscal y monetaria, celebrado con el Banco Central de Venezuela.

Artículo 116. En las condiciones que establezca el Reglamento de esta Ley, los ingresos y los pagos del Tesoro podrán realizarse mediante efectivo, cheque, transferencia bancaria o cualesquiera otros medios de pago, sean o no bancarios. El Ministerio del Poder Popular con competencia en materia de Planificación y Finanzas podrá establecer que en la realización de determinados ingresos o pagos del Tesoro sólo puedan utilizarse específicos medios de pago.

Artículo 117. Los funcionarios o funcionarias y oficinas encargados de la liquidación de ingresos deben ser distintos e independientes de los encargados del servicio de tesorería y en ningún caso estos últimos pueden estar encargados de la liquidación y administración de ingresos.

Cuando se trate de tasas por servicios prestados por el Estado cuya recaudación por oficinas distintas de las liquidadoras sea causa de graves inconvenientes para la buena marcha de esos servicios, podrá el Ejecutivo Nacional autorizar la percepción de tales tasas en las propias oficinas liquidadoras, cuidando de que se establezcan sistemas de control adecuados para impedir fraudes.

Artículo 118. Las oficinas de ordenación de pagos deben ser distintas e independientes de las que integran el Sistema de Tesorería y en ningún caso éstas últimas podrán liquidar ni ordenar pagos contra el Tesoro Nacional.

Artículo 119. Los embargos y cesiones de sumas debidas por el Tesoro Nacional y las oposiciones al pago de dichas sumas, se notificarán al funcionario ordenador o funcionaria ordenadora del pago respectivo, expresándose el nombre del ejecutante, cesionario u oponente y del depositario, si lo hubiere, a fin de que la liquidación y ordenación del pago se haga en favor del oponente, cesionario o depositario en la cuota que corresponde.

En caso de varias oposiciones relativas a un mismo pago, se nombrará un sólo depositario, con quien se entenderá exclusivamente el ordenador respecto de la cuota que debe pagarse por razón de todos los embargos u oposiciones.

Las oposiciones, embargos o cesiones que no sean notificadas con los requisitos de este artículo, no tendrán ningún valor ni efecto respecto del Tesoro. Artículo 120

Los funcionarios o funcionarias, empleados o empleadas de los entes integrados al servicio de tesorería están obligados a suministrar las informaciones que requiera la Oficina Nacional del Tesoro, así como a cumplir las normas e instrucciones que emanen de ella.

TÍTULO V
DEL SISTEMA DE CONTABILIDAD PÚBLICA

Artículo 121. El Sistema de Contabilidad Pública comprende el conjunto de principios, órganos, normas y procedimientos técnicos que permiten valorar, procesar y exponer los hechos económico-financieros que afecten o puedan llegar a afectar el patrimonio de la República o de sus entes descentralizados.

Artículo 122. El Sistema de Contabilidad Pública tendrá por objeto:

1. El registro sistemático de todas las transacciones que afecten la situación económico financiera de la República y de sus entes descentralizados funcionalmente.

2. Producir los estados financieros básicos de un sistema contable que muestren los activos, pasivos, patrimonio, ingresos y gastos de los entes públicos sometidos al sistema.

3. Producir información financiera necesaria para la toma de decisiones por parte de los responsables de la gestión financiera pública y para los terceros interesados en la misma.

4. Presentar la información contable, los estados financieros y la respectiva documentación de apoyo, ordenados de tal forma que facilite el ejercicio del control y la auditoría interna o externa.

5. Suministrar información necesaria para la formación de las cuentas nacionales.

Artículo 123. El Sistema de Contabilidad Pública será único, integrado y aplicable a todos los órganos de la República y sus entes descentralizados funcionalmente; estará fundamentado en las normas generales de contabilidad dictadas por la Contraloría General de la República y en los demás principios de contabilidad de general aceptación, válidos para el sector público.

La contabilidad se llevará en los libros, registros y con la metodología que prescriba la Oficina Nacional de Contabilidad Pública y estará orientada a determinar los costos de la producción pública.

Artículo 124. El Sistema de Contabilidad Pública podrá estar soportado en medios informáticos. El Reglamento de esta Ley establecerá los requisitos de integración, seguridad y control del sistema.

Artículo 125. Por medios informáticos se podrán generar comprobantes, procesar y transmitir documentos e informaciones y producir los libros Diario y Mayor así como los demás libros auxiliares. El Reglamento de esta Ley establecerá los mecanismos de seguridad y control que garanticen la integridad y seguridad de los documentos e informaciones.

Artículo 126. Se crea la Oficina Nacional de Contabilidad Pública, como órgano rector del Sistema de Contabilidad Pública, la cual estará a cargo de un Jefe o Jefa de Oficina quien será de libre nombramiento y remoción por parte del Ministro o Ministra del Poder Popular con competencia en materia de Planificación y Finanzas.

Artículo 127. Corresponde a la Oficina Nacional de Contabilidad Pública:

1. Dictar las normas técnicas de contabilidad y los procedimientos específicos que considere necesarios para el adecuado funcionamiento del Sistema de Contabilidad Pública.

2. Prescribir los sistemas de contabilidad para la República y sus entes descentralizados sin fines empresariales, mediante instrucciones y modelos que se publicarán en la Gaceta Oficial de la República Bolivariana de Venezuela.

3. Emitir opinión sobre los planes de cuentas y sistemas contables de las sociedades del Estado, en forma previa a su aprobación por éstas.

4. Asesorar y asistir técnicamente en la implantación de las normas, procedimientos y sistemas de contabilidad que prescriba.

5. Llevar en cuenta especial el movimiento de las erogaciones con cargo a los recursos originados en operaciones de crédito público de la República y de sus entes descentralizados.

6. Organizar el sistema contable de tal forma que permita conocer permanentemente la gestión presupuestaria, de tesorería y patrimonial de la República y sus entes descentralizados.

7. Llevar la contabilidad central de la República y elaborar los estados financieros correspondientes, realizando las operaciones de ajuste, apertura y cierre de la misma.

8. Consolidar los estados financieros de la República y sus entes descentralizados.

9. Elaborar la Cuenta General de Hacienda que debe presentar anualmente el Ministro del Poder Popular con competencia en materia de Planificación y Finanzas ante la Asamblea Nacional, los demás estados financieros que considere conveniente, así como los que solicite la misma Asamblea Nacional y la Contraloría General de la República.

10. Evaluar la aplicación de las normas, procedimientos y sistemas de contabilidad prescritos, y ordenar los ajustes que estime procedentes.

11. Promover o realizar los estudios que considere necesarios de la normativa vigente en materia de contabilidad, a los fines de su actualización permanente.

12. Coordinar la actividad y vigilar el funcionamiento de las oficinas de contabilidad de los órganos de la República y de sus entes descentralizados sin fines empresariales.

13. Elaborar las cuentas económicas del sector público, de acuerdo con el sistema de cuentas nacionales.

14. Dictar las normas e instrucciones técnicas necesarias para la organización y funcionamiento del archivo de documentación financiera de la Administración Nacional. En dichas normas podrá establecerse la conservación de documentos por medios informáticos, para lo cual deberán aplicarse los mecanismos de seguridad que garanticen su estabilidad, perdurabilidad, inmutabilidad e inalterabilidad.

Artículo 128. Los entes a que se refieren los numerales 6, 7, 8, 9 y 10 del Artículo 6 de esta Ley suministrarán a la Oficina Nacional de Contabilidad Pública los estados financieros y demás informaciones de carácter contable que ésta les requiera, en la forma y oportunidad que determine.

Artículo 129. La Oficina Nacional de Contabilidad Pública solicitará a los estados, al Distrito Metropolitano de Caracas, así como a los distritos y municipios la información necesaria para el cumplimiento de sus funciones; así mismo, coordinará con éstos la aplicación, en el ámbito de sus competencias, del sistema de información financiera que desarrolle.

Artículo 130. El Ministro o Ministra del Poder Popular con competencia en materia de Planificación y Finanzas presentará a la Asamblea Nacional, antes del treinta de junio de cada año, la Cuenta General de Hacienda, la cual contendrá, como mínimo:

1. Los estados de ejecución del presupuesto de la República y de sus entes descentralizados sin fines empresariales.

2. Los estados que demuestren los movimientos y situación del Tesoro Nacional.

3. El estado actualizado de la deuda pública interna y externa, directa e indirecta.

4. Los estados financieros de la República.

5. Un informe que presente la gestión financiera consolidada del sector público durante el ejercicio y muestre los resultados operativos, económicos y financieros y un anexo que especifique la situación de los pasivos laborales.

La Cuenta General de Hacienda contendrá además comentarios sobre el grado de cumplimiento de los objetivos y metas previstos en la ley de presupuesto; y el comportamiento de los costos y de los indicadores de eficiencia de la producción pública.

TÍTULO VI

DEL SISTEMA DE CONTROL INTERNO

Artículo 131. El sistema de control interno tiene por objeto asegurar el acatamiento de las normas legales, salvaguardar los recursos y bienes que integran el patrimonio público, asegurar la obtención de información administrativa, financiera y operativa útil, confiable y oportuna para la toma de decisiones, promover la eficiencia de las operaciones y lograr el cumplimiento de los planes, programas y presupuestos, en concordancia con las políticas prescritas y con los objetivos y metas propuestas, así como garantizar razonablemente la rendición de cuentas.

Artículo 132. El sistema de control interno de cada organismo será integral e integrado, abarcará los aspectos presupuestarios, económicos, financieros, patrimoniales, normativos y de gestión, así como la evaluación de programas y proyectos, y estará fundado en criterios de economía, eficiencia y eficacia.

Artículo 133. El sistema de control interno funcionará coordinadamente con el sistema de control externo a cargo de la Contraloría General de la República.

Artículo 134. Corresponde a la máxima autoridad de cada organismo o entidad la responsabilidad de establecer y mantener un sistema de control interno adecuado a la naturaleza, estructura y fines de la organización. Dicho sistema incluirá los elementos de control previo y posterior incorporados en el plan de organización y en las normas y manuales de procedimientos de cada ente u órgano, así como la auditoría interna.

Artículo 135. La auditoría interna es un servicio de examen posterior, objetivo, sistemático y profesional de las actividades administrativas y financieras de cada ente u órgano, realizado con el fin de evaluarlas, verificarlas y elaborar el informe contentivo de las observaciones, conclusiones, recomendaciones y el correspondiente dictamen. Dicho servicio se prestará por una unidad especializada de auditoría interna de cada ente u órgano, cuyo personal, funciones y actividades deben estar desvinculadas de las operaciones sujetas a su control.

Artículo 136. Los o las titulares de los órganos de auditoría interna serán seleccionados o seleccionadas mediante concurso, organizado y celebrado de conformidad con lo previsto en Ley Orgánica de la Contraloría General de la República, con participación de un o una representante de la Superintendencia Nacional de Auditoría Interna en el jurado calificador.

Una vez concluido el período para el cual fueron seleccionados o seleccionadas, los o las titulares podrán participar en la selección para un nuevo período.

Artículo 137. Se crea la Superintendencia Nacional de Auditoría Interna, como órgano rector del Sistema de Control Interno, integrado a la Vicepresidencia Ejecutiva de la República, con autonomía funcional y administrativa, y la estructura organizativa que determine el reglamento respectivo.

Artículo 138. La Superintendencia Nacional de Auditoría Interna es el órgano a cargo de la supervisión, orientación y coordinación del control interno, así como de la dirección de la auditoría interna en los organismos que integran la administración central y descentralizada funcionalmente enumerados en el artículo 6 de esta Ley, excluido el Banco Central de Venezuela.

Artículo 139. Son atribuciones de la Superintendencia Nacional de Auditoría Interna:

1. Orientar el control interno y facilitar el control externo, de acuerdo con las normas de coordinación dictadas por la Contraloría General de la República.

2. Dictar pautas de control interno y promover y verificar su aplicación.

3. Prescribir normas de auditoría interna y dirigir su aplicación por las unidades de auditoría interna.

4. Realizar o coordinar las auditorías que estime necesarias, para evaluar el sistema de control interno en los entes y órganos a que se refiere el Artículo 138, así como orientar la evaluación de proyectos, programas y operaciones. Eventualmente, podrá realizar auditorías financieras, de legalidad y de gestión, en los organismos comprendidos en el ámbito de su competencia.

5. Vigilar la aplicación de las normas que dicten los órganos rectores de los sistemas de administración financiera del sector público nacional e informarles los incumplimientos observados.

6. Ejercer la supervisión técnica de las unidades de auditoría interna, aprobar sus planes de trabajo y orientar y vigilar su ejecución, sin perjuicio de las atribuciones de la Contraloría General de la República.

7. Comprobar la ejecución de las recomendaciones de las unidades de auditoría interna, adoptadas por las autoridades competentes.

8. Proponer las medidas necesarias para lograr el mejoramiento continuo de la organización, estructura y procedimientos operativos de las unidades de auditoría interna, considerando las particularidades de cada organismo.

9. Formular directamente a los organismos o entidades comprendidos en el ámbito de su competencia, las recomendaciones necesarias para asegurar el cumplimiento de las normas de auditoría interna y de los criterios de economía, eficacia y eficiencia.

10. Establecer requisitos de calidad técnica para el personal de auditoría de la administración financiera del sector público, así como de consultores o consultoras especializados o especializadas en las materias vinculadas y mantener un registro de auditores o auditoras y consultores o consultoras.

11. Promover la oportuna rendición de cuentas por los funcionarios encargados o funcionarias encargadas de la administración, custodia o manejo de fondos o bienes públicos, de acuerdo con las normas que dicte la Contraloría General de la República.

12. Realizar y promover actividades de adiestramiento y capacitación de personal, en materia de control y auditoría.

13. Atender las consultas que se le formulen en el área de su competencia.

Artículo 140. La Superintendencia Nacional de Auditoría Interna podrá contratar estudios de consultoría y auditoría bajo condiciones preestablecidas, en cuyo caso deberá planificar y controlar la ejecución de los trabajos y cuidar la calidad del informe final, como requisitos de indispensable cumplimiento para poder asumir como suyos dichos estudios.

Artículo 141. La Superintendencia Nacional de Auditoría Interna podrá solicitar de los organismos sujetos a su ámbito de competencia, las informaciones y documentos que requiera para el cumplimiento de sus funciones, así como tener acceso directamente a dichas informaciones y documentos en las intervenciones que practique. Los funcionarios o funcionarias y autoridades competentes prestarán su colaboración a esos efectos y estarán obligados u obligadas a atender los requerimientos de la Superintendencia.

Artículo 142. La Superintendencia Nacional de Auditoría Interna estará a cargo de un funcionario denominado o funcionaria denominada Superintendente Nacional de Auditoría Interna, quien será designado o designada por el Presidente o Presidenta de la República y dará cuenta de su gestión a éste o ésta y al Vicepresidente Ejecutivo o Vicepresidenta Ejecutiva.

Artículo 143. Son atribuciones del o la Superintendente Nacional de Auditoría Interna:

1. Dictar las normas reglamentarias sobre la organización, estructura y funcionamiento de la Superintendencia.

2. Nombrar y remover el personal de la Superintendencia.

3. Ejercer la administración de personal y la potestad jerárquica.

4. Celebrar los contratos y ordenar los pagos para la ejecución del presupuesto de la Superintendencia.

5. Ejercer la administración y disposición de los bienes Nacionales adscritos a la Superintendencia.

6. Someter a la aprobación del Presidente o Presidenta de la República el plan de acción y el proyecto de presupuesto de gastos de la Superintendencia, antes de remitirlo al Ministerio del Poder Popular con competencia en materia de Planificación y Finanzas para su incorporación en el Proyecto de Ley de Presupuesto.

Artículo 144. Él o la Superintendente Nacional de Auditoría Interna podrá delegar en funcionarios o funcionarias de la misma determinadas atribuciones, de conformidad con lo establecido en la ley.

Artículo 145. La Superintendencia Nacional de Auditoría Interna deberá informar:

1. Al Presidente o Presidenta de la República, al Vicepresidente Ejecutivo o Vicepresidenta Ejecutiva, así como al Ministro o Ministra del Poder Popular con competencia en materia de Planificación y Finanzas, acerca de su gestión y de la gestión financiera y operativa de los organismos comprendidos en el ámbito de su competencia.

2. A la Contraloría General de la República, sobre los asuntos comprendidos en el ámbito de su competencia, en la forma y oportunidad que ese organismo lo requiera.

3. A la opinión pública, con la periodicidad que determine el Reglamento de esta Ley.

TÍTULO VII

DE LA COORDINACIÓN MACROECONÓMICA

Artículo 146. A los fines de promover y defender la estabilidad económica, el Ejecutivo Nacional y el Banco Central de Venezuela celebrarán anualmente un convenio para la armonización de políticas que regirá para el ejercicio económico financiero siguiente.

En dicho acuerdo se especificarán los objetivos de crecimiento, balance externo e inflación, y sus repercusiones sociales; los resultados esperados en el ámbito fiscal, monetario, financiero y cambiario; las políticas y acciones dirigidas a lograrlos; las responsabilidades del Ejecutivo Nacional y del Banco Central de Venezuela; así como las interrelaciones fundamentales entre la gestión fiscal que corresponde al Ejecutivo Nacional y la gestión monetaria y cambiaria a cargo del Banco Central de Venezuela.

Artículo 147. El acuerdo de políticas será suscrito por el Ministro o Ministra del Poder Popular con competencia en materia de Planificación y Finanzas y por el Presidente o Presidenta del Banco Central de Venezuela, se fundamentará en pronósticos macroeconómicos coherentes y congruentes, conforme a los requerimientos constitucionales y se divulgará en el momento de la sanción del presupuesto por la Asamblea Nacional, con especificación del órgano responsable de la elaboración de tales pronósticos, los métodos de trabajo y supuestos empleados para ello, a fin de facilitar su comparación con los resultados obtenidos y la rendición de cuentas.

Artículo 148. Serán nulas y sin efectos las cláusulas del acuerdo que puedan comprometer la independencia del Banco Central de Venezuela, que presupongan o deriven el establecimiento de directrices por parte del Ejecutivo Nacional en la gestión del mismo, o que tiendan a convalidar o financiar políticas deficitarias por parte del ente emisor.

Artículo 149. El Presidente o Presidenta del Banco Central de Venezuela y el Ejecutivo Nacional, por órgano del Ministro o Ministra del Poder Popular con competencia en materia de Planificación y Finanzas, informarán trimestralmente a la Asamblea Nacional acerca de la ejecución de las políticas objeto del acuerdo y los mecanismos adoptados para corregir las desviaciones, así como rendirán cuenta a la misma de los resultados de dichas políticas en la oportunidad de presentar el acuerdo correspondiente al ejercicio siguiente.

TÍTULO VIII

DE LA ESTABILIDAD DE LOS GASTOS Y SU
SOSTENIBILIDAD INTERGENERACIONAL

CAPÍTULO I

Del Fondo de estabilización Macroeconómica

Artículo 150. El Fondo para la Estabilización Macroeconómica será un fondo financiero de inversión sin personalidad jurídica, tendrá por objeto garantizar la estabilidad de los gastos a nivel nacional, regional y municipal, frente a las fluctuaciones de los ingresos ordinarios y se regirá por las disposiciones de esta Ley y de la ley que regule su funcionamiento.

Artículo 151. La ley que regule el Fondo de Estabilización Macroeconómica determinará los recursos que se destinarán al mismo, a nivel nacional, estadal y municipal y establecerá las reglas para su administración y funcionamiento, sobre la base de los principios de eficiencia, equidad y no discriminación entre las entidades que aporten recursos al mismo.

Artículo 152. En todo caso, la República transferirá al Fondo de Estabilización Macroeconómica los siguientes recursos:

1. Un porcentaje del ingreso ordinario petrolero adicional, calculado después de deducida la porción que deba aplicarse para subsanar, razonablemente, la brecha entre el ingreso ordinario no petrolero efectivamente percibido y el presupuestado inicialmente para cada ejercicio, sin menoscabo de las medidas de ajuste que se impongan. La ley especial del Fondo establecerá los parámetros para el cálculo de los ingresos adicionales petroleros.

2. Los ingresos netos provenientes de la privatización de bienes, empresas o servicios propiedad de la República.

3. Los demás que determine la ley.

Los aportes provenientes de ingresos ordinarios se determinarán una vez deducidas las preasignaciones de estos ingresos establecidas en la Constitución de la República, para los estados y el Poder Judicial.

Artículo 153. Las transferencias que efectúe el Fondo de Estabilización Macroeconómica durante un determinado ejercicio presupuestario no podrán ser superiores a un cincuenta por ciento (50%) del saldo de dicho Fondo para el cierre del ejercicio presupuestario inmediatamente anterior. Así mismo, los aportes que efectúe a un determinado ente, no excederán del monto necesario para cubrir la correspondiente diferencia de ingresos.

Artículo 154. Cuando el monto de los recursos del Fondo de Estabilización Macroeconómica exceda del setenta por ciento del monto equivalente al promedio del producto de las exportaciones petroleras de los últimos tres años, el excedente será destinado al Fondo de Ahorro Intergeneracional. Sin embargo, cuando las condiciones de los mercados financieros lo permitan, y de acuerdo con un programa de reestructuración de deuda pública, parte de ese excedente podrá ser utilizado en operaciones de compra o refinanciamiento de deuda pública externa e interna legalmente contraída.

CAPÍTULO II

Del Fondo de ahorro Intergeneracional

Artículo 155. Mediante ley especial se establecerá un Fondo de Ahorro Intergeneracional a largo plazo, destinado a garantizar la sostenibilidad Intergeneracional de las políticas públicas de desarrollo, especialmente la inversión real reproductiva, la educación y la salud, así como a promover y sostener la competitividad de las actividades productivas no petroleras.

Artículo 156. El Fondo de Ahorro Intergeneracional se constituirá e incrementará con la proporción de ingresos petroleros que la ley determine. Dicho Fondo tendrá un lapso de no disponibilidad no menor de veinte años, contados a partir de su constitución efectiva. Durante este lapso, se tomará en consideración para el cálculo del aporte aquellas inversiones que tengan características intergeneracionales y que se realicen en cada ejercicio presupuestario.

Transcurrido este lapso, el monto acumulado en el Fondo y sus rendimientos podrán ser utilizados en inversiones reproductivas, salud y educación, de acuerdo con las disposiciones que establezca la ley de creación.

Artículo 157. Los recursos del Fondo de Ahorro Intergeneracional sólo podrán ser invertidos en portafolios diversificados, en activos de máxima calificación crediticia, en un contexto de inversión de largo plazo y con criterios de optimización que garanticen la mayor transparencia y seguridad del retorno de la inversión, en las condiciones que establezca la ley.

Sin embargo, los rendimientos de este Fondo, apropiadamente contabilizados, podrán quedar sujetos a reglas y condiciones de desacumulación distintas de las establecidas para el capital y podrán ser destinados a fines específicos de inversión reproductiva o dotación de obras y servicios básicos.

Artículo 158. En ningún caso, los recursos del Fondo de Ahorro Intergeneracional o sus rendimientos podrán ser aplicados a la adquisición de instrumentos de endeudamiento de entidades públicas nacionales, ni a garantizar obligaciones de las mismas.

TÍTULO IX

DE LAS RESPONSABILIDADES

Artículo 159. Los funcionarios encargados o funcionarias encargadas de la administración financiera del sector público, independientemente de las responsabilidades penales, administrativas o disciplinarias en que incurran, estarán obligados u obligadas a indemnizar al Estado de todos los daños y perjuicios que causen por infracción de esta ley y por abuso, falta, dolo, negligencia, impericia o imprudencia en el desempeño de sus funciones.

Artículo 160. La responsabilidad civil de los funcionarios encargados o funcionarias encargadas de la administración financiera del sector público se hará efectiva con arreglo a las disposiciones legales pertinentes.

Artículo 161. Los funcionarios encargados o funcionarias encargadas de la administración y liquidación de ingresos nacionales o de la recepción, custodia y manejo de fondos o bienes públicos, prestarán caución antes de entrar en ejercicio de sus funciones, en la cuantía y forma que determine el reglamento de esta Ley.

La caución se constituye para responder de las cantidades y bienes que manejen dichos funcionarios o funcionarias y de los perjuicios que causen al patrimonio público por falta de cumplimiento de sus deberes o por negligencia o impericia en el desempeño de sus funciones.

En ningún caso podrá oponerse al ente público perjudicado la excusión de los bienes del funcionario o funcionaria responsable.

Artículo 162. La responsabilidad administrativa de los funcionarios o funcionarias de las dependencias de la administración financiera del sector público nacional, se determinará y hará efectiva de conformidad con las previsiones de la Ley Orgánica de la Contraloría General de la República.

Artículo 163. En caso de incumplimiento de las reglas y metas definidas en el marco plurianual del presupuesto, sin perjuicio de otras responsabilidades a que haya lugar y de las competencias de la Asamblea Nacional y la Contraloría General de la República, el Vicepresidente Ejecutivo o Vicepresidenta Ejecutiva deberá recomendar al Presidente o Presidenta de la República la remoción de los Ministros o Ministras responsables del área en que ocurrió el incumplimiento.

Artículo 164. Sin perjuicio de otras responsabilidades a que haya lugar, la inexistencia de registros de información acerca de la ejecución de los presupuestos, así como el incumplimiento de la obligación de participar los resultados de dicha ejecución a la Oficina Nacional de Presupuesto, será causal de responsabilidad administrativa determinable de conformidad con los procedimientos previstos en la Ley Orgánica de la Contraloría General de la República.

Artículo 165. Si de la evaluación de los resultados físicos de la ejecución presupuestaria se evidenciare incumplimientos injustificados de las metas y objetivos programados, la Oficina Nacional de Presupuesto informará dicha situación a la máxima autoridad del ente u organismo, a la respectiva Contraloría Interna y a la Contraloría General de la República, a los fines del establecimiento de las responsabilidades administrativas a que haya lugar.

Artículo 166. Los funcionarios o funcionarias con capacidad para obligar a los entes y órganos públicos en razón de las funciones que ejerzan, que celebren o autoricen operaciones de crédito en contravención a las disposiciones de la presente Ley, serán sancionados o sancionadas con destitución e inhabilitación para el ejercicio de la función pública durante un período de tres años, sin perjuicio de responsabilidades de otra naturaleza.

Título X

DISPOSICIONES FINALES Y TRANSITORIAS

Artículo 167. La administración de personal en los órganos rectores de la Administración Financiera y del Sistema de Control Interno del Sector Público, se regirá por esta Ley, por el estatuto especial que dicte el Ejecutivo Nacional y por la Ley de Carrera Administrativa.

Las actividades técnicas de los órganos rectores de la Administración Financiera y del Sistema de Control Interno del Sector Público estarán a cargo del cuerpo de consultores técnicos o consultoras técnicas y auditores o auditoras que regulará el Estatuto que dicte el Ejecutivo Nacional, en el cual se establecerán los derechos y obligaciones de los funcionarios o funcionarias y la profesionalización de los niveles directivos y de supervisión sobre la base de méritos.

En dicho Estatuto se regularán especialmente los sistemas de ingreso por concurso, de clasificación, de remuneración, de evaluación, y de capacitación así como de adiestramiento, el cual tenderá hacia la formación integral del Cuerpo a que se refiere este artículo en todas las áreas del Sistema.

En ningún caso, el Estatuto que se dicte podrá desmejorar los derechos consagrados por ley a los funcionarios o funcionaria. El régimen de faltas y sanciones previsto en la Ley de Carrera Administrativa será aplicable a los funcionarios o funcionarias de los órganos rectores de la Administración Financiera y del Sistema de Control Interno del Sector Público.

Artículo 168. El Ministro o Ministra del Poder Popular con competencia en materia de Planificación y Finanzas informará trimestralmente a la Asamblea Nacional acerca de la ejecución presupuestaria del sector público nacional, el movimiento de ingresos y egresos del Tesoro Nacional y la situación de la deuda pública, así como le proporcionará los estados financieros que estime convenientes. Con la misma periodicidad publicará los informes y estados financieros correspondientes.

Artículo 169. El Ejecutivo Nacional está facultado para resolver los casos dudosos o no previstos en las leyes fiscales, procurando conciliar siempre los intereses del Estado con las exigencias de la equidad y los principios generales de la administración financiera.

Artículo 170. El Ministerio del Poder Popular con competencia en materia de Planificación y Finanzas organizará una Oficina de Estadística de las Finanzas Públicas que actuará de acuerdo con las normas técnicas de compilación y publicación dictadas por el Instituto Nacional de Estadística para garantizar la calidad e integridad de las estadísticas públicas y, en particular, de las estadísticas fiscales, así como a los Principios Fundamentales de las Estadísticas Oficiales del Fondo Monetario Internacional y de las Naciones Unidas. Dicha Oficina tendrá la función de establecer las normas especiales para la preparación de las estadísticas fiscales, coordinar la recopilación y compilación que deberán hacer los órganos de información fiscal y demás dependencias oficiales, será un centro de divulgación, coordinación y consulta de estadísticas fiscales.

Artículo 171. Queda parcialmente derogado el artículo 92 de la Ley Orgánica de la Hacienda Pública Nacional, en cuanto al servicio de inspección se refiere. El servicio de fiscalización será competencia de los órganos de la administración tributaria y, sin perjuicio de las atribuciones de la Contraloría General de la República, se ajustará a las disposiciones del Código Orgánico Tributario y las leyes especiales que regulen la materia tributaria. Quedan derogados los artículos 1, in fine, en cuanto se refiere al Fisco como personificación jurídica de la Hacienda; 2; 51, 60, 61, 62, 78, 81 numeral 4, 82 al 91, 98 al 101, 128 al 138, 146, 204, 205, 206, 208 al 210 de la Ley Orgánica de la Hacienda Pública Nacional publicada en la Gaceta Oficial N° 1.660 Extraordinario, de fecha 21 de junio de 1974; la Ley Orgánica de Crédito Público, publicada en la Gaceta Oficial N° 35.077 de fecha 26 de octubre de 1992; la Ley Orgánica de Régimen Presupuestario publicada en la Gaceta Oficial N° 36.916 de fecha 2 de marzo de 2000 (sic), salvo lo dispuesto en el artículo 74; el aparte final del Artículo 21 y los Artículos 74 y 148 de la Ley Orgánica de la Contraloría General de la República, publicada en Gaceta Oficial N° 5.017 Extraordinario, de fecha 13 de diciembre de 1995, así como todas aquellas otras disposiciones que colidan con la presente Ley.

Artículo 172. Las disposiciones de esta Ley relativas a la estructura, formulación y presentación de la ley de presupuesto entrarán en vigencia el 1° de enero de 2001 y se aplicarán para la formulación y presentación de la ley de presupuesto correspondiente al ejercicio financiero 2002, con las salvedades señaladas en el artículo siguiente. Las demás disposiciones de esta Ley entrarán en vigencia el 1° de enero de 2002, a excepción de lo previsto en el régimen transitorio regulado en los artículos siguientes de este Título.

Artículo 173. La Ley de Presupuesto para el ejercicio 2002, constará de los Títulos I y II, sobre Disposiciones Generales y Presupuesto de Gastos y Operaciones de Financiamiento de la República que establece el artículo 30; y se ajustará en su formulación, presentación, programación, ejecución financiera, registro y evaluación de dicha ejecución financiera a lo establecido en esta Ley, salvo lo indicado en el segundo aparte del artículo 12 y las disposiciones relativas al marco plurianual del presupuesto.

Artículo 174. Las normas sobre registro, control y evaluación de la ejecución física entrarán en vigencia el 1° de enero del 2003. El registro, control y evaluación de la ejecución física de los presupuestos correspondientes a los ejercicios 2002 y 2003 se efectuará conforme a criterios selectivos que permitan establecer sistemas pilotos de información durante el lapso de vacatio de las disposiciones sobre la materia establecidas en esta Ley.

Artículo 175. Los presupuestos de los entes descentralizados sin fines empresariales, referidos en los numerales 6, 7 y 10 del artículo 6 de esta Ley, para el ejercicio 2002, se elaborarán de acuerdo con los lineamientos y normas técnicas que dicte el Ministerio del Poder Popular con competencia en materia de Planificación y Finanzas y el Ministerio del Poder Popular de adscripción, así como a las normas técnicas que imparta la Oficina Nacional de Presupuesto y se someterán a la aprobación del Presidente o Presidenta de la República en Consejo de Ministros antes del 15 de septiembre de 2001. En todo lo demás se aplicarán al presupuesto de estos entes para el ejercicio 2002, las disposiciones de la Ley Orgánica de Régimen Presupuestario, publicada en la Gaceta Oficial N° 36.916, Extraordinario, de fecha 2 de marzo de 2000 (sic) y de sus Reglamentos.

Artículo 176. Para la formulación del presupuesto de las sociedades del Estado y otros entes sometidos al régimen establecido en el Capítulo IV del Título II de esta Ley, correspondiente al ejercicio 2001, se aplicarán las disposiciones de la Ley Orgánica de Régimen Presupuestario, publicada en la Gaceta Oficial N° 36.916 Extraordinario, de fecha 2 de marzo de 2000 (sic) y sus Reglamentos.

Artículo 177. Las disposiciones legales que establecen afectaciones de ingresos o asignaciones presupuestarias predeterminadas, no autorizadas en la Constitución de la República o en esta Ley, continuarán en vigencia hasta el 31 de diciembre de 2003.

Artículo 178. En la oportunidad de presentación del Proyecto de Ley de Presupuesto para el Ejercicio Fiscal 2011, el Ejecutivo Nacional presentará a la Asamblea Nacional a los fines informativos, el marco plurianual del presupuesto correspondiente a los ejercicios fiscales 2011 al 2013, así como el informe global correspondiente a dicho año.

A partir del período correspondiente a los ejercicios fiscales 2014 al 2016, inclusive, el marco plurianual del presupuesto se formulará y sancionará conforme a las previsiones del Título II de la presente Ley.

Artículo 179. Las disposiciones del Título II de esta Ley sobre la ley del marco plurianual del presupuesto se aplicarán gradualmente a los entes referidos en los numerales 8 y 9 del artículo 6 de esta Ley, de conformidad con lo que establezca su Reglamento.

Artículo 180. Las disposiciones de los Capítulos I al V del Título III de esta Ley, se aplicarán para la elaboración, presentación y sanción de la Ley Anual de Endeudamiento para el ejercicio 2001.

Artículo 181. La ejecución del Presupuesto del año 2001 y su semestre adicional, así como la liquidación de este Presupuesto, se regirá por la Ley Orgánica de Régimen Presupuestario, identificada en el artículo 171, y en sus Reglamentos.

Artículo 182. El Ministerio del Poder Popular con competencia en materia de Planificación y Finanzas establecerá los mecanismos de coordinación necesarios para la elaboración del Proyecto de Ley de Presupuesto de 2001, así como para la modificación de las estructuras e implantación de los sistemas de administración financiera y de control interno regulados por esta Ley.

Artículo 183. La Oficina Nacional del Tesoro asumirá, según el cronograma que el Ejecutivo Nacional, por órgano del Ministerio del Poder Popular con competencia en materia de Planificación y Finanzas, convenga con el Banco Central de Venezuela, las funciones que éste realiza como agente del Servicio de Tesorería para la recaudación de ingresos nacionales y para hacer pagos por cuenta del Tesoro Nacional, sin menoscabo de la posibilidad de que el Banco Central de Venezuela permanezca como depositario de fondos del Tesoro Nacional, conforme a los convenios que suscriba con la República.

Artículo 184. El artículo 113 de esta Ley, en lo relativo a la apertura y mantenimiento de subcuentas del Tesoro Nacional en divisas, entrará en vigencia a partir del 1° de enero del 2001, de acuerdo con los convenios que se celebren con el Banco Central de Venezuela.

Artículo 185. El Servicio de Tesorería se extenderá gradualmente a los entes descentralizados sin fines empresariales, a partir del 1° de enero del año 2002.

Artículo 186. El Ministerio del Poder Popular con competencia en materia de Planificación y Finanzas reestructurará el Programa de Modernización de las Finanzas Públicas, a fin de que su objeto atienda prioritariamente a la implantación de los sistemas de administración financiera y de control interno, a la asistencia a los órganos rectores y a las labores de capacitación de los funcionarios o funcionarias de los organismos sujetos a las disposiciones de esta Ley, así como a la especialización de los consultores o consultoras de dichos Programas para integrar el personal de los órganos rectores.

Artículo 187. Sin perjuicio de lo establecido en el artículo 172 de esta Ley, la Administración Pública, antes del 31 de diciembre del año 2002, ajustará sus estructuras y procedimientos a las disposiciones de esta Ley. Asimismo, el Ejecutivo Nacional dictará los Reglamentos necesarios antes del 15 de marzo de 2001.

Artículo 188. El Presupuesto Consolidado del Sector Público a que se refiere el artículo 75 de esta Ley, será presentado por primera vez al Ejecutivo Nacional antes del 30 de mayo del año 2003.

Artículo 189. Mientras se dicten los sistemas de contabilidad para los entes a que se refieren los numerales 1, 6 y 7 del artículo 6 de esta Ley continuarán en vigencia los que rijan para el momento de su promulgación. En todo caso, los sistemas de contabilidad para los institutos autónomos se prescribirán con posterioridad a la instalación del sistema de contabilidad de la República.

La Cuenta General de Hacienda, con los contenidos señalados en el artículo 130, se presentará a la Asamblea Nacional en el ejercicio fiscal siguiente a la implantación del Sistema de Contabilidad.

Artículo 190. Las unidades de control interno de los organismos del Poder Ejecutivo y los entes de la administración nacional descentralizada enumerados en el artículo 6 de esta Ley, deberán reestructurarse como órganos de auditoría interna dentro del plazo previsto en el artículo 187, y las funciones de control interno serán integradas a los procesos y reasignadas a los órganos administrativos competentes.

Artículo 191. El Ejecutivo Nacional, dentro del año siguiente a la publicación de esta Ley, presentará a la Asamblea Nacional un proyecto de ley que organice el sistema de administración de bienes del Estado, de manera que se integre a los sistemas básicos de administración financiera regulados en esta Ley, bajo los mismos criterios de centralización normativa y desconcentración operativa.

Artículo 192. Las disposiciones del Título VIII, relativo a la Estabilidad de los Gastos y su Sostenibilidad Intergeneracional, entrarán en vigencia en la misma fecha de vigencia de la Ley del Fondo de Estabilización Macroeconómica y del Fondo de Ahorro Intergeneracional cuyo proyecto deberá ser presentado por el Poder Ejecutivo Nacional a la Asamblea Nacional y derogará la Ley del Fondo de Rescate de la Deuda y la Ley del Fondo de Inversión para la Estabilización Macroeconómica.

Artículo 193. La presente Ley entrará en vigencia a partir de su publicación en la Gaceta Oficial de la República Bolivariana de Venezuela.

Dada, firmada y sellada en el Palacio Federal Legislativo, sede de la Asamblea Nacional, en Caracas, a los dieciséis días del mes de noviembre de dos mil diez. Año 200° de la Independencia y 151° de la Federación.

CILIA FLORES, Presidenta de la Asamblea Nacional
DARÍO VIVAS VELASCO, Primer Vicepresidente
MARELIS PÉREZ MARCANO Segunda Vicepresidenta
IVÁN ZERPA GUERRERO Secretario
VÍCTOR CLARK BOSCÁN, Subsecretario

Promulgación de la Ley Orgánica de la Administración Financiera del Sector Público, de conformidad con lo previsto en el artículo 213 de la Constitución de la República Bolivariana de Venezuela.

Palacio de Miraflores, en Caracas, a los diecinueve días del mes de noviembre de dos mil diez. Años 200° de la Independencia, 151° de la Federación y 11° de la Revolución Bolivariana.

Cúmplase,
(L.S.) HUGO CHÁVEZ FRÍAS

Refrendado

El Vicepresidente Ejecutivo, ELÍAS JAUA MILANO

El Ministro del Poder Popular del Despacho de la Presidencia, FRANCISCO JOSÉ AMELIACH ORTA

El Ministro del Poder Popular para Relaciones Interiores y Justicia, TARECK EL AISSAMI

El Ministro del Poder Popular para Relaciones Exteriores, NICOLÁS MADURO MOROS

El Ministro del Poder Popular de Planificación y Finanzas, JORGE GIORDANI

El Ministro del Poder Popular para la Defensa, CARLOS JOSÉ MATA FIGUEROA

El Ministro del Poder Popular para el Comercio, RICHARD SAMUEL CANÁN

El Ministro del Poder Popular para las Industrias Básicas y Minería, JOSÉ SALAMAT KHAN FERNÁNDEZ

El Ministro del Poder Popular para el Turismo, ALEJANDRO ANTONIO FLEMING CABRERA

El Ministro del Poder Popular para la Agricultura y Tierras, JUAN CARLOS LOYO HERNÁNDEZ

El Ministro del Poder Popular para la Educación Universitaria, EDGARDO RAMÍREZ

La Ministra del Poder Popular para la Educación, JENNIFER JOSEFINA GIL LAYA

La Ministra del Poder Popular para la Salud, EUGENIA SADER CASTELLANOS

La Ministra del Poder Popular para el Trabajo y Seguridad Social, MARÍA CRISTINA IGLESIAS

El Ministro del Poder Popular para Transporte y Comunicaciones, FRANCISCO JOSÉ GARCES DA SILVA

El Ministro del Poder Popular para Vivienda y Hábitat, RICARDO ANTONIO MOLINA PEÑALOZA

El Ministro del Poder Popular para la Energía y Petróleo, RAFAEL DARÍO RAMÍREZ CARREÑO

El Ministro del Poder Popular para el Ambiente, ALEJANDRO HITCHER MARVALDI

El Ministro del Poder Popular para Ciencia, Tecnología e Industrias Intermedias, RICARDO JOSÉ MENÉNDEZ PRIETO

El Ministro del Poder Popular para la Comunicación y la Información, MAURICIO EDUARDO RODRÍGUEZ GELFENSTEIN

La Ministra del Poder Popular para las Comunas y Protección Social, ISIS OCHOA CAÑIZÁLEZ

El Ministro del Poder Popular para la Alimentación, CARLOS OSORIO ZAMBRANO

El Ministro del Poder Popular para la Cultura, FRANCISCO DE ASÍS SESTO NOVAS

El Ministro del Poder Popular para el Deporte, HÉCTOR RODRÍGUEZ CASTRO

La Ministra del Poder Popular para los Pueblos Indígenas, NICIA MALDONADO MALDONADO

La Ministra del Poder Popular para la Mujer la Igualdad de Género, NANCY PÉREZ SIERRA

El Ministro del Poder Popular para Energía Eléctrica, ALÍ RODRÍGUEZ ARAQUE

El Ministro de Estado para la Banca Pública, HUMBERTO RAFAEL ORTEGA DÍAZ

LEY SÉPTIMA:
LEY ORGÁNICA SOBRE BIENES PÚBLICOS[*]

Decreto N° 9.041   12 de junio de 2012

HUGO CHÁVEZ FRÍAS
Presidente de la República

Con el supremo compromiso y voluntad de lograr la mayor eficiencia política y calidad revolucionaria en la construcción del Socialismo y la refundación de la República, basada en principios humanistas y sustentada en los principios morales y éticos Bolivarianos que persiguen el progreso de la patria y el colectivo, por mandato del pueblo y en ejercicio de las atribuciones previstas en el numeral 8 del artículo 236 de la Constitución de la República Bolivariana de Venezuela y de conformidad con lo dispuesto en el artículo 1, numeral 5, literal a, de la Ley que autoriza al Presidente de la República para Dictar Decretos con Rango, Valor y Fuerza de Ley, en las Materias que se Delegan, publicada en la Gaceta Oficial de la República Bolivariana de Venezuela N° 6009 Extraordinario, de fecha 17 de diciembre de 2010, en Consejo de Ministros.

DICTA

el siguiente,

DECRETO CON RANGO, VALOR Y FUERZA DE
LEY ORGÁNICA DE BIENES PÚBLICOS

TÍTULO I

DISPOSICIONES GENERALES

CAPÍTULO I

Objeto y Ámbito de Aplicación de la Ley

Artículo 1. Objeto. El presente Decreto con Rango, Valor y Fuerza de Ley tiene por objeto establecer las normas que regulan el ámbito, organización, atribuciones y funcionamiento del Sistema de Bienes Públicos, como parte integrante del Sistema de Administración Financiera del Estado.

---

[*]   *Gaceta Oficial* N° 39.952 de 26 de junio de 2012

Artículo 2. Ámbito de aplicación. Las normas contenidas en el presente Decreto con Rango, Valor y Fuerza de Ley, normas reglamentarias y aquellas que emita la Superintendencia de Bienes Públicos, son de estricto cumplimiento por las entidades que conforman el Sistema Nacional de Bienes Públicos, así como para las personas naturales o jurídicas que custodien o ejerzan algún derecho sobre un Bien Público, con las excepciones de Ley, dejando a salvo las competencias y autonomía atribuidas en la materia por la Constitución de la República Bolivariana de Venezuela y las leyes correspondientes.

Las disposiciones del presente Decreto con Rango, Valor y Fuerza de Ley se aplicarán sin perjuicio de las competencias de control, vigilancia y fiscalización que corresponden a la Contraloría General de La República sobre los bienes de la Nación.

Artículo 3. Orden Público. Las disposiciones del presente Decreto con Rango, Valor y Fuerza de Ley, son de orden público y se aplicarán con preferencia a cualquier otra del mismo rango.

Artículo 4. Órganos y entes que conforman el Sector Público. Para los efectos del presente Decreto con Rango, Valor y Fuerza de Ley se entiende por:

Sector Público: Comprende los entes u órganos que de seguidas se enumeran:

1.   La República.

2.   Los Estados.

3.   El Distrito Capital.

4.   Los Distritos Metropolitanos.

5.   Los Distritos.

6.   Los Municipios.

7.   El Territorio Insular Francisco de Miranda.

8.   Los Institutos Autónomos e Institutos Públicos.

9.   Las personas jurídicas estatales de derecho público.

10.   Las sociedades mercantiles en las cuales La República o las demás personas a que se refiere el presente artículo tengan participación igual o mayor al cincuenta por ciento (50%) del capital social. Quedarán comprendidas además, las sociedades de propiedad totalmente estatal, cuya función, a través de la posesión de acciones de otras sociedades, sea coordinar la gestión empresarial pública de un sector de la economía nacional.

11.   Las sociedades mercantiles en las cuales las personas a que se refiere el numeral anterior tengan participación igual o mayor al cincuenta por ciento (50%) del capital social.

12.   Las Empresas de Propiedad Social Indirecta Comunal.

13.   Las fundaciones, asociaciones civiles y demás instituciones constituidas con fondos públicos o dirigidas por algunas de las personas referidas en el presente artículo, cuando la totalidad de los aportes presupuestarios o contribuciones en un ejercicio efectuados por una o varias de las personas referidas en el presente artículo, represente el cincuenta por ciento (50%) o más de su presupuesto.

14.   El Banco Central de Venezuela y el Sector Público Financiero en General.

15.   Las Universidades Públicas.

CAPÍTULO II

De los Bienes Públicos

Artículo 5. Definición. Se consideran Bienes Públicos:

1. Los bienes muebles e inmuebles, títulos valor, acciones, cuotas o participaciones en sociedades y demás derechos, de dominio público o de dominio privado, que hayan adquirido o

adquieran los órganos y entes que conforman el Sector Púbico, independientemente del nivel de gobierno al que pertenezcan;

2. Los bienes, mercancías o efectos, que se encuentran en el territorio de la República y que no tienen dueño;

3. Los bienes muebles e inmuebles, títulos valor, acciones, cuotas o participaciones en sociedades y demás derechos provenientes de las herencias yacentes;

4. Las mercancías que se declaren abandonadas;

5. Los bienes, mercancías o efectos que sean objeto de una medida de comiso firme mediante acto administrativo o sentencia definitiva, y los que mediante sentencia firme o procedimiento de Ley sean puestos a la orden del Tesoro Nacional.

Dentro de los Bienes Públicos, se establecen las siguientes categorías:

Bienes Nacionales. Son Bienes Nacionales, los bienes públicos, de dominio público o privado propiedad de La República, de los institutos autónomos y de las empresas del Estado, de las demás personas en que los entes antes mencionados tengan una participación superior al 50% del capital social y de las consideradas fundaciones del Estado.

Bienes Estadales. Son Bienes Estadales, los bienes públicos, de dominio público o privado propiedad de los estados, de los institutos autónomos y de las empresas estadales, de las demás personas en que los entes antes mencionados tengan una participación superior al 50% del capital social y de las consideradas fundaciones estadales.

Bienes Municipales. Son Bienes Municipales, los bienes públicos, de dominio público o privado propiedad de los municipios, de los institutos autónomos y de las empresas municipales, de las demás personas en que los entes antes mencionados tengan una participación superior al 50% del capital social y de las consideradas fundaciones municipales.

Bienes Distritales. Son Bienes Distritales, los bienes públicos, de dominio público o privado propiedad de los distritos, de los institutos autónomos y de las empresas distritales, de las demás personas en que los entes antes mencionados tengan una participación superior al 50% del capital social y de las consideradas fundaciones distritales.

No serán catalogados como Bienes Públicos:

1. Los productos que sean adquiridos, concebidos, extraídos o fabricados por las personas, órganos y entes sujetos a esta Ley, de conformidad con su naturaleza, funciones, competencias, atribuciones o actividades comerciales, mercantiles, financieras o sociales, con destino a la venta;

2. Los artículos calificados como materiales y suministros según el Clasificador Presupuestario dictado por la Oficina Nacional de Presupuesto;

3. Los bienes adquiridos con la finalidad de ser donados de forma inmediata;

4. Los bienes adquiridos en ejecución de norma expresa, en cumplimiento de fines institucionales, con el fin de ser enajenados a terceros.

Artículo 6. Clasificación. Los Bienes Públicos son del dominio público o del dominio privado.

Son Bienes Públicos del dominio público:

1. Los bienes destinados al uso público, como plazas, parques, infraestructura vial, vías férreas, caminos y otros.

2. Los bienes que en razón de su configuración natural, construcción o adaptación especial, o bien por su importancia histórica, científica o artística sean necesarios para un servicio público o para dar satisfacción a una necesidad pública y que no puedan ser fácilmente reemplazados en esa función.

3. Los espacios lacustre y fluvial, mar territorial, áreas marinas interiores, históricas y vitales y las comprendidas dentro de las líneas de base recta que ha adoptado o adopte la República; las costas marinas; el suelo y subsuelo de éstos; el espacio aéreo continental, insular y marítimo y los recursos que en ellos se encuentran, incluidos los genéticos, los de las especies migratorias, sus productos derivados y los componentes intangibles que por causas naturales allí se hallen.

4. Los yacimientos mineros y de hidrocarburos, cualquiera que sea su naturaleza, existentes en el territorio nacional, bajo el lecho del mar territorial, en la zona económica exclusiva y en la plataforma continental.

5. Todos aquellos bienes a los que por ley se confiera tal cualidad.

Los Bienes Públicos del dominio privado, son aquellos Bienes Públicos no incluidos en las categorías de bienes mencionadas en la enumeración anterior, los cuales, siendo de propiedad del Estado o de algún ente público, no están destinados al uso público ni afectados a algún servicio público.

Artículo 7. Desafectación de Bienes Públicos de dominio público. Los Bienes Públicos de dominio público susceptibles de desafectación por no estar destinados al uso público o a los servicios públicos, o no ser requeridos para tales fines, se entenderán incorporados al dominio privado de La República, una vez dictado por el Presidente de la República el respectivo Decreto, en Consejo de Ministros y previa autorización de la Asamblea Nacional.

De igual forma, se procederá en los casos de deslinde del dominio público en que los inmuebles sobrantes pasen al dominio privado.

Artículo 8. Afectación de Bienes Públicos de dominio privado. La afectación de un Bien Público de dominio privado al uso público o a los servicios públicos, en calidad de Bien Público del dominio público, sólo será posible mediante ley especial dictada por la Asamblea Nacional.

Artículo 9. Prerrogativas de los bienes de dominio público. Los bienes de dominio público son imprescriptibles, inembargables e inalienables y están exentos además, de contribuciones o gravámenes nacionales, estadales y/o municipales.

Artículo 10. Prerrogativas de los bienes propiedad de la República. Los bienes, rentas, derechos o acciones que formen parte del patrimonio de la República, no están sujetos a embargos, secuestros, hipotecas, ejecuciones interdictales y en general, a ninguna medida preventiva o ejecutiva y están exentos además, de contribuciones o gravámenes nacionales, estadales y/o municipales.

Artículo 11. Aprovechamiento. Los órganos y entes que conforman el Sector Público deben procurar el uso racional y social de sus bienes y de los que se encuentran bajo su administración, conforme a los procedimientos establecidos en los lineamientos, directrices y pautas previstos en el presente Decreto con Rango, Valor y Fuerza de Ley atendiendo a los fines y objetivos institucionales.

Artículo 12. Defensa. Los órganos y entes que conforman el Sector Público deberán adoptar las acciones necesarias para la defensa administrativa y judicial de los Bienes Públicos de su propiedad y de los que tengan a su cargo.

Artículo 13. Prohibiciones. Los funcionarios y funcionarias públicos, así como toda persona que preste servicios en los órganos y entes que conforman el Sector Público, bajo cualquier régimen laboral o contractual, no podrán adquirir derechos reales por contrato, legado o subasta pública, directa o indirectamente o por persona interpuesta, respecto de los Bienes Públicos propiedad del ente u órgano al que pertenecen, de los confiados a su administración o custodia, ni de los que para ser transferidos requieren de su intervención, salvo disposición expresa en contrario emitida por la Superintendencia de Bienes Públicos.

Ni el Presidente o Presidenta de la República, ni el Vicepresidente Ejecutivo o Vicepresidenta Ejecutiva de la República ni los Ministros o Ministras, Viceministros o Viceministras ni el Procurador o Procuradora General de la República, ni los Diputados o Diputadas de la Asamblea Nacional, ni los Diputados o Diputadas del Parlamento Andino ni del Parlamento Latinoamericano, ni los Magistrados o Magistradas del Tribunal Supremo de Justicia, ni el Fiscal o la Fiscal General de la República, ni el Contralor o Contralora General de la República, ni el Subcontralor o Subcontralora de la República, ni el Defensor o Defensora del Pueblo, ni el Presidente o Presidenta del Consejo Nacional Electoral, ni los Gobernadores o Gobernadoras de los Estados, ni los Diputados o Diputadas de los Consejos Legislativos de los Estados, ni el Contralor o Contralora de los Estados, ni el Síndico o la Síndico Procurador de los Estados, ni los Alcaldes o Alcaldesas de los Municipios, ni los Alcaldes o Alcaldesas de los Distritos Metropolitanos, ni los Concejales o Concejalas de los Municipios, ni el Síndico o la Síndico Municipal, ni el Presidente o Presidenta del Banco Central de Venezuela, podrán, por si mismos, ni por medio de personas interpuestas, vender ni comprar Bienes Públicos, ni celebrar con la República, los estados, los municipios o los distritos, dependiendo del nivel al cual pertenezca el funcionario o funcionaria público, contrato de ninguna especie.

Dichas prohibiciones se aplicarán igualmente a los parientes hasta el cuarto grado de consanguinidad y segundo de afinidad de todas las personas señaladas en el presente artículo, así como a las personas jurídicas en las que todas las personas antes referidas tengan una participación superior al cinco (5%) del capital social o del patrimonio según el caso, antes de adquirirse el derecho real.

Estas prohibiciones rigen hasta doce (12) meses después de que las personas impedidas cesen o renuncien en sus respectivos cargos.

Los actos administrativos y/o contratos que se suscriban contraviniendo lo dispuesto en el presente artículo, son nulos de pleno derecho sin perjuicio de las responsabilidades civiles, penales, administrativas o de cualquier otra índole a que hubiere lugar.

Artículo 14. Aplicación preferente. Las normas contenidas en leyes especiales, que regulen los bienes a que se refiere este Título, se aplicarán en tanto no contradigan las disposiciones establecidas en el presente Decreto con Rango Valor y Fuerza de Ley Orgánica.

Artículo 15. Supletoriedad de la ley. Se regirán por sus respectivas leyes y sólo supletoriamente por lo establecido en el presente Decreto con Rango, Valor y Fuerza de Ley:

1.   Los yacimientos mineros y de hidrocarburos, cualquiera que sea su naturaleza, existentes en el territorio nacional, bajo el lecho del mar territorial, en la zona económica exclusiva y en la plataforma continental.

2.   Los espacios lacustre y fluvial, mar territorial, áreas marinas interiores, históricas y vitales y las comprendidas dentro de las líneas de base recta que ha adoptado o adopte la República, las costas marinas; el suelo y subsuelo de éstos; el espacio aéreo continental, insular y marítimo y los recursos que en ellos se encuentran, incluidos los genéticos, los de las especies migratorias, sus productos derivados y los componentes intangibles que por causas naturales allí se hallen.

3.   Los Bienes Públicos empleados directamente para la seguridad y defensa de bienes y personas.

4.   El espectro radioeléctrico.

5.   Las tierras baldías.

6.   Las tierras propiedad del Instituto Nacional de Tierras y las que por ley le deban pertenecer.

7.   Los Bienes Públicos empleados directamente por la Industrias Básicas Pesadas en poder del Estado, en las labores de aprovechamiento y/o transformación de los recursos naturales a su cargo.

8.   Los Bienes Públicos enmarcados en procesos de privatizaciones.

9.   Los estupefacientes y sustancias psicotrópicas, así como las sustancias químicas, precursoras y esenciales, susceptibles de ser desviadas a la fabricación ilícita de drogas.

10.   Los haberes de los fondos públicos de prestaciones, pensiones y jubilaciones.

11.   Los bienes de valor artístico e histórico propiedad de la República, los estados, los municipios o los distritos, sin perjuicio de que sean incluidos en los registros de bienes establecidos en esta Ley.

TÍTULO II
SISTEMA DE BIENES PÚBLICOS

CAPÍTULO I
Régimen Normativo

Artículo 16. Creación. Se crea el Sistema de Bienes Públicos, integrado por el conjunto de principios, normas, órganos, entes y procesos que permiten regular, de manera integral y coherente, la adquisición uso, administración, mantenimiento, registro, supervisión y deposición de los Bienes Públicos, dentro del Sector Público definido en el artículo 4 del presente Decreto con Rango, Valor y Fuerza de Ley, en función del cumplimiento de las políticas públicas, y que tiene a la Superintendencia de Bienes Públicos como ente rector, con la estructura organizativa que determine el Reglamento respectivo.

Este sistema estará interrelacionado con los demás sistemas de la Administración Financiera del Sector Público.

Artículo 17. Finalidad. El Sistema de Bienes Públicos tiene por finalidades:

1.   Contribuir al desarrollo de la Nación, promoviendo el saneamiento de los Bienes Públicos, a los fines de alcanzar una eficiente gestión en el uso, mantenimiento y disposición de los mismos.

2.   Ordenar, integrar y simplificar los procedimientos para la adquisición, registro, administración, disposición y supervisión de los Bienes Públicos en el Sector Público, con el objeto de lograr una gestión eficiente.

Artículo 18. Principios. Son principios del Sistema de Bienes Públicos:

1.   La primacía de las disposiciones del presente Decreto con Rango, Valor y Fuerza de Ley Orgánica y sus normas reglamentarias y complementarias, dada la especialidad de las mismas, como parte del Sistema de Bienes Públicos, sobre las que en contravención o menoscabo de estas puedan dictarse.

2.   La supervisión permanente a cargo del órgano rector, de los actos de adquisición, registro, administración y disposición respecto de los Bienes Públicos, ejecutados por los órganos y entes del Sector Público.

3.   La transparencia en los procedimientos de adquisición, registro, administración y disposición de los Bienes Públicos.

4.   La vigilancia por parte de los ciudadanos y ciudadanas dentro de las actividades de registro, administración y disposición de los Bienes Públicos, como principio activo de la contraloría social.

5.   La eficacia en el cumplimiento de los objetivos y metas fijados en las normas, planes y compromisos de gestión, por parte de los órganos y entes que lo conforman, bajo la orientación de las políticas y estrategias establecidas por la Superintendencia de Bienes Públicos.

6.   La eficiencia en la utilización de los recursos públicos que le son asignados para el logro de sus metas y objetivos, el cual propenderá a la utilización racional de los recursos humanos, Materiales y presupuestarios.

7.   La responsabilidad patrimonial en la administración uso y disposición de los bienes propiedad de los órganos y entes que lo integran, de conformidad con la Constitución de la República Bolivariana de Venezuela y la ley, sin perjuicio de la responsabilidad que le corresponda a sus funcionarios o funcionarias por su actuación.

Artículo 19. Conformación. Los órganos y entes que conforman el Sistema de Bienes Públicos en cuanto adquieren, usan, administran, mantienen, registran, supervisan y disponen Bienes Públicos, son los siguientes:

1.   La Superintendencia de Bienes Públicos, como órgano rector;

2.   Las máximas autoridades de los órganos y entes que conforman el Sector Público, señalados en el artículo 4 del presente Decreto con Rango, Valor y Fuerza de Ley Orgánica.

3.   Las Unidades encargadas de la administración y custodia de los Bienes Públicos en los órganos y entes del Poder Público Nacional, en los estados, municipios, distritos, distritos metropolitanos y en los entes no territoriales, como responsables patrimoniales.

CAPÍTULO II

Superintendencia de Bienes Públicos

Artículo 20. Creación. Se crea La Superintendencia de Bienes Públicos, como servicio desconcentrado del ministerio con competencia en materia de finanzas con autonomía económica, presupuestaria, financiera, técnica y funcional, para ejercer la rectoría del Sistema de Bienes Públicos bajo La responsabilidad y dirección de un Superintendente o una Superintendente de Bienes Públicos, quien será la máxima autoridad dentro de dicho órgano. La organización interna de la Superintendencia de Bienes Públicos será establecida mediante Reglamento.

El Superintendente o la Superintendenta Nacional de Bienes Públicos será de libre nombramiento y remoción del Presidente de la República y sus competencias y deberes serán establecidos en el Reglamento del presente Decreto con Rango, Valor y Fuerza de Ley.

Artículo 21. Competencias. Son competencias de la Superintendencia de Bienes Públicos:

1.   Participar en la formulación de las políticas para la administración, registro y disposición de los Bienes Públicos.

2.-   Proponer y promover normas legales destinadas al fortalecimiento del Sistema de Bienes Públicos, priorizando la modernización del Estado y los fines sociales que persigue el mismo.

3.   Emitir opinión, asesorar y coordinar las actividades de las unidades administrativas competentes del Sector Público, en todo lo conducente al cumplimiento de las políticas y normas en materia de Bienes Públicos, sin perjuicio de las competencias que en materia de asesoría jurídica le corresponde a la Procuraduría General de la República.

4.   Evacuar consultas, interpretar y emitir pronunciamientos institucionales sobre Bienes Públicos, con carácter orientador, sin perjuicio de las competencias que en materia de asesoría jurídica le corresponde a la Procuraduría General de la República.

5.   Dictar las normas e instrucciones técnicas en las materias de su competencia.

6.   Establecer, mediante las correspondientes normas técnicas, los procedimientos destinados al registro y disposición de los Bienes Públicos.

7.   Supervisar el cumplimiento de los procedimientos establecidos para el registro, administración y disposición de Bienes Públicos, en los casos previstos en el presente Decreto con Rango, Valor y Fuerza de Ley Orgánica y sus Reglamentos.

8.   Remitir al órgano competente del Sistema Nacional de Control Fiscal las comunicaciones y/o expedientes administrativos a que haya lugar, con ocasión del incumplimiento de

las normas previstas en el presente Decreto con Rango, Valor y Fuerza de Ley Orgánica y sus Reglamentos.

9. Definir los criterios para la racionalización de la construcción, reconstrucción, adaptación, adquisición, identificación, recuento físico, valuación, enajenación, conservación, mantenimiento y aprovechamiento de los inmuebles destinados al funcionamiento de los órganos y entes del Sector Público.

10. Mantener información actualizada acerca de la existencia, valor, ubicación, necesidades y excedentes de los Bienes Públicos y de su estado de conservación y funcionamiento.

11. Acceder a los registros y bases de datos de los órganos y entes que conforman el Sector Público, respecto de los actos de registro, administración y disposición de los Bienes Públicos, con las excepciones establecidas en la presente Ley, en el marco del Sistema Nacional de Bienes Públicos y sin perjuicio de la autonomía de los diferentes niveles políticos territoriales.

12. Mantener relaciones con las dependencias correspondientes de los entes u órganos de los estados, municipios, distritos y distritos metropolitanos, así como de los entes públicos no territoriales, de modo que el registro y disposición de bienes en esas entidades pueda efectuarse en el ámbito del Sistema de Bienes Públicos.

13. Tramitar las denuncias de bienes ocultos o desconocidos, conforme a lo previsto en esta Ley.

14. Ordenar, previa autorización de la Comisión de Enajenación de Bienes Públicos, el remate, venta, donación o destrucción, de los bienes, mercancías o efectos que sean objeto de una medida de comiso firme mediante acto administrativo o sentencia definitiva y los que mediante sentencia firme o procedimiento de Ley, sean puestos a la orden del Tesoro Nacional.

15. Ordenar, el remate, venta, donación o destrucción, de los efectos retenidos, embargados, asegurados, incautados, confiscados o en situación de comiso, que estén expuestos a pérdida, deterioro o corrupción, aún antes de haberse dictado sentencia en el proceso.

16. Ordenar, previa autorización de la Comisión de Enajenación de Bienes Públicos, el remate, venta, donación o destrucción de mercancías legalmente abandonadas, conforme a lo dispuesto en la Ley Orgánica de Aduanas.

17. Ordenar, previa autorización de la Comisión de Enajenación de Bienes Públicos, el remate, venta, donación o destrucción de los bienes propiedad de la República cuya administración le corresponda.

18. Autorizar, previo el cumplimiento de las formalidades presupuestarias de ley, el reintegro de sumas de dinero ingresadas al Tesoro Nacional, derivadas de la disposición de bienes provenientes de retenciones, embargos, incautaciones o comisos, cuando la respectiva medida haya sido declarada sin efecto.

19. Efectuar convenimientos, transacciones o concesión de plazos para el pago de deudas relativas a Bienes Públicos propiedad de la República, previa opinión expresa y favorable por parte de la Procuraduría General de la República.

20. Establecer e imponer las sanciones pecuniarias y administrativas a que haya lugar, de conformidad con en el presente Decreto con Rango, Valor y Fuerza de Ley Orgánica y sus Reglamentos.

21. Llevar un registro actualizado de profesionales tasadores de bienes.

22. Emitir opinión en los casos que establezca el presente Decreto con Rango, Valor y Fuerza de Ley Orgánica y sus Reglamentos.

23. Las demás atribuciones que le asignen el presente Decreto con Rango, Valor y Fuerza de Ley Orgánica y sus Reglamentos.

Artículo 22. Deberes de la Superintendencia de Bienes Públicos. Son deberes de la Superintendencia de Bienes Públicos:

1.   Cuantificar y cualificar las necesidades y excedentes inmobiliarios del Sector Público Nacional atendiendo a las características de los inmuebles requeridos y disponibles y a su localización;

2.   Revisar el catastro de la propiedad inmobiliaria del Sector Público Nacional, para determinar la existencia de inmuebles disponibles o, en su defecto, la necesidad de adquirir o construir otros inmuebles; y,

3.   Proponer al órgano o ente interesado, los inmuebles disponibles.

Artículo 23. Funciones, atribuciones y deberes comunes de los órganos y entes que conforman el Sistema Nacional de Bienes Públicos. Son funciones, atribuciones y deberes compartidos de la Superintendencia de Bienes Públicos y las Direcciones de Bienes Públicos:

1.   Realizar el diagnóstico de los Bienes Públicos.

2.   Requerir información a los particulares que ejerzan o hayan ejercido algún derecho sobre Bienes Públicos.

3.   Recibir y atender denuncias y sugerencias de la ciudadanía, relacionadas con el manejo y administración de los Bienes Públicos, debiendo mantener la identidad de los denunciantes y el contenido de la denuncia, protegidos por el principio de reserva.

Artículo 24. Régimen presupuestario de la Superintendencia de Bienes Públicos. El Presupuesto anual de la Superintendencia de Bienes Públicos será aprobado por el Ministro o Ministra con competencia en materia de finanzas.

Estará a cargo del Superintendente o Superintendenta de Bienes Públicos la elaboración, administración, ejecución y el control del presupuesto anual de la Superintendencia de Bienes Públicos.

El presupuesto anual de la Superintendencia de Bienes Públicos será financiado con los aportes presupuestarios que le asigne el Ministerio con competencia en materia de finanzas, los ingresos propios que se deriven de la administración y disposición de los Bienes Públicos, conforme a lo que establezca el Reglamento de esta Ley y cualesquiera otros ingresos que obtenga la Superintendencia de Bienes Públicos en uso de sus atribuciones.

Artículo 25. Régimen funcionarial. Los funcionarios o funcionarias de la Superintendencia de Bienes Públicos, en su condición de funcionarias o funcionarios públicos, tendrán las atribuciones, derechos y deberes que les sean establecidos en el presente Decreto con Rango, Valor y Fuerza de Ley Orgánica de Bienes Públicos, su Estatuto Funcionarial Interno y el respectivo Manual Descriptivo de Clases de Cargos.

Lo no contemplado en la materia dentro de dichas normas, será regulado por la Ley del Estatuto de la Función Pública y por el Decreto con Rango, Valor y Fuerza de Ley Orgánica del Trabajo de los Trabajadores y las Trabajadoras en lo que le sea aplicable.

Artículo 26. Del Estatuto Funcionarial Interno. El Estatuto Funcionarial Interno de la Superintendencia de Bienes Públicos contemplará todo lo relativo a los ingresos, concursos, clasificación y remuneración de cargos, beneficios sociales, desarrollo y capacitación, sistema de evaluación, compensaciones, ayudas, ascensos, traslados, licencias, régimen de vacaciones y egresos.

Artículo 27. Unidades de Bienes Públicos. Se ordena la creación de una instancia administrativa, como unidad responsable patrimonialmente de los Bienes Públicos, en cada órgano o ente del Poder Público Nacional, de los estados, municipios, distritos, distritos metropolitanos y entes públicos no territoriales, las cuales, sin menoscabo de la autonomía de los Poderes Públicos distintos al Poder Público Nacional, deberán ajustar a lo previsto en el presente Decreto con Rango, Valor y Fuerza de Ley Orgánica y sus Reglamentos, y a las normas que dicte la Superintendencia de Bienes Públicos en la materia, lo relativo a la adquisición, uso, mantenimiento, registro y disposición de sus bienes.

Dichas unidades funcionarán bajo los criterios de cooperación y colaboración entre las distintas ramas del Poder Público, fundamentándose esta en las normas, lineamientos, directrices y pautas técnicas dictadas por la Superintendencia de Bienes Públicos, sin perjuicio de la autonomía constitucional de aquellas.

Las disposiciones contempladas en la presente Ley y sus Reglamentos y en las normas que dicte la Superintendencia de Bienes Públicos, relativas al registro, conservación y mantenimiento de Bienes Públicos, serán de observancia obligatoria para los estados, municipios, distritos, distritos metropolitanos, entes públicos no territoriales, demás entes y organismos que conforman estos niveles de gobierno.

Artículo 28. Comisión de Enajenación de Bienes Públicos. Se crea la Comisión de Enajenación de Bienes Públicos, como órgano de la Superintendencia de Bienes Públicos facultado para autorizar la Enajenación de los bienes públicos que sean propiedad, o que se encuentren adscritos a alguno de los órganos o entes que conforman el Poder Público Nacional, en todas sus instancias, la cual estará conformada por el Superintendente o la Superintendente Nacional de Bienes Públicos, quien presidirá la misma, y cuatro (4) miembros principales y sus respectivos suplentes, de libre elección y remoción del Presidente de la República.

Artículo 29. Actuación de los particulares ante el órgano jurisdiccional. Las Providencias emitidas por la Superintendencia de Bienes Públicos respecto de Bienes Públicos, que involucren intereses de particulares, serán recurribles ante el órgano jurisdiccional conforme a la normativa vigente.

Artículo 30. Capacitación por parte del ente rector. La Superintendencia de Bienes Públicos brindará capacitación permanente al personal técnico que tenga bajo su cargo la administración y custodia de Bienes Públicos.

TÍTULO III

NORMAS GENERALES PARA LA ADMINISTRACIÓN DE LOS
BIENES PÚBLICOS

CAPÍTULO I

Registro General de Bienes Públicos

Artículo 31. Sistema de Información. La Superintendencia de Bienes Públicos diseñará y mantendrá un sistema de información actualizado sobre los Bienes Públicos, que permita mostrar permanentemente:

1.   Indicación de los bienes, acciones y derechos propiedad del Sector Público, sean éstos del dominio público o privado, con especificación del órgano o ente que ostente la titularidad de la propiedad, asignación o adscripción de los mismos; los derechos patrimoniales incorporales y los bienes georreferenciados de valor artístico e histórico.

2.   Forma, fecha y valor de adquisición;

3.   Estado de conservación, uso y mantenimiento del bien.

4.   Ubicación geográfica y georreferenciada del bien.

5.   Responsable patrimonial del mantenimiento, conservación y protección del bien.

6.   Valor de mercado actualizado del bien.

7.   Cualquier otra información que se estime conveniente para la correcta ubicación y clasificación de los Bienes Públicos.

Dicho sistema se denominará Registro General de Bienes Públicos y deberá estar soportado en medios informáticos. El Reglamento del presente Decreto con Rango, Valor y Fuerza de

Ley establecerá los requisitos de integración, seguridad y control del sistema de información indicado en el presente artículo.

Artículo 32. Obligación de registro. Las unidades administrativas que en cada ente u órgano del Sector Público administren Bienes Públicos, deberán llevar registro de los mismos, de conformidad con las normas e instructivos que al efecto dicte la Superintendencia de Bienes Públicos.

Artículo 33. Veracidad de la información. La Superintendencia de Bienes Públicos velará por la consistencia e integridad del Registro General de Bienes Públicos, con base en la información contenida en los registros de las unidades administrativas encargadas de la gestión de los Bienes Públicos dentro de cada ente u órgano que conforma el Sector Público.

Artículo 34. Formación del Catastro Georreferenciado. A los efectos de la formación del Catastro Georreferenciado a que se refiere el artículo anterior, se inscribirán en los registros de las unidades administrativas que gestionen Bienes Públicos:

1.   Los títulos por los cuales se enajene, modifique, grave o extinga el dominio, posesión y los demás derechos reales de los bienes inmuebles propiedad del Sector Público;

2.   Los contratos de comodato y de arrendamiento sobre los bienes inmuebles propiedad del Sector Público;

3.   Las decisiones de ocupación y sentencias relacionadas con los bienes inmuebles propiedad del Sector Público que dicte la autoridad judicial;

4.   Los títulos supletorios y justificativos de perpetua memoria promovidos para acreditar la propiedad, la posesión y el dominio del Sector Público sobre bienes inmuebles;

5.   Las sentencias judiciales o de árbitros que produzcan alguno de los efectos mencionados en el numeral 1 del presente artículo;

6.   Las decisiones, sentencias o actos que incorporen o desincorporen del dominio público determinados bienes inmuebles propiedad del Sector Público.

Artículo 35. Obligación de Informar. Los funcionarios, funcionarias y demás trabajadores al servicio de los organismos y los sujetos a esta Ley, tendrán el deber de suministrar a la Superintendencia de Bienes Públicos, en el ámbito de sus competencias, la información requerida en la forma y oportunidad que esta determine.

De igual manera, la Superintendencia de Bienes Públicos deberá mantener la debida coordinación y cooperación en las materias de su competencia con los órganos que conforman el Sistema Nacional de Control Fiscal, con el órgano del Poder Público Nacional competente en materia de Contabilidad Pública, con el órgano del Poder Ejecutivo con competencia en materia de Control Interno, con los órganos y entes con competencia en materia de patrimonio histórico, artístico y cultural, y con los órganos y entes competentes en materia de registros estadísticos y conformación de las Cuentas Nacionales, y mantendrá el intercambio necesario con dichos órganos y entes, a los fines de procurar la consistencia de los registros y cifras y el adecuado, cabal y oportuno registro y control de los Bienes Públicos y su respectivo valor contable.

Artículo 36. Empresas de capital mixto minoritario. Las empresas o sociedades de cualquier tipo, en las que los integrantes del Sector Público cuenten con una participación inferior al cincuenta por ciento (50%) de su capital social o patrimonial, según el caso, deberán remitir con la periodicidad y oportunidad que a tal efecto establezca el reglamento o la normativa técnica dictada por la Superintendencia de Bienes Públicos, la información relativa al inventario de sus activos, a los fines del registro correspondiente en el Registro General de Bienes Públicos.

Artículo 37. Obligación de los particulares e instituciones privadas. Las instituciones privadas y los particulares que por cualquier concepto usen, posean, administren o tengan bajo su custodia bienes y derechos propiedad del Sector Público, estarán obligados a proporcionar los datos y los informes que les solicite la Superintendencia de Bienes Públicos, así como remitirle los registros o inventarios de dichos bienes.

Artículo 38. Transferencia de bienes. Las máximas autoridades de los órganos emisor y receptor de Bienes Públicos sujetos a transferencia, emitirán un oficio dirigido a la Superintendencia de Bienes Públicos, contentivo de las especificaciones del bien y las razones que motivaron la transferencia.

CAPÍTULO II

Incorporación de bienes

Artículo 39. Incorporación al patrimonio de la República de los bienes que no tienen dueño. Para la incorporación al patrimonio de la República de los bienes muebles e inmuebles que se encuentren en el territorio de la República y que no tengan dueño, el Superintendente o la Superintendente Nacional de Bienes solicitará la posesión real de ellos al Juez de Primera Instancia en lo Civil de la Circunscripción Judicial correspondiente, quien la otorgará en forma ordinaria.

El procedimiento contenido en el presente artículo no es aplicable para los supuestos previstos en el artículo 124 del Decreto con Rango, Valor y Fuerza de Ley Orgánica de la Administración Pública.

Artículo 40. Incorporación al patrimonio de la República de mercancías abandonadas. Las mercancías que se declaren abandonadas serán puestas a la orden del Tesoro Nacional mediante Providencia de Adjudicación al Tesoro Nacional, emitida por la Superintendencia de Bienes Públicos.

Artículo 41. Incorporación al patrimonio de la República de bienes provenientes de comiso, aprehendidos o embargados. Los bienes, mercancías o efectos, que sean objeto de una medida firme de comiso mediante acto administrativo o sentencia definitivamente firme, serán puestos a la orden del Tesoro Nacional, mediante Providencia de Adjudicación al Tesoro Nacional emitida por la Superintendencia de Bienes Públicos, salvo lo establecido en las leyes especiales.

Cuando los bienes, mercancías o efectos retenidos, asegurados, incautados, aprehendidos o embargados estén conformados por productos perecederos o expuestos a deterioro o descomposición, la Superintendencia de Bienes Públicos, mediante Providencia de Adjudicación al Tesoro Nacional, podrá de manera excepcional cuando sea indispensable para la conservación del bien, autorizar su uso o disposición antes de dictarse sentencia en el asunto, sin que sea necesaria la autorización previa por parte de la Comisión de Enajenación de Bienes Públicos, salvo lo establecido en leyes especiales.

Artículo 42. Construcción de bienes. Cuando se trate de construcción de bienes muebles o inmuebles por parte de un órgano u ente público, una vez efectuada la recepción definitiva del bien u obra, según lo estipulado a tal efecto en la Ley de Contrataciones Públicas, el órgano o ente contratante procederá a su incorporación y posterior inscripción y registro de conformidad con el ordenamiento jurídico vigente.

CAPÍTULO III

Adscripción, posesión y custodia de Bienes

Artículo 43. Propiedad y adscripción de bienes. Los Bienes Públicos que no sean propiedad de determinado ente u órgano del Sector Público, o que no le hayan sido expresamente adscritos para su uso, goce, disfrute, se considerarán propiedad de la República y su administración estará a cargo de la Superintendencia de Bienes Públicos.

Artículo 44. Posesión de bienes. Los bienes en posesión, cuya propiedad no corresponda al órgano o ente que los posee y que no le hayan sido asignados o adscritos, serán considerados en custodia o protección.

Artículo 45. Responsables de bienes. El órgano o ente que tenga la propiedad, custodia, protección, adscripción o asignación de un Bien Público, nombrará un encargado o encargada, quien tendrá la responsabilidad de mantener y administrar el mismo, respondiendo patrimonialmente por cualquier daño, pérdida o deterioro sufrido por el bien custodiado, en cuanto le sea imputable.

Quedan a salvo las responsabilidades del usuario final del Bien Público de que se trate, conforme al correcto uso que haga del bien.

Artículo 46. Facultad de la República para retener los bienes que posea. La República está facultada para retener administrativamente los bienes que posea. Asimismo, podrá recuperar por sí, la posesión indebidamente perdida sobre los bienes o derechos de su patrimonio.

CAPÍTULO IV

Adquisición de Bienes

Artículo 47. Normativa aplicable a la adquisición de bienes inmuebles. La adquisición de bienes inmuebles por parte de los órganos y entes que conforman el Sector Público se hará conforme a lo dispuesto en la presente Ley, salvo lo previsto en las disposiciones legales especiales sobre la materia, bajo los criterios de racionalidad, economía y proporcionalidad del gasto.

Artículo 48. Titularidad de los bienes. La propiedad de los bienes válidamente adquiridos por cualquier título, le estará conferida al órgano o ente que los haya adquirido, salvo disposición en contrario de leyes especiales que rijan sobre la materia y la administración y gestión de los mismos le estará conferida al órgano o ente adquiriente, dentro de los límites de la Ley.

Artículo 49. Modalidades de adquisición. La adquisición de bienes por parte de los órganos y entes que conforman el Sector Público se hará mediante los procesos de compra, permuta, donación, dación en pago, expropiación o cualquier otra medida judicial.

Artículo 50. Deber de Información. Una vez que los órganos y entes que conforman el Sector Público realicen la adquisición, construcción, reconstrucción o adaptación de bienes inmuebles, remitirán a la Superintendencia de Bienes Públicos un informe acompañado de las copias certificadas de los títulos de propiedad de los mismos, o Acta de recepción final de la obra según corresponda y del respectivo expediente administrativo o judicial, a los fines de incorporar dicha documentación al Registro de Bienes Públicos.

Sin menoscabo de su autonomía constitucional, los estados, municipios, distritos, distritos metropolitanos y entes públicos no territoriales, estarán obligados a informar a la Superintendencia de Bienes Públicos, sobre la adquisición, construcción, reconstrucción o adaptación de los bienes inmuebles de su propiedad.

Artículo 51. Visto bueno. La adquisición de bienes inmuebles por parte de los órganos y entes que conforman el Sector Público Nacional, deberá contar, previo a la adquisición del bien, con la opinión favorable por parte de la Superintendencia de Bienes Públicos.

Artículo 52. Obligatoriedad de avalúos. Para la adquisición de bienes inmuebles por parte de los órganos y entes que conforman el Sector Público, deberán considerarse un mínimo de dos (02) avalúos actualizados y el precio de compra no podrá ser superior al avalúo que señale el monto mayor, salvo que por acto motivado presentado por la máxima autoridad del Órgano o ente interesado y oída la opinión favorable de la Superintendencia de Bienes Públicos, se decida la adquisición del bien por un precio distinto.

En todo caso, la adquisición de bienes inmuebles deberá contar con la aprobación escrita de la máxima autoridad del ente u organismo adquiriente; con indicación expresa y detallada de los términos y condiciones bajo los cuales se adquiere el bien.

Artículo 53. Revisión de avalúos. La Superintendencia de Bienes Públicos podrá, mediante acto motivado, rechazar cualesquiera de los avalúos presentados por el Sector Público Nacional conforme al presente Decreto con Rango, Valor y Fuerza de Ley Orgánica, tomando en consideración para la motivación de dicho acto, las variables económicas existentes a la fecha de presentación de los avalúos.

Artículo 54. Designación de peritos. Sin perjuicio de las previsiones legales sobre expropiaciones forzosas, en las distintas operaciones inmobiliarias en las que intervengan los órganos y entes del Sector Público, será obligatorio designar peritos avaluadores para:

1.   Valuar los bienes inmuebles objeto de la operación;

2.   Estimar los cánones de arrendamiento que los órganos y entes del Sector Público deban cobrar cuando tengan el carácter de arrendatarios, o pagar cuando tengan el carácter de arrendadores y;

3.   Realizar cualesquiera justiprecios que fueren necesarios.

Artículo 55. Acreditación de peritos. Los avalúos que fuere necesario realizar sobre bienes inmuebles del Sector Público deberán ser efectuados por personas de reconocida capacidad e idoneidad técnica, de acuerdo con su profesión y conocimientos prácticos en la materia objeto del avalúo y debidamente acreditados ante la Superintendencia de Bienes Públicos. El Reglamento del presente Decreto con Rango, Valor y Fuerza de Ley Orgánica de Bienes Públicos, regulará los requisitos y la forma para obtener tal acreditación.

Artículo 56. Presentación de necesidades Inmobiliarias. Los órganos y entes del Sector Público Nacional, deberán presentar anualmente para su información a la Superintendencia de Bienes Públicos, un programa que contenga sus necesidades inmobiliarias para el cumplimiento de las funciones a su cargo durante el año siguiente.

Sin menoscabo de su autonomía, los órganos y dependencias del Sector Público distintos del Sector Público Nacional, también participarán a la Superintendencia de Bienes Públicos sus necesidades inmobiliarias.

CAPÍTULO V

Arrendamiento de Bienes

Artículo 57. Plazos. Los órganos y entes del Sector Público, salvo disposiciones especiales, pueden dar en arrendamiento los Bienes Públicos que tengan adscritos, asignados o de los cuales sean propietarios, hasta por los plazos señalados como límite máximo en el Código Civil.

Artículo 58. Autorización de la Procuraduría General de La República. En caso de arrendamiento de Bienes Públicos propiedad de la República, la Procuraduría General de la República podrá autorizar a la Superintendencia de Bienes Públicos para ejercer, en determinados actos y para ciertos efectos, la representación de la República, en defensa de los derechos inherentes a los Bienes Públicos dados en arrendamiento, de conformidad con los términos previstos en el Decreto, con Rango, Valor y Fuerza de Ley Orgánica de la Procuraduría General de la República.

Artículo 59. Bienes que pueden ser arrendados. Los entes u órganos del Sector Público sólo podrán arrendar bienes muebles o inmuebles para su servicio mediante acto motivado, cuando las circunstancias así lo justifiquen.

Artículo 60. Atribuciones de la Superintendencia de Bienes Públicos. Corresponderá a la Superintendencia de Bienes Públicos dictar las normas y políticas para la revisión periódica de los contratos de arrendamiento que, con el carácter de arrendadores y respecto de bienes inmuebles, celebren los entes u órganos del Sector Público Nacional.

Artículo 61. Obligatoriedad de avalúos. Son aplicables para el arrendamiento de Bienes Públicos, las disposiciones contenidas en el Capítulo IV del presente Título, relativas a la tasación de los bienes.

Artículo 62. Comodato de bienes. Los bienes propiedad de cualquiera de los órganos o entes que conforman el Sector Público podrán ser entregados en comodato, según las deposiciones del Código Civil, en los siguientes casos:

1.   Que el comodatario sea un ente u órgano del Sector Público;

2.   Que el bien sea destinado al desarrollo de un programa de interés público.

En ambos casos, el comodato no podrá exceder de quince (15) años, debiendo prever el respectivo contrato de comodato causales de rescisión anticipada, fundadas en el Incumplimiento de las obligaciones del comodatario o en razones de interés público, sin perjuicio de la figura de la incorporación prevista en el artículo 124 del Decreto con Rango, Valor y Fuerza de Ley Orgánica de la Administración Pública.

CAPÍTULO VI

De las concesiones, permisos y autorizaciones

Artículo 63. Normativa Aplicable para la concesión de Bienes Públicos. Las concesiones sobre Bienes Públicos cuyo otorgamiento autoriza la Constitución de la República Bolivariana de Venezuela, se regirán por lo dispuesto en las leyes especiales que regulen la materia de concesiones.

Artículo 64. Derechos que otorgan las concesiones. Las concesiones sobre Bienes Públicos no crean derechos reales; sólo otorgan frente a la administración y sin perjuicio de terceros, el derecho a realizar el uso, aprovechamiento o explotación del bien, de acuerdo con las reglas y condiciones que establezcan las leyes.

Artículo 65. Atribuciones de la Superintendencia de Bienes Públicos. En los casos en que los órganos o entes del Sector Público otorguen concesiones, permisos o autorizaciones sobre sus bienes inmuebles, deberá establecerse expresamente que a su término los mismos pasarán nuevamente al dominio del ente u órgano respectivo, correspondiéndole a la Superintendencia de Bienes Públicos, sin perjuicio de lo establecido en otras leyes, lo siguiente:

1.   Velar porque se inscriban en los registros de bienes de las unidades administrativas y en el Registro General de Bienes Públicos, los documentos en que conste el derecho de reversión y vigilar que se efectúe ante el Registro Inmobiliario correspondiente, la inscripción de dicho derecho y se hagan las notas marginales necesarias;

2.   Coordinar con el ente u órgano que corresponda, la imposición de gravámenes sobre los bienes inmuebles destinados o afectos a los fines de la concesión. En este caso, los interesados deberán otorgar fianza a favor del ente u órgano respectivo por una cantidad igual a la del valor del bien, a fin de garantizar el derecho de reversión.

Artículo 66. Derecho preferente. Siempre que se acuerde la enajenación de Bienes Públicos, los titulares de derechos vigentes sobre ellos que resulten de concesiones otorgadas, tendrán el derecho preferente de adquirirlos.

CAPÍTULO VII

De la conservación y el mantenimiento de los bienes

Artículo 67. Normativa aplicable para la conservación y mantenimiento. Los Bienes Públicos y los que se encuentren bajo la guarda, custodia o administración de un órgano o ente público, serán conservados, mantenidos y protegidos de acuerdo con las normas establecidas en el presente Decreto con Rango, Valor y Fuerza de Ley Orgánica, su Reglamento y en las normas e instrucciones que dicte la Superintendencia de Bienes Públicos, sin perjuicio de lo establecido en otras leyes.

Artículo 68. Gastos de conservación, mantenimiento y protección. Los gastos inherentes a la conservación, mantenimiento y protección de los Bienes Públicos corresponderán a sus propietarios o a los entes u órganos que los tengan en custodia, con cargo a sus partidas presupuestarias específicas.

Artículo 69. Mantenimiento preventivo, correctivo y sistemático. Los Bienes Públicos deberán ser preservados en condiciones apropiadas de uso y conservación. A tal fin y de acuerdo con su naturaleza, deberán ser objeto de mantenimiento preventivo, correctivo y sistemático, incluyendo normas de seguridad industrial, normas oficiales de calidad y cumplimiento de las especificaciones formuladas por el Cuerpo de Bomberos cuando se trate de la seguridad de bienes inmuebles.

Las unidades administrativas de los distintos entes u órganos del Sector Público, en su carácter de responsables por la administración de sus bienes y de los que tengan en custodia, adoptarán las medidas pertinentes a los efectos de que se incluyan en el proyecto de la Ley de Presupuesto correspondiente a cada ejercicio, los créditos necesarios para su mantenimiento y conservación.

Artículo 70. Deber de utilidad. Los Bienes Públicos no podrán mantenerse, injustificadamente, inactivos o privados de destino útil.

Artículo 71. Obligación de registro y control. Los órganos y entes del Sector Público deberán adecuar y perfeccionar sus métodos y procedimientos de control interno, respecto del mantenimiento, conservación y protección de sus bienes, de acuerdo con las normas que dicte la Superintendencia de Bienes Públicos.

Los funcionarios públicos que tengan competencia en la conservación, mantenimiento y protección de Bienes Públicos, deberán llevar un sistema de registro que evidencie la cronología de los trabajos de mantenimiento y/o reparaciones dados a los bienes, especificando el detalle de los materiales utilizados y costos de los mismos.

Artículo 72. Facultades de Inspección. La Superintendencia de Bienes Públicos podrá, en cualquier momento que lo estime conveniente, realizar inspecciones en sitio con el objeto de corroborar el estado de mantenimiento, conservación y protección dado a los bienes propiedad de los órganos y entes que conforman el Sector Público Nacional.

CAPÍTULO VIII

Desincorporación y Enajenación de Bienes

Artículo 73. Obligación de enajenar. Los órganos y entes del Sector Público deberán enajenar los bienes públicos de su propiedad que no fueren necesarios para el cumplimiento de sus finalidades y los que hubiesen sido desincorporados por obsolescencia o deterioro, conforme a los términos establecidos en el presente Decreto con Rango, Valor y Fuerza de Ley Orgánica, en lo que les sea aplicable.

Artículo 74. Excepciones. Las disposiciones de este capítulo no son aplicables a los bienes y productos adquiridos, fabricados u obtenidos por el Sector Público con destino a la venta, donación o al suministro.

Artículo 75. Pérdida, deterioro u obsolescencia de bienes. Cuando un Bien Público sufra pérdida o deterioro que imposibilite de manera permanente su utilidad, deberá ser desincorporado del inventario de Bienes Públicos del respectivo ente u organismo, previa autorización de la Comisión de Enajenación de Bienes Públicos. Igual procedimiento habrá de seguirse en los casos de bienes que no sean susceptibles de reparación, a los cuales se les dará la condición de obsolescencia y los que resultaren inservibles por haber sido modificados o alterados para recuperar o poner en funcionamiento otros bienes.

Artículo 76. Modalidades para la enajenación de bienes. La Enajenación de los bienes regulados por el presente Decreto con Rango, Valor y Fuerza de Ley Orgánica, podrá efectuarse a través de las siguientes modalidades:

1. Venta;

2. Permuta;

3. Dación en pago;

4. Aporte del bien al capital social de sociedades mercantiles del Estado;

5. Donación;

6. Mediante otros tipos de operaciones legalmente permitidas.

La enajenación de Bienes Públicos deberá realizarse conforme a las normas y procedimientos que establezca el presente Decreto con Rango, Valor y Fuerza de Ley Orgánica, su Reglamento y las disposiciones que a tal efecto dicte la Superintendencia de Bienes Públicos.

Artículo 77. De los Peritos. Los avalúos de Bienes Públicos realizados con propósitos de enajenación, deberán ser efectuados por peritos de reconocida capacidad e idoneidad técnica, de acuerdo con su profesión y conocimientos prácticos en la materia objeto del avalúo y debidamente inscritos en el Registro de Peritos de la Superintendencia de Bienes Públicos.

Artículo 78. Fijación del precio para los bienes propiedad del Sector Público Nacional. El precio que servirá de base para la Enajenación de los Bienes Públicos adscritos a los órganos y entes que conforman el Sector Público Nacional, será determinado por la Comisión de Enajenación de Bienes Públicos, con base en los avalúos presentados y cualquier otro criterio válido a juicio de la comisión.

Artículo 79. Venta y Permuta de bienes. La Enajenación de Bienes Públicos bajo la modalidad de venta o permuta, se hará mediante proceso de Oferta Pública y preferentemente por lotes, pudiéndose realizar enajenaciones por unidades en razón de las características particulares de los bienes, avaladas a través de acto motivado suscrito por la máxima autoridad del respectivo ente u organismo.

Artículo 80. Procedimiento para la Enajenación de bienes bajo la modalidad de venta o permuta. Para los casos previstos en el artículo anterior, el Comité de Licitaciones del ente u organismo que enajenará el bien publicará un aviso en dos diarios de comprobada circulación Nacional, en el cual se indiquen:

1. Las características del bien;

2. El precio base fijado para la Enajenación del mismo;

3. Las condiciones establecidas para su Enajenación y el plazo para la recepción de las ofertas.

Una de dichas publicaciones podrá ser sustituida por una publicación en un medio digital, a tenor de lo dispuesto en la ley que regula la materia sobre mensajes de datos y firmas electrónicas.

Si no se recibieren un mínimo de dos (02) ofertas dentro del plazo que se hubiere señalado, o las mismas no fueren válidas o satisfactorias a juicio del Comité de Licitaciones, podrá procederse a la publicación de un segundo aviso conforme a lo antes indicado.

Los bienes se adjudicarán en propiedad a quien formule, a juicio del Comité de Licitación del ente u organismo la oferta más ventajosa, previo cumplimiento de las condiciones establecidas en los respectivos pliegos licitatorios.

Si en las oportunidades fijadas en el presente artículo no se recibieran ofertas en tiempo hábil o estas no fueren satisfactorias, el Comité de Licitaciones podrá autorizar la enajenación del bien por un precio distinto al ya fijado, debiéndose iniciar un nuevo proceso licitatorio.

Artículo 81. Prohibiciones. No podrán participar en los procesos de enajenación de Bienes Públicos, las personas que hayan sido declaradas en estado de atraso o quiebra o condenadas por delitos contra la propiedad o contra el Patrimonio Público, ni los deudores morosos de obligaciones fiscales o con instituciones financieras públicas.

Artículo 82. Adjudicación directa de bienes. Quedan exceptuadas del procedimiento de oferta pública previsto en el artículo 79 del presente Capítulo, las siguientes operaciones:

1. Las de venta o permuta de bienes cuyo adquiriente sea otro ente u órgano del Sector Público.

2. Las de venta de bienes cuyos adquirientes sean los trabajadores del ente u órgano enajenante, siempre que la enajenación de dichos bienes se realice mediante concurso en igualdad de condiciones entre todos los interesados.

3. Las relativas a la venta o permuta de bienes en producción, cuando el proceso licitatorio pudiere afectar el proceso productivo del bien;

4. Las de venta o permuta de bienes de cualquier tipo cuando mediante un proceso amplio de oferta pública, se determine la existencia de un solo oferente;

5. La venta o permuta de derechos litigiosos.

En cualquier caso la adjudicación directa de Bienes Públicos deberá contar con la autorización expresa de la máxima autoridad del respectivo órgano o ente.

Artículo 83. De la autorización para la enajenación de bienes. La enajenación de los bienes propiedad del Sector Público Nacional regulados por el presente Decreto con Rango, Valor y Fuerza de Ley Orgánica, deberá contar con la autorización previa de la Comisión de Enajenación de Bienes Públicos, sin que sea necesaria la autorización de la Asamblea Nacional prevista en la Constitución de la República Bolivariana de Venezuela, en los casos en que así se determine por razones estratégicas, de soberanía o de interés nacional.

Cuando los bienes a enajenar fueren acciones u otros títulos valores, no serán necesarias las autorizaciones a que se refiere la Ley en materia de mercados de valores.

Artículo 84. Obligación de notificación. Los distintos órganos y entes políticos territoriales diferentes a la República, notificarán a la Superintendencia de Bienes Públicos sobre la enajenación de sus bienes, sin menoscabo de su autonomía constitucional, con la periodicidad y en la forma que determine el Reglamento del presente Decreto con Rango, Valor y Fuerza de Ley Orgánica.

TÍTULO IV

REGÍMENES ESPECIALES

CAPÍTULO I

De las Participaciones Estatales

Artículo 85. Derechos en Sociedades Mercantiles. Compete al titular del ministerio de adscripción, el ejercicio de Los derechos que corresponden a la República como partícipe directo de sociedades mercantiles, sea o no mayoritaria dicha participación

Artículo 86. Órgano de custodia de los Títulos. La Oficina Nacional del Tesoro custodiará los títulos o los instrumentos equivalentes representativos de la participación de la República.

Artículo 87. Autorización requerida para enajenación de títulos representativos de capital propiedad de la República. La enajenación de títulos representativos de capital propiedad de la República en sociedades mercantiles, requiere de la autorización del Presidente de la República en Consejo de Ministros.

Cuando los títulos objeto de venta se coticen en Bolsa, su enajenación se hará de conformidad con las reglas de la respectiva institución bursátil.

Los títulos que no se coticen en Bolsa, se enajenarán mediante subasta pública, a menos que el Presidente de la República, en Consejo de Ministros, a propuesta del Ministro con competencia en materia de finanzas, acuerde la adjudicación directa a entes del Sector Público.

CAPÍTULO II
De la Propiedad Incorporal

Artículo 88. Adquisición de los derechos de propiedad intelectual o industrial. La adquisición de los derechos correspondientes a la propiedad intelectual o industrial por parte de la República se regirá por lo que dispongan las leyes especiales respectivas.

Artículo 89. Órgano Competente. Compete a la Superintendencia de Bienes Públicos la administración y explotación de las propiedades intelectual e industrial de La República, en todos aquellos casos en que no están encomendadas o se encomienden específicamente por Decreto, o por cualquier otro acto jurídico, a otro ente u órgano.

Artículo 90. Enajenación de los derechos de propiedad intelectual o industrial de la República. Los derechos correspondientes a la propiedad intelectual o industrial de la República se enajenarán mediante subasta pública, a menos que el Presidente de la República, en Consejo de Ministros, acuerde la adjudicación directa por razones estratégicas, de soberanía o de interés nacional, determinadas por el Presidente de la República, o en atención a los acuerdos internacionales suscritos válidamente por la República Bolivariana de Venezuela.

Artículo 91. Utilización de propiedades incorporales de dominlo público La utilización de propiedades incorporales que pertenezcan a La República y que por aplicación de leyes especiales hayan entrado en el dominio público y sean de uso público, no generará derecho alguno a favor del Estado.

TÍTULO V
DE LAS RESPONSABILIDADES Y DE LAS SANCIONES CORRESPONDIENTES

CAPÍTULO I
Disposiciones Generales

Artículo 92. Funcionarios y funcionarias públicos. Los funcionarios o funcionarias públicos responderán penal, civil, administrativa y disciplinariamente por los delitos, faltas, hechos ilícitos e irregularidades administrativas cometidas en el ejercicio de sus funciones con ocasión a la adquisición, uso, administración, mantenimiento, registro, supervisión y disposición de los Bienes Públicos. Esta responsabilidad no excluirá la que pudiere corresponderles por efecto de otras leyes o de su condición de ciudadanos o ciudadanas.

Artículo 93. Ministerio Público. Corresponderá al Ministerio Público intentar las acciones a que hubiere lugar para hacer efectiva la responsabilidad civil, penal, administrativa o disciplinaria en que hubieren incurrido los funcionarios o funcionarias públicos con motivo del ejercicio de sus funciones. Sin embargo, ello no menoscabará el ejercicio de los derechos y acciones que correspondan a los particulares o a otros funcionarios o funcionarias públicos, de conformidad con la Ley.

Artículo 94. Particulares. Cualquier persona que fuera de los casos expresamente tipificados en el presente Decreto con Rango, Valor y Fuerza de Ley Orgánica y su Reglamento, por sí misma o mediante persona interpuesta use o aproveche de manera ilegal un Bien Público, responderá penal y civilmente por los daños y perjuicios ocasionados al patrimonio público.

Artículo 95. Acciones penales y civiles. Ningún procedimiento de los contemplados en el presente capítulo, administrativo o de cualquier otra naturaleza, impedirá el ejercicio de la acción penal y de la civil que de ella se derive.

CAPÍTULO II

De las Sanciones

Artículo 96. Imposición de sanciones. Para la imposición de las sanciones previstas en el presente Decreto con Rango, Valor y Fuerza de Ley Orgánica, se tomarán en cuenta los siguientes hechos:

1. La naturaleza del acto u omisión.

2. La intencionalidad con la que fue cometido el hecho o la omisión.

3. La gravedad del perjuicio causado al patrimonio público o a las personas.

4. La ganancia o provecho ilegalmente obtenidos como consecuencia de los actos u omisiones constitutivos de La infracción.

5. La reparación del daño por iniciativa de quien cometió el mismo.

6. La reincidencia.

Artículo 97. Explotación, uso o aprovechamiento indebido de Bienes Públicos en beneficio propio o de terceros. Quien en contravención a lo dispuesto en el presente Decreto con Rango, Valor y Fuerza de Ley Orgánica y su Reglamento, explote, use o aproveche, por si o por persona interpuesta un Bien Público, será sancionado con multa de cien Unidades Tributarias (100UT) a quinientas Unidades Tributarias (500UT), más el cien por ciento (100%) del beneficio que se hubiere obtenido por la explotación, uso o aprovechamiento ilegal del bien. En estos casos, el ente u órgano que ostente la titularidad, adscripción o custodia del Bien Público, recuperará directamente la tenencia material del mismo.

Artículo 98. Faltas Graves. Independientemente de la responsabilidad civil, penal, disciplinaria o administrativa, serán sancionados con multa de un mil Unidades Tributarias (1.000UT) a cinco mil Unidades Tributarias (5.000UT), los sujetos que conforman el Sistema Nacional de Bienes Públicos, en los siguientes supuestos:

1. Quienes realicen procesos de Oferta Pública que tengan por objeto la disposición de Bienes Públicos, en contravención a lo dispuesto en el presente Decreto con Rango, Valor y Fuerza de Ley y su Reglamento.

2. Quienes habiendo sido autorizados por la Superintendencia de Bienes Públicos para efectuar procesos de Oferta Pública que tengan por objeto la disposición de Bienes Públicos, incumplan las normas dispuestas en el presente Decreto con Rango, Valor y Fuerza de Ley y su Reglamento y las normas e instrucciones dictadas para ello por la Superintendencia de Bienes Públicos.

3. Quienes habiendo sido autorizados por la Superintendencia de Bienes Públicos para efectuar procesos de Oferta Pública que tengan por objeto la disposición de Bienes Públicos, nieguen injustificadamente la participación de algún interesado.

4. Quienes incumplan el deber de suministrar a la Superintendencia de Bienes Públicos la información requerida de conformidad con el presente Decreto con Rango, Valor y Fuerza de Ley Orgánica y su Reglamento.

5. Quienes a requerimiento de la Superintendencia de Bienes Públicos o en cumplimiento de las normas dispuestas en el presente Decreto con Rango, Valor y Fuerza de Ley Orgánica y su Reglamento, suministren o divulguen información falsa.

6. Cuando no informaren oportunamente de la comisión de hechos considerados como delitos, faltas, ilícitos o irregularidades administrativas, cometidas con ocasión a la adquisición uso, administración, mantenimiento, registro, supervisión y disposición de los Bienes Públicos.

Artículo 99. Responsables Patrimoniales. Los responsables patrimoniales de Bienes Públicos serán sancionados con multa de quinientas Unidades Tributarias (500 U.T.) a un mil Unidades Tributarias (1.000 U.T.), en los siguientes supuestos:

1. Cuando no advirtieren oportunamente sobre la insuficiencia de los créditos presupuestarios destinados al mantenimiento, conservación y protección de los bienes a su cargo.

2. Cuando incurrieren en acción u omisión que tenga como resultado la falta de adecuado mantenimiento y conservación del bien.

3. Cuando no advirtieren el carácter antieconómico del mantenimiento o reparación del bien.

Artículo 100. Incumplimiento de obligaciones contractuales. Sin perjuicio de la responsabilidad civil, administrativa y penal que corresponda, cuando se compruebe el incumplimiento de las obligaciones contractuales por parte de la persona natural o jurídica que resultare favorecida con la Buena Pro dentro de un proceso de Oferta Pública que haya tenido por objeto la enajenación de un Bien Público, el órgano o ente enajenante sustanciará el expediente respectivo, en un lapso no mayor de treinta días, y lo remitirá a la Superintendencia de Bienes Públicos, a los fines de que esta imponga las sanciones a que hubiere lugar.

Los responsables serán sancionados con multa de Un mil Unidades Tributarias (1.000 U.T) y la Superintendencia de Bienes Públicos declarará la inhabilitación de éstos para participar en nuevos procesos de Oferta Pública que tengan por objeto la disposición de Bienes Públicos, por los siguientes lapsos:

1. De cuatro a cinco años cuando incurran en prácticas de corrupción.

2. De tres a cuatro años, cuando suministren información falsa, actúen dolosamente, de mala fe o empleen otras prácticas fraudulentas.

3. De dos a tres años cuando retiren ofertas durante su vigencia, o siendo beneficiarios de la adjudicación no suscriban el contrato o no constituyan las fianzas a que hubiere lugar dentro del plazo establecido en los pliegos de condiciones.

4. De dos a tres años cuando ejerzan recursos manifiestamente temerarios contra los actos o procedimientos previstos en el presente Decreto con Rango, Valor y Fuerza de Ley Orgánica, o les sean resueltos por su incumplimiento contratos celebrados con órganos o entes regidos por la misma.

Artículo 101. Responsabilidad de peritos avaluadores. El perito avaluador contratado para realizar el avalúo de un Bien Público, que actúe con impericia, negligencia o mala fe en el ejercicio de sus funciones, será sancionado con multa de hasta el cincuenta por ciento (50%) de sus honorarios profesionales pactados cobrados o por cobrar al respectivo ente u órgano público, independientemente de las sanciones civiles y penales a que hubiere lugar por los daños y perjuicios que causare al patrimonio público.

En caso de reincidencia, la Superintendencia de Bienes Públicos excluirá al infractor por un lapso de cinco (5) años del Registro de Peritos a que se refiere el Título III, Capítulo VIII del presente Decreto con Rango, Valor y Fuerza de Ley Orgánica.

El funcionario público que en el ejercicio de sus funciones como avaluador actúe con impericia, negligencia o mala fe, será responsable por los daños y perjuicios que causare al patrimonio público.

Se entiende por mala fe las siguientes circunstancias:

1. Alterar u omitir hechos esenciales del peritaje.

2. Obstaculizar el desarrollo del peritaje.

3. Que el avalúo sea elaborado en distorsión a su precio real del mercado.

TÍTULO VI

DE LOS PROCEDIMIENTOS Y DE LOS RECURSOS

Artículo 102. Remisión de expedientes. Las Unidades encargadas de la administración y custodia de los Bienes Públicos en los órganos y entes del Poder Público Nacional, en los estados, municipios, distritos, distritos metropolitanos y en los entes no territoriales, como responsables patrimoniales, deberán formar expediente con los recaudos que tengan en su poder, relacionados directa o indirectamente, con la presunta comisión de hechos considerados como delitos, faltas, hechos ilícitos o irregularidades administrativas, cometidos con ocasión a la adquisición, uso, administración, mantenimiento, registro, supervisión y disposición de los Bienes Públicos, debiendo remitir este al órgano competente según corresponda.

Para el caso de la ocurrencia de los supuestos previstos en el Capítulo II del Título VI del presente Decreto con Rango, Valor y Fuerza de Ley Orgánica, se deberá remitir expediente a la Superintendencia Nacional de Bienes, para la imposición de las multas a que haya lugar, dentro de los treinta (30) días hábiles siguientes a la comisión del hecho en cuestión.

Artículo 103. Cálculo de multas. Cuando se trate de multa, ésta se fijará para cada caso según la mayor o menor gravedad de la infracción, la magnitud de los perjuicios causados al Tesoro Nacional y las circunstancias atenuantes y agravantes previstas en los artículos 104 y 105 del presente Decreto con Rango, Valor y Fuerza de Ley Orgánica.

Para el cálculo de las sanciones comprendidas entre un mínimo y un máximo, se entenderá que lo normalmente aplicable es la mitad de la suma de ambos extremos, pero podrá reducirse hasta el límite inferior o aumentarse hasta el superior, según el mérito de las circunstancias atenuantes o agravantes en atención a la gravedad de la infracción y a los principios de proporcionalidad y adecuación con el supuesto de hecho y los fines de la norma. Cuando en un mismo caso aparezcan circunstancias atenuantes como agravantes, deberán compensarse unas con otras.

Artículo 104. Circunstancias atenuantes. Se consideran circunstancias atenuantes a efectos de la imposición de las multas previstas en el presente Título, las siguientes:

1. Que el hecho o la omisión constitutivo de la infracción se haya cometido sin intencionalidad por parte de quien lo cometió.

2. Que el hecho o la omisión constitutivo de la infracción no haya causado grave perjuicio al patrimonio público o a las personas.

3. La reparación del daño por iniciativa de quien cometió el mismo.

Artículo 105. Circunstancias agravantes. Se consideran circunstancias agravantes a efectos de la imposición de las multas previstas en el presente Título, las siguientes:

1. Que el hecho o la omisión constitutivo de la infracción se haya cometido intencionalmente.

2. Que el hecho o la omisión constitutivo de la infracción haya causado grave perjuicio al patrimonio público o a las personas.

3. Que el hecho o la omisión constitutivo de la infracción haya producido ganancias o provecho para quien lo cometió o para sus cómplices si los hubiere.

4. La reincidencia.

Artículo 106. Imposición de multas. Las multas serán impuestas en virtud de Providencia dictada por el o la Superintendente Nacional de Bienes Públicos, previo levantamiento de acta donde se harán constar específicamente todos los hechos relacionados con la infracción, acta que deberán firmar según el caso, los funcionarios intervinientes en el proceso y el infractor, dentro de un plazo no mayor a quince (15) días hábiles, contados a partir de la fecha de notificación del acto motivado al infractor.

El contenido del acto motivado le será notificado al multado junto con la correspondiente planilla de liquidación, a los fines legales consiguientes, en La dirección de residencia que este haya suministrado.

En todo caso, deberán observarse las disposiciones de la ley que regula los procedimientos administrativos.

Artículo 107. Negativa por parte del infractor. En los casos en que el infractor exprese su negativa a firmar el acta indicada en el artículo anterior, o que se haga imposible su comparecencia dentro de los lapsos previstos para ello, se publicará cartel en un diario de circulación nacional, contentivo de los hechos que se le imputan y los recursos que le asisten al infractor dentro del proceso, a los fines de garantizarle su legítimo derecho a la defensa.

Transcurridos treinta (30) días hábiles, contados a partir de la firma del acta por parte del infractor o la negativa de esta de la fecha de publicación del respectivo cartel en prensa, se entenderá que la sanción ha quedado definitivamente firme sede administrativa, si no se hubiesen interpuesto los recursos previstos en el presente Título.

Artículo 108. Plazo para la cancelación de las multas. El contraventor dispondrá de treinta (30) días continuos para la cancelación de la multa ante el Servicio de Liquidación de la Superintendencia de Bienes Públicos, contados a partir de la fecha en que haya quedado firme la sanción. La cancelación se hará en las cuentas del Tesoro Nacional, habilitadas por la Superintendencia de Bienes Públicos en el Sistema Financiero nacional.

Artículo 109. Recurso de Reconsideración. El Recurso de Reconsideración sólo podrá ser interpuesto por el infractor o por sus representantes legales dentro del lapso establecido en la Ley, ante el o la Superintendente Nacional de Bienes Públicos, quien lo admitirá o no dentro de los cinco (5) días hábiles siguientes a la fecha de recibo del recurso.

Artículo 110. Suspensión de efectos. La interposición de los Recursos no impedirá o suspenderá la ejecución del acto impugnado.

Artículo 111. Sustanciación del recurso. En el escrito, el recurrente deberá concretar las razones de hecho o de derecho en que fundamenta su pretensión, acompañándola de la documentación que estime pertinente.

Artículo 112. Promoción de pruebas. Todas las pruebas que el recurrente considere pertinentes deberán-ser promovidas en el escrito contentivo del recurso a excepción de aquellas declaradas improcedentes por la Ley.

El término para evacuar las pruebas promovidas será de quince (15) días hábiles, contados a partir de la fecha de recepción del recurso.

Artículo 113. Evacuación de testigos. Cuando se haya promovido prueba de testigos, la misma se evacuará sin previa citación. El funcionario sustanciador transcribirá la deposición del testigo sobre el interrogatorio que considere, a los fines del esclarecimiento de la verdad. De dicho acto se levantará acta suscrita por el funcionario sustanciador y por el interrogado.

Artículo 114. Promoción de Inspecciones y experticias. Si se promoviera inspección ocular o experticia administrativa, la primera será practicada por el sustanciador, pudiéndose hacer acompañar de otros funcionarios que a juicio de la Superintendencia de Bienes Públicos sean competentes para llevar el caso.

A requerimiento del funcionario sustanciador, en cualquier momento y dentro del lapso que se tiene para decidir, se podrán solicitar las informaciones adicionales que se consideren necesarias, la exhibición de libros o registros, así como los demás documentos relacionados con el caso y exigir la ampliación o complementación de las pruebas presentadas.

La omisión de las informaciones adicionales no suspenderá la tramitación del recurso.

Artículo 115. Lapso para la decisión del recurso. Vencido el lapso para la evacuación de las pruebas, el recurso deberá ser decidido dentro de los sesenta (60) días siguientes, mediante acto motivado suscrito por el o la Superintendente Nacional de Bienes Públicos.

Artículo 116. Desistimiento del recurso. El desistimiento del recurrente pondrá fin al procedimiento, debiendo constar por escrito y en forma inequívoca. En caso de pluralidad de recurrentes, el desistimiento de uno de ellos no afectará a los restantes.

No obstante el desistimiento del recurso, la Superintendencia de Bienes Públicos podrá continuar el estudio de la materia objeto del recurso, si razones de interés general lo justifican.

Artículo 117. Inadmisibilidad. La inadmisibilidad del Recurso de Reconsideración deberá constar en acto motivado. Contra dicha decisión podrá interponerse Recurso Jerárquico ante el ciudadano Ministro del Poder Popular de Planificación y Finanzas, dentro de los plazos y bajo las formalidades previstas por Ley.

DISPOSICIÓN DEROGATORIA

Única. Se derogan los artículos contenidos en el Título I de la Ley Orgánica de la Hacienda Pública Nacional, publicada en Gaceta Oficial de la República de Venezuela N° 1.660 Extraordinario, de fecha 21 de junio de 1974; la Ley Orgánica que regula la Enajenación de Bienes del Sector Público no Afectos a las Industrias Básicas, publicada en Gaceta Oficial de la República de Venezuela N° 3.951 Extraordinario, de fecha 07 de enero de 1987 y su Reglamento, dictado mediante Decreto N° 78 de fecha 20 de marzo de 1999; la Ley de Conservación y Mantenimiento de los Bienes Públicos, publicada en Gaceta Oficial de la República Bolivariana de Venezuela N° 38.756, de fecha 28 de agosto de 2007.

DISPOSICIONES TRANSITORIAS

Primera. La Superintendencia de Bienes Públicos dictará mediante Providencia, las normas para la guarda, custodia, mantenimiento, conservación, administración y disposición de los bienes en situación de comiso o de abandono, con ocasión a los supuestos contenidos en la Ley Orgánica de Aduanas, publicada en Gaceta Oficial de la República Bolivariana de Venezuela N° 38.875 de fecha 21 de febrero de 2008. El Servicio Nacional Integrado de Administración Aduanera y Tributaria adecuará sus funciones a las disposiciones contenidas en el presente Decreto con Rango, Valor y Fuerza de Ley Orgánica, en un plazo no mayor a seis (06) meses, contados a partir de la fecha de su entrada en vigencia, conforme a lo que a tal efecto prevea la Superintendencia de Bienes Públicos mediante Providencia.

Segunda. La Superintendencia de Bienes Públicos establecerá mediante Providencia, los plazos para la adecuación de los inventarios y registros de los bienes públicos de los distintos órganos y entes que conforman el Sector Público, a las disposiciones contenidas en el Capítulo I, Título III del presente Decreto con Rango, Valor y Fuerza de Ley Orgánica.

Tercera. Las solicitudes para la enajenación de Bienes Públicos que se encuentren en trámite dentro de la Secretaría Técnica de la Comisión para la Enajenación de Bienes del Sector Público no afectos a las Industrias Básicas, para la entrada en vigencia del presente Decreto con Rango, Valor y Fuerza de Ley Orgánica, pasarán a la Superintendencia de Bienes Públicos, así como los expedientes administrativos y el archivo general de los casos tramitados ante dicha comisión.

Vigencia. El presente Decreto con Rango, Valor y Fuerza de Ley Orgánica, entrará en vigencia a partir de su publicación en Gaceta Oficial de la República Bolivariana de Venezuela.

Dado en Caracas, a los doce días del mes de junio de dos mil doce. Año 202° de la Independencia, 153° de la Federación y 13° de la Revolución Bolivariana.

Cúmplase. (L.S.)
HUGO CHÁVEZ FRÍAS

Refrendado,

El Vicepresidente Ejecutivo, ELÍAS JAUA MILANO
La Ministra del Poder Popular del Despacho de la Presidencia, ÉRIKA DEL VALLE FARÍAS PEÑA
El Ministro del Poder Popular para Relaciones Interiores y Justicia, TARECK EL AISSAMI

El Ministro del Poder Popular para Relaciones Exteriores, NICOLÁS MADURO MOROS

El Ministro del Poder Popular de Planificación y Finanzas, JORGE GIORDANI

El Ministro del Poder Popular para la Defensa, HENRY DE JESÚS RANGEL SILVA

La Ministra del Poder Popular para el Comercio, EDMEE BETANCOURT DE GARCÍA

El Ministro del Poder Popular de Industrias, RICARDO JOSÉ MENÉNDEZ PRIETO

El Ministro del Poder Popular para el Turismo, ALEJANDRO ANTONIO FLEMING CABRERA

El Encargado del Ministerio del Poder Popular para la Agricultura y Tierras, ELÍAS JAUA MILANO

La Ministra del Poder Popular para la Educación Universitaria, MARLENE YADIRA CÓRDOVA

La Ministra del Poder Popular para la Educación, MARYANN DEL CARMEN HANSON FLORES

La Ministra del Poder Popular para la Salud, EUGENIA SADER CASTELLANOS

La Ministra del Poder Popular para el Trabajo y Seguridad Social, MARÍA CRISTINA IGLESIAS

El Ministro del Poder Popular para Transporte Terrestre, JUAN DE JESÚS GARCÍA TOUSSAINTT

La Ministra del Poder Popular para Transporte Acuático y Aéreo, ELSA ELIANA GUTIÉRREZ GRAFFE

El Ministro del Poder Popular para Vivienda y Hábitat, RICARDO ANTONIO MOLINA PEÑALOZA

El Ministro del Poder Popular de Petróleo y Minería, RAFAEL DARÍO RAMÍREZ CARREÑO

El Ministro del Poder Popular para el Ambiente, ALEJANDRO HITCHER MARVALDI

El Ministro del Poder Popular para Ciencia, Tecnología e Innovación, JORGE ALBERTO ARREAZA MONTSERRAT

El Ministro del Poder Popular para la Comunicación y la Información, ANDRÉS GUILLERMO IZARRA GARCÍA

La Ministra del Poder Popular para las Comunas y Protección Social, ISIS OCHOA CAÑIZÁLEZ

El Ministro del Poder Popular para la Alimentación, CARLOS OSORIO ZAMBRANO

El Ministro del Poder Popular para la Cultura, PEDRO CALZADILLA

El Ministro del Poder Popular para el Deporte, HÉCTOR RODRÍGUEZ CASTRO

La Ministra del Poder Popular para los Pueblos Indígenas, NICIA MALDONADO MALDONADO

La Ministra del Poder Popular para la Mujer y la Igualdad de Género, NANCY PÉREZ SIERRA

El Ministro del Poder Popular para la Energía Eléctrica, HÉCTOR NAVARRO DÍAZ

La Ministra del Poder Popular para la Juventud, MARÍA PILAR HERNÁNDEZ DOMÍNGUEZ

La Ministra del Poder Popular para el Servicio Penitenciario, MARÍA IRIS VARELA RANGEL

El Ministro de Estado para la Banca Pública, RODOLFO CLEMENTE MARCO TORRES

El Ministro de Estado para la Transformación Revolucionaria de la Gran Caracas, FRANCISCO DE ASÍS SESTO NOVAS.

LEY OCTAVA:
LEY CONTRA LA CORRUPCIÓN*

LA ASAMBLEA NACIONAL
DE LA REPÚBLICA BOLIVARIANA DE VENEZUELA

DECRETA

la siguiente,

LEY CONTRA LA CORRUPCIÓN

TÍTULO I
DISPOSICIONES FUNDAMENTALES

CAPÍTULO I
Disposiciones Generales

Artículo 1. La presente Ley tiene por objeto el establecimiento de normas que rijan la conducta que deben asumir las personas sujetas a la misma, a los fines de salvaguardar el patrimonio público, garantizar el manejo adecuado y transparente de los recursos públicos, con fundamento en los principios de honestidad, transparencia, participación, eficiencia, eficacia, legalidad, rendición de cuentas y responsabilidad consagrados en la Constitución de la República Bolivariana de Venezuela, así como la tipificación de los delitos contra la cosa pública y las sanciones que deberán aplicarse a quienes infrinjan estas disposiciones y cuyos actos, hechos u omisiones causen daño al patrimonio público.

Artículo 2. Están sujetos a esta Ley los particulares, personas naturales o jurídicas y los funcionarios públicos en los términos que en esta Ley se establecen.

Artículo 3. Sin perjuicio de lo que disponga la Ley que establezca el Estatuto de la Función Pública, a los efectos de esta Ley se consideran funcionarios o empleados públicos a:

1. Los que estén investidos de funciones públicas, permanentes o transitorias, remuneradas o gratuitas originadas por elección, por nombramiento o contrato otorgado por la autoridad competente, al servicio de la República, de los estados, de los territorios y dependencias federales, de los distritos, de los distritos metropolitanos o de los municipios, de los institutos autónomos nacionales, estadales, distritales y municipales, de las universidades públicas, del Banco Central de Venezuela o de cualesquiera de los órganos o entes que ejercen el Poder Público.

---

*   *Gaceta Oficial* N° 5.637 Extraordinario del 7 de abril de 2003

2. Los directores y administradores de las sociedades civiles y mercantiles, fundaciones, asociaciones civiles y demás instituciones constituidas con recursos públicos o dirigidas por algunas de las personas a que se refiere el artículo 4 de esta Ley, o cuando la totalidad de los aportes presupuestarios o contribuciones en un ejercicio provenientes de una o varias de estas personas represente el cincuenta por ciento (50%) o más de su presupuesto o patrimonio; y los directores nombrados en representación de dichos órganos y entes, aun cuando la participación fuere inferior al cincuenta por ciento (50%) del capital o patrimonio.

3. Cualquier otra persona en los casos previstos en esta Ley.

A los fines de esta Ley deben considerarse como directores y administradores, quienes desempeñen funciones tales como:

a)   Directivas, gerenciales, supervisorias, contraloras y auditoras.

b)   Participen con voz y voto en comités de: compras, licitaciones, contratos, negocios, donaciones o de cualquier otra naturaleza, cuya actuación pueda comprometer el patrimonio público.

c)   Manejen o custodien almacenes, talleres, depósitos y, en general, decidan sobre la recepción, suministro y entrega de bienes muebles del ente u organismos, para su consumo.

d)   Movilicen fondos del ente u organismo depositados en cuentas bancarias.

e)   Representen al ente u organismo con autoridad para comprometer a la entidad.

f)   Adquieran compromisos en nombre del ente u organismo o autoricen los pagos correspondientes.

g)   Dicten actos que incidan en la esfera de los derechos u obligaciones de los particulares o en las atribuciones y deberes del Estado.

Las disposiciones de la presente Ley se aplican a las personas indicadas en este artículo, aun cuando cumplan funciones o realicen actividades fuera del territorio de la República.

Artículo 4. Se considera patrimonio público aquel que corresponde por cualquier título a:

1.   Los órganos y entidades a los que incumbe el ejercicio del Poder Público Nacional.

2.   Los órganos y entes a los que incumbe el ejercicio del Poder Público Estadal.

3.   Los órganos y entes a los que incumbe el ejercicio del Poder Público en los distritos y distritos metropolitanos.

4.   Los órganos a los que incumbe el ejercicio del Poder Público Municipal y en las demás entes locales previstas en la Ley Orgánica de Régimen Municipal.

5.   Los órganos y entes a los que incumbe el ejercicio del Poder Público en los territorios y dependencias federales.

6.   Los institutos autónomos nacionales, estadales, distritales y municipales.

7.   El Banco Central de Venezuela.

8.   Las universidades públicas.

9.   Las demás personas de Derecho Público nacionales, estadales, distritales y municipales.

10.   Las sociedades de cualquier naturaleza en las cuales las personas a que se refieren los numerales anteriores tengan participación en su capital social, así como las que se constituyen con la participación de aquéllas.

11.   Las fundaciones y asociaciones civiles y demás instituciones creadas con fondos públicos o que sean dirigidas por las personas a que se refieren los numerales anteriores, o en las cuales tales personas designen sus autoridades, o cuando los aportes presupuestarios o contribuciones efectuadas en un ejercicio presupuestario por una o varias de las personas a

que se refieren los numerales anteriores representen el cincuenta por ciento (50%) o más de su presupuesto.

Se considera igualmente patrimonio público, los recursos entregados a particulares por los entes del sector público mencionados en el artículo anterior, mediante transferencias, aportes, subsidios, contribuciones o alguna otra modalidad similar para el cumplimiento de finalidades de interés o utilidad pública, hasta que se demuestre el logro de dichas finalidades. Los particulares que administren tales recursos estarán sometidos a las sanciones y demás acciones y medidas previstas en esta Ley y en la Ley Orgánica de la Contraloría General de la República y del Sistema Nacional de Control Fiscal.

Artículo 5. Cuando las personas señaladas en los numerales 1, 2, 3, 4, 5, 6, 8 y 9 del artículo anterior tengan una participación accionaria menor al cincuenta por ciento (50%) en cualquier sociedad, dicha participación se considerará patrimonio público a los efectos de esta Ley y estará sujeto a las normas y principios en ella establecidos. Su irregular o incorrecta administración será penada de conformidad con lo previsto en esta Ley y las sanciones administrativas establecidas en la Ley Orgánica de la Contraloría General de la República y del Sistema Nacional de Control Fiscal.

CAPÍTULO II

Principios para prevenir la corrupción y salvaguardar el
Patrimonio Público

Artículo 6. En la administración de los bienes y recursos públicos, los funcionarios y empleados públicos se regirán por los principios de honestidad, transparencia, participación, eficiencia, eficacia, legalidad, rendición de cuentas y responsabilidad.

Artículo 7. Los funcionarios y empleados públicos deben administrar y custodiar el patrimonio público con decencia, decoro, probidad y honradez, de forma que la utilización de los bienes y el gasto de los recursos que lo integran, se haga de la manera prevista en la Constitución de la República Bolivariana de Venezuela y las leyes, y se alcancen las finalidades establecidas en las mismas con la mayor economía, eficacia y eficiencia.

Artículo 8. Toda la información sobre la administración del patrimonio público que corresponda a las personas indicadas en los artículos 4 y 5 de esta Ley, tendrá carácter público, salvo las excepciones que por razones de seguridad y defensa de la Nación expresamente establezca la ley.

Artículo 9. A fin de dar cumplimiento a lo dispuesto en el artículo anterior, las personas a que se refieren los artículos 4 y 5 de esta Ley deberán informar a los ciudadanos sobre la utilización de los bienes y el gasto de los recursos que integran el patrimonio público cuya administración les corresponde. A tal efecto, publicarán trimestralmente y pondrán a la disposición de cualquier persona en las oficinas de atención al público o de atención ciudadana que deberán crear, un informe detallado de fácil manejo y comprensión, sobre el patrimonio que administran, con la descripción y justificación de su utilización y gasto.

El informe a que se refiere este artículo podrá efectuarse por cualquier medio impreso, audiovisual, informático o cualquier otro que disponga el ente, de acuerdo con lo previsto en el ordenamiento jurídico vigente.

Artículo 10. Los particulares tienen el derecho de solicitar a los órganos y entes indicados en los artículos 4 y 5 de esta Ley, cualquier información sobre la administración y custodia del patrimonio público de dichos órganos y entes. Asimismo, podrán acceder y obtener copia de los documentos y archivos correspondientes para examinar o verificar la información que se les suministre, de acuerdo con el ordenamiento jurídico vigente, salvo las excepciones que por razones de seguridad y defensa de la Nación expresamente establezca la ley.

Artículo 11. El Ejecutivo Nacional deberá someter a consulta pública el anteproyecto de Ley del Marco Plurianual del Presupuesto y el anteproyecto de Ley de Presupuesto Anual, antes de su presentación a la Asamblea Nacional, de conformidad con lo establecido en la Ley Orgánica de Administración Pública.

Artículo 12. Los particulares y las organizaciones de la sociedad tienen derecho a participar en la formulación, evaluación y ejecución presupuestaria de acuerdo con el nivel político territorial correspondiente, de conformidad con la Constitución de la República Bolivariana de Venezuela y la Ley.

A tal efecto, la Oficina Nacional de Presupuesto someterá periódicamente a consulta pública, el diseño de los indicadores de gestión a que se refiere la Sección Séptima del Capítulo II del Título II de la Ley Orgánica de Administración Financiera del Sector Público, de conformidad con el procedimiento establecido en el Título VI de la Ley Orgánica de la Administración Pública.

Artículo 13. Los funcionarios y empleados públicos están al servicio del Estado y no de parcialidad política o económica alguna. En consecuencia, no podrán destinar el uso de los bienes públicos o los recursos que integran el patrimonio público para favorecer a partidos o proyectos políticos, o a intereses económicos particulares.

Artículo 14. El nombramiento y remoción o destitución de los funcionarios y empleados públicos no podrá estar determinado por afiliación u orientación política alguna y se realizará de conformidad con lo dispuesto en la Constitución de la República Bolivariana de Venezuela y en las leyes.

Artículo 15. Las autoridades competentes establecerán sueldos y salarios a los funcionarios y empleados públicos, suficientes para garantizar su independencia política y económica en el ejercicio de la función pública.

Artículo 16. Los funcionarios y empleados públicos instruirán los procedimientos y demás trámites administrativos procurando su simplificación y respetando los principios de economía, celeridad, eficacia, objetividad, imparcialidad, honestidad, transparencia, buena fe y confianza, establecidos en la Ley Orgánica de la Administración Pública y en la Ley Orgánica de Procedimientos Administrativos.

Artículo 17. Los funcionarios y empleados públicos deberán administrar los bienes y recursos públicos con criterios de racionalidad y eficiencia, procurando la disminución del gasto y la mejor utilización de los recursos disponibles en atención a los fines públicos.

Artículo 18. Los funcionarios y empleados públicos deberán utilizar los bienes y recursos públicos para los fines previstos en el presupuesto correspondiente.

Artículo 19. Los funcionarios y empleados públicos actuarán de conformidad con lo establecido en la ley. Cuando una disposición legal o reglamentaria deje a su juicio o discrecionalidad una decisión, medida o providencia, ésta deberá ser suficientemente motivada y mantener la debida proporcionalidad y adecuación con el supuesto de hecho y con los fines de la norma, y cumplir los trámites, requisitos y formalidades necesarios para su validez y eficacia.

Artículo 20. Los funcionarios públicos a que se refiere el Capítulo IV del Título II de la Ley Orgánica de la Contraloría General de la República y del Sistema Nacional de Control Fiscal deberán rendir cuentas de los bienes y recursos públicos que administren de conformidad con las disposiciones establecidas en dicha Ley.

En todo caso, el informe de rendición de cuentas correspondiente será público y a él tendrá acceso cualquier ciudadano.

Artículo 21. Los funcionarios y empleados públicos responden civil, penal, administrativa y disciplinariamente por la administración de los bienes y recursos públicos, de conformidad con lo establecido en la ley.

Artículo 22. Los funcionarios y empleados públicos ceñirán sus actuaciones a las disposiciones del Código de Ética para el Funcionario Público, sin perjuicio de las demás normativas aplicables.

CAPÍTULO III
Declaración Jurada de Patrimonio

Artículo 23. Sin perjuicio de lo establecido en la Ley Orgánica de la Contraloría General de la República y del Sistema Nacional de Control Fiscal, las personas señaladas en el artículo 3 de esta Ley deberán presentar declaración jurada de su patrimonio dentro de los treinta (30) días siguientes a la toma de posesión de sus cargos y dentro de los treinta (30) días posteriores a la fecha en la cual cesen en el ejercicio de empleos o funciones públicas.

El lapso para presentar la declaración jurada de patrimonio de las personas señaladas en el numeral tercero, del artículo 3 de esta Ley, se establecerá mediante resolución motivada que dicte el Contralor General de la República, a fin de exigirles la presentación de la situación patrimonial.

La declaración jurada de patrimonio estará exenta de todo impuesto o tasa.

Artículo 24. A quienes competa hacer los nombramientos o designaciones de los funcionarios o empleados públicos, y a los presidentes de cuerpos integrados por funcionarios electos, corresponderá participar, sin perjuicio de lo dispuesto en la Ley Orgánica de la Contraloría General de la República y del Sistema Nacional de Control Fiscal con respecto al registro de inhabilitados, a la Contraloría General de la República las elecciones recaídas, los nombramientos o designaciones hechos y las respectivas tomas de posesión de cualquiera de las personas señaladas en el artículo 3 de esta Ley, a los fines de lo establecido en el artículo anterior y del registro correspondiente.

Tal participación deberá hacerla el obligado dentro de los treinta (30) días siguientes a la fecha en la cual el funcionario o empleado público asuma el ejercicio del cargo.

Artículo 25. La Contraloría General de la República, en casos excepcionales y justificados, podrá prorrogar mediante resolución los lapsos establecidos en los artículos anteriores. La solicitud de prórroga deberá ser presentada antes del vencimiento de dichos lapso.

Artículo 26. La declaración jurada de patrimonio deberá cumplir los requisitos que establece la Ley Orgánica de la Contraloría General de la República y del Sistema Nacional de Control Fiscal y los que mediante Resolución señale el Contralor General de la República, de conformidad con lo establecido en dicha Ley.

Los responsables del área de recursos humanos de los entes u órganos a los que se refiere el artículo 4 de la presente Ley, están en la obligación de requerir a los funcionarios o empleados públicos, copia del comprobante en el que conste la presentación de la declaración jurada de patrimonio por ante el funcionario competente para recibirla. Dicha copia se incorporará al expediente del declarante en la Dirección de Recursos Humanos o en la dependencia con competencia en esa materia.

Artículo 27. Las personas obligadas a formular declaración jurada de patrimonio prestarán las facilidades necesarias para verificar la sinceridad de ellas. A tal efecto, permitirán a los funcionarios competentes la inspección de libros, cuentas bancarias, documentos, facturas, conocimientos y otros elementos que tiendan a comprobar el contenido de la declaración.

Idéntica obligación estará a cargo de los funcionarios o empleados públicos y de los particulares o personas jurídicas que tengan dichos documentos en su poder, quienes quedarán obligados a enviarlos a la Contraloría General de la República, dentro de los diez (10) días siguientes al requerimiento de las mismas por parte del organismo y sujetos a la sanción prevista en esta Ley, en caso de incumplimiento de dicha obligación.

La Contraloría General de la República podrá ordenar a cualquier organismo o entidad del sector público, la práctica de actuaciones específicas, con la finalidad de verificar el contenido de las declaraciones juradas de patrimonio.

Artículo 28. El Ministerio Público y los tribunales de la jurisdicción penal podrán exigir la presentación de la declaración jurada de patrimonio a las personas indicadas en el artículo 3 de esta Ley o a otras personas, cuando de las investigaciones que estén conociendo, surjan indicios de la comisión de los delitos establecidos en esta Ley. La declaración solicitada deberá ser presentada dentro del plazo que el Ministerio Público o el tribunal correspondiente determine, el cual no podrá ser menor de quince (15) días hábiles contados desde la fecha de la respectiva notificación, y una vez recibida será enviada copia certificada de la misma a la Contraloría General de la República.

Artículo 29. La Contraloría General de la República, recibida la declaración jurada de patrimonio, procederá a verificar la veracidad de la misma y a cotejarla, de ser el caso, con la declaración anterior.

El Contralor General de la República podrá solicitar directamente a las respectivas embajadas, atendiendo a los convenios y tratados internacionales sobre la materia, que le suministren los elementos probatorios que se requieran con motivo del procedimiento de verificación de las declaraciones juradas de patrimonio. Igualmente, podrá solicitar con ocasión a la verificación de la declaración jurada de patrimonio del funcionario que haya cesado en el ejercicio de sus funciones, la presentación de una nueva declaración patrimonial, aun cuando no esté activo en la función pública.

Los informes de auditorías patrimoniales, así como las pruebas obtenidas por la Contraloría General de la República para verificar y cotejar las declaraciones juradas de patrimonio, tendrán fuerza probatoria mientras no sean desvirtuadas en el debate judicial.

La Contraloría General de la República podrá verificar de oficio la situación patrimonial de quienes estando obligados a presentar su declaración jurada de patrimonio no lo hicieren.

Artículo 30. Cuando la Contraloría General de la República observe que la declaración no se ajusta a las exigencias previstas en la ley o surjan dudas acerca de la exactitud de los datos que ella contenga, ordenará al declarante que presente los elementos probatorios del caso, dentro de los lapsos de treinta (30) días continuos, contados a partir de la fecha en que haya sido notificado, más el término de la distancia.

Artículo 31. El declarante podrá solicitar de la Contraloría General de la República, después de su notificación, la concesión de un plazo adicional no mayor de veinte (20) días continuos, para comprobar ante ella la veracidad de su declaración jurada de patrimonio. Dicho organismo podrá acordar la prórroga por resolución que notificará al solicitante.

Artículo 32. De las actuaciones realizadas con motivo del procedimiento de verificación patrimonial previsto en esta Ley, se formará expediente y se dejará constancia de sus resultados en un informe, con base en el cual, la Contraloría General de la República, mediante auto motivado, decidirá si admite o no la declaración jurada de patrimonio, procediendo al efecto de la manera siguiente:

1. Si del análisis realizado se concluye que los datos contenidos en la declaración jurada de patrimonio son veraces, será admitida y se ordenará el archivo del expediente.

2. Si por el contrario se determina que la declaración jurada de patrimonio no es veraz, por existir disparidad entre lo declarado y el resultado de la auditoría patrimonial, la Contraloría General de la República remitirá las actuaciones al Ministerio Público para que sea ejercida la acción pertinente, a fin de hacer efectiva la responsabilidad del declarante.

3. Si el Ministerio Público considera necesarias otras diligencias a las efectuadas por la Contraloría General de la República, podrá comisionar a ésta para que las practique, en cuyo caso actuará bajo la rectoría y dirección del Ministerio Público.

Título II
DE LAS SANCIONES

Capítulo I
De las sanciones administrativas y su procedimiento

Artículo 33. Independientemente de la responsabilidad civil, penal, administrativa o disciplinaria serán sancionados, con multa de cincuenta (50) a quinientas unidades tributarias (500 U.T.):

1. Quienes omitieren presentar la declaración jurada de patrimonio dentro del término previsto para ello.

2. Quienes omitieren presentar en el término que se le hubiere acordado, los documentos solicitados con motivo del procedimiento de verificación patrimonial.

3. Quienes se les exija mediante resolución, presentar la declaración jurada de patrimonio y no lo hicieren.

4. Quienes no participen los nombramientos, designaciones, tomas de posesiones, remociones o destituciones.

5. Los responsables del área de recursos humanos cuando no exijan al funcionario público el comprobante que demuestre el cumplimiento de haber presentado la declaración jurada de patrimonio.

6. Las máximas autoridades a quienes se les haya solicitado la aplicación de medidas preventivas y no lo hicieren o a quienes éstos hayan encargado su aplicación.

7. Los funcionarios públicos que ordenen la cancelación de prestaciones sociales u otros conceptos con motivo del cese en el ejercicio de funciones públicas por renuncia, destitución o porque se les conceda el beneficio de jubilación, a funcionarios, sin antes haber exigido copia del comprobante donde conste la presentación de la declaración jurada de patrimonio.

8. Cualquiera que de algún modo obstaculice o entrabe la práctica de alguna diligencia que deba efectuarse con motivo de la auditoría patrimonial.

9. Cualquier persona que falseare u ocultare los datos contenidos o que deba contener su declaración de patrimonio o la información o datos que se les requiera con ocasión a su verificación.

10. Los titulares de los órganos y entes a que se refieren los artículos 4 y 5 de esta Ley, que no publiquen y pongan a disposición el informe a que se refiere el artículo 9.

11. Quienes la Contraloría General de la República les haya ordenado practicar actuaciones específicas, con la finalidad de verificar el contenido de la declaración jurada de patrimonio y no las hicieren.

Artículo 34. El Contralor General de la República o sus delegatarios impondrán, previo el procedimiento administrativo sancionatorio previsto en este Capítulo, las sanciones señaladas en el artículo anterior.

Artículo 35. El procedimiento administrativo sancionatorio se iniciará con auto motivado que contendrá una relación sucinta de los hechos, la base legal presuntamente inobservada, el sujeto llamado a dar cumplimento a la misma y los elementos probatorios correspondientes. Éste será notificado al presunto infractor a objeto de que ejerza por escrito, dentro del lapso de diez (10) días hábiles, su derecho a la defensa.

Una vez presentado el escrito de defensa por el presunto infractor, el Contralor General de la República o sus delegatarios decidirán si imponen o no la sanción prevista en artículo 33 de esta Ley, dentro de los quince (15) días hábiles siguientes, la cual será notificada al sancionado de acuerdo con la Ley Orgánica de Procedimientos Administrativos. Dicha decisión agota la vía administrativa.

Cuando así lo considere procedente, el Contralor General de la República o sus delegatarios podrán dictar auto para mejor proveer.

En la aplicación de la sanción se tomarán en cuenta las circunstancias atenuantes y agravantes que correspondan. Se consideran atenuantes, la falta de intención, dolo o culpa del contraventor y el no haber sido objeto de sanciones durante los cinco (5) últimos años. Se consideran agravantes la reincidencia, la reiteración y la resistencia o reticencia.

Artículo 36. Sin perjuicio del agotamiento de la vía administrativa, contra las decisiones dictadas por el Contralor General de la República o sus delegatarios, se podrá interponer el recurso de reconsideración, dentro de los quince (15) días hábiles siguientes a su notificación. Dicho recurso será decidido dentro de los quince días (15) hábiles siguientes a su interposición. Asimismo se podrá interponer recurso de nulidad por ante el Tribunal Supremo de Justicia, en el lapso de seis (6) meses contados a partir del día siguiente a su notificación.

Una vez firme en vía administrativa la decisión prevista en el artículo 35 de esta Ley, se solicitará la expedición de la planilla de liquidación correspondiente y se procederá a realizar la gestión de cobro.

CAPÍTULO II

De las Medidas Preventivas

Artículo 37. El Contralor General de la República solicitará a la máxima autoridad del ente u organismo de que se trate, la aplicación de las medidas preventivas, con el objeto de asegurar la presentación de la declaración jurada de patrimonio y/o los documentos que se exijan en el procedimiento de verificación patrimonial.

La máxima autoridad aplicará la medida preventiva requerida al recibo de su solicitud y deberá participar su ejecución a la Contraloría General de la República en un lapso no mayor de tres (3) días hábiles.

Artículo 38. Sin perjuicio de las demás sanciones que sean procedentes, se suspenderá sin goce de sueldo por un lapso de hasta doce (12) meses a:

1. El funcionario que no presente la declaración jurada de patrimonio, hasta tanto demuestre que dio cumplimiento a la obligación.

2. El funcionario público que no suministre los documentos que exija la Contraloría General de República, en la auditoría patrimonial.

3. El funcionario que no ejecute la suspensión acordada por el Contralor General de la República.

4. El funcionario que de algún modo obstaculice o entrabe la práctica de alguna diligencia que deba efectuarse con motivo de la auditoría patrimonial.

Artículo 39. Sin perjuicio de las demás sanciones que correspondan, quedará inhabilitado para ejercer cualquier cargo público:

1. El funcionario público que cese en el ejercicio de sus funciones y no presente declaración jurada de patrimonio.

2. El funcionario público que falseare u ocultare los datos contenidos en la declaración jurada de patrimonio o los suministrados en el procedimiento de verificación patrimonial.

3. Quienes hayan sido sancionados por el Contralor General de la República o sus delegatarios, por no cumplir con la obligación de presentar declaración jurada de patrimonio o documentación requerida en el proceso de verificación patrimonial y se mantengan contumaces.

4. Los Fiscales o representantes del Ministerio Público que dolosamente no interpongan los recursos legales, no ejerzan las acciones correspondientes, no promuevan las diligencias

conducentes al esclarecimiento de la verdad, no cumplan los lapsos procesales o no coadyuven con la debida protección del procesado.

5. El funcionario o empleado público que haya sido condenado por cualesquiera de los delitos establecidos en la presente Ley.

La inhabilitación que corresponda según los numerales 1, 2 y 3 de este artículo, será determinada por el Contralor General de la República en la resolución que dicte al efecto, la cual no podrá exceder de doce (12) meses, siempre y cuando sea subsanado el incumplimiento, y en los casos a que se refieren los numerales 4 y 5, por el Juez que conozca el caso en sentencia definitiva, a cuyo efecto establecerá un lapso no mayor de quince (15) años.

Artículo 40. Los funcionarios públicos que cesen en el ejercicio de sus funciones públicas por renuncia, destitución, o porque se les conceda el beneficio de jubilación, no podrán retirar los pagos que les correspondan por cualquier concepto hasta tanto presenten la declaración jurada de patrimonio correspondiente al cese de sus funciones.

Título III

DE LAS ATRIBUCIONES Y DEBERES DE LA CONTRALORÍA GENERAL DE LA REPÚBLICA Y DEL MINISTERIO PÚBLICO EN MATERIA DE CORRUPCIÓN

Artículo 41. Sin perjuicio de lo establecido en la ley que rige sus funciones, la Contraloría General de la República tendrá los siguientes deberes y atribuciones en materia de corrupción:

1. Recibir, admitir, estudiar, cotejar, verificar, ordenar y archivar las declaraciones juradas de patrimonio que le fueren presentadas.

2. Exigir la formulación y presentación de la declaración jurada del patrimonio a las personas que deban hacerlo, en la oportunidad y condiciones que juzgue necesario, de conformidad con la ley.

3. Enviar al Fiscal General de la República o a los tribunales competentes todos los documentos o elementos que ellos exijan, así como los resultados de las investigaciones que realice, sobre toda acción u omisión que produjere un perjuicio al patrimonio público o pudiere comprometer la responsabilidad civil o penal de las personas sujetas a esta Ley.

4. Investigar a las personas jurídicas que contraten con alguno de los entes u órganos señalados en los artículos 4 y 5 de esta Ley, cuando en su capital participe, directamente o por interpuesta persona, cualquier funcionario en contravención con lo dispuesto en el artículo 145 de la Constitución de la República Bolivariana de Venezuela.

5. Practicar las investigaciones pertinentes cuando fundadamente se presuma que alguna de las personas sometidas a esta Ley, aun por medio de sujetos interpuestos, hubiere efectuado remesas de fondos al exterior con el propósito de ocultar su enriquecimiento ilícito.

Artículo 42. La Contraloría General de la República podrá aclarar las dudas que puedan presentarse en la interpretación de la obligación de hacer declaración jurada de patrimonio, en las investigaciones para determinar responsabilidades administrativas, y en la sustanciación de aquellos casos en que pueda derivarse responsabilidad penal o civil.

Artículo 43. La Contraloría General de la República tiene competencia para investigar y fiscalizar todos los actos que tengan relación con el patrimonio público, de conformidad con lo establecido en la Ley Orgánica de la Contraloría General de la República y del Sistema Nacional de Control Fiscal. A estos efectos, podrá realizar las averiguaciones que crea necesarias en los órganos y entes que se mencionan en los artículos 4 y 5 de esta Ley.

Artículo 44. Cuando la Contraloría General de la República determine la responsabilidad administrativa de un funcionario público de conformidad con esta Ley, remitirá al Ministerio Público el resultado de sus actuaciones para que éste ejerza las acciones correspondientes.

Artículo 45. Sin perjuicio de lo establecido en la Ley Orgánica del Ministerio Público y en el Código Orgánico Procesal Penal, en materia de corrupción el Ministerio Público tendrá los siguientes deberes y atribuciones:

1. Ejercer las acciones a que hubiere lugar, para hacer efectiva la responsabilidad penal, civil, laboral, militar, administrativa o disciplinaria en que hubieren incurrido las personas indicadas en el artículo 3 de esta Ley.

2. Solicitar a los órganos de investigación penal, realizar actuaciones complementarias que permitan recabar los elementos probatorios conducentes a determinar la procedencia del ejercicio de las acciones a que haya lugar, contra las personas sometidas a investigación por el órgano contralor.

3. Informar a la Contraloría General de la República el resultado de las acciones que hubiere intentado con fundamento en el resultado obtenido en el procedimiento de auditoría patrimonial. En los casos en que desestime el ejercicio de las acciones de su competencia, deberá participar a la Contraloría General de la República a través de un informe los motivos que asistieron la desestimatoria.

4. Recabar, conservar y estructurar cualesquiera elementos probatorios que considere necesarios y útiles para el procesamiento de las personas incursas en la perpetración de alguno de los delitos previstos en esta Ley.

5. Velar por la aplicación de las sanciones administrativas y disciplinarias que sean procedentes.

6. Intentar la acción civil de cobro de las multas administrativas impuestas por la Contraloría General de la República como consecuencia de la declaración de responsabilidad administrativa, y que no hubieren sido satisfechas.

7. Las demás que le señale la ley.

TÍTULO IV

DE LOS DELITOS CONTRA EL PATRIMONIO PÚBLICO Y
LA ADMINISTRACIÓN DE JUSTICIA EN LA APLICACIÓN DE ESTA LEY

CAPÍTULO I

Del enriquecimiento ilícito y su restitución al Patrimonio Público

Artículo 46. Incurre en enriquecimiento ilícito el funcionario público que hubiere obtenido en el ejercicio de sus funciones un incremento patrimonial desproporcionado con relación a sus ingresos, que no pudiere justificar requerido y que no constituya otro delito.

Para la determinación del enriquecimiento ilícito de las personas sometidas a esta Ley, se tomarán en cuenta:

1. La situación patrimonial del investigado.

2. La cuantía de los bienes objeto del enriquecimiento en relación con el importe de sus ingresos y de sus gastos ordinarios.

3. La ejecución de actos que revelen falta de probidad en el desempeño del cargo y que tengan relación causal con el enriquecimiento.

4. Las ventajas obtenidas por la ejecución de contratos con alguno de los entes indicados en el artículo 4 de esta Ley.

Artículo 47. Además de las personas indicadas en el artículo 3 de esta Ley, podrán incurrir en enriquecimiento ilícito:

1. Aquellas a las cuales se hubiere exigido declaración jurada de patrimonio, de conformidad con lo previsto en el artículo 28 de esta Ley.

2. Aquellas que ilegalmente obtengan algún lucro por concepto de ejecución de contratos celebrados con cualquiera de los entes u órganos indicados en el artículo 4 de esta Ley.

Artículo 48. Los bienes que constituyen el enriquecimiento ilícito, por el sólo hecho de la sentencia ejecutoriada, pasarán a ser propiedad de la entidad afectada, cuando se le produjere un perjuicio económico. En los demás casos, ingresarán a la Hacienda Pública Nacional.

Artículo 49. Cuando por cualquier medio, el Ministerio Público conozca de la existencia de indicios de que se ha incurrido en un presunto enriquecimiento ilícito, acordará iniciar, por auto motivado, la investigación correspondiente y ordenará practicar todas las diligencias encaminadas a demostrar dicho enriquecimiento. El Ministerio Público, a fin de sustanciar la referida investigación, podrá apoyarse en cualesquiera de los órganos de policía.

Artículo 50. Los funcionarios o empleados públicos y los particulares están obligados a rendir declaración de los hechos que conozcan y a presentar a la Contraloría General de la República o a sus delegados, al Ministerio Público y al órgano jurisdiccional competente, según el caso, libros, comprobantes y documentos relacionados con el hecho que se averigua, sin observar lo pautado en el Título VII de la Ley Orgánica de la Administración Pública. Cuando se tratare de inspección de cartas, telegramas, papeles privados y cualquier otro medio de correspondencia o comunicación, se procederá de conformidad con lo establecido en la Constitución de la República Bolivariana de Venezuela, el Código Civil y el Código Orgánico Procesal Penal.

Artículo 51. Terminada la investigación, si no resultaren probados los hechos averiguados, el Ministerio Publico hará declaración expresa de ello. En caso contrario, procederá de la forma siguiente:

1. Si aparecieren fundados indicios de que el investigado ha cometido el delito de enriquecimiento ilícito o cualquiera de los otros delitos contemplados en esta Ley, intentará la acción penal correspondiente.

2. Si resultare que el investigado está incurso en la comisión de hechos constitutivos de infracciones de índole fiscal, se remitirá a la Contraloría General de la República, a fin de que decida lo correspondiente, de conformidad con la Ley Orgánica del Ministerio Público.

3. Si resultaren comprobados daños y perjuicios causados al patrimonio público, bajo supuestos distintos a los contemplados en la Ley Orgánica de la Contraloría General de la República y del Sistema Nacional de Control Fiscal, ejercerá la acción civil respectiva.

CAPÍTULO II

Otros delitos contra el Patrimonio Público

Artículo 52. Cualquiera de las personas señaladas en el artículo 3 de la presente Ley que se apropie o distraiga, en provecho propio o de otro, los bienes del patrimonio público o en poder de algún organismo público, cuya recaudación, administración o custodia tengan por razón de su cargo, será penado con prisión de tres (3) a diez (10) años y multa del veinte por ciento (20%) al sesenta por ciento (60%) del valor de los bienes objeto del delito. Se aplicará la misma pena si el agente, aun cuando no tenga en su poder los bienes, se los apropie o distraiga o contribuya para que sean apropiados o distraídos, en beneficio propio o ajeno, valiéndose de la facilidad que le proporciona su condición de funcionario público.

Artículo 53. Cualquiera de las personas indicadas en el artículo 3 de esta Ley que teniendo, por razón de su cargo, la recaudación, administración o custodia de bienes del patrimonio público o en poder de algún órgano o ente público, diere ocasión por imprudencia, negligencia, impericia o inobservancia de leyes, reglamentos, órdenes o instrucciones, a que se extravíen, pierdan, deterioren o dañen esos bienes, será penada con prisión de seis (6) meses a tres (3) años.

Artículo 54. El funcionario público que, indebidamente, en beneficio particular o para fines contrarios a los previstos en las leyes, reglamentos, resoluciones u órdenes de servicio, utilice o permita que otra persona utilice bienes del patrimonio público o en poder de algún organismo público, o de empresas del Estado cuya administración, tenencia o custodia se le haya confiado, será penado con prisión de seis (6) meses a cuatro (4) años.

Con la misma pena será sancionada la persona que, con la anuencia del funcionario público, utilice los trabajadores o bienes referidos.

Artículo 55. Cuando el culpable de alguno de los delitos previstos en los artículos precedentes, antes de iniciarse la investigación, haya restituido lo apropiado o distraído, o reparado enteramente el daño causado, en el caso de que por la naturaleza del hecho o por otras circunstancias no fuere posible la restitución, la pena se disminuirá en dos terceras (2/3) partes.

Si la restitución o la reparación se efectúa en el curso del juicio antes de dictarse sentencia de primera instancia, la pena se podrá disminuir hasta la mitad.

Cuando el reintegro fuere parcial en cualquiera de los dos casos señalados, se podrá disminuir la pena hasta en una cuarta (1/4) parte, según la cantidad reintegrada o el daño reparado y la gravedad y modalidades del hecho punible.

Artículo 56. El funcionario público que ilegalmente diere a los fondos o rentas a su cargo, una aplicación diferente a la presupuestada o destinada, aun en beneficio público, será penado con prisión de tres meses a tres años, según la gravedad del delito.

Artículo 57. El funcionario público que por dar ilegalmente a los fondos o rentas a su cargo una aplicación pública diferente a la presupuestada o destinada, causare daño o entorpeciera algún servicio público, será penado con prisión de seis (6) meses a cuatro (4) años.

Artículo 58. El funcionario público que, con el objeto de evadir la aplicación de los procedimientos de licitación u otros controles o restricciones que establece la ley para efectuar determinada contratación, o alegare ilegalmente razones de emergencia, será penado con prisión de seis (6) meses a tres (3) años. Con igual pena serán sancionados los funcionarios que otorgaren las autorizaciones o aprobaciones de tales contrataciones.

Artículo 59. El funcionario público que excediéndose en las disposiciones presupuestarias y sin observancia de las previsiones legales sobre crédito público, efectúe gastos o contraiga deudas o compromisos de cualquier naturaleza que hagan procedente reclamaciones contra la República o contra algunas de las entidades o instituciones indicadas en el artículo 4 de esta Ley, será penado con prisión de uno (1) a tres (3) años, excepto en aquellos casos en los cuales el funcionario, a fin de evitar la paralización de un servicio, obtuviere la autorización del gasto por parte del Presidente de la República en Consejo de Ministros, debiendo notificarse esta autorización a las Comisiones Permanentes de Finanzas y de Contraloría o, en su defecto, a la Comisión Delegada de la Asamblea Nacional.

Artículo 60. El funcionario público que abusando de sus funciones, constriña o induzca a alguien a que dé o prometa, para sí mismo o para otro, una suma de dinero o cualquier otra ganancia o dádiva indebida, será penado con prisión de dos (2) a seis (6) años y multa de hasta el cincuenta por ciento (50%) del valor de la cosa dada o prometida.

Artículo 61. El funcionario público que por algún acto de sus funciones reciba para sí mismo o para otro, retribuciones u otra utilidad que no se le deban o cuya promesa acepte, será penado con prisión de uno (1) a cuatro (4) años y multa de hasta el cincuenta por ciento (50%) de lo recibido o prometido. Con la misma pena será castigado quien diere o prometiere el dinero, retribuciones u otra utilidad indicados en este artículo.

Artículo 62. El funcionario público que por retardar u omitir algún acto de sus funciones, o que por efectuar alguno que sea contrario al deber mismo que ellas impongan, reciba o se haga prometer dinero u otra utilidad, bien por sí mismo o mediante otra persona, para sí o para otro, será penado con prisión de tres (3) a siete (7) años y multa de hasta el cincuenta por ciento (50%) del beneficio recibido o prometido.

La prisión será de cuatro (4) a ocho (8) años y la multa de hasta el sesenta por ciento (60%), si la conducta ha tenido por efecto:

1. Conferir empleos públicos, subsidios, pensiones u honores, o hacer que se convenga en contratos relacionados con la administración a la que pertenezca el funcionario.

2. Favorecer o causar algún perjuicio o daño a alguna de las partes en procedimiento administrativo o juicio penal, civil o de cualquier otra naturaleza.

Si el responsable de la conducta fuere un juez, y de ello, resultare una sentencia condenatoria restrictiva de la libertad que exceda de seis (6) meses, la pena de prisión será de cinco (5) a diez (10) años.

Con la misma pena en cada caso, será castigada la persona interpuesta de la que se hubiere valido el funcionario público para recibir o hacerse prometer el dinero u otra utilidad, y la persona que diere o prometiere el dinero u otra utilidad indicados en este artículo.

Artículo 63. Cualquiera que, sin conseguir su objeto, se empeñe en persuadir o inducir a cualquier funcionario público a que cometa alguno de los delitos previstos en los artículos 61 y 62 de esta Ley, será castigado, cuando la inducción sea con el objeto de que el funcionario incurra en el delito previsto en el artículo 61, con prisión de seis (6) meses a dos (2) años; y si fuere con el fin de que incurra en el señalado en el artículo 62, con las penas allí establecidas, reducidas a la mitad.

Artículo 64. Cuando el soborno mediare en causa criminal a favor del indiciado, procesado o reo, por parte de su cónyuge o concubino en los términos del artículo 77 de la Constitución de la República Bolivariana de Venezuela, de algún ascendiente, descendiente o hermano, se rebajará la pena que debiera imponerse al sobornante, atendidas todas las circunstancias, en dos terceras (2/3) partes.

Artículo 65. En los casos previstos en los artículos 61 y 62, el dinero u objeto dados serán confiscados, previa sentencia firme que así lo acuerde.

Artículo 66. El funcionario público que utilice, para sí o para otro, informaciones o datos de carácter reservado de los cuales tenga conocimiento en razón de su cargo, será penado con prisión de uno (1) a seis (6) años y multa de hasta el cincuenta por ciento (50%) del beneficio perseguido u obtenido, siempre que el hecho no constituya otro delito.

Si del hecho resultare algún perjuicio a la Administración Pública, la pena será aumentada de un tercio (1/3) a la mitad (1/2).

Artículo 67. El funcionario público que abusando de sus funciones, ordene o ejecute en daño de alguna persona un acto arbitrario que no esté especialmente previsto como delito o falta por una disposición de la ley, será castigado con prisión de seis (6) meses a dos (2) años; y si obra por un interés privado, la pena se aumentará en una sexta (1/6) parte.

Artículo 68. El funcionario público que abusando de sus funciones, utilice su cargo para favorecer o perjudicar electoralmente a un candidato, grupo, partido o movimiento político, será sancionado con prisión de un (1) año a tres (3) años.

Artículo 69. El funcionario público que arbitrariamente exija o cobre algún impuesto o tasa indebidos, o que, aun siendo legales, emplee para su cobranza medios no autorizados por la ley, será penado con prisión de un (1) mes a un (1) año y multa de hasta el veinte por ciento (20%) de lo cobrado o exigido.

Artículo 70. El funcionario público que, al intervenir por razón de su cargo en la celebración de algún contrato u otra operación, se concierte con los interesados o intermediarios para que se produzca determinado resultado, o utilice cualquier maniobra o artificio conducente a ese fin, será penado con prisión de dos (2) a cinco (5) años. Si el delito tuvo por objeto obtener dinero, dádivas o ganancias indebidas que se le dieren u ofrecieren a él o a un tercero, será penado con prisión de dos (2) a seis (6) años y multa de hasta el cien por ciento (100%) del beneficio dado o prometido. Con la misma pena será castigado quien se acuerde con los funcionarios, y quien diere o prometiere el dinero, ganancias o dádivas indebidas a que se refiere este artículo.

Artículo 71. El funcionario público que en forma indebida, directamente o por interpuesta persona, con aprovechamiento de las funciones que ejerce o usando las influencias derivadas de las mismas, hubiere obtenido ventaja o beneficio económico u otra utilidad para sí o para un tercero, será penado con prisión de dos (2) a cuatro (4) años.

Igual pena se aplicará a quien, en beneficio propio o de otro, haga uso indebido de la influencia o ascendencia que pudiera tener sobre algún funcionario público para que éste ordene o ejecute algún acto propio de sus funciones, para que lo omita, retarde o precipite o para que realice alguno que sea contrario al deber que ellas impongan. El funcionario que actúe bajo estas condiciones será castigado con la misma pena, aumentada de un tercio (1/3) a la mitad (1/2), excepto si concurren las circunstancias previstas en la segunda parte del artículo 60 de esta Ley, en cuyo caso se aplicará la sanción prevista en ese artículo.

Artículo 72. Fuera de aquellos casos expresamente tipificados, el funcionario público o cualquier persona que por sí misma o mediante persona interpuesta se procure ilegalmente alguna utilidad en cualquiera de los actos de la administración pública, será penado con prisión de uno (1) a cinco (5) años y multa de hasta el cincuenta por ciento (50%) de la utilidad procurada.

Artículo 73. El funcionario público que hubiere obtenido en el ejercicio de sus funciones un incremento patrimonial desproporcionado con relación a sus ingresos, que no pudiere justificar, y que haya sido requerido debidamente para ello y que no constituya otro delito, será sancionado con prisión de tres (3) a diez (10) años. Con la misma pena será sancionada la persona interpuesta para disimular el incremento patrimonial no justificado.

Artículo 74. Los representantes o administradores de personas naturales o jurídicas, así como los directores o principales de éstas, que, por actos simulados o fraudulentos, se aprovechen o distraigan de cualquier forma, en beneficio propio o de terceros, el dinero, valores u otros bienes que sus administradas o representadas hubieren recibido de cualquier órgano o ente público por concepto de crédito, aval o cualquier otra forma de contratación, siempre que resulte lesionado el patrimonio público, serán penados con prisión de dos (2) a diez (10) años.

Artículo 75. Los comisarios, administradores, directores o principales de personas jurídicas en las que tenga interés algún órgano o ente público que, a falta de balance legalmente aprobado, en disconformidad con él o con base a balances insinceros, declaren, cobren o paguen utilidades ficticias o que no deban distribuirse, serán penados con prisión de uno (1) a cinco (5) años.

Artículo 76. Cualquier persona que falseare u ocultare intencionalmente los datos contenidos o que deba contener su declaración jurada de patrimonio, así como los que se les requieran con ocasión de la verificación de la misma, o estuviere en rebeldía en su presentación o en el suministro de información en la auditoría patrimonial, será castigado con prisión de uno (1) a seis (6) meses y se procederá a su destitución si se encuentra en el ejercicio del cargo.

Artículo 77. El funcionario público o particular que expida una certificación falsa, destinada a dar fe ante la autoridad o ante particulares, de documentos, actas, constancias, antigüedad u otras credenciales, que puedan ser utilizadas para justificar decisiones que causen daños al patrimonio público, será penado con prisión de seis (6) meses a dos (2) años.

Con la misma pena se castigará a quien forjare tales certificaciones o altere alguna regularmente expedida, a quien hiciere uso de ello, o a quien diere u ofreciere dinero para obtenerla.

Artículo 78. Cualquiera que ilegalmente ocultare, inutilizare, alterare, retuviere o destruyera, total o parcialmente, un libro o cualquier otro documento que curse ante cualquier órgano o ente público, será penado con prisión de tres (3) a siete (7) años.

Podrá disminuirse hasta la mitad la pena prevista en este artículo si el daño o perjuicio causado fuese leve y hasta la tercera parte (1/3) si fuese levísimo.

Artículo 79. La persona que alardeando de valimiento o de relaciones de importancia e influencia con cualquier funcionario público reciba o se haga prometer, para sí o para otro, dinero o cualquier otra utilidad, bien como estímulo o recompensa de su mediación, bien so pretexto de remunerar el logro de favores, será penado con prisión de dos (2) a siete (7) años; y con prisión de seis (6) meses a dos (2) años, a quien dé o prometa el dinero o cualquier otra utilidad de las que se indican en este artículo, a menos que haya denunciado el hecho ante la autoridad competente antes de la iniciación del correspondiente proceso judicial.

Artículo 80. Serán penados con prisión de tres (3) meses a un (1) año los funcionarios públicos que:

1. Por sí o por interpuesta persona se procuren alguna utilidad, ventaja o beneficio económico con ocasión de las faltas administrativas previstas en el artículo 94 de la Ley Orgánica de la Contraloría General de la República y del Sistema Nacional de Control Fiscal.

2. Ordenen pagos por obras o servicios no realizados o defectuosamente ejecutados.

3. Certifiquen terminaciones de obras o prestación de servicios inexistentes o de calidades o cantidades inferiores a las contratadas, sin dejar constancia de estos hechos.

Artículo 81. El funcionario público que abra cuenta bancaria a su nombre o al de un tercero utilizando fondos públicos, aun sin ánimo de apropiárselos, será penado con prisión de uno (1) a cinco (5) años.

Cuando dichos fondos sean depositados en cuenta particular ya abierta, o aquel que deliberadamente se sobregire en las cuentas que en una o varias instituciones bancarias mantenga el organismo o ente confiado a su manejo, administración o giro, será penado con prisión de seis (6) meses a dos (2) años.

Artículo 82. Cualquiera que falsamente denunciare o acusare a otra persona de la comisión de alguno o algunos de los hechos punibles previstos en la presente Ley, será castigada con prisión de uno (1) a tres (3) años.

Capítulo III

De los delitos contra la administración de justicia en la aplicación de esta Ley

Artículo 83. Juez que omita o rehúse decidir, so pretexto de oscuridad, insuficiencia, contradicción o silencio de esta Ley, será penado con prisión de uno (1) a dos (2) años. Si obrare por un interés privado, la pena se aumentará al doble.

El Juez que viole esta Ley o abuse de poder, en beneficio o perjuicio de un procesado, será penado con prisión de tres (3) a seis (6) años.

La Dirección Ejecutiva de la Magistratura del Tribunal Supremo de Justicia, tomará las previsiones necesarias para destituirlo, pudiendo permitir su reingreso a la carrera judicial, luego del transcurso de veinte (20) años después de cumplida la pena, siempre y cuando haya observado conducta intachable durante ese tiempo.

Artículo 84. El Juez que retarde la tramitación del proceso con el fin de prolongar la detención del procesado o de que prescriba la acción penal correspondiente, será penado con prisión de dos (2) a cuatro (4) años; igual pena le corresponderá a las personas que hubieren intervenido en el delito en calidad de cooperadores inmediatos. Igualmente, todo funcionario público de instrucción, o de policía judicial que, en el ejercicio de sus funciones, tuviere conocimiento de algún hecho punible por el cual ordene esta Ley proceder de oficio y omita o retarde indebidamente dictar las actuaciones correspondientes o dar parte de ello a la autoridad competente, será sancionado con suspensión del cargo por seis (6) meses, sin goce de sueldo y, en caso de gravedad o de reincidencia reiterada, con destitución, previo procedimiento disciplinario, en ambos casos, por la Dirección Ejecutiva de la Magistratura del Tribunal Supremo de Justicia, si es empleado judicial o por la autoridad competente, si es algún órgano de policía.

Artículo 85. Los fiscales o representantes del Ministerio Público, que dolosamente no interpongan los recursos legales, no ejerzan las acciones penales o civiles, o no promuevan las diligencias conducentes al esclarecimiento de la verdad, a la rectitud de los procedimientos, al cumplimiento de los lapsos procesales y de la protección debida al procesado, serán penados con prisión de dos (2) a cuatro (4) años.

Artículo 86. El funcionario público por sí o por interpuesta persona, en contravención a lo consagrado en el artículo 145 de la Constitución de la República Bolivariana de Venezuela, siempre y cuando se demostrare su influencia o injerencia en el proceso de contratación, o contrate con sociedades mercantiles que tengan su domicilio fiscal o constitución en países donde no se guarden las formalidades y prerrequisitos de ley consagrados en la legislación nacional, será penado con prisión de tres (3) a seis (6) años. Igual pena será aplicada a las personas involucradas en el proceso de contratación.

TÍTULO V

PROCEDIMIENTO PENAL Y MEDIDAS PREVENTIVAS

Artículo 87. Se considera de orden público la obligación de restituir, reparar el daño o indemnizar los perjuicios inferidos al patrimonio público, por quienes resultaren responsables de las infracciones previstas en esta Ley.

A estos efectos, el Ministerio Público practicará de oficio las diligencias conducentes a la determinación de la responsabilidad civil de quienes aparecieren como copartícipes en el delito. En la sentencia definitiva, el tribunal se pronunciará sobre la responsabilidad civil del o de los enjuiciados.

Si en el expediente no estuviere determinada la cuantía del daño, reparación, restitución o indemnización que corresponda, la sentencia ordenará proceder con arreglo a lo establecido en el artículo 249 del Código de Procedimiento Civil.

Artículo 88. El Fiscal del Ministerio Público, en capítulo separado del escrito de acusación, propondrá la acción civil que corresponda para que sean reparados los daños, efectuadas las restituciones, indemnizados los perjuicios o pagados los intereses que por los actos delictivos imputados al enjuiciado hubieren causado al Patrimonio Público, observándose al respecto los requisitos establecidos en el artículo 340 del Código de Procedimiento Civil.

Los intereses se causarán desde la fecha de la comisión del acto de enriquecimiento ilícito contra el patrimonio público o desde el inicio de dicho acto, si fuere de ejecución continuada, y se calcularán conforme a la tasa o rata que fije el Reglamento de la Ley, pero en ningún caso será inferior al doce por ciento (12%) anual.

Artículo 89. En el mismo acto se opondrán todas las excepciones establecidas en el artículo 28 del Código Orgánico Procesal Penal y las indicadas en el artículo 346 del Código de Procedimiento Civil, conjuntamente con todas las defensas de fondo, en cuanto fueren procedentes.

Las excepciones o cuestiones previas se contestarán por la parte a quien corresponda en la misma audiencia, y serán resueltas al concluir la misma, conforme a lo dispuesto en el artículo 330 del Código Orgánico Procesal Penal.

Artículo 90. Ningún procedimiento administrativo o de cualquier otra naturaleza impedirá el ejercicio de la acción penal y de la civil que de ella se derive.

Artículo 91. Los juicios que se sigan por la comisión de los delitos previstos en esta Ley se regirán por las disposiciones previstas en ella y las contenidas en el Código Orgánico Procesal Penal.

Artículo 92. Las instituciones bancarias están obligadas a abrir las cajas de seguridad de sus clientes sometidos a averiguación por la presunta comisión de delitos contra la cosa pública y mostrar su contenido cuando así lo exija el Ministerio Público, previa orden judicial emitida por el Juez de Control, a solicitud de aquél. La apertura se hará en presencia del funcionario respectivo y del titular de la caja de seguridad o de su representante. En caso de que alguno de éstos no concurriere al acto de apertura o se negare a abrir la caja de seguridad, la misma será abierta en su ausencia o rebeldía, inventariándose su contenido, de todo lo cual se levantará acta. Dicha caja, luego de sellada, no podrá abrirse nuevamente sin orden expresa del tribunal competente a solicitud del Ministerio Público.

Artículo 93. Cuando a juicio del Ministerio Público existan fundados indicios de la responsabilidad del investigado, podrá solicitar al Juez de Control que se retengan preventivamente las remuneraciones, prestaciones o pensiones del funcionario, en el caso que la investigación se refiera a fondos de los cuales éste aparezca directamente responsable en la averiguación. Dicha retención se hará en la forma y porcentaje previstos en la legislación especial.

Esta retención podrá hacerse extensiva a los pagos que los órganos y entes mencionados en el artículo 4 de esta Ley, adeuden a contratistas, cuando éstos aparezcan directamente implicados en las investigaciones que se practiquen.

Artículo 94. Cuando existieren indicios graves, el Ministerio Público podrá solicitar al Juez de Control, el aseguramiento de bienes del investigado hasta por el doble de la cantidad en que se estime el enriquecimiento ilícito o el daño causado por el investigado al patrimonio público. La medida será acordada con sujeción a los trámites previstos en el Código de Procedimiento Civil. Introducida la solicitud, de considerarla procedente, el Juez decretará en la misma fecha la medida preventiva de aseguramiento solicitada.

Artículo 95. En la sentencia definitiva el Juez podrá ordenar, según las circunstancias del caso, la confiscación de los bienes de las personas naturales o jurídicas, nacionales o extranjeras, que incurran o sean responsables de delitos establecidos en esta Ley que afecten gravemente el patrimonio público, a cuyo efecto solicitará ante las autoridades competentes, la repatriación de capitales de ser el caso.

Asimismo, el Juez podrá ordenar, según la gravedad del caso, la confiscación de los bienes de las personas que hayan incurrido en el delito de enriquecimiento ilícito tipificado en el artículo 46 de esta Ley, y consecuencialmente la repatriación de capitales.

Artículo 96. El funcionario o empleado público que haya sido condenado por cualesquiera de los delitos establecidos en la presente Ley, quedará inhabilitado para el ejercicio de la función pública y, por tanto, no podrá optar a cargo de elección popular o a cargo público alguno, a partir del cumplimiento de la condena y hasta por cinco (5) años, a excepción de lo establecido en el artículo 83 de esta Ley, caso en el cual se aplicará el tiempo establecido en esa norma.

El lapso de inhabilitación a que se refiere este artículo será determinado por el juez, de acuerdo con la gravedad del delito, en la sentencia definitiva que se pronuncie sobre el mismo.

Artículo 97. Las acciones penales y civiles derivadas de los delitos tipificados en el Capítulo III del Título IV de la presente Ley prescribirán conforme a las reglas establecidas en los Códigos Penal y Civil, respectivamente. Sin embargo, cuando el infractor fuere funcionario público, la prescripción comenzará a contarse desde la fecha de cesación en el cargo o función, y si se tratare de funcionarios que gocen de inmunidad, se contará a partir del momento en que ésta hubiere cesado o haya sido allanada.

Artículo 98. La Contraloría General de la República establecerá un sistema estadístico y de información sobre las denuncias, procedimientos, juicios, faltas, delitos, sanciones y penas que se impongan contra los funcionarios públicos por actos contrarios a esta Ley o por incurrir en las sanciones administrativas establecidas en la Ley Orgánica de la Contraloría General de la República y del Sistema Nacional de Control Fiscal, en la Ley Orgánica de la Administración Financiera del Sector Público y en la Ley que establece el Estatuto de la Función Pública.

DISPOSICIÓN DEROGATORIA

Única. Se deroga la Ley Orgánica de Salvaguarda del Patrimonio Público publicada en la Gaceta Oficial N° 3.077 Extraordinario, del 23 de diciembre de 1982.

DISPOSICIÓN TRANSITORIA

Única. El Consejo Moral Republicano adaptará el Código de Ética para el Funcionario Público, dictado por la Contraloría General de la República mediante Resolución N° 000019 de fecha 12 de mayo de 1997, y publicada en Gaceta Oficial de la República de Venezuela N° 36.268 del 13 de agosto de 1997, el cual desarrollará los principios y valores consagrados en la Constitución de la República Bolivariana de Venezuela.

DISPOSICIONES FINALES

Primera. En todo cuanto sea procedente se aplicará lo previsto en la Convención Interamericana Contra la Corrupción, publicada en la Gaceta Oficial de la República de Venezuela N° 36.211 del 22 de mayo de 1997. Las autoridades venezolanas competentes adoptarán especialmente, de conformidad con la Constitución de la República Bolivariana de Venezuela y las leyes, todas las medidas que sean necesarias para hacer efectivo lo previsto por dicha convención en las materias de extradición, medidas sobre bienes y secreto bancario, reguladas por sus artículos XIII, XV y XVI.

Segunda. La comisión de los delitos contemplados en esta Ley se tendrá como de lesa patria.

Tercera. Los funcionarios públicos no podrán abrir cuentas innominadas en el exterior.

Cuarta. Esta Ley entrará en vigencia a partir de su publicación en la Gaceta Oficial de la República Bolivariana de Venezuela.

Dada, firmada y sellada en el Palacio Federal Legislativo, sede de la Asamblea Nacional, en Caracas a los veinte días del mes de marzo de dos mil tres. Año 192° de la Independencia y 144° de la Federación.

FRANCISCO AMELIACH, Presidente
RICARDO GUTIÉRREZ, Primer Vicepresidente
NOELÍ POCATERRA, Segunda Vicepresidenta
EUSTOQUIO CONTRERAS, Secretario
ZULMA TORRES DE MELO, Subsecretaria

Palacio de Miraflores, en Caracas, a los siete días del mes de abril de dos mil tres. Años 192° de la Independencia y 144° de la Federación.

Cúmplase,

(L.S.), HUGO CHÁVEZ FRÍAS
Refrendado
El Vicepresidente Ejecutivo, JOSÉ VICENTE RANGEL
El Ministro del Interior y Justicia, LUCAS ENRIQUE RINCÓN ROMERO
El Ministro de Relaciones Exteriores, ROY CHADERTON MATOS
El Ministro de Finanzas, TOBÍAS NÓBREGA SUÁREZ
El Ministro de la Defensa, JOSÉ LUIS PRIETO
El Ministro de la Producción y el Comercio, RAMÓN ROSALES LINARES
El Ministro de Agricultura y Tierras, EFRÉN DE JESÚS ANDRADES LINARES
El Ministro de Educación Superior, HÉCTOR NAVARRO DÍAZ

El Ministro de Educación, Cultura y Deportes, ARISTÓBULO ISTÚRIZ ALMEIDA
La Ministra de Salud y Desarrollo Social, MARÍA URBANEJA DURANT
La Ministra del Trabajo, MARÍA CRISTINA IGLESIAS
El Ministro de Infraestructura, DIOSDADO CABELLO RONDÓN
El Ministro de Energía y Minas, RAFAEL DARÍO RAMÍREZ CARREÑO
La Ministra del Ambiente y de los Recursos Naturales, ANA ELISA OSORIO GRANADO
El Ministro de Planificación y Desarrollo, FELIPE PÉREZ MARTÍ
La Encargada del Ministerio de Ciencia y Tecnología, MARLENE YADIRA CÓRDOVA
La Ministra de Comunicación e Información, NORA MARGARITA URIBE TRUJILLO
El Ministro de Estado, JOSÉ FRANCISCO NATERA MARTÍNEZ
El Ministro de Estado, NELSON JOSÉ MERENTES DÍAZ

LEY NOVENA:
LEY ORGÁNICA DE LA CONTRALORÍA GENERAL DE LA REPÚBLICA Y DEL SISTEMA DE CONTROL FISCAL[*]

LA ASAMBLEA NACIONAL
DE LA REPÚBLICA BOLIVARIANA DE VENEZUELA

DECRETA

la siguiente

LEY ORGÁNICA DE LA CONTRALORÍA GENERAL DE LA REPÚBLICA Y DEL SISTEMA NACIONAL DE CONTROL FISCAL

TÍTULO I

DISPOSICIONES FUNDAMENTALES

CAPÍTULO I

Disposiciones Generales

Artículo 1. La presente ley tiene por objeto regular las funciones de la Contraloría General de la República, el Sistema Nacional de Control Fiscal y la participación de los ciudadanos en el ejercicio de la función Contralora.

Artículo 2. La Contraloría General de la República, en los términos de la Constitución de la República Bolivariana de Venezuela y de esta ley, es un órgano del poder ciudadano, al que corresponde el control, la vigilancia y la fiscalización de los ingresos, gastos y bienes públicos, así como de las operaciones relativas a los mismos, cuyas actuaciones se orientarán a la realización de auditorías, inspecciones y cualquier otro tipo de revisiones fiscales en los organismos y entidades sujetos a su control.

La Contraloría, en el ejercicio de sus funciones, verificará la legalidad, exactitud y sinceridad, así como la eficacia, economía, eficiencia, calidad e impacto de las operaciones y de los resultados de la gestión de los organismos y entidades sujetos a su control.

Corresponde a la Contraloría ejercer sobre los contribuyentes y responsables, previstos en el Código Orgánico Tributario, así como sobre los demás particulares, las potestades que específicamente le atribuye esta ley.

---

*   *Gaceta Oficial* N° 37.347 de 17 de diciembre de 2001

Parágrafo Primero: La Contraloría realizará todas las actividades que le asigne el consejo moral republicano, de conformidad con la Constitución de la República Bolivariana de Venezuela y las leyes.

Artículo 3. La Contraloría General de la República en el ejercicio de sus funciones no está subordinada a ningún otro órgano del poder público. Goza de autonomía funcional, administrativa y organizativa e igualmente de la potestad para dictar normas reglamentarias en las materias de su competencia.

Artículo 4. A los fines de esta ley, se entiende por Sistema Nacional de Control Fiscal, el conjunto de órganos, estructuras, recursos y procesos que, integrados bajo la rectoría de la Contraloría General de la República, interactúan coordinadamente a fin de lograr la unidad de dirección de los sistemas y procedimientos de control que coadyuven al logro de los objetivos generales de los distintos entes y organismos sujetos a esta ley, así como también al buen funcionamiento de la administración pública.

Artículo 5. La función de control estará sujeta a una planificación que tomará en cuenta los planteamientos y solicitudes de los órganos del poder público, las denuncias recibidas, los resultados de la gestión de control anterior, así como la situación administrativa, las áreas de interés estratégico nacional y la dimensión y áreas críticas de los entes sometidos a su control.

Artículo 6. Los órganos que integran el Sistema Nacional de Control Fiscal adoptarán, de conformidad con la Constitución de la República Bolivariana de Venezuela y las leyes, las medidas necesarias para fomentar la participación ciudadana en el ejercicio del control sobre la gestión pública.

Artículo 7. Los entes y organismos del sector público, los servidores públicos y los particulares están obligados a colaborar con los órganos que integran el Sistema Nacional de Control Fiscal, y a proporcionarles las informaciones escritas o verbales, los libros, los registros y los documentos que les sean requeridos con motivo del ejercicio de sus competencias. Asimismo, deberán atender las citaciones o convocatorias que les sean formuladas.

Artículo 8. Las funciones que la Constitución de la República Bolivariana de Venezuela y las leyes atribuyen a la Contraloría General de la República y a los demás órganos del Sistema Nacional de Control Fiscal deben ser ejercidas con objetividad e imparcialidad.

Artículo 9. Están sujetos a las disposiciones de la presente ley y al control, vigilancia y fiscalización de la Contraloría General de la República:

1.   Los órganos y entidades a los que incumbe el ejercicio del poder público nacional.

2.   Los órganos y entidades a los que incumbe el ejercicio del poder público estadal.

3.   Los órganos entidades a los que incumbe el ejercicio del poder público en los distritos y distritos metropolitanos.

4.   Los órganos y entidades a los que incumbe el ejercicio del poder público municipal y en las demás entidades locales previstas en la Ley Orgánica de Régimen Municipal.

5.   Los órganos y entidades a los que incumbe el ejercicio del poder público en los territorios federales y dependencias federales.

6.   Los institutos autónomos nacionales, estadales, distritales y municipales.

7.   El Banco Central de Venezuela.

8.   Las universidades públicas.

9.   Las demás personas de derecho público nacionales, estadales, distritales y municipales.

10.   Las sociedades de cualquier naturaleza en las cuales las personas a que se refieren los numerales anteriores tengan participación en su capital social, así como las que se constituyan con la participación de aquéllas.

11.   Las fundaciones y asociaciones civiles y demás instituciones creadas con fondos públicos, o que sean dirigidas por las personas a que se refieren los numerales anteriores, o en las cuales tales personas designen sus autoridades, o cuando los aportes presupuestarios o contribuciones efectuados en un ejercicio presupuestario por una o varias de las personas a que se refieren los numerales anteriores representen el cincuenta por ciento (50%) o más de su presupuesto.

12.   Las personas naturales o jurídicas que sean contribuyentes o responsables, de conformidad con lo previsto en el Código Orgánico Tributario, o que en cualquier forma contraten, negocien o celebren operaciones con cualesquiera de los organismos o entidades mencionadas en los numerales anteriores, o que reciban aportes, subsidios, otras transferencias o incentivos fiscales, o que en cualquier forma intervengan en la administración, manejo o custodia de recursos públicos.

CAPÍTULO II

De la organización de la Contraloría General de la República

Artículo 10. La Contraloría General de la República actuará bajo la dirección y responsabilidad del Contralor General de la República, quien será designado de conformidad con lo previsto en la Constitución de la República Bolivariana de Venezuela y en la Ley Orgánica del Poder Ciudadano.

Artículo 11. Para ser designado Contralor o Contralora General de la República se requiere ser venezolano o venezolana por nacimiento y sin otra nacionalidad, mayor de treinta años, de estado seglar, tener un mínimo de quince (15) años de graduado en alguna de las siguientes profesiones: derecho, economía, contaduría pública, administración comercial o ciencias fiscales; poseer experiencia no menor de diez (10) años en el ejercicio de cargos directivos en los órganos de control fiscal del sector público.

Artículo 12. La Contraloría tendrá un sub-Contralor o sub-Contralora, quien deberá cumplir las mismas condiciones requeridas por la Constitución de la República Bolivariana de Venezuela para ser Contralor General de la República, será de libre nombramiento y remoción de éste. El sub-Contralor o sub-Contralora llenará las faltas temporales o accidentales del Contralor y las absolutas mientras la Asamblea Nacional provea la vacante y ejercerá las funciones que contemple el reglamento interno y los demás instrumentos normativos que al efecto se dicten.

Artículo 13. La Contraloría tendrá las direcciones generales y sectoriales, unidades de apoyo, servicios técnicos y administrativos que sean necesarios para el cumplimiento de sus funciones. El Contralor determinará, en el reglamento interno y en las resoluciones organizativas que dicte, las direcciones, unidades, divisiones, departamentos, oficinas y servicios de conformidad con esta ley. Dichos instrumentos normativos deberán ser publicados en la Gaceta Oficial de la República Bolivariana de Venezuela.

Artículo 14. Son atribuciones y obligaciones del Contralor General de la República:

1.   Velar por el cumplimiento de la Ley Orgánica de la Contraloría General de la República y del Sistema Nacional de Control Fiscal y demás leyes relacionadas con esta materia.

2.   Dictar las normas reglamentarias sobre la estructura, organización, competencia y funcionamiento de las direcciones y demás dependencias de la Contraloría.

3.   Dictar el Estatuto de Personal de la Contraloría de conformidad con lo previsto en esta ley y nombrar, remover, destituir y jubilar al personal conforme a dicho estatuto y demás normas aplicables.

4.   Ejercer la administración de personal y la potestad jerárquica.

5.   La administración y disposición de los bienes nacionales adscritos a la Contraloría.

6. Representar a la Contraloría en el Consejo Moral Republicano.

7. Colaborar con todos los órganos de la Administración Pública, a fin de coadyuvar al logro de sus objetivos generales.

8. Dirigir la actuación de la Contraloría, con preferencia hacia las áreas de mayor importancia económica e interés estratégico nacional.

9. Fomentar la participación ciudadana en el ejercicio del control sobre la gestión pública.

10. Ejercer la rectoría del Sistema Nacional de Control Fiscal.

11. Presentar cada año el proyecto de presupuesto de gastos de la Contraloría.

12. Fomentar el carácter profesional y técnico en el ejercicio de control fiscal.

13. Presentar un informe anual ante la Asamblea Nacional, en sesión plenaria, y los informes que en cualquier momento le sean solicitados por la Asamblea Nacional.

Artículo 15. El Contralor podrá designar o constituir con carácter temporal o permanente en los entes sujetos al control, vigilancia y fiscalización de la Contraloría, los funcionarios, empleados y unidades que considere conveniente, con las facultades que les señale dentro de los límites de esta ley. Las decisiones a que se contrae este Artículo serán dictadas mediante resoluciones que serán publicadas en la Gaceta Oficial de la República Bolivariana de Venezuela.

Artículo 16. El Contralor podrá delegar en funcionarios de la Contraloría el ejercicio de determinadas atribuciones. Asimismo, podrá delegar la firma de determinados documentos. Los actos cumplidos por los delegatarios deberán indicar el carácter con que actuó el funcionario que los dictó, y en el caso de ejercicio de delegaciones de firma, producirán efectos como si hubiesen sido adoptados por el Contralor y, en consecuencia, contra ellos no se admitirá recurso jerárquico. Los delegatarios no podrán subdelegar.

La delegación aquí prevista, al igual que su revocatoria, surtirán efectos desde la fecha de su publicación en la Gaceta Oficial de la República Bolivariana de Venezuela.

CAPÍTULO III

Del Régimen Presupuestario

Artículo 17. La Contraloría estará sujeta a las leyes y reglamentos sobre la elaboración y ejecución del presupuesto, en cuanto sean aplicables. No obstante, a los efectos de garantizar la autonomía en el ejercicio de sus atribuciones, regirán las siguientes disposiciones especiales para la elaboración y ejecución de su presupuesto.

1. La Contraloría preparará cada año su proyecto de presupuesto de gastos, el cual será remitido al poder ciudadano ara su presentación al Ejecutivo Nacional e incorporación sin modificaciones al respectivo proyecto de Ley de Presupuesto que se someterá a la consideración de la Asamblea Nacional. Sólo la Asamblea Nacional podrá introducir cambios en el proyecto de presupuesto que presente la Contraloría.

2. La Contraloría elaborará la programación de ejecución financiera de los recursos presupuestarios que le fueren acordados e informará de ella al Ejecutivo Nacional, a fin de que éste efectúe los desembolsos en los términos previstos en dicha programación. Sólo la Contraloría podrá introducir cambios en la referida programación.

3. La ejecución del presupuesto de la Contraloría General de la República está sujeta a las disposiciones de la Ley Orgánica de Hacienda Pública Nacional y la Ley Orgánica de la Administración Financiera del Sector Público y a esta ley.

4. El Contralor celebrará los contratos y ordenará los pagos necesarios para la ejecución del presupuesto de la Contraloría. Podrá delegar estas atribuciones de conformidad con lo

dispuesto en esta ley y en la Ley Orgánica de la Administración Financiera del Sector Público.

Artículo 18. Las disposiciones del Artículo anterior no impiden a la Contraloría hacer uso de los mecanismos establecidos en la ley para cubrir gastos imprevistos que se presenten en el curso de la ejecución presupuestaria o para incrementar los créditos presupuestarios que resulten insuficientes, a cuyos efectos seguirá el procedimiento previsto en la Ley Orgánica de la Administración Financiera del Sector Público.

CAPÍTULO IV

Del Régimen de Personal

Artículo 19. La administración de personal de la Contraloría General de la República se regirá por esta ley, por el Estatuto de Personal y por las demás normas que a tal efecto dicte el Contralor General de la República.

En el Estatuto de Personal se establecerán los derechos y obligaciones de los funcionarios de la Contraloría General de la República, incluyendo lo relativo al ingreso, planificación de carrera, clasificación de cargos, capacitación, sistemas de evaluación y de remuneraciones, compensaciones y ascensos sobre la base de méritos, asistencia, traslados, licencias y régimen disciplinario, cese de funciones, estabilidad laboral, previsión y seguridad social. En ningún caso, podrán desmejorarse los derechos y beneficios de que disfrutan los funcionarios de la Contraloría.

Artículo 20. El Estatuto de Personal determinará los cargos cuyos titulares serán de libre nombramiento y remoción en atención al nivel o naturaleza de sus funciones.

Artículo 21. Los funcionarios de la Contraloría General de la República quedan sometidos al régimen de faltas y sanciones previstas en esta ley y las demás disposiciones que regulan la materia.

Artículo 22. Son causales de destitución, además de las previstas en las leyes que regulan la materia y las previstas en el Estatuto de Personal, las siguientes:

1.   Acto lesivo al buen nombre, o a los intereses de la Contraloría o de cualquier ente público.

2.   Recomendar a personas para que obtengan ventajas o beneficios en sus tramitaciones ante la Contraloría o ante cualquiera de los entes sujetos a su control.

3   Insuficiencia, ineficiencia o impericia en la prestación del servicio.

TÍTULO II

DEL SISTEMA NACIONAL DE CONTROL FISCAL

CAPÍTULO I

Disposiciones Generales

Artículo 23. El Sistema Nacional de Control Fiscal tiene como objetivo fortalecer la capacidad del estado para ejecutar eficazmente su función de gobierno, lograr la transparencia y la eficiencia en el manejo de los recursos del sector público y establecer la responsabilidad por la comisión de irregularidades relacionadas con la gestión de las entidades aludidas en el Artículo 9, numerales 1 al 11, de esta ley.

Artículo 24. A los fines de esta ley, integran el Sistema Nacional de Control Fiscal:

1. Los órganos de control fiscal indicados en el Artículo 26 de esta ley.

2. La Superintendencia Nacional de Auditoría Interna.

3. Las máximas autoridades y los niveles directivos y gerenciales de los órganos y entidades a los que se refieren el Artículo 9, numerales 1 al 11, de la presente ley.

4. Los ciudadanos, en el ejercicio de su derecho a la participación en la función de control de la gestión pública.

Parágrafo Único: Constituyen instrumentos del Sistema Nacional de Control Fiscal las políticas, leyes, reglamentos, normas, procedimientos e instructivos adoptados para salvaguardar los recursos de los entes sujetos a esta ley, verificar la exactitud y veracidad de su información financiera y administrativa, promover la eficiencia, economía y calidad en sus operaciones y lograr el cumplimiento de su misión, objetivos y metas, así como los recursos económicos, humanos y materiales destinados al ejercicio del control.

Artículo 25. El Sistema Nacional de Control Fiscal se regirá por los siguientes principios:

1. La capacidad financiera y la independencia presupuestaria de los órganos encargados del control fiscal que les permitan ejercer eficientemente sus funciones.

2. El apoliticismo partidista de la gestión fiscalizadora en todos los estratos y niveles de control fiscal.

3. El carácter técnico en el ejercicio del control fiscal.

4. La oportunidad en el ejercicio del control fiscal y en la presentación de resultados.

5. La economía en el ejercicio del control fiscal, de manera que su costo no exceda de los beneficios esperados.

6. La celeridad en las actuaciones de control fiscal sin entrabar la gestión de la administración pública.

7. La participación de la ciudadanía en la gestión Contralora.

Artículo 26. Son órganos del Sistema Nacional de Control Fiscal los que se indican a continuación.

1. La Contraloría General de la República.

2. La Contraloría de los estados, de los distritos, distritos metropolitanos y de los municipios.

3. La Contraloría general de la fuerza armada nacional.

4. Las unidades de auditoría interna de las entidades a que se refiere el Artículo 9, numerales 1 al 11, de esta ley.

Parágrafo Único: en caso de organismos o entidades sujetos a esta ley cuya estructura, numero, tipo de operaciones o monto de los recursos administrados no justifiquen el funcionamiento de una unidad de auditoría interna propia, la Contraloría General de la República evaluará dichas circunstancias y, de considerarlo procedente, autorizará que las funciones de los referidos órganos de control fiscal sean ejercidas por la unidad de auditoría interna del órgano de adscripción. Cuando se trate de organismos o entidades de la administración pública nacional para el otorgamiento de la aludida autorización, se oirá la opinión de la Superintendencia Nacional de Auditoría Interna.

Artículo 27. Todos los titulares de los órganos de control fiscal de los entes y organismos señalados en el Artículo 9, numerales 1 al 11 de esta ley serán designados mediante concurso público, con excepción del Contralor General de la República.

Los titulares así designados no podrán ser removidos, ni destituidos del cargo sin la previa autorización del Contralor General de la República, a cuyo efecto se le remitirá la información que éste requiera.

Artículo 28. El Contralor General de la República, sin perjuicio de lo dispuesto en la ley para la designación de Contralor o Contralora del estado mediante resolución que se publicará en la Gaceta Oficial de la República Bolivariana de Venezuela, reglamentará los concursos públicos para la designación de los titulares de los órganos de control fiscal de los entes y organismos señalados en el Artículo 9, numerales 1 al 11, de esta ley.

Artículo 29. Los Contralores de los estados, de los municipios, de los distritos y distritos metropolitanos serán designados por el consejo legislativo, concejo municipal y cabildo metropolitano, respectivamente.

Artículo 30. Los titulares de las unidades de auditoría interna de los entes y organismos señalados en el Artículo 9, numerales 1 al 11, de esta ley, serán designados por la máxima autoridad jerárquica de la respectiva entidad, de conformidad con los resultados del concurso público al que se refiere el Artículo 27 de esta ley, y podrán ejercer el cargo nuevamente, participando en el concurso público. Los titulares así designados no podrán ser destituidos sin la previa autorización del Contralor General de la República.

Artículo 31. Con excepción del Contralor General de la República, todos los titulares de los órganos de control fiscal de los entes y organismos señalados en el Artículo 9, numerales 1 al 11, de esta ley, durarán cinco (5) años en el ejercicio de sus funciones, y podrán ser reelegidos mediante concurso público por una sola vez.

Artículo 32. El Contralor General de la República podrá revisar los concursos para la designación de los titulares de los órganos de control fiscal de los entes y organismos señalados en el Artículo 9, numerales 1 al 11, de esta ley, siempre que detecte la existencia de graves irregularidades en la celebración de los mismos y ordenar a las autoridades competentes que en el ejercicio del principio de la autotutela administrativa, revoquen dicho acto y procedan a la apertura de nuevos concursos e impondrá a los responsables de las irregularidades las multas señaladas en el Artículo 94 de esta ley.

Artículo 33. Los órganos de control fiscal referidos en el Artículo 26 de esta ley funcionarán coordinadamente entre sí y bajo la rectoría de la Contraloría General de la República. a tal efecto, a la Contraloría General de la República le corresponderá:

1.   Dictar las políticas, reglamentos, normas, manuales e instrucciones para el ejercicio del control y para la coordinación del control fiscal externo con el interno.

2.   Dictar el reglamento para la calificación, selección y contratación de auditores consultores o profesionales independientes en materia de control, y las normas para la ejecución y presentación de sus resultados.

3.   Evaluar el ejercicio y los resultados del control interno y externo.

4.   Evaluar los sistemas contables de los entes y organismos señalados en el Artículo 9, numerales 1 al 11, de esta ley.

5.   Fijar los plazos y condiciones para que las máximas autoridades jerárquicas de los organismos y entidades sujetos a control dicten, de acuerdo con lo establecido por la Contraloría General de la República, las normas, manuales de procedimientos, métodos y demás instrumentos que conformen su sistema de control interno, y para que los demás niveles directivos y gerenciales de cada cuadro organizativo de los organismos y entidades sujetos a control, implanten el sistema de control interno.

6.   Evaluar la normativa de los sistemas de control interno que dicten las máximas autoridades de los entes sujetos a control, a fin de determinar si se ajustan a las normas básicas dictadas por la Contraloría General de la República.

7.   Evaluar los sistemas de control interno, a los fines de verificar la eficacia, eficiencia y economía con que operan.

8.   Asesorar técnicamente a los organismos y entidades sujetos a su control en la implantación de los sistemas de control interno, así como en la instrumentación de las recomendaciones contenidas en los informes de auditoría o de cualquier actividad de control y en la aplicación de las acciones correctivas que se emprendan.

9. Elaborar proyectos de ley y demás instrumentos normativos en materia de control fiscal.

10. Opinar acerca de cualquier proyecto de ley o reglamento en materia hacendaria.

11. Dictar políticas y pautas para el diseño de los programas de capacitación y especialización de servidores públicos en el manejo de los sistemas de control de que trata esta ley.

Artículo 34. La Contraloría General de la República evaluará periódicamente los órganos de control fiscal a los fines de determinar el grado de efectividad, eficiencia y economía con que operan, y, en tal sentido, tomará las acciones pertinentes. si de las evaluaciones practicadas, sugieren graves irregularidades en el ejercicio de sus funciones, el Contralor General de la República podrá intervenir los órganos de control fiscal de los entes y organismos señalados en el Artículo 9 numerales 1 al 11, de esta ley.

CAPÍTULO II

Del Control Interno

Artículo 35. El control interno es un sistema que comprende el plan de organización, las políticas, normas, así como los métodos y procedimientos adoptados dentro de un ente u organismo sujeto a esta ley, para salvaguardar sus recursos, verificar la exactitud y veracidad de su información financiera y administrativa, promover la eficiencia, economía y calidad en sus operaciones, estimular la observancia de las políticas prescritas y lograr el cumplimiento de su misión, objetivos y metas.

Artículo 36. Corresponde a las máximas autoridades jerárquicas de cada ente la responsabilidad de organizar, establecer, mantener y evaluar el sistema de control interno, el cual debe ser adecuado a la naturaleza, estructura y fines del ente.

Artículo 37. Cada entidad del sector público elaborará, en el marco de las normas básicas dictadas por la Contraloría General de la República, las normas, manuales de procedimientos, indicadores de gestión, índices de rendimiento y demás instrumentos o métodos específicos para el funcionamiento del sistema de control interno.

Artículo 38. El sistema de control interno que se implante en los entes y organismos a que se refieren el Artículo 9, numerales 1 al 11 de esta ley deberá garantizar que antes de proceder a la adquisición de bienes o servicios, o a la elaboración de otros contratos que impliquen compromisos financieros, los responsables se aseguren del cumplimiento de los requisitos siguientes:

1. Que el gasto esté correctamente imputado a la correspondiente partida del presupuesto o, en su caso, a créditos adicionales.

2. Que exista disponibilidad presupuestaria.

3. Que se hayan previsto las garantías necesarias y suficientes para responder por las obligaciones que ha de asumir el contratista.

4. Que los precios sean justos y razonables, salvo las excepciones establecidas en otras leyes.

5. Que se hubiere cumplido con los términos de la Ley de Licitaciones, en los casos que sea necesario, y las demás leyes que sean aplicables.

Asimismo, deberá garantizar que antes de proceder a realizar pagos, los responsables se aseguren del cumplimiento de los requisitos siguientes:

1. Que se haya dado cumplimiento a las disposiciones legales y reglamentarias aplicables.

2. Que estén debidamente imputados a créditos del presupuesto o a créditos adicionales legalmente acordados.

3. Que exista disponibilidad presupuestaria.

4. Que se realicen para cumplir compromisos ciertos y debidamente comprobados, salvo que correspondan a pagos de anticipos a contratistas o avances ordenados a funcionarios conforme a las leyes.

5. Que correspondan a créditos efectivos de sus titulares.

Artículo 39. Los gerentes jefes o autoridades administrativas de cada departamento, sección o cuadro organizativo específico, deberán ejercer vigilancia sobre el cumplimiento de las normas constitucionales y legales, de los planes y políticas, y de los instrumentos de control interno a que se refiere el Artículo 35 de esta ley, sobre las operaciones y actividades realizadas por las unidades administrativas y servidores de las mismas, bajo su directa supervisión.

Artículo 40. Sin perjuicio de las funciones de la Contraloría General de la República y de lo dispuesto en el Artículo 36, corresponde a las unidades de auditoría interna de las entidades a que se refieren el Artículo 9 numerales 1 al 11 de esta ley, evaluar el sistema de control interno, incluyendo el grado de operatividad y eficacia de los sistemas de administración y de información gerencial, así como el examen de los registros y estados financieros, para determinar su pertinencia y confiabilidad, y la evaluación de la eficiencia, eficacia y economía en el marco de las operaciones realizadas.

Artículo 41. Las unidades de auditoría interna, en el ámbito de sus competencias, podrán realizar auditorías, inspecciones, fiscalizaciones, exámenes, estudios, análisis e investigaciones de todo tipo y de cualquier naturaleza en el ente sujeto a su control para verificar la legalidad, exactitud, sinceridad y corrección de sus operaciones, así como para evaluar el cumplimiento y los resultados de los planes y de las acciones administrativas, la eficacia, eficiencia, economía, calidad e impacto de su gestión.

Capítulo III

Del Control Externo

Artículo 42. El control externo comprende la vigilancia, inspección y fiscalización ejercida por los órganos competentes del control fiscal externo sobre las operaciones de las entidades a que se refieren el Artículo 9, numerales 1 al 11 de esta ley, con la finalidad de:

1. Determinar el cumplimiento de las disposiciones constitucionales, legales, reglamentarias o demás normas aplicables a sus operaciones.

2. Determinar el grado de observancia de las políticas prescritas en relación con el patrimonio y la salvaguarda de los recursos de tales entidades.

3. Establecer la medida en que se hubieren alcanzado sus metas y objetivos.

4. Verificar la exactitud y sinceridad de su información financiera, administrativa y de gestión.

5. Evaluar la eficiencia, eficacia, economía, calidad de sus operaciones, con fundamento en índices de gestión, de rendimiento y demás técnicas aplicables.

6. Evaluar el sistema de control interno y formular las recomendaciones necesarias para mejorarlo.

Artículo 43. Son órganos competentes para ejercer el control fiscal externo de conformidad con la constitución de la República Bolivariana de Venezuela, las leyes y las ordenanzas aplicables.

1. La Contraloría General de la República.

2. Las Contralorías de los estados.

3. Las Contralorías de los municipios.

4. Las Contralorías de los distritos y distritos metropolitanos.

Parágrafo Único: los órganos de control fiscal, la superintendencia nacional de auditoría interna y las máximas autoridades de los órganos y entidades a los que se refiere el Artículo

9, numerales 1 al 11, de la presente ley podrán ejercer sus facultades de control apoyándose en los informes, dictámenes y estudios técnicos emitidos por auditores, consultores y profesionales independientes, calificados y registrados por la Contraloría General de la República con sujeción a la normativa que al respecto dicte esta última. en el caso de los órganos de control fiscal externo, éstos podrán coordinar con los entes controlados para que sufraguen total o parcialmente el costo de los trabajos.

Artículo 44. Las Contralorías de los estados, de los distritos, distritos metropolitanos y de los municipios, ejercerán el control, vigilancia y fiscalización de los ingresos, gastos y bienes de los órganos y entidades centralizados y descentralizados sujetos a su control de conformidad con la ley y a tales fines gozarán de autonomía orgánica funcional y administrativa.

Artículo 45. Sin perjuicio de las atribuciones de la Contraloría General de la República, la tutela que corresponda ejercer a un ente público respecto de otro comprenderá la promoción y vigilancia de la implantación y funcionamiento del sistema de control interno.

Artículo 46. La Contraloría General de la República y los demás órganos de control fiscal externo, en el ámbito de sus competencias, podrán realizar auditorías, inspecciones, fiscalizaciones, exámenes, estudios, análisis e investigaciones de todo tipo de cualquier naturaleza en los entes u organismos sujetos a su control, para verificar la legalidad, exactitud, sinceridad y corrección de sus operaciones, así como para evaluar el cumplimiento y los resultados de las políticas y de las acciones administrativas, la eficacia, eficiencia, economía, calidad e impacto de su gestión.

Artículo 47. Los funcionarios de la Contraloría General de la República y de los demás órganos de control fiscal externo, mencionados en el Artículo 43 de esta ley, acreditados para la realización de un actuación de control, tendrán libre ingreso a las sedes y dependencias de los entes y organismos sujetos a la actuación, acceso a cualquier fuente o sistema de información, registros, instrumentos, documentos e información, necesarias para la realización de su función, así como competencia para solicitar dichas informaciones y documentos.

Las entidades del sector público sujetas a control están obligadas a proporcionar a los representantes de las firmas de auditores, consultores o profesionales independientes debidamente acreditados para la realización de una actuación, todas las informaciones necesarias sobre las operaciones que expresamente indique el órgano de control fiscal externo contratante.

Artículo 48. Las recomendaciones que contengan los informes de auditoría o de cualquier actividad de control, previa autorización del Contralor General de la República o de los demás titulares de los órganos de control fiscal externo cada uno dentro del ámbito de sus competencias, tienen carácter vinculante y por tanto, son de acatamiento obligatorio por parte de los entes sujetos a control. No obstante, antes de la adopción efectiva de la correspondiente recomendación, las máximas autoridades de las entidades a las que vayan dirigidas las mismas, podrán solicitar mediante escrito razonado, la reconsideración de las recomendaciones y proponer su sustitución. En este caso, los funcionarios de control fiscal indicados, podrán ratificar la recomendación inicial o dar su conformidad a la propuesta de sustitución.

Artículo 49. La Contraloría General de la República, podrá coordinar actuaciones de control con los demás órganos de control fiscal en los entes y organismos señalados en el Artículo 9 numerales 1 al 11 de esta ley, dentro del ámbito de sus competencias.

Artículo 50. Sin perjuicio de lo dispuesto en el Artículo anterior, cuando la Contraloría General de la República ordene o esté practicando una actuación de control, los demás órganos de control fiscal deberán abstenerse de iniciar actuaciones y si alguna estuviere en curso la suspenderán y remitirán a ésta los recaudos que le fueren solicitados.

CAPÍTULO IV
De las Cuentas

Artículo 51. Quienes administren, manejen o custodien recursos de los entes y organismos señalados en el Artículo 9, numerales 1 al 11 de esta ley, estarán obligados a formar y rendir cuenta de las operaciones y resultados de su gestión, en la forma, oportunidad y ante el órgano de control fiscal que determine la Contraloría General de la República, mediante resolución que se publicará en la Gaceta Oficial de la República Bolivariana de Venezuela. Tienen igual obligación quienes administren o custodien, por cuenta y orden de los referidos entes y organismos, recursos pertenecientes a terceros. la rendición de cuentas implica la obligación de demostrar formal y materialmente, la corrección de la administración, manejo o custodia de los recursos.

Artículo 52. Quienes administren, manejen o custodien recursos de cualquier tipo afectados al cumplimiento de finalidades de interés público, provenientes de los entes y organismos señalados en Artículo 9, numerales 1 al 11, de esta ley, en la forma de transferencias, subsidios, aportes, contribuciones, o alguna otra modalidad similar, están obligados a establecer un sistema de control interno y a rendir cuenta de las operaciones y resultados de su gestión, de acuerdo con lo que establezca la resolución indicada en el Artículo anterior. Los administradores que incurran en irregularidades en el manejo de estos fondos serán sometidos a las acciones resarcitorias y sanciones, previstas en esta ley.

Artículo 53. El cuentadante que cese en sus funciones antes de la oportunidad fijada para la formulación y rendición de cuentas, previo a la separación del cargo, está igualmente obligado a formarla y rendirla de conformidad con lo previsto en el Artículo 51 de esta ley.

Artículo 54. Cuando por cualquier causa el obligado a formar y rendir la cuenta no lo hiciere, el órgano de control fiscal competente ordenará la formación de la misma a los funcionarios o empleados de la dependencia administrativa que corresponda, sin perjuicio de las sanciones previstas en esta ley.

Cuando la formación de la cuenta se haga por funcionarios o empleados distintos del obligado a rendirla, por fallecimiento del cuentadante, los herederos de éste y los garantes o sus herederos, tendrán derecho a intervenir en aquélla.

Artículo 55. El Contralor General de la República, mediante resolución que se publicará en la Gaceta Oficial de la República Bolivariana de Venezuela, dictará las instrucciones y establecerá las políticas, normas y criterios, así como los sistemas para el examen, calificación y declaratoria de fenecimiento de las cuentas de ingresos, gastos y bienes de los entes y organismos señalados en el Artículo 9, numerales 1 al 11, de esta ley, y de los recursos administrados por entidades o personas del sector privado, provenientes de dichos entes y organismos, para cumplir finalidades de interés público.

Artículo 56. Corresponde a los órganos de control fiscal, dentro del ámbito de sus competencias, y de conformidad con la resolución a que se refiere al Artículo anterior, el examen selectivo o exhaustivo, así como la calificación y declaratoria de fenecimiento de las cuentas.

Artículo 57. Las cuentas deberán ser examinadas por el órgano de control fiscal en un plazo no mayor de cinco (5) años contados a partir de la fecha de su rendición. Si del resultado del examen la cuenta resultare conforme se otorgará el fenecimiento de la cuenta.

En aquellos casos que se detecten irregularidades en las cuentas, el órgano de control fiscal ejercerá, dentro del ámbito de su competencia, las potestades para investigar y hacer efectivas las responsabilidades establecidas en la presente ley.

Artículo 58. Como consecuencia de los resultados del examen de cuentas, los órganos de control fiscal, dentro del ámbito de sus competencias, formularán reparos a quienes hayan causado daños al patrimonio de la república o de los entes u organismos señalados en el Artículo 9, numerales 1 al 11, de esta ley, por una conducta omisiva o negligente en el manejo de los recursos que le correspondía administrar, así como por la convención del plan de organización, las políticas, normas, así como los métodos y procedimientos que comprenden el control interno.

Artículo 59. El fenecimiento de las cuentas operará de pleno derecho, una vez transcurrido el plazo indicado en el Artículo 57 de esta ley. En estos casos, salvo disposición expresa de la ley, no podrán ser ejercidas las acciones sancionatorias y resarcitorias previstas en esta ley en relación con las operaciones a que se refiera la cuenta, todo sin perjuicio de la imprescriptibilidad de las acciones judiciales dirigidas a sancionar los delitos contra el patrimonio público.

Si las acciones sancionatorias o resarcitorias previstas en esta ley, son ejercidas dentro del plazo de cinco (5) años a que se refiere el Artículo 57 de esta ley, el fenecimiento se otorgará cuando sea enterado al patrimonio del ente u organismo afectado el monto del reparo o si dichas acciones son desestimadas de manera definitivamente firme.

Artículo 60. Cuando se determinen defectos de forma que no causen perjuicios pecuniarios, el órgano de control competente, formulará las observaciones pertinentes con el fin de que se hagan los ajustes correspondientes, sin perjuicio de que pueda otorgar el fenecimiento.

CAPÍTULO V

Del Control de Gestión

Artículo 61. Los órganos de control fiscal, dentro del ámbito de su competencia, podrán realizar auditorías, estudios, análisis e investigaciones respecto de las actividades de los entes y organismos sujetos a su control para evaluar los planes y programas en cuya ejecución intervengan dichos entes u organismos. Igualmente podrán realizar los estudios e investigaciones que sean necesarios para evaluar el cumplimiento y los resultados de las políticas y decisiones gubernamentales.

Artículo 62. Los órganos de control fiscal podrán, de conformidad con el Artículo anterior, efectuar estudios organizativos, estadísticos, económicos y financieros, análisis e investigaciones de cualquier naturaleza, para determinar el costo de los servicios públicos, los resultados de la acción administrativa y en general, la eficacia con que operan las entidades sujetas a su vigilancia, fiscalización y control.

CAPÍTULO VI

Otras Disposiciones de Control

Artículo 63. Los resultados y conclusiones de las actuaciones que practiquen los órganos de control fiscal, serán comunicados a las entidades objeto de dichas actuaciones y a las demás autoridades a quienes legalmente esté atribuida la posibilidad de adoptar las medidas correctivas necesarias.

Artículo 64. Los órganos de control fiscal podrán utilizar los métodos de control perceptivo que sean necesarios con el fin de verificar la legalidad, exactitud, sinceridad y corrección de las operaciones y acciones administrativas, así como la ejecución de los contratos de los entes y organismos señalados en el Artículo 9, numerales 1 al 11, de esta ley.

La verificación a que se refiere este Artículo, tendrá por objeto no sólo la comprobación de la sinceridad de los hechos en cuanto a su existencia y efectiva realización, sino también examinar si los registros y sistemas contables respectivos, se ajustan a las disposiciones legales prescritas.

Artículo 65. Los jueces, notarios, registradores y demás funcionarios deben enviar a los órganos de control fiscal externo, copia certificada de los documentos que se les presenten, de cuyo texto se desprenda algún derecho a favor de la república, de los estados, de los distritos, distritos metropolitanos o de los municipios, salvo que en el otorgamiento de dichos documentos hubiese intervenido un funcionario fiscal competente, quien será en tal caso el obligado a efectuar la remisión.

Artículo 66. En ejercicio de sus atribuciones de control, los órganos de control fiscal externo podrán efectuar las fiscalizaciones que consideren necesarias en los lugares, establecimientos, vehículos, libros y documentos de personas naturales o jurídicas que sean contribuyentes, y responsables, definidos de conformidad con lo previsto en el Código Orgánico Tributario, o que en cualquier forma contraten, negocien o celebren operaciones con las entidades sujetas a su control, o que de alguna manera administren, manejen o custodien bienes o fondos de esas entidades.

Artículo 67. Los órganos de control fiscal externo están facultados, dentro de los límites de su competencia, para vigilar que los aportes, subsidios y otras transferencias hechas por las entidades sometidas a su control a otras entidades públicas o privadas sean invertidos en las finalidades para las cuales fueron efectuados. a tal efecto, podrán practicar inspecciones y establecer los sistemas de control que estimen convenientes.

Artículo 68. Los gastos destinados a la seguridad y defensa del estado estarán limitados a las erogaciones por operaciones de inteligencia realizadas por los organismos de seguridad del estado, tanto el país como en el servicio exterior: así como para actividades de protección fronteriza y para movimientos de unidades militares, en caso de conflicto interno o externo o de graves perturbaciones que pongan en peligro la paz de la república.

Artículo 69. Los recursos de las entidades y empresas constituidos en fideicomisos o bajo tutela de los entes y organismos a que se refieren en el Artículo 9, numerales 1 al 11, de esta ley, están sujetos al control y vigilancia de la Contraloría General de la República en cuanto a su administración financiera.

Artículo 70. Los bancos auxiliares de la Oficina Nacional del Tesoro estarán sometidos al control, vigilancia y fiscalización de la Contraloría General de la República en cuanto a las operaciones que realicen por cuenta del tesoro.

Artículo 71. El Ejecutivo Nacional, por órgano del Ministerio de Finanzas, establecerá los sistemas de contabilidad de conformidad con lo previsto en esta Ley y en la Ley Orgánica de la Administración Financiera del Sector Público.

Artículo 72. La Contraloría General de la República, a los fines de unificar los sistemas y procedimientos de contabilidad de la administración pública, podrá prescribir las normas e instrucciones correspondientes para los órganos y entidades a los que incumbe el ejercicio del poder público en los estados, en los distritos, en los municipios, en las demás entidades locales previstas en la Ley Orgánica de Régimen Municipal y para los entes estadales, distritales o municipales a que se refieren los numerales 6 y del 9 al 11 del Artículo 9 de esta ley mediante resolución publicada en la Gaceta Oficial de la República Bolivariana de Venezuela.

Artículo 73. A los fines del ejercicio de sus competencias en materia de contabilidad fiscal, la Contraloría General de la República deberá:

1. Prescribir, mediante resolución que se publicará en la Gaceta Oficial de la República Bolivariana de Venezuela, las normas generales a las cuales deberán sujetarse los sistemas de contabilidad fiscal.

2. Velar por el cumplimiento de las disposiciones establecidas en materia de contabilidad y resolver, en coordinación con la Oficina Nacional de Contabilidad Pública, las consultas que le formulen.

3. Hacer evaluaciones periódicas y selectivas de los sistemas implantados.

4. Recomendar las modificaciones que estime necesarias en los sistemas de contabilidad, a fin de lograr la uniformidad de las normas y procedimientos y de garantizar que aquellos sistemas suministren información completa, cierta y oportuna.

5. Ordenar los ajustes que fueren necesarios en los registros de contabilidad de las entidades sujetas a su control, las cuales estarán obligadas a incorporarlos en los lapsos que se le fijen.

6. Vigilar el proceso de centralización de cuentas y podrá emitir su pronunciamiento acerca de la Cuenta General de Hacienda y de los demás estados financieros que elabore el Ejecutivo Nacional.

7. Orientar la formación y vigilar la actualización de los inventarios de bienes de los entes y organismos sujetos a su control.

CAPÍTULO VII

Del Control de la Deuda Pública

Artículo 74. La Contraloría General de la República ejercerá el control y vigilancia de las operaciones de crédito público y de las actuaciones administrativas relacionadas con el empleo de los recursos provenientes de las mismas, con la finalidad de que se realicen conforme a las disposiciones legales pertinentes.

CAPÍTULO VIII

De la Participación Ciudadana

Artículo 75. El Contralor General de la República mediante resolución que se publicará en la Gaceta Oficial de la República Bolivariana de Venezuela, dictará las normas destinadas a fomentar la participación de los ciudadanos, haciendo especial énfasis en los siguientes aspectos:

1. Atender las iniciativas de la comunidad en el proceso de participación ciudadana en el control fiscal.

2. Ordenar, dirigir, sistematizar y evaluar las denuncias ciudadanas.

3. Establecer estrategias de promoción de la participación ciudadana para coadyuvar a la vigilancia de la gestión fiscal.

4. Promover mecanismos de control ciudadano en proyectos de alto impacto económico, financiero y social.

Artículo 76. Las comunidades organizadas, así como las organizaciones representativas de sectores de la sociedad, podrán postular candidatos a titulares de los órganos de control fiscal de los entes y organismos señalados en los numerales 1 al 11 del Artículo 9 de esta ley.

TÍTULO III

DE LAS POTESTADES DE INVESTIGACIÓN,
LAS RESPONSABILIDADES Y LAS SANCIONES

CAPÍTULO I

De las Potestades de Investigación

Artículo 77. La potestad de investigación de los órganos de control fiscal será ejercida en los términos de la Constitución de la República Bolivariana de Venezuela y esta ley, cuando a su juicio existan méritos suficientes para ello, y comprende las facultades para:

1. Realizar las actuaciones que sean necesarias, a fin de verificar la ocurrencia de actos, hechos u omisiones contrarios a una disposición legal o sublegal, determinar el monto de los daños causados al patrimonio público, si fuere el caso, así como la procedencia de acciones fiscales.

Cuando el órgano de control fiscal, en el curso de las investigaciones que adelante, necesite tomar declaración a cualquier persona, ordenará su comparecencia, mediante oficio notificado a quien deba rendir la declaración.

2. Los órganos de control fiscal externo podrán ordenar a las unidades de auditoría interna del organismo, entidad o persona del sector público en el que presuntamente hubieren ocurri-

do los actos, hechos u omisiones a que se refiere el numeral anterior, que realicen las actuaciones necesarias, le informe los correspondientes resultados, dentro del plazo que acuerden a tal fin, e inicie siempre que existan indicios suficientes para ello, el procedimiento correspondiente para hacer efectivas las responsabilidades a que hubiere lugar.

La Contraloría General de la República podrá ordenar las actuaciones señaladas en este numeral a la Contraloría externa competente para ejercer control sobre dichos organismos, entidades y personas.

Artículo 78. La Contraloría General de la República podrá solicitar declaraciones juradas de patrimonio a los funcionarios, empleados y obreros del sector público a los particulares que hayan desempeñado tales funciones o empleos, a los contribuyentes o responsables, según el Código Orgánico Tributario, y a quienes en cualquier forma contraten, negocien o celebren operaciones relacionadas con el patrimonio público, o reciban aportes, subsidios, otras transferencias o incentivos fiscales. Dichas declaraciones deberán reflejar la real situación patrimonial del declarante para el momento de la declaración.

Parágrafo Único: El Contralor General de la República podrá disponer la presentación periódica de declaraciones juradas de patrimonio a cargo de los funcionarios, empleados u obreros de las entidades señaladas en los numerales 1 al 11 del Artículo 9 de esta ley. La declaración jurada de patrimonio deberá ser hecha bajo juramento de decir la verdad, en papel común, sin estampillas y por ante los funcionarios que el Contralor General de la República autorice para recibirlas.

El Contralor General de la República, mediante resolución que se publicará en la Gaceta Oficial de la República Bolivariana de Venezuela, establecerá los demás requisitos que deberán cumplirse en la presentación de las declaraciones, así como los funcionarios, empleados o demás sujetos exceptuados de presentarla.

Artículo 79. Las investigaciones a que se refiere el Artículo 77 tendrán carácter reservado, pero si en el curso de una investigación el órgano de control fiscal imputare a alguna persona actos hechos u omisiones que comprometan su responsabilidad, quedará obligado a informarla de manera específica y clara de los hechos que se le imputan. En estos casos, el imputado tendrá inmediatamente acceso al expediente, podrá promover todos los medios probatorios necesarios para su defensa de conformidad con lo previsto en el ordenamiento jurídico.

Artículo 80. El titular del órgano de control fiscal que practique la investigación podrá solicitar la suspensión en el ejercicio del cargo de cualquier funcionario sometido a un procedimiento de determinación de responsabilidades.

Artículo 81. De las actuaciones preliminares realizadas de conformidad con el Artículo 77 de esta ley, se formará expediente y se dejará constancia de sus resultados en un informe, con base en el cual el órgano de control fiscal, mediante auto motivado, ordenará el archivo de las actuaciones realizadas o el inicio del procedimiento previsto en el Capítulo IV de este Título, para la formulación de reparos, determinación de la responsabilidad administrativa, o la imposición de multas, según corresponda.

CAPÍTULO II
De las Responsabilidades

Artículo 82. Los funcionarios, empleados y obreros que presten servicios en los entes señalados en Artículo 9, numerales 1 al 11, de esta ley, así como los particulares a que se refiere el Artículo 52 de esta ley, responden penal, civil y administrativamente de los actos hechos u omisiones contrarios a norma expresa en que incurran con ocasión del desempeño de sus funciones.

Artículo 83. La responsabilidad penal se hará efectiva de conformidad con las leyes existentes en la materia.

Las diligencias efectuadas por los órganos de control fiscal, incluida la prueba testimonial, tienen fuerza probatoria mientras no sean desvirtuadas en el debate judicial.

Artículo 84. La responsabilidad civil se hará efectiva de conformidad con las leyes que regulan la materia y mediante el procedimiento de reparo regulado en esta Ley y su Reglamento, salvo que se trate de materias reguladas por el Código Orgánico Tributario, en cuyo caso se aplicarán las disposiciones en él contenidas.

Artículo 85. Los órganos de control fiscal procederán a formular reparo cuando, en el curso de las auditorías, fiscalizaciones, inspecciones, exámenes de cuentas o investigaciones que realicen en ejercicio de sus funciones de control, detecten indicios de que se ha causado daño al patrimonio de un ente u organismo de los señalados en los numerales 1 al 11 del Artículo 9 de esta ley, como consecuencia de actos, hechos u omisiones contrarios a una norma legal o sublegal, al plan de organización, las políticas, normativa interna, los manuales de sistemas y procedimientos que comprenden el control interno, así como por una conducta omisiva o negligente en el manejo de los recursos.

Cuando se detecten indicios de que se ha causado daño al patrimonio de un ente u organismo de los señalados en los numerales 1 al 11 del Artículo 9 de esta ley, pero no sea procedente la formulación de un reparo, los órganos de control fiscal remitirán al ministerio público los indicios de responsabilidad civil.

Las diligencias efectuadas por los órganos de control fiscal, incluida la prueba testimonial, tienen fuerza probatoria mientras no sean desvirtuadas en el debate judicial.

Artículo 86. Los reparos que formulen los órganos de control fiscal deberán contener:

1. La identificación del destinatario del reparo.

2. La identificación de la actuación del órgano de control fiscal en la que se detectaron los indicios de daño al patrimonio del ente.

3. La fecha en que se rindió la cuenta u ocurrieron los hechos en razón de los cuales se formula al reparo.

4. La determinación de la naturaleza del reparo, con indicación de sus fundamentos.

5. La fijación del monto del reparo, y si éste es de naturaleza tributaria, la discriminación de los montos exigibles por tributos, los recargos, los intereses y las sanciones que correspondan.

6. La indicación de los recursos que proceden, señalando los lapsos para ejercerlos y los órganos o tribunales ante los cuales deben interponerse.

7. Cualquier otro dato que se considere necesario para fundamentar el reparo.

Artículo 87. Los funcionarios encargados de hacer efectiva las liquidaciones de los reparos, deberán notificar inmediatamente su recaudación al órgano de control fiscal que hubiere emitido el reparo.

Artículo 88. La formulación de reparos no excluye la responsabilidad por las fallas que, en relación con los mismos, tengan los respectivos funcionarios.

Artículo 89. La Contraloría General de la República podrá ordenar a los órganos competentes para ejercer el control fiscal en el organismo o entidad que hubiere sufrido daños en su patrimonio, que formule reparos a los responsables de tales daños, siempre que a su juicio se trate de daños de menor cuantía y no aparezcan involucrados funcionarios de alto nivel.

Parágrafo Único: A los fines de este Artículo, la Contraloría General de la República remitirá a la unidad de auditoría interna o la Contraloría externa correspondiente, el expediente integrado por los elementos de convicción o prueba que hubiere recabado. Dichos órganos de control fiscal aplicarán el procedimiento establecido en esta Ley para la determinación de responsabilidades.

Artículo 90. Cuando los actos, hechos u omisiones que causen daño al patrimonio de los entes u organismos de los señalados en los numerales 1 al 11 del Artículo 9 de esta ley, sean imputables a varios sujetos, operará de pleno derecho la solidaridad.

Artículo 91. Sin perjuicio de la responsabilidad civil o penal, y de lo que dispongan otras leyes, constituyen supuestos generadores de responsabilidad administrativa los actos, hechos u omisiones que se mencionan a continuación.

1.   La adquisición de bienes, la contratación de obras o de servicios, con inobservancia total o parcial del procedimiento de selección de contratistas que corresponda, en cada caso, según lo previsto en la Ley de Licitaciones o en la normativa aplicable.

2.   La omisión, retardo, negligencia o imprudencia en la preservación y salvaguarda de los bienes o derechos del patrimonio de un ente u organismo de los señalados en los numerales 1 al 11 del Artículo 9 de esta ley.

3.   El no haber exigido garantía a quien deba prestarla o haberla aceptado insuficientemente.

4.   La celebración de contratos por funcionarios públicos, por interpuesta persona o en representación de otro, con los entes y organismos señalados en los numerales 1 al 11 del Artículo 9 de esta ley, salvo las excepciones que establezcan las leyes.

5.   La utilización en obras o servicios de índole particular, de trabajadores, bienes o recursos que por cualquier título estén afectados o destinados a los entes y organismos señalados en los numerales 1 al 11 del Artículo 9 de esta ley.

6.   La expedición ilegal o no ajustada a la verdad de licencias, certificaciones, autorizaciones, aprobaciones, permisos o cualquier otro documento en un procedimiento relacionado con la gestión de los entes y organismos señalados en los numerales 1 al 11 del Artículo 9 de esta ley, incluyendo los que se emitan en ejercicio de funciones de control.

7.   La ordenación de pagos por bienes, obras o servicios no suministrados, realizados o ejecutados, total o parcialmente o no contratados, así como por concepto de prestaciones, utilidades, bonificaciones, dividendos, dietas u otros conceptos, que en alguna manera discrepen de las normas que las consagran. En estos casos la responsabilidad corresponderá a los funcionarios que intervinieron en el procedimiento de ordenación del pago por cuyo hecho, acto u omisión se haya generado la irregularidad.

8.   El endeudamiento o la realización de operaciones de crédito público con inobservancia de la Ley Orgánica de la Administración Financiera del Sector Público o de las demás leyes, reglamentos y contratos que regulen dichas operaciones o en contravención al plan de organización, las políticas, normativa interna, los manuales de sistemas y procedimientos que comprenden el control interno.

9.   La omisión del control previo.

10.   La falta de planificación, así como el incumplimiento injustificado de las metas señaladas en los correspondientes programas o proyectos.

11.   La afectación específica de ingresos sin liquidarlos o enterarlos al Tesoro o patrimonio del ente u organismo de que se trate, salvo las excepciones contempladas en las leyes especiales que regulen esta materia.

12.   Efectuar gastos o contraer compromisos de cualquier naturaleza que puedan afectar la responsabilidad de los entes y organismos señalados en los numerales 1 al 11 del Artículo 9 de esta ley, sin autorización legal previa para ello, o sin disponer presupuestariamente de los recursos necesarios para hacerlo: salvo que tales operaciones sean efectuadas en situaciones de emergencia evidentes, como en casos de catástrofes naturales, calamidades públicas, conflicto interior o exterior u otros análogos, cuya magnitud exija su urgente realización, pero informando de manera inmediata a los respectivos órganos de control fiscal, a fin de que procedan a tomar las medidas que estimen convenientes, dentro de los límites de esta ley.

13.   Abrir con fondos de un ente u organismo de los señalados en los numerales 1 al 11 del Artículo 9 de esta ley, en entidades financieras, cuenta bancaria a nombre propio o de un tercero, o depositar dichos fondos en cuenta personal ya abierta, o sobregirarse en las cuentas que en una o varias de dichas entidades tenga el organismo público confiado a su manejo, administración o giro.

14.   El pago, uso o disposición ilegal de los fondos u otros bienes de que sean responsables el particular o funcionario respectivo, salvo que éstos comprueben haber procedido en cumplimiento de orden de funcionario competente y haberle advertido por escrito la ilegalidad de la orden recibida, sin perjuicio de la responsabilidad de quien impartió la orden.

15.   La aprobación o autorización con sus votos, de pagos ilegales o indebidos, por parte de los miembros de las juntas directivas o de los cuerpos colegiados encargados de la administración del patrimonio de los entes y organismos señalados en los numerales 1 al 11 del Artículo 9 de esta ley, incluyendo a los miembros de los cuerpos colegiados que ejercen la función legislativa en los Estados, Distritos y Municipios.

16.   Ocultar, permitir el acaparamiento o negar injustificadamente a los usuarios, las planillas, formularios, formatos, o especies fiscales, tales como timbres fiscales y papel sellado, cuyo suministro corresponde a alguno de los entes y organismos señalados en los numerales 1 al 11 del Artículo 9 de esta ley.

17.   La adquisición, uso o contratación de bienes, obras o servicios que excedan manifiestamente a las necesidades del organismo, sin razones que lo justifiquen.

18.   Autorizar gastos en celebraciones y agasajos que no se correspondan con las necesidades estrictamente protocolares del organismo.

19.   Dejar prescribir o permitir que desmejoren acciones o derechos de los entes u organismos señalados en los numerales 1 al 11 del Artículo 9 de esta ley, por no hacerlos valer oportunamente o hacerlo negligentemente.

20.   El concierto con los interesados para que se produzca un determinado resultado o la utilización de maniobras o artificios conducentes a ese fin, que realice un funcionario al intervenir, por razón de su cargo, en la celebración de algún contrato, concesión, licitación en la liquidación de haberes o efectos del patrimonio de un ente u organismo de los señalados en los numerales 1 al 11 del Artículo 9 de esta ley o en el suministro de los mismos.

21.   Las actuaciones simuladas o fraudulentas en la administración o gestión de alguno de los entes y organismos señalados en los numerales 1 al 11 del Artículo 9 de esta ley.

22.   El empleo de fondos de alguno de los entes y organismos señalados en los numerales 1 al 11 del Artículo 9 de esta ley en finalidades diferentes de aquellas a que estuvieron destinados por ley, reglamento o cualquier otra norma incluida la normativa interna o acto administrativo.

23.   Quienes ordenen iniciar la ejecución de contratos de contravención a una norma legal, los manuales de sistemas y procedimientos que comprenden el control interno.

24.   Quienes estando obligados a permitir las visitas de inspección o fiscalización de los órganos de control se negaren a ello no les suministraren los libros, facturas y demás documentos que requieren para el mejor cumplimiento de sus funciones.

25.   Quienes estando obligados a rendir cuenta, no lo hicieren en la debida oportunidad, sin justificación, las presentaren reiteradamente incorrectas o no prestaren las facilidades requeridas para la revisión.

26.   Quienes incumplan las normas e instrucciones de control dictadas por la Contraloría General de la República.

27.   La designación de funcionarios que hubieren sido declarados inhabilitados por la Contraloría General de la República.

28.   La retención o el retardo injustificado en el pago o en la tramitación de órdenes de pago.

29.   Cualquier otro acto, hecho u omisión contrario a una norma legal o sublegal, al plan de organización, las políticas, normativa interna, los manuales de sistemas y procedimientos que comprenden el control interno.

Artículo 92. Las máximas autoridades, los niveles directivos y gerenciales de los organismos señalados en los numerales 1 al 11 del Artículo 9 de esta ley, además de estar sujetos a las responsabilidades definidas en este Capítulo, comprometen su responsabilidad administrativa cuando no dicten las normas, manuales de procedimientos, métodos y demás instrumentos que constituyan el sistema de control interno, o no lo implanten, o cuando no acaten las recomendaciones que contengan los informes de auditoría o de cualquier actividad de control autorizados por los titulares de los órganos de control fiscal externo, en los términos previstos en el Artículo 48 de esta ley, o cuando no procedan a revocar la designación de los titulares de los órganos de control en los casos previstos en el Artículo 32 de esta ley, salvo que demuestren que las causas del incumplimiento no le son imputables.

CAPÍTULO III

De las Potestades Sancionatorias

Artículo 93. Las potestades sancionatorias de los órganos de control serán ejercidas de conformidad con lo previsto en la Constitución de la República Bolivariana de Venezuela y las Leyes, siguiendo el procedimiento establecido en esta ley para la determinación de responsabilidades. Dicha potestad comprende las facultades para:

1.   Declarar la responsabilidad administrativa de los funcionarios, empleados y obreros que presten servicio en los entes señalados en los numerales 1 al 11 del Artículo 9 de esta ley, así como los particulares que hayan incurrido en los actos, hecho u omisiones generadores de dicha responsabilidad.

2.   Imponer multas en los supuestos contemplados en el Artículo 94 de la presente ley.

3.   Imponer las sanciones a que se refiere el Artículo 105 de esta ley.

Artículo 94. Serán sancionados, de acuerdo a la gravedad de la falta y a la entidad de los perjuicios causados, con multa de cien (100) a un mil (1.000) unidades tributarias, que impondrán los órganos de control previstos en esta Ley, de conformidad con su competencia:

1.   Quienes entraben o impidan el ejercicio de las funciones de los órganos de control fiscal.

2.   Quienes incurran reiteradamente en errores u omisiones en la transmisión de los asuntos que deban someter a la consideración de los órganos de control fiscal.

3.   Quienes sin motivo justificado, no comparecieren cuando hayan sido citados por los órganos de control fiscal.

4.   Quienes estando obligados a enviar a los órganos de control fiscal informes, libros y documentos no lo hicieren oportunamente.

5.   Quienes estando obligados a ello, no envíen dentro del plazo fijado, los informes, libros y documentos que los órganos de control fiscal les requieran.

6.   Quienes designen a los titulares de los órganos de control fiscal en los entes y organismos señalados en los numerales 1 al 11 del artículo 9 de esta Ley al margen de la normativa que regula la materia.

CAPÍTULO IV
Del Procedimiento Administrativo para la
Determinación de Responsabilidades

Artículo 95. Para la formulación de reparos, la declaratoria de la responsabilidad administrativa y la imposición de multas, los órganos de control fiscal deberán seguir el procedimiento previsto en este Capítulo.

Artículo 96. Si como consecuencia del ejercicio de las funciones de control o de las potestades investigativas establecidas en esta Ley, sugieren elementos de convicción o prueba que pudieran dar lugar a la formulación de reparos, a la declaratoria de responsabilidad administrativa o a la imposición de multas, el órgano de control fiscal respectivo iniciará el procedimiento mediante auto motivado que se notificará a los interesados, según lo previsto en la Ley Orgánica de Procedimientos Administrativos.

El procedimiento, podrá igualmente ser iniciado por denuncia, o a solicitud de cualquier organismo o empleado público, siempre que a la misma se acompañen elementos suficientes de convicción o prueba que permitan presumir fundamentalmente la responsabilidad de personas determinadas.

La denuncia podrá ser presentada por escrito, firmada en original ante el órgano competente, o a través de medios electrónicos, tales como correos de este tipo dirigidos a dichos órganos.

El Contralor General de la República, mediante resolución que se publicará en la Gaceta Oficial de la República Bolivariana de Venezuela, establecerá las demás normas relacionadas con la presentación de denuncias ante los órganos de control fiscal.

Artículo 97. Cuando a juicio del órgano de control fiscal que realiza una investigación o actuación de control existan elementos de convicción o prueba que pudieran dar lugar a la formulación de reparos, a la declaratoria de responsabilidad administrativa o a la imposición de multas a funcionarios de alto nivel de los entes y organismos a que se refieren los numerales 1 al 11 del Artículo 9 de esta ley, que se encuentren en ejercicio de sus cargos, deberán remitir inmediatamente el expediente a la Contraloría General de la República con el fin de que ésta, mediante auto motivado que se notificará a los interesados, según lo previsto en la Ley Orgánica de Procedimientos Administrativos, continúe la investigación, decida el archivo de las actuaciones realizadas o inicie el procedimiento para la determinación de responsabilidades.

La Contraloría General de la República también podrá asumir las investigaciones y procedimientos para la determinación de responsabilidades iniciados por los demás órganos de control fiscal cuando lo juzgue conveniente. A tales fines, los mencionados órganos de control fiscal deberán participar a la Contraloría General de la República el inicio de los procedimientos de determinación de responsabilidades y de las investigaciones que ordenen.

Artículo 98. En el auto de apertura, a que se refiere el Artículo 96, se describirán los hechos imputados, se identificarán los sujetos presuntamente responsables y se indicarán los correspondientes elementos probatorios y las razones que comprometen, presumiblemente, su responsabilidad. Con la notificación del auto de apertura los interesados quedarán a derecho para todos los efectos del procedimiento.

Artículo 99. Dentro del término de quince (15) días hábiles siguientes a la fecha de notificación del auto de apertura, los interesados podrán indicar la prueba que producirán en el acto público a que se refiere el Artículo 101, que a su juicio desvirtúen los elementos de prueba o convicción a que se refiere el Artículo 96 de esta ley. Si se trata de varios interesados, el plazo a que se refiere esta disposición se computará individualmente para cada uno de ellos.

Artículo 100. Salvo previsión expresa en contrario de la ley, se podrán probar todos los hechos y circunstancias de interés para la solución del caso por cualquier medio de prueba que no esté expresamente prohibido por la ley.

Artículo 101. Vencido el plazo a que se refiere el Artículo 99 de esta Ley, se fijará por auto expreso el décimo quinto (15) día hábil siguiente, para que los interesados o sus representantes legales expresen, en forma oral y pública, ante el titular del órgano de control fiscal o su delegatario, los argumentos que consideren les asisten para la mejor defensa de sus intereses. Si en el procedimiento hubieren varios interesados, el auto a que se refiere este Artículo será dictado al día siguiente a que venza el plazo acordado y notificado al último de los interesados.

Efectuado este acto, se podrá dictar un auto para mejor proveer, en el cual se establecerá un término no mayor de quince (15) días hábiles su cumplimiento.

Artículo 102. A menos que exista una regla legal expresa para valorar el mérito de la prueba, el funcionario competente para decidir deberá apreciarla según las reglas de la sana crítica.

Artículo 103. La autoridad competente decidirá el mismo día o a más tardar el día siguiente, en forma oral y pública, si formula el reparo, declara la responsabilidad administrativa, impone la multa, absuelve de dichas responsabilidades, o pronuncia el sobreseimiento, según corresponda. Si se ha dictado auto para mejor proveer la decisión se pronunciará en la misma forma indicada en este Artículo, al día siguiente de cumplido dicho auto o su término.

Las decisiones a que se refiere el presente Artículo se harán constar por escrito, en el respectivo expediente, en el término de cinco (5) días hábiles después de pronunciadas, y tendrán efectos de inmediato.

En la aplicación de las sanciones se tomarán en cuenta la gravedad de la falta, y de los perjuicios causados, así como las circunstancias atenuantes y agravantes que se establezcan en el Reglamento de esta Ley.

Artículo 104. La decisión mediante la cual se acuerde no formular el reparo o revocarlo por no existir daño al patrimonio del ente, sea en sede administrativa o jurisdiccional, se pronunciará acerca de si generaron los supuestos de responsabilidad administrativa establecidos en el Artículo 91 de la presente ley, en cuyo caso el órgano de control fiscal que ventiló el procedimiento deberá, sin más trámites declarar la responsabilidad administrativa, de conformidad con lo establecido en el título III, Capítulo II de esta Ley.

Artículo 105. La declaratoria de responsabilidad administrativa de conformidad con lo previsto en los Artículos 91 y 92 de esta ley será sancionada con la multa prevista en el Artículo 94, de acuerdo con la gravedad de la falta y el monto de los perjuicios que se hubieren causado. Corresponderá al Contralor General de la República de manera exclusiva y excluyente, sin que medie ningún otro procedimiento acordar en atención a la entidad del ilícito cometido, la suspensión del ejercicio del cargo sin goce de sueldo por un período no mayor de veinticuatro (24) meses o la destitución del declarado responsable, cuya ejecución quedará a cargo de la máxima autoridad; e imponer, atendiendo la gravedad de la irregularidad cometida, su inhabilitación para el ejercicio de funciones públicas hasta por un máximo de quince (15) años, en cuyo caso deberá remitir la información pertinente a la dependencia responsable de la administración de los recursos humanos del ente u organismo en el que ocurrieron los hechos para que realice los trámites pertinentes.

En aquellos casos en que sea declarada la responsabilidad administrativa de la máxima autoridad, la sanción será ejecutada por el órgano encargado de su designación, remoción o destitución.

Las máximas autoridades de los organismos y entidades previstas en los numerales 1 al 11 del Artículo 9 de esta ley, antes de proceder a la designación de cualquier funcionario público, están obligados a consultar el registro de inhabilitados que a tal efecto creará y llevará la Contraloría General de la República. Toda designación realizada al margen de esta norma será nula.

Artículo 106. Las decisiones a que se refiere el Artículo 103 competen a los titulares de los órganos de control fiscal o a sus delegatarios y agotan la vía administrativa.

Artículo 107. Sin perjuicio del agotamiento de la vía administrativa, contra las decisiones a que se refiere el Artículo 103 de esta ley, se podrá interponer recurso de reconsideración, dentro de los quince (15) días hábiles siguientes a que haya sido pronunciada la decisión. Dicho recurso será decidido dentro de los quince (15) días hábiles siguientes a su interposición.

Artículo 108. Contra las decisiones del Contralor General de la República o sus delegatarios, señaladas en los Artículos 103 y 107 de esta ley, se podrá interponer recurso de nulidad por ante el Tribunal Supremo de Justicia, en el lapso de seis (6) meses contados a partir del día siguiente a su notificación.

En el caso de las decisiones dictadas por los demás órganos de control fiscal se podrá interponer, dentro del mismo lapso contemplado en este Artículo, recurso de nulidad por ante la Corte Primera de lo Contenciosos Administrativo.

Artículo 109. En cuanto a la procedencia del recurso de revisión se aplicará lo dispuesto al respecto en la Ley Orgánica de Procedimientos Administrativos.

Artículo 110. La interposición de los recursos a que se refieren los Artículos anteriores no suspende la ejecución de las decisiones que dictaminen la responsabilidad administrativa, impongan multas o formulen reparos.

Artículo 111. El procedimiento pautado en este Capítulo no impide el ejercicio inmediato de las acciones civiles y penales a que hubiere lugar ante los tribunales competentes y los procesos seguirán su curso, sin que pueda alegarse excepción alguna por la falta de cumplimiento de requisitos o formalidades exigidos por esta ley.

CAPÍTULO V

De las Medidas Preventivas

Artículo 112. El Contralor General de la República y con su previa autorización, los titulares de los demás órganos de control fiscal externo, podrán adoptar en cualquier momento, mediante acto motivado, las medidas preventivas que resulten necesarias cuando en el curso de una investigación se determine que existe riesgo manifiesto de daño al patrimonio de alguno de los entes y organismos señalados en los numerales 1 al 11 del Artículo 9 de esta ley, o de que quede ilusoria la ejecución de la decisión.

Artículo 113. Las medidas preventivas deberán estar preventivas deberán estar expresamente previstas y ajustarse a la proporcionalidad y necesidades de los objetivos que se pretendan garantizar en cada supuesto concreto, hasta tanto los órganos jurisdiccionales se pronuncien al respecto.

CAPÍTULO VI

De la Prescripción

Artículo 114. Las acciones administrativas sancionatorias o resarcitorias derivadas de la presente Ley, prescribirán en el término de cinco (5) años, salvo que en leyes especiales se establezcan plazos diferentes.

Dicho término se comenzará a contar desde la fecha de ocurrencia del hecho, acto u omisión que origine la responsabilidad administrativa, la imposición de la multa o la formulación del reparo; sin embargo, cuando el infractor fuere funcionario público, la prescripción comenzará a contarse desde la fecha de cesación en el cargo o función ostentado para la época de ocurrencia de la irregularidad. Si se tratare de funcionarios que gocen de inmunidad, se contará a partir del momento en que esta hubiere cesado o haya sido allanada. Si durante el lapso de prescripción el infractor llegare a gozar de la inmunidad, se continuarán los procedimientos que pudieran dar lugar a las acciones administrativas, sancionatorias o resarcitorias que correspondan.

En casos de reparos tributarios, la prescripción se regirá por lo establecido en el Código Orgánico Tributario.

Artículo 115. La prescripción se interrumpe:

1. Por la información suministrada al imputado durante las investigaciones preliminares, conforme a lo previsto en el Artículo 79 de esta ley.

2. Por la notificación a los interesados del auto de apertura del procedimiento para la determinación de responsabilidades establecido en esta ley.

3. Por cualquier actuación fiscal, notificada a los interesados, en la que se haga constar la existencia de irregularidades, siempre que se inicie el procedimiento para la determinación de responsabilidades establecido en esta ley.

TÍTULO IV

**DISPOSICIONES TRANSITORIAS,
FINALES Y DEROGATORIA**

CAPÍTULO I

Disposiciones Transitorias

Artículo 116. En cuanto al régimen de previsión y seguridad social, así como el de pensiones y jubilaciones, los funcionarios de la Contraloría General de la República se regirán por las normas dictadas al efecto por el Contralor, hasta tanto se promulguen, de conformidad con la Constitución de la República Bolivariana de Venezuela, las leyes nacionales sobre la materia aplicables a todos los funcionarios públicos.

Artículo 117. Los procedimientos administrativos para la determinación de la responsabilidad administrativa, la imposición de multas o la formulación de reparos, que se encuentren en curso para el momento de entrada en vigencia de esta ley, se seguirán tramitando conforme a los establecido en la Ley Orgánica de la Contraloría General de la República publicada en la Gaceta Oficial de la República de Venezuela N° 5.017 Extraordinario del trece (13) de diciembre de mil novecientos noventa y cinco (1995).

CAPÍTULO II

Disposiciones Finales

Artículo 118. En caso de concurrencia de infracciones salvo disposición especial, se aplicará la sanción más grave, aumentada, si fuese procedente, con la mitad de las otras sanciones aplicables.

Artículo 119. Sin perjuicio de los recursos administrativos o judiciales a que haya lugar de conformidad con la ley, los funcionarios competentes de los órganos de control fiscal, podrán, en cualquier momento, revocar de oficio sus propias decisiones, siempre que las mismas no hubieren originado derechos subjetivos o intereses legítimos que puedan afectarse por la revocatoria.

Artículo 120. Los actos emanados de los órganos de control fiscal se notificarán de conformidad con lo previsto en la Ley Orgánica de Procedimientos Administrativos.

Artículo 121. Los lapsos establecidos en esta ley se computarán por días hábiles, salvo disposición expresa en contrario. Se entenderán por días hábiles los dispuestos como tales en la Ley Orgánica de Procedimientos Administrativos.

Artículo 122. Sin perjuicio de las atribuciones del Procurador General de la República, el Contralor General de la República podrá designar representantes ante cualquier tribunal, para sostener los derechos e intereses de la administración en los juicios con ocasión de los actos de la Contraloría.

Artículo 123. La Contraloría podrá desincorporar o destruir, después de diez (10) años de incorporados a sus archivos, los documentos en los cuales no conste derechos o acciones a favor de los entes sujetos a su control o que hayan quedado desprovistos de efectos jurídicos.

La Contraloría podrá copiar sus archivos por medios fotográficos o por cualquier otro procedimiento idóneo de reproducción. En este caso, el organismo contralor certificará la autenticidad de las reproducciones, las cuales surtirán los mismos efectos jurídicos que los originales.

Artículo 124. La Contraloría General de la República podrá ejercer en todo momento previa resolución del Contralor publicada en la Gaceta Oficial de la República Bolivariana de Venezuela, cualquier tipo de control previo sobre las actuaciones de cualesquiera de los órganos que conforman el poder público, y éstos deberán acatar las decisiones que la Contraloría adopte.

Artículo 125. Los órganos de control fiscal externo señalados en los numerales 2 al 4 del Artículo 43 de esta Ley se abstendrán de practicar actividades de control previo cuando se aseguren, previa evaluación, que el sistema de control interno del respectivo ente territorial garantiza el cumplimiento de los requisitos señalados en el Artículo 38 de esta ley.

Artículo 126. Esta ley entrará en vigencia el día primero (1°) de enero de dos mil dos (2002).

CAPÍTULO III

Disposición Derogatoria

Artículo 127. Se deroga la Ley Orgánica de la Contraloría General de la República, publicada en la Gaceta Oficial de la República de Venezuela N° 5.017 Extraordinario del trece (13) de diciembre de mil novecientos noventa y cinco (1995) y todas las demás disposiciones que colidan con la presente ley.

Dada, firmada y sellada en el Palacio Federal Legislativo, sede de la Asamblea Nacional, en Caracas a los veintisiete días del mes de noviembre de dos mil uno (2001). Año 191° de la Independencia y 142° de la Federación.

WILLIAN LARA, Presidente

LEOPOLDO PUCHI, Primer Vicepresidente

GERARDO SAER, Segundo Vicepresidente

EUSTOQUIO CONTRERAS, Secretario

VLADIMIR VILLEGAS, Subsecretario

Palacio de Miraflores, en Caracas, a los Diecisiete días del mes de diciembre de dos mil uno. Año 191° de la Independencia y 142° de la Federación.

HUGO CHÁVEZ FRÍAS

Refrendado

La Vicepresidenta Ejecutiva, ADINA MERCEDES BASTIDAS CASTILLO

El Ministro del Interior y Justicia, LUIS MIQUILENA

El Ministro de Relaciones Exteriores, LUIS ALFONSO DÁVILA GARCÍA

El Ministro de Finanzas, NELSON JOSÉ MERENTES DÍAZ

La Ministra de la Producción y el Comercio, LUISA ROMERO BERMÚDEZ

El Ministro de Educación, Cultura y Deportes, HÉCTOR NAVARRO DÍAZ

La Ministra de Salud y Desarrollo Social, MARÍA URBANEJA DURANT

La Ministra del trabajo, BLANCANIEVE PORTOCARRERO

El Ministro de Infraestructura, ISMAEL ELIÉZER HURTADO SOUCRE

El Ministro de Energía y Minas, ÁLVARO SILVA CALDERÓN

La Ministra del Ambiente y de los Recursos Naturales, ANA ELISA OSORIO GRANADO

El Ministro de Planificación y Desarrollo, JORGE GIORDANI

El Ministro de Ciencia y Tecnología, CARLOS GENATIOS SEQUERA

El Ministro de la Secretaría de la Presidencia, DIOSDADO CABELLO RONDÓN

LEY DÉCIMA:
LEY ORGÁNICA DE LA JURISDICCIÓN CONTENCIOSO ADMINISTRATIVA *

**LA ASAMBLEA NACIONAL
DE LA REPÚBLICA BOLIVARIANA DE VENEZUELA**

Decreta

la siguiente,

**LEY ORGÁNICA DE LA JURISDICCIÓN
CONTENCIOSO ADMINISTRATIVA**

TÍTULO I
DISPOSICIONES FUNDAMENTALES

Objeto

Artículo 1. Esta Ley tiene como objeto regular la organización, funcionamiento y competencia de los órganos de la Jurisdicción Contencioso Administrativa, salvo lo previsto en leyes especiales.

Principios

Artículo 2. Los órganos de la Jurisdicción Contencioso Administrativa orientarán su actuación por los principios de justicia gratuita, accesibilidad, imparcialidad, idoneidad, transparencia, autonomía, independencia, responsabilidad, brevedad, oralidad, publicidad, gratuidad, celeridad e inmediación.

Publicidad

Artículo 3. Los actos del proceso serán públicos, salvo que la ley disponga lo contrario o el tribunal así lo decida por razones de seguridad, orden público o protección de la intimidad de las partes.

Impulso del procedimiento

Artículo 4. El Juez o Jueza es el rector del proceso y debe impulsarlo de oficio o a petición de parte, hasta su conclusión.

---

*   *Gaceta Oficial* N° 39.447 de 16 de junio de 2010.

El Juez Contencioso Administrativo está investido de las más amplias potestades cautelares. A tales efectos podrá dictar, aún de oficio, las medidas preventivas que resulten adecuadas a la situación fáctica concreta, imponiendo ordenes de hacer o no hacer a los particulares, así como a los órganos y entes de la Administración Pública, según el caso concreto, en protección y continuidad sobre la prestación de los servicios públicos y en su correcta actividad administrativa.

Prohibición de decidir con asociados

Artículo 5. Los tribunales de la Jurisdicción Contencioso Administrativa no podrán constituirse con asociados para dictar sentencia.

Medios alternativos de resolución de conflictos

Artículo 6. Los tribunales de la Jurisdicción Contencioso Administrativa promoverán la utilización de medios alternativos de solución de conflictos en cualquier grado y estado del proceso, atendiendo a la especial naturaleza de las materias jurídicas sometidas a su conocimiento.

Entes y órganos controlados

Artículo 7. Están sujetos al control de la Jurisdicción Contencioso Administrativa:

1. Los órganos que componen la Administración Pública;

2. Los órganos que ejercen el Poder Público, en sus diferentes manifestaciones, en cualquier ámbito territorial o institucional;

3. Los institutos autónomos, corporaciones, fundaciones, sociedades, empresas, asociaciones y otras formas orgánicas o asociativas de derecho público o privado donde el Estado tenga participación decisiva;

4. Los consejos comunales y otras entidades o manifestaciones populares de planificación, control, ejecución de políticas y servicios públicos, cuando actúen en función administrativa;

5. Las entidades prestadoras de servicios públicos en su actividad prestacional; y

6. Cualquier sujeto distinto a los mencionados anteriormente, que dicte actos de autoridad o actúe en función administrativa.

Universalidad del control

Artículo 8. Será objeto de control de la Jurisdicción Contencioso Administrativa, la actividad administrativa desplegada por los entes u órganos enumerados en el artículo anterior, lo cual incluye actos de efectos generales y particulares, actuaciones bilaterales, vías de hecho, silencio administrativo, prestación de servicios públicos, omisión de cumplimiento de obligaciones y, en general, cualquier situación que pueda afectar los derechos o intereses públicos o privados.

Competencia de los órganos
de la Jurisdicción Contencioso Administrativa

Artículo 9. Los órganos de la Jurisdicción Contencioso Administrativa serán competentes para conocer de:

1. Las impugnaciones que se interpongan contra los actos administrativos de efectos generales o particulares contrarios a derecho, incluso por desviación de poder.

2. De la abstención o la negativa de las autoridades a producir un acto al cual estén obligados por la ley.

3. Las reclamaciones contra las vías de hecho atribuidas a los órganos del Poder Público.

4. Las pretensiones de condena al pago de sumas de dinero y la reparación de daños y perjuicios originados por responsabilidad contractual o extracontractual de los órganos que ejercen el Poder Público.

5. Los reclamos por la prestación de los servicios públicos y el restablecimiento de las situaciones jurídicas subjetivas lesionadas por los prestadores de los mismos.

6. La resolución de los recursos de interpretación de leyes de contenido administrativo.

7. La resolución de las controversias administrativas que se susciten entre la República, algún estado, municipio u otro ente público, cuando la otra parte sea alguna de esas mismas entidades.

8. Las demandas que se ejerzan contra la República, los estados, los municipios, los institutos autónomos, entes públicos, empresas o cualquier otra forma de asociación en las cuales la República, los estados, los municipios o cualquiera de las personas jurídicas antes mencionadas tengan participación decisiva.

9. Las demandas que ejerzan la República, los estados, los municipios, los institutos autónomos, entes públicos, empresas, o cualquier otra forma de asociación, en la cual la República, los estados, los municipios o cualquiera de las personas jurídicas antes mencionadas tengan participación decisiva, si es de contenido administrativo.

10. Las actuaciones, abstenciones, negativas o las vías de hecho de los consejos comunales y de otras personas o grupos que en virtud de la participación ciudadana ejerzan funciones administrativas.

11. Las demás actuaciones de la Administración Pública no previstas en los numerales anteriores.

La participación popular en la Jurisdicción
Contencioso Administrativa

Artículo 10. Los entes, consejos comunales, colectivos y otras manifestaciones populares de planificación, control, ejecución de políticas y servicios públicos, podrán emitir su opinión en los juicios cuya materia debatida esté vinculada a su ámbito de actuación, aunque no sean partes.

TÍTULO II
DE LA ESTRUCTURA ORGÁNICA DE LA JURISDICCIÓN
CONTENCIOSO ADMINISTRATIVA

CAPÍTULO I
Órganos de la Jurisdicción Contencioso Administrativa

Órganos que la componen

Artículo 11. Son órganos de la Jurisdicción Contencioso Administrativa:

1. La Sala Político-Administrativa del Tribunal Supremo de Justicia.
2. Los Juzgados Nacionales de la Jurisdicción Contencioso Administrativa.
3. Los Juzgados Superiores Estadales de la Jurisdicción Contencioso Administrativa.
4. Los Juzgados de Municipio de la Jurisdicción Contencioso Administrativa.

Jurisdicción especial tributaria

Artículo 12. La jurisdicción especial tributaria forma parte de la Jurisdicción Contencioso Administrativa, su régimen especial es el previsto en el Código Orgánico Tributario.

CAPÍTULO II

*De la distribución territorial y
la conformación de los órganos de la Jurisdicción Contencioso Administrativa*

SECCIÓN PRIMERA:

Sala Político-Administrativa

Máxima instancia

Artículo 13. La Sala Político-Administrativa del Tribunal Supremo de Justicia es la máxima instancia de la Jurisdicción Contencioso Administrativa. Contra sus decisiones no se oirá recurso alguno, salvo lo previsto en la Constitución de la República.

Distribución territorial

Artículo 14. Corresponderá al Tribunal Supremo de Justicia en sala plena, a solicitud de la Sala Político-Administrativa, establecer el número y la distribución territorial de los órganos de la Jurisdicción Contencioso Administrativa.

SECCIÓN SEGUNDA:

*Los Juzgados Nacionales
de la Jurisdicción Contencioso Administrativa*

Competencia territorial

Artículo 15. La competencia territorial de los Juzgados Nacionales de la Jurisdicción Contencioso Administrativa estará delimitada de la siguiente manera:

1. Dos Juzgados Nacionales de la Jurisdicción Contencioso Administrativa de la Región Capital con competencia en el Distrito Capital y los estados Miranda, Vargas, Aragua, Carabobo y Guárico.

2. Un Juzgado Nacional de la Jurisdicción Contencioso Administrativa de la Región Centro-Occidental, con competencia en los estados Cojedes, Falcón, Yaracuy, Lara, Portuguesa, Barinas, Apure, Táchira, Trujillo, Mérida y Zulia.

3. Un Juzgado Nacional de la Jurisdicción Contencioso Administrativa de la Región Nor-Oriental con competencia en los estados Nueva Esparta, Anzoátegui, Sucre, Monagas, Bolívar, Amazonas y Delta Amacuro.

El Tribunal Supremo de Justicia, en sala plena, a solicitud de la Sala Político-Administrativa, de conformidad con el artículo anterior, podrá crear nuevos Juzgados Nacionales de la Jurisdicción Contencioso Administrativa o modificar su distribución territorial, de acuerdo con las necesidades de esta Jurisdicción.

Integración

Artículo 16. Los Juzgados Nacionales de la Jurisdicción Contencioso Administrativa estarán integrados por tres jueces o juezas. Sus respectivos juzgados de sustanciación serán unipersonales.

Requisitos

Artículo 17. Para ser Juez o Jueza de los Juzgados Nacionales de la Jurisdicción Contencioso Administrativa, se requiere:

1. Ser venezolano o venezolana.

2. Ser abogado o abogada de reconocida honorabilidad y prestigio profesional.

3. Tener un mínimo de doce años de graduado o graduada y:

    a. Tener título universitario de postgrado en el área del derecho público; o

b. Haber desempeñado funciones en el área jurídica o de gestión en la Administración Pública por un mínimo de siete años;

c. Ser o haber sido profesor universitario o profesora universitaria en el área del derecho público, durante un mínimo de siete años; o

d. Ser o haber sido Juez administrativo o Jueza administrativa o haber desempeñado funciones en órganos del Estado pertenecientes al sistema de justicia administrativa vinculados al derecho público, por un mínimo de siete años; o

4. Los demás previstos en la ley.

En el caso de los estados fronterizos se requerirá ser venezolano o venezolana por nacimiento y sin otra nacionalidad.

SECCIÓN TERCERA:

Juzgados Superiores Estadales de la
Jurisdicción Contencioso Administrativa

Distribución territorial

Artículo 18. En cada estado funcionará al menos un Juzgado Superior Estadal de la Jurisdicción Contencioso Administrativa.

Integración

Artículo 19. Los Juzgados Superiores Estadales de la Jurisdicción Contencioso Administrativa serán unipersonales.

Requisitos

Artículo 20. Para ser Juez o Jueza de los Juzgados Superiores Estadales de la Jurisdicción Contencioso Administrativa se requiere:

1. Ser venezolano o venezolana.

2. Ser abogado o abogada de reconocida honorabilidad y prestigio profesional.

3. Tener un mínimo de diez años de graduado o graduada y:

a. Tener título universitario de postgrado en el área del derecho público; o

b. Haber desempeñado funciones en el área jurídica o de gestión en la Administración Pública por un mínimo de cinco años; o

c. Ser o haber sido profesor universitario o profesora universitaria en el área del derecho público, durante un período mínimo de cinco años; o

d. Ser o haber sido Juez o Jueza Contencioso-Administrativa o haber desempeñado funciones en órganos del Estado pertenecientes al sistema de justicia administrativa vinculados al derecho público, por un mínimo de cinco años ; o

4. Los demás previstos en la ley.

En el caso de los estados fronterizos se requerirá ser venezolano o venezolana por nacimiento y sin otra nacionalidad.

SECCIÓN CUARTA:

Los Juzgados de Municipio de la
Jurisdicción Contencioso Administrativa

Integración

Artículo 21. Los Juzgados de Municipio de la Jurisdicción Contencioso Administrativa serán unipersonales.

Requisitos

Artículo 22. Para ser Juez o Jueza de los Juzgados de Municipio de la Jurisdicción Contencioso Administrativa se requiere:

1. Ser venezolano o venezolana.

2. Ser abogado o abogada de reconocida honorabilidad y prestigio profesional.

3. Tener un mínimo de cinco años de graduado o graduada y:

   a. Tener título universitario de postgrado en el área del derecho público; o

   b. Haber desempeñado funciones en el área jurídica o de gestión en la Administración Pública por un mínimo de tres años;

   c. Ser o haber sido profesor universitario o profesora universitaria en el área del derecho público, durante un período mínimo de tres años; o

   d. Haber desempeñado funciones en órganos del Estado pertenecientes al sistema de justicia administrativa vinculados al derecho público, por un mínimo de tres años; o.

4. Los demás previstos en la Ley.

En el caso de los estados fronterizos se requerirá ser venezolano o venezolana por nacimiento y sin otra nacionalidad.

TÍTULO III

DE LA COMPETENCIA DE LOS ÓRGANOS DE LA JURISDICCIÓN CONTENCIOSO ADMINISTRATIVA

CAPÍTULO I

*Competencia de la Sala Político-Administrativa
del Tribunal Supremo de Justicia*

Competencias de la Sala Político-Administrativa

Artículo 23. La Sala Político-Administrativa del Tribunal Supremo de Justicia es competente para conocer de:

1.   Las demandas que se ejerzan contra la República, los estados, los municipios, o algún instituto autónomo, ente público, empresa, o cualquier otra forma de asociación, en la cual la República, los estados, los municipios u otros de los entes mencionados tengan participación decisiva, si su cuantía excede de setenta mil unidades tributarias (70.000 U.T.), cuando su conocimiento no esté atribuido a otro tribunal en razón de su especialidad.

2.   Las demandas que ejerzan la República, los estados, los municipios, o algún instituto autónomo, ente público, empresa, o cualquier otra forma de asociación, en la cual la República, los estados, los municipios o cualquiera de los entes mencionados tengan participación decisiva, si su cuantía excede de setenta mil unidades tributarias (70.000 U.T.), cuando su conocimiento no esté atribuido a otro tribunal en razón de su especialidad.

3.   La abstención o la negativa del Presidente o Presidenta de la República, del Vicepresidente Ejecutivo o Vicepresidenta Ejecutiva de la República, de los Ministros o Ministras, así como de las máximas autoridades de los demás órganos de rango constitucional, a cumplir los actos a que estén obligados por las leyes.

4.   Las reclamaciones contra las vías de hecho atribuidas a las altas autoridades antes enumeradas.

5.   Las demandas de nulidad contra los actos administrativos de efectos generales o particulares dictados por el Presidente o Presidenta de la República, el Vicepresidente Ejecutivo

o Vicepresidenta Ejecutiva de la República, los Ministros o Ministras, así como por las máximas autoridades de los demás organismos de rango constitucional, si su competencia no está atribuida a otro tribunal.

6. Las demandas de nulidad que se ejerzan contra un acto administrativo de efectos particulares y al mismo tiempo el acto normativo sub-legal que le sirve de fundamento, siempre que el conocimiento de este último corresponda a la Sala Político-Administrativa.

7. Las controversias administrativas entre la República, los estados, los municipios u otro ente público, cuando la otra parte sea una de esas mismas entidades, a menos que se trate de controversias entre municipios de un mismo estado.

8. Las controversias administrativas entre autoridades de un mismo órgano o ente, o entre distintos órganos o entes que ejerzan el Poder Público, que se susciten por el ejercicio de una competencia atribuida por la ley.

9. La apelación de los juicios de expropiación.

10. Las demandas que se interpongan con motivo de la adquisición, goce, ejercicio o pérdida de la nacionalidad o de los derechos que de ella derivan.

11. Las demandas que se ejerzan con ocasión del uso del espectro radioeléctrico.

12. Las demandas que le atribuyan la Constitución de la República o las leyes especiales, o que le correspondan conforme a éstas, en su condición de máxima instancia de la Jurisdicción Contencioso Administrativa.

13. Las demás demandas derivadas de la actividad administrativa desplegada por las altas autoridades de los órganos que ejercen el Poder Público, no atribuidas a otro tribunal.

14. Las causas que se sigan contra los representantes diplomáticos acreditados en la República, en los casos permitidos por el derecho internacional.

15. Las apelaciones de las decisiones de los Juzgados Nacionales de la Jurisdicción Contencioso Administrativa y de las consultas que le correspondan conforme al ordenamiento jurídico.

16. El avocamiento, de oficio o a petición de parte, sobre algún asunto que curse en otro tribunal cuando sea afín con la materia administrativa.

17. Los juicios en que se tramiten acciones conexas, cuando a la Sala Político Administrativa le esté atribuido el conocimiento de alguna de ellas.

18. Del recurso especial de juridicidad, de conformidad con lo establecido en esta Ley[*]

19. Los conflictos de competencia que surjan entre los tribunales de la Jurisdicción Contencioso Administrativa.

20. Las consultas y recursos de regulación de jurisdicción.

21. Los recursos de interpretación de leyes de contenido administrativo.

22. Los juicios sobre hechos ocurridos en alta mar, en el espacio aéreo internacional o en puertos o territorios extranjeros tramitados en la República, cuando su conocimiento no estuviese atribuido a otro tribunal.

23. Conocer y decidir las pretensiones, acciones o recursos interpuestos, en el caso de retiro, permanencia, estabilidad o conceptos derivados de empleo público del personal con grado de oficiales de la Fuerza Armada Nacional Bolivariana.

24. Las demás causas previstas en la ley.

---

* *N. del E.* La Sala Constitucional del Tribunal Supremo de Justicia en sentencia N° 1149 de 17 de noviembre de 2010, suspendió los efectos de esta norma relativa al recurso de juridicidad, declarándola inaplicable. Véase http://www.tsj.gov.ve/decisiones/scon/Noviembre/1149-171110-2010-10-1039.html. Véase lo expuesto en pp. 150-151 de este libro

CAPÍTULO II

*Competencia de los Juzgados Nacionales
de la Jurisdicción Contencioso Administrativa*

*Competencia de los Juzgados Nacionales
de la Jurisdicción Contencioso Administrativa*

Artículo 24. Los Juzgados Nacionales de la Jurisdicción Contencioso Administrativa son competentes para conocer de:

1. Las demandas que se ejerzan contra la República, los estados, los municipios, o algún instituto autónomo, ente público, empresa o cualquier otra forma de asociación, en la cual la República, los estados, los municipios u otros de los entes mencionados tengan participación decisiva, si su cuantía excede de treinta mil unidades tributarias (30.000 U.T.) y no supera setenta mil unidades tributarias (70.000 U.T.), cuando su conocimiento no esté atribuido expresamente a otro tribunal, en razón de su especialidad.

2. Las demandas que ejerzan la República, los estados, los municipios, o algún instituto autónomo, ente público, empresa, o cualquier otra forma de asociación, en la cual la República, los estados, los municipios u otros de los entes mencionados tengan participación decisiva, si su cuantía excede de las treinta mil unidades tributarias (30.000 U.T.) y no supera setenta mil unidades tributarias (70.000 U.T.), cuando su conocimiento no esté atribuido a otro tribunal en razón de su especialidad.

3. La abstención o la negativa de las autoridades distintas a las mencionadas en el numeral 3 del artículo 23 de esta Ley y en el numeral 4 del artículo 25 de esta Ley.

4. Las reclamaciones contra las vías de hecho atribuidas a las autoridades a las que se refiere el numeral anterior.

5. Las demandas de nulidad de los actos administrativos de efectos generales o particulares dictados por autoridades distintas a las mencionadas en el numeral 5 del artículo 23 de esta Ley y en el numeral 3 del artículo 25 de esta Ley, cuyo conocimiento no esté atribuido a otro tribunal en razón de la materia.

6. Los juicios de expropiación intentados por la República, en primera instancia.

7. Las apelaciones de las decisiones de los Juzgados Superiores Estadales de la Jurisdicción Contencioso Administrativa y de las consultas que les correspondan conforme al ordenamiento jurídico.

8. Las demandas derivadas de la actividad administrativa contraria al ordenamiento jurídico desplegada por las autoridades de los órganos que ejercen el Poder Público, cuyo control no haya sido atribuido a la Sala Político-Administrativa o a los Juzgados Superiores Estadales de la Jurisdicción Contencioso Administrativa.

9. Las demás causas previstas en la ley.

Los Juzgados Nacionales de la Jurisdicción Contencioso Administrativa, con sede en la ciudad de Caracas, conocerán exclusivamente la materia de los supuestos previstos en los numerales 3, 4 y 5 de este artículo, cuando se trate de autoridades cuya sede permanente se encuentre en el Área Metropolitana de Caracas.

CAPÍTULO III
Competencia de los Juzgados Superiores Estadales de la Jurisdicción Contencioso Administrativa

Competencia

Artículo 25. Los Juzgados Superiores Estadales de la Jurisdicción Contencioso Administrativa son competentes para conocer de:

1. Las demandas que se ejerzan contra la República, los estados, los municipios, o algún instituto autónomo, ente público, empresa o cualquier otra forma de asociación en la cual la República, los estados, los municipios u otros de los entes mencionados tengan participación decisiva, si su cuantía no excede de treinta mil unidades tributarias (30.000 U.T.), cuando su conocimiento no esté atribuido a otro tribunal en razón de su especialidad.

2. Las demandas que ejerzan la República, los estados, los municipios, o algún instituto autónomo, ente público, empresa o cualquier otra forma de asociación en la cual la República, los estados, los municipios u otros de los entes mencionados tengan participación decisiva, si su cuantía no excede de treinta mil unidades tributarias (30.000 U.T.), cuando su conocimiento no esté atribuido a otro tribunal en razón de su especialidad.

3. Las demandas de nulidad contra los actos administrativos de efectos generales o particulares, dictados por las autoridades estadales o municipales de su jurisdicción, con excepción de las acciones de nulidad ejercidas contra las decisiones administrativas dictadas por la Administración del trabajo en materia de inamovilidad, con ocasión de una relación laboral regulada por la Ley Orgánica del Trabajo.

4. La abstención o la negativa de las autoridades estadales o municipales a cumplir los actos a que estén obligadas por las leyes.

5. Las reclamaciones contra las vías de hecho atribuidas a autoridades estadales o municipales de su jurisdicción.

6. Las demandas de nulidad contra los actos administrativos de efectos particulares concernientes a la función pública, conforme a lo dispuesto en la ley.

7. Las apelaciones de las decisiones de los Juzgados de Municipio de la Jurisdicción Contencioso Administrativa.

8. Las demandas derivadas de la actividad administrativa contraria al ordenamiento jurídico de los órganos del Poder Público estadal, municipal o local.

9. Las controversias administrativas entre municipios de un mismo estado por el ejercicio de una competencia directa e inmediata en ejecución de la ley.

10. Las demás causas previstas en la ley.

CAPÍTULO IV
Competencia de los Juzgados de Municipio de la Jurisdicción Contencioso Administrativa

Competencia

Artículo 26. Los Juzgados de Municipio de la Jurisdicción Contencioso Administrativa son competentes para conocer de:

1. Las demandas que interpongan los usuarios o usuarias o las organizaciones públicas o privadas que los representen, por la prestación de servicios públicos.

2. Cualquiera otra demanda o recurso que le atribuyan las leyes.

TÍTULO IV
LOS PROCEDIMIENTOS DE LA JURISDICCIÓN CONTENCIOSO ADMINISTRATIVA

CAPÍTULO I
Disposiciones Generales

SECCIÓN PRIMERA:
Capacidad, Legitimación e Interés

Capacidad procesal

Artículo 27. Podrán actuar ante la Jurisdicción Contencioso Administrativa las personas naturales o jurídicas, públicas o privadas, las irregulares o de hecho, las asociaciones, consorcios, comités, consejos comunales y locales, agrupaciones, colectivos y cualquiera otra entidad.

Asistencia y representación

Artículo 28. Las partes actuarán en juicio asistidos o representados por un abogado o abogada.

En los casos de reclamos por la omisión, demora o deficiente prestación de los servicios públicos, la acción podrá interponerse sin la asistencia o representación de abogado o abogada, en cuyo caso el Juez deberá procurar a la parte demandante la debida asistencia o representación para los actos subsiguientes, a través de los órganos competentes.

Legitimación e interés

Artículo 29. Están legitimadas para actuar en la Jurisdicción Contencioso Administrativa todas las personas que tengan un interés jurídico actual.

SECCIÓN SEGUNDA:
Las demandas

La iniciativa procesal

Artículo 30. Los órganos de la Jurisdicción Contencioso Administrativa conocerán a instancia de parte, o de oficio, cuando la ley lo autorice.

Trámite procesal de las demandas

Artículo 31. Las demandas ejercidas ante la Jurisdicción Contencioso Administrativa se tramitarán conforme a lo previsto en esta Ley; supletoriamente, se aplicarán las normas de procedimiento de la Ley Orgánica del Tribunal Supremo de Justicia y del Código de Procedimiento Civil.

Cuando el ordenamiento jurídico no contemple un procedimiento especial, el Juez o Jueza podrá aplicar el que considere más conveniente para la realización de la justicia.

Caducidad

Artículo 32. Las acciones de nulidad caducarán conforme a las reglas siguientes:

1. En los casos de actos administrativos de efectos particulares, en el término de ciento ochenta días continuos, contados a partir de su notificación al interesado, o cuando la administración no haya decidido el correspondiente recurso administrativo en el lapso de noventa días hábiles, contados a partir de la fecha de su interposición. La ilegalidad del acto adminis-

trativo de efectos particulares podrá oponerse siempre por vía de excepción, salvo disposiciones especiales.

2. Cuando el acto impugnado sea de efectos temporales, el lapso será de treinta días continuos.

3. En los casos de vías de hecho y recurso por abstención, en el lapso de ciento ochenta días continuos, contados a partir de la materialización de aquéllas o desde el momento en el cual la administración incurrió en la abstención, según sea el caso.

Las acciones de nulidad contra los actos de efectos generales dictados por el Poder Público podrán intentarse en cualquier tiempo.

Las leyes especiales podrán establecer otros lapsos de caducidad.

SECCIÓN TERCERA:

Disposiciones comunes a los procedimientos

Requisitos de la demanda

Artículo 33. El escrito de la demanda deberá expresar:

1. Identificación del tribunal ante el cual se interpone.

2. Nombre, apellido y domicilio de las partes, carácter con que actúan, su domicilio procesal y correo electrónico, si lo tuviere.

3. Si alguna de las partes fuese persona jurídica deberá indicar la denominación o razón social y los datos relativos a su creación o registro.

4. La relación de los hechos y los fundamentos de derecho con sus respectivas conclusiones.

5. Si lo que se pretende es la indemnización de daños y perjuicios, deberá indicarse el fundamento del reclamo y su estimación.

6. Los instrumentos de los cuales se derive el derecho reclamado, los que deberán producirse con el escrito de la demanda.

7. Identificación del apoderado y la consignación del poder.

En casos justificados podrá presentarse la demanda en forma oral ante el tribunal, el cual ordenará su trascripción. La negativa a aceptar la presentación oral deberá estar motivada por escrito.

Presentación de la demanda ante otro tribunal

Artículo 34. El demandante en cuyo domicilio no exista un tribunal de la Jurisdicción Contencioso Administrativa competente para conocer de la demanda, podrá presentarla ante un tribunal de municipio, el cual deberá remitir inmediatamente el expediente, foliado y sellado, al tribunal señalado por la parte actora. La caducidad de la acción se determinará por la fecha de presentación inicial de la demanda.

El tribunal receptor antes de efectuar la indicada remisión, lo hará constar al pie del escrito y en el libro de presentación.

Inadmisibilidad de la demanda

Artículo 35. La demanda se declarará inadmisible en los supuestos siguientes:

1. Caducidad de la acción.

2. Acumulación de pretensiones que se excluyan mutuamente o cuyos procedimientos sean incompatibles.

3. Incumplimiento del procedimiento administrativo previo a las demandas contra la República, los estados, o contra los órganos o entes del Poder Público a los cuales la ley les atribuye tal prerrogativa.

4. No acompañar los documentos indispensables para verificar su admisibilidad.

5. Existencia de cosa juzgada.

6. Existencia de conceptos irrespetuosos.

7. Cuando sea contraria al orden público, a las buenas costumbres o a alguna disposición expresa de la ley.

Admisión de la demanda

Artículo 36. Si el tribunal constata que el escrito no se encuentra en curso en los supuestos previstos en el artículo anterior, y cumple con los requisitos del artículo 33, procederá a la admisión de la demanda, dentro de los tres días de despacho siguientes a su recibo. En caso contrario, o cuando el escrito resultase ambiguo o confuso, concederá al demandante tres días de despacho para su corrección, indicándole los errores u omisiones que se hayan constatado.

Subsanados los errores, el tribunal decidirá sobre su admisibilidad dentro de los tres días de despacho siguientes. La decisión que inadmita la demanda será apelable libremente dentro de los tres días de despacho siguientes ante el tribunal de alzada, el cual deberá decidir con los elementos cursantes en autos dentro de los diez días de despacho siguientes a la recepción del expediente, la que admita será apelable en un solo efecto.

Citación

Artículo 37. La citación personal se hará conforme a las previsiones del Código de Procedimiento Civil a excepción de la del Procurador General de la República, que se hará de acuerdo al Decreto con Rango, Valor y Fuerza de Ley de Reforma Parcial del Decreto con Fuerza de Ley Orgánica de la Procuraduría General de la República.

A partir de que conste en autos la citación practicada, comenzará a computarse el lapso de comparecencia en el caso de las demandas de contenido patrimonial.

Hecha la citación las partes quedan a derecho, y no habrá necesidad de una nueva citación para ningún otro acto del juicio, a menos que exista disposición contraria de la ley.

Citaciones y notificaciones por medios electrónicos

Artículo 38. El tribunal podrá practicar las citaciones y notificaciones por medios electrónicos.

Las certificaciones de las citaciones y notificaciones se harán de conformidad con lo establecido en la Decreto con Fuerza de Ley Sobre Mensajes de Datos y Firmas Electrónicas, atendiendo siempre a los principios de inmediatez, brevedad y celeridad. El Secretario o Secretaria dejará constancia en el expediente de las citaciones y notificaciones realizadas, cumplido lo cual comenzarán a contarse los lapsos correspondientes.

Auto para mejor proveer

Artículo 39. En cualquier estado de la causa el Juez o Jueza podrá solicitar información o hacer evacuar de oficio las pruebas que considere pertinentes. Este auto será inapelable. Las partes podrán hacer observaciones sobre las actuaciones practicadas.

Resolución de incidencias

Artículo 40. Si por alguna necesidad del procedimiento una de las partes solicitara alguna providencia, el Juez o Jueza resolverá dentro de los tres días de despacho siguientes; a menos que haya necesidad de esclarecer algún hecho, caso en el cual ordenará la apertura de una articulación probatoria por ocho días de despacho.

Si la resolución incidiere en la decisión de la causa, el Juez o Jueza resolverá la articulación en la sentencia definitiva; en caso contrario, decidirá dentro de los tres días de despacho siguientes al vencimiento de aquélla.

Perención

Artículo 41. Toda instancia se extingue por el transcurso de un año sin haberse ejecutado ningún acto de procedimiento por las partes, salvo que el acto procesal siguiente le corresponda al Juez o Jueza, tal como la admisión de la demanda, la fijación de la audiencia y la admisión de pruebas.

Declarada la perención, podrá interponerse la acción inmediatamente después de la declaratoria.

SECCIÓN CUARTA:

La inhibición y la recusación

Causales de inhibición y de recusación

Artículo 42. Los funcionaros o funcionarias judiciales así como los auxiliares de justicia, pueden ser recusados por algunas de las causas siguientes:

1. Por parentesco de consanguinidad o de afinidad dentro del cuarto y segundo grado, respectivamente, con cualquiera de las partes, sus representantes o cónyuges.

2. Por haber sido el recusado padre o madre adoptante o hijo adoptivo o hija adoptiva de alguna de las partes.

3. Por tener con alguna de las partes amistad íntima o enemistad manifiesta.

4. Por tener el recusado, su cónyuge, o algunos de sus afines o parientes consanguíneos, dentro de los grados indicados, interés directo en los resultados del proceso.

5. Por haber manifestado opinión sobre lo principal del juicio o sobre la incidencia pendiente, antes de la emisión de la sentencia correspondiente, siempre que el recusado sea el Juez o Jueza de la causa.

6. Cualquiera otra causa fundada en motivos graves que afecte su imparcialidad.

Deber de inhibición

Artículo 43. Los funcionarios o funcionarias y auxiliares de justicia a quienes sean aplicables cualquiera de las causales señaladas en el artículo anterior, deberán inhibirse del conocimiento del asunto sin esperar a que se les recuse.

Igualmente lo harán si son recusados y estimen procedente la causal imputada.

Contra la inhibición no habrá recurso alguno.

Lapso para inhibirse

Artículo 44. La inhibición del funcionario o funcionaria judicial o del auxiliar de justicia, podrá manifestarse en cualquier estado del juicio y deberá proponerse dentro de los tres días de despacho siguientes al momento en que se conozca la causa que la motive.

Allanamiento

Artículo 45. El funcionario o funcionaria judicial o el auxiliar de justicia inhibido podrá continuar en sus funciones si convinieren en ello las partes o aquélla contra quien obrare el impedimento, dentro de los cinco días de despacho siguientes. No habrá allanamiento cuando la causal manifestada sea el parentesco o relaciones de pareja.

Los apoderados judiciales no necesitarán autorización especial para prestar su consentimiento en este caso.

Remisión del expediente

Artículo 46. Cuando el Juez o Jueza advierta que está incurso en alguna de las causales de recusación o inhibición, se abstendrá de conocer, levantará un acta y la remitirá con sus recaudos en cuaderno separado al tribunal competente.

No suspensión de la causa por la incidencia

Artículo 47. Ni la recusación ni la inhibición detendrán el curso de la causa, cuyo conocimiento pasará inmediatamente mientras se decide la incidencia a otro tribunal de la misma categoría si lo hubiera en la localidad y en defecto de éste a quien deba suplirlo conforme a la ley.

Si la recusación o la inhibición fuere declarada con lugar, el Juez sustituto o Jueza sustituta continuará conociendo de la causa; en caso contrario, devolverá los autos al Juez o Jueza que venía conociendo del asunto.

Oportunidad para recusar

Artículo 48. La recusación de los funcionarios o funcionarias judiciales o de los auxiliares de justicia, sólo podrá proponerse hasta el día en que concluya el lapso probatorio. Cuando el motivo de la recusación fuese sobrevenido, ésta podrá proponerse hasta el día fijado para el acto de informes. Si fenecido el lapso probatorio el Juez o Jueza, el funcionario o funcionaria judicial o el auxiliar de justicia interviniere en la causa, las partes podrán recusarlo por cualquier motivo legal dentro de los cinco días de despacho siguientes a su aceptación. Cuando la causa fuese sobrevenida, la recusación deberá proponerse dentro de los cinco días de despacho siguientes al momento en que se conozca la causa que la motiva.

Trámite de la recusación

Artículo 49. La recusación se propondrá mediante diligencia o escrito ante el tribunal de la causa. Si la recusación se funda en un motivo que la haga admisible, el recusado, a más tardar al día siguiente, informará ante la secretaría, debiendo remitir la recusación al tribunal competente para su conocimiento dentro de los cinco días de despacho siguientes.

Inadmisibilidad de la recusación

Artículo 50. El Juez o Jueza recusado declarará inadmisible la recusación que se intente sin estar fundada en motivo legal, fuera del lapso. Esta decisión será apelable.

Incidencia de la recusación

Artículo 51. El Juez o Jueza a quien corresponda conocer de la incidencia, admitirá y evacuará las pruebas que los interesados presenten dentro de los cinco días de despacho siguientes a la fecha en que reciba las actuaciones y sentenciará dentro de los cinco días de despacho siguientes al vencimiento del lapso probatorio.

Recusación de funcionario o funcionaria judicial

Artículo 52. Si el inhibido o el recusado es el Secretario o Secretaria del tribunal, el Juez o Jueza nombrará un sustituto el mismo día o en el siguiente; y de igual forma se procederá cuando se trate de otros funcionarios o funcionarias judiciales.

Si el inhibido o el recusado es un auxiliar de justicia, el Juez o Jueza procederá sin más trámite a hacer un nuevo nombramiento.

Conocimiento de la recusación

Artículo 53. Si la recusación o inhibición fuere declarada con lugar, conocerá del proceso en curso cualquier otro tribunal de la Jurisdicción Contencioso Administrativa de la misma categoría, si lo hubiere en la jurisdicción; de no haberlo o si los jueces o juezas de estos tribunales se inhibieran o fuesen recusados, serán convocados los suplentes.

Multas

Artículo 54. Declarada inadmisible la recusación, la parte o su apoderado pagarán multa equivalente a cincuenta unidades tributarias (50 U.T.). Igual monto pagará si desiste de la recusación o ésta sea declarada sin lugar, siempre que su interposición hubiese sido temeraria. La decisión sobre la temeridad deberá motivarse.

La multa se pagará dentro del lapso de cinco días hábiles siguientes a la decisión de la incidencia, ante una oficina receptora de fondos nacionales.

Si la parte o el abogado o abogada que la represente, según sea el caso, no acredite en el expediente el pago de la multa, quedarán impedidos de actuar en la causa.

Recusación e inhibición en tribunales colegiados

Artículo 55. En el caso de los tribunales colegiados la incidencia será decidida por el Presidente o Presidenta; cuando éste fuere el recusado por el Vicepresidente o Vicepresidenta; y cuando fuesen recusados todos se convoca a los suplentes por el orden de la lista.

CAPÍTULO II

PROCEDIMIENTO EN PRIMERA INSTANCIA

SECCIÓN PRIMERA:

Demandas de contenido patrimonial

Supuestos de procedencia

Artículo 56. El procedimiento regulado en esta sección regirá la tramitación de las demandas de contenido patrimonial en las que sean partes los sujetos enunciados en el artículo 7 de esta Ley.

Las previsiones de esta sección tendrán carácter supletorio en los demás procedimientos.

Audiencia preliminar

Artículo 57. La audiencia preliminar tendrá lugar el décimo día de despacho siguiente a la hora que fije el tribunal. Dicha audiencia será oral, con la asistencia de las partes. En este acto, el Juez o Jueza podrá resolver los defectos del procedimiento, de oficio o a petición de parte, lo cual hará constar en acta.

El demandado deberá expresar con claridad si contraviene los hechos alegados por la contraparte, a fin de que el Juez o Jueza pueda fijar con precisión los controvertidos. En esta oportunidad, las partes deberán promover los medios de prueba que sustenten sus afirmaciones.

De la participación popular en juicio

Artículo 58. El Juez o Jueza podrá, de oficio o a petición de parte, convocar para su participación en la audiencia preliminar a las personas, entes, consejos comunales, colectivos o cualquier otra manifestación popular de planificación, control y ejecución de políticas y servicios públicos, cuyo ámbito de actuación se encuentre vinculado con el objeto de la controversia, para que opinen sobre el asunto debatido.

De ser procedente su participación se les notificará, de conformidad con lo dispuesto en el artículo 37 de esta Ley, fijándose la audiencia cuando conste en autos la notificación respectiva.

Las personas y entes antes señalados, no requerirán representación ni asistencia de abogado. El Juez o Jueza facilitará su comparecencia y deberá informarles sobre los aspectos relevantes de la controversia.

Representación en la audiencia preliminar

Artículo 59. Cuando el Juez o Jueza acuerde la participación de las personas o entes indicados en el artículo anterior, podrá escoger entre los presentes quien los represente.

Ausencia de las partes

Artículo 60. Si el demandante no compareciere a la audiencia preliminar, se declarará desistido el procedimiento.

El desistimiento del procedimiento sólo extingue la instancia y el demandante podrá volver a proponer nueva demanda inmediatamente.

Si el demandado no compareciere a la audiencia preliminar, la causa seguirá su curso.

Contestación de la demanda

Artículo 61. La contestación deberá realizarse por escrito dentro de los diez días de despacho siguientes a la celebración de la audiencia preliminar, y deberán presentarse los documentos probatorios. Para las actuaciones posteriores se dejará transcurrir íntegramente el lapso previsto en este artículo.

Lapso de pruebas

Artículo 62. Dentro de los cinco días de despacho siguientes al vencimiento del lapso previsto en el artículo anterior, las partes presentarán sus escritos de pruebas.

Dentro de los tres días siguientes a la presentación de los escritos de pruebas, las partes podrán expresar si convienen en algún hecho u oponerse a las pruebas que aparezcan manifiestamente ilegales o impertinentes.

Vencido el lapso anterior, dentro de los tres días de despacho siguientes al vencimiento del referido lapso, el Juez o Jueza admitirá las pruebas que no sean manifiestamente ilegales, impertinentes o inconducentes y ordenará evacuar los medios que lo requieran, para lo cual se dispondrá de diez días de despacho, prorrogables a instancia de parte por diez días.

Cuando las partes sólo promuevan medios de pruebas que no requieran evacuación, se suprimirá el lapso previsto para tal fin.

Audiencia conclusiva

Artículo 63. Finalizado el lapso de pruebas, dentro de cinco días de despacho siguientes, se fijará la oportunidad para la celebración de la audiencia conclusiva.

En los tribunales colegiados se designará ponente en esta oportunidad.

En la audiencia conclusiva, las partes expondrán oralmente sus conclusiones, las cuales podrán consignar por escrito.

Al comenzar la audiencia, el Juez o Jueza indicará a las partes el tiempo para exponer sus conclusiones, réplica y contrarréplica.

Oportunidad para dictar sentencia

Artículo 64. Concluida la audiencia, el Juez o Jueza dispondrá de treinta días continuos para decidir. El pronunciamiento podrá diferirse justificadamente por treinta días continuos. La sentencia publicada fuera del lapso deberá ser notificada a las partes, sin lo cual no correrá el lapso para recurrir.

SECCIÓN SEGUNDA:

Procedimiento breve

Supuestos de aplicación

Artículo 65. Se tramitarán por el procedimiento regulado en esta sección, cuando no tengan contenido patrimonial o indemnizatorio, las demandas relacionadas con:

1. Reclamos por la omisión, demora o deficiente prestación de los servicios públicos.

2. Vías de hecho.

3. Abstención.

La inclusión de peticiones de contenido patrimonial, no impedirá que el tribunal dé curso exclusivamente a las acciones mencionadas.

Requisitos de la demanda

Artículo 66. Además de los requisitos previstos en el artículo 33, el demandante deberá acompañar los documentos que acrediten los trámites efectuados, en los casos de reclamo por la prestación de servicios públicos o por abstención.

Citación

Artículo 67. Admitida la demanda, el tribunal requerirá con la citación que el demandado informe sobre la causa de la demora, omisión o deficiencia del servicio público, de la abstención o de las vías de hecho, según sea el caso.

Dicho informe deberá presentarse en un lapso no mayor de cinco días hábiles, contados a partir de que conste en autos la citación.

Cuando el informe no sea presentado oportunamente, el responsable podrá ser sancionado con multa entre cincuenta unidades tributarias (50 U.T.) y cien unidades tributarias (100 U.T.), y se tendrá por confeso a menos que se trate de la Administración Pública.

En los casos de reclamos por prestación de servicios públicos, la citación del demandado será practicada en la dependencia u oficina correspondiente.

Notificaciones

Artículo 68. En el caso previsto en el numeral 1 del artículo 65 de esta Ley, deberá notificarse a:

1. La Defensoría del Pueblo, al Instituto para la Defensa de las Personas en el Acceso a los Bienes y Servicios (INDEPABIS) y a los consejos comunales o locales directamente relacionados con el caso.

2. El Ministerio Público.

3. Cualquiera otra persona o ente público, privado o del Poder Popular relacionado con el asunto, a solicitud de parte o a juicio del tribunal.

Medidas cautelares

Artículo 69. Admitida la demanda, el tribunal podrá de oficio o a instancia de parte, realizar las actuaciones que estime procedentes para constatar la situación denunciada y dictar medidas cautelares. La oposición a la medida cautelar será resuelta a la mayor brevedad.

Audiencia oral

Artículo 70. Recibido el informe o transcurrido el término para su presentación, el tribunal dentro de los diez días de despacho siguientes, realizará la audiencia oral oyendo a las partes, a los notificados y demás interesados. Los asistentes a la audiencia podrán presentar sus pruebas.

Si el demandante no asistiere a la audiencia se entenderá desistida la demanda, salvo que otra persona de las convocadas manifieste su interés en la resolución del asunto.

Contenido de la audiencia

Artículo 71. En la oportunidad de la audiencia oral, el tribunal oirá a los asistentes y propiciará la conciliación.

El tribunal admitirá las pruebas, el mismo día o el siguiente, ordenando la evacuación que así lo requieran.

Prolongación de la audiencia

Artículo 72. En casos especiales el tribunal podrá prolongar la audiencia.

Finalizada la audiencia, la sentencia será publicada dentro de los cinco días de despacho siguientes.

Uso de medios audiovisuales

Artículo 73. Las audiencias orales deberán constar en medios audiovisuales, además de las actas correspondientes. Las grabaciones formarán parte del expediente.

Contenido de la sentencia

Artículo 74. Además de los requisitos del artículo 243 del Código de Procedimiento Civil, la sentencia deberá indicar:

1. Las medidas inmediatas necesarias para restablecer la situación jurídica infringida.

2. En el caso de reclamos por prestación de servicios públicos, las medidas que garanticen su eficiente continuidad.

3. Las sanciones a que haya lugar.

Apelación

Artículo 75. De la sentencia dictada se oirá apelación en un solo efecto.

SECCIÓN TERCERA:
Procedimiento común a las demandas de nulidad,
interpretación y controversias administrativas

Supuestos de aplicación

Artículo 76. Este procedimiento regirá la tramitación de las demandas siguientes:

1. Nulidad de actos de efectos particulares y generales.

2. Interpretación de leyes.

3. Controversias administrativas.

Recepción de la demanda

Artículo 77. El tribunal se pronunciará sobre la admisibilidad de la demanda dentro de los tres días de despacho siguientes a su recepción.

Notificación

Artículo 78. Admitida la demanda, se ordenará la notificación de las siguientes personas y entes:

1. En los casos de recursos de nulidad, al representante del órgano que haya dictado el acto; en los casos de recursos de interpretación, al órgano del cual emanó el instrumento legis-

lativo; y en los de controversias administrativas, al órgano o ente contra quien se proponga la demanda.

2. Al Procurador o Procuradora General de la República y al o la Fiscal General de la República.

3. A cualquier otra persona, órgano o ente que deba ser llamado a la causa por exigencia legal o a criterio del tribunal.

Las notificaciones previstas se realizarán mediante oficio que será entregado por el o la Alguacil en la oficina receptora de correspondencia de que se trate. El o la Alguacil dejará constancia, inmediatamente, de haber notificado y de los datos de identificación de la persona que recibió el oficio.

Expediente administrativo

Artículo 79. Con la notificación se ordenará la remisión del expediente administrativo o de los antecedentes correspondientes, dentro de los diez días hábiles siguientes.

El funcionario o funcionaria que omita o retarde dicha remisión podrá ser sancionado por el tribunal, con multa entre cincuenta unidades tributarias (50 U.T.) y cien unidades tributarias (100 U.T.).

Cartel de emplazamiento

Artículo 80. En el auto de admisión se ordenará la notificación de los interesados, mediante un cartel que será publicado en un diario que indicará el tribunal, para que comparezcan a hacerse parte e informarse de la oportunidad de la audiencia de juicio. El cartel será librado el día siguiente a aquél en que conste en autos la última de las notificaciones ordenadas.

En los casos de nulidad de actos de efectos particulares no será obligatorio el cartel de emplazamiento, a menos que razonadamente lo justifique el tribunal.

Lapso para retirar, publicar y consignar el cartel

Artículo 81. El demandante deberá retirar el cartel de emplazamiento dentro de los tres días de despacho siguientes a su emisión, lo publicará y consignará la publicación, dentro de los ocho días de despacho siguientes a su retiro.

El incumplimiento de las cargas antes previstas, dará lugar a que el tribunal declare el desistimiento del recurso y ordene el archivo del expediente, salvo que dentro del lapso indicado algún interesado se diera por notificado y consignara su publicación.

Audiencia de juicio

Artículo 82. Verificadas las notificaciones ordenadas y cuando conste en autos la publicación del cartel de emplazamiento, el tribunal, dentro de los cinco días de despacho siguientes, fijará la oportunidad para la audiencia de juicio, a la cual deberán concurrir las partes y los interesados. La audiencia será celebrada dentro de los veinte días de despacho siguientes.

Si el demandante no asistiera a la audiencia se entenderá desistido el procedimiento.

En los tribunales colegiados, en esta misma oportunidad, se designará ponente.

Contenido de la audiencia

Artículo 83. Al comenzar la audiencia de juicio, el tribunal señalará a las partes y demás interesados el tiempo disponible para sus exposiciones orales, las cuales además podrán consignar por escrito.

En esta misma oportunidad las partes podrán promover sus medios de pruebas.

Lapso de pruebas

Artículo 84. Dentro de los tres días de despacho siguientes a la celebración de la audiencia de juicio, el tribunal admitirá las pruebas que no sean manifiestamente ilegales, impertinentes o inconducentes y ordenará evacuar los medios que lo requieran, para lo cual se dispondrá de diez días de despacho, prorrogables hasta por diez días más.

Si no se promueven pruebas o las que se promuevan no requieren evacuación, dicho lapso no se abrirá.

Dentro de los tres días siguientes a la presentación de los escritos de pruebas, las partes podrán expresar si convienen en algún hecho u oponerse a las pruebas que aparezcan manifiestamente ilegales o impertinentes.

Informes

Artículo 85. Dentro de los cinco días de despacho siguientes al vencimiento del lapso de evacuación de pruebas, si lo hubiere, o dentro de los cinco días de despacho siguientes a la celebración de la audiencia de juicio, en los casos en que no se hayan promovido pruebas o se promovieran medios que no requieran evacuación, se presentarán los informes por escrito o de manera oral si alguna de las partes lo solicita.

Oportunidad para sentenciar

Artículo 86. Vencido el lapso para informes, el tribunal sentenciará dentro de los treinta días de despacho siguientes. Dicho pronunciamiento podrá diferirse justificadamente por un lapso igual. La sentencia publicada fuera de lapso deberá ser notificada, sin lo cual no correrá el lapso para interponer los recursos.

CAPÍTULO III

Procedimiento en Segunda Instancia

Lapso de apelación

Artículo 87. De las sentencias definitivas se podrá apelar en ambos efectos dentro de los cinco días de despacho siguientes a su publicación.

Sentencias interlocutorias

Artículo 88. De las sentencias interlocutorias se oirá apelación en un solo efecto, salvo que cause gravamen irreparable, en cuyo caso se oirá la misma en ambos efectos.

Admisión de la apelación

Artículo 89. Interpuesto el recurso de apelación dentro del lapso legal, el tribunal deberá pronunciarse sobre su admisión dentro de los tres días de despacho siguientes al vencimiento de aquél.

Remisión del expediente

Artículo 90. Admitida la apelación, el juzgado que dictó la sentencia remitirá inmediatamente el expediente al tribunal de alzada.

En los tribunales colegiados se designará ponente al recibir el expediente.

Pruebas

Artículo 91. En esta instancia sólo se admitirán las pruebas documentales, las cuales deberán ser consignadas con los escritos de fundamentación de la apelación y de su contestación.

Fundamentación de la apelación y contestación

Artículo 92. Dentro de los diez días de despacho siguientes a la recepción del expediente, la parte apelante deberá presentar un escrito que contenga los fundamentos de hecho y de derecho de la apelación, vencido este lapso, se abrirá un lapso de cinco días de despacho para que la otra parte dé contestación a la apelación.

La apelación se considerará desistida por falta de fundamentación.

Lapso para decidir

Artículo 93. Vencido el lapso para la contestación de la apelación, el tribunal decidirá dentro de los treinta días de despacho siguientes, prorrogables justificadamente por un lapso igual.

Consulta de sentencias

Artículo 94. Cuando ninguna de las partes haya apelado pero la sentencia deba ser consultada, se decidirá sin la intervención de aquéllas en un lapso de treinta días de despacho, contados a partir del recibo del expediente, prorrogables justificadamente por un lapso igual.

CAPÍTULO IV

*Recurso especial de juridicidad**

Recurso especial de juridicidad

Artículo 95. La Sala Político-Administrativa del Tribunal Supremo de Justicia podrá, a solicitud de parte, revisar las sentencias definitivas dictadas en segunda instancia que transgredan el ordenamiento jurídico.

El recurso de juridicidad podrá intentarse contra las decisiones judiciales de segunda instancia que se pronuncien sobre destitución de jueces o juezas.

Este recurso no constituye una tercera instancia de conocimiento de la causa.

Oportunidad para interponer el recurso

Artículo 96. El recurso especial de juridicidad deberá interponerse dentro de los diez días de despacho siguientes a la publicación de la sentencia, ante el tribunal que la haya dictado. El escrito del recurso especial de juridicidad deberá hacer mención expresa de las normas transgredidas.

Remisión del expediente

Artículo 97. El tribunal que dictó la sentencia deberá remitir inmediatamente el expediente con el recurso a la Sala Político-Administrativa, dejando constancia en el auto que ordena la remisión de los días de despacho transcurridos para su interposición.

Admisión del recurso

Artículo 98. La Sala Político-Administrativa se pronunciará sobre la admisión del recurso dentro de los diez días de despacho siguientes a su recibo.

---

*   *N. del E.* La Sala Constitucional del Tribunal Supremo de Justicia en sentencia N° 1.149 de 17 de noviembre de 2010, suspendió los efectos de las normas de este capítulo relativas al recurso de juridicidad, declarándolas inaplicables. Véase http://www.tsj.gov.ve/decisiones/scon/Noviembre/1149-171110-2010-10-1039.html. Véase lo expuesto en pp. 150-151 de este libro

Escrito de contestación

Artículo 99. Admitido el recurso, la contraparte dispondrá de diez días de despacho para que consigne por escrito que no excederá de diez páginas, su contestación.

Lapso para dictar sentencia

Artículo 100. Transcurrido el lapso establecido en el artículo anterior, la Sala Político-Administrativa dictará decisión dentro de los treinta días de despacho siguientes.

Contenido de la sentencia

Artículo 101. En la decisión del recurso especial de juridicidad, la Sala Político-Administrativa podrá declarar la nulidad de la sentencia recurrida, ordenando la reposición del procedimiento o resolver el mérito de la causa para restablecer el orden jurídico infringido.

Multa

Artículo 102. El recurrente, el abogado o abogada asistente o el apoderado o apoderada que interponga el recurso temerariamente, podrá ser multado por un monto entre cincuenta unidades tributarias (50 U.T.) y ciento cincuenta unidades tributarias (150 U.T.). La decisión que imponga la multa deberá motivarse.

Capítulo V

Procedimiento de las medidas cautelares

Ámbito del procedimiento

Artículo 103. Este procedimiento regirá la tramitación de las medidas cautelares, incluyendo las solicitudes de amparo constitucional cautelar, salvo lo previsto en el artículo 69 relativo al procedimiento breve.

Requisitos de procedibilidad

Artículo 104. A petición de las partes, en cualquier estado y grado del procedimiento el tribunal podrá acordar las medidas cautelares que estime pertinentes para resguardar la apariencia del buen derecho invocado y garantizar las resultas del juicio, ponderando los intereses públicos generales y colectivos concretizados y ciertas gravedades en juego, siempre que dichas medidas no prejuzguen sobre la decisión definitiva.

El tribunal contará con los más amplios poderes cautelares para proteger a la Administración Pública, a los ciudadanos o ciudadanas, a los intereses públicos y para garantizar la tutela judicial efectiva y el restablecimiento de las situaciones jurídicas infringidas mientras dure el proceso.

En causas de contenido patrimonial, el tribunal podrá exigir garantías suficientes al solicitante.

Tramitación

Artículo 105. Recibida la solicitud de medida cautelar, se abrirá cuaderno separado para el pronunciamiento dentro de los cinco días de despacho siguientes.

En los tribunales colegiados el juzgado de sustanciación remitirá inmediatamente el cuaderno separado. Recibido el cuaderno se designará ponente, de ser el caso, y se decidirá sobre la medida dentro de los cinco días de despacho siguientes.

Al trámite de las medidas cautelares se dará prioridad.

Oposición a las medidas

Artículo 106. La oposición se regirá por lo dispuesto en el Código de Procedimiento Civil.

CAPÍTULO VI

La ejecución de la sentencia

Ejecución de la sentencia

Artículo 107. La ejecución de la sentencia o de cualquier otro acto que tenga fuerza de tal, le corresponderá al tribunal que haya conocido de la causa en primera instancia.

Ejecución voluntaria de la República y de los estados

Artículo 108. Cuando la República o algún estado sean condenados en juicio, se seguirán las normas establecidas en la Ley Orgánica de la Procuraduría General de la República.

En el caso de los municipios se aplicarán las normas de la ley especial que rija al Poder Público Municipal y supletoriamente, el procedimiento previsto en esta Ley.

Ejecución voluntaria de otros entes

Artículo 109. Cuando los institutos autónomos, entes públicos o empresas en los cuales estas personas tengan participación decisiva resultasen condenados por sentencia definitivamente firme, el tribunal, a petición de parte interesada, ordenará su ejecución. A estos fines, notificará a la parte condenada para que dé cumplimiento voluntario a la sentencia dentro de los diez días de despacho siguientes a su notificación. Durante ese lapso, se podrá proponer al ejecutante una forma de cumplir con la sentencia. Las partes podrán suspender el lapso establecido para la ejecución voluntaria por el tiempo que acuerden.

Continuidad de la ejecución

Artículo 110. Vencido el lapso para el cumplimiento voluntario, a instancia de parte, el tribunal determinará la forma y oportunidad de dar cumplimiento a lo ordenado por la sentencia, según las reglas siguientes:

1. Cuando la condena hubiese recaído sobre cantidad líquida de dinero, el tribunal ordenará a la máxima autoridad administrativa de la parte condenada que incluya el monto a pagar en el presupuesto del año próximo y el siguiente, a menos que exista provisión de fondos en el presupuesto vigente. El monto anual de dicha partida no excederá del cinco por ciento (5%) de los ingresos ordinarios del ejecutado. Cuando la orden del tribunal no fuese cumplida o la partida prevista no fuese ejecutada, el tribunal, a petición de parte, ejecutará la sentencia conforme al procedimiento previsto en el Código de Procedimiento Civil para la ejecución de sentencias de condena sobre cantidades líquidas de dinero.

2. Cuando en la sentencia se hubiese ordenado la entrega de bienes, el tribunal la llevará a efecto. Si tales bienes estuvieren afectados al uso público, servicio público o actividad de utilidad pública, el tribunal acordará que el precio sea fijado mediante peritos, en la forma establecida por la Ley de Expropiación por Causa de Utilidad Pública o Social. Fijado el precio, se procederá como si se tratare del pago de cantidades de dinero.

3. Cuando en la sentencia se hubiese condenado al cumplimiento de una obligación de hacer, el tribunal fijará un lapso de treinta días consecutivos para que la parte condenada cumpla. Si no fuese cumplida, el tribunal procederá a ejecutar la sentencia. A estos fines, se trasladará a la oficina correspondiente y requerirá su cumplimiento. Si a pesar de este requerimiento la obligación no fuese cumplida, el tribunal hará que la obligación se cumpla. Cuando por la naturaleza de la obligación, no fuere posible su ejecución en la misma forma como

fue contraída, el tribunal podrá estimar su valor conforme a lo previsto en este artículo y proceder a su ejecución como si se tratase de cantidades de dinero.

4. Cuando en la sentencia se hubiese condenado a una obligación de no hacer, el tribunal ordenará el cumplimiento de dicha obligación.

Ejecución contra particulares

Artículo 111. Cuando el ejecutado sea un particular, se aplicará lo previsto en el Código de Procedimiento Civil.

DISPOSICIÓN DEROGATORIA

Única. Se derogan todas las disposiciones del ordenamiento jurídico que colidan con esta Ley.

DISPOSICIONES TRANSITORIAS

Primera. El Ejecutivo Nacional incluirá en la Ley de Presupuesto Anual, los recursos económicos necesarios para la creación y funcionamiento de los tribunales de la Jurisdicción Contencioso Administrativa.

Segunda. El Tribunal Supremo de Justicia, en Sala Plena, durante los dos primeros años de vigencia de esta Ley, y a solicitud de la Sala Político-Administrativa, podrá mediante resolución diferir la aplicación de la presente Ley, en las circunscripciones judiciales donde no existan las condiciones indispensables para su puesta en práctica.

Tercera. El Tribunal Supremo de Justicia, en sala plena, a solicitud de la Sala Político-Administrativa, podrá modificar la nomenclatura de los tribunales de la Jurisdicción Contencioso Administrativa, conforme a esta Ley.

Cuarta. Las causas que se encuentren en primera instancia, y en cuyos procedimientos no se haya efectuado el acto de informes, el Tribunal fijara un lapso no menor de treinta días de despacho para que las partes los presenten por escrito. El día de despacho siguiente a la presentación de los informes el tribunal dirá vistos y sentenciara dentro de los sesenta días continuos siguientes.

Quinta. Las causas que cursen en segunda instancia serán resueltas de conformidad con lo establecido en esta Ley.

Sexta. Hasta tanto entren en funcionamiento los Juzgados de Municipio de la Jurisdicción Contencioso Administrativa, conocerán de las competencias atribuidas por esta Ley a dichos tribunales, los Juzgados de Municipio.

DISPOSICIÓN FINAL

Única. Esta Ley entrará en vigencia a partir de su publicación en la *Gaceta Oficial de la República Bolivariana de Venezuela,* salvo lo dispuesto en el Titulo II, relativo a la estructura orgánica de la Jurisdicción Contencioso Administrativa, que entrara en vigencia a partir de los ciento ochenta días de la referida publicación.

Dada, firmada y sellada en el Palacio Federal Legislativo, sede de la Asamblea Nacional, en Caracas, a los quince días del mes de diciembre de dos mil nueve. Años 199° de la Independencia y 150° de la Federación.

CILIA FLORES, Presidenta de la Asamblea Nacional
SAÚL ORTEGA CAMPOS, Primer Vicepresidente
JOSÉ ALBORNOZ URBANO, Segundo Vicepresidente
IVÁN ZERPA GUERRERO, Secretario
VÍCTOR CLARK BOSCÁN, Subsecretario

Promulgación de la Ley Orgánica de la Jurisdicción Contencioso Administrativa, de conformidad con lo previsto en artículo 213 de la Constitución de la República Bolivariana de Venezuela

Palacio de Miraflores, en Caracas, a los dieciséis días del mes de junio de dos mil diez. Año 200° de la Independencia, 151° de la Federación y 11° de la Revolución Bolivariana.

Cúmplase,

(L.S.) HUGO CHÁVEZ FRÍAS

Refrendado,

El Vicepresidente Ejecutivo, (L.S.) ELÍAS JAUA MILANO

El Ministro del Poder Popular del Despacho de la Presidencia, ISIS OCHOA CAÑIZALEZ

El Ministro del Poder Popular para Relaciones Interiores y Justicia, TARECK EL AISSAMI

El Ministro del Poder Popular para Relaciones Exteriores, NICOLÁS MADURO MOROS

El Ministro del Poder Popular para Economía y Finanzas, JORGE GIORDANI

Ministerio del Poder Popular para la Defensa, CARLOS JOSÉ MATA FIGUEROA

El Ministro del Poder Popular para el Comercio, RICHARD SAMUEL CANÁN

El Ministro del Poder Popular para las Industrias Básicas y Minería, JOSÉ SALAMAT KHAN FERNÁNDEZ

El Ministro del Poder Popular para el Turismo, ALEJANDRO ANTONIO FLEMING CABRERA

El Ministro Encargado del Ministerio del Poder Popular para la Agricultura y Tierras, ELÍAS JAUA MILANO

El Ministro del Poder Popular para la Educación Universitaria, EDGARDO RAMÍREZ

El Ministro del Poder Popular para la Educación, HÉCTOR NAVARRO

El Ministro del Poder Popular para la Salud, EUGENIA SADER CASTELLANOS

La Ministra del Poder Popular para el Trabajo y Seguridad Social, MARÍA CRISTINA IGLESIAS

El Ministro del Poder Popular para las Obras Públicas y Vivienda, DIOSDADO CABELLO RONDÓN

El Ministro del Poder Popular para la Energía y Petróleo, RAFAEL DARÍO RAMÍREZ CARREÑO

La Ministra del Poder Popular para el Ambiente, ALEJANDRO HITCHER MARVALDI

El Ministro del Poder Popular para Ciencia, Tecnología e Industrias Intermedias, RICARDO JOSÉ MENÉNDEZ PRIETO

La Ministra del Poder Popular para la Comunicación y la Información, TANIA VALENTINA DÍAZ GONZÁLEZ

La Ministra del Poder Popular para las Comunas y Protección Social, ÉRIKA DEL VALLE FARÍAS PEÑA

El Ministro del Poder Popular para la Alimentación, FÉLIX RAMÓN OSORIO GUZMÁN

El Ministro del Poder Popular para la Cultura, FRANCISCO DE ASÍS SESTO NOVAS

La Ministra del Poder Popular para el Deporte, VICTORIA MERCEDES MATA GARCÍA

La Ministra del Poder Popular para los Pueblos Indígenas, NICIA MALDONADO MALDONADO

La Ministra del Poder Popular para la Mujer y la Igualdad de Género, MARÍA LEÓN

El Ministro del Poder Popular para Energía Eléctrica, ALÍ RODRÍGUEZ ARAQUE

El Ministro de Estado para La Banca Pública, HUMBERTO RAFAEL ORTEGA DÍAZ

ÍNDICE

XI. RÉGIMEN JURÍDICO DEL CONTROL JUDICIAL DE LA ADMINISTRACIÓN PÚBLICA: LA LEY ORGÁNICA DE LA JURISDICCIÓN CONTENCIOSO ADMINISTRATIVA 98

TEXTO DE LAS LEYES DEL
CÓDIGO DE DERECHO ADMINISTRATIVO